方舟子自选集

Selected Works of Fang Zhouzi

方舟子 著

北京日报出版社

图书在版编目（CIP）数据

方舟子自选集 / 方舟子著. — 北京：北京日报出版社，2015.8（2019.10重印）

ISBN 978-7-5477-1543-7

Ⅰ. ①方… Ⅱ. ①方… Ⅲ. ①科学知识－普及读物 Ⅳ. ①Z228

中国版本图书馆CIP数据核字(2015)第083206号

方舟子自选集

出版发行：北京日报出版社
地　　址：北京市东城区东单三条8-16号　东方广场东配楼四层
邮　　编：100005
电　　话：发行部：（010）65255876
　　　　　总编室：（010）65252135-8043
印　　刷：北京盛通印刷股份有限公司
经　　销：各地新华书店
版　　次：2015年8月第1版
　　　　　2019年10月第2次印刷
开　　本：710毫米×1000毫米　1/16
印　　张：33
字　　数：510千字
定　　价：85.00元

序

今天是2012年的最后一天。年份的更替不过是人为设定的，今天与明天并没有实质的不同，但可以借机给自己的生活做个盘点。对已不年轻的人来说，这更是个怀旧的日子。毕竟，我的写作已经有30年的历史，比许多读者的年纪都大。

不算课堂作文，我的写作历史可以从1982年我上高一的时候算起。当时受鲁迅《野草》和朦胧诗的影响，我尝试着写了一些诗歌，记录一个少年的梦想。那基本上是自娱自乐的练笔，只有几个爱好文学的同学知道。语文教师兼班主任听说后，要了去看，本是要表示对我的关心，但诗歌中透露出来的“不健康思想”让他非常恼火。他要对我进行思想教育却遭到了我的抵制，于是宣布我无可救药，我因此差点被迫转学，最后是“辞掉团内外一切职务”转去了另个班级。

我的诗歌写作并没有因为这场风波而中断，反而被 写得更
多，表达也更为隐晦。那自然都是不适合发表的很 习作。到
1987年我上大三的时候才写出了在今天看了 觉得羞愧的诗
作。大学时适逢校园诗潮，我几乎只写诗 的思想表达则是
写在给朋友们的信中。当时还没有电 写一封信都要郑重
其事、字斟句酌，其中有的也算 随笔，只是写的时候并
没有想到要发表。多年以后 在1989—1990年间写给朋

友们的信，大为感慨，略作整理放到网上，作为那个时代的一个记录。几个月前这些信被人不怀好意地翻出来，在网上大肆传播，不料却感动了一批同时代的人。很多人正是因此才知道，我曾经还是个文学青年。

我当文学青年的时间不短，一直到30岁以后我才基本不再写诗。诗歌对我来说是很私人化的东西，从未想以此成名，也就没有发表的欲望，只是偶尔会选出一些寄到大陆和台湾地区的报刊上发表，更多的则发在自办的内部刊物上，以及给诗友的信中。因为没有发表的压力，所以写得很从容。发表的欲望是在1993年8月我发现互联网中文讨论组后才被激发出来的，从那以后我几乎天天都要在网上写点东西。在网上随写随贴的这些东西，是为了论战、交流，而不是认真的写作，在时过境迁之后值得重温的极少。即使是有计划的写作，比如我在上网初期曾写过50多篇《大明小史》，虽然到现在有人恭维，但也写得非常随意。在1994年办了《新语丝》月刊之后，我才开始写一些比较认真的文学、文史作品并发表在《新语丝》上。如那几篇描写明朝人物的历史随笔，最早都在《新语丝》登出。因为我……始就是把《新语丝》当成品牌来经营的，对自己发表在上面的东……得也更为用心。

在2000……我的写作以文学为主，只是零星写一点科普文章。2000年以……以写科普文章为主，这是因为我意识到了在中国做科普的紧……刊上开了科普专栏。特别是2004年12月在《中国青年报》……堂”专栏，让我养成了每周写一篇科学小品文的习惯，也因此形成了一个每周追读我的科普文章的读者群。这个周专栏在2011年10月《中国青年报》由于某种人际关系原因要和我划清界限而将其取消后，转到《新华每日电讯·草地周刊》持续至今，大概会一直持续下去，即使发表的地方会有变动。文学写作也许只是我一时的兴趣，科普创作则是我一生的事业，就算报刊等传统媒体的阵地全部丧失，也还有互联网可以坚守，而事实上网络自媒体的影响早已超过了传统媒体。

我写过的较为正式的各种体裁的文章，算下来已有2000多篇，其中大部分已结集成20多本书出版。这些文章我自以为写得还算认真，所以并没有几篇会让我在现在觉得拿不出手，即使是写于20多年前。要从中选出100多篇编一本选集并不容易，就像要在一群属于自己的孩子中挑出几个来特别宠爱一样，难以割舍。我基本上是根据印象选出我自认为较为满意的作品。在作初选后，我在网上发帖请读者推荐一两篇他们印象最深刻的我的文章。反应是出乎意料地热烈，读者推荐的文章中相当一部分在我的初选中漏掉了。我把它们补充进去后，篇幅增加了一倍。所以这个自选集其实是作者和读者共同完成的。某些文章由于内容敏感，现在还只能登在网上，虽然我很想收录。还有些文章，我写的时候花了心血，但由于篇幅太长，只好割爱，例如《美国电影史话》《无神论者是什么》《中文国际网络纵横谈》《诗律浅说》等，在此存目。由于是选集，收录的文章必然与我以前出的书有很多重叠。即使你以前已读过，也不妨再读一遍。我选文的一个标准，就是要能耐读，我自己见了也还有重读的兴趣，其中有的我自己就读过多遍。

有一次我乘坐飞机，邻座恰好有一个人在读我新出的《我的两个世界》，我愉快地给他在书上签名。我在微博上提到此事后，一些旅行的读者也晒出《我的两个世界》，等着与我的偶遇。这本书也许更适合带着去旅行。我在飞机上等你。

2012年12月31日

目 录

Science

科学

Life

生命

Science History

科学史

Health

健康

History 历史

poetry

诗歌

Prose

散文

Essay

杂文

科学

Science

心中有道义，脑中有科学

德国哲学家康德在《实践理性批判》一书的结束语写下了一句著名的格言，后来被用作他的墓志铭：

> 有两种东西，我们越是时常反复地思索，就越是在心中灌注了永远新鲜和不断增长的赞叹和敬畏：我头上的星空和我心中的道德法则。

但是个人的思索能力是极其有限的，即使是智者圣人也不例外。在康德的时代，这样的探求往往会产生更大的困惑，最终会被归结到一种神秘的超自然力量，试图用它来一劳永逸地结束思索。牛顿因为无法解决星体运行的第一推动力问题，在那里给上帝留了个位置，而康德虽然不让上帝去推动星体的运行，却又认为道德法则的存在证明了上帝的存在，把上帝作为至善的化身。

这些论证当然已经过时。现代科学正在揭示大自然的奥秘，在那里并无上帝的位置。科学固然还不能回答许多问题，而限于人类的认识能力，也不可能回答所有的问题，但是科学毕竟是人类所能掌握的最可靠的探索方法，如果科学回答不了的，没有理由相信通过其他途径能得到可靠的答案。把未知、无解的事物交给神仙、上帝，不过是偷懒的做法。而道义就昭示在血写的历史之中，它是无数仁人志士长期奋斗的结晶，是人类生存、幸福与进步的需要，无须上帝的假设。如果真的有万能至善的上帝，人间就不该有那么多的邪恶。也正因为有那么多邪恶的存在，道义才显得如此宝贵。

在星空之下，人体是渺小的，但科学让我们能够触及宇宙的每一个角落。在历史之中，人生是短暂的，但道义可以让我们的精神融入历史的进程而获得永生。只要心中有道义，脑中有科学，渺小、短暂的一生便不会迷失，不会虚度。道义是天际的星光，科学是指路的灯火。道义让我们有理想，有激情；科学让我们有理性，重实证。爱因斯坦的名言——“没有宗教的科学是跛脚的，没有科学的宗教是盲目的”曾经引起了无数没有读过这句名言的上下文的人的误解，以为爱因斯坦在支持传统的宗教，而其实爱因斯坦在这里所说的“宗教”，不是一般人所说的宗教，而是一种追求真理的激情和信念。我们不妨把这句名言修改成：“没有道义的科学是跛脚的，没有科学的道义是盲目的”。如果既无科学也无道义，则是行尸走肉。

正是出于这样的信念，从中学时代起，我就同时保留着对科学和文史的浓厚兴趣，这从当时沿用至今的这个笔名就可以看出来。两船相并古称“方舟”，“方舟子”就是脚踏两只船的人。“方舟并骛，俯仰极乐”（班固《西都赋》），我的梦想，便是同时乘坐科学与人文之舟，品味从古今中外的智者与仁者那里得来的极乐。当我还在从事科学研究的时候，业余的兴趣在于文史，写作也以文史方面为主。而在我离开科学研究之后，写作的内容反而逐渐改为以科学方面的为主了。近十年来我因为揭露学术腐败而浪得虚名，以致有不少人误以为我除了写写打假文章，就干不了或不该干别的事情。其实所谓打假不过是属于路见不平的冲动，并非我真正的兴趣所在。而这种不平，正在于在我看来违背了科学与道义。在必要的时候，我愿意捍卫我的信念，即使必须为此付出血的代价；但是在平常的日子里，我更乐于传递我的信念，希望能够更为深入、持久地传播科学与道义。

没有人能够充当科学与道义的化身，但是每一个人都可以成为科学与道义的捍卫者和传播者，只要你愿意，有能力和勇气。

我亲爱的读者，在黑暗的日子里，让我们仰望道义的星光，点起科学的灯火，携手同行，矢志不移。

2010年8月30日

科学是美丽的

怎么会有那么多人觉得科学是枯燥乏味的呢？科学告诉我们小至夸克、大至宇宙的现象和规律；揭示了我们是谁，从哪里来，到哪里去；指导我们如何过健康的生活；警戒我们如何保护我们的家园……会有谁觉得这些是无聊无趣的吗？古人云：“朝闻道，夕死可矣。”科学告诉我们的，正是关于宇宙万物、生老病死之大道，比任何一种哲学或任何其他的学问所能告诉我们的要丰富得多，也可靠得多。人类千百年来无数智者哲人苦苦思索的众多难题，只有科学才给出了确切的答案。

如果你对科学望而生畏，是因为害怕数学公式、厌烦记忆化学分子式、理解不了刁钻的物理难题……我可以理解，但是科学要比课堂上为了应付考试而灌输的内容宽广、深入、有趣得多。你完全可以在课外、业余去轻松地欣赏它。有一些从事科普工作的人甚至自己也觉得科学是枯燥乏味的，所以要借助"文艺加工"给科学增添趣味色彩，插科打诨、恶谑搞笑、耸人听闻、神秘玄乎……喧宾夺主，掺入了太多的水分，冲淡了科学的原味。科学的世界里本来到处都埋藏着吸引人的真金，有能力的挖掘者都会满载而归，向世人展示科学原本的魅力，而不必涂抹上虚假的颜色。优秀的科普著作、期刊和影视节目从来就不怕以科学的本来面目示人。

科学的魅力在于它能够从简单的事物中发现复杂的奥妙，从复杂的事物中发现简单的规律，从杂乱无章、形形色色的事物中发现它们之间存在的历史或现实的关系。科学之美在细节之中，在宏大之中，在严密的逻辑和确凿的证据之中，在广袤的空间和悠久的时间之中。有什么童话会比生物的发育更美妙，有什么神话会比生物的进化更神奇，有什么史诗会比宇宙的演化更宏伟呢？再多的"先知"、诗人、艺术家、哲学家也想象、描绘不出如此绚丽辉煌的图景：从一个奇点的大爆炸开始，历经一百多亿年诞生了800亿个星系、500万亿亿颗恒星；从简单的化学分子开始，历经几十亿年的进化诞生了今天地球上的千万个独特的物种。只有科学才能谱写这首最为壮丽的、永远写不完的史诗。

科学也打破了人类自古以来就抱有的许多美妙、神奇的幻想：点石成金、长生不老、得道成仙、天神拯救……但是科学也赋予了人类更多美妙、神奇的东西。它让我们合成了无数比金子更宝贵的材料，让我们发现了生命的奥秘，让我们走向了浩瀚的太空……好梦虽然被科学搅坏，美妙和神奇却并不会因此就不存在。现实虽然残酷，却也有美好的一面，有时甚至比美梦更美妙、神奇。但是科学的美妙、神奇与虚妄的美妙、神奇不同，是可以分析、验证和实现的。科学的美是深刻而真实的。宗教、迷信、伪科学有时候看上去也很美，却是一种经不起分析、验证的肤浅、虚妄之"美"。人们常常被这些虚假的美所迷惑，而科学的一个任务就是澄清假象。在假象背后的真相，并非就是丑陋的。真理是赤裸裸的，但却是美丽的裸体。

与科学真理一样美丽的是科学的方法：在观察的基础上提出假说，然后设计新的观察或实验对假说加以严格的检验。抱着怀疑的态度，在实证的基础上，以逻辑为工具，不断地探索，不断地解决一个个谜团，不断地获得新的知识，而且是人类所有知识中最为可靠的、客观的知识。科学不怕怀疑，欢迎检验，而结论又是牢靠的，可以被独立地、反复地证实。科学告诉我们为什么天是蓝的，为什么雷有回声，为什么梦是假的，为什么死无报应……你可以不相信，但是科学的事实不会由于主观的意愿而改变。不要抱怨科学束缚了你的想象，科学能够提供的想象空间要比任何人能够拥有的都宽广得多。

科学之美丰富多彩、无穷无尽，永远不必担心出现审美疲劳。对科学了解得越多，就越能发现、越容易欣赏科学的美丽。但是科学就像一个冷艳的美人，只有主动去亲近她，才能感受到她的美丽。你需要掌握她的方法，需要拥有必备的知识，但是最根本的是，你是否愿意放弃对科学的偏见，准备全身心地爱她，热情地拥抱她？

2007年9月23日

告诉我为什么

幼儿开始会说话后，最爱问的是“这是什么？”等到再大一点，他们就会不停地改问“为什么”了。儿童虽然很有探索精神，喜欢刨根问底，但是也很轻信，不管多么刁钻古怪的问题，大人用一两句话随便给一个答案，他们也就满足了。

等儿童再长大一些，有了怀疑的态度，学会了做思考，就不容易打发了。于是解答“为什么”的科普读物应运而生。我们这一代人，基本上小时候都受过《十万个为什么》的熏陶。那是知识读物极度缺乏的时代，难得有一套科普书能稍稍满足少年儿童的求知欲。用今天的眼光看来，这套富有时代色彩的书籍的内容和写法都乏善可陈，没能经得起历史的考验，倒是那个学自苏联、不符合汉语表达习惯的书名成了名牌，衍生出众多模仿、跟风之作，国内各家出版社出版的以“十万个为什么”为名的图书，据说至少有一百多种。

这些图书其实是以问答方式编写的百科知识入门读本，问题大多很抽象，解答也像考题的标准答案一样呆板、枯燥。它们被归为少儿读物，似乎人一旦长大，就没有了探究“为什么”的兴趣。只有少数成年人还继续保持童心，享受探索的乐趣。在古代他们是思想家，在现代他们是科学家。科学研究的目的，简单地说也是为了回答儿童喜欢问的那两个问题：“是什么”（对事实的描述）和“为什么”（事实背后的机理或因素）。

在科学出现之前，人们对“为什么”的解答都是出于臆想。中国学者的解答依据是神话传说和阴阳五行之类的玄学。西方学者则多了一个神学解答，而且人们从小就被灌输。有一首传统英语儿歌《告诉我为什么》如此唱道：

告诉我为什么星辰闪耀，
告诉我为什么常春藤缠绕，
告诉我为什么天空如此蔚蓝，
那么我将告诉你为什么我爱你。

如果你以为这是在激励儿童去做科学探索，那就错了。这首歌的第二段马上就给出了简单得不能再简单的回答，要对儿童做所谓“终极关怀”：

因为上帝创造星辰闪耀，
因为上帝创造常春藤缠绕，
因为上帝创造天空如此蔚蓝，
因为上帝创造了你，那就是为什么我爱你。

把想不明白的问题，都归为上帝（或神仙、外星人），从此不去做进一步的探索，是一种非常煽情然而也非常懒惰的做法。何况这些问题都已有了并不复杂的科学解答，并不需要抬出“上帝”来吓人。恒星会发光是由于它们有巨大的质量，在引力作用下恒星内部有很高的温度，引起核聚变，释放出大量的能量。常春藤缠绕而上是为了获得阳光进行的向性运动（植物的叶子有朝着阳光生长的向光性，而茎有朝与重力相反方向生长的负向重力性）。晴朗的天空之所以呈蔚蓝色是由于空气分子对阳光的散射引起的，阳光中的蓝光波长短，散射比较强。这种现象是英国物理学家瑞利发现的，称为瑞利散射。至于男女之爱，则离不开激素的影响。美国著名科普作家阿西莫夫曾经据此给上面的儿歌改了歌词：

核聚变让星辰闪耀，
向性运动让常春藤缠绕，
瑞利散射让天空如此蔚蓝，
我之所以爱你是由于睾丸激素。

对这些解答当然可以继续追问为什么。比如，植物为什么会产生向性运动？我们可以从生物化学、细胞生物学和分子生物学的角度解释向性运动的机理（和植物生长素或生长抑制物质的不均匀分布有关）。为什么会出现这样的机理？我们可以从进化生物学的角度解释这是自然选择的结果。

一步一步地追问下去，可以让我们更深入地研究某种自然现象，对它有更透彻的了解。现在回答不了的，也可以留待以后的研究结果。但是这种追问不可能无限地继续下去，总有必须叫停的时候。这个时候，我们就会说这个问题没有科学意义，是个伪问题。比如，如果有人继续问，为什么会有自然选择？我们只能告诉他，这是在满足一定的条件后必然会出现的最基本的自然规律，去追究为什么会出现自然规律，没有科学意义。

有些人可能会兴奋地说，原来科学并不是什么问题都能回答的啊，科学回答不了的，就交给我们哲学家、神学家来进行“终极关怀”。对上面的问题，有人会说，自然规律是上帝创造的。但是这既无法让人信服，也不增加任何知识量，纯属多余。否则，我们也可以学着继续追问：为什么上帝要创造自然规律？为什么会有上帝？……如果你要说上帝是“第一因”，到了上帝这里就不能再追问了，那么我们也可以把自然规律作为“第一因”，没有必要再加一个子虚乌有的“上帝”。科学回答不了的，哲学、神学的回答也只是自作聪明。

2010年1月11日

什么是科学精神？

科学普及不仅要普及科学知识，更要普及科学精神，这已成了中国科普界的一项共识。甚至连伪科学的鼓吹者也跟着嚷嚷要发扬科学精神，把伪科学人士打扮成富有科学精神的斗士，哥白尼、伽利略再世，而批判伪科学者倒成了违背科学精神的暴君教主了。显然，伪科学斗士与反伪科学斗士所理解的科学精神并不完全相同。那么究竟什么是科学精神？

科学精神是多方面的。最容易获得赞同的一点，是探索精神。永远要对新鲜的事物敞开心灵，准备接受新的知识，容纳新的观念，探讨新的奥秘，追求新的结果。这是科学得以发展的基础。科学源于人类与生俱来的对未知事物的好奇心。事实上，许多动物都具有好奇心，这是对环境的一种适应，可以说是进化的产物。正是在这个意义上，也仅仅在这个意义上，我们可以说每一个健康的儿童都是科学家。儿童热衷于探究新事物，问各种各样的问题，但是也轻信荒唐的解释，接受无理的答案。他们所缺乏的，是科学精神的另一个方面：怀疑。怀疑意味着科学绝不相信权威，也绝不无条件地宽容。显然，愤世嫉俗似的怀疑一切是不智的，将因为心灵闭塞而失去了探索的能力。但是如果不具有怀疑精神，就失去了分辨是非的基础，所有的观念，不管是合理还是荒唐，都可以被全盘接收，科学将成为垃圾场。但是伪科学人士也可以争辩说，他们富有怀疑精神。的确，他们很有怀疑科学主流的勇气："科学神创论"者怀疑进化论，研究"特异功能"者怀疑物理定律，诸如此类。而我们则怀疑他们的怀疑。这两样的怀疑有什么区别呢？我们又如何避免心灵闭塞、怀疑一切呢？为解决这个问题，我们必须为科学精神增添新的内涵：实证和理性。

实证不只是要求有支持的证据。伪科学者往往声称他们有证据，也会在其论著中列举种种证据。但是那些全都是轶事、流言、类比、某位权威（往往是其他领域的权威或断章取义）的说法、捏造的事实、巧合等等，都不是能被科学界接受的证据。实证要求有确凿的证据：在严格控制的条件下，用严密的方法，重复、独立得到的观察和实验结果。控制条件、重复性、独立性和概率统计，乃是实证的特征，更是伪科学的死敌。

实证离不开理性，亦即用严密的逻辑对证据进行分析和推导，在各种可能的解释中选择最合理、最可能的一种。在缺乏证据时，也能够排除那些不合理、不可能的解释。休谟曾经提出一条判断原则，他称之为公理："没有任何证言足以确定一个神迹，除非该证言属于这样的情形，其虚假比它力图确立的事实更为神奇。"这就是一条理性的原则。此外，像非常不平常的声称要有非常确凿的证据、从个案得不出普遍结论、相关的事件不等于有因果关系、无法证明不存在不等于必定存在、使用科学术语不等于科学理论、取证的责任在反主流的声称者一方、看上去无法解释的现象不等于不能解释等等，也都是理性的原则，是反伪科学的有力武器。每一个健康的人都能够掌握严密的逻辑思维，但是每一个健康的人也都必须经过恰当的教育和严格的训练才能掌握严密的逻辑思维。即使是训练有素的科学家也未必时时刻刻都在坚持理性的原则。实证和理性精神是科学精神中最为重要，然而也是最难掌握的方面，应该成为发扬科学精神的重点。

探索、怀疑、实证、理性，是科学精神不可分割的四个方面。孤立地强调某一方面，都是在为伪科学大开方便之门，或者有阻碍科学发展的危险。正是在这四面旗帜之下，科学研究不断地观察、检验，抛弃错误的观念，增添新的知识，从而持续地进步。在人类形形色色的活动中，我们很难再找到另一种能够持续地进步。文学、艺术并不进步，而是风格的改变。人文、宗教并不进步，只有流派的演变。但是与伪科学者所宣扬的相反，科学的进步并不是推翻一切重来的大革命，而是在原有基础上的演化。科学的进步是连贯的进步。被视为现代科学最大的两场革命也是如此：达尔文的进化论并没有推翻博物学、地质学的一切成果，而是保留了其中绝大部分数据和理论，做了重新解释；爱因斯坦相对论并没有推翻牛顿力学，而是它的扩展、深化。爱因斯坦在总结他的成果时曾经说过："创造一个新理论并不像是摧毁一个旧谷仓，然后在原地建一座摩天大厦。它倒像是在攀登一座山，获得了新的、更宽阔的视野，在我们的起点和它的丰富环境中发现意料之外的联系。但是我们的出发点还在那里并能被看到，虽然它显得较小，并成了我们在探险攀登中克服障碍后所获得的广阔视野中的一个微小的部分。"妄图一举创建全新的科学，只存在于伪科学者的白日梦中，而事实上伪科学也从没能有任何的进步，因为他们不敢承认更不必说纠正错误。持续、连贯的进步，是科学的特征，也是科学工作者的自豪与慰藉。

2000年12月9日

科学研究是这么做的

现在有一个很奇怪的现象，一些从未做过科学研究的人却喜欢以比谁都懂科学的口气大谈什么是科学。比如，有人发明了这么一种说法："科学顾名思义就是分科之学"，这和说"革命顾名思义就是革掉人命"一样有趣。科学是个外来语，当然不能从字面理解其意思。这两个汉字最初是日本人用来翻译英文"science"一词的。science 来源于拉丁语 scientia，本义是"知识"。但是这个本义也不能准确地反映科学的含义。

人类通过各种方法累积了大量的知识，其中有的是科学知识，有的则不是。科学与其他领域（文学、历史、哲学、神学……）的学术研究的主要差别不在于积累了多少知识，而在于它是怎么获得知识的：不是靠冥想、思辨、经验、灵感、权威教诲、"神启"，而是经过了一个特殊的过程，一个在观察的基础上提出假说并加以严格检验的过程。因此最能体现科学特征的，是它的研究方法。

虽然一项具体科学研究往往是从过去的研究成果引发的，但是追根溯源，科学研究的起点是观察，用我们的感官或者仪器记录到某个自然现象反复发生了。观察必须是有意识、有记录、仔细的观察。观测某颗行星的运行情况是观察，欣赏星空的美丽是娱乐，偶然看到有一个"不明飞行物"飞过则最多算是奇遇，后两者都不是观察。观察获得的数据能够被进一步的观察所验证或否证。如果某种现象只发生过一次，又不能人为地再现，无法进行验证，那么是没有科学价值的。

观察获得数据之后，下一步要开始问问题：这种现象是怎么发生的？原因是什么？什么时候、什么地点有可能会再次发生？有没有可能用实验进行验证？这些问题有大有小，有的可以设法检验，有的则一时没法检验。科学研究很关键的一环，就是问对了问题。

但是你提出的问题有可能是别人早就给出了合理的答案的。所以下一步，还应该先对这些问题作一番调查、评估，询问有关的专家、查阅相关的文献，看这些问题是否已经有人研究过了，研究的结果是否合理、可靠，有没有进一步研究的必要。即使这些问题以前没有人研究过，有关的专家和相关的文献也能够为你解决新问题有所启发。

在确定了要研究的问题后，下一步要思考答案可能是什么，构建一个假说（或者模型）。这个假说必须是符合逻辑的，能够解释已有的所有数据，能够作出预测并加以检验。对相同的数据有时能够构建多种假说，那么就要首先检验最简单的那种。科学的假说是合理的假设，而不是“大胆的假设”。虽然大胆的假设有时会是正确的，那也只是碰巧，不是科学研究的正道。

但是假说再合理，也有可能是错误的，它是否成立必须经过验证：做新的观察，或者设计实验。实验是对自然现象的模拟，但是自然现象往往是复杂的，涉及许多变量。对付这个难题的办法是做受控实验：设法只改变其中的一个变量，看会有什么结果。通常的办法是设立两个组，它们的其他情况都相同，只有一个变量不同，如果二者出现不同的结果，那么就是该变量引起的。如何设立对照是科学实验的精华所在。一个设计巧妙的实验既可以使问题简单化又能得出可靠的结论。

一次实验的结果很难被人接受，因为可能是某种偶然因素导致的。因此对同一个实验需要重复几次，看能否获得一致的结果。实验获得的数据通常还要进行统计、分析，看是否可靠，或是否有意义。

实验的结果可能符合假说的预测，从而验证了假说。但也可能不符合预测，这时就要对假说进行修改，或构建全新的假说，并设计新的实验。实验没有获得预期的结果并非就是失败的实验，它们有可能是新的发现的起点。

如果一个假说被观察或实验所证实了，就成为了一项新的发现，一项科学研究就告一段落了。在通常情况下，新的发现只是对现有的科学理论的补充。但是有时候新发现与现有的理论出现了冲突，表明现有的理论需要作出修改，甚至预示着需要提出新的科学理论。

不管怎样，科学家一旦完成了一项科学研究，就应该把它写成论文发表，接受同行的评议。同行们可能会对实验的设计、结果、解释提出批评，并试图重复实验。别人重复不出来的实验结果是没有价值的。越是重大的成果，受到的关注、质疑和批评会越多，就越需要有可靠的证据。科学成果必须能够经得起同行们的质疑、检验和重复。这就要求科学家在做科学研究时必须严谨、诚实，否则很容易暴露而名誉扫地。与其他领域的争论不同的是，科学的争论往往能够通过进一步的研究获得解决，最终达成共识。

科学家不是圣人，是科学方法让科学变成了一个神圣的事业，让科学知识成为人类所有知识中最可靠、最少争议的一种。

2007年9月2日

赛先生从西方来

“五四”前辈们提出要欢迎“德先生”和“赛先生”，那意思就是说中国本来是没有这两位先生的，所以要从外国请进来。这么说让一些国人觉得很没面子。说中国以前没有德先生，没啥可争的，谁让咱自古以来就是皇帝在当家做主呢？于是有些觉得没面子的人干脆就说德先生也不是什么好东西，咱们不要它也可以过得好好的。不过如果也要说赛先生不好，就没有市场了，我们现在从小就要学它，每天的生活也都离不开它了。有些人就说了，这个好东西我们其实是古已有之，中国古代有过什么科学发现，提出什么科学理论，还有一批中国古代科学家让我们敬仰……

这些人说的古代科学，和我们今天学习、研究的科学并不是一回事。我们现在说的科学，是指用一种特别的研究方法形成的知识体系。这种方法特别在哪里呢？那就是“观察—假说—验证”的方法：根据观察的结果，提出可以进行验证的假说，然后用新的观察或实验加以证明，证明不了就要放弃或改进这个假说。用这一套标准来衡量，中国古代是没有科学的，在西方文艺复兴之前，也没有哪个国家有科学。

比如说，一提起中国古代科技，大家马上就会想起四大发明，但是那只是技术应用，并不是一个知识体系。还有人会想到中国古代数学研究的一些辉煌成就，但是数学是科学的工具，本身并不是科学。还有人会想到中医，但是中医的理论是气、阴阳、五行等等非常模糊、抽象的哲学概念，并非客观具体的事物或现象；中医的医疗实践是主观臆测和经验积累结合在一起的，强调的是不可重复性和不可测量性，而科学方法特别强调客观性、可重复性和可测量性。

有一个叫李约瑟的英国剑桥大学教授，原先是研究生物化学的，在20世纪30年代有三名中国留学生到他的实验室学习。李约瑟迷上了其中一名女学生，又因此迷上了中国古代文化，开始学习中文，后来就转而研究中国古代科技史，出版多卷本巨著《中国的科学与文明》（中文通常译作《中国科学技术史》），到他去世时也还没有出完。

李约瑟在研究过程中提出了一个问题：中国古代对人类科技发展作出了很多重要贡献，但是为什么科学和工业革命没有在近代的中国发生？这个问题通常被简化成“为何中国没有产生科学”。其实这个问题并不是李约瑟首先提出来的，在他之前中国和外国都有人提出过，只不过李约瑟的影响比较大，所以就把它叫作“李约瑟问题”。

李约瑟提出了问题，他自己也想给出个答案。他把原因归结到中国的“官僚体制”。全中国有文化的聪明人都被选拔、集中起来当官了，这样才能对全国做井井有条的管理。好处是具有实用价值的技术研发一开始会比较受重视，有利于早期的科技进步。坏处是不利于新观念的传播，不鼓励技术竞争，还瞧不起商业经济，最终又阻碍了科技的进步。

为什么中国会出现这种体制呢？李约瑟认为这和中国的地理环境有关，比如黄河经常泛滥，必须集中全国资源一起来治理水患，就形成了这样一个中央集权的官僚体制。所以说来说去，要怪中国人生错了地方。按李约瑟的说法，如果中国的地理环境和欧洲一样，像哈维、伽利略、牛顿这样的科学伟人就会诞生在中国，汉语就会变成科技语言。

当然也有很多人不同意李约瑟的看法，提出各种各样的理论想要取而代之。一直到最近几年，这在国内学术界也还是个热点问题。就像人文学界的很多问题，见仁见智，是不可能达成共识的。早在1953年，有人拿这个问题去问爱因斯坦，爱因斯坦给回了一封短信。国内翻译出版《爱因斯坦文集》时，因为先入为主地认为中国古代有科学，所以把这封信的意思给搞反了。后来有人想去纠正它，也没纠正对。其实这封信是用很浅显的英文写的，翻译过来就是：

> 西方科学的发展是以两个伟大的成就为基础的：希腊哲学家（在欧几里得几何学中）发明了形式逻辑体系，以及（在文艺复兴时期）发现通过系统的实验有可能找出因果关系。在我看来，人们不必对中国圣贤没能作出这些进步感到惊讶。这些发现竟然被作出来了才是令人惊讶的。

爱因斯坦不仅不认为中国古代有科学，而且也不认为这有什么值得大惊小怪的。在他看来，科学的起源是个很不平常的事件，因此不必对古代中国没有出现科学而惊讶，值得惊讶的是西方居然会发展出科学。按照爱因斯坦的意思，探讨科学为何没有在古代中国产生，跟探讨科学为何没有在世界上的其他国家产生一样没有意义，值得探讨的是为何科学竟然会在欧洲产生。

科学的源头是古希腊的自然哲学，那是人类文明的奇迹，的确值得惊讶。今天各个科学学科的起源大多可以一直追溯到古希腊。古希腊哲学家有时能对自然现象作出相当准确的解释，这有很大的碰运气的成分。更为重要的是他们的思考方式和一些被我们现在视为理所当然的基本假定。比如，古希腊第一个哲学家泰勒斯首先提出，对自然现象要完全用自然因素来解释，跟神灵没有关系，这种思想叫自然主义。古希腊另一位伟大哲学家德谟克利特提出，事物的任何变化都是原子的结合和分离引起的，试图根据少数几个基本观念来解释整个世界。这种思想叫还原主义。亚里士多德创建了形式逻辑体系。自然主义、还原主义、逻辑体系，正是科学思想的基本成分，是科学研究的出发点和基本方法。

古希腊哲学家让我们知道，要用自然因素的相互作用来解释自然现象，而且这样的解释要符合逻辑。但是，对某一种自然现象往往可以提出好几种不同的解释，而且都符合逻辑，能够自圆其说，我们怎么知道哪一种解释、哪一套体系是正确的呢？大家只是在理论上互相争来争去，谁也说服不了谁。一直到文艺复兴时期，伽利略等人才发明了一个解决争端的办法，通过做实验来验证假说。一旦实证方法确立起来，自然哲学就变成科学了。

西方世界并不是天然就适合产生科学的。在古希腊之后，科学萌芽被扼杀了，西方有一千多年的时间是黑暗的中世纪，古希腊自然哲学家的著作和思想反而是在阿拉伯世界被继承了下来，到文艺复兴时期才被西方学者重新发现。科学虽然是在西方诞生的，但却是属于全人类的。科学是没有国界、没有文化属性的，是每个国家、每个民族都能掌握，都能作出贡献的。赛先生来自西方，但是并不姓西，我们也可以学习它，发展它，没有必要为此感到自卑。

2009年3月5日

科学与自由的交融

美国《独立宣言》是在235年前由托马斯·杰斐逊起草，再由本杰明·富兰克林略作修改而成的。这两个人有一个在当时很罕见的共同点：他们对科学都有近乎狂热的热爱，都是业余科学家。当时的美国并不存在职业科学家，所以他们也就代表着同时代美国人在科学上所能达到的高度。富兰克林在电学方面的贡献，特别是用风筝把雷电引下来的实验，是众所周知的。杰斐逊也有不少发明创造，也许他对科学的贡献比不上富兰克林，但是对科学的痴迷则是有过之而无不及，甚至到了偏执的程度。就在通过《独立宣言》的当天，杰斐逊还和往常一样记录了四次气温，并在第二天去买了气压计。他的某些科学观念完全是现代的，例如他认为印第安人和黑人的体质和智力与白人完全一样，这在当时是个惊世骇俗的观点，为此受到了很多攻击和嘲笑。

当然，我们现在想起杰斐逊，首先想到的是他在《独立宣言》中宣布的人人生而平等、享有自由权的主张，这是“不证自明的真理”，就和几何学的公理一样。他如此自信，因为他认为这是科学所告诉我们的，如果你相信科学，就会相信人类是平等和享有自由权利的。“自由是科学的长女”，他后来如此写道。在临终前十天写的最后一封信中，杰斐逊更清楚地说明：“所有的眼睛已经或正在睁开看到人的权利。科学之光的广泛传播已经让每个人看到了一个浅显的真理，那就是人类大众并不是生来就在背上放着马鞍，准备好供少数受上帝的恩典偏爱的鞭策者合法地驾驭他们的。这就是别人的希望所在。至于我们，让每年这一天（按：指7月4日美国独立节）的回归能永远让我们重新记起这些权利，并不懈地为它们献身。”国内一些敌视科学的人却自称“自由主义者”，想来他们挂在嘴上的“自由”与杰斐逊说的并不是一回事。

另一方面，科学的发展也离不开自由。科学需要学术自由才能更好地进行探索、质疑、思索、讨论和达成共识。杰斐逊也曾指出：“自由是科学和美德的伟大父母。一个国家后两者的伟大程度将会总是与其自由程度成正比。”经常有人以苏联很不自由，但是科技很进步，来说明自由并不是科学发展所必需的。事实上，苏联的科技成就主要表现在工程技术和物理领域的个别学科，这些学科与意识形态没有什么关系，还能享有一定的学术自由，甚至受到官方的扶持，所以还能有所发展。其他科学领域就没有那么幸运了。例如，由于遗传学被苏联官方认定为“资产阶级学科”，苏联遗传学家被杀害、流放，遗传学被取消。由于遗传学是生物学的核心学科，这样做的后果流毒深远，直到现在，俄罗斯和受其影响的国家的生物学研究仍然在世界上毫无地位。

科学的许多特征，例如探索、怀疑、理性、实证、反权威、合作、信息共享、同行评议，都是自由、平等的体现。自由、平等是普世价值，科学更是。科学家有祖国，但是科学没有国界。自五四以来我们就一直在欢迎德先生、赛先生，现在又有人提出应该欢迎李先生（自由）。在一定程度上，这三位先生是三位一体、密不可分的。

2011年7月6日

科学与宗教能够调和吗?

“科学家错了400年？”这是塞到我的信箱的一份传单的标题。收信人写的是“现在住户”，可见是一份四处散发的传单。邮寄者为位于美国堪萨斯州的“地心圣经基金会”，目的是想要给那些“心灵开放”的人赠送一本“能改变你的世界的免费书籍”。据称从这本书中能够获悉4个世纪以来科学家们没有告诉你的天大秘密：天文学家有意忽视了在19世纪70和80年代证明地球静止不动的实验结果；相信日心说的科学家没法解释一些天文、地理现象，不得不采用改头换面的地心说模型；地心说能够比日心说更好地解释所有的现象……

我们从小就知道，日心说在16世纪中叶由哥白尼提出后，一度受到罗马教廷的打压，布鲁诺为此献出生命，伽利略则受到了迫害，但是科学最终取得了胜利，连罗马教廷也不得不在上个世纪为伽利略平反，“地球绕着太阳运行”在今天已成为受过教育的人都知道的科学事实，为什么还会有人声称没有任何证据能证明日心说的正确，所有的证据反而都表明地球是静止的呢?

原因也是因为宗教。这份传单声称，地球的动静问题是科学与《圣经》

发生真正冲突的唯一地方，也是所有教会放弃《圣经》的权威性的出发点，因为《圣经》明确说明地球是上帝创造的宇宙的中心，如果地球不是宇宙的固定中心，那么地球上的生命和人自身都会变得没有意义。

的确，《圣经》充斥了地球中心论的说法。既然人是上帝根据他的影像创造出来的万物之灵，而大地又是上帝赐给人的居住所，那么认为大地是宇宙的中心是最自然不过的事情。在《圣经》看来，上帝造太阳、月亮、星星，都是为大地而造，为了用它们来普照大地，管理昼夜，在上帝创世的时候，大地是作为创造的中心的。《圣经》中也多处提到太阳是绕着大地转动，而大地是静止不动的。当初教会认为伽利略叛教，根据的是《圣经》中的一句话："（神）将地立在根基上，使地永不动摇！"

事实上，在《圣经》看来，地不仅不动，而且根本就不是球形的，而是平的。这本来没有什么奇怪的，因为《圣经》是古人写的，当然会反映出古人的天地观。基督教原教旨主义者坚信《圣经》准确无误，每一句话都必须从字面上理解，那么就必须坚信日动地心说是正确的，而地动日心说是错误的。甚至还必须坚信天圆地方——美国有一个据称有几千名成员的地平学会，就是根据《圣经》而有如此荒唐的信仰。那些声称进化论已被最新科学成果推翻的神创论者，也是由于宗教信仰而无视、歪曲科学证据，与地心论者、地平论者其实并无本质区别。

现在经常见到有国内学者宣扬科学与宗教调和论，嘲笑那种认为科学与宗教存在冲突的传统说法是过时观点。这些人真应该到美国，特别是到宗教保守势力强大的美国南方见见世面。美国密歇根州立大学教授乔恩·米勒（Jon D. Miller）在2006年主持完成了一项调查，美国有1/3的成年人坚决拒绝接受进化论，比例比其他发达国家高得多（欧洲各国成年人接受进化论的比例都在80% 以上，日本为78%）。米勒认为导致这个差距的最主要因素就是原教旨主义信仰对美国的影响。

美国著名生物学家爱德华·威尔逊（Edward Wilson）最近在给达尔文文集写的后记中指出，想让科学与宗教和睦相处，不仅不可能，也不值得。他认为两者发生冲突的战线一直是生物学，这门科学的发展继续在扩大着科学与宗教之间的鸿沟。他呼吁用一种新的世界观 —— 科学人文主义（即建立在科学基础上的人文主义）——取代在21世纪正变得越来越危险的宗教。

正如我收到的那份传教传单所表明的，科学与宗教的战线并不限于生物学，即使是在天文地理，科学也没有取得完全的胜利。只不过生物学的成果对宗教信仰的打击更为重大和深刻，所遭受的抵抗也就更为强大和持久。

美国也有许多学者，甚至包括一些科学家，主张科学与宗教不冲突。但是他们的动机与国内那些为了反对科学的学者却未必相同，更多地出于要在一个宗教势力强大的国家为科学争取更多的生存空间的考虑。我能够理解这些人的良苦用心，但是更尊敬威尔逊的坦率和坚定。妥协也许会暂时改善处境，但是真正的胜利还需要靠坚守和进攻才能获得。

2007年1月5日

科学不该宽容

最近有一批人联署了一封题为《不要让“伪科学”一词成为灭亡传统文化的借口——恳请将“伪科学”一词剔除出科普法》的公开信，引起了媒体相当大的关注。签名者中，有自称已和外星人建立了联系的，有研究出“金星是人类的故乡”“我们都是外星人”的，有推销“永动机”的，有号称能根据月亮的位置预测自然灾害的，有用“太极序列”预测地震的，有宣扬人体特异功能并且用实验“证明”在深圳发功能改变北京的分子结构的，有支持过“水变油”的，还有很多位都自称推翻了爱因斯坦相对论……

看了签名名单及其“学术成果”，就不难明白为何会有这么一封公开信问世，因为他们的研究都会被任何一位有科学素养的人视为伪科学，他们当然就很忌讳“伪科学”一词了。所以，这就像一些被指责制造伪劣假冒产品的人签名要求《消费者权益保护法》剔除有关打击伪劣假冒产品的内容一样，不过是一场小小的闹剧，本来是犯不着认真对待的。

但是，有几位人文学者虽然没有签名，却都撰文对这一举动表示同情乃至支持，甚至宣称“这场‘废除伪科学’的签名活动，也得到了公众及网友的赞同”，这就值得注意了。为什么本身并不在搞伪科学的人，却也会忌讳伪科学一词呢?

一个原因是没有弄明白什么是伪科学。甚至连那封公开信也有意无意地歪曲了“伪科学”的意思。它说“伪科学”原指“伪造科技成果或剽窃他人成果”，这是将伪科学和学术造假混为一谈了。虽然搞伪科学的人往往也会有学术造假，但是即使没有学术造假，其主张仍然不具有科学性：它们从方法上根本就错了。把不遵循科学方法的非科学的东西说成是科学，就成了伪科学，这才是伪科学的真正意思。还有人声称“在人类对自然的认识没有到达终点之前，所有的科学都是伪科学”，这也是把科学研究过程中由于客观条件的限制而出现的失误，与伪科学混淆了。

有人则是担心“伪科学”一词会成为打击不同学术观点的帽子。的确，就像某位支持“废除伪科学”签名的人所说，在历史上有过真科学被打成伪科学的事例，例如纳粹德国御用科学家批爱因斯坦相对论，苏联李森科批遗传学。但是，这些都是一时一地在政治高压下出现的不正常现象，即使在当时，国际科学界的主流也是站在真科学一边的。我还没有发现这样的例子，被科学界主流认为是伪科学的东西后来咸鱼翻身。虽然在科学与非科学之间有时候会存在灰色区域，但是在一般情况下都界限分明的，难道我们在现在还不敢说批相对论、批遗传学的人是在搞伪科学吗？我们不能因为在反对伪科学过程中有可能出错，就要放弃反对伪科学，这是典型的因噎废食。

有人呼吁应该以一种包容万物的心态对待伪科学，声称尊重他人独立思考能力的宽容才是真正的科学精神和科学方法。这是对科学精神和科学方法的严重误解。科学强调的是怀疑、实证和理性，科学研究要求符合学术规范，要经得起严格的检验，最不能容忍信口开河、乱发谬论。科学恰恰是最不讲宽容的。对伪科学的宽容实际上是纵容。思想的自由与科学的不宽容并不矛盾，因为它们是属于不同层面上的东西：前者是政治层面的，后者是学术层面的。反对伪科学目的是为了让公众了解伪科学的实质免受其骗，并非要在政治上限制伪科学人士的思想自由，当然，对那些涉嫌搞伪科学进行诈骗的，也应该由司法机关追究其法律责任。

今天中国的现实是，某些涉嫌诈骗的伪科学人士并没有得到追究，搞伪科学的人所享有的自由其实是太多了。他们对此还不满足，还想要有不受批评的自由，因此对批评者挥起了政治大棒，给反对伪科学人士扣上“即使不是亡我中华民族的主谋，也至少已沦为反华势力的‘同谋者’”的大帽子。那些反对在政治上打压伪科学人士的人，不知为何却去支持想要在政治上打压反伪科学人士的举动？那些要求宽容伪科学的人，为何却对少得可怜的反伪科学人士如此不宽容？

有人担心，如果捍卫科学时不够宽容，就不容易得到广大民众的同情和支持，会变成不得人心的事情。在民众的科学素养普遍不高的今天，这种危险当然存在，尤其在与民族传统文化有关的科学问题上更是如此。但是我们不能为了迎合大众的感情就放弃科学理性的立场。在科学的是非真假问题上，不能含糊。捍卫科学，要有“虽万千人吾往矣”的决心和勇气。

2006年12月10日

对迷信的本能欲求

最近我参加了中央电视台一个辩论节目，主题是外星人有没有到过地球。相信外星人到过地球的主要嘉宾是一位来自台湾地区的电视主持人，现在也在大陆的卫视主持百科节目。他据说去过180多个国家，自称是一位“考古学家”，而他满世界“考古”的目的，似乎就是为了证明外星人到过地球。

果然，在节目拍摄过程中，这位电视“考古学家”不断地出示各种各样的实物或图片——在青海“外星人遗址”找到的神秘管状物、埃及金字塔、复活节岛石像、纳斯卡线条……声称它们不可能是古人造出来的，只能归功于外星人。

他自己觉得神奇无比的，就以为别人都会和他一样百思不得其解。其实在专家看来，他出示的这些证据都没有什么神秘、难解之处。青海的“神秘管状物”经地质学家化验分析，发现乃是沉积而成的铁矿石，并不含有地球上没有的“外星元素”。埃及金字塔、复活节岛石像、纳斯卡线条无疑都是古人建造的。在尼罗河岸遗留着当年为建造金字塔开采石头的场地，至今在那里还可以找到开采了一半的石头和当时使用的工具；考古学家曾经用古埃及技术仿建金字塔，并在金字塔附近挖掘出了建造工人的营地、墓地和尸骨。在复活节岛上也遗留着采石场，用来雕刻石像的石斧和一些石像半成品还扔在那里；考古学家多次组织人马，用原始的办法搬运、树立起了石像。在纳斯卡线条尽头的地下，还残留着当年供绘制线条定位用的木桩；美国肯塔基大学的研究人员曾经用当时的方法很快就绘制出了类似的大型线条图案……

这位电视“考古学家”对此不以为然，认为这些观点都是过时或外行的，似乎那些多年潜心研究的专家的见解还不如一位“到此一游”的观光客。即使这些遗迹真有未解之谜，就能说它们是外星人造的吗？为什么不留待以后的科学研究？即使你坚信科学永远无法给出解释，为什么不说是超人、神仙、鬼怪造的？对外星人的信仰，与对超人、神仙、鬼怪的信仰并无不同，都是一种迷信——没有证据就盲目地相信。

现场的观众大部分都举牌表示相信外星人到过地球。并不是这场节目的观众素质就特别差，我参加过多场类似的节目录制，观众都是如此。古人普遍相信鬼神，今人则流行相信外星人或类似神秘的东西。迷信在古今中外都如此盛行，让人怀疑那是否是人类与生俱来的一种本能。人们本能地要为事情的发生找出原因，在自己难以解释时，迷信的解释也聊胜于无。即使在明知有科学解释时，也宁愿继续迷信，因为幻想通常要比事实更让人感到舒服。受过良好教育的人，甚至包括部分科学家，也难以摆脱内心对迷信的欲求。例如对另类医学的推崇，对神灵的崇拜——在美国，有40% 的科学家、7% 的国家科学院院士，还相信神的存在。

迷信有其生理基础。2002年，瑞士神经生物学家找了20名迷信者（迷信神、鬼、阴谋论等）和20名不信者，让他们看一系列的幻灯片。这些幻灯片显示的都是人脸照片，有的是真实的人脸，有的则是用不同人脸的不同部位拼凑出来的。结果表明，迷信者更容易把那些拼凑出来的脸当成真实的人脸。然后，研究人员让实验对象服用一种能够增加大脑中神经递质多巴胺的含量的药物，再用一组新的人脸重新做实验。这一回，所有的实验对象都更容易把拼凑的人脸当成真实的人脸。这意味着大脑中多巴胺含量高的人更容易以假当真、无中生有，也就更容易迷信。

如果迷信有生理基础，那么有没有迷信的基因呢？美国国家卫生院的遗传学家怀疑一个叫 VMAT2的基因和迷信有些关系。这个基因调节人脑中多巴胺、5- 羟色胺、肾上腺素、去甲肾上腺素等神经递质和激素的含量。这个基因有不同的版本，其中一个版本会增加这些神经递质、激素在大脑中的含量，而心理测试表明，具有这个版本的基因的人最迷信。

如果迷信是一种本能，它是怎么进化来的呢？在人类进化的早期，迷信的人可能有某种生存优势。在一个充满风险的环境中，疑神疑鬼不失为一种保护自己的好办法。一有风吹草动，迷信的人就会当成不祥之兆被吓跑，不迷信的人在多数情况下可以嘲笑迷信者的胆小怕事，但是万一真有狮子躲在草中，就要付出生命的代价。迷信在人类社会中还可能有别的积极作用。比如，它能够提供心理安慰、凝聚人心、激发士气。

但是，时代早就变了。在现代社会中，人们已无须借助迷信来保护自己，在许多情况下，迷信起到的是破坏作用，应该尽量避免。例如，对另类医学的迷信危害健康，对鬼神的迷信妨碍科学教育，对风水的迷信损失钱财。但是不幸的是，我们还长着一颗石器时代的大脑，要人们抗拒本能，学会理性地看待事情，是一项艰难的使命。

2010年1月25日

半穹顶的不同故事

飞瀑、清流、平湖、雪峰、巉岩、幽谷、悬崖、密林、草甸……人们能够设想的山区自然美景，在加州约塞米蒂3000平方千米的土地上，大抵都能够找到，因此这里被誉为最美的美国国家公园，有试图描绘出这一特色的音义兼备的一组译名：优色（山、胜、圣）美地。其实约塞米蒂的原意一点儿也不美，是当地印第安语“他们是杀手”的意思。

约塞米蒂的壮美胜于其优美。站在“冰川点”上眺望，可以看到它最为壮观的地质面貌，山峰、峡谷、瀑布，全方位地一一展现在眼前，没有哪张照片能够再现其全景，只有身临其境才能油然而生“世界在我脚下”的豪情。在连绵起伏的一个个形状各异的花岗岩巅峰中，最为突出的是高高耸立的“半穹顶”：一边是垂直而下的峭壁，一边是近乎完美的球形，犹如一个穹顶被削去了一半。在它的西边，点缀着北美第一高的瀑布（落差达739米）约塞米蒂大瀑布；在它的东边，更为醒目的内华达瀑布和春天瀑布相连而下。

在1851年约塞米蒂被白人"发现"之前，印第安人已经在那里生活了成千上万年。他们也一样会疑惑，如此壮丽的自然风景是怎么来的？

一个历代相传的故事说，一对年轻的夫妇在约塞米蒂山中跋涉，口渴难耐，在峡谷中发现了一个湖泊（今天的"镜湖"），妻子跑在前面，畅饮湖水，等丈夫赶到时，湖水已被饮干。丈夫大怒，动手痛打妻子。妻子逃脱，丈夫犹穷追不已，于是妻子停下，放下装着婴儿的篮子，把另一个装东西的篮子向丈夫掷去。神灵看到这一幕，大为震怒，把他们全都变成了遥遥相对的沉默山峰：放在一旁的婴儿篮变成了"王拱"，扔出去后底朝上的篮子变成了"篮穹顶"，丈夫变成了"北穹顶"和"华盛顿柱"，妻子则成了与之相向的"半穹顶"，半穹顶悬崖上黯淡的条纹，就是妻子流下的永恒泪水。

在约塞米蒂被白人重新发现后不久，有关其起源的科学探讨在加利福尼亚地质调查局的组织下也就开始了。当时有两派意见争论不休。一派以加利福尼亚地质调查局局长、著名地质学家约西亚·惠特尼（Josiah Whitney）为代表，主张约塞米蒂峡谷是由于地质断层之间的岩块下陷形成的。在他们看来，半穹顶就是一个证据，它毫无疑问是由于一个完整的穹顶在中间分裂，滑落、失去了另一半而形成的。另一派以著名环保活动家约翰·缪尔为代表，认为约塞米蒂峡谷是由于冰川侵蚀造就的。1913年，美国地质调查局委托弗兰科斯·马瑟斯（Francois Matthes）研究约塞米蒂峡谷的起源。1930年，马瑟斯发表经典著作《约塞米蒂峡谷地质史》，认为约塞米蒂地貌是河流和冰川共同侵蚀造成的，被广泛接受，结束了争议。

此后的研究对马瑟斯的研究结果略有修改，但基本不变。大约在2500万年前，约塞米蒂所在的内华达山脉开始缓慢地隆起，增加了河床的陡度，使得流经约塞米蒂的默赛德河对河谷的侵蚀加剧。大约150万年前，内华达山脉已高到足以终年积雪，形成冰川。至少有过三次冰川在山顶形成，并流入山谷。在冰川纪早期约塞米蒂谷的冰川厚度可能一度达到1200米。冰川运动让约塞米蒂谷变得更宽、更深、更陡，切割、雕刻出了河谷两岸壮丽的地貌。

至于半穹顶，其前身并非一个完整的穹顶。它大约只丢失了20% 的部分。构成半穹顶的花岗岩受力而出现裂隙，地质学上称为"节理"。水流进节理裂缝中，冻结、融化，如此循环往复，让裂缝不断地变宽。冰川流过约塞米蒂谷时，切割、带走了穹顶底部的岩石。没有下面岩石的支撑，穹顶变得不稳定，面向河谷的一面逐渐脱落，形成了陡峭的悬崖，看上去好像被切掉了一半。

当前有一种从西方传过来的很时髦的“文化相对主义”论调，认为科学知识并非客观，也不比其他知识高明，比如对一种自然现象的解释，神话、传说与科学理论有同等的价值。但是我不知道，在今天还有谁会把印第安人讲述的半穹顶的故事当成事实，而不认为地质学对半穹顶形成的解释更为合理。印第安人的故事也许有其文化、文学价值，甚至还有点儿教育意义，但是毫无科学价值。我这么说，不知是否会有印第安人认为是在污蔑其传统文化?

地质学也对半穹顶的形成讲了一个故事，而且曾经有过不同的版本，但是这是一个可以用客观的证据加以验证、修改的故事，因此接受它并不需要信仰，也不借助于权威——提出断层下陷说的惠特尼在当时要比提出冰川侵蚀说的缪尔权威得多，但是这并不妨碍后人在证据面前认为缪尔的说法更接近事实。这正是科学的魅力所在，也是科学知识胜于与之相对的其他知识的所在。

2007年7月16日

复活节岛的悲剧

复活节岛是地球上最孤独的一个岛屿。这个面积仅有163平方千米的三角形小岛位于东太平洋，往东越过3600千米的海面才能见到大陆（智利海岸）。它离太平洋上的其他岛屿也相当遥远，离它最近的有人居住的岛屿是皮特凯恩岛，远在西边2000千米处。迟至1722年4月5日，该岛上的原居民才与外界有了接触，那是由荷兰航海家雅各布·洛加文（Jakob Roggeven）率领的一支114人的三艘战舰。洛加文发现它的时候，在海图上用墨笔记下了这个点，在旁边写上“复活节岛”，因为这一天正好是基督教的复活节。从此该岛以“复活节岛”为人所知。但是现在人类学界一般将它叫作拉帕努伊岛（Rapa Nui），这是19世纪中叶波利尼西亚人对它的称呼；岛上原居民被称作拉帕努伊人，他们讲的方言被称作拉帕努伊语。我们无法确切地知道原居民除了把这个岛屿称作特凯恩加（te kainga）意即“大地”之外，还有没有特别的名称。据说，有一种从其祖先传下来的名称叫“特—皮托—特—何努阿”（Te-Pito-te-Henua），它一度被译成“世界的肚脐”，这个说法引起了许多人浮想联翩，比如国内有一篇宣扬神秘现象的文章就以此为例：

> 令人惊讶的是，复活节岛的居民称自己居住的地方为“世界的肚脐”。这种叫法，一开始人们并不理解，直到后来航天飞机上的宇航员从高空鸟瞰地球时，才发现这种叫法完全没错——复活节岛孤悬在浩瀚的太平洋上，确实跟一个小小的“肚脐”一模一样。难道古代的岛民也曾从高空俯瞰过自己的岛屿吗？假如确实如此，那又是谁，用什么飞行器把他们带到高空的呢？

但这个“世界的肚脐”未必指全岛，可能仅指岛上的火山口，那就没什么神秘之处了。而且据语言学家 W. 丘吉尔的考证，这个称呼的准确含义可能是“大地的尽头”。

不过复活节岛的确有很多奇怪的地方。它位于南纬27°，属亚热带，气候相当暖和。它是由大约100万年前海底的三座火山喷发形成的。火山灰是有利于种植的富饶土壤。在理论上，它应该和其他波利尼西亚人的岛屿一样，是个天堂乐园。但是，洛加文对它的第一印象却是一个荒岛：

> 我们起初从远距离观察，把复活节岛设想成了一块沙地。这是由于我们将枯萎的野草或其他枯干、烧焦的植物都当成了沙土，因为它的荒凉的外表只给我们特别贫瘠的印象。

洛加文的第一印象相当准确。复活节岛是一个草原，没有任何高于3米的树木。植物学家在岛上只发现了47种土生土长的高等植物，大部分是草本、蕨类，只有四种是矮小的灌木。在野生动物中，除了外来的老鼠和一种可能是本土的小蜥蜴外，没有任何一种大过昆虫，甚至没有本土的蝙蝠和陆地鸟类。至于家养动物，则只有鸡。居民主要靠栽种甘薯、甘蔗和香蕉为生。

当时的人口据估计只有2000人，显然属于波利尼西亚人，讲波利尼西亚的方言：英国航海家库克船长在1774年访问该岛时，随行的一个塔希提人可以跟岛上居民交谈。然而，尽管波利尼西亚人以高超的航海技术闻名于世，连西方殖民者也不能不叹服，洛加文却发现整个复活节岛只有三四条简陋的小划子，长仅3米，最多乘两个人，用小木板简单地绑在一起，漏水很厉害，需要一边划一边戽出船里的水。这样的小划子只能在岸边行驶，根本不可能到深海去。

然而，就是在这块贫瘠、落后的土地上，却诞生了大批被当地人称为摩艾（moai）的巨大石像。目前已发现的摩艾有887尊，大多数是在一个采石场雕刻，其中有288尊雕刻完了之后曾经被成功地运到称为阿胡（ahu）的海滨祭坛立在上面，运输距离有的远达10千米。有397尊还未雕刻完扔在采石场，其余的92尊则遗弃在运输途中。它们大部分是用质地较软、容易雕琢的凝灰岩（火山灰凝固形成）雕刻的，小部分用其他的火山岩雕刻。摩艾平均高度约4米，平均重量约12.5吨。最大的一尊高21.6米，重160～182吨，但没有完工而遗弃在采石场。完工的摩艾中最大的高9.8米，重约74吨。没有两个摩艾完全一样，但大部分都根据同一个样式雕刻，最底下只到髋部，手臂垂于两侧，两手十指拉长护住腹部。摩艾的头部也被拉长，并总是向前注视前方。大部分摩艾有长耳朵、大鼻子、薄嘴唇、深眼窝。有的眼窝中镶有用珊瑚做的眼白和深色石头做的眼珠。有50～75尊摩艾顶上还加了一个称为普卡奥（pukao）的用红色火山岩做的石帽，也可能是代表头发。

显然，摩艾是复活节岛上最引人注目也最使人疑惑的风景。洛加文写道："这些石像使我们震惊，因为我们无法理解这些人没有大木头可以制作任何机器和结实的绳子，却怎么可能立起这些石像？"洛加文的疑问，到现在还不断地被人提出，也不断地有人试图给出种种答案。特别是那些神秘现象、天外来客、"史前文明"的宣扬者，更是把复活节岛上的摩艾拉来当证据。比如臭名昭著的丹尼肯，就声称这些石像是外星人用超现代的工具制作的，他们因为飞船失事被困在复活节岛上，竖起这些石像向同类求救，救援飞船来了，他们便匆忙地离开了小岛。

这种毫无根据的幻想不值一驳。岛上采石场可以找到许多用玄武岩制作的石斧，当地人称为托其（toki），因用钝了而丢弃。摩艾就是用这些石器雕刻出来了。在20世纪50年代，挪威著名考古学家海尔达尔（Thor Heyerdahl）曾雇了6个当地人用这种石斧雕刻一尊摩艾。他们干了三天就辞职了，但是根据其进程估计，这6个人用12～15个月的时间就可以雕刻出一尊摩艾。如果要雕刻最大的摩艾，也不过只要20个人工作一年。自20世纪50年代到现在，考古学家们也在不断地组织人马用原始的办法搬运、树立摩艾或摩艾的复制品，美国考古学家范提尔伯格（Jo Anne Van Tilburg）设想古拉帕努伊人在搬运时，把摩艾放在木橇上，底下垫一排木头当轮子，地面洒水减少摩擦。她用计算机模拟，发现用大约70个人以木头、绳子为工具，用这种方法花5天时间就能搬运、树立一尊重约10吨的摩艾复制品。在1998年4、5月间，人们在复活节岛上实地模拟了整个过程，并被拍成电视片。尽管考古学家们对古拉帕努伊人是怎么搬运、树立摩艾仍颇有争议，但这并不重要，重要的是不管拉帕努伊人具体用的什么方法，根据当时的条件，是完全可以用几十个人搬运、树立一尊普通大小的摩艾的，并无神秘之处。问题在于：木头、绳子是从哪里来的？在贫困之中的岛上居民怎么可能有工夫来雕刻、搬运这些巨大的石像？为什么又突然停止了这项活动？

可惜的是，在与欧洲人接触之前，拉帕努伊人并无文字，也就没有历史记载可以明确回答这些问题。复活节岛上有一种奇怪的象形文字，称为朗格朗格（rongorongo），意思是“会说话的木头”，刻在木板上。但是按新西兰语言学家斯蒂芬·费歇（Steven Fischer）的说法，这是在1770年西班牙人访问该岛之后，受其影响才发明的。他在1996年成功地将其破译，发现它们只是记录了祭祀颂歌和创生故事，并非历史记载。

但是通过考古，我们还是可以大致了解复活节岛上的历史变迁。语言随着时间的推移会发生缓慢的变化，通过比较同源语言的差异，可以估算它们分离的时间。前面说过，拉帕努伊语是一种波利尼西亚语的方言，通过与其他波利尼西亚语的比较，语言学家们推测这种方言诞生于大约公元400年。根据放射性同位素法的测定，岛上大约在公元400—700年间开始有人类活动。1994年，生物学家从12具古拉帕努伊人的余骸提取出 DNA，确定他们的确是波利尼西亚人。岛上的风俗习惯，种植的植物（香蕉、甘薯、甘蔗、芋、楮），养的动物（鸡），也都是波利尼西亚人的特征（这些动植物除了甘薯最初起源于南美，又都可以追溯到波利尼西亚人的起源地南亚）。因此，现在考古学界普遍认为，拉帕努伊人是在大约公元400年漂流到复活节岛的一批波利尼西亚人的后代。

当这些波利尼西亚人刚移居到复活节岛的时候，这里的确是个小天堂。我们通过花粉分析可以推测古代的植被情形。池塘或沼泽地中的沉淀物是按时间远近沉积的，越上面的年代越近，越下面的年代越久远。每一层沉淀物的绝对年龄可以用放射性同位素法测定。在显微镜底下分析沉淀物所包含的花粉，鉴定其种类，计算其数量，就可以知道当时的植物分布情况。据此我们知道，复活节岛在早期并不是一块荒地，而是一片茂密的亚热带森林。在森林中，生长着一种刺蒴麻属植物哈兀哈兀（hau hau），其纤维可以用来制造绳子。还有一种特有的树木名叫托罗密罗（toromiro）树，木质坚硬，可以用于烧火和制作木雕。而数量最多的是一种大棕榈树，这种树在复活节岛上早已灭绝，但是与智利的酒棕榈树很相近，也可能是同一种。这种大棕榈树树干笔直，可以长到25米高，直径2米粗，是用于运输、树立石像和制造大船的良好材料。而且，这种棕榈树结的果子可以食用，树浆可以生产糖浆和酿酒，是重要的食物来源。

动物的情况又如何呢？考古学家们可以通过挖掘、比较地层里古代遗留的垃圾堆中的动物骨骼加以推测。一般来说，鱼类是波利尼西亚人的主要食物，鱼骨头一般会占垃圾的90% 以上。但是，复活节岛位于亚热带，与热带相比气候过于寒冷，不适于鱼类聚集的珊瑚礁生长，其险峻的海岸线也不适合于浅海捕鱼，因此鱼类一开始就不是拉帕努伊人的主要食物，从公元900—1300年，鱼骨头在拉帕努伊人垃圾中的含量少于1/4。相反，在所有的骨头中，几乎有1/3是海豚骨头。在其他地方波利尼西亚人的垃圾中，海豚骨头在垃圾中的含量从来就没有达到1%。不像其他波利尼西亚岛屿，复活节岛上没有大型的动物，连家养的猪、狗也没有，因此海豚是拉帕努伊人能抓到的最大的动物，成了他们的食物蛋白的重要来源。但是海豚只生长于深海中。这意味着拉帕努伊人曾经能够建造大型的船只用于到深海捕捉海豚。这些船只显然是用大棕榈树的树干制造的。

考古学家还发现，海鸟也是早期拉帕努伊人的重要食物。在人类到达之前，复活节岛上没有鸟类的天敌，成了海鸟最适宜的繁殖地。曾经至少有25种海鸟在这里筑巢繁殖，可能是整个太平洋中最繁盛的鸟类繁殖地。猫头鹰、鹦鹉等陆地鸟类也是早期拉帕努伊人的食物，考古学家在古代垃圾中发现了至少6种陆地鸟类的骨头。同时，跟着拉帕努伊人移民的波利尼西亚老鼠也是拉帕努伊人的盘中餐。此外，垃圾中还有一些海豹骨头，表明复活节岛可能曾经也有过海豹。

总之，早期拉帕努伊人发现的是一块物产丰富的土地。他们的人口快速地增长，在大约1680年人口膨胀到了8000～20000人。他们无节制地开发、使用资源。在公元1200—1500年，他们大量地建造摩艾。然而，花粉分析表明，早在公元800年，森林的毁灭已经开始。从那时候起，地层中的大棕榈树和其他树木的花粉越来越少。进入15世纪后不久，大棕榈树最终在岛上灭绝了。大棕榈树的繁殖相当缓慢，其种子要过6个月到3年才能发芽，发芽后的生长也非常慢，甚至在最好的自然条件下，一个大棕榈树林的再生也需要很长的时间。流窜来的老鼠对大棕榈树的再生起到了破坏作用，在岛上洞穴中发现的几十个大棕榈树果实都是被老鼠吃过而无法发芽的。但是毫无疑问，人类要对树林的消失担负最大的责任：它们被砍伐用于制造船只、房屋，用来运输摩艾，用来烧火取暖，或被烧毁用来作耕地。哈兀哈兀树虽然没有灭绝，却变得极其稀少，以致不能再用来做绳子。至于托罗密罗树，在海尔达尔于1956年访问复活节岛时，全岛只剩下孤零零的一株在垂死挣扎，只结了几个荚果。在1962年这最后一株托罗密罗树也死亡了。幸好海尔达尔把它的种子带到了瑞典让植物学家培育。托罗密罗树在花园里生存了下来，并在1988年重返复活节岛。

到15世纪时复活节岛上的森林已经消失，绝大部分树木已灭绝。动物类群的变化同样触目惊心。所有的陆地鸟类和半数以上的海鸟种类全都灭绝了。在1500年左右，海豚骨头也从垃圾堆中消失了。原因很简单：随着森林的消失，人们已找不到木头建造船只，也就再也无法出海捕捉海豚。他们只能在浅海捕鱼，使得浅海的生态也遭到了严重的破坏，甚至连海贝也基本被吃光，人们只能吃些小海螺。拉帕努伊人从渔民变成了农民：他们开始注重养鸡，鸡成了主要的蛋白来源；他们种植甘薯、芋、甘蔗，但是产量越来越低，因为森林的消失必然造成水土流失，在风吹雨打日晒之下，土壤变得越来越贫瘠。人们普遍处于饥饿之中，吃他们所能找到的任何东西，这除了老鼠（波利尼西亚老鼠在岛上也已灭绝，现在岛上的老鼠是欧洲的），还包括岛上最大的动物——人。在后期垃圾堆中，人的骨头变得很常见。岛上最恶毒的骂语是“你妈的肉粘在我的牙齿上”。虽然其他地方的波利尼西亚人也有吃人的恶名，但那是出于宗教或迷信的原因，只是在特殊场合下才发生的。而拉帕努伊人的吃人却有非常实际的用途：为了补充蛋白质。

食物的产量已无法维持那么多的人口，也没有富余的食物供应制作、搬运摩艾的工人，大批摩艾半成品被抛弃，也很难有食物能上供酋长、祭司们，原来颇为复杂的社会结构崩溃了，整个社会处于战乱之中。战争在17—18世纪时达到了顶峰，那时候制造的石矛、石刀，还遗弃在现在的地面上。

到1700年左右，历经饥馑、战乱后，岛上的人口大约只剩下2000人。大约在1770年，拉帕努伊人开始互相推倒属于敌人的摩艾，砍下摩艾的头。当库克船长在1774年访问该岛时，已发现许多摩艾都从祭坛上倒在地上，以至他推测岛上一定发生了什么灾难。到1864年，当西方传教士抵达该岛时，发现所有的摩艾都已被推倒。

西方人的到来给拉帕努伊人带来的是更大的厄运。第一次接触就是以惨剧收场：荷兰人一上岸，就向围观的拉帕努伊人发射了至少30枪，杀死了10～12名拉帕努伊人，其中包括酋长或祭司，另外还有人数不详的拉帕努伊人受伤。从1805年起，西方殖民者开始到岛上抓拉帕努伊人当奴隶。起初还只是偶尔为之，但1862年，巨大的灾难降临了。全副武装的秘鲁海盗乘8艘船只而来，抓走了1000多名拉帕努伊人，男性拉帕努伊人几乎被一网打尽，包括大酋长及其子女和所有识得朗格朗格，通晓古代传说的酋长和祭司。这些人像牲口一样被运到秘鲁，卖给了当地奴隶主，充当开采鸟粪的奴隶。在国际舆论的谴责下，秘鲁政府不得不命令奴隶贩子将这些拉帕努伊人放回，但是此时由于劳累和疾病，这批拉帕努伊人已死得只剩下100人左右了。这些拉帕努伊人在返回复活节岛的途中，不幸又染上了天花，在旅途中纷纷病死，最终只有15人带着重病回到家乡。这15人也把天花带到了复活节岛。那些侥幸逃脱了奴隶贩子捕捉的人难以抵抗瘟疫的肆虐。传说中的创始酋长霍图·玛图阿（Hotu Matu'a）的最后一批后裔死去了，所有的酋长、祭司也都死去了，朗格朗格从此无人认得，岛上居民只剩下了数百人。第二年法国传教士踏上复活节岛，轻而易举地就把灾难中的拉帕努伊人都改造成了基督徒，同时也彻底消灭了岛上的文化。他们下令烧毁所有刻有朗格朗格的木板，现在幸存的25块朗格朗格板是拉帕努伊人偷偷藏下来的。在19世纪70年代，幸存的拉帕努伊人纷纷搬到塔希提岛，到1877年，岛上人口只剩下了111人。1888年也是复活节这一天，智利政府宣布吞并复活节岛，将岛上大部分土地租给牧羊公司，一直持续到1953年。牧羊使岛上土地更加贫瘠。今天的岛上人口上升到2000多人，但只有5%的学龄儿童讲拉帕努伊语。旅游业是岛上唯一的收入来源。被推倒的摩艾重新被立起来，大棕榈树也从智利引入。

在叹惜复活节岛的悲剧的同时，我们也应该从中吸取教训，因为复活节岛就是地球的缩影。就像复活节岛，我们的地球也是茫茫宇宙中一个孤独的岛屿，而我们也在一点一点地、越来越快地破坏着地球的资源。在可预见的未来，我们不可能发现并搬迁到别的更适于居住的星球。地球是我们唯一的家园。你也许会说，我们不会像古拉帕努伊人那样愚蠢，连最后一株大棕榈树都不懂得保留，还要砍掉。不，古拉帕努伊人并不比我们更蠢。岛上大棕榈树（以及森林）的灭绝不是一夜之间发生的，而是一个经历了几十年、上百年好几代人的缓慢的不知不觉的过程。当最后一株大棕榈树被砍倒的时候，大棕榈树早已稀少得失去了经济意义，没有人会觉得保留它有什么价值，它的灭绝对岛上居民来说并不是什么重大事件，甚至很可能绝大部分人都不会注意到。我们对地球的破坏也是缓慢地、不知不觉地发生的，整个过程要比复活节岛上所发生的缓慢得多，历时也长得多。有多少人意识到，就在今天，无比珍贵的热带雨林正以每年20万平方千米的速度在消失，被砍伐、焚毁而转变成农场和牧场？又有多少人知道，我们正以每年大约5万个物种的速度消灭着独一无二的物种？如果不采取紧急的保护措施，到本世纪中叶，热带雨林将不复存在。到本世纪末，现存物种的1/4将会灭绝。地球的庞大并不能使她天然避免复活节岛的命运，因为地球再大，也是有限的。

我们有没有可能避免让地球重演复活节岛的悲剧？这是可能的，因为我们拥有古拉帕努伊人所没有的两样东西。第一，我们有文字，所以我们有历史，可以研究、汲取历史教训，也可以明白地告诫我们的子孙后代。我们一生只能感觉到数十年的环境变化，因而对那些缓慢的环境恶化无法觉察。但是历史记载能使我们觉察到数千年的环境变化，并让我们的记载传之久远。第二，我们有科学。科学使我们能够准确地追溯、研究和预测环境的变化，提供防范措施。但是，历史和科学只有被公众所接受时才能发挥其应有的作用。如果公众不具有环境保护的意识，再好的历史和科学知识也无法挽救地球。

2001年2月14日

眼见未必为实

几天前我去了一趟费城富兰克林研究所的科学博物馆，那里有不少简单的视觉实验让人亲身感受人的眼睛是多么容易被蒙骗，同样大小的图形会被看成大小明显不同，静止的物体会被看成移动的，黑色的图形会被看成彩色的……

其实我们在日常生活中也经常能体验到这种错觉。一个著名的例子是太阳或月亮在地平线上时看上去要比在高空中大得多。对古人来说，对这个现象最明显的解释是太阳或月亮在地平线上时更靠近地球，就像典故“两小儿辩日”所说的那样。在有了较为正确的天文知识之后，我们就可知这种解释是错误的，日月与地球之间的距离在早晚都是一样的。

我们可以用一个简单的实验证明这种大小变化只是人眼的错觉。通过纸筒观看月亮，调节纸筒的直径大小，直到与月亮刚好吻合。用这个纸筒在不同的时间观察不同位置的月亮，会发现月亮的大小并没有变化。用固定在地面的照相机多次曝光拍摄月亮在天空中的不同位置，更可以直观地显示月亮在天空中的运行轨迹，可知其大小没有变化。

由此可见，月亮在不同位置时在人眼视网膜上的投影大小都是一样的，是人脑对月亮大小作出了不同的判断而产生了错觉。如果人脑觉得月亮距离较远，月亮就会显得比较大，反之则比较小。

那么这种距离错觉是怎么产生的呢？最常见的解释是月亮的位置在地平线上时，因为有房屋、树木等作为参照物，会使人觉得月亮比较远。但是坐在飞机上没有这些参照物时，人们还是会觉得地平线上的月亮比较大，这就没法用这个理论解释了。

按照上面的解释，人脑在面对地平线上的月亮时错误估计了距离。不过实际的情形可能恰恰相反。在我们面对高空中的月亮时，人脑判断不出它距离我们有多远。在不知道一个物体的距离时，人脑会把它假定为大约200米远，并据此计算出它的大小。当月亮在地平线上时，有地平线作为参照，人脑知道它的距离肯定是远远多于200米，并计算出它的大小要大于在假定200米远时的大小。

月亮错觉对所有人都是一样的。有时候不同的人会产生不同的错觉。社会心理学创始人穆扎菲·谢里夫（Muzafer Sherif）曾经在1937年做过一个经典实验。他让几名学生坐在暗室中，观察一个小亮点。那个亮点实际上是固定的，但是由于没有任何固定的背景可作参考，人脑将没法稳定它处理的图像。人们会觉得那个亮点在移动。如果分别问每个人看到的情形，他们描述该亮点移动的方向、距离都各不相同，因为本来就是出于想象。但是谢里夫发现，如果让这些学生对他们看到的情形进行一番讨论，他们的意见会逐渐变得一致，最后他们全都报告看到了向同一方向、距离移动的亮点。即使是不同的人产生的不同错觉，也会在经过讨论之后变得一致。

这种“自主运动错觉”在日常生活中也能碰到。如果盯着一颗孤独的明星（例如金星）看，虽然它是静止的，也会让人觉得是在移动，从而以为那是一个不明飞行物。许多不明飞行物显然都是由于视觉错觉产生的，即使是号称有许多目击者的报告也是如此。谢里夫实验已经证明了，在一群人同时目击一个现象之后，在议论时会互相影响，不知不觉地修正自己原有的看法，最后会形成一种共识。也就是说，即使是诚实的人，甚至是一群诚实的人的一致描述，也不一定可靠。更何况，人们在讲述自己的经历时，为了吸引听者的兴趣，容易无意之中加以夸大，叙述的次数越多，间隔的时间越长，越不可靠。

有的“不明飞行物专家”却偏要根据目击报告进行研究，甚至计算出“不明飞行物”异乎寻常的高度和飞行速度，从而得出“不明飞行物”与外星人有关的结论。这些“专家”显然过分信赖人的视觉和心理。他们不懂得，人们所感觉到的世界，其实并非世界的本来面目，而是一个“虚拟世界”，是大脑根据感官收集来的信息进行加工、重建出来的，在这个处理过程中，很容易出现错觉乃至幻觉。

2006年7月3日

直觉是靠不住的

在中国农村推行计划生育的一大阻力是重男轻女的观念，生了女孩的家庭总想要再生男孩，有许多地方为此做了让步，在农村实行“一胎半”政策，第一胎是男孩的不能再生，是女孩的可以再生一个。有一位“中国问题专家”曾撰文抨击说，这样下去，岂不是女孩越来越多，男孩越来越少，会造成性别比例严重失衡？

其实，由于生男生女的概率相同，只要不用人工流产或溺婴的方式人为地选择婴儿的性别，那么不管采用什么生育策略，都不会改变男女比例。即使生男孩只能生一个，生女孩可以一直生到生下男孩为止，也不会使女孩多于男孩。

这个结论违反了人的直觉，会有许多人无法接受。不相信的人可以具体算一算进行验证：1000对夫妇生育，500对生了500个男孩，停止生育；500对生了500个女孩，继续生育；后者又得250个男孩，250个女孩；后者再得125个男孩，125个女孩……加起来男女孩总数相同。现在中国男女比例的确严重失衡了，不过是女孩少于男孩，这是由于女孩被流产或溺杀引起的。

许多貌似简单的数学题，其答案往往与人们的直觉不符。请看这三道数学题：

1. 球拍和球的总价是1.1元，球拍比球贵1元，那么球的价格是多少？

2. 如果5台机器用了5分钟生产5个零件，那么100台机器生产100个零件需要多少分钟？

3. 在一个湖里有一片睡莲，睡莲的面积每天扩大一倍。如果睡莲覆盖整个湖需要48天，那么它覆盖半个湖需要多少天？

直觉告诉我们，答案分别是：0.1元、100分钟和24天。美国研究人员把这三道题混杂在问卷中让10所大学的3000多名本科生解答，发现大部分人都凭直觉回答。但是直觉是错的。正确的答案分别是：0.05元、5分钟和47天。按答对1题得1分计算，这些学生的平均得分只有1.24分。即使是那些给出正确答案的人，往往也是首先想到直觉的答案，然后意识到这个答案是错的，才去找违反直觉的正确答案。

直觉其实是一种无意识的本能反应，不经思考快速地自发产生，不受人的心理状态的影响。理性思维则需要做有意识的思考，反应要慢得多。直觉对我们的生存至关重要。我们看到一张脸，不可能要经过思考才辨认出是熟人；看到一块石头迎面砸来，不可能等到想起会被砸伤才躲开。这些都要靠直觉作出快速的自发反应。但是在面临更复杂的问题时，就需要用到理性思维才能解决。

在生活中我们在交替使用这两套思维系统。例如，我们讲母语时用的是直觉思维，而讲外语时用的是理性思维，所以不可能像讲母语那么流利。我们听到气象员用摄氏温度报出气温时，会直觉地感到气温的高低，但是如果听到的是华氏温度，就要用到理性思维了——美国人则相反。通过反复的训练，有可能让理性思维转化成直觉。例如，人们在学开车时，要靠理性思维进行判断，反应比较慢，开车时间长了，在某种程度上就成了一种本能，具有迅速的应变能力。

但是有时对同一个问题，直觉和理性思维会给出相互冲突的答案，而直觉往往能战胜理性，从而让人产生烦恼。虽然统计表明飞机是最安全的旅行方式，但是许多人仍然害怕乘飞机，直觉地认为飞机不安全。这些人乘车时并不担心会出事，虽然出车祸的概率要比飞机失事高得多。

有时统计数据反而激发人们本能的恐惧，出现严重的后果。1995年10月，英国医药安全委员会警告说，第三代避孕药与第二代避孕药相比会让静脉血栓症的风险增加100%。这听上去很吓人，许多人因此不敢再用避孕药避孕，导致第二年英国人工流产增加了9%。其实血栓的风险本来就低，风险增加100%，不过意味着每7000多人中会多1例而已。英国医药安全委员会现在的说法是，第三代避孕药只是略微增加了血栓的风险，除非你有患血栓的危险，否则无须停用第三代避孕药。

人们在进入陌生的领域时，会本能地感到恐惧，作出过分谨慎的直觉反应。许多人对转基因食品、疫苗接种的疑虑和反对，就是一种由于缺乏科学知识，未经理性思考作出的本能反应，并被某些组织和人士利用来制造社会恐慌。本能反应一旦作出，就很难通过出示科学证据来说服，因为说理诉诸的是理性思维系统，不容易影响人们的直觉。

让理性战胜直觉，并非不可能。毕竟，对那三道数学题，还是有人给出了违反直觉的正确答案。在回答它们时，名校学生与一般学校的学生表现出较大的差距。在10所学校中，得分最高的是麻省理工学院的学生，平均2.18分，最低的是托莱多大学的学生，平均只有0.57分。也许麻省理工学院的学生天生就对数学有更好的直觉，但是也可能是长期进行数学训练的结果，让他们有更好的答题能力。对从小就在“奥数班”磨炼过的中国大学生来说，更不容易被这类数学题误导。

当然，善于解答数学难题不等于善于应用理性思维。习惯于理性思维特别是科学思维的人，在人群中只是极少数。要让人们了解科学知识还比较容易，但是科学知识往往与人们的直觉不符，要让人们利用科学知识、应用科学思维作出正确的判断，则困难得多，因为那是在抗拒人们的本能。也许科学思维也要“从娃娃抓起”。人们如果从小学习外语，就能让讲外语成为一种直觉；从小训练下围棋，就能对局势有很好的直觉。如果从小进行科学思维训练，是否也能让科学思维战胜直觉反应？

2009年12月28日

假设与求证

近年来胡适在国内很时髦，虽然那些捧他的人有的并没有读过几篇他的文章。不过，“大胆的假设，小心的求证”这句胡适名言，一般人都是知道的。胡适本来是用它来归纳清儒的考据方法，在1928年《治学的方法与材料》一文中，他进一步把它当成科学方法：“科学的方法，说来其实很简单，只不过‘尊重事实，尊重证据’。在应用上，科学的方法只不过‘大胆的假设，小心的求证’。”

但是科学界跟着这么说的人不多，倒是一些搞伪科学的人喜欢把这作为口号为自己壮胆。比如，大胆地假设特异功能的存在，然后小心地求证。有人曾经说过，即使有99起特异功能被证明是假的，也无法证明第100起就不是真的。求证失败了99次，还要再做第100次，不可谓不小心。如果“大胆的假设，小心的求证”真的是科学的方法，这些搞伪科学的人岂不成了最有科学精神的人？

在各种各样的社会争论中，也经常见到有人喊这句口号。最近在有关转基因作物的争论中，有一位法学院教授在报纸上发文《不能将反对转基因的观点视为伪科学》，也以此教育大家“在科学面前我们应保持谦卑的姿态”，“在涉及公众食品安全的问题上，农业部应当‘大胆假设，小心求证’。大胆假设转基因食品的生产和消费存在着一定的安全隐患，通过小规模的实验，小心求证转基因食品生产和消费中存在的问题”。

科学研究当然会用到假设，但是胡适这个命题之成问题，不在“假设”，而在“大胆”。难道“小心的假设”就不科学吗？果真如此的话，绝大部分的科学研究就都成了没有在使用科学方法，因为它们都属于所谓的“常态科学”，所提出的假设只是对已有科学理论的修修补补，毫无惊人之处。有些引发科学革命的惊人假设看上去很大胆，但是那在科学史上极为罕见，不能说只有这些科学天才才在使用科学方法。搞伪科学的人之所以欣赏“大胆的假设”，正是因为他们往往以怀才不遇的科学天才自居。

科学史上那些貌似“大胆的假设”，一旦仔细地考察，就会发现其实并不那么大胆。例如，2005年获得诺贝尔医学奖的成果——幽门螺杆菌及其在胃炎和胃溃疡中的作用——被很多人视为“大胆假设，小心求证”的范例。获奖者之一马歇尔2008年到中国大学演讲时，国内媒体报道说他：“寄言希望中国的年轻人要敢于去尝试，大胆假设，小心求证。”好像胡适的名言已走向世界，为诺贝尔奖获得者所熟知似的。

胃溃疡历来被视为是因为心理压力和生活方式等原因导致胃酸过多引起的慢性病，沃伦和马歇尔却认为其主要病因是感染了一种细菌（幽门螺杆菌），这个假设看上去很大胆。其实，早在1875年就有人提出胃溃疡是由细菌引起的。此后不断地有人提出这一假设，并在人、狗、猫、鼠等动物的胃中发现螺旋菌。反倒是“胃酸过多”的假设较晚出现（1905年）。这两种假设各有支持者，多年来一直相持不下。直到1954年，美国研究人员发布一项研究结果，解剖了1000多个人胃标本都未能发现细菌（现在我们知道是因为其方法有问题），把以前在胃中发现的细菌都视为是样本污染所致，“胃酸过多”的假说才占了上风。

沃伦和马歇尔其实是把一个被认为过时的假说重新提出来。这并不是一时心血来潮的“大胆假设”，而是因为沃伦自己注意到胃黏膜组织切片中存在细菌，才开始怀疑胃病与此有关。他们的主要贡献在于用一系列实验证明了这个假设的正确性，并发现、分离、培养出了幽门螺杆菌。求证的过程有时还颇为大胆：马歇尔甚至用吞服幽门螺杆菌让自己患上胃炎的极端方式来证明幽门螺杆菌和胃炎之间的因果关系。

假设和求证是科学方法的一部分，却不是科学方法的全部。胡适漏掉了假设的前提，也忽略了求证的关键。科学的假设不是凭空捏造、异想天开的

“大胆的假设”，而是合乎证据和逻辑的“合理的假设”；同样，科学的求证和“小心”也没有必然关系，它只看证据是否确凿，而不管求证的态度是“大胆”还是“小心”。所以，如果说“合理的假设，确凿的求证”，那才有点儿科学方法的样子。

我们再来看转基因食品的问题。“转基因食品的生产和消费存在着一定的安全隐患”，这个假设一点儿也不大胆，而是普通得近乎废话，因为所有食品的生产和消费都存在着一定的安全隐患，转基因食品也不会例外。只不过人们对转基因食品的安全性要比对传统食品更关注，所以在转基因食品上市之前都要进行风险评估，做一系列的实验。这种评估方法被世界卫生组织、联合国粮农组织等国际权威机构所认可，认为非常透彻，已经足够小心。在这种条件下，仍然毫无依据地要求“假设转基因食品的生产和消费存在着一定的安全隐患”，固然很大胆，却也很无理。

2010年4月12日

相关与因果

每次震惊世界的大地震之后，总会有些人出来宣布，他们早就预测到了这次地震。青海玉树大地震也不例外。自称成功的预测者很不少，预测方法也五花八门，有从卫星云图看出来的，有通过月亮位置计算出来的，有在三门峡看到“地震云”的，有在西安用自己发明的仪器测出来的……

这次还没有听说蟾蜍搬家之类的异事，倒有异人扮演了类似的角色。中国地震台网中心原首席预报员对人民网记者说，在地震发生的前一天，湖南常德有一位自称身体可以接收震前次生的信息量的人给他发来短信，报告感觉到耳鸣等身体不适症状，提醒他关注近日可能发生的地震活动。更奇的是，这位地震局专家“明确认为”，此人的身体症状和“青海地震发生是有一定关系的”。

这位地震局专家自述他与民间“地震预测爱好者”很有联系，一年到头大概经常收到各种地震预测报告，那么在地震发生之后回头去找，就很容易找到某个人“预测”到了。地震局专家却不认为这是巧合，而是有“一定关系”，有何依据呢？玉树发生的地震，能让湖南常德的人耳鸣，可见这种“异常反应”不受距离的限制，那么近来的台湾地区的花莲地震、海地地震、智利地震，他提前耳鸣了没有？世界上每年平均大约发生18次7级以上的大地震，他是否也一一提前耳鸣了？在其他时候是不是就不耳鸣？还是说，那是特殊的爱国耳朵，只在中国大陆有人居住的地方要发生大地震时才会预报？每天都有很多人耳鸣，每次大地震之前都能找到很多人耳鸣，他们是不是也有预测地震发生的异常反应？

同时发生的两件事情不一定就存在关系，要证明有关系是必须拿出证据来的。但是一些“专家”却不明白这一点。不久以前，有一篇报告称，广西在校大学生超过一半精液质量异常。又有一则网络消息称，广西自2001年至今推广了上千万亩“迪卡”系列转基因玉米。于是有一位“著名经济学家”将两者联系起来，断言广西大学生的精液质量异常是因为大面积种植转基因玉米引起的。

且不说这两则消息都有事实错误或误导（“迪卡”系列的玉米是杂交玉米，不是转基因玉米；和国内其他地方的大学生相比，广西大学生的精液质量并不算太差），即使它们都是准确的，就能把两者联系起来吗？不能。已知有很多环境因素能导致精液质量的下降，却没有任何证据表明转基因食品是其中的因素。你不能毫无根据地把什么坏事都怪到转基因食品头上，就像一位网友讽刺的：“广西大面积种了转基因玉米，广西连日发生重大交通事故；广西大面积种了转基因玉米，广西一民房昨倒塌；广西大面积种了转基因玉米，广西一家火锅店发生爆炸；广西大面积种了转基因玉米，广西昨日一青年女子坠楼；广西大面积种了转基因玉米，广西……”

即使证明了两个事件之间存在关系，也不等于它们就存在因果关系。例如，调查发现，在吸烟者中，肝硬化的发病率比较高，烟瘾大的人尤其明显。能不能因此说吸烟能导致肝硬化呢？不能。肝硬化更可能是酗酒导致的。由于酗酒的人往往也烟瘾大，于是吸烟就和肝硬化联系在了一起。统计学上把类似酗酒这样的隐藏因素叫作混杂变量。

吸烟与肺癌的关系要密切得多，证据也充分得多。即便如此，也一直有人否认吸烟能导致肺癌，试图把两者之间的联系怪罪到某个混杂变量，例如空气污染、遗传因素。烟草公司更是以“相关性不能证明因果关系”为由为自己辩护，而且这个理由很容易被法庭接受。直到2005年，苏格兰法庭还在一起肺癌死者家属起诉烟草公司的诉讼中判决，现有的科学证据不能证明吸烟导致肺癌。

那么为什么生物医学界主流坚定地认为吸烟导致肺癌呢？这不仅仅是因为吸烟与肺癌发病率的关系极为显著（例如，烟吸得越多的人，患肺癌的风险就越高；历史上，随着吸烟人数增多，肺癌发病率也增加，而随着吸烟人数的减少，肺癌发病率也下降），很难用某一个混杂变量来解释，而且有很多实验能够说明吸烟是怎么引起肺癌的。在烟草烟雾中有几十种致癌物，实验动物吸了能患肺癌。关键的一个实验是在1996年完成的。这个实验发现，烟草焦油中的一种致癌物——苯并芘被肺上皮细胞吸收后，能引起细胞中一个叫 p53的基因的三个位置发生突变，而大部分的肺癌都与该基因这三个位置的突变有关。这个实验结果发表后，连一些烟草公司都不好意思再否认吸烟与肺癌的因果关系。

相关性是因果关系的前提，但是不等于因果关系。要证明两个相关的事件存在因果关系，还必须找到作用机理，解释因是如何导致果的。一个说法越是惊人，需要的证据就必须越充分。即使地震局专家有证据表明某人的耳鸣和地震有一定的关系，但是如果他没有充分的证据来合理地解释地震是通过什么方式让千里之外的某个特定的人出现耳鸣的，我们仍然只能把这视为笑话乃至迷信。

2010年4月18日

预测假象与骗局

让我们设想这样一个情景。某年的足球世界杯，小组赛已经结束，你正准备欣赏淘汰赛的第一场对决——德国队对瑞典队。这时你收到了一封署名“世界杯预测者”的垃圾电子邮件，信中称他发明了一种预测足球比赛结果的科学方法，准确率达到100%。为了让你相信他所言不虚，他免费提供1/8决赛的预测结果，如果8场比赛全部说对，你再交钱。然后他预测第一场比赛将是德国队胜。

你是有科学头脑的，知道虽然根据双方的实力、状态等因素可以猜测比赛结果，但是想要场场猜对达到100% 的准确率是不可能的，就连球王贝利也经常猜错嘛。所以你对这封垃圾来信一删了之。第一场比赛的结果果然是德国队胜，但是你知道这很可能是巧合，随便乱猜也有50% 猜对的可能。

然后你收到了第二封信，预测接下来的阿根廷队对墨西哥队的比赛将是阿根廷队胜。又说对了。这时你开始对此人的预测结果感兴趣。接下来的第三场、第四场……全部8场的结果果然都对。你是有科学头脑的，你很快算出，如果是随机乱猜，全部说对的概率只有1/256。你确信此人的确发明了能准确预测比赛结果的方法。

此人又寄来一封信，要求你向他的网上支付账号转入1千元，才能告诉你1/4决赛第一场比赛德国队对阿根廷队的预测结果。你毫不犹豫地把钱交了，很快得到预测结果说阿根廷队胜。你立即拿出1万元钱到博彩公司给阿根廷队下注，坐等赢回2万元钱。然而比赛结果却是德国队点球胜了，而你再也没有收到“世界杯预测者”的来信。

这是怎么回事，百分之百准确的预测方法怎么突然失灵了？这是一个简单的骗局。“世界杯预测者”买了一份含100万个电子邮件的名单，给其中的一半发函预测德国队胜，另一半预测瑞典队胜。根据比赛结果，再给预测德国队胜的那一半分成两半，分别预测阿根廷队和墨西哥队胜。以此类推，最终总会有3906人获得场场准确的预测结果，你很幸运地属于其中之一。只不过你的运气用完了，在接下来的分组中你被分到了预测失败的那组。

这虽然是个假想的情形，但是类似的预测假象和骗局在现实中并不罕见。现在最时髦的是地震预测。虽然国家立法禁止个人发布短期、临震预报，但是却有不少人在网上这么干。比如有一名京剧团下岗职工号称发明了能捕捉“中微子”预测地震的仪器，几乎天天在网上以气象预报的形式作掩饰，发布中国某地即将地震的预报，并向网友索要捐款赞助。相信他的网友还很不少，据称1个月内就收到了1万多元的捐款。有一位自称有科学头脑的在校大学生给我留言说，据其核实，此人的确有办法预测地震，曾经说某地区要发生4级左右的地震，后来那个地区的某县果然发生了4.4级地震……

这也是一个简单的预测骗局，能够蒙人的原因在于一般人没有意识到，没有破坏性的地震是极其频繁地发生的。世界范围内一年平均大约要发生13万次3～3.9级地震，13000次4～4.9级地震。这些地震又集中发生在地震带。所以要猜中某个位于地震带的地区在一个时间段内发生一次4级左右的地震，并不难。何况天天发地震预报，不碰巧有几次说得比较准反而不正常了。即使是一个不走的时钟，一天也会报准两次时间。人们会倾向于记住碰巧说准的那几次，而忘了没有说准的无数次，否则所有的算命先生都该下岗了。

因为此人似乎能够说准几次小地震，有人（甚至包括某些地震局“专家”）就以为他也能说准大地震，却没有意识到这两者存在着巨大的区别。要猜小震不难，猜大震则极难，因为震级越高，发生的频率就越低，碰巧发生在有人居住的地方的大地震就更罕见。而人们关心的，正是这种具有破坏性的大地震能否被预测。但是因为它非常罕见，所以迄今还没有人蒙对过。如果不是靠蒙的，而是靠发现什么前兆信号，那么大地震的前兆信号按理应该更强、更易检测到，也就应该比小地震更容易预测。而事实恰好相反，大地震的发生从来就没有人准确地预测过，正说明地震预测都是靠蒙。

如果把时间、地点的范围扩大，大地震也能被蒙上。青海玉树地震发生后，兰州地震研究所一名研究员即声称他在2006年发表的一篇论文已预测到了这次地震。实际上那篇论文预测的是“2012年在东昆仑断裂带有可能再次发生7级地震”，时间不准，范围也太大。中国搞地震预测的人非常多，每个断裂带在某个年份可能发生的大地震几乎都有人预测，那么每次大地震发生之后再回头去找，总能找到某篇论文在一定程度上说中了。这种一锤子买卖并不能说明那篇论文的作者真的发现了可靠的预测方法。他们的预测方法都是闭门造车（靠玩数字游戏或自制仪器），适用于世界上发生的任何大地震。如果他们对各个大地震（每年世界范围内大约要发生18次7级以上地震）都能预测到，才会让人相信那不是蒙的。

这种预测假象本不难识破，但是面临随时可能发生的灾难，人们总爱幻想能有高人指点迷津，心甘情愿地受蒙蔽，因此骗局得以流行。

2010年5月3日

别忘了设对照

几年前国内媒体曾经报道过美国国会议员嫌国会大厦太破旧，要求新建豪华的新国会大厦，否则就把国会搬到田纳西州的孟菲斯。其实那是美国报纸《洋葱》编的政治笑话。《洋葱》是一份讽刺文学周刊，专门虚构一些新闻讽刺国际和美国时事，类似于现在国内网上很流行的“恶搞”，只不过它是非常专业地一本正经地做报道的，在形式上和真正的新闻毫无区别，不了解《洋葱》的背景和缺乏幽默感的人就会信以为真，欣赏不了其幽默，反而要怪《洋葱》骗人。

最近我发现《洋葱》鸟枪换炮，也做起了电视新闻节目，把视频放在其网站上。这些节目视频和美国电视新闻节目的形式也完全一样，有新闻主播、谈话嘉宾、采访对象，内容包括时事、教育、文化、娱乐、科技等，除了内容是假的，其他都是真的，表面上非常的专业。

其中有一则科技报道说美国国家卫生研究院花了120万美元完成了一项研究，用3000只猴子做实验证明用刀刺伤猴子能缩短猴子的寿命。这则明显是在讽刺美国政府资助无意义的科研的虚构新闻，其实验设计却非常专业：这项“研究”分别用小猴、老猴、孕猴做实验，发现结果相同；用刀刺在猴子身上的不同部位，例如腹部、颈部、眼窝，结果也一样。更绝的是，它还不忘设立对照组，用拳频繁击打对照组的猴子并不能缩短其寿命，表明导致刺伤组的猴子寿命缩短的因素是生理的而不是心理的。

看来这则新闻编造者的科学素质还真不低，甚至超过了一些中国科研人员。国内许多科学实验设计的严密程度还不如它，往往有意无意地不设对照组。我在国内读大学本科时，曾到中科院的研究所做毕业论文，碰到一位在中医学院读完研究生的人也在那里做实验。他告诉我，他的研究生毕业论文是证明某种中药能够抗癌，方法是把该中药药液加到癌细胞培养液中，发现癌细胞被杀死了。我问他有没有做对照，比如把中药药液加到正常细胞培养液中，而正常细胞还活得好好的？他笑着说，中药的药理实验是从来不做这种对照的，否则如何交得了差？

我后来读了一些证明中药的抗癌、抗病毒、抗菌等作用的中文论文，发现果然都是把中药加到细胞培养液中杀死癌细胞、细菌、病毒就认为万事大吉了，并不去看看正常人体细胞是否也会被杀死。体外细胞培养需要很苛刻的条件，要杀死它们实在是太容易了。比如，往培养液中加入酒精，也能杀死癌细胞，难道就能说明喝酒能够抗癌？不过还真有人用类似的方法证明喝某种名牌酒不仅不会导致肝硬化，反而能够抑制肝硬化，证据就是它在体外能抑制肝星状细胞的增殖。用类似的实验，我们也可以证明食盐、食糖、洗衣粉、泥浆等无数日常东西都能抗癌、抑制肝硬化，甚至包治百病。

如果做一个对照实验，发现某种药物在体外对正常细胞无影响，但能杀死病变细胞，这才算有点儿说服力，但是仍然不能证明该药物就真的有效。药物对体外细胞有作用，不等于它在体内也会有相同的作用——它可能到达不了病变部位，可能会在体内被代谢成性质完全不同的别的化合物，或者体内的其他物质会抑制了它的作用，等等。所以还需要用它做临床试验，证明它的确对人体也会起作用。

那好，我们就找一批患者来，给他们服用药物，发现有些患者的病情好转甚至痊愈了，是不是就证明了该药物的确有效呢？并不。许多疾病是不接受任何有效治疗也会自己好转或自愈的，在“我在服药接受治疗”的心理暗示作用下，自愈效果会更加显著。

怎么排除这种情形呢？还是要靠设对照，找一批患者作为对照组，证明药物组的效果显著好于对照组。但是，患者有的病情较轻有的较重，有的体质较好有的较差，如果在分组时把病情轻的、体质好的分到药物组，就会制造出药物有效的假象。为了避免出现这种偏差，就要遵循随机化原则，把患者随机地分组，这样可以确保药物组和对照组的患者的总体状况相同。

但是，如果对照组的患者知道自己没有在接受治疗，那么心理暗示的作用就体现不出来了，所以还要让他们吃和试验药物外观一样的假药，而且不能让他们知道是在吃假药。如果医生、护士知道哪些患者吃的是假药，他们可能会有意无意地对这些患者更加忽视，在观察疗效时会不知不觉地往不利的方向做判断，因此连医生、护士也不能知道患者的分组情况，而只能由第三方掌握。也就是说，在设计对照组时，还必须遵循双盲（试验对象和试验者都互不知情）的原则。

如何设计一个恰当的对照，是科学实验的基本功。可惜，在实际科研中，有太多的科研人员做不到这一点。一个没有合适对照的实验，并不比一个虚构的实验更可信。

2007年7月22日

没有设计者的世界

据说，东方哲人的思维是综合式的，直观而充满了智慧，却缺乏深入的分析。对于天地万物的由来，我们的祖先只是泛泛地下“天下万物生于有，有生于无”之类的断定，便算是完成了答卷。至于这样断定的根据何在，万物如何生于有，有如何生于无，他们似乎不屑顾及。

西方哲人比较喜欢寻根刨底，一下笔便是长篇大论的分析、演绎。对于天地万物的由来，多问几个为什么，便免不了要认定它们一定有一个设计者，因为天地万物是如此的复杂、有序，怎么可能自然形成呢？18世纪的英国哲学家佩利（William Paley）因此提出了一个著名的“手表类比”：试想你经过一片荒野，脚踏在石头上，你可能会假定这些石头一直就在那里，而不会追究它们是怎么来的；但是如果你在地上见到了一块手表，你就会奇怪它怎么会在那里，而且你知道这块手表一定是由某个手表匠制造出来的。他由此推论说：

> 在手表中存在的每一个加工的迹象，每一个设计的表现，在大自然的产物中也都存在着；并且，大自然的产物远胜手表，超出了一切人为的计算。

既然手表一定有一个创造它的手表匠，大自然也就应该有一个设计它的万能的设计者，也就是上帝。

其实像佩利的“手表类比”这种说法，怀疑论者休谟等人已在逻辑上反驳过了：手表匠要利用材料才能制造手表，而上帝却要从无中创造出自然界，这两者不是一码事。机器有许多许多种，如果你在沙滩上见到一辆车，见到一座风车，总不至于认为它们也都是由手表匠制造出来的吧？依此类推，自然界有各种各样的产物，也应该有各种各样的设计者，而不应该只有一个上帝。如果一块手表不是完美的，我们就可以推知它的制造者不是完美的；因为自然界并不是完美的，所以上帝也就不是完美、万能的了？这个类比在逻辑上最致命的一点是：它先假定大自然没有加工、设计的迹象，所以在荒野上手表才会显得突出；但是它马上又假定大自然充满了加工、设计的迹象，所以才像手表一样需要有一个设计者。这样，这个类比就不是自洽的，在逻辑上也就不成立了。

但是，虽然“手表类比”在逻辑上被驳倒，天地万物的由来问题并不因此就解决了。如果我们不能对自然界，特别是最为复杂的生物界的起源给出一个科学的解释，上帝的阴影就无法排除。到了19世纪中叶，现代生物学之父达尔文对生物界的复杂性的起源交出了第一个科学答案：自然选择完全可以代替上帝作为生物界的设计者。在自然选择的作用下，复杂的生物体可以经由最简单的生物体一步一步地进化而来。佩利曾经拿人眼跟望远镜作比较，推断只有上帝才能设计出构造远比望远镜复杂、完善的人眼；达尔文在《物种起源》中因此专门用一节讨论了眼睛的进化，通过比较现存生物的或简单或复杂的眼睛，证明人眼并非不可能从无到有，从简单（比如单细胞生物的眼点）到复杂逐渐进化而来。他非常自信地写道：

> 如果有谁能够证明存在着任何一样不可能经由为数众多的、逐渐的、轻微的改动而形成的复杂器官，那么我的理论将绝对会破产。

130多年过去了，虽然一直有人声称达尔文的理论已经破产，而实际上在经过修正后它仍然坚如磐石。在生物学界，自然选择依然被公认为最重要的（虽然并不是唯一的）进化动力。在今天，当我们在分子水平上研究生物体时，生物进化就变成了最自然不过的事情了，因为生物体在分子水平上有着惊人的一致。既然一个受精卵经过十月怀胎以后可以发育成一个人，单细胞生物为什么不可能进化成人类呢？单细胞生物和人的受精卵无论在结构上还是在功能上都极为相似，最本质的差别是遗传信息的不同。但是遗传信息的载体对于所有的生物体都是相同的，都是DNA；而DNA依据一定的速率在不断地突变，只要有足够长的时间，只要对于每一次突变的结果有一个选择的机制（比如自然选择）确定其突变的方向，人类完全有可能由单细胞生物进化而来。

这是对“万物生于有”的回答，而“有生于无”呢？虽然达尔文在《物种起源》中避开了生命起源的难题，而把它留给了上帝，在私人通信中他却认为第一个细胞可以经过化学反应自然形成。到了20世纪20年代，俄国科学家奥佩林（Alexander Oparin）开始正式回答这个难题，提出了生命起源的“化学进化”假说，即在原始地球条件下，无机物可以自动合成生物小分子，生物小分子可以合成生物大分子，进而组成原始细胞。80年来，“化学进化”假说的各个步骤在实验室都得到了不同程度的模拟。特别是近十几年来，RNA 自我催化现象的发现和研究使我们知道，RNA 无须借助蛋白质就可以自我复制和把氨基酸（蛋白质的组成单位）合成肽链，从而解决了长期困扰生物学界的究竟是先有核酸还是先有蛋白质这个先有鸡还是先有蛋的问题，使得“化学进化”假说在生物学界得到了普遍承认。

这样，上帝的阴影就已完全从生物界驱除了出去。对于生命现象的解释，今天的生物学家已完全不需要有全能的设计者的假设。

我不想详细介绍为什么对于生物界的种种现象我们不需要有一个智能设计者的假设，我想进一步说明的是，那种智能设计者的假设不仅不需要，而且是不合理的。

让我们再回头来看佩利的类比，他的大前提是：自然界，特别是生物界，是高度复杂、有序、美妙的。凡是看过“动物世界”之类的电视节目，读过一些介绍生命现象的科普文章的读者，大概都会理所当然地接受这个大前提。你看，布谷鸟会把蛋下在别的鸟巢里，让别的鸟替它养儿育女，蚂蚁会抓来别的蚂蚁当奴隶，蜜蜂会建筑连建筑师都叹为观止的蜂窝（这些都是达尔文特地在《物种起源》中讨论的例子），而蝙蝠居然会用声呐“高科技”捕捉虫子，一句话，生物世界真奇妙！然而，深入研究下去，我们就会发现这种奇妙现象只是生物世界的一面，生物世界同样存在着不奇妙、不完美，甚至完全不合理的另一面。拿我们人体来说吧，存在着那么多（据统计多达上百个）的完全没用甚至有害的退化器官、组织，就很不完美；而人体的骨骼、内脏构造根本就是为四足行走“设计”的，使直立行走的我们增添了多少疾痛，让一个工程师来设计，完全可以设计得更好，万能的设计者反而会如此低能？如果现存的生物不是给设计创造出来的，而是进化而来的，这种现象就很好解释了：这是祖先留给我们这些不肖子孙的一种负担。自然选择无法凭空创造或全盘改造，只能在原来的基础上进行修修补补，因此那些生存下来的所谓“适者”并不一定就是最优化者，它们只是在某一个或几个特征上获得了生存优势，其他的可能照旧，从而导致了不合理的设计。

在分子水平上来看生命现象，这类蹩脚的“设计”就显得更明显了。分子生物学上一个出乎意料的发现是，作为遗传物质的 DNA，只有很小的一部分是真正载有遗传信息，有表达蛋白质的功能的。对于人体来说，90% 以上的 DNA 都不编码蛋白质，其中少数有调控功能，大多数没有已知的功能，被称为垃圾 DNA。如果我们现在就认定所有的垃圾 DNA 都没有功能，未免过于轻率，但对其中的一部分，我们已有了深入的研究，它们的确是垃圾。实验表明，去掉它们对于生物体不会有任何的影响。就是这些废物，盘占着细胞核的宝贵空间，细胞复制时还要费心费力把它们也复制一份遗传下去。试想，如果你的居室的绝大部分空间都被垃圾占领，搬家时还要把它们也都带走，是一件多么荒唐的事！如果真有一位高明的设计者，他何必扔下这么多的垃圾，何不令清洁工来打扫一番？

分子生物学怎样解释这些垃圾DNA的存在呢？一种简单的解释是：它们是生物体在长期进化过程中遗留下来的基因“化石”。基因是由4种碱基编码而成的包含遗传信息的DNA片段，一个基因就好像是一个电脑文件。电脑文件可以复制，基因在细胞分裂时也复制成两份分配给子细胞，但是在这个过程中有时会发生错误，某个子细胞会因此多得了一套某个基因，就像你本来要复制一个电脑文件，却错用了指令让这个文件扩增了一倍，包含了两个原来的文件。一代一代地传下去，某个基因在细胞中就有可能越来越多，而形成了一个基因家庭。电脑文件的复制一般是十分忠实的，但是有时会发生读写错误，使得新文件跟旧文件略有差异。基因复制也是如此，会不时地发生突变，使得一个基因家庭的成员不完全相同。在基因家庭中，被研究得最透彻的是珠蛋白基因家庭。血红蛋白和肌红蛋白都属于珠蛋白，血红蛋白又可分为阿尔法和贝塔两大类，每一类各有一些亚型，比如兔子的贝塔血红蛋白就有贝塔1、贝塔3、贝塔4三种，分别由贝塔1、贝塔3、贝塔4基因编码，这三个基因连在一起成为一串，就像三个相关的电脑文件被写在硬盘上的同一个地方。这三个基因都非常相似，可以推测是从一个原始基因不忠实地复制而来的。为什么没有贝塔2呢？原来贝塔2是一个没有编码功能的假基因，它插在贝塔1和贝塔3之间，基因结构与贝塔1相同，两者的序列也非常相似；但是贝塔2的调控区发生了改变，使它没法被转录；它的“编码”区在开始部分发生了点突变，即使被转录了也会很快中止。在这重重保险的抑制下，贝塔2完全丧失了转录的机会而成为无用的假基因。由于贝塔2与贝塔1极为相似，我们可以推测它就是由贝塔1复制变来的，比较两者的序列可以计算出这个复制事件发生在大约5500万年前。贝塔2也不是一开始就完全没有功能的，从序列比较可以推测它作为一个真基因活动了大约2200万年，以后堆积了太多的突变，而在大约3300万年前丧失了功能，变成了假基因。如果我们不需要一个电脑文件了，我们可以发出指令把它删除；而实际上，这个文件并没有从硬盘上抹去，它还在硬盘中，只不过删除指令取消了操作系统指向这个文件的指针，使得它在文件名单中消失了。细胞对于那些已经丧失了功能的基因也是采用同样的策略处理，并没有把它们清除，只是加了种种限制防止它们的表达，而把它们作为“化石”保留了下来。有时候这些限制失灵，让这些“化石”基因复活了，就出现了返祖现象。但是计算机跟细胞有一个很重要的区别：由于硬盘空间有限，那些已被删除的旧文件最终会被新文件所覆盖，而真正被删除；而细胞中却无人来为它们做这种清除垃圾的工作，垃圾DNA 也就越积越多了。

如果一个电脑文件太大，一个硬盘扇区（sector）写不下，就会给拆开分散到别的扇区去，但是操作系统会有指针指向各个扇区，使它们使用起来仍然是一个文件。真核细胞的基因也是如此，一个基因往往给分成几部分。比如脊椎动物的珠蛋白的每个基因，就都给分裂成三个部分，称为三个外显子。外显子之间被不编码的或长或短的所谓内含子所隔开。在基因表达的过程中，外显子和内含子都同时转录RNA，然后再把属于内含子的部分切割掉，而把外显子的RNA连接在一起组成一个完整的信使RNA去翻译蛋白质，显然这也不是一个很有效率的设计。总之，内含子和假基因都可看作是生物在长期的进化过程中堆积下来的垃圾。这类垃圾，是生物进化的最好的证据，也是对于存在智能设计者这种观点最有力的否定。

一个生物体越高等，进化过程越复杂，在它的身上残留的垃圾也就可能会越多。在生物界，既然没有一个总设计师来为细胞清污除垢，它们就把这些“化石”加上种种保险保存起来，作为历史源远流长的见证。即使偶尔保险失灵，沉渣泛起，返祖复古，也会在自然选择的作用下被消灭掉。在进化的长途中，没有尽善尽美、永恒不变的尤物，一切都只是过程。

1995年4月

何必为进化绝望

许多人都是通过道金斯（Richard Dawkins，1941—）的《自私的基因》一书而了解到现代进化论的一些知识。这本书所持观点在学术界属于“基因选择主义”，即认为基因（而不是传统上所说的生物体）是自然选择的作用单位。这个学派是威廉斯（George C. Williams，1926—）和梅纳德·史密斯（John Maynard Smith，1920—2004）在20世纪70年代创立的，由于道金斯的普及才广为人知，并被称为“自私的基因”理论。尽管道金斯在书中一再说明“自私”的说法只是比喻，绝不意味着基因有意识、有感情，但是这个比喻用法的确也让一些读者引起了不必要的联想，并感到绝望。道金斯的《拆散彩虹：科学、妄想和对奇观的嗜好》（Unweaving the Rainbow: Science, Delusion and the Appetite for Wonder）一开头就说：

> 我第一本书的一位外国出版商承认说，在读完它之后，三夜不能安眠，被书中他所理解的冰冷、凄凉的信息所困扰。其他人问过我我怎么能够在早晨还有勇气起床。一个遥远国家的一名教师写信责备我说，他的一位学生在读完这同一本书后泪眼汪汪来找他，因为这本书已使她相信生活是空虚和无目的的。他劝告她不要把这本书传给她的任何朋友看，担心他们将被虚无悲观主义所感染。

他说的外国出版商和外国老师大概不是中国人，但中国读者中也不乏有类似的感受。比如，吴国盛的《进化的故事令人绝望》（《中华读书报》2000年11月1日）就相当典型地表达了这种绝望感：

> 尽管道金斯一开始就声明，他并不提倡以进化论为基础的道德观，但他所生动展现的生命世界的这幅自私和冷酷的景象还是叫人非常绝望。如果我们命中注定是自私的，我们的非进化论的道德观念何以可能？这是道金斯已经意识到但并未展开的问题……听完道金斯讲述基因的故事，人类应该感到绝望。进化是偶然的、无目的的，基因是冷酷和自私的。它们聪明绝顶，经过几十亿年的进化，它们都已经成精了。从这里我们确实可以学会不少求生存的本领，但同时我们也会陷入这样一个境地：我们不知道我们为什么要生存。生存是偶然的，也是荒谬的。生命的意义可以说是微不足道的。在人性的世界里那么崇高和辉煌的舍生取义、视死如归，在一个所谓的客观世界里完全是不合情理的。近代

科学制造的这种人与世界的分裂，在今天由于更加精致化、合理化，而显得更难弥合。

面对这种责备，道金斯在《拆散彩虹》中有简略的回答：

> 假设宇宙的终极命运的确没有目的，我们是不是真的都要把我们的人生希望和宇宙的终极命运绑在一块呢？当然不，如果我们精神正常的话，不会如此。我们的生活被各色各样更亲密、更温暖的事物以及人类的雄心和洞察所主宰着。指责科学剥夺了使人生值得一过的生活温馨，这个错误是如此的荒唐，如此的与我本人和大多数科学家的感受绝然相反，以至于我几乎要变得绝望，就像我被错误地怀疑过的那样。

虽然科学事实往往能给伦理道德观提供一定的启示，乃至成为价值判断的基础，但是科学事实本身并不带有价值判断。将科学事实等同于道德价值，恰恰是极端的科学主义者的思维方式，以这样的思维方式反过来指责科学，是自相矛盾的。宇宙的演变没有目的，因为宇宙没有意识。但是人生可以有目的，因为人有自我意识。在一个冰冷的、凄凉的宇宙中，同样可以有、也应该有温暖、亲密的人间。

如果将人生目的和宇宙的命运联系起来，未免过于多愁善感。但是人生的目的本来就属于主观的价值判断，可以有多种形式，科学无法证明其必对或必错；所以如果有人非要如此多愁善感地唉声叹气，虽然道金斯暗示这属于精神失常，虽然我也觉得大可不必，但是却不能说就错。然而，如果在绝望之余，还要质疑“如果我们命中注定是自私的，我们的非进化论的道德观念何以可能？”却是严重的混乱。基因是自私的，并不能推导出我们命中注定是自私的，因为我们的“命”有两条：生物的和文化的。

人类同时是生物进化和文化进化的产物。“自私的基因”理论试图说明的仅仅是自然选择作用下的生物进化（它甚至不试图解释所有的生物进化），而文化进化有非常不同的机制。无意识的自然选择只对个体的短期利益起作用，因此它必然是对“自私”有利的。但是人类具有自我意识，有理性推理和预见能力，能够做长期的计划，因此能够为了长远的利益牺牲目前的利益，为了群体的利益牺牲个人的利益。文化的适应性进化，在很大程度上是环境对群体，而不是对个体进行选择的结果，真正的利他行为因之产生。道德观正是这种文化选择的结果。一个有着更“好”的价值观的文化群体能够扩张、繁衍，并吞并、灭绝其他的文化群体。因此，价值观也是进化而来的，是经过长期、持续的无数次试错、成败，而得到的最适合于某个文化群体生存的结果。如果将生物进化和文化进化混为一谈，试图用生物本能解释一切文化现象，恰恰是极端的生物决定论者的思维方式，以这样的思维方式反过来指责科学，又是自相矛盾。

最后值得指出的是，文化进化论只是要说明为什么一种价值观系统会产生、传递，并不肯定那些占了优势的价值观就一定是真实、美好的。那些由于历史原因被认为对文化群体有利的行为，即使在我们看来是虚假的、丑陋的（比如宗教、迷信），也会在文化选择的作用下得到保留、传播。视死如归有种种因素（甚至包括精神失常），并不都是那么崇高和辉煌，革命烈士的视死如归固然令人肃然起敬，邪教徒的视死如归却就只有让人惋惜了。

2001年2月4日

宇宙与生命的沉思

一个流传颇广的对进化论的攻击为：生命是如此复杂，它的产生和进化是一个概率几乎为零的不可能事件。攻击者往往还煞有介事地做一番概率计算，“证明”即使把宇宙的时间全都用完，也无法自发生成一个细胞。其实这是一个早被达尔文用自然选择原理解决了的问题。高度复杂的事物可以分解为更简单的事物一步一步地通过选择形成。突变是偶然的，但是在自然选择的作用下，偶然性大大降低。生命的产生和进化并不是一个完全随机的过程，因此不能做简单的概率计算。举例来说，打麻将摸到一手清一色一条龙，是一个几乎不可能的小概率事件，或许从来就没人摸到过。但是通过不断地换牌，最后得到清一色一条龙的机会虽然很小，还是有许多许多次出现了。

严格地说，基因突变也并非是完全随机的。基因组的某些区域要比其他区域更容易发生突变。在物理、化学因素的作用下，基因组也会自发形成某种有序的结构。这种所谓“自组织”现象，更大大降低了生命的产生和进化的偶然性。有的学者甚至认为自组织对生物进化的作用，并不亚于自然选择。事实上，自组织是在生物界和非生物界都普遍存在的现象。如果不考虑自组织因素而单纯做概率计算，我们会发现水结成冰也是一个概率几乎为零的不可能事件。以概率计算攻击进化之荒谬由此可见。

比利时生物学家克里斯蒂安·德迪夫（Christian de Duve）所著《活力之尘》（Vital Dust，中译本名为《生机勃勃的尘埃》，王玉山等译，上海科技教育出版社出版），更试图说明，生命起源和进化乃是生物化学作用的必然结果。它的新版副标题“生命作为宇宙之必然”（Life as a Cosmic Imperative，原副标题为“地球生命的起源和进化”）即是对这一观点的归纳。现年83岁的德迪夫是现代细胞生物学的主要创建者之一，因发现溶酶体和过氧化物酶体这两种细胞器而在1974年获得诺贝尔生理学或医学奖。他在晚年致力于研究生命起源和科普创作，在此之前已出版过两本很受欢迎的科普著作《活细胞导游》（Guided Tour of the Living Cell，1984）和《细胞蓝图》（Blueprint for a Cell，1991）。在自传中，他说：“我计划将我的余生贡献于进一步探讨我们对生命和心灵日益增长的了解能告诉我们宇宙有何结构和意义。”

宇宙具有结构，这是科学已发现的，事实上也是科学研究能够成立的前提。但是宇宙是否真的有意义？这是一个哲学问题，而不是科学问题。德迪夫认为，宇宙的结构必然能够产生生命和思维，再由思维发现宇宙的结构并理解真善美爱，就是宇宙的意义。这是一种改头换面的目的论，只不过导向目的的神秘力量由生物化学力量所取代。宇宙学认为我们的宇宙的确令人惊讶地适宜生命的生存，如果在宇宙大爆炸的最初时刻，物理常数略有不同，就很可能不会有生命。但是我认为这并不意味着宇宙有什么既定目的或意义。对此最简单的也是最好的解释是人属原理（Anthropic Principle，常被不恰当地译为“人择原理”）：因为这是我们所从属的宇宙，如果没有这样的宇宙，就不会有我们人类。可能还有许许多多不同的宇宙有着不同的生存条件，我们无法知道而已。我们很容易把一个仅知（未必是仅有）的偶然结果误解为必然结果。根据现状去推想起始条件的必然意义，乃是没有意义的事后诸葛亮，就像一位在混战中夺得皇位的人自称是真龙天子。

不管宇宙是否有意义（我认为没有），我们的宇宙看来是充满活力的。我和德迪夫一样，相信宇宙中充满了生命。我们已经有充分的理由相信，宇宙中布满了适于生命生存的行星、卫星，生命小分子到处都是，而只要有合适的条件，生命就可能产生。在某颗适宜星球上的生命产生未必是一个必然事件，但也不会是一个小概率的偶然事件，而只要考虑到宇宙中星球之多，年代之久远，宇宙就必然是充满生机的。但是我无法同意德迪夫认为生物进化的总方向是从简单到复杂，最后必然产生理性生命的观点。生命的发展趋势是多样化，任何能够适应环境的方式，不论是简单还是复杂，都是可行的，并不存在一个总方向，当然，从简单到复杂的进化途径是存在的，就像存在着复杂到简单，或复杂度不变的其他途径。我也同意在宇宙中可能存在许多理性生命，我们人类并不孤独，但这绝不意味着理性生命是进化的必然终点，而同样是一个概率并不很小的可能事件分布在众多星球上所体现出来的必然结果。其他星球上的理性生命也绝无可能与人类相同，我们这个物种，乃是无数偶然事件的结果。德迪夫令人惊讶地认为现存物种有着高级和低级之分，在他绘制的生命树中，不同的枝干按高低排列，被置于顶端的是人类。这种以人为中心、从低级到高级的“自然界阶梯”的观念，从达尔文起就已被抛弃了，但在许多人，包括一些专家心中，仍然根深蒂固。

不管你是否同意德迪夫的宇宙观、进化观，《活力之尘》都是一本妙趣横生的科普著作。它描绘了一幅从生命最初的分子到人的心灵产生的地球生命进化的全景图像。一般的进化论科普著作都着重于多细胞生物的进化，这本书却将重点放在了生命起源和单细胞生物的进化，占了4/7的篇幅。我还没有见过有其他的科普著作如此全面又通俗地介绍生命起源和进化的生物化学因素，而且没有用到一个化学方程式。对多细胞生物的进化介绍较为简略，但也涉及了各主要方面。一般读者可以将这本书作为全面了解地球生命进化史的很好的入门读物，感受一次引人入胜的生命之旅。在旅途结束时也不妨思考一下德迪夫提出的问题：我们的宇宙是否有活力、会思想、有意义？

2000年4月22日

天生并不都是基因决定的

中国报刊在言过其实地大大宣扬了人类基因组计划的成就之后，突然又批判起了所谓“基因决定论”。国际遗传学界本来有遗传决定论（geneticdeterminism）的说法，指的是认为遗传决定了人性的观点，乃是一顶丑化论敌的帽子。比如，社会生物学的创建人爱德华·威尔逊、“自私的基因”理论的倡导者道金斯，不过是因为主张人的一些行为与遗传有关，还没说人的行为都由遗传决定呢，也都曾被骂为遗传决定论者。现在新冒出的“基因决定论”，意思大概也差不多。但是中国要批判基因决定论的人，其实本身正是基因决定论的信徒。要人们警惕基因决定论、宣称“面对基因，我的忧虑多于快乐”的人类基因组计划在中国的联系人、中国科学院遗传所人类基因组中心主任杨焕明教授，在被记者问到以后是否可能用转基因技术创造出从事特殊服务的“新人类”（比如不吃不拉埋头苦干的转基因奴隶）时，他竟然断言：“这是可能的！”并威胁说，如果真的发展到那一步的话，“那我们就把科学都毁掉、把科学家都杀掉！因为他们干了坏事”。（《南方周末》2000年7月7日）

显然，杨教授反对基因决定论，不是从科学的立场，而是从伦理的立场。而其伦理立场又相当独特，为了反对基因决定论，竟然可以无视现代生物学的基本常识，声称“基因绝对没有好坏之分”。他警告“我们千万不要想扮演上帝的角色”，不是因为他不认为我们没有扮演上帝的能力，而是在道德上不允许这么做，是不为也，非不能也。可惜，道德观因人而异，它的约束力也就往往并不是那么有效，即使杨教授威胁要把所有的科学家全都杀掉，也绝对无法阻止总有人想过过当上帝的瘾。问题是，遗传学是否真能给科学家当上帝的能力？杨教授断言“这是可能的！”我的看法却恰恰相反。

我要讨论的并不是后天环境作用的重要性，这一点在学术界可以说已有了共识。我想讨论的，是基因是否决定了人的先天本性、天赋？大家都听到过同卵孪生兄弟（姐妹）即使从小被分开在不同的社会环境下长大，性格也会是如何相似，这是遗传能影响人格的一大证据。但是这只是极端的情形。另一极端是，即使是连体孪生兄弟，也往往有不同，甚至非常不同的人格。比如美国19世纪著名的“暹罗连体兄弟”，性格就绝然相反，一个暴躁，一个平静；一个思维敏捷但兴趣狭窄，一个反应迟钝但兴趣广泛；一个是酒徒，一个则是赌徒。他们一出生就连在了一起，一刻也没有分离过，这种人格的不同，显然不能归因于环境的不同，而只能说是先天决定的。但是他们的基因却又完全相同，那么究竟是什么造成了其先天的差异？

从事分子遗传学研究的人，往往有基因决定一切的印象，在小试管中加入已知的基因，就可以预料会得到其结果，屡试不爽。但是，任何合格的研究者也都清楚，体外的实验结果不能简单地推广到体内，在试管中由基因决定的结果，在细胞中未必就如此。原因之一，是因为试管中的化学分子数目都是大大过量、均匀分布的，而细胞中的化学分子数目则是有限的（比如，体外一次实验所用的DNA数目多得难以数计，而每个细胞却只有两份DNA），局部的分子浓度不同，从而导致了细胞内的化学反应带有很大程度的随机性。同一个细胞的后代属性各不相同（比如分裂期不同），主要是由于分子过程的随机性，而不是罕见的基因突变（同样是随机的）引起的。这种随机性，使得不论是基因决定论，还是环境决定论，甚至是基因加环境决定论，统而言之，一切的决定论，都无法成立。基因完全相同的细胞克隆，在完全相同的环境下发育，也会得到不尽相同的结果，这种现象在遗传学上，被称为“发育噪声”（developmental noise）。

目前关于大脑发育的一种前沿理论是“选择理论”，其要点是，在大脑发育过程中，神经元随机地生长形成随机的连接，在外界刺激下，有的连接被加强，有的则消失。这种以随机性为基础的选择性发育的结果，导致了一个人天生的性格和天赋，但是它既非决定于基因，也非决定于环境，发育过程的随机因素在其中占了相当大的比重。操纵基因是可能的，控制环境也是可能的，但是要控制细胞内分子反应的随机因素，却是不可能的，因此，要随心所欲地控制发育结果，也就是不可能的。

基因决定论之所以错误，不仅仅是因为它在伦理上不道德，更重要的是因为它在科学上不成立。遗传学家之所以当不成上帝，不是因为都不愿或被禁止这么做，而是因为谁也无法这么做，是不能也，非不为也。只有以客观的科学事实为依据，而不是以空洞的道德说教为理由，才有可能驳倒基因决定论。科学工作者应该告诉公众真相，澄清公众的误解，而不应该附和公众毫无根据的幻想，加重公众不必要的恐惧，甚至耸人听闻地叫嚣要毁掉科学、杀掉科学家。任何试图根据一己的信条为科学研究设置禁区的做法，虽然可能一时阻碍科学的发展，却终究是要失败的。希望身为联合国教科文生物伦理委员会委员的杨教授，是以科学家的身份，而不是以神学家、道德家、政治家的身份，探讨生物伦理。

2000年7月21日

像沙堆一样崩塌

1988年夏天的一个平常早晨，在美国新罕布什尔州一所学校举行的一个学术会议上，来自加州大学洛杉矶分校的地球物理学家雅可夫·卡根（Yakov Kagan）做了一场关于地震研究的讲座。因为与会的科学家多数并非地震专家，卡根介绍了一些地震学的基本知识，在告诉听众地震是如何的难以捉摸、无法预测时，也谈到已知的少数几条地震规律之一：古腾堡—里克特定律。

在20世纪50年代，加州理工学院的地震学家比诺·古腾堡（Beno Gutenberg）和查尔斯·里克特（Charles Richter）收集了发生在世界各地的几千次地震的资料加以统计，试图从中理出一些头绪。比如说，地震震级发生的频率是不是呈正态分布（出现一条两头少中间多的钟形曲线）？也就是说，是否某个中间震级的地震最为多见，是典型震级？人的身高就属于正态分布，中国成年男性的典型身高大约是1.7米，比它高或矮的人数都逐渐减少。但是古腾堡和里克特却未发现有典型震级，震级发生的频率不是正态分布，但也不是毫无规律，而是震级越高，则发生的频率越低。而且，它遵循一条简单的原则——幂律：一次地震释放的能量每增加一倍，发生的频率就减少至原来的1/4。

卡根此前已在其他地方多次做过类似的讲座，这回却有了意外的结果。听众中包括在纽约布鲁克哈文国家实验室工作的丹麦理论物理学家伯·巴克（Per Bak）。在听了卡根对古腾堡—里克特定律的介绍后，巴克突然想到，地震的这种情形很像他正在研究的沙堆崩塌。

假如我们往一张桌子上一粒一粒地丢沙子，沙子将会逐渐堆积起来，越来越高，但是不可能一直高下去，随着沙堆变高，它也变得越来越陡、越不稳定，到一定程度，刚丢下去的沙子会引起沙堆的崩塌，让沙堆的高度降低。崩塌之后，继续丢沙子，沙堆又再增高，然后再崩塌，如此循环往复。

巴克首先想要知道的是一个看来很简单的问题：沙堆崩塌的规模有小有大，什么样的崩塌规模是最典型的？能否预计下一次的崩塌会有多大？这需要堆许多沙堆进行统计，很费时间，所以巴克就改用计算机程序进行模拟。巴克和他的两名同事研究了数以千计的“虚拟沙堆”，统计了数百万次的崩塌中的沙子数。他们找到了什么典型崩塌规模了呢？什么也没有。有的崩塌规模小到只有一粒沙子，有的则大到几百万粒沙子。什么样的规模都有可能发生，但是并不存在一个典型的崩塌规模，无法预计。

这是为什么呢？为了回答这个问题，巴克等人对其程序做了一些改进。设想从上往下俯瞰虚拟沙堆，然后根据沙堆上的每粒沙子所处位置的陡度着上不同的颜色：如果那个位置相对平稳，就着上绿色；比较陡峭，就着上红色。刚开始堆沙堆时，都是绿色的。随着沙子的堆积，红点也逐渐增多，进而形成网络。一粒沙子掉到红点上，就能触发周围红点的滑动。如果红点很少，新丢下去的沙子的影响就很有限。但是一旦红点多到连成一片，就无法估计新丢下去的沙子会导致什么结果：它可能只是打几个滚就停下了，也可能触发周围的沙子引起一场小规模崩塌，但也可能引起一连串连锁反应，像多米诺效应一样，导致几百万粒沙子一起崩塌。这种高度敏感的不稳定状态称为临界状态。由于它是在沙子堆积过程中自己逐渐形成的，巴克称之为自组织的临界状态。在这种状态下任何规模的崩塌都有可能发生，但是即使是最大的崩塌的发生也无其他特殊的因素。它是完全不可预测的。

巴克也发现，沙堆崩塌规模虽然不是正态分布，但是遵循幂律：崩塌规模越大，则发生的频率越低，参与崩塌的沙子数目每增加一倍，其发生的频率则减少至原来的1/2.14。所以，巴克一听说震级的频率也遵循幂律，马上就想到地震可能和沙堆崩塌一样，也是一种自组织的临界现象。随后他和其他许多人构建计算机模型，对地震进行了模拟。

由于地壳的运动产生的应力逐渐积累，地球处于临界状态。某个地壳断层的某处岩石承受不了受到的应力，就会出现滑动，这个滑动可能小到无法觉察。但是正如一粒沙子的掉下会让处于临界状态的沙堆出现无法预测的结果一样，这个小滑动之后，任何情形都可能发生：它可能就此停下来，也可能给附近的岩石带去足够大的应力让它们跟着滑动，引发一场地震，而这场地震的规模是无法预料的。不管是小地震还是大地震，它们的起因都一样，都是由于地球处于临界状态而引起的。此外大地震的发生并无特殊的起因，既无法预测，也没有可靠的前兆，就像大规模的沙堆崩塌一样。如果地震有意识的话，在它刚刚发生时它自己都不知道将会有多大规模，而地震自己都不知道，我们更无法知道。

2008年6月1日

野火烧不尽

原本湛蓝的洛杉矶天空变成了灰、红混杂，远处安吉利斯国家森林冒着浓烟。这是洛杉矶历史上最大的一场森林大火，从2009年8月26日烧到9月6日火势才得到部分控制，已烧掉了约6万公顷的林地，占整片森林面积的20%以上。美国森林服务局认定这场大火的起因是有人纵火。这个认定并不意外。除了被闪电点燃，90%以上的野火都是人为引起的，不管是有意还是无意。人类与森林的接触日益紧密，森林野火发生的频率也就越高。就在同一时间，全美各地还有十几处森林大火在烧着。但是为什么只有安吉利斯的大火严重到成为新闻?

一场火灾要能发生和维持，取决于热、燃料和氧气三要素。这三要素只要缺了一个——温度不够高、燃料匮乏或氧气有限，火就无法蔓延，会慢慢熄灭。在这些要素中，影响野火大小的因素主要是燃料：树木的湿度、形状、大小、多少、彼此之间的距离、在地面上的排列状况等都影响着火势的传播，而树木的情况又与树的种类和年龄有关。还有许多环境因素也能影响火势：风能把火吹旺，雨能把火浇灭，河流能阻碍火的传播……有没有什么一般规律能让我们预测一场野火的规模（即森林被焚面积）呢？比如说，哪种规模的野火最为典型?

1998年，美国康奈尔大学研究人员用计算机模型对森林野火进行模拟。他们在网格上种虚拟的树，每一步骤在某个格子上种一棵，种在哪一个格子上是随机的，每个格子只能种一棵。随着时间的推移，网格上的树就逐渐多起来。然后，每隔一定数量的步骤之后，程序就往网格上扔下一根虚拟的火柴，扔在哪里也是随机的。如果扔在的那个格子上有树，树就被点燃了。如果这棵树相邻的四个格子上有树，火就传了过去。

他们反复地运行这个程序，统计每次虚拟野火的规模，并没有找到典型的野火规模，却发现野火的发生遵循幂律，野火的规模越大，发生的频率就越低。

前面介绍过，地震、沙堆崩塌的规模大小与发生的频率关系都遵循幂律（参见《像沙堆一样崩塌》）。幂律表明，大事件和小事件都是由相同的因素引起的，并没有特别的“大”因素。地壳或沙堆处于自组织的临界状态（自身逐渐形成的高度敏感的不稳定状态），在这种情况下任何规模的地震或坍塌都可能发生，大规模地震或坍塌的出现纯属偶然，并无其他的特殊因素，是不可预测的。

看来发生野火的虚拟森林处于自组织的临界状态，那么真实的森林野火是否也如此呢？康奈尔大学的研究人员统计了发生在美国和澳大利亚的森林野火，同样没有找到典型的野火规模，并且它们也遵循幂律。看来森林的确是处于自组织的临界状态。这一发现不仅不能用来预测野火的规模，反而表明大规模野火的发生是不可预测的。

不过，研究人员通过计算机模拟发现的另一个现象，却对如何控制野火的规模很有启发。他们用不同的点火频率进行模拟。有的模拟每种125棵树扔一根火柴，有的模拟每种500棵树扔一根火柴，有的则模拟每种2000棵树才扔火柴。点火的频率越低，发生大火的频率就越高。在频率低到每种2000棵树才扔火柴时，这时网格上已密密麻麻布满了树，扔下的火柴通常点燃大量的树木，在许多情况下甚至烧光了所有的树。

他们把这称为“黄石公园效应”。在1972年之前，黄石公园对野火采取零容忍政策，一旦发现野火就尽量将其扑灭。这就像是模拟程序中超低的点火频率，也出现了类似的后果：1988年黄石公园突发大火，烧掉了32万公顷的森林，占黄石公园面积的36%。

对任何野火都强行扑灭，这样做让森林不再处于临界状态，而是处于更不稳定的超临界状态：森林里充满了老树、死树、矮树、野草，地面堆满了树枝、树皮、枯叶，这些全都是上好的燃料，只要有了火源，就会熊熊燃烧起来，不可抑制地蔓延开去。野火是不可能完全制止的，只会推迟其爆发，推迟得越久，后果就可能越严重。

美国林业部门后来意识到了野火也是森林自然生态一个不可或缺的部分，对自然因素引起的野火不再扑灭，任其燃烧（除非威胁到生命、财产的安全）；林务员时不时地还在严格控制下有选择地放火烧掉一部分森林。但是要让森林恢复被破坏了近百年的自然平衡还需要时间。如果美国林业部门早一点放弃对野火零容忍的政策，也许1988年的黄石公园大火就可以避免，安吉利斯国家森林所在的加州也不至于近年来连连爆发森林大火了。

2009年9月6日

世界是如此的小

1967年，美国社会心理学家米尔格兰姆从哈佛大学给内布拉斯加州和堪萨斯州的296名居民写了一封信，请他们参与一项科学实验：将一本印刷精美的哈佛大学“护照”转寄给波士顿的一位股票经纪人。米尔格兰姆给出这位经纪人的名字，但是没有告知地址。如果参与实验者认识这位经纪人，就直接寄给他，否则就寄给他们认为最可能认识此人的亲友代为转寄，如此持续下去，直到寄到经纪人手里。寄的时候在“护照”上记下邮寄记录，并给米尔格兰姆寄一张明信片，让他知道这些“护照”的行踪。

大部分的“护照”没有到达目的地，因为收到它的人并没有按要求继续去寄它。有64份“护照”最终寄到了经纪人手里。有的只经过一两个人就寄到了，有的则经过九、十个人的辗转相托，平均来说，寄了5.5次。这个实验似乎验证了此前有人提出的一个假说：最多经过5个人，也就是经过6步，就可以把世界上的任意两个人联系在一起。这后来被称为“六度分离”。

虽然米尔格兰姆的实验结果由于设计和操作上的缺陷，受到了一些心理学家的质疑，但是其他的实验结果也表明，世界的确不大。在互联网的时代，人们不再习惯通过邮局寄信，可以改用电子邮件重复米尔格兰姆的实验。2002年，美国哥伦比亚大学的研究人员向166个国家的6万多网民发去一封连环信，请他们转给随机选中的13个国家的18名收信者之一，结果发现大部分信件在转了5～7次后就寄到了收信人手里。2007年，微软研究人员对2.4亿名 MSN用户的300亿条短信进行分析，发现 MSN 用户之间的距离是6.6步。

世界是如此的小，因为这并不是一个有序的世界。如果世界是有序的，人与人之间的距离有时会非常遥远。如果你要把一个围棋子从棋盘的一端很有秩序地沿着连线一步一步地移到棋盘的另一端，将会有很多步。但是如果在移动时允许时不时地走捷径一步跳到远处的点，就会很快地抵达目的地。在现实世界中，人们的交往有一定的秩序（例如，有相似背景的人容易相互认识），组成朋友小圈子，但是也时不时会结识其他朋友圈的人——正是这些“捷径”让世界变得很小。在这个“小世界”中，如果有3亿人（等于美国人口的90%，假定剩下的10%为忽略不计的儿童），每人认识30个亲友，那么可以算出人与人之间的距离是5.7。如果有60亿人（等于世界人口的90%），人与人之间的距离则是6.6。

在世界上还有很多更小的世界，其成员通过某种特殊的形式联系在一起。例如在数学界，数学家们通过共同发表论文发生联系。据说有史以来发表论文最多的数学家是匈牙利数学家鄂尔多斯（1913—1996），他一生发表了大约1500篇论文。这些论文大部分是与人合写的，鄂尔多斯的合作者多达511位。鄂尔多斯的多产在1969年引起注意后，数学界开始用“鄂尔多斯数”来表示某个数学家与鄂尔多斯的距离：鄂尔多斯本人的鄂尔多斯数是0，他的论文共同作者的鄂尔多斯数是1，与这些人合写过论文的人的鄂尔多斯数是2，依此类推。当代大部分数学家（20多万人） 都能如此这般与鄂尔多斯发生关系，获得自己的鄂尔多斯数，平均是4.65。

在电影界也有一个“培根数”。美国演员凯文·培根以多产著称，他在网上被称为“好莱坞宇宙的中心”，据说好莱坞的所有演员都能在银幕上直接或间接地与他联系上，不多于6步。在20世纪90年代，美国因此出现一种“凯文·培根的六度”游戏。现在网上还有程序可以自动算出某个演员的

"培根数"，比如章子怡的"培根数"是2：她在2007年动画片《忍者神龟》中与劳伦斯·费歇本一起配音，而后者在2003年《神秘河》中与培根一起出演。对"互联网电影数据库"的统计表明，全世界有100多万名演员都能和培根拉上关系，平均"培根数"只有2.98。

实际上培根并不是"好莱坞宇宙的中心"，有500余名演员比培根更"中心"——其他演员更容易和他们联系上。他们的差别并不大，与他们联系的平均步数都在2.7～2.9，并没有哪个演员特别突出。类似地，在物理学界有"爱因斯坦数"，在围棋界有"秀策数"（秀策是19世纪日本棋圣）。有趣的是，由于鄂尔多斯曾经在纪录片中露过脸，又喜欢下围棋，所以他既有"培根数"（4），也有"秀策数"（不多于5）。

世界很小，这个发现并不只是用来玩游戏，还有更实际的意义。例如，它让我们明白，一种新兴的传染病能够以可怕的速度传播，从一个偏远的地方很快地传遍全世界，只需要一两个远途旅行者，他们提供了连结世界的"捷径"。

只有当人们彼此能够交流时，世界才会变得很小，否则，世界就会大到像是在不同的世界。当米尔格兰姆做连环信实验的时候，中国正在进行"文化大革命"。如果米尔格兰姆把收信人设为某个中国人，其结果可想而知：那些"护照"将会被挡在国门之外。外来的糟粕，例如传染病，也难以进入闭锁的国门，代价是新的思想、观念同样难以传入。一个与世隔绝的世界，注定是一个落后的世界。

2010年2月21日

你要当鸽派还是鹰派？

虽然老子教导我们："圣人之道，为而不争。"但凡人之道，总是要争的。这倒也称得上是"道法自然"，因为在自然界，为了争夺资源（比如食物、配偶），一个物种的成员彼此之间是难免要争斗的，甚至要搏斗。搏斗的战术可以简单地分为两种：一种是“鸽派”，发生冲突时只是虚张声势地吓唬一番，一旦搏斗真正开始，就逃之夭夭；另一种是“鹰派”，不顾一切地搏斗下去，直到一方受重伤或死亡而失去搏斗能力为止。

假如一个社会的成员全部都是鸽派，这样的社会大约接近于老子的理想了。可惜这个美好社会是不稳定的，因为如果突变出了一只鹰派，在与鸽派搏斗时战无不胜，有生存优势，它的基因就会在后代中传播开去，鹰派在后代中会越来越多。

假如一个社会的成员全部都是鹰派呢？那将是一个时时要拼个你死我活的血腥社会。幸好这样的社会也不稳定，因为如果突变出了一只鸽派，虽然它在搏斗中每战必败，但是也不会有伤亡，而鹰派彼此之间的争斗会有伤亡，这样，作为鸽派也有生存优势，它的鸽派后代也会越来越多。只有鹰派和鸽派各占一定的比例，才达到了稳定状态。

有的社会成员可能会灵活一些，根据条件的不同采取不同的战术，例如，“如果我是领地主人，就当鹰派；如果是入侵者，就当鸽派”的“资产派”。我们很容易发现，大家都当资产派，才是最好的策略。假如突变出了一只鹰派，虽然在它是主人而资产派是入侵者时可以轻易获胜，但是在它入侵资产派的领地时却要发生激烈的搏斗，讨不了好去，两项比较，还是不如也当资产派。假如突变出了一只鸽派呢？在它是入侵者时只能逃跑，而在它是主人时却要和入侵的资产派和平共处，还是不如也当资产派。这就是为什么动物们普遍采用资产派策略。

这个鹰—鸽博弈是英国生物学家梅纳德·史密斯（John Maynard Smith，1920—2004）在20世纪70年代提出的。通过分析动物争斗行为，梅纳德·史密斯开创了一个新领域——进化博弈论。自然选择是博弈的决策者。进化博弈论在数学上非常整洁、漂亮，但是这是根据一些简单的假定作出的，很难在实际的动物群体中进行验证。不过，人们可以用计算机对此进行模拟。

俄罗斯科学家伯特瑟夫（Mikhail Burtsev）和特琴（Peter Turchin）用计算机程序设计了一个二维人造世界。这个世界由一个个格子组成，每个格子相当于一块小领地，会时不时地冒出食物，能被在那个格子里的生物吃掉。生物除了吃，还能休息，走到隔壁的格子，对进入格子的其他生物进行攻击，以及像细菌那样用一分为二的方式繁殖。这些活动都要耗费一定的能量，休息耗能最少，攻击耗能最大。体内能量可以通过进食来补充，攻击时受害者也会输掉一部分能量转移给攻击者。如果体内能量用完也就死了。后代遗传了亲代的特点，但也能发生变异。

设计者没有给这些生物预设行为策略，而是让它们自己去进化。虽然可能出现的行为策略是个天文数字（大于10的1000次方），但是进化的结果出现了三种策略：从不攻击别的成员、受到攻击就跑的鸽派；靠四处攻击别的成员为生的鹰派；留在自己的格子里不去攻击邻居，但是一发现入侵者就立即攻击的资产派。不出所料，资产派占了大多数。不过，资产派的出现有个条件：一个格子里的资源要足以支持一个定居者，这样资产派才能安分守己地待在自己的领地。如果资源太少，养不活资产派，就逼着大家去当鹰派或鸽派。

如果亲戚遗传了相同的标记，并能够辨认标记分清敌我，情形就截然不同了。这时除了各自谋生的自私成员之外，还会进化出合作成员，采取三种合作策略。一种是合作鸽派，它们不理睬外人，但是会把格子让给亲戚，自己出走避免竞争。另一种是合作鹰派，它们同样会把格子让给亲戚，但是一发现外人就会攻击。研究者把它们称为“鸦派”，因为俄国有句谚语：“乌鸦不啄其他乌鸦的眼睛。”鸦派是从鹰派和资产派变来的。还有一种是全新的门派，亲戚们在同一个格子里生活，并共同对付入侵者。这种行为和椋鸟等能共同抵御外侮的小鸟相似，因此研究者称它们为“椋鸟派”。

不过，这些合作策略的出现，和资源的多少有很大的关系。当每个格子的资源不足以维持两个成员时，鸦派占了优势，它们的比例很稳定。但是在资源比较丰富时，椋鸟派的数量会逐渐上升，但是其他两派也都设法生存了下来。如果每个格子的资源太少，少到不足以维持一个成员，又会出现一个新门派，它们比鸽派还超脱，一看有人进入它所在的格子，不管是敌是友，有没有受到攻击，自己都马上出走。它们恰好与资产派相反，是无产派。

如果一个椋鸟派成员的体能下降到一定程度，它就离家出走，宁愿去和外人拼命抢资源而死去，也不愿留下耗费家乡的资源。它们被研究者称为亡命徒，不过更像是壮士。

2009年4月26日

好人和骗子的博弈

1950年，美国数学家阿尔伯特·塔克（Albert Tucker）在斯坦福大学给心理学家做报告时，讲了一个故事。警察在盗窃现场附近抓到了两名疑犯阿尔和鲍勃，把他们分开审讯，并分别向他们开了条件：如果两人都不招供（疑犯彼此“合作”），警方没有他们盗窃的证据，将以携带武器这一较轻的罪名各判处一年监禁；如果两人都招供并牵连对方（疑犯彼此“背叛”），两人都将各判处10年监禁；如果有一人招供并牵连对方，而对方不招供，此人将被免于起诉，而对方将被判处最高刑期20年。

阿尔会想：“鲍勃要么招供要么不招。如果鲍勃招了，而我不招，那么我将被判20年，我招了则被判10年。如果鲍勃不招，我也不招，那么我将被判1年，但是如果我招了，我将被免于起诉。所以不管鲍勃招不招，我招供都是最好的选择。”鲍勃也这么想。最终两人因为都“理性”地选择招供而被判了10年。但是如果他们都“非理性”地选择不招，则只会被判1年。

理性的选择却不能带来最佳的结果，这个“囚徒困境”后来成了博弈论最著名的问题。博弈论还有一个类似的问题也是关于合作与背叛（或欺骗）的关系，但是条件有些不同。有两个人驾车回家，遇到暴风雪，被雪堆分别堵在了街道的两头。司机要么出来铲雪清除路障，要么待在车中。如果两个司机分别从两头铲雪（“合作”），就能都开回家并分担劳动付出。如果只有一个司机铲雪，另一个司机待在车中等对方铲完雪，他也能回家，而且还避免了劳动付出（“欺骗”）。当然，如果两人都待在车中，没人铲雪，那就谁也回不了家了。在这种情况下应该怎么选择呢？最佳的策略是作出与对方相反的选择：如果对方当“好人”铲雪，我就当“骗子”坐享其成；如果对方不铲雪，我就当“好人”自己来铲雪，这样虽然被人占了便宜，但总比坐以待毙好。

博弈论在第二次世界大战结束后不久后出现，本来是为了解决政治学和经济学问题的。20世纪70年代，它开始被用来解决自达尔文以来就困扰着生物学家的一个生物进化难题：本质上是自私的生物个体为什么会进化出合作行为？它是自然选择作用下不假思索的本能行为，因此就连毫无思考能力的单细胞生物，比如酵母菌，也会面临着是合作还是欺诈的两难。

酵母菌通常利用单糖（葡萄糖和果糖）作为营养。如果环境中没有这些单糖，酵母菌也能利用其他糖，例如蔗糖（比单糖复杂的二糖）。但是酵母菌要先把蔗糖消化成单糖，为此需要分泌转化酶来催化这个消化过程。这个消化过程发生在细胞外（更确切地说，发生在细胞膜和细胞壁之间），产生的单糖扩散开去，其他酵母菌也能利用。有的酵母菌的基因发生突变，生产转化酶的基因失去了作用，自己不能分泌转化酶，但是它们能窃取其他酵母菌制造的单糖，又可以节省进行消化的成本。它们成了“骗子”，而那些耗费能量把蔗糖变成单糖的酵母菌成了“好人”（合作者）。

对群体来说，大家当好人彼此合作，全都生产单糖并分享，这样最有优势。但是对个体来说，当骗子最有优势。休斯顿大学的研究人员曾经做过一个实验，结果表明，一个酵母菌群体中好人的密度越大，当骗子的优势就越明显。他们认为这像是“囚徒困境”。在这样的群体中，好人和骗子分享全部的资源，而好人要承担生产成本，因此好人总是竞争不过骗子。一旦出现骗子，它们的后代数量会越来越多，好人的数量会越来越少，等到骗子们统一了天下，末日也就快到了，好人遗留下来的单糖被耗尽后，群体就会灭绝。一个处于“囚徒困境”的群体是很不稳定的。

实际的情形可能比这复杂。麻省理工学院的研究人员发现，好人生产的单糖并不是100%拿出来共享的，而是自己会留一小部分，虽然私藏的这部分很少（只占约1%），却让好人在利用单糖方面比骗子有了一点优势，在一定条件下这点优势超过了制造单糖的成本，就会让当好人在总体上比当骗子更有优势。好人也会有机会。

实验的结果的确如此。在好人的数量比较少、单糖的量也比较少时，能否有效地利用单糖就显得比较重要。好人对单糖的利用率高了1%，其优势较为明显，因此好人的数量会逐渐增多。等到好人的数量达到一定程度，好人制造单糖花费成本的劣势体现出来了，骗子的优势反而更为明显，骗子的数量就开始逐渐增多。最终，好人和骗子的比例会达到平衡。实验表明，不管一开始酵母菌群体中的好人和骗子的比例是多少，演变的结果，最后的比例都是一样的。

因此，这更像是“雪堆博弈”，特立独行是最佳策略：举世皆好人时当骗子，举世皆骗子时当好人，这样最有可能获得成功。

2008年4月12日

为什么说星相是迷信？

星相目前在中国年轻人当中成为一种时髦，而且与网络文化紧密结合。比如，国内著名网站大多设有专门的“星座频道”“星座专栏”，不仅连篇累牍地鼓吹星相可信，而且让用户即时查询“当日星运”“每周星运”“每月星运”，甚至提供找恋爱对象的星座配对。

正像迷信血型学的人往往不知道血型其实是怎么回事，迷信星相的人也往往不知道星相的来历，他们只是根据自己的生日查到了对应的星座，便以之为指南了。要知道星座、星相究竟代表着什么，需要学一点古典的天文知识。

星相的由来

现在流行的星相属于西方占星术，它的历史极为悠久，源自6000多年前两河流域南部（今伊拉克境内）苏美尔人使用的农历。如果你在夜晚到野外仰望星空，你会觉得天空就像一个圆球（天球）罩在地上，球上镶嵌着许多相对位置不变的星星，也就是恒星。如果你观察的时间足够长，会发现整个天空带动着所有的恒星在转动，有些从东方地平线上升起，同时有些则隐没到西方地平线之下，直到太阳升起，使所有的恒星消失。如果你连续观察几个晚上，你会发现恒星从地平线上升起和降落的时间并非固定不变，而是变得越来越早。如果你的观察时间是在黎明前，你会发现在太阳出来之前，有一些在以前没有见过的“新”恒星在地平线上升起，这种现象，在天文学上叫作“偕日升”。当然，白天的太阳也像晚上的恒星一样升起、降落，我们也可以把太阳的“运行”想象为像恒星的转动一样，是被天球带着转的，它在天空中的绝对位置在一天之内并没有变化，这个位置在天文学上叫作“宫”。但是，既然每天偕日而起的恒星不一样，说明太阳所在的“宫”是在变化的。

苏美尔人不仅观察到了偕日升现象，而且通过长年累月的观察，注意到每个恒星升起的时间在一年后会重复，也就是以一年为周期，太阳在天球上绕了一周，这条轨迹被后人称作“黄道”。原则上说，通过观察太阳与恒星的相对距离，可以确定历法。不过，要孤立地观察某颗恒星是困难的，为了便于观察，古人把相邻的恒星合起来作为一个标志，也就是星座。为了便于记忆和辨认，再根据星座的形状，给予命名。这样，某个特定星座的偕日升起，就可以作为季节来临的标志。到大约公元前3000年，苏美尔人已为标志四季来临的四个星座命名：春季——金牛座，夏季——狮子座，秋季——天蝎座，冬季——摩羯座（也叫山羊座）。后来又进一步把天空划分成36个区域，每三个为一群，每一群中间的那一个合起来就变成了从公元前450年古巴比伦人开始使用，并沿用至今的"黄道十二宫"，连名称也基本沿用下来，只有苏美尔人的"犁沟"改叫"室女"，"雇农"改叫"白羊"（从这些原来名称看，它们带着浓厚的农历色彩）：白羊宫、金牛宫、双子宫、巨蟹宫、狮子宫、室女宫、天秤宫、天蝎宫、人马宫、摩羯宫、宝瓶宫、双鱼宫。

古人将星星当成神仙的住所或神谕，现在既然发现了星座的升起伴随着季节的变化（相关性），那么就很容易地把星座当成了导致季节变化的原因（因果关系），进而认为可以通过观察星座预测世事。的确，用星座的变化来预测季节的来临是绝不会不准的。占星术就因此诞生并很快地流行了开去。苏美尔人还观察到有些星辰不像恒星那样固定不动，而是在空中漫游，比如行星、彗星、流星。因此，他们又得出结论说，这些变化无常的星辰，决定着变化无常的人间万物，通过观察星辰运行，可以预测人事吉凶祸福。在苏美尔人遗留下来的楔形文字记载中，可以找到这种最早的占星记录。这种占星术，叫作世事占星术，它用于预言自然灾难和社会的重大变化（战争、庄稼收成、国家变化等）。

在大约公元前1000年，古希腊人不仅继承了苏美尔人的占星术，而且发明了一种新的占星术，认为每一个人的命运也是由星辰决定的。古希腊天文学家托勒密对占星术作了归纳整理，写成一部著作，成为西方占星术的主要经典。基督教在西方兴起后，托勒密的著作和古希腊的其他著作都被销毁，占星术因为与基督教的自由意志观念不符，也遭到严厉禁止，占星被定为死罪。到15世纪中叶，阿拉伯国家保留的古希腊著作传回西方，占星术又开始流行。17世纪时，占星术在西方不仅有了合法地位，而且成了统治者倚仗的重要工具，并与天文学紧密结合，在大学里传授。早期的科学家，像哥白尼、开普勒，都在一定程度上接受占星术。随着现代科学兴起，天文学摆脱了占星术而独立发展，天体的真相被逐步揭开，占星术才逐渐被驱逐出了学术界。

星相的真相

占星术根据的是早已过时的古典天文知识。我们现在知道，这些知识来源于4种错觉：

1. 所谓的“天球”实际上是不存在的。因为天体与观察者的距离，远远大于观测者随地球在空间移动的距离，因此看上去天体似乎都分布在一个以观测者为中心的、半径无限长的球面上。

2. 使斗转星移、太阳运行的天球旋转，实际上是地球自转导致的假象。

3. 我们看到的太阳在黄道上的移动，则是地球围绕太阳公转导致的假象。

4. 星辰并非镶嵌在天球上，一个星座中的各颗恒星并非真的相邻，它们彼此之间距离遥远，相互间没有任何联系。

星座完全是人类为了观察方便而任意划分的。星座的名称则是人类根据星座的形状或想象出来的形状而任意叫的。它们只是一种任意假定的偶然符号，不可能有任何真实的含义。一个星座被叫作“白羊座”，只是因为组成它的5颗实际上毫无关联的恒星在命名者的视野中看上去像羊，其他星座的命名也是如此。但是，星相却把符号当了真，把人所创造出来的名字倒过来当成了决定人的命运的因素。例如，在一个国内著名网站的星座频道上，我们可以读到这样的说法：“白羊座的性格，可用坚强来代表。不论面对任何事情，都会全力以赴。白羊的羊角正可用来说明这种个性。”“金牛座的性格就像牛一般，态度稳定，处世相当慎重，但在另一方面也很顽固，只要一发起脾气来，往往没有人能够阻止。”这就像因为有人姓“李”就认为他真的和李子有什么关系，因为姓“王”就认为他有当国王的命一样可笑。

星相认为，你的命运是由你出生时的天体的位置决定的，其中最重要的是太阳的位置。如果你是在3月21日—4月19日之间出生的，星相书会告诉你属于白羊座，因为这时候太阳位于白羊宫。你会想当然地以为这个白羊宫指的就是白羊座这个星座——在2000年前，当西方占星术定型的时候，的确如此。不幸的是，在太阳和月亮的引力作用下，地球的自转会发生进动，造成春分点每年向西移动约50秒的角度，也即每年春天，星座“升起”的时间要比前一年春天晚20分钟，这样，2000年后，就要晚大约一个月。大多数属于白羊座的人，出生的时候，太阳实际上位于双鱼座；属于金牛座的人，出生的时候太阳才位于白羊座，依此类推。今天的星空已与2000年前的星空大不相同，但是为什么星相仍然在沿用2000年前的那一套进行预测？一些星相家辩解说，星相所说的星座和实际的星座不是一回事。也就是说，他们认为星辰决定人的命运，但不是真实的星辰，而是在2000年前是真实的，但现在已不存在的假想的星辰。决定你的命运的乃是2000年前的天体的位置，这显然是与“人的命运由他出生时的天体位置决定”这一星相的大前提相矛盾的。

最简单也是最流行的（我们在网站、报纸上读到的）星相就是这种日宫星相，把人按其出生日期分成了12个星座，并以此预测人的性格和遭遇。莫非人的性格和命运只有12种，有史以来在同一个月内出生的亿万人都有相同的性格和命运？连严肃一点的星相家都觉得太荒唐，因此还要考虑到其他天体（特别是行星）的位置，这样，在不同地区、不同时刻出生的人，就有了各不相同的“天宫图”。但是即便如此，在同一地区、同一时刻出生因而天宫图完全相同的人仍然不少。一个显而易见的情形是孪生子。我们极少发现孪生子会有相同的遭遇（那些有相同遭遇的孪生子会成为新闻，足见其罕见）。不过，孪生子的性格倒是要比一般人更相似，这是否符合星相的预测呢？孪生子分成基因组相同的同卵孪生子和基因组平均只有一半相同的异卵孪生子两种，这两种对星相来说，性格不该有区别。但是统计结果发现，同卵孪生子彼此之间性格的相似程度明显高于异卵孪生子（表明了基因对性格有一定的影响），与星相的预测不符。星相的另一个预测是，同时同地出生的异卵孪生子的性格的相似程度，应该显著高于不同时出生的兄弟姐妹（和异卵孪生子一样，兄弟姐妹之间基因组平均有一半相同）。但统计结果也不符合这个预测。命运、性格很不相似的孪生子（特别是同卵孪生子）的存在，是星相无法解释的难题。星相也没法解释，为什么天宫图不同的人，会遭遇同一场灾难。

星相也无法提供一个合理的物理机制来解释天体对地球和人的影响。除了太阳、月亮，其他天体，特别是恒星，与地球的距离是如此遥远，对地球的任何物理作用（例如引力、磁场）完全可以忽略不计，或者被太阳、月亮对地球的影响远远盖过。当然，星相家会假定存在着某种未知的作用。那么这种作用有什么性质呢？它是否和天体与地球的距离有关，越近的天体作用越大？如果是这样，我们首先应该考虑的是分布在火星和木星轨道之间的成千上万颗小行星的综合影响，而不是距离更远的其他大行星。如果和距离无关，那么我们必须考虑数也数不清的所有的天体。这种作用又是如何在出生的时候作用于人体，并使人体永远铭记了这种作用，成了天生具有的属性的？我们知道，人天生具有的属性主要是由基因和胚胎发育的环境所决定的，一个人的基因组在受精的一瞬间就决定了，那么我们首先应该考虑的是受精之时以及十月怀胎过程中天体的作用，而这又怎么可能做到？而且，出生并不是在一个瞬间完成的，而有一个过程，该从什么时候算起？开始分娩，分娩完毕，剪断脐带，还是第一声啼哭？医生或护士根据自己的主观判断在你的出生证上填写的出生时间，并不等于就是你的客观的出生时间，而这些判断上的差异将会导致十分不同的天宫图。

即使星相没有合理的解释，如果在天宫图和人的性格、命运之间存在着某种相关性，仍然是值得注意的现象。科学研究人员已作过了许多项统计，都没能发现天宫图和人的性格、命运等有任何的相关性。例如，在1971年，加州大学伯克利分校普查研究中心收集了1000个成年人的天宫图和他们那些被星相学认定受天宫图影响的属性，包括领导才能、政治观、音乐才能、美术才能、自信心、创造力、职业、宗教信仰、对星相的迷信、社交能力和深沉感。分析表明，天宫图不同的人在这些方面都不存在差异，因此不能用天宫图来预测。经常被提到和曲解的是法国心理学家高奎林（Michel Gauquelin）自20世纪50年代起对数万名法国人的出生时间和职业的关系所做的分析。他发现出生时某些天体的位置与某些职业有些相关性：火星和体育冠军，木星和演员，土星和科学家，月亮和记者；并推测这是由于这些行星的磁场能影响基因。这经常被星相宣传物拿来作为天体能够影响人的命运的证明。事实上，高奎林的研究结果总体上并不支持星相学。首先，高奎林未能发现传统的星相（如日宫）与职业有相关性；其次，高奎林只发现某些行星有关联，而在星相上非常重要的其他天体，包括太阳，都被排除了；再次，这种相关性非常弱，平均来说只比随机性高出2%；第四，这种相关性只存在于四个职业中的杰出人士，在较不杰出的人士和普通大众之中都没能发现。后两点表明了这种相关性可能是研究人员的主观偏向导致的，因为什么叫“杰出人士”并没有一个客观的标准。如果换了别的研究人员，就可能得出不同的结果。的确如此，另一个法国研究小组在高奎林的配合下，对1000多名体育冠军进行了统计，发现与出生时的火星位置并不存在相关性。高奎林争辩说其中有些冠军并不是真的冠军，应被排除，而其他有些真的冠军被漏掉了，应该被补进去了。当然，在经过了这番修改数据后，出现了相关性。即使真的存在相关性又怎样呢？在这么多的职业和这么多的天体之间发现某种相关，并不是令人惊讶的事，但是相关性并不等于因果关系。它们可能只是巧合。

星相灵吗?

如果星相没有任何经得起推敲的根据，为什么你在阅读星相书籍、星相网站对你的星座所做的性格分析甚至预测你的星运时觉得很准?因为那都是一些模棱两可的几乎可以适用于所有人、所有事情的说法，而且都是一些人们乐于听取的好话，即使是负面的因素，也是以鼓励的方式说出。一个著名中文网站的星座频道在11月中旬这一周对白羊座的人的预测是："不要三心二意，要积极抓牢机会，多找些朋友聊天，赚钱的好机会自然容易浮现。出去游玩时，要当心一些意外事件，多多注意安全。"如果赚了钱、没有出现意外事件，那是因为你抓牢了机会、注意了安全；反之，则是因为你没有这么做。像这种预言，在任何情况下、对任何人都可以成立，也就容易让任何人都觉得很准。用简单的试验就可以表明这一点。1979年，高奎林在巴黎的报纸上刊登广告做免费星相，唯一的要求是接受者向他报告星相结果对他们本人或其亲友有多准。在他收到的150个答复中，94% 说结果非常准确。而事实上，这些人都得到了根据同一个人—— 一位臭名昭著的谋杀犯——的天宫图预测的星相。

专业的星相师也会承认，报刊、网站上这种不针对特定的人的星相预测是垃圾，虽然他们也很乐于撰写这些垃圾。不过，他们自信根据特定的人的天宫图，可以作出准确的预测。许多人也的确以预言准确闻名，并以此为生。事实又是如何呢?还是那位高奎林，测试、统计了星相师根据天宫图预测人生的结果，得出的结论是：天宫图没能提供任何有价值的信息。在这类测试中，最著名的是1985年在加州大学伯克利分校读物理博士学位、同时也是职业魔术师的萧恩·卡尔森（Shawn Carlson）的测试结果。这个结果之所以出名，是因为美国星相组织——地宇研究全国委员会——和他积极配合，而他也满足了他们提出的条件。接受测试的28位著名星相师由该组织挑选、推荐，代表着星相学的最高水平。116名预测对象都是真实存在的人，并且能够提供证据证明其"出生时间"的误差在15分钟之内。对这些人的性格描述采用的是加州人格鉴定，这是被心理学界普遍认可的一种性格鉴定，而星相组织也认为其描述方式最接近星相的描述。

在星相师收到的资料中，每一份天宫图都伴随着三份性格描述，其中只有一份是属于天宫图那个人的，星相师被要求根据天宫图将它挑选出来。对星相师很有利的是，对每一次预测他们可以有最佳和次佳两个选择，并用1～10打分的方式表示星相师的自信程度。对星相师不利的——但是被他们认可的——是采用了双盲的办法，预测对象不与星相师见面，星相师也不知道他们是谁，只得到这些人的编号。

在实验之前，星相组织声称预测的准确率至少会有50%，但是试验的结果却只有34%——这是从三份材料中随机挑选一份也会出现的结果。而且，预测的正确性与星相师的自信程度无关，他们认为最佳的或自信程度最高的选择并不显得更正确。如果他们是与客户面对面地做预测，也许会更正确，卡尔森认为这是因为星相师是借助了察言观色等与星相无关的手法，作为职业魔术师，他本人就很善于使用这种魔术师称为“冷读”的技巧来作猜测别人心事的魔术表演。这个对星相的否定结果发表于当年的英国著名科学刊物《自然》。以后又有一些研究者重复了类似的试验，都得出了相同的否定结果。

1989年6月7日，另一位著名的美国魔术师兰迪（James Randi）在美国电视上悬赏10万美元征集能够证明自己的预测能力的星相师。一位星相师接受了挑战。他获得了12个人的出生资料，制作了天宫图，然后对这12个人进行面试，指出天宫图各属于谁。他一个也没说中。

2000年美国总统选举时，有一位研究者对10位著名星相师做了调查，要求他们预测最后谁会获胜。4名选中戈尔，4名选中布什，2名未给出明确答案。这和随机选择，甚至和当时民意测验也一样。偶尔有星相师作出准确的预言并不奇怪，因为即使是一台不走的钟在一天之内也会给出两次正确的时间。只不过人们倾向于只记得了它说准的这两次，而忘了不准的无数次。

有人在中国报刊上发表言论，认为相信星相者“并没有把它看作是像科学一样的东西”，“更多地把它作为一种娱乐和精神安慰”，建议“还是先去重点分析揭批那些直接害人、严重危害社会的伪科学，先放‘星座文化’一马”。（《人们为何对星占学感兴趣？》，2002年11月1日《文汇读书周报》）如果星相仅仅是一种娱乐，当然犯不着花太大精力分析揭批。但是我们要知道，星相在历史上从来就不只是一种娱乐，它曾经是政治统治工具的一部分，至今也有不少政治家信它（例如，前白宫办公室主任曾披露里根夫人借助星相师安排里根行程）。它曾经被当成科学的一部分，而至今星相师仍然在宣称它是科学，是“应用天文学”。最近印度大学拨款委员会还资助印度各大学开设占星术专业，舆论大哗。许多公司根据星相作出决策，还有的公司则根据星相用人、雇人。至于根据星相谈恋爱、找配偶的，就更常见了。这股风气已作为西方文化的一部分，慢慢地传进了中国，并成为时髦，还是值得我们警惕的。

当我写完这篇文章的时候，恰逢一年一度的狮子座流星雨大爆发，估计许多天文爱好者不会错过这个机会。仰望星空，总能激发无限的遐想。太空中也蕴藏着无数的奥秘等待我们去发现。但是我们应该依据的是天文学，而不是占星术。人类的命运也不取决于天上遥远的星体，而掌握在自己手中。

2002年11月19日

血型的科学与迷信

星相学是西方通俗文化的一部分，“血液型人间学”（血型人学）则是日本通俗文化的一部分。现在中国的年轻人，受到东西洋通俗文化的影响，迷信星相、血型决定性格命运者大有人在，而且迷信后者的似乎更多，其中不乏受过良好科学教育的。他们很容易明白星相学是迷信，然而却觉得血型决定性格的说法似乎很有科学道理。这个风气是在20世纪80年代从日本传过来的。当时中国的出版社出了不少从日本翻译的《血型与性格》《血型与人生》《血型与爱情》之类的小册子，在大学生和中学生当中都很流行。我当时正在国内的生物系上大学，也看过几本，血型是否与性格有关，是同学们的一个常见话题。上生理学实验课，有一堂是自己测定血型，任课老师还发给大家一张血型与性格关系表，据称是国内某个医学院的研究人员调查统计出来的，更加重了其科学性。当时在街上还时常见到医务人员摆摊帮人测血型赚取外快，测完后也发一张血型与性格关系表卡片。排起长队的顾客们了解自己血型的主要动机，当然不是为以后献血、输血做准备，而是为了知道自己的性格类型。这种迷信如果只是作为饭后谈资，娱乐消遣，无伤大雅。

如果有人根据血型找配偶，虽然愚昧，也只是个人的选择。但是如果公司、机构根据血型来择人、用人，那就可说是一种社会危害了。这种危害本来只在日本才有，近来却也开始在中国出现。新华社2001年12月15日发自沈阳的一则题为《鞍山一女青年应聘遭遇“血型偏见”》的报道称：

> 鞍山一家公司招聘员工时完全用血型“严把用人关”。日前，女青年刘某应聘时因为“血型不适合从事这个职业”而被公司拒之门外。
>
> 这名女青年今年毕业于一所大学经济系，当她看到一家广告营销公司发布的招聘营销部主管的广告时，觉得自己的学历、专业等条件与该公司所要求的基本相符，于是来到这家公司应聘。
>
> 刘小姐说，她向主管招聘的负责人介绍了自己的情况并谈了对市场营销工作的一些见解后，这名负责人问刘小姐是什么血型，当得知是B型血时，对方立即表示不能聘用她，理由是B型血的人“缺乏独立思考的能力和对是非的判断力”，而且“没有团队精神”。
>
> 次日，记者以应聘者的身份来到位于鞍山市铁东的这家营销公司，向一位负责人表示自己所学的专业与这家公司的要求完全符合并具有一定的工作经验，对方得知记者是O型血时，称可以考虑聘用问题，理由是O型血的人心态平和、为人忠诚。这名负责人称：“我们老板曾经在日本深造过，那边很多公司招聘员工时，血型是很重要的条件，因为很多人的血型就决定了他能否胜任某项工作。”
>
> 记者就此问题请教了有关专家。专家说，血型的确与人的性格有着或多或少的联系，但不是绝对的。

如果真如这位“专家”断言的，“血型的确与人的性格有着或多或少的联系”，那么即使不是绝对的，也可以成为偏见的理由。果真如此吗？

红细胞血型是根据血液中红细胞表面上的抗原来划分的。根据抗原种类的不同，常见的有二十几个分类系统，ABO血型系统只是其中的一个，只不过因为发现得最早，又与输血的关系最密切，所以广为人知。在20世纪之前，西方医生已尝试过对失血过多的病人进行输血，但往往导致死亡。1900年，奥地利维也纳病理研究所的研究人员兰特斯坦纳（Karl Landsteiner）发现，输血失败的原因是由于某些人的血清导致另一些人的红细胞凝集，但在某些组合却又不会发生这种情况。第二年，他从各位同事那里采集了血样，对红细胞进行了检测，发现它们存在两类抗原，他分别将其命名为A抗原和B

抗原。有A抗原的血，他称之为A型；有B抗原的血，他称之为B型；两种抗原都没有的，他称之为C型或零型（后来改称O型）。又过了一年，他的两名学生采集了更多的血样，发现有的同时存在A和B两种抗原，即AB型。植物、微生物也存在A、B抗原，如果人体内原先没有某一种抗原，从食物中吸入或受微生物感染后，就会在血清中出现对抗这种抗原的抗体。因此，A型血清中有抗B抗体，B型血清中有抗A抗体，O型血清同时存在这两种抗体，而AB型血清没有这两种抗体。输血出现凝聚的原因，就是一种血清中的抗体（抗体A或抗体B）与另一种不同血型的红细胞的抗原（A抗原或B抗原）相遇造成的。由此可知，A型可以输给A型和AB型，但只能接受A型和O型；B型可以输给B型和AB型，但只能接受B型和O型；O型可以输给任何型，但只能接受O型；AB型只能输给AB型，但可以接受任何型。在输血前，对供血者和受血者的血液做血型鉴定，并在体外检测两者相混不发生凝集，就可以避免因输血凝集反应导致的生命危险。由于这个发现，兰特斯坦纳在1930年获得诺贝尔生理医学奖。

在1924年，伯恩斯坦（F. Bernstein）发现了ABO血型的遗传机制。它是由一对等位基因（各从父母得到一个）控制、严格按孟德尔遗传定律遗传的。等位基因A和B是显性基因，O是隐性基因，因此基因型AA和AO都表现为A型，BB和BO表现为B型，AB表现为AB型，OO表现为O型。子女的血型不一定与父母的相同，但是父母的血型决定了子女的血型只能有哪些可能。例如，A型父亲和A型母亲只能生下A型或O型的子女，如果其子女是B型或AB型，我们可以推断其父母中至少有一方和子女不是亲生关系，即可以根据血型排除亲生父亲或母亲（但不能确认），这是法医做亲子鉴定的一种手段。后来发现A、B、O基因还各有不同变异，目前已发现14种A基因（以A1、A2…… 表示）、14种B基因和8种O基因。

这个重大的医学发现很快就被滥用。在1910年，德国海德堡大学的医生范顿根（Emil von Dungern）最先将血型作为种族主义的依据。他声称，纯种欧洲人的血型是A型，纯种亚洲人的血型是B型，或者说，那些B型血的欧洲人不是纯种欧洲人。1919年第一次世界大战期间，两位波兰研究者对英国和法国占领军士兵和俘虏中不同民族的人进行了调查，发现他们的血型分布存在差异，据此将人类划分成了三个人种：A型占多数的欧洲人、B型占多数的亚—非人和两者的过渡型。他们并描绘了一幅人类进化的图景：人类的祖先原先都只有O型血，之后分化出了A型和B型两个不同的人种。按照这个思路，正苦于没法找到一个划分人种的客观标准的人类学家们马上把调查血型分布当成救命稻草。1930年在给兰特斯坦纳颁发诺贝尔奖的典礼上，诺贝尔奖委员会主席就如此赞扬兰特斯坦纳的贡献："兰特斯坦纳的发现为研究一个民族的种族纯洁程度的决定性开创了新的领域。"

但是以后所有试图根据ABO血型划分人种的努力都失败了。并没有一种ABO血型基因是某个人种所独有的，三种血型基因在所有人种中都可以找到（只有美洲原居民有极低的B基因）。而且血型分布也有共同点，都以AB血型最少，而O血型普遍较多。那么能不能根据血型频率的差异来划分人种呢？粗一看，不同的"人种"的确有自己的血型频率特点，例如，欧洲人中B血型普遍较少，亚洲人中B血型较多，美洲原居民则几乎全部都是O血型。但是这是已预先划定了人种，再去找其血型分布特点。血型分布的实际情况，要比想象的复杂得多。O基因是最普遍的，在世界各地的分布都在一半以上，在中美洲和南美洲的原居民中几乎达到100%，它在澳洲原居民和西欧居民中也有较高的频率，而在东欧和中亚则最少。B基因是三种血型基因中最稀少的，它在中亚最多，在美洲和澳洲最少，但在非洲也有相对较高的频率。A基因要比B基因更常见，在世界大部分人口中所占的频率在10%～35%。它在中美洲和南美洲的原居民中几乎不存在，但在北美洲的黑足人（30%～35%）、澳洲原居民（许多部落达40%～53%）和北欧的拉普人（50%～90%）这些较小的群体中达到了高峰。如果我们仔细看一下各个"人种"内部不同地区的人群状况，就会发现他们的血型分布差异很大，而属于不同"人种"的群体之间，反而可以找到相似的分布。例如，北京人（O=29%，A=27%，B=32%，AB=13%）和广州人（O=46%，A=23%，B=25%，AB=6%）之间的血型分布差异，远大于日本人（O=30%，A=38%，B=22%，AB=10%）和波兰人（O=33%，A=39%，B=20%，AB=9%）的血型分布差异。类似的例子还可以举出许多。可见，我们无法用血型分布来划分人种。事实上，没法用任何遗传特征来划分人种，"人种"在生物学上没有意义。虽然至今还有人相信血型分布决定了人种，甚至决定了一个民族的国民性，但这是经不起推敲的、毫无科学依据的论调，只要在世界范围内仔细研究一下各个人群的血型分布，就可知其谬。

要驳斥血型决定性格的论调，却没有这么简单。这门在日本被称作"血液型人间学"的伪科学的创始人是一位名叫古川竹二的日本人。此人在东京大学获得哲学学位，毕业后到东京女子高等师范学校（现御茶之水女子大学）担任讲师。在此期间，他对1245名对象进行了调查，在1927年心理学研究会上发表了他的学说，继而在学术刊物《心理学研究》杂志上发表题为《血型与性格学的研究》的系列论文。古希腊医学之父希波克拉底曾提出体液说，认为人体内部具有血液、黏液、黄胆汁和黑胆汁四种体液，它们相互混合的程度决定气质。因此他把人的气质分为四类：多血质（开朗）、黄胆汁质（性急）、黑胆汁质（抑郁）和黏液质（迟钝）。在20世纪初期，体液说早就被现代医学所抛弃，但是在心理学界仍大有市场。古川巧妙地把新发现的四种 ABO 血型和古老的四种气质说联系在一起，似乎为一种古老学说提供了科学依据：人因血型不同，各自具有不同的气质；同一血型的人具有共同的气质。A 型血人顺从听话，B 型血人感觉灵敏，O 型血人意志坚强，AB 型血是 A 型和B 型血的混合，外表是 A 型，内里是 B 型。他还发现，那些有较多 O 型和 B 型的人群，要比以 A 型和 AB 型为主的人群活跃，由此又可以给日本城市贴上性格标签：东京、大阪、名古屋是活泼的，而京都是温顺的。这些说法在学术界受到了批驳、嘲笑，在民间却被视为科学新发现而被普遍接受。1930年，长崎医学院的法医学教授浅田一为“血型学”开辟了一个新的领域：血型与职业挂上了钩。他发现在银行家和薪水阶层中 A 型比例高，在教师中 AB 型比例高，在士官生和将棋棋手中 O 型比例高，在艺妓和警官中有高比例的 B 型和 O 型，而无 A 型……他得出结论说：A 型或 AB型适合当店员，B 型或 AB 型适合当外交官，而 O 型适合当军官，等等。由此又掀起了一个探究已故的和在世的名人血型的热潮。到了1937年，血型与婚姻被联系在一起。当时，日本正与德国、意大利结成法西斯轴心国，有学者在日本妇女杂志上声称：希特勒、墨索里尼和日本帝国大臣都是 O 型血，可见 O 型人是最杰出的政治家。他并向其读者提议：温顺、有自我牺牲精神的 A 型女人应以有智慧的 O 型男人为偶，反之亦然。

随着日本的战败，这股血型狂热也渐渐平息。随后的20世纪50年代和60年代是相对安静的时期，当时的主要鼓吹者是日本现代心理研究会会长目黑宏次和目黑澄子夫妇，他们组织了一些人专门从事这项研究。在1971年，一位名叫能见正比古的记者写了《以血型了解缘分》的书，再次掀起了血型热潮。这本书到现在已印刷200多次，发行几百万册。此后能见正比古又写了《血型与人生》《血型与人际关系》《血型与爱情》等9本著作。1981年，能见正比古在演讲鼓吹“血液型人间学”时猝死，其事业由儿子能见俊贤继承。尽管日本心理学界不断地加以驳斥，能见正比古父子领导的这个血型迷信运动在日本却愈演愈烈。据调查，有70%以上的日本人相信血型与性格有关系。大多数日本人根据血型择偶、交友。许多日本公司，包括国际性大公司，都根据血型招人、用人，甚至在招聘广告中明确规定只有哪种血型的人才能应聘。能见正比古父子的著作被译成多种文字，其中有些被翻译成中文，在中国也很流行。大约在10年前，血型迷信作为新时代宗教的一部分也进入了美国。当然，对普通美国人来说，他们更关心的是如何减肥、保养身材，而不是性格。1996年，一位美国江湖医生（自称“自然疗法医生”）达达摩（Peter D'Adamo）投美国人之所好，根据能见正比古的理论写了一本《根据你的血型合理进食》的书，风靡一时。

不少严肃的日本心理学家研究过血型和性格的关系，发现没有关联，或者有微弱的关联，后者被认为是因为受试者由于受血型影响导致的自我实现：受试者由于相信自己所属的血型应该有什么样的性格，因此不知不觉地以这样的标准要求自己。显然，由于日本人都普遍知道哪种血型会有哪种性格的说法（即使他们本人不相信），在测试其性格时就难以排除从血型迷信得到的影响。由于血型迷信在西方还未流行，所以更适于在西方做这项调查。在以前，西方学术界流行的是环境决定论，普遍不相信人性与遗传因素有关。到了20世纪60年代，遗传对性格的影响在西方学术界才成为一个严肃的课题，也就有人开始想到了血型与性格的关系。

1964年，著名学术刊物《美国人类遗传学杂志》在12月这一期以头条刊登了著名心理学家卡特尔（R.B.Cattell）等人撰写的论文《血液群体与性格性状》。他们对568名意大利人或意大利裔美国人用16项性格指标进行测定，发现其中有一项（温顺—坚强）与ABO血型“显著”相关：B型要比A型和O型的温顺（这个结果与血型学所说的恰好相反）。有两位遗传学家分别给该杂志写信指出，这项研究在逻辑上和统计上都存在错误，是靠不住的。其中一位激烈地批评像《美国人类遗传学杂志》这样重要的科学杂志，浪费有价值的版面去刊登这样糟糕的论文是一个耻辱。他们两人都要求卡特尔公布原始数据以便验算。卡特尔在答复中说，原始数据没有保留下来，无法提供。时隔16年（1980年），斯万（D.A.Swan）等人在一本人类学杂志《人类季刊》上发表了一篇论文。他们用相同的心理测验对美国密西西比州白人学校的547名儿童进行了调查，在15项卡特尔指标中，也只发现有一项与血型有关，然而这却是另外一项（“放松－紧张”）：O型比A或B型紧张，AB

型最紧张。卡特尔等人稍后也在同一本杂志上发表了对323名澳大利亚白人的调查结果。他们承认，这个结果与上次的结果不符，未能再发现“温顺－坚强”性格与 ABO 血型有关，但是在另外三项性格指标中（“从众－自行其是”“散漫放浪－自律”“焦虑”）却出现相关：AB 型比 A 型或 B 型更自行其是，A 型比 O 型和 B 型更自由散漫（这也与血型学所说的相反），并比 O 型更焦虑。1989年，卡特尔等人在《人类季刊》上又发布了一项新的统计结果（这次是对美国中西部地区的人进行的调查）。这一次，他们测定的是四项性格指标（外向型－内向型，感性型－直觉型，思考型－感觉型，洞察型－判断型）和决定风格（一时冲动－深思熟虑，刚愎自用－博采众议）。他们的结论是，ABO 血型和性格无关，彻底推翻了自己以前的研究结果。但是，他们却又有了新发现：ABO 血型与做决定的风格有关联，O 型在做决定时，更倾向于冲动式和博采众议式。他们此后未再做类似的研究，否则可能又推翻了这个发现。

在1973年，另一份著名学术期刊英国《自然》发表了一篇由牛津大学和剑桥大学的研究人员合写的小论文，根据他们对牛津周围乡村的534人调查的结果，发现智商与 ABO 血型有关，A2型平均智商（111.16）略高于 O 型（109.75），后者高于A1型（106.95）。1975年，另两名牛津大学的研究人员去信指出，这是分层取样导致的假象，在进行了校正之后，并不存在显著差异。1983年，《自然》发表了另一篇与血型有关的论文。英国斯旺西大学的两名研究人员研究了英国输血中心登记的献血者血型和社会－经济地位的关系，得出结论说：A 型有更多的概率（约15%）出现在第一、第二等的社会等级（英国政府将社会职业分成五等），从事创造性的工作。1990年，英国和爱尔兰的3名研究人员对爱尔兰的血库情况做了调查，未能发现 ABO 血型与社会－经济地位有关。他们认为，斯旺西大学的研究者之所以发现相关，可能是因为150年来，到英国的移民（一般来说从事的是地位较低的工作）都来自 A 型频率较低的地区。或者说，那也是统计假相。由于爱尔兰人口的民族组成要比英国更均一，因此结果更可信。

我们有必要说明一下所谓“显著”相关或差异是怎么回事。实际上，在一般人看来，这些所谓“显著”差异都很小。例如，在斯万等人的调查中，在“放松－紧张”这一项，4种血型的平均得分是（最低分1分，最高分10分）：O=5.87，A=5.38，B=5.24，AB=6.71，平均得分都在5～7分之间，差别并不明显，为什么说是“显著”呢？原来在统计学上，如果差异大于标准误差的两倍，就被认为是显著的，即概率 P=0.05，也就是说在20次随机比较中，有可能出现一次这样的结果。在上面介绍的调查中，有的是 P = 0.05，有的结果更好一些，是 P = 0.01。但是不管概率多小，只要比较的次数足够多，迟早总会出现显著差异。我们必须注意到，在上面介绍的性格测试中，是测试了十几项，才发现有一两项有显著相关，这说明其结果可能是随机出现的，而不是真正具有相关性。如果是随机事件，那么用另一组人群进行调查，就会得到不同的结果。而这正好是我们所见到的。

退一步说，如果真的有多项调查证明血型与性格存在显著相关，是否可以得出血型决定（或影响）性格的结论呢？并不能。仅靠相关性并不能用于证明因果性。如果不能发现作用机理，或给出合理的解释，那么这种相关性就可能是虚假的。在世界上无数的事物中，是很容易找到某两种事物存在关联。迷信的起因，就是把表面上相关的事物当成了因果。血型迷信不仅不能在生物化学、遗传学上找到任何依据或合理解释，反而是有悖已知知识的。

前面提到，ABO 血型是由红细胞表面抗原决定的。这类抗原是什么物质呢？在1960年，瓦特金斯（A. Watkins）确定了 ABO 抗原是糖类，并测定了其结构。随后，生物化学家们又阐明了其生物合成途径：ABO 抗原的前体是 H 抗原。A 基因编码一种叫 N- 乙酰半乳糖转移酶的蛋白质（A 酶），能把 H 抗原转化成 A 抗原；B 基因编码一种叫半乳糖转移酶的蛋白质（B 酶），能把 H 抗原转化成 B 抗原。O 基因不能编码有活性的酶，而只有 H 抗原。这些抗原在唾液等其他体液中也能检测到，但是在脊髓液中不存在。由于脑和血管之间有一道血脑屏障，血液不能流进脑组织，因此血型抗原不可能与中枢神经接触，也就不可能对性格发生影响。某些“血型学”的鼓吹者承认血型抗原或血型基因不可能直接影响性格，但是他们辩解说，与血型基因联系在一起的其他未知基因能决定性格。如果有这样的基因的话，也必定是和血型基因相邻的一个或少数几个基因才能在遗传时连锁在一起。现在大多数遗传学家认为遗传因素能够影响性格，但是这些因素是极其复杂的，涉及众多基因的相互作用，绝不可能由一个或少数几个基因靠简单的遗传方式来决定。因此，这种辩解也是站不住脚的。

“血型学”的鼓吹者还试图从人类进化的角度寻找依据。前面已经提到，早在 ABO 血型被发现后不久，就有人认为人类的祖先原先都只有 O 型血，之后分化出了 A 型和 B 型两个不同的人种，再后来 A 型和 B 型人种杂交，才出现 AB 型。这个毫无科学根据的说法影响深远，并构成了“血液学”的理论基础。按照他们的说法，O 型是最原始的血型，因此 O 型人保存着原始人的特点，具有原始的生命力；A 型是在森林、山岳、丘陵等地形复杂、视野狭小的地带从 O 型进化出来的，为了适应这种复杂的生活环境，使得 A 型人自我控制能力较强；B 型则是在草原、沙漠等视野广阔的地带进化出来的，养成了无拘无束、自由散漫的性格。分子遗传学的研究推翻了这个进化图景。在20世纪90年代，3种血型等位基因及其变体都被克隆，其序列也测定了。通过基因序列的比较，我们可以知道其进化史。O 基因事实上是突变的、丧失功能的 A 基因（O1基因序列与 A1基因序列相比，只在中间少了一个核苷酸。由于遗传密码以三个核苷酸为一个密码子，少了一个核苷酸后，就打乱了后面的编码，基因因此丧失了功能），因此，必定是 O 基因由 A 基因进化而来，而不可能相反。其他灵长类动物也有 ABO 血型，例如，黑猩猩以 A 血型为主，有少量 O 血型，但没有 B 血型；大猩猩以 B 血型为主，有少量 O 血型，但没有 A 血型；猩猩、长臂猿则同时存在4种血型，等等。把这些血型基因序列加以比较后，可以知道 A 基因是最古老的基因，O 基因和 B 基因都是由 A 基因先后突变来的。通过计算可知，这发生于几百万年前。也就是说，人类祖先一开始就已经有三种血型基因、四种血型了。

为什么丧失功能的 O 基因在人类中却最常见，是一个谜。这可能是个偶然现象，也可能是因为 O 血型有某种生存优势，是自然选择的结果。O 型人的血液中同时存在抗 A 抗原和抗 B 抗原的抗体，而 A 抗原和 B 抗原在微生物中都能发现，因此 O 型人或许对某些传染病抵抗力较强。比如，有人认为，O 基因之所以在美洲原居民中出奇地高，是因为 O 型人对梅毒的抵抗力较强（梅毒最初只在美洲才有，哥伦布发现新大陆后，才传遍全世界）。几十年来，有许多项调查表明，ABO 血型与多种疾病有关。例如，A 型人被认为比 O 型人更容易得胃癌、胰腺癌、食道癌等。但是这完全是通过统计调查得出的结论，由于机理不明，究竟是真有关联还是统计假象，仍然没有定论。如果说，对血型是否影响生理状况还有所争议的话，那么学术界对血型影响性格的主张却是否定的。这不仅在生物化学、遗传学上找不到任何可能的解释，而且也没有可靠的统计结果。为什么会有那么多人迷信“血型学”这门伪科学，倒是一个有趣的心理现象。2000年日本学习院大学的一位心理学家对149名已婚妇女的调查表明，对自我认同或集体认同感越强，则对“血型学”的兴趣越低。也就是说，血型迷信乃是对自己的人格和所属集体缺少信心的一种表现。

2002年1月20日

人性：多少基因多少环境

每个人都有自己的个性，那么一个人的性格是先天决定的还是后天形成的？对性格的形成是遗传因素重要还是环境因素更重要？这是千百年来哲学家、科学家争论不休的问题，而采取哪种立场，有时与个人的体验有关。一位心理学家曾经说过，他的同事起初都是环境决定论者，直到他们有了第二个孩子，才意识到遗传因素的重要性。许多父母也有同样的感受。我的一位朋友，一个有两个儿子的母亲曾对我说，她很奇怪两岁的弟弟和四岁的哥哥性格差别那么大，比如弟弟这么小就知道了撒谎，而哥哥却一直那么老实。既然都是在同一个家庭由同一对父母养育的，发育、生长环境类似，那么很自然地，人们就会把这种明显的性格差异归因于先天的因素。

这种直觉未必正确。实际上，两个小孩的发育、生长环境已有了很大不同。在生育第二个孩子时，父母已不像生育第一个孩子那样没有经验，而且，第二个孩子的生长环境中多了一个哥哥或姐姐。后出生的孩子倾向于比头胎更健康，比如较不容易患过敏症。这些环境、身体差异都可能对性格形成产生重大影响。美国心理学家舒洛威（Frank Shulloway）花了20年时间研究出生顺序与人格差异的关系。他的分析表明，头生者与后生者相比，其思想更正统一些。那些挑战传统教条的思想家、科学家大部分是后生者。在800位杰出科学家中，60% 的后生者支持过革命性的学说，而只有40% 的头生者如此。或者说，后生者更倾向于反叛。后生者比头生者更喜欢从事危险性的体育活动，比如橄榄球、跳伞、拳击。其他研究者也发现了出生顺序与人格差异的其他相关性。例如，古典音乐的作曲家，更多的是头生或单生。男同性恋者中，头生者比例较低。

显然，比较兄弟姐妹难以区分遗传和环境因素的影响。孪生子是更合适的研究对象。我们对人格遗传的了解，很大程度上来自于对孪生子的研究。孪生子分同卵孪生子和异卵孪生子两种。异卵孪生子是两个（或更多个）卵分别被两个（或更多个）精子受精产生的不同受精卵分别发育而来的，虽然他们在同一时间位于同一子宫，他们的遗传相似程度与同一对父母在不同时间生下的两个孩子是一样的，平均为50%。同卵孪生子则不同，是由同一个受精卵分离成两部分后发育而来的，因此他们具有相同的遗传物质，其遗传相似程度可以认为是100%。导致受精卵分离产生孪生子的原因目前还不是很清楚，这种分离可以发生于受精卵发育早期的不同阶段，发生得越晚，孪生子越相似。如果分离发生于受精后的3～4天或更早，孪生子有不同的胎盘；如果分离发生于受精四天以后，则孪生子通常共享一个胎盘（大约70%的同卵孪生子属于这种情形）；在很偶然的情况下，分离会在受精后10天才发生，这时候孪生子的身体无法完全分开，会成为连体孪生子。这三类同卵孪生子在遗传上都是相同的，但是不同的发育过程会导致某些差别，例如，有不同胎盘的同卵孪生子会长得略微不同。我们还必须认识到，人的发育并不是一个完全由遗传因素决定的过程，而受到许多随机因素的影响，因此，即使是具有相同的基因组、在相同的环境下发育的两个受精卵，也不可能发育出完全相同的两个胎儿。特别是神经系统的发育，更受到随机因素的影响。在胚胎和胎儿发育过程中，新形成的神经突触在很大程度上是随机地长出，与周围的神经元或肌肉细胞连接。那些未能形成连接的神经元将死亡，那些形成连接的神经元则保留下来，该连接基本上会终身不变。因此，同卵孪生子即使刚刚生下来，其身体构造也已有了差异，特别是神经连接会有所不同，因而能导致其人格发育的不同。

有两种方法可以用于研究孪生子性格中的遗传因素。一种是比较同卵孪生子和异卵孪生子的异同。如果某种行为特征在同卵孪生子之间的相似程度并不比异卵孪生子高，那么我们可以认为这种特征的遗传程度很弱；反之，如果同卵孪生子在某种行为特征的相似程度高于异卵孪生子，那么它就很可能是受到遗传影响的。另一种方法是比较出生后不久就被分开在不同家庭抚养的同卵孪生子和在同一个家庭抚养的同卵孪生子。这个办法的依据是认为在不同家庭抚养的孪生子有不同的生长环境，因此其相似性就可认为是由于有相同的基因。这个依据并不完全可靠，因为孪生子在被分开抚养之前，至少已有9个月的时间是处于相同的环境中的（母亲的子宫），而且在不同的家庭抚育，并不等于其生长环境就完全不同，其中完全有可能有很相同的环境因素。

我们都听说过，在看来非常不同的家庭中长大的同卵孪生子往往有许多令人惊讶的相似之处。在大众报刊上我们已读到了太多的这种故事。许多被大肆宣扬的惊人的相似（例如与名字相同的人结婚）无疑是巧合。这些故事即使是真的，也已经过了精心的挑选才被报道出来，他们代表的只是极端的情况。那些不太相似甚至很不相似的同卵孪生子，因为其故事无趣而被忽视了。而事实上还存在另一种极端，即极其不相似的同卵孪生子。例如，美国19世纪著名的"暹罗连体兄弟"，不仅同卵，而且连体，他们从诞生之时起就一刻也没有分离过，基因和环境都完全相同，然而他们的性格却截然相反：一个暴躁，一个平静；一个思维敏捷但兴趣狭窄，一个反应迟钝但兴趣广泛；一个是酒徒，一个则是赌徒。要利用孪生子研究遗传对性格的影响，并不能依据极端的个案，而必须对大量的孪生子做调查、统计。在世界上，已有多项这种调查，其中最大的一项是美国明尼苏达大学托马斯·保查德（Thomas Bouchard）负责的，他们共研究了8000多对同卵孪生子和异卵孪生子，包括130多对在不同的家庭长大的同卵孪生子。他们之所以能找到这么多被分开抚育的同卵孪生子，得益于美国历史上一个悲惨的时期：20世纪30—40年代的经济大萧条迫使许多贫苦家庭把刚出生的孪生子分开送人抚养。以后很可能再难以有这样的研究机会。

研究者对孪生子进行了深入具体的面试，以了解其生活环境，对社会、宗教、哲学问题的看法，并用一系列心理测试判断其职业兴趣、思维能力和性格倾向。在对孪生子进行面试和测试时，总是同时然而分开地进行的，以避免他们有意无意地交换信息。从1990年开始，明尼苏达研究小组发表了几篇论文报告他们的研究结果。这项研究的最终目的是为了确定人的个体差异有多少是由基因决定的，又有多少是由环境决定的（至于随机的因素无法研究，只好忽略）。环境可以分为两种：共享环境和非共享环境。比如，在同一个家庭长大的两个小孩，他们有共同的父母和其他亲属，这是其共享环境，但是他们可能上不同的学校，有不同的同学和朋友，这是其非共享环境。用公式表示，即是个体差异等于基因、共享环境和非共享环境之和。

明尼苏达小组研究了孪生子在生理、智力、性格等方面的异同，这里我们只关心性格的情况。现代心理学一般用5种量度综合评价一个人的性格：友好程度（“讨人喜欢、和蔼、友好”对“爱争论、有攻击性、不友好”）、严谨程度（“有条理、负责任、可信赖”对“粗心、易冲动、不可信赖”）、外向程度（“果断、外向、活泼”对“畏缩、内向、冷淡”）、神经质程度（“不焦急、稳定、自信”对“焦急、不稳定、不自信”）、开通程度（“有想象力、喜欢新奇、有创造性”对“目光短浅、避免风险、爱模仿”）。心理学家通过问卷和询问研究对象及其亲属，而按这五种量度对研究对象的性格加以评判。两个人的相似程度则以0和1之间的一个数字表示：0表示两个人没有一点相似之处，1表示两个人完全相同。即使是同一个人在不同的时间进行测试，也不可能总得到完全相同的结果，相似性大多会在0.9和1之间。而即使是随机抽取的完全无关的两个人，也不可能一点也不相似，但其相似程度很少超过0.1。因此在样本足够大时，0和1实际上是不能得到的。

根据明尼苏达小组的研究结果，如所预料的，同卵孪生子的性格相似程度明显大于异卵孪生子。一起长大的同卵孪生子的5种性格量度的相关性平均为0.46，分开长大的同卵孪生子，这一数字为0.45。这说明同卵孪生子的性格相关程度，与他们是否在相同还是不同的环境长大无关。分开长大的异卵孪生子的性格相关程度平均为0.26，大约是同卵孪生子的一半，这与他们的遗传相似程度是同卵孪生子的一半相符。从同卵孪生子和异卵孪生子得到的相关性可以用于计算遗传差异与性格差异的相关性。平均来说，大约50%的性格差异是由于遗传差异导致的，或者说，遗传因素对性格的影响大约占了一半。遗传学家把这个数字称为遗传率。如果性状差异是完全由遗传差异引起的，遗传率为1；如果性状差异与遗传差异毫无关系，遗传率为0。其他的类似研究结果，所得到的性格遗传率一般在0.2 ~0.5之间。

为什么类似的研究却会得到不太一致的结果呢？我们必须注意到，遗传率是受很多因素影响的。如果环境条件未能使遗传差异的影响充分体现出来，那么所得到的遗传率就会偏低。例如，让老鼠在单调的环境下长大，然后用迷宫做测试，会发现它们的记忆能力都很差；而如果让老鼠在复杂的、富有刺激性的环境（比如有很多玩具）下长大，会发现它们的记忆能力都很好。在这两种环境下，不同遗传品系的老鼠的表现没有差异，我们会认为只有环境因素才决定老鼠的记忆能力。但是如果让老鼠在中等复杂程度的环境下长大，这时不同遗传品系的老鼠的记忆能力就出现了差异，只有在这时我们才发现遗传差异对记忆能力也有影响，才会得到一个比较恰当的遗传率。然而，如果我们使用的是同一个遗传品系的老鼠，那么不论在什么条件下，都是无法发现遗传差异的影响的。由此也可知，当研究对象的遗传差异较小时，遗传率会偏小。举个极端的例子，人人都会直立行走，那些不能行走的情形一般是由于环境因素（例如截肢）导致的，如果我们研究直立行走的遗传率，会发现它是0。但是遗传因素并非对直立行走没有影响，事实上它才是其决定因素，直立行走乃是人类最主要的遗传特征之一。可见，在研究遗传率时，会受到许多不明因素的影响，而遗传率小并不都意味着遗传因素的影响不重要。

我们只能极其简单化地说，遗传因素对性格的影响占了大约一半。至于剩下的一半，我们归于环境因素的影响。前面提到，环境因素可分为共享和非共享两种。那么哪一种更为重要？那些分开长大的同卵孪生子表现出来的性格差异，我们可以归于他们不同的的生活环境，也就是说，非共享的环境对性格形成也有重大影响。而共享的环境呢？如果也对性格形成有重大影响的话，一起长大的同卵孪生子的性格相似程度应该显著高于分开长大的同卵孪生子。但是我们看到的却并非如此，一起长大的同卵孪生子与分开长大的同卵孪生子并无显著差异。多项研究都表明，共同的家庭环境对小孩的性格发育只有轻微的影响。在处于模仿阶段的婴幼儿时期，家庭环境还有一定的影响，但是到了青春期以及长大离家之后，这种影响就几乎完全消失了。那些一起长大的兄弟姐妹之间的性格相似，看来主要是由于基因相似导致的，而不是由共同的家庭环境导致的。而他们的性格不同之处，则主要是由于不同的社会环境导致的。

但是人并不是被动地进入一个环境接受其影响。在很大程度上，环境是我们自己创造、选择的。在这个过程中，遗传因素并不能排除，它可能影响我们交什么样的朋友，喜欢或讨厌和什么样的人打交道，从事什么样的工作，而所有这些环境因素又都可能影响了我们的性格。遗传因素不同的人，即使在相同的环境中，也可能选择不同的事物，以不同的方式对待，从而创造出一个不同的环境。同样，遗传因素相同的人（例如同卵孪生子）在不同的环境中，也可能选择相同的事物，以相同的方式对待。分开长大的同卵孪生子，可能在相同的遗传因素的影响下而选择相同的书籍阅读，交类似的朋友，找类似的工作，而这些相同的环境又反过来增强了其性格的相似性。把同卵孪生子的性格相似完全归于基因的直接作用，是过于简单化的。

基因与环境的交互影响也是极其复杂的。一方面，如我们在上面已经提到的，没有合适的环境，基因的作用表现不出来；另一方面，基因也影响了我们对环境的反应。我们对环境的反应可以分成三个步骤：通过感官从环境中感受刺激，在中枢神经系统对信息进行处理，然后作出反应。遗传差异对这三个步骤的每一步都可能产生影响，从而影响了我们对环境的感受和反应。

简单地说，我们可以说遗传因素和环境因素对性格的影响大约同等重要。两个人的遗传差异越大，环境越不同，性格差异也就会越大。而两个人的性格相似主要是由于相似的遗传因素引起的，共享环境的影响很小。但是我们必须记住，遗传因素和环境因素实际上是无法截然分开的，而是混杂在一起、交互发生作用的，从这个意义上说，区分影响性格的因素有多少属于遗传的影响，有多少属于环境的影响，是不可能的。遗传、环境，以及经常被忽视的随机因素，都对人性有重要的影响，这大概是我们对人性是天然还是使然这个千古难题所能作出的最好回答。

2002年4月

为什么死后没有灵魂？

我女儿很喜欢看美国动画片《猫和老鼠》，其中一集有老鼠杰里灵魂出体的画面。我听到女儿在说“老鼠的魂跑出来了”，便对她说：“魂是不存在的，是编的。”她问我为什么，我只能简单地说：“就跟妖怪是编的一样。”此前，她自己已无师自通地悟出妖怪是不存在的，因此对我的回答很满意。

当然我的回答不可能让很多大人信服。在人类历史上曾经几乎所有的人都相信灵魂不灭、死后有来生，至今仍有很多人对此深信不疑。对这个问题，中外思想家都曾从常识、逻辑的角度加以驳斥。比如，晋朝阮宣子不相信人死后会变鬼，他的反驳角度很独特：声称见过鬼的人说鬼魂穿着生前的衣服，难道衣服也有鬼吗？东汉王充也曾反驳过，如果死后灵魂不灭，死去的人要比活着的人多得多，现在应该到处都是鬼了。

古人说的灵魂，有时指的是我们今天说的意识、精神、心理活动，那是大脑生理活动的结果，是物理、化学反应的产物，并不能脱离大脑而存在。人一死，大脑活动终止，意识丧失，所谓的灵魂也就跟着消失。这是灵魂不存在的科学依据。但是也有人试图用科学实验证明灵魂的存在。很多人都听说过这么个实验：有一个美国医生称了人死亡的那一瞬间的体重变化，发现少了21克，于是认为人不仅有灵魂，而且灵魂的重量是21克。这个实验是美国人邓肯·麦克杜克尔（Duncan MacDougall）早在1907年做的，以后并没有人能够重复出来。在今天看来，这样的实验结果毫无意义，那么小的重量差异可以被当成是测量误差，或是人死时某些生理变化（例如水分丧失）的结果。

有的死后有灵的实验则纯属捏造。有一个流行颇广的故事说，某国科学家在一些绝症病人的身上做实验，用电脑把他们的脑电波转化成文字记录心理活动，在他们死后收到了他们从另一个世界发来的信息。这个故事也仅仅是个故事，而且是编得很拙劣的故事。人的脑电波并不编码人的心理活动信息，不存在能够把脑电波转化成文字的技术，否则审问犯人就简单了。何况人一死，脑电波活动也马上停止。

有的人相信死后有灵，是因为他们通过灵媒、巫婆能和死去的亲人交流，觉得灵媒、巫婆描述的那个人与他们记忆中的亲人惟妙惟肖。其实那不过是一种骗术，灵媒、巫婆通过察言观色、诱导性问答、事先派托儿踩点或套话等技巧，再通过营造神秘兮兮的气氛施加心理暗示，让你相信了你愿意相信的，这和算命是一样的道理。

近年来关于濒死体验、灵魂出体的话题很热，也让一些人相信了人死后有灵。2010年上映的由克林特·伊斯特伍德导演的美国电影《从此以后》（Hereafter）就借一个“科学家、无神论者”的口说，不同文化背景的人都有相似的濒死体验，说明这不是想象出来的，而是真实存在的，然后再通过神化一个很灵验的灵媒来宣扬死后有灵。但是，即便濒死体验是真实存在的，那也不能用以证明灵魂的存在，只不过证明人在濒死时大脑经历了相似的神经生理变化，产生了相似的幻觉。事实上，通过一些实验，例如服用某些药物、人为制造大脑缺氧、对大脑某个部位施加电磁刺激，也能够让实验对象产生与濒死体验、灵魂出体类似的幻觉。

相信人死后有灵魂，与相信人是万物之灵的人类中心主义是一脉相承的，是对人类过度自恋的产物。现代科学告诉我们，地球并不是宇宙的中心，甚至连太阳系的中心都不是。生活在地球上的人类也没有什么特殊的，是数十亿年地球生物进化的偶然结果。生物的进化能够产生发达的大脑、高超的智能、复杂的精神活动，却不可能产生没有物质基础的灵魂。人类只是地球上亿万个物种中很成功但也并不神奇的一个物种，与其他物种、特别是类人猿并不存在本质的区别。类人猿不仅在生理上，而且在心理上，都与人类不存在截然的界限。它们也是有感情、有语言能力、能推理的智能生命。如果人死后有灵魂，那么就没有理由不认为类人猿死后也有灵魂。那样的话，天堂、地狱不仅要充斥着自古以来死去的人们，还要充斥着自古以来死去的猩猩、大猩猩、黑猩猩，更要充斥着几百万年的人类进化史上各个阶段的猿人。而如果相信类人猿有灵魂，那么其他的灵长类呢？其他的哺乳动物、脊椎动物、无脊椎动物呢？植物、单细胞生物呢？

当然，对许多人来说，相信人死后有灵，不过是提供一种心理安慰和精神寄托。但是相信人死后无灵，并不因此就让人觉得活着没有意义。恰恰相反，正如我对女儿说的，因为知道人死后什么都没有，所以要对生命更加珍惜。人死如灯灭，那就要让生命之火在熄灭之前烧得更旺、更亮。

2012年6月20日

世界末日什么时候会来？

这篇文章发表的日子（2012年12月21日），恰好是近年来在媒体和民间炒得沸沸扬扬的“世界末日”，这个日子由于一部在商业上非常成功的美国大片而广为人知，甚至让很多人信以为真。当然，事实将会证明，这个“世界末日”会像历史上被预言过的许许多多“世界末日”一样，又成为一个笑话。那么，世界末日不在今天来临的话，会不会在将来的某一天来临？如果会的话，我们有没有可能提前知道？

我们说的世界末日，指的是属于人类的世界就此终结，也就是人类完全灭绝。这种可能性并非匪夷所思，毕竟，生物物种的灭绝在地球上是司空见惯的事。地球上曾经有过的物种绝大部分都已经灭绝。但是人类是一个独特的物种，他不仅有智能，而且掌握了技术，有能力预见并抵御导致物种灭绝的大灾难。那么人类有没有可能避免灭绝的厄运？

要让人类灭绝，必须发生遍及世界每个角落、殃及每一个人的全球大灾难。迫在眉睫的全球性大灾难是全球变暖，冰川消失，海平面上升，把整个世界淹没。人类自古以来就有这样的顾虑，例如诺亚大洪水的神话。电影《2012》展示的也是洪水滔天淹没全球的恐怖场面。但是这样的场面实际上不会发生，因为地球上没有那么多的水能够淹没所有的陆地。即使地球上所有的冰融化，海平面也只是上升大约60米，虽然人类会因此损失惨重，但是还有足够大的地盘供人类生存、繁衍。

来一场横扫全球的大瘟疫也是许多科幻小说、科幻电影设想的世界末日情景。但是这种情景同样不可能发生，因为不可能出现一种能够迅速传染给所有的人而且死亡率又是百分之百的传染病。即使医学技术一时无法预防、治愈某种最凶猛的新兴传染病，也总会有一部分人对它具有免疫力，不会被传染上或被传染上了能够自愈。何况，随着医学的进步，人类预防、治疗传染病的能力会逐渐提高，更不可能出现灭绝人类的传染病。即使真的出现一种能够杀死所有人的靠空气传播（最快速、最难防止的传播方式）的传染病，大不了把住所都建成生物安全实验室，出门戴防护面具穿防护服。

人类由于自相残杀而灭绝，也是一种经常被提及的可能性。我们能够想象的最强大的武器是核武器。理论上，目前全世界核武器储备的当量能把人类灭绝十几次还绰绰有余。但是即便爆发了全球性核战争，毁灭了人类文明，也不太可能消灭每一个人。总会有人由于藏在地下室而躲过核爆炸，并设法在全球性核战争造成的“核冬天”中生存下去，虽然他们也许将会从此过着原始的生活。

更大的威胁来自地球之外。如果一颗小行星足够大，它撞击地球释放的能量甚至要比所有核武器一起爆炸还要巨大，导致物种大灭绝。在地球历史上这种情形发生过不止一次，例如恐龙的灭绝就被认为是小行星撞击地球引起的。但是并没有哪次小行星撞地球导致所有物种都灭绝，总还有相当一部分物种适应新的环境生存了下来。人类是适应环境能力最强的物种之一，有一部分人能够在天地大碰撞之后继续生存、繁衍下去，并不是难以想象的事。何况，近地小行星是可以被监控、提早发现的，也有手段避免发生碰撞，例如发射核武器改变小行星的轨道，或把小行星摧毁。人类有防止发生天地大碰撞的能力，这种能力以后会越来越强。

另一种来自地球之外的威胁难以避免，那就是伽马射线爆发。这是大质量恒星死亡时生成黑洞的瞬间发射出来的，在短短的几秒、几十秒内释放的能量能够高达相当于数百颗太阳终其一生释放的能量的总和。目前观测到的伽马射线爆发都距离地球非常遥远，对地球的生命没有影响。但是偶尔在距离地球比较近的地方也会发生伽马射线爆发，而且方向刚好指向地球。这种情形平均每十亿年会发生两次以上。地球历史上有的物种大灭绝可能就是由于伽马射线爆发引起的。伽马射线爆发的主要威胁是会破坏臭氧层。没有臭氧的保护，阳光中的紫外线将畅通无阻地直射到地面，足以杀死很多生物，或让动物失明、破坏免疫系统。但是紫外线很容易遮挡，躲在室内或穿上厚衣服就可免受其害。

上述的灾难虽然有可能消灭大量人口、毁灭人类文明或给人类生活造成极大不便，却都不足以让人类无法在地球上生存。但是地球是有寿命的，总有一天地球将会变得无法让人居住，最终会毁灭，这是因为太阳也是有寿命的，总有一天太阳会死亡。在太阳进入老年期时，它首先会变成一颗红巨星，体积膨胀到足以把地球吞噬。这将发生在大约50亿年之后。但是远在那之前，大约在10亿年后，由于太阳喷射的能量大为增加，地球表面温度会达到数百摄氏度，地球上所有的水都将被蒸发掉，大气层将会消失，人类将无法在地球上生存。恩格斯在《自然辩证法》里把地球的末日视为人类的末日，预言人类将会在地球不再适合人类生存时灭绝。他没有预见到的是人类会进入太空时代。人类文明史只有一万年时，我们已经能够飞离地球。在几百万、几千万年后，在地球变得不适合居住之前，人类应该有能力迁徙到别的适合居住的星球，不必与地球共存亡。

宇宙是有限的，也是有寿命的。或许有一天，所有的恒星都会烧尽、死亡，新的恒星不再产生，所有的能量都会耗尽，整个宇宙找不到一处适合生命生存。那是一百万亿年以后的事了，不必担心。对宇宙的结局会是如何现在仍然充满了争议。或许我们现在对宇宙的看法存在根本性的错误，或许未来的人类有办法在一个死寂的宇宙里生存，甚至有能力改变宇宙的命运。当然也有可能在宇宙大结局之前人类早已因为别的原因灭绝。在漫长得超出想象的时间里，什么事情都可能发生。人类或许终将灭绝，世界末日或许会来，但具体的时期无人知晓。可以确定的是，在可预见的未来不会有世界末日，所有关于世界末日的具体预言，都是谎言。

2012年12月19日

"穿越"时空为什么不可能

阿里克斯是一名男建筑师，凯特是一名女医生，他们曾经住在同一座湖滨房子里，但是间隔了两年：阿里克斯生活在2004年，凯特生活在2006年。很偶然地，他们发现通过湖滨屋的邮箱可以穿越时空互相通信。在通信大约一年后（2007年3月），他们相爱了，凯特提议在第二天（也就是阿里克斯的两年后）在一家餐馆见面。但是阿里克斯爽约。在绝望中，凯特给阿里克斯写了最后一封信，中断了联系。在最后这封信中，凯特提到一年前（2006年）的情人节，她和母亲在广场见面时，目睹一次汽车撞行人的交通事故，尽管她冲过去尽力抢救，行人还是死在她怀中。

又过了大约一年，对阿里克斯来说是2006年情人节，他想起凯特提到她和母亲在这天在广场见面，决定去广场见她一面。对凯特来说则是2008年情人节，她打算装修新买的房子，找了一个建筑师做设计，发现这个建筑师是阿里克斯的弟弟，从他那里知道阿里克斯已在两年前死于交通事故。凯特明白了两年前死在她怀里的行人正是阿里克斯，难怪阿里克斯没能到餐馆赴约。于是凯特匆忙赶到湖滨屋，往信箱里塞了一封信，请阿里克斯务必不要去广场找她，等两年再到湖滨屋相见。正在她不停地祈祷阿里克斯能收到这封信时，阿里克斯出现了，他果然收到了信，没去广场找她，等了两年如约相见，从此两人幸福地生活在一起……

这是美国电影《湖滨屋》的情节，结局是典型的好莱坞式大团圆。但是这样的结局却是不合逻辑的。如果阿里克斯收到了凯特的警示，没有去广场找她所以没死，那么凯特就不可能在见到阿里克斯的弟弟时知道阿里克斯已经死了，就不可能因此去给阿里克斯写信警示他，阿里克斯就不可能收到凯特的警示……

穿越时空回到过去，是科幻电影、科幻小说的常见题材。穿越小说在国内网上也非常流行。科幻小说家和物理学家还给时间旅行找科学依据，试图用爱因斯坦相对论来证明时间倒流是可能的。根据狭义相对论，如果速度超过光速，时间将不是实数，于是有人认为如果能建一个超光速的时间机器，就能回到过去。其实正是因为时间不能不是实数，所以根据狭义相对论，光速不能超越。也有人根据广义相对论，认为在某种特殊情况下能发生时间倒流。理论上有可能出现的，不等于实际上就能发生。即便时间旅行在物理学上有可能发生，也不可避免地会导致逻辑悖论。经常被提到的是所谓“祖父悖论”：时间旅行者穿越到过去，杀死自己的祖父，此时祖父还未生下时间旅行者的父亲，时间旅行者就不能出世，而他不出世的话，就不可能穿越去杀死祖父。

为了解决祖父悖论，出现了一些假说。一个常见的假说是认为时间旅行者不能干预历史进程，即使他想要杀死祖父，也会因为种种原因无法杀死，他的祖父还是会生下时间旅行者的父亲，父亲再生下时间旅行者，这样就没有悖论了。《湖滨屋》要让故事编得圆，只能假设历史不可干预，那么结局就是阿里克斯没有收到凯特的警示信，或者虽然收到了但是仍然决定去广场找她，于是不可避免地死在凯特的怀中。这个悲剧的结局也许更为感人，虽然很不好莱坞。

这样就真的没有干预历史了吗？历史不是小说家写的，并不是只有主人公的结局才是历史。主人公的一举一动也都是历史。历史也并不仅仅属于主人公。任何人物、任何事物也都是历史的一部分。只要发生了时空穿越，即使主人公的结局没有改变，即使时间旅行者没有杀死自己的祖父，他的一举一动也都在改变着历史。如果历史是不可干预的，那么时空穿越就是不可能的。

另一个假说是认为存在多个宇宙或多条时间线，如果时间旅行者的祖父被杀死了，历史发生了改变，就衍生出了一个与原来的宇宙平行发展的新的宇宙，在那里是没有时间旅行者的。但是正如上面所说，并不是只有祖父被杀死才叫改变历史，从时间旅行者回到过去的那一瞬间开始，他的任何举动都在改变着历史，在物理学上都是等价的，都要出现一个新宇宙：一挥手，一个新宇宙出现了，再一抬脚，又一个新宇宙出现了……如果觉得这太荒诞的话，那还是相信时空穿越不可能发生的好，那只是不合逻辑的文学幻想。

2012年12月26日

生命

Life

矮象和硕鼠

提起庞然大物，我们往往会想到象。象是现存最大的陆地动物，最大的非洲丛林象的身高能超过4米，体重能达到12吨。象刚生下来时的体重通常就有120千克。它们是如此庞大，以致我们习惯充满敬畏地称之为“大象”。

但是有一种象的形象很难让人将它冠以“大”字，它们成年时身高还不到1米，体重只有大约100千克，和猪的大小差不多——猪鼻子插葱有时的确是可以装象的。这样的矮象一定很可爱，可惜它们只生活在更新世，已在大约1万年前全部灭绝。

矮象并不是大象的祖先，在它们之前大象早已进化出来。相反地，矮象是从大象进化来的。这些矮象的化石是在地中海的西西里岛和马耳他岛发现的。在地中海的其他岛屿，也有类似的矮象化石出土。大约600万年前，地中海的海水被部分或全部蒸发了，生活在大陆的大象得以迁移到这些岛屿。后来随着海平面的上升，这些大象的后代与世隔绝，在岛上进化成了猪一般的矮象。

为什么大象的后代变成了“猪”了呢？在回答这个问题之前，我们需要先问一下，为什么大象要把身体弄得那么庞大呢？原因很简单，身体庞大是它们保护自己的法宝。当大象的身体大到连老虎、狮子也望而生畏时，大象就没了天敌，可以自由自在地吃草。但是身体庞大也意味着要消耗大量的食物。一头成年大象每天要吃上一两百千克的植物。而一个大象群体为了避免近亲繁殖，通常有几百头大象，它们消耗的食物量大得惊人。

在地中海的岛屿上，没有大型的肉食动物需要抵御，大象身体庞大的优势消失了，劣势暴露了出来。在岛上，资源非常有限，没有足够的食物来维持一个大象群体，身体大的象饿死，身体小的象由于需要的食物量也少，反而容易生存下来。要维持一个500头大象的群体，可能至少需要几千平方千米的空间，但是要维持一个同等数量的矮象群体，有几十平方千米的地盘可能就足够了。这样，在自然选择的作用下，大象的身体就变得越来越小。

不仅大象如此，其他大型食草动物到岛上繁衍后，由于没有天敌，也由于缺乏食物，它们后代的身体也会逐渐地变小，甚至人类也是如此。2003年在印度尼西亚的弗洛里斯岛发现的史前“矮人”（已在大约12000年前灭绝），身高只有大约1米。

但是对俗称老鼠的啮齿动物来说，情形却正好相反。老鼠体型小的原因，也是为了避免被天敌吃掉，因为身体小容易躲藏。到了岛上以后，没有那么多天敌，甚至根本就没了天敌，没有必要再躲躲藏藏，身体小的劣势就暴露出来了，因为身体太小，热量容易散失，而且能吃的食物种类有限，比如粗一点的植物就咬不动。对老鼠来说，身体大一些反而更有优势。在岛上生活的啮齿动物的身体通常要比在大陆生活的大很多。例如，在弗洛里斯岛上原来生活着一种窟山鼠（已灭绝），就和猫一样大。

不过，和在乌拉圭发现的一种豚鼠相比，窟山鼠就是小巫了：这种乌拉圭豚鼠比牛还大，体长3米，高1.5米，重达1吨，比矮象还要大得多。幸运的是，这种可怕的硕鼠生活在200万～400万年前。在当时，巴拿马地峡还未出现，南美洲和北美洲是分离的，南美洲实际上是一个大岛，北美洲的剑齿虎等天敌还过不去享用这些硕鼠。现在还生活在南美洲的花背豚鼠是这种硕鼠的近亲，而花背豚鼠的体长只有80厘米，体重只有15千克，这在现在啮齿动物中已经算是大的了。

当大型的哺乳动物迁移到岛屿，它们的身体通常会逐渐矮化，而小型的哺乳动物则相反，它们的身体会逐渐巨化。这种现象被称为“岛屿法则”。这个进化速度会非常快，对88种岛屿哺乳动物（其中一半是啮齿动物）的调查表明，它们的进化速度要比大陆哺乳动物快两倍。

人类的文化进化其实也存在类似的“岛屿法则”。对人类社会来说，“岛屿”并不一定是地理意义上的。开放的岛国可以包容世界，自我封闭的大陆国家却是文化的岛屿。一个国家如果闭关锁国成了世界的孤岛，那么由于缺乏来自外部的竞争压力和文化交流，也会很快地让伟人矮化，鼠辈巨化。这样的国家，会一时成为“矮象”和“硕鼠”的天堂。但是，不论是可爱的矮象还是可怕的硕鼠，终究还是都灭绝了。

2010年1月18日

没有统治者的和谐社会

在人们的心目中，沙漠是没有生机的。其实并非如此。在美国亚利桑那的沙漠，光是生活在那里的蚂蚁就有100多种，其中最常见的是以采集种子为生的红色收获蚁。夏天雨季是它们的繁殖季节。每个夏天，一旦开始下雨，长着翅的年轻蚁后和雄蚁就试图飞出巢寻偶，但通常被工蚁给硬拽了回去。突然有一天，一般是在第二或第三场雨之后第一个晴朗的下午，各个巢中的年轻蚁后和雄蚁似乎不约而同地都被放了出来，开始了它们一生中唯一一次的飞翔。成千上万只年轻蚁后和雄蚁密密麻麻地飞到同一块地方交配。

交配之后雄蚁继续聚在一起等死，它们只能再活一两天。蚁后则分散飞走，独自找个合适的地点降落下来，脱掉翅，开始挖巢。在这个过程中，绝大部分蚁后或被鸟、蜥蜴吃掉，或被同种、异种的工蚁杀死了。只有不到1%的年轻蚁后设法挖好巢躲起来开始产卵，等到工蚁孵化出来，日子就开始好过了。这些劫后余生的蚁后能够活上15～20年，一个蚁巢最多的时候能够同时有上万只工蚁忙进忙出。

年轻的工蚁只在巢内活动，负责照看蚁后、幼蚁和储存食物。年纪大一些了才开始参与外部事务。与外部有关的活动分为四种：每天早晨几只工蚁先出去侦察周围的情况；然后负责采集的工蚁再成群结队地到侦察蚁指定的地点搬运食物；另有一些工蚁负责巢的建造、维修工作，把挖出的土搬到洞口倒掉；还有一些则是清洁工，负责把巢里的垃圾清理出去。

哪一只工蚁干哪一项工作是不是天生就决定了？或者虽然不是天生的，但是一旦选择了做哪项工作就终身不变呢？在通常情况下，工蚁选择了干哪一行似乎就一直干下去，但是长期研究收获蚁的斯坦福大学生物学家黛博拉·戈登（Deborah Gordon）用一系列实验证明，工蚁会随着环境的变化而按一定的规律变换工种。

戈登给不同工种的工蚁用不同颜色的涂料标记，以便追踪它们。她在蚂蚁的采集地点放上许多种子，让蚂蚁知道有了新的食物来源。这时，侦察兵、维修工和清洁工都纷纷改变角色，参与抢运这些食物。在另一个实验中，戈登从附近抓来10只与收获蚁竞争食物的另一种蚂蚁，放在收获蚁巢的周围。收获蚁发现这些竞争者后，派出更多的侦察兵，其中有的是维修工和清洁工变来的。戈登做的第三个实验是在蚁巢洞口放一些牙签，增加维修工的工作量。为此参与维修工作的蚂蚁增多了，但是新增加的维修工都是没有被标记的，它们是从本来只负责洞内事务的年轻工蚁转变来的。

这些实验结果表明，工蚁是会变换工种的，但是不同工种的级别不一样：维修工的级别最低，只能从年轻工蚁那里获得补充，维修工一旦改而从事其他工种，就不会再回头去做维修工了；而采集工的级别最高，采集工是不会再改而从事其他工种的，即使其他工作有需要，它们宁愿闲着也不去帮忙。采集食物是蚁巢的头等大事，也是最辛苦的工作，采集工要摆这样的架子是可以理解的。

那么由谁来决定哪只工蚁从事什么工种或变换工种呢？你可能会想到蚁后。其实蚁后的“后”是人类所赋予的，她并非蚁巢的统治者，而只是一个生育机器，除了进食和产卵，几乎不会干其他任何事情。她不可能了解蚁巢和周围环境发生的变化，也不可能对工蚁发号施令。事实上，大部分工蚁在出生后就与蚁后失去了联系，特别是在成为采集工之后，就只待在洞穴靠外的部分，连洞穴深处都不去了。

不可能有哪一只蚂蚁能够管理一万大军。在蚁巢中没有统治者或管理者。每只工蚁要从事什么工作，是它自己决定的。那么它如何决定是继续现在的工作、闲着还是改换工种？这可能取决于两个因素：一个是环境因素（发现新的食物来源、竞争对手等）的直接刺激，另一个是间接从其他工蚁那里得来的信息。观察过蚂蚁的人都会注意到，蚂蚁最喜欢干的一件事是互相碰触角打招呼，这实际上是在闻对方身上的味道，从中可以知道对方是不是同一个巢的、在从事什么工作、是否成功等信息。

一只闲着的工蚁其实并没有完全闲着，还在不停地和经过的工蚁打招呼。它可以根据接触到的某个工种工蚁的数量、接触频率和它们的状况，来决定自己是继续闲着等待从事同一工作，还是立即改变工种。比如说，我们可以设想，一只闲着的维修工如果接连碰到5只成功运回食物的采集工，它就知道采集工作很繁忙，自己有必要也参与进去。计算机模拟表明，每只工蚁都遵守类似的简单规则，就会出现人们观察到的有序变化。

只要每个成员都自觉地严格遵守同一套规则，那么不需要有统治者，整个社会也可以有序地运行，甚至比有统治者的社会还和谐。这也许让人羡慕，可惜人不是蚂蚁：人是有自由意志的。

2008年1月31日

蟑螂的民主决策

洞庭湖边鼠满为患的时候，有一位时评家写过一篇文章，很认真地说老鼠的生命力如此之强，我们应该敬畏它。我不知道他说的“敬畏”是什么意思，是不是要搞一个拜老鼠教？那样的话，还不如搞一个拜蟑螂教，蟑螂的生命力之强，更值得“敬畏”。

蟑螂几乎可以吃任何有机的东西，连拌了老鼠药的毒饵都可以成为它们的安全食品。在饱餐一顿之后，它们可以3个月不吃东西，1个月不喝水，都还能活下去。把蟑螂的头切掉，它们还可以继续活上1周到1个月，直到死于脱水或饥饿。蟑螂的繁殖力同样惊人，如果房间里跑来了一只雌性德国小蠊，在适宜的条件下，一年之内它就可以留下10万只后代。难怪一座房屋一旦有了蟑螂，就很难消灭干净。也难怪蟑螂已经在地球上生活了3亿多年之久，比它更晚出现的恐龙早已灭绝，而它却越活越滋润，而且3亿年来形态没有什么变化，3亿年前的蟑螂化石看上去和现在的蟑螂没有多大不同。

我们当然犯不着为此去敬畏蟑螂，不过作为进化得如此成功的物种，它还是有很多值得研究的地方，比如它的行为模式。

蟑螂很喜欢钻到隐蔽的地方躲起来，以免被发现。蟑螂在躲藏的时候还喜欢扎堆，这也容易理解，聚在一起有很多好处：容易找到配偶，容易沾光揩油跟着大家找到食物，在干燥的环境中聚在一起还能保湿等。当然，太多的蟑螂都扎堆在一起也不好，毕竟资源是有限的。那么它们怎么选择到哪里和如何扎堆呢？

在蟑螂的社会中，没有领袖来发号施令，也没有蚂蚁那样的社会分工，每一只蟑螂都是平等的，决策过程完全民主。要集体作出合理的民主决策，并不需要有高深的思想和高超的智力，只需要大家都本能地遵循几条简单的原则：每只蟑螂都出去随机探索环境、发现隐蔽处，根据隐蔽处的质量好坏进行选择，各个蟑螂互相接触、相互影响，然后根据隐蔽处的拥挤程度来决定自己是留下还是离开。

比利时布鲁塞尔自由大学的研究人员为此做了一系列实验。这些实验很容易做，如果你有空养蟑螂也可以去重复。在一个器皿中建两个相同的遮蔽处（比如放两个塑料瓶盖），然后放一些（比如说50只）蟑螂进去。蟑螂起初到处乱爬，互相触碰进行“咨询”，慢慢地就往遮蔽处扎堆了。如果遮蔽处的容量足够大（比如说能容纳60只蟑螂），那么所有的蟑螂会倾向于躲到其中某个遮蔽处，而让另一个遮蔽处空着，选哪个遮蔽处来躲是随机的。

把遮蔽处的容量缩小，比如说每处最多只能容纳40只蟑螂，会出现什么情况呢？是不是40只挤到一处，剩下的10只到另一处呢？不是，蟑螂将会倾向于作平分，在两个遮蔽处中各有25只蟑螂。

现在再放进一个遮蔽处，蟑螂会不会平均分配到3个遮蔽处里面去呢？不然。如果遮蔽处的容量不够大（只能容纳40只蟑螂），那么蟑螂将在其中的两处作平分，每处各有25只蟑螂，而让第三处空着。如果遮蔽处的容量足够大（可容纳60只蟑螂），那么全部50只蟑螂都将挤到一处，而让另两处空着。

如果这些遮蔽处的质量都一样，那么蟑螂选择去哪一处是随机的。如果遮蔽处的质量存在差异，比如有一处比较暗，另一处比较亮，那么蟑螂在大多数时候会选择去较暗的遮蔽处。

从数学上可以证明，蟑螂这么做对每个个体来说都是最佳的选择，可以合理地平衡竞争资源与相互合作的关系。不需要有领导来“集中”，绝对的民主决策也能获得最佳结果。

能有这样的结果是因为大家都遵守游戏规则。假如出现一只突变的蟑螂非要别出心裁不可，又会怎样呢？要找到这种突变蟑螂可不容易，研究人员就建造了机器蟑螂来代替。这种机器蟑螂看上去一点儿也不像蟑螂，倒像一辆玩具汽车，不过蟑螂的眼神很不济，在给机器蟑螂涂上从蟑螂身上提取的化学物质，让它们带上蟑螂的味道后，蟑螂就把它们当成蟑螂对待，也和它们触触碰碰进行咨询了。

研究人员通过程序控制，让机器蟑螂也具有蟑螂的特点：喜欢躲藏到阴暗的遮蔽处和喜欢扎堆。在12只蟑螂中放进4只机器蟑螂，这个群体的表现和正常的蟑螂群体一样，让它们在一暗一亮两个遮蔽处挑选，大多数时候它们都会躲到暗的遮蔽处去。

然后，研究人员改变程序，让机器蟑螂喜欢较亮的遮蔽处。结果，在这几个机器蟑螂的误导下，出现了反常，在大多数时候蟑螂群体会躲到较亮的遮蔽处去。说不定以后可以利用这种机器蟑螂把房间中暗藏的蟑螂都引到明处，聚而歼之。

所以呢，民主决策虽然是个好东西，但是也很脆弱，很容易被某个别出心裁的异己分子所破坏。不过，如果这些异己分子出的是坏主意，会很快被自然选择淘汰。不幸的是，在它们被淘汰时，会有一大帮盲从它们的家伙陪葬。

2009年4月6日

壮起鼠胆，让猫吃掉

世界上哪一种动物的皮毛最厚？是生活在北太平洋海边的海獭。这个“之最”曾经给它们带来灭顶之灾。为了猎取其珍贵的皮毛，猎人们一度把这种可爱的小型海洋哺乳动物杀得只剩1000多头，濒临灭绝。猎杀海獭被禁止之后，海獭的数量逐渐回升。1980年首次对生活在美国加利福尼亚州的海獭进行普查，发现那里生活着1856头海獭。此后每年逐年增加，生物学家预计它们的数量很快会攀升到16000头，这是19世纪开始猎杀海獭之前生活在那一带的海獭数量。

然而，到了20世纪90年代中叶，加州海獭的数量突然停止了增长，保持在2000多头。海滩上发现有大量的海獭死亡，找不到明显的原因。一个可能的原因是那里的海獭感染了致命的寄生虫——弓形虫。一项抽查表明，刚死亡的海獭52%感染了弓形虫，而活着的海獭中也有38%被感染。

弓形虫是一种原生生物，原本寄生在猫科动物体内，它是怎么跑到海獭体内去的呢？原来，弓形虫在猫的体内繁殖，产下的卵囊随着猫粪排到了体外。有些养猫的人习惯把猫粪倒进马桶冲走，里面的弓形虫卵囊就进入了下水道，最终随生活污水排到河流、海洋，贻贝、螃蟹等动物在过滤水进食时，弓形虫会进入它们的体内累积起来。海獭吃了被感染的贻贝、螃蟹等食物，就会被弓形虫感染。

实际上，所有的温血动物（哺乳动物和鸟类）都能被弓形虫感染。其污染源都是猫科动物的粪便。如果随意丢弃猫粪，土壤会受到弓形虫卵囊的污染（弓形虫卵囊能在土壤中存活一年以上），进而污染水源。动物接触了被污染的土壤，喝了被污染的水，弓形虫卵囊进入体内，释放出里面的孢子，进入宿主的细胞中发育成虫体，这些虫体能以无性分裂的方式快速繁殖，叫作“速殖子”。在繁殖一定时间后，虫体转入神经和肌肉组织中变为“慢殖子”，形成包囊。体内的免疫系统没法消灭“慢殖子”，所以一旦被弓形虫感染，往往就只能终身携带它了。

人的手如果接触到了环境中的弓形虫卵囊，没有洗干净就拿东西吃，弓形虫卵囊就进入了人体。或者，人如果吃了没有煮熟的已感染了弓形虫的肉，也能感染上弓形虫。全世界大约有1/3的人感染了弓形虫。在喜欢吃半生不熟乃至生肉的地方（例如法国），弓形虫的感染率能高达80%～90%。

有的动物和海獭一样，感染了弓形虫后会出现严重的症状，甚至死亡。幸运的是，大多数人感染了弓形虫之后，只有类似流感的症状，或者没有任何症状。但是如果受感染者免疫功能缺损（如有艾滋病、恶性肿瘤、器官移植等），会导致严重后果。如果孕妇感染了弓形虫，可通过胎盘感染胎儿，直接影响胎儿发育，导致婴儿畸形、失明或大脑损伤，是人类先天性感染中最严重的疾病之一。

追根溯源，其他温血动物都是从猫粪感染了弓形虫，猫又是从哪里感染了弓形虫呢？从寄生了弓形虫的老鼠、鸟或其他小动物那里。猫如果捕食了这些小动物，就有可能被弓形虫感染，猫粪中就会有弓形虫。这样就形成了一个循环。弓形虫在其他动物体内只能进行无性繁殖，大部分时间是潜伏着，最终要进入猫科动物的体内，因为只有在猫科动物体内，弓形虫才能进行有性繁殖，产下卵囊。所以其他动物是弓形虫的“中间宿主”，而猫科动物才是“终宿主”。

中间宿主要被终宿主吃掉，弓形虫才能完成其循环。弓形虫感染中间宿主的一个重要部位是大脑，也就是说，弓形虫是有可能影响到中间宿主的行为的。自然选择理论告诉我们，如果某种弓形虫变异能够让中间宿主的行为出现反常，让它们更容易被终宿主吃掉，那么这些弓形虫就有很大的生存优势，能够留下更多的后代，最终就会只剩下这种能操纵中间宿主的“智能”弓形虫。

野外观察和实验都证明了这一点。被弓形虫感染的老鼠一反常态，不是小心翼翼地东躲西藏，而是更喜欢往空地跑，更喜欢冒险，而且不怕猫的味道，甚至喜欢猫的味道。这些老鼠如果会唱歌，一定爱唱“老鼠怕猫，这是谣传，一只小猫，有啥可怕，壮起鼠胆，把猫打翻，千古偏见，一定推翻”。这些勇敢的老鼠只是弓形虫繁殖自己的载体，它们被猫吃掉的可能性要比没感染的老鼠高得多。

我们虽然也是弓形虫的中间宿主，但是猫吃不了我们，弓形虫进入人体就进入了死胡同。但是弓形虫分不清它们寄宿的是人体还是鼠体，同样在悄悄地影响着我们的行为。感染了弓形虫的人更容易出现幻觉，更爱冒险，反应更迟钝，甚至出车祸的风险更高!

2010年7月5日

原始森林的奇观

年轻的达尔文随贝格尔号环球航行时，美洲的原始森林给他留下了非常深刻的印象：“那些深深铭记在我的脑海里的景象中，没有什么能比未被人手破坏的原始森林更壮观的了。……站在这些与世隔绝的地方，没有人能无动于衷，能不感到除了他身体的呼吸之外，在人性中还有更多的东西。”

从那时起，美洲的原始森林以惊人的速度被人手破坏，乃至毁灭。也促使一些像达尔文一样被原始森林的壮观所震撼的人奋起保护。在旧金山北边约20千米处，还奇迹般地保留着一片约2平方千米的原始森林，主要是美洲红杉。它原来属于国会议员威廉·肯特（William Kent）的林地。在19世纪加州的淘金热引来伐木产业的兴起之前，加州海岸大约分布着8000平方千米的原始红杉林。到20世纪初，这些红杉林大部分都已被砍伐殆尽。旧金山北边的这片红杉林因为地势险峻，还未遭毒手，于是肯特夫妇花了45000美元把这片林地买下，试图永远保护它。

1907年，当地一家饮水公司计划在流经这片森林的溪流的下游建坝，这将会使这片森林被淹没，因此遭到肯特的反对。饮水公司到当地法庭起诉肯特。肯特干脆把它捐献给联邦政府，使它不再受地方法庭的管辖。第二年，西奥多·罗斯福总统宣布这片森林为国家纪念地，以美国著名环保活动家约翰·缪尔（John Muir）命名，称为缪尔森林国家纪念地。它现在成了旧金山的重要景点，每年接纳70多万人次的游客。

在红杉林里是很容易感受到原始森林的壮观的。红杉的大小仅次于它的近亲、也生长在加州的巨杉，名列第二，但是其高度却超过了巨杉，是最高的植物，现存最高的一棵高达116米。因为95%的原始红杉林已被砍伐，所以不难想象，在被砍掉的红杉中，有的会超过现有的纪录。由于重力的影响，树木的高度有一定的限制，据推测，树木能达到的最高高度为122～130米。红杉几乎达到了生长极限。

红杉这个名字是一名西班牙传教士取的，因为它的新鲜树皮为亮丽的红褐色。它的树皮非常厚，可以达到30厘米厚。这层又厚又软的树皮缺少树脂，保护了红杉不容易被森林火灾烧毁。在缪尔森林中经常可以见到曾经火烧、树干黝黑，然而仍然茁壮成长的红杉。红杉的树皮中含有丰富的丹宁酸，能保护它不受昆虫的伤害。这些都使得红杉异乎寻常地长寿，能够活到2000年以上。

但是在缪尔森林中，还是能看到不少正在或者已经死去的红杉。有一棵红杉熬过了几次火灾之后，终于被烧死，剩下一截焦黑的树桩还屹立不倒。不过残桩是终究要倒下的。还有几棵巨大的红杉，则不知是因为遭到雷劈、风暴还是病虫害而在根部断掉，整个倒在了地上。

森林的工作人员介绍说，以前为了预防火灾，他们会把倒地的死树清理掉。现在则认识到死树也有其生态作用，顺其自然了。他们爱说的一句话是，一棵树的生命有一半是站着度过的，还有一半是倒在地上度过的。

的确，这些死去的大树也是森林的重要成员，发挥着难以替代的作用。红杉树皮含有休眠芽。树干倒下、死去会刺激这些休眠芽开始发育，长出树苗。它们是老树的克隆，将各自逐渐长成大树。它们或者在倒下的树干上整齐地排成一排，或者以老树的残桩为中心，组成一个“家庭小圈子”。在缪尔森林常常可以见到类似这样整齐排列的克隆“树阵”。

如果倒下的大树没有留下克隆，也没有浪费掉。蘑菇将在它们上面生长、繁衍，昆虫将以它们为食或在那里栖息，两栖动物、鸟类和哺乳动物也会在那里筑巢，甚至北美山猫都被发现住在红杉残桩的洞中。如果大树倒在溪流中，会形成水坑，鲑鱼将在那里产卵。缪尔森林中的溪流是濒危的野生银鲑鱼最后的繁殖地之一。

倒地的树干能吸收雨水，保持土壤的潮湿。落叶和球果也容易在倒地树干的周围聚集。在它们逐渐腐烂后，其含有的营养素就逐渐释放进了土壤，因此死树周围的土壤变得特别肥沃，掉在那里的种子很容易生根发芽。

如果你在森林中看到一棵大树倒下，无须为此伤感。一棵大树的倒下，不仅仅是一个旧生命的结束，更是无数新生命的开端。而这，不过是原始森林的一个小小奇观。

2007年7月8日

外来物种悲喜剧

加利福尼亚中部有我所见过的最壮丽的海岸线。沿着蜿蜒曲折的1号公路缓缓行驶，放眼望去是一处处美得让人忘记了路途险峻的风景。无边无际汹涌而来的波涛拍打着嶙峋、粗犷的花岗岩峭壁，屹立着一片片迎着海风生长起来的柏树林。有时也会见到一株离群的柏树独自面对海洋，被海风塑造得奇形怪状。在蒙特利海湾著名的“17英里车道”景区，其标志就是长在伸入海中的悬崖上的“孤独柏”，迎风招展，仿佛一株迎客柏。

如果没有这些被称为蒙特利柏的特有物种，加州海岸线的风景将大为逊色。看着蒙特利柏，特别是看着“孤独柏”，不能不让人惊叹其生命力之顽强。它们的寿命大约是300年，死后其树干也不会很快腐朽，而是变成“鬼木”。有谁会想到，当蒙特利柏在200多年前被人们发现的时候，这种更新世冰川时代的遗物正濒临灭绝，蒙特利海湾的两处小树林是它们最后的避难所呢?

是其美丽征服了人类，也拯救了它们。人们在加州海岸大量地种植蒙特利柏，特别是在蒙特利海湾，更是满山遍野，成了加州海岸的象征。1838年，蒙特利柏漂洋过海被引进到了英国，随后又向欧洲和澳洲其他国家传播，装点着世界各地的海岸。

加州海岸满山遍野还分布着另外一种植物——冰叶日中花，不过在车中难以注意到。这是一种低矮的草本植物，在一大片一大片密密麻麻多肉的叶丛中间，盛开着红色、白色或黄色的放射状花朵。这种在加州公路两旁随处可见的植物并不是加州的原有物种。它原产南非海岸，作为观赏植物被引进到了世界各地。由于冰叶日中花极为耐干旱，适合在沙土中生长，而且一长就是一大片，在20世纪初它被引进到了加州，人们在铁路旁边种植它们，用以固定沙土。之后又出于同样的目的，在公路两旁大面积地种植，直到20世纪70年代，已种植了数千英亩。

它们迅速扩散，向海滩、沙丘、灌木丛、树林蔓延，能适应各种各样的土壤和气候，即使在有竞争物种和草食动物存在的地方也能建立自己的殖民地，组成一整片不断扩展、密集得几乎无法穿透的像地毯一样的草丛。有一个发生在1980年的真实故事可以反映这种草丛的密集程度：加州一个乡村俱乐部的高尔夫球场有一片冰叶日中花的草丛，球一旦滚入草丛中就再也捡不回来。该高尔夫球场的练习用球以惊人的速度在丢失，在排除有人偷盗的可能性之后，冰叶日中花草丛成了怀疑对象。用推土机将其清除后，竟找到了1.2万只练习用球，可供该球场使用4年。

但是冰叶日中花草丛所能吞没的并不仅仅是高尔夫球。它们疯狂的扩张不仅占据了本地物种赖以生存的空间和资源，而且由于防止了沙丘的自然流动，使一些适合在沙丘中生存的物种受到了致命打击。此外，冰叶日中花能增加土壤中的盐分，抑制了本地植物的生长，并影响了土壤动物的生存。因此，它现在在加州被视为是有害的外来入侵物种。

现在一提起物种入侵，许多人就为之色变，似乎所有的外来物种都会带来灾难。实际上有史以来人类一直在引进并成功地利用外来物种，我们今天所栽培的植物、所饲养的动物，大部分都不是本地原有，这个引进、输出过程将会一直持续下去，不可阻挡。但是人们也很容易忘记，一个外来物种被有意无意地引进某个地区时，有时会破坏生态平衡，成为危害。在人类引进物种的历史上，既有蒙特利柏这样的喜剧，也有冰叶日中花这样的悲剧，不可一概而论。

2005年7月30日

萤火虫的战争

2006年的夏天我是在新英格兰度过的。在新英格兰夏夜的草地上，可以看到许多萤火虫飞舞。我突然想起，我已经有很多年没有见到萤火虫了。在我近年来长期生活的地方，是没有萤火虫的：北京的市区固然不必说，南加州的郊外也见不到萤火虫的踪迹。实际上，由于未知的原因，美国自堪萨斯州以西，萤火虫就难得一见了。

一般人都知道萤火虫发光是为了寻找配偶。在北美夜空做灯火表演的是雄萤火虫。雌萤火虫则躲在地面草丛中，见到同种雄萤火虫发出的信号后，再发光作出回应。双方一来一往地用光相互联系，直到雄萤火虫确定了雌萤火虫的位置，飞到它的身边，然后开始交配。

萤火虫在全世界有大约2000种，在北美见到的萤火虫大多数属于两个属：体型较小、发黄光的否提那斯属，体型较大、发绿光的否丢瑞斯属。不同种类的萤火虫有不同的发光模式，光的颜色、持续时间、间隔、闪烁次数、飞行高度等方面各不相同。同一属的萤火虫的形态往往长得很相似，区分它们的重要特征就是其发光模式。独特的发光密码使同种雌雄能相互识别，避免出现有害的杂交，进化生物学将这种现象称为“生殖隔离”机制。

北美最常见的一种萤火虫属于黄光萤火虫，俗称“北斗”，它发出的是黄绿色荧光。雄虫靠近地面飞行，每隔6秒钟发一次闪光，持续时间大约半秒，发光时向上飞行，形成一个“J”字。地面上的雌虫如果看到了，会等大约2秒钟再发出一次持续半秒钟的闪光作出响应。其他种的萤火虫的发光模式与此不同：有的每间隔2～3秒钟就发出持续时间长达2～3秒的光，有的每隔3～4秒钟快速地闪3次，有的发光模式则类似于莫尔斯电码中的“点—划”（先快速闪一次，再来一次长时间的）……

如果你读得懂发光密码，就可以知道在你眼前飞舞的萤火虫属于哪个物种。而且，如果你用小手电筒模拟某种雄虫的发光密码，甚至可以吸引那个种的雌虫和你对话。

在20世纪60年代，康奈尔大学昆虫学家洛伊德（James E. Lloyd）利用这个窍门，用手电筒作为工具来捕捉他想要的那个物种的雌萤火虫。他当时主要对黄光萤火虫感兴趣，但是他有些奇怪地发现，绿光萤火虫的雌虫也会对他发出的黄光萤火虫的信号作出回应。这是为什么呢？难道这两者之间的

"生殖隔离"不那么明显?

答案在1965年4月6日的晚上揭晓。当时他在佛罗里达寻找一种黄光萤火虫雌虫，用手电筒发出该种雄虫的信号（两次间隔2秒的快闪，每4～7秒重复一次），收到强烈的响应，走近一看，是一只较大的绿光萤火虫雌虫，而绿光萤火虫雄虫发出的信号很不同（每3～5秒发一次闪光）。洛伊德就待在这只雌虫的身边进行观察。在半个小时内，这只雌虫共吸引了12只黄光萤火虫雄虫的注意，最后1只在和雌虫交换了几次信号后，停在雌虫的附近。十几秒后，洛伊德打开手电筒，发现绿光萤火虫雌虫正抓住黄光萤火虫雄虫，咀嚼它的后背。

大多数种类的萤火虫成虫以花蜜或花粉为生，甚至什么都不吃，但是绿光萤火虫雌虫却通过打信息战以捕捉其他萤火虫为乐，这是为什么呢？除了增加营养，还有没有别的原因呢？对此，康奈尔大学的昆虫学家艾斯纳（Thomas Eisner）等人通过实验给出了一个出人意料的答案。

我们先来思考一下这个问题：萤火虫在黑暗中发光，如此公然暴露自己，就不怕被天敌捕捉吗？如果说这是为了爱情不怕牺牲，那么它们的幼虫和卵也都在持续地发光（甚至某些成虫不发光的萤火虫，其幼虫和卵也都发光），又是为什么呢？原来，萤火虫的卵、幼虫和成虫的体内含有类似于蟾蜍毒素的毒素，鸟类、蜘蛛等天敌很害怕这种毒素，所以发光其实也是一种警告：我有毒，别吃我!

绿光萤火虫却偏偏不会自己生产这种毒素，其雌虫在捕食了黄光萤火虫雄虫之后，黄光萤火虫雄虫体内的毒素就转移到了绿光萤火虫雌虫的身上，再传给绿光萤火虫的卵和幼虫。所以，绿光萤火虫雌虫设计捕食黄光萤火虫雄虫的主要原因，是为了巧取化学武器武装自己。

绿光萤火虫雄虫自己也不会生产毒素，但是体内也携带着毒素，又是从哪里来的呢？昆虫学家们怀疑它们是通过豪夺——在空中直接捕食黄光萤火虫雄虫——得来的。在实验室里，绿光萤火虫雄虫会捕食黄光萤火虫雄虫，在野外是否也会如此，则还是个谜。

在浪漫的萤火背后，隐藏着的秘密如此残酷，却又如此奇妙!

2006年8月27日

小资、强盗、小偷与骗子

2007年11月，日本明仁天皇道歉了，不过是为了他从美国带回的一种水产品——蓝鳃太阳鱼。蓝鳃太阳鱼原产纽约州，后来由于放养，遍布美国的淡水湖泊和河流，并成了伊利诺伊州的州鱼。1960年，当时还是皇太子的明仁访问芝加哥，芝加哥市长将这种鱼作为礼物送给他。明仁回国后，将鱼苗转赠给日本一家渔业研究所进行研究，想为日本餐桌添一美味。

该研究所不负所托，精心培养“王子鱼”，并在3年后开始在日本最大的湖泊——滋贺县的琵琶湖试放养。放养极为成功，实际上太过成功了，它们的数量剧增，并逃逸入侵其他水域，泛滥成灾，到2000年时已遍布日本湖泊、河流，让多种当地鱼类濒临灭绝。这种鱼在美国被视为最好吃的鱼之一，但是日本人却不爱吃它，想把它变成肥料和饲料的项目也不怎么成功。现在，滋贺县政府在号召日本人吃蓝鳃太阳鱼并提供菜谱，希望抢在本地鱼类灭绝之前先把蓝鳃太阳鱼吃光。

这可不容易，蓝鳃太阳鱼的繁殖力非常强，一条雌鱼一次能产几万颗卵。但这些卵要能孵出、存活，却要靠雄鱼的照料。雄鱼先筑好巢，然后待在巢内发声求偶，吸引来雌鱼后，一起翩翩起舞，产卵、授精，然后雌鱼离开，留下雄鱼在巢内守护卵。2～3天后小鱼出生，雄鱼还要继续守护5～7天，直到小鱼离巢。如果没有雄鱼的守护，小鱼没法存活。雄鱼为此作出了重大牺牲，在这段时间内它离开巢觅食，体重为此要减轻10%。为了做好准备，雄鱼在7岁以后，身体长得比较大才开始担任父亲的角色。

但是并不是所有的雄鱼都愿意过这种中规中矩地养家糊口的小资生活。有的雄鱼体型长得比一般的雄鱼要大一些，它们宁愿去当强盗，发现有的巢里已经有卵之后，就进去把原主人赶走，自己留在巢内，把雌鱼吸引过来产卵、授精后，再把巢还给原主，让它在照料它自己的后代的同时也培养强盗的后代。

还有的雄鱼可不想浪费7年的光阴，它们在2～3岁时就想当父亲了。这时它们的体型很小，打架根本不是小资雄鱼的对手，强盗当不成，只能去当小偷，不是偷东西，而是偷偷地让小资雄鱼戴绿帽子。它们躲在巢边，等到小资夫妇翩翩起舞、产卵授精时，它们偷偷地溜进去，快速地给卵授精，然后溜走。这么做的风险很大，小偷经常遭到小资的袭击而死亡。但是回报也很高，一旦成功，它们能让80%的卵授精。

小偷如果侥幸活下来，长到4～5岁时，体型变得比较大，想要再当小偷就不容易了。它们改当骗子了。这时它们的体型和成熟雌鱼相当，身体颜色也变得和雌鱼一样，看上去和雌鱼很像。在小资夫妇开始交配时，它们冒充成雌鱼，模仿雌鱼的迷人游姿，大摇大摆地游进巢去。小资雄鱼还以为来了个自愿当二奶的，没想到又给戴了绿帽子。小偷—骗子至此完成了使命，不久就死了。它们从未过上小资的生活。一头雄鱼是当小资还是当小偷—骗子，在发育的早期就已决定，可能受遗传因素的影响。

小资并不是心甘情愿戴绿帽子的。在发现周围有小偷时，有的小资会怀疑巢内的卵已被“玷污”，而干脆离巢遗弃所有的卵或已孵出的小鱼，任其自生自灭。有的小资虽然不舍得就此离巢，但是在遇到天敌袭击时，它们不再愿意尽力保护卵、小鱼。有时，小资虽然没有觉察到小偷的存在，但是在小鱼孵出后，发出的味道可能让小资觉得不对劲，从而降低了保护小鱼的意愿。

小偷—骗子能骗过小资，却骗不过雌鱼。但是雌鱼不仅不进行干涉，反而欢迎小偷—骗子的加入，会产下比平时更多，能多达3倍的卵。既然小资一旦发现卵可能已受到小偷—骗子的“玷污”就不太愿意尽心守护卵，雌鱼这么做岂不是在浪费卵吗?

原来，在同样的条件下，小偷—骗子的后代要长得比小资的后代快，离巢时小偷—骗子的后代的体长能比小资的后代长大约20%。而小鱼体型越大，则生存率会越高。体型大的小鱼更能忍受饥饿、更善于捕食，甚至躲过天敌的捕捉。在野外，蓝鳃太阳鱼的小鱼的主要天敌是水螅。刚离巢的小鱼大约有20%被水螅用触须抓去吃，但是体型大的小鱼就能躲过这一劫难。实验表明，在遇到水螅捕食时，小偷—骗子的后代的生存率是小资后代的3倍。显然，雌鱼欢迎小偷—骗子，是在“计算”过利弊之后作出的决定。只要能留下自己的基因，雌鱼才不管配偶是小资还是强盗、小偷、骗子呢。小资、强盗、小偷、骗子，都是传宗接代的游戏中难分高下的策略，而雌鱼才是这个游戏的最大赢家。

2008年3月30日

达尔文的眼睛

“9·11恐怖袭击事件”以及随之而来的反恐怖主义战争使得“塔利班”的名字家喻户晓。人人都知道塔利班是一个伊斯兰教的原教旨主义组织，但很多中国人不知道，基督教同样有原教旨主义组织和信徒。据统计，大约1/3的美国人属于原教旨基督徒。原教旨基督徒坚信基督教《圣经》上的每一句话都准确无误，而且必须从字面上理解，因此他们必然要反对进化论。与自由派基督徒不同，原教旨基督徒热衷于传播自己的信仰，在美国掀起了一次又一次的反进化论风波，也热衷于拉人入教。到美国留学的中国人几乎毫无例外都会遇到传教士，而且以原教旨基督徒为主。由于中国留学生以理工科出身为主，或多或少学过进化论，进化论也就成了原教旨主义者传教的最大障碍，因此他们做了大量的宣传，散布了许多谣言、谎言攻击进化论。同时，原教旨基督教也注意在中国留学生当中培养传教士，一位笔名为“里程”的华人就是其中较为著名的一位。此君毕业于北京大学生物系，1981年在中国科学院研究生院获得硕士学位，第二年赴美留学，在1987年获得密歇根州立大学博士学位，在1992年入基督教，成为活跃的传教士，从1997年开始专职传教，出了一本专门面向中国留学生的基督教宣传读物《游子吟——永恒在召唤》，在留学生当中有一定的影响，经常有人向我推荐，试图改变我的信仰。这本书现在也已进入国内。

这本书用了一章的篇幅攻击进化论，像一切反进化论的宣传品一样充斥了谎言，其中最大的谎言是关于达尔文对眼睛由来的看法。在其第六章第六节“自然选择面对的困难”中声称：

> 大家都知道，很多生物器官都需要各种恰到好处的配合才能正常发挥功能。眼睛就是最好的例子。眼睛由眼睑、眼毛、眼膜、晶状体、视网膜等精细的结构组成，有感光细胞将光刺激转化为电讯号并将它们迅速传到脑部，在脑的指挥下使眼能迅速和准确地对外界刺激作出反应。眼睛的功能是任何最高级的照相机无法企及的。但按进化论的观点，眼睛的结构与功能也是一点点地进化来的。可是，眼睛的各部分以及它与大脑的联系等怎么都那么凑巧地同时进化到这样准确的程度使眼睛有正常的功能呢？其中任何一部分配合稍差一点，眼睛就无法起作用。试想，在进化过程中，10%、50%，甚至99%进化程度的眼睛如何发挥功能呢？眼睛的形成，是很难用进化来解释的。

达尔文本人对此也相当困惑。在他的著名的《物种起源》一书的第六章《理论的难题》的“极其完美和复杂的器官”这一节中，他直言不讳地写到，“眼睛有调节焦距、允许不同采光量和纠正球面像差和色差的无与伦比的设计。我坦白地承认，认为眼睛是通过自然选择而形成的假说似乎是最荒谬可笑的。

在第七节他又再次重申：

创造的证据比比皆是，眼睛就是一个好例子。达尔文承认眼睛不可能由自然选择形成，以至于他发表《物种起源》之后，他一想到眼睛仍感到害怕。

我个人十分欣赏达尔文这种坦诚的态度，丝毫不隐瞒自己的困惑、烦恼和惊骇。

这是一个用断章取义的手法编造的谎言（这也是反进化论者惯用的一个手法，在他们的笔下，似乎最著名的进化论者都成了反进化论者）。达尔文在《物种起源》中的确说了里程引用的那句话，但是那只是用来引入话题的修辞写法，并非结论。达尔文接下去马上就说：

然而，理性告诉我，如果能够显示从一个完善和复杂的眼睛到一个非常不完善和简单的眼睛存在着大量的级别，每一级别都对其拥有者有用；更进一步的，如果眼睛的确曾发生轻微的变异，而这些变异又能遗传，这是可以确定的；如果器官发生的变异或改动对处于变化的生活条件下的动物有用，那么相信一个完善和复杂的眼睛能经由自然选择形成，虽然在我们的想象中是难以克服的，却很难说还是个真正的难题。”（根据《物种起源》第一版。在最后一版，达尔文在前面还加了一句：“当最初说太阳是静止的，而地球环绕着太阳旋转的时候，人类的常识曾经宣称这一学说是错误的；但是像各个哲学家所知道的‘民声即天声’这句古谚，在科学里是不能相信的。”可见达尔文在晚年甚至认为不相信眼睛是进化而来就像以前不相信地球绕太阳转动一样。）

接下去达尔文就详细地论证了为什么自然选择可以解释完善且复杂的眼睛是如何进化来的。达尔文的解释，在今天看来也是无可挑剔的。进化生物学经过了100多年的发展，对眼睛的进化已有了非常深入的了解，更超出了达尔文的想象。

是不是像反进化论者所说的，不完善的眼睛就无法起作用，就不能在进化中发挥功能呢？当然不是。轻度近视要好过高度近视，高度近视要好过失明，还能感受亮暗的失明要好过没有眼睛，并不是只有完善的眼睛才有助于生存。当我们说到眼睛时，马上想到的是人眼，但是并不是所有的动物都长着像人眼一样复杂的眼睛，而是像达尔文所说的，存在着从非常不完善和简单的到完善和复杂的许许多多的不同类型，都是其拥有者的生存所不可或缺的：如果它们的生存不需要眼睛的话，眼睛就会完全退化掉，就像生活在黑暗洞穴的盲鱼那样；最简单的眼睛功能只能感受光明和黑暗，听上去好像没什么用，但是许多动物（例如扇贝）就长着这样的眼睛，可以用它来区别白天和黑夜，甚至可用于躲避敌人（如果周围突然变暗，可能意味着是敌人的身影）；有的简单的眼睛不会动，只能盯着一个方向看，这也很有用处，比如海底动物可以靠它判断哪里是海面。总之，复杂程度不同的眼睛适应不同的生活方式。如果你过的是复杂的生活方式，才需要复杂的眼睛。大多数哺乳动物的眼睛都不能分辨颜色，人类和其他灵长类之所以长着一双能看到彩色世界的眼睛，是因为这样的眼睛对靠采摘水果为食的我们的祖先大有好处。同样，蜜蜂为了能分辨花朵，也长着能感受颜色的眼睛。这种适应性，正是自然选择的结果。

由于眼睛难以形成化石，我们无法从化石直接了解到眼睛是如何进化的。但是，正像达尔文在《物种起源》中所做的那样，如果我们把现有动物各种各样的眼睛从简单到复杂排列在一起，那么就可以推导出复杂的眼睛是如何一步步进化出来的。比如，我们可以推测鱼是这么进化来的：最初的眼睛只是一个由感光细胞组成的平面的眼点，只能感受一个方向的光，就像某些原生生物。接下来，感光细胞凹陷，增加了感光面积，可以感受不同方向的光，提高了视觉的准确度，而且可以防止感光细胞受损伤。这个凹陷越陷越深，最终成为理想的半球形，就像扁虫的眼睛。然后，眼睛的开口开始收缩，形成了“光圈”，差不多在这个时候，眼睛里有了透明的胶状物，避免泥巴进入眼眶内，进一步保护眼睛，并且固定眼睛的形状。眼睛的开口逐渐收缩，“光圈”越来越小，进一步提高了视觉的准确度，直到变成了一个针孔照相机似的眼睛，可以把光线聚焦在感光细胞上，就像鹦鹉螺的眼睛。接下来，眼睛的开口必须用透明的膜封起来进一步保护眼睛，实际上这一层膜可以在任何时候出现，甚至可能眼点一开始就有透明膜的保护，而透明膜并不是那么难有的，可以从身体的其他部分变来（组成人的角膜的蛋白质在人体其他部位也有）。这层透明膜越来越厚，成了晶状体。为了使成像越来越精确，晶状体将逐渐往里移动，逐渐变厚，并通过改变组成晶状体的蛋白质比率使它的不同地方有不同密度，以纠正像差，终于形成了一个复杂的鱼眼。

也许有人会说，就算从一个眼点可以进化出鱼眼，但是这要用多长的时间才能进化出来呢？进化需要的时间太长了，也是反进化论者攻击进化论的一个常用借口。为了回答这个问题，在1994年，两位瑞典生物学家尼尔森（D.-E.Nilsson）和佩尔格（S.Pelger）设计了一个计算模型，计算上面所描述的从眼点进化出鱼眼需要多长时间。他们的设计思想，实际上与达尔文在《物种起源》所说的相同：第一，从简单的眼睛到复杂的眼睛存在无数微小的变异。为了定量计算，他们把每一个微小变异设置为1%的改进（比如，长度改变了1%，蛋白质浓度增加了1%等），他们算出从眼点到鱼眼共需要1829个1%的改进，也就是需要1829个步骤。第二，这些微小的变异会影响生物的生存。视觉的微小改进，会使捕食者更好地发觉猎物，或使猎物更好地躲避捕食者，或者使蜜蜂能在雾中更快地找到花朵采蜜，这就有了生存优势。第三，这些变异是能够遗传的。在遗传学上，我们用遗传率来表示某个特征与遗传相关的程度，通常是用同卵孪生子（他们的基因完全相同）和异卵孪生子比较而测定。遗传率100%意味着该特征在同卵孪生子中完全相同，而遗传率0%意味着该特征在同卵孪生子中的相同程度和任意两人一样。我们并不知道眼睛的遗传率是多少，但是可以参考其他的身体特征进行估计：人的身高的遗传率为79%，坐高为85%，腿长为77%，臂长为80%，头宽为95%……也就是说，人的身体特征的遗传率一般来说高于50%。尼尔森和佩尔格将眼睛的遗传率设为50%。显然，这是个很保守的估计。实际上，在需要作估计时，他们都尽可能地保守，以便让进化所需的时间尽量地延长，使反对者无话可说。他们的论文的题目就叫作《对一种眼睛进化所需时间的保守估计》。在作了种种保守的估计以后，代入方程式计算（群体遗传学有专门的方程式计算一个有优势的遗传变异在生物群体中的传播时间），结果还是出乎意料：从眼点进化出鱼眼，只需要35万代。以一代为一年（这是大部分低等动物的情况）计算，也就是说，只需要35万年，这在地质年代中只是一瞬间。

眼睛实际的进化时间可能比这快，也可能比这慢，这取决于环境压力的大小和特定动物的生存对眼睛的依赖程度。但是，这个结论是很显然的：眼睛的进化要比设想的快得多。动物在地球上已至少有6亿年的历史，这足以使眼睛进化了非常多次。生物学家在研究了不同动物的眼睛结构之后，发现它们共采用9种不同的光学结构，而且每一种结构都出现了不止一次。眼睛在动物界至少独立进化了40次，可能多达65次。

可见，像眼睛这样的复杂器官的由来也是可以用自然选择来解释，并不需要由上帝来设计。事实上，如果我们仔细研究眼睛的结构，就会发现它并非像我们想象的那么“完善”，而存在许多“设计”缺陷，甚至是非常愚蠢的“设计”，任何一个工程师都不会作那样的设计，更不要说上帝了。我们可以用人眼作一个例子。人的视网膜分成三层：最底下一层是感光的锥细胞和杆细胞，中间一层由双级细胞、水平细胞等神经元组成，最外面一层是神经节细胞，将眼睛感觉到的光信号传递给大脑。视网膜的外面还覆盖着一层毛细血管。这完全是个前后颠倒的不合理的设计。感光细胞应该在最前面感受光线，神经、血管应该放在后面才对。而按这种颠倒的设计，光要穿过血管、神经才能抵达感光细胞，不仅光线的质量下降，而且血管的影子会影响我们的视觉，为了克服这些影子，我们的眼睛必须不断地做细微的运动以扫描整个视野，然后让大脑合并这些质量不佳的图片，去除阴影，再组成一幅完整的图像。为了传递光信号，视网膜的神经元要与一束视神经相连，视神经穿出眼球再绕回大脑。由于视神经在视网膜的前方，它穿过视网膜的那个孔不可能有感光细胞，这样就造成了视网膜上有一点没法感光，也就是所谓的盲点。我们平时感觉不到盲点的存在，是因为大脑能根据从两个眼睛得到的信息取消彼此的盲点，形成完整的图像。

人眼设计上的缺陷不仅导致了感光的障碍而加重大脑的负担，而且会造成一系列疾病。由于血管在前方，任何出血或淤血都会形成阴影，而影响视觉。更严重的是视网膜的固定方式。视网膜的最底层是感光细胞。这是一种很精致的、有毛的神经末梢，不可能牢固地固定住视网膜，而只是与下面一层色素表皮细胞（这层细胞的作用是吸收多余的光子）很松地连接在一起，这就使得视网膜很容易从眼球的内壁脱落。例如，脑袋遭受一记重拳，就可能造成视网膜脱落，如果不及时治疗将导致永久失明。

复杂的眼睛是不是只能采用这种奇怪的装配方式呢？绝对不是。章鱼的眼睛就不是倒装的。章鱼的眼睛也是非常复杂、良好的眼睛，可以在近乎黑暗的深海中发现猎物。章鱼的眼睛和人眼一样是球状的，也有晶状体，但是光透过晶状体后，就直接聚焦到感光细胞上，而无须先穿过神经、血管。章鱼眼睛的神经、血管都位于感光细胞的后面，神经直接连到大脑，光无须先穿透视网膜再往回绕弯。而且，章鱼的视网膜是由下面的许多神经纤维牢牢地固定着的，不会脱落。

所有脊椎动物的眼睛都和人眼一样，采取的是倒装的方式，如果真有一位智能设计者，绝不会如此愚蠢。但是，如果脊椎动物的眼睛是进化来的，那么就非常容易理解了，因为自然选择只能在已有的蓝图的基础上作无意识的修改，而不可能有意识地重新全盘设计。脊椎动物这种奇怪的眼睛结构是怎么进化来的呢？我们可以和与脊椎动物亲缘关系最近，因而有可能保留了脊椎动物的祖先特征的文昌鱼作个比较。文昌鱼的神经索是一条空心的管道，管壁上长着有鞭毛的神经元。在神经索的头端，是一些能感光的神经元，组成了眼点，眼点下面是传递信号的神经细胞，这就是文昌鱼的“眼睛”。由于这个眼点不是长在外面，而是长在管内，它只能感受从另一侧的管壁透过来的光，也就是说这也是个内外颠倒的眼睛，不过对文昌鱼来说没有关系，因为眼睛正对着的那一侧的身体是透明的（好比说我们的后脑勺是透明的），而在眼睛边上神经索最前端的管壁长着色素细胞挡住光线（这样就只有某个方向的光线能射到感光细胞，文昌鱼可以借此判断方向）。加拿大生物学家拉卡利（T. Lacalli）在研究了脊椎动物的眼睛发育过程后发现，脊椎动物胚胎时期的眼睛和文昌鱼的眼睛非常相似，感光细胞也长在神经索（神经索的前端以后发育成大脑）的管壁中，其末端虽然不像文昌鱼的那样有鞭毛，但也指向里头。神经索前端管壁上也长着色素细胞，只不过位置发生了变化，移到了感光细胞的正对面，以后则与感光细胞贴近、相接，而感光细胞下面的神经细胞则发育成了视网膜的前面部分。

这个比较告诉了我们人眼是如何逐步进化来的。脊椎动物的祖先像文昌鱼一样，长着一对位于体内、感光细胞朝向体内的眼点，这对眼点逐渐演变成了高度复杂的眼睛，但是由于感光细胞一开始就已朝向体内，以后的进化只能在此基础上修修补补，使得所有的脊椎动物都长着一双内外颠倒的眼睛。这是我们的祖先留给我们的遗产，而且我们只能一直继承下去。神创论无法合理地解释为什么上帝要设计出如此古怪的人眼，而进化论却能给出令人信服的答案。这样，眼睛的由来本来是个进化论的难题，却成了进化论最有力的证据之一。

2001年12月25日

达尔文的兰花

1862年，在《物种起源》发表3年后，达尔文出版了一部研究兰花的著作。达尔文研究兰花的目的，是要证明自然选择是生物进化的动力，为《物种起源》提供补充材料。

野生兰花有两万多种，花的形状、大小、颜色、香味千奇百怪，但是目的只有一个：用花香吸引昆虫（或蜂鸟）来采蜜，花粉粘到了它们的身上，就能帮助兰花传粉。因此兰花的繁衍离不开这些授粉者，不管它有着什么样奇怪的形状、构造，也都是为了适应授粉者。授粉者为了能采到花蜜，也要适应兰花。在自然选择的作用下，兰花和授粉者之间会一起进化。只有自然选择才能解释兰花构造的由来，这是达尔文研究兰花一书的主旨。

但是有一种原产于马达加斯加的彗星兰却让达尔文感到了为难。这种彗星兰拉丁文学名的意思是“一尺半”，其名称源自它那“令人惊骇”（达尔文语）的花的形状：它有又长又细的花距，从花的开口到底部是一条长达11.5英寸（29.2厘米）的细管，只有底部1.5英寸（3.8厘米）处才有花蜜。“什么样的昆虫能够吸到它的花蜜？”达尔文大胆地预测，“在马达加斯加必定生活着一种蛾，它们的喙能够伸到10～11英寸长！”

但是有谁见过嘴巴如此细长的昆虫呢？“荒唐！”当时有些昆虫学家这么认为。不过达尔文的盟友、曾经独立提出自然选择学说的华莱士则坚定地站在达尔文一边。他写道：“可以很安全地预测在马达加斯加存在这样的蛾。访问那个岛屿的博物学家应该抱着和天文学家寻找海王星一样的信心去寻找它，我斗胆预测他们将会同样成功！”

1873年，著名博物学家赫曼·缪勒（Herman Muller）在《自然》杂志上报告说他的哥哥曾经在巴西抓到过喙长达25厘米的天蛾，说明达尔文的预测并不那么荒唐。1903年，这种蛾终于在马达加斯加被找到了—— 一种长着25厘米长的喙、像小鸟一般大小（展翅13～15厘米）的大型天蛾，它被命名为“预测”。这时候距离达尔文作出预测已过了41年。

美国自然历史博物馆正在举办《达尔文：其生平和时代》的展览，最后一个展品就是成功地证明了自然选择学说的预测能力的彗星兰和天蛾的标本。我虽然早就知道达尔文的这个著名预测，但是在看到有着如此细长的喙的天蛾标本时，还是感到了“惊骇”，不能不感叹进化之奇妙。

达尔文之所以敢于作出这个令人惊骇的预测，是因为他深知自然选择的威力。兰花的花距应该略长于授粉者的喙，这样授粉者在尽量伸长喙去吸花距底部的花蜜时，身体挤压到花冠，花粉才会粘到授粉者的身上。因此，在这样的情形下，兰花的花距越长，就会迫使授粉者粘到更多的花粉，就越容易留下更多的后代；反过来，授粉者的喙越长，就越容易吸到花蜜，有更充足的营养，也就越容易留下更多的后代。如此这般长期互相竞赛的结果，使兰花的花距变得越来越长，天蛾的喙也变得越来越长。

这种现象并非绝无仅有。在南非，生活着十几种“长鼻苍蝇”，它们也长着细长的喙，长度可以与“预测”天蛾相媲美，而身体却小得多。相应地，在那里有许多种有着细长的花距的花由它们传粉。

在马达加斯加还有一种与“一尺半”彗星兰同属的兰花，它的花距还要长，长达40厘米。1991年，美国昆虫学家基因·克里茨基（Gene Kritsky）学达尔文作出预测：在马达加斯加还存在着一种未知的大型蛾类，其喙长达38厘米！

这个预测还未被证实。这种兰花在野外已经绝迹了，靠人工栽培存活了下来。它的传粉者是否也已灭绝？我们只能希望，它能靠吸取其他花的花蜜而生存下去。也许用不着再等41年，又会有一种奇特的天蛾令人惊骇。

2006年7月17日

推测出来的动物

人类经常被称为社会性动物，但是和蜜蜂、蚂蚁、白蚁之类的社会性昆虫相比，其社会性就不值一提了。社会性昆虫的成员不仅在工作方面有天生的严格分工，而且连生殖也有分工：只有一只“后”负责繁殖后代，其他的雌性昆虫则都丧失了繁殖功能，成为忙碌的“工作者”。这种现象称为“真社会性”。它是怎么进化出来的呢？

这些社会性昆虫有一个与其他昆虫不同的特征，它们并不是只生不养，而是花费了很多时间照料后代。因此，美国密歇根大学生物学家理查德·亚历山大（Richard D. Alexander）在1974年提出了一个观点，认为时间延长的母爱是进化出真社会性现象的主要因素。很多人不同意这个观点。他们反驳说，如果母爱对真社会性的产生这么重要，为什么母爱最强烈的脊椎动物，特别是鸟类和哺乳动物，不存在真社会性呢？为什么只有昆虫才有真社会性？

亚历山大本来可以回答说，他并没有说母爱是产生真社会性的充分条件，有了母爱就一定会产生真社会性。而且跟昆虫相比，鸟类、哺乳类的种数少得多，其进化史也短得多，可能还没机会进化出真社会性出来。但是亚历山大却采取了一个非同寻常的举动。他根据自然选择的原理，预测如果存在一种真社会性的脊椎动物的话，将会有什么样的特征。

亚历山大根据白蚁巢的情形，归纳出一种真社会性脊椎动物的窝必须有什么特征：它必须是非常安全的，否则等于是为天敌提供粮仓；为了适应不断增加的群体数目，它必须是能够扩展的；它的附近必须有充足的食物，这样群体的成员才不至于为了争夺食物而竞争；食物必须是不必冒什么风险就可以轻易得到的，群体的成员才不会因为怕担风险谁也不愿觅食。

根据这些真社会性动物窝的必备特征，亚历山大预测，真社会性脊椎动物的窝不可能像蜜蜂、蚂蚁的窝一样建在树上或树中，因为没有哪种树可以大到容纳一个真社会性的脊椎动物群体。这种窝只能全部埋在地下。在所有的脊椎动物中，只有哺乳动物能完全在地下生活（两栖类、爬行类和鸟类都不行），所以这种脊椎动物一定是哺乳动物。地下生活的哺乳动物以啮齿动物最多，所以真社会性脊椎动物最有可能是啮齿动物。

一般的地下啮齿动物（比如鼹形鼠）以草根为食，亚历山大认为这种食物的量太少，只适合于独居动物自己分开了去找。真社会性脊椎动物应该以大型的树根或块茎为食物。

这类脊椎动物的天敌（例如蛇）将能够钻进它们的地下窝中，但是不可能在那里横行，一只或数只英勇的个体会不惜牺牲将入侵者驱逐出去。这会导致真社会性动物中主管繁殖的“后”和“工作者”进化出不同长度的寿命和生殖功能。

那么，这种脊椎动物最可能生活在哪里呢？它们应该生活在有雨季和旱季交替的热带，因为这种地区的植物为了度过旱季，普遍具有大型的根和块茎来储存水分和养分，是这种动物的最佳食物。这种动物的窝应该建造在坚硬的黏土之下，才不会有天敌通过挖掘将它们的窝暴露在露天之下一举歼灭。这两点表明，非洲的林地和灌木丛将会是它们的最佳生活地点。

在1975—1976年，亚历山大在美国各大学巡回报告，介绍他对真社会性脊椎动物的预测。当他在北亚利桑那大学作介绍时，听众中有一位哺乳动物学家对他说，他对这种真社会性动物的介绍，像是在描述一种生活在东非的地下啮齿动物裸鼹鼠，并建议亚历山大与研究这种裸鼹鼠的南非开普敦大学生物学家珍妮佛·加维斯（Jennifer Jarvis）联系。加维斯这时正在研究裸鼹鼠的生理和生态，但对它们的社会行为一无所知。她正奇怪为什么抓来的裸鼹鼠在实验室里都不能生育，在收到亚历山大的来信后，才想到它们可能是真社会性动物。

1977年，加维斯在野外挖了一窝40只裸鼹鼠在实验室中养育。经过3年的观察，证实了裸鼹鼠的确是一种真社会性的脊椎动物。在野外，裸鼹鼠一窝一般有七八十只，最多甚至达300只，但其中只有1～3只可以繁殖的雄鼠，鼠后只有1只，其他都是不育的工鼠，而它们的习性与亚历山大预测的完全相符。后来加维斯及其学生又发现还有一种非洲鼹形鼠——纳米比亚的达马拉兰鼹鼠也是真社会性动物，它们的个头较大，成员数量较少（一窝最多40只），但是其习性也符合亚历山大的预测。

神创论者往往指责进化论无法预测，只会当马后炮，不是科学。某些物理学背景的人士，也喜欢说进化论不像物理学那样能够作精确的预测，言下之意是说进化论即使是科学，也是属于比较“低等”的。生物现象要比物理现象复杂得多，预测也困难得多，但是，进化论史上也有过许多精彩的预测，亚历山大对真社会性脊椎动物的预测，就是很好的例子。

2008年1月12日

为什么南极没有熊?

为什么南极没有熊？鳄鱼遇到食物掉眼泪是怎么回事？英国第二次世界大战时为何停止天气预报？……这些看上去有些刁钻古怪的问题出现在2006年录用公务员的公共科目笔试中，消息传出后，舆论大哗。特别是第一个题目，许多人把它当成了一道“脑筋急转弯”似的无聊题目，有些人还模仿“小鸡为什么过马路？”的经典笑话，编造中外名人对“为什么南极没有熊？”的回答博人一粲。

也有评论家是比较严肃地批评这道题的，质问在公务员考试中出这样的题目有何意义。有一篇评论文章引用了中国科学探险协会常务副主席、中国科学院大气物理研究所研究员的话，说这个小问题涉及生命的起源、地球的形成、星体的变化，到目前也是没有谁能确切回答的，作为一个问题，是科学家长期研究的方向，但不是一朝一夕能解决的云云。于是评论家批评说，对于这样一个连科学家都没有确切答案的问题，叫考生怎么回答？阅卷人怎么评分？所有考生都得不到分也就失去了评价考生能力的意义。

该评论家显然把这道题当成了论述题，其实它是一道从4个答案选一的选择题：A.因为南极在大陆板块分离时已经脱离了其他几个；B.因为气候问题，不适合熊生存；C.因为没有熊赖以生存的食物，所以无法生活；D.南极以前是有熊的，但由于经历过剧烈的地质变化，所以熊灭绝了。既然是选择题，即使考生瞎选，也有1/4的概率得分，所以不必担心考生都得不到分。

从这道题提供的预选答案可知，它并非一道搞笑的无聊题目，而是一道科普知识题目。它也并非新鲜好玩，其实是在科普节目、科普读物中常被提起的一个问题。例如，北京电视台“科技全方位”栏目的“银屏科考”节目在2005年8月份就问到了这个问题，那时候应该正是公务员考试命题的前夕，可能是某个命题人从这个节目得到的灵感。如果我的这个猜测是正确的话，那么这道题的标准答案也可能参考了该节目提供的解释：“南极为什么没有北极熊？原因就是北极附近是海洋，有丰富的鱼类作为北极熊的食物，而南极是大片的陆地，没有北极熊需要的食物，所以北极熊不能在南极生存。”按照这样的解释，答案大概是C。

但是这个答案是错的。北极熊的主要食物是海豹，而不是鱼类，而海豹在南极也有（其实南极鱼类也很丰富），而且南极还有企鹅可轻易地成为北极熊的美味。如果有北极熊被引进到南极的话，它们一定就像是进了天堂，而对现在在那里无忧无虑地生活着的海豹、企鹅则会是一场灾难。

所以，南极其实非常适合北极熊生存。但是，并不是适合某种动物生存的地方就会有该动物的存在。动物的地理分布与其进化史密切相关。南极没有熊的原因很简单：北极熊是在别的地方进化出来的，之后又没有机会跑到南极去。

北极熊出现的历史并不长，它们和棕熊的亲缘关系非常近，可能是在更新世的后期（20万～50万年前）从棕熊分化出来的。因为它们的祖先就像绝大多数熊的其他物种一样是生活在北半球的，所以北极熊进化出来后就在北极生存了下来。地质史上从未出现过从北极到南极的海洋全部冻结的情形，而北极熊又不善于长途游泳，那么它们能扩散到南极的唯一途径就是通过美洲大陆。但是北极熊又不适合在温带和热带生活，所以这就断了它们跑到南半球、再去南极的可能性。

南极要有熊的另外一种可能是由南半球的其他熊进化出来，但是这在历史上不曾发生过。南美洲只有一种熊——眼镜熊，它与其他熊的亲缘关系都很远，如果碰巧由它进化成“南极熊”，也肯定与北极熊很不一样。

“南极为什么没有熊？”并非一个无聊的问题，而是一个很严肃的进化生物学问题，当年达尔文就是通过问类似这样的问题——为什么地球上许多地方有类似的环境却没有生活着同样的物种——而得出了生物必定是进化而来的结论。这个问题的答案在今天看来其实并不复杂。

公务员应该具有一定的科学素质，在考试中出一些科普题目，我觉得是无可厚非的。当然，是否要出略嫌过于专业的题目，可以商榷。题目的内容也应该由有关专家审定才不至于出错。但是，从对这道题的冷嘲热讽和所谓专家不负责任的评论所反映出的科普现状，所暴露出的问题，要比出了一道错题更令人担忧。

2006年4月3日

大象为什么不长毛?

可能是由于在电视、电影、画册上已司空见惯，很少有人意识到，大象是最独特的动物之一。独特到什么程度呢？动物学家把多达5400种的哺乳动物根据其亲缘关系的远近很吝啬地划分为29个目，而大象就占了一个目——长鼻目。长鼻目仅仅含有3个现存物种，即亚洲象、非洲丛林象和非洲森林象，再也没有别的现存物种能与大象划入同一个目。而我们人类所属的灵长目含有350个物种，我们的近亲可比大象多多了。

大象的独特首先表现在它的庞大。它是现存最大的陆地动物，能长到高达4米，重达7吨，是排在第二位的犀牛的两倍。它的形状也很独特，最引人注目的当然是那长长的鼻子，以及巨大的耳朵。大象还有一个特征比较少有人注意到，那就是身上的毛发极其稀疏。身披毛发是哺乳动物的特征之一，99%以上的陆地哺乳动物都有皮毛，大象是罕见的例外。

有一个科学爱好者注意到了这一点。我收到他写的题为《大象的体毛为何非常稀疏》的小论文，大意是说始祖象的体型变大进化成大象后，身上毛囊的密度自然会大大降低，大象的体毛当然会变得稀疏了。这个解释是经不起推敲的。体型大并不意味着毛发就变稀疏。实际上，已在1万年前灭绝的猛犸象就长着浓密的长毛。如果有必要，现存的大象也可以身披毛发。

猛犸象生活在寒带，需要毛发御寒，而现存大象都生活在热带，没有这个必要。所以大象不长毛的一个因素，是气候。但是，和大象生活在同一个地方的许多哺乳动物，例如，斑马、长颈鹿、狮子都有毛发，为什么大象的体毛却严重退化呢?

哺乳动物是恒温动物，必须把体温维持在一个特定的温度才能保证正常的生理活动。比如，大象的体温必须维持在大约36摄氏度，过高或过低都有生命危险。体热是在细胞代谢过程中产生的，它们的总量差不多是固定的，但是环境的温度则是不断在变化的。如果气温低于体温，那么就要防止体热散失，这是毛发的主要功能；而如果气温高于体温，则要想办法尽量把体热散掉。

大象生活在地球最炎热的地带，如何散热要比如何保温更重要。既然体热来源于细胞代谢过程，那么细胞越多，产生的热量就越多，也就是说，身体体积越大，产热越多。体热的散发主要是通过皮肤进行的，身体表面积越大，散热越快。但是，动物体型变大时，体积和身体表面积却不是按相同的比例增长的：体积按立方增大，而表面积按平方增大，体积的增长要比表面积增长快得多。假如你吹一个气球，让其半径增大1倍，这时候气球的体积是原来的8倍，而表面积仅仅是原来的4倍。

由于体积和表面积不成比例的增长，考虑到大象体型的庞大，散热就成了一个极其严重的问题。大象的体积大约是狮子体积的30倍，即产生的体热大约是狮子体热的30倍，但是大象皮肤总面积大约只是狮子的10倍，还有20倍的热量需要设法散掉。因此不能像狮子那样保留妨碍散热的体毛。与此类似，体型排第二的犀牛、排第三的河马，也是没有体毛的。

大象的体积大约是犀牛的2倍，但是表面积仅仅是犀牛表面积的大约1.5倍。把体毛去掉对犀牛是够了，对大象还不够，还必须有其他的办法来帮助散热。什么办法呢？长一对巨大的耳朵。大象的耳朵不仅大，而且薄，里面充满了血管，血流经这里，很容易就把热量散发了。特别是扇动起来，更容易把耳部血管中的血的温度快速降下来，能让血温降低5摄氏度，冷却的血在体内循环，帮助大象把全身的温度降下来。

现存的3种大象，亚洲象体型最小，生活的地区比较靠北方，又是生活在森林中，气温较低；非洲丛林象体型最大，生活在阳光暴晒的热带大草原，气温最高；非洲森林象的体型和所在的环境气温都介于两者之间。这三种象的耳朵，以非洲丛林象最大，非洲森林象其次，亚洲象最小，刚好与大象耳朵的主要功能是散热的说法相符。

猛犸象的体型要比现存大象大，但是由于生活在冰天雪地的寒带，它面临的主要问题是如何保温，因此不仅要身披长毛，而且耳朵也没有必要很大。的确，猛犸象和现存大象相比，什么都大，就是耳朵很小。已知最大的猛犸象耳朵只有0.3米长，而非洲丛林象的耳朵可以长达1.8米。由此可见大象的大耳朵是作为散热器进化出来的，其他功能（例如，雄象在争夺配偶时会张大耳朵进行示威）则是副产物。

生活在寒冷地区的动物体型一般要比生活在温暖地区的同类动物大，这叫柏格曼法则。但是，寒冷地区的动物的耳朵等突出物则一般比较小，这叫阿伦法则。这两个法则其实都是对表面现象的概括，为了保温或散热才是真正的因素。

别看大象长得奇怪，其实蕴含着一点也不奇怪的简单的科学道理。

2007年10月3日

长颈鹿的脖子为什么那么长?

长颈鹿是从“短颈鹿”进化而来的，这个事实毫无疑义，古生物学家甚至找到了介于两者之间的过渡型“中颈鹿”的化石。但是长颈鹿的脖子是怎么进化来的？这个理论问题的答案就不是那么显然了。我们从中学生物课学到过，历史上有两种关于生物进化的理论曾经争得很厉害，课本上举的例子，正是关于长颈鹿的进化。

第一个关于生物进化的理论是拉马克提出来的，其核心是有一种内在的动力驱使生物向前发展，而由于“用进废退”，习性会让生物的器官出现独特的形态。在1809年出版的《动物哲学》一书中，拉马克举长颈鹿为例说明后者：“观察习性影响长颈鹿奇特的形态和大小，是很有意思的：这种最高的哺乳动物生活在非洲内地，那里的土壤几乎总是干枯、贫瘠的，因此它不得不靠吃树叶为食，一直尽力要够到树叶。由于该物种长期保持着这个习惯，导致了它的前肢变得比后肢长，而它的脖子则伸长到了这样的长度，长颈鹿即使不用后肢直立，高度也能达到6米。”

达尔文提出了第二个关于生物进化的理论，那就是自然选择学说。不过，最早用自然选择来解释长颈鹿脖子的进化的，不是达尔文，而是独立提出自然选择学说的华莱士。他在1858年寄给达尔文的论文中简单地否定了拉马克的假说，提出了新的解释：“长颈鹿获得长脖子不是意欲得到高灌木的叶子并为此一直伸展其脖子，而是因为在它的原型中，任何脖子较长的变异都能保证在同一个地方要比它们的短脖子同伙吃到更大范围的草料，因此在食物稀缺时让它们能活得更好。”

华莱士当时并不知道达尔文已秘密研究自然选择学说很多年。他的来稿促使达尔文在第二年发表《物种起源》。也许是不想和华莱士撞车，达尔文在《物种起源》的早期版本中并没有提及长颈鹿的脖子进化，而是以长颈鹿尾巴为例。一直到《物种起源》的第6版，达尔文为了反击动物学家米瓦特的批评，才用很长的篇幅讨论长颈鹿脖子的进化，其主要观点是：原始长颈鹿中有的较高有的较矮，当食物缺乏时，较高的个体能吃到较高处的树叶，而其他动物吃不到，因此有生存优势，能留下更多的后代。一代又一代选择的结果，长颈鹿的脖子就变得越来越长。

遗传学建立以后，人们知道了后天获得的性状是无法遗传的，即使长颈鹿的祖先由于老是伸脖子让脖子长了一点儿，也无法让后代天生就有长脖子。拉马克的假说无人相信了，达尔文的说法就传开了。非洲草原在旱季时的确会出现食物缺乏，而长颈鹿作为最高的动物，也的确能吃到其他动物吃不到的树叶，达尔文的解释非常直观，很有说服力。

但是这个解释也只是一个假说，并没有证据，反而有些反面的证据。例如，长颈鹿并不是总是伸长脖子吃高处的树叶，在有的地方，长颈鹿大约有一半的时间是弯着脖子吃低处的树叶。而且，与达尔文设想的相反，在旱季时反而是高树的叶子少了，长颈鹿不得不去吃矮灌木的叶子，这个时候长脖子似乎并没有显示出生存优势。

长脖子还有生存劣势。长颈鹿的头比心脏几乎高了3米，为了能保障大脑的血液供应，长颈鹿的心脏很大，动脉管壁很厚，使得长颈鹿的血压是所有哺乳动物中最高的。对生存不利的特征有时也能进化出来。例如，雄麋鹿的大角并不利于生存，但是由于雄麋鹿用角打架争夺配偶，让大角有了生殖优势，这些笨重的特征不仅保留了下来，反而越来越笨重。达尔文把这种现象叫作性选择。

那么长颈鹿的长脖子是不是对它们的求偶很重要呢？是的。在求偶季节，雄长颈鹿会摇动长脖子互相撞头进行决斗，脖子越长，就越容易获胜取得交配的机会。这种决斗非常激烈，有时甚至能导致死亡。雌鹿也比较喜欢接纳脖子较长的雄鹿。

因此瑞典动物学家西蒙斯和纳米比亚动物学家希培斯在1996年提出长颈鹿的长脖子是性选择的结果。那么为什么雌长颈鹿也会有个没什么用的长脖子呢？有时候只对一性有用的特征，由于遗传的原因，也会在另一性出现，例如雄性哺乳动物的乳头。不过在这种情况下，两性还是会出现显著差别的（毕竟雄性的乳头是不发育的）。西蒙斯和希培斯认为雄长颈鹿的头、脖子都比雌鹿重，就体现了这种差异。

但是最近这个新假说也受到了挑战。南非动物学家米歇尔等人测量了38头长颈鹿的头重、颈重、颈长、腿长、颈长与腿长比，发现两性之间并无差异。虽然成熟雄鹿的头、脖子都比雌鹿重，但是它们的体重也比较重，如果考虑到体重的差别，两性的形态差异就消失了。因此，他们认为这个结果否定了性选择假说。

在南非，长颈鹿一般都吃高处的树叶，这样一口能吃下更多的叶子。这是因为低处的叶子被其他吃树叶的动物吃了，还是因为高处的叶子本来就比较多？另一个南非研究小组做了实验，把一些金合欢树（长颈鹿的主食）围起来不让吃，一个生长季节后，发现这些树高处和低处的树叶量是一样的，没围的树低处树叶量较少是被其他动物吃掉的。也就是说，长颈鹿吃高处的树叶是本能地避免与其他吃树叶的动物竞争。这个实验结果支持达尔文的吃树叶假说。

孰是孰非，只能继续争下去。也许是多种因素的一起作用影响了长颈鹿脖子的进化。这个问题的答案，要比教科书编者想象的复杂得多。

2010年5月10日

不可能的怪物

偶然看到一个国内电视节目在介绍美国几年前拍的一部科幻恐怖片《八脚怪》，其剧情介绍称：在一个偏僻小镇，由于化学废料泄漏，成千上万只蜘蛛发生了突变，在一夜之间变得比人还大，而且跳跃速度和汽车一样快。它们向人发动进攻，把这个宁静的小镇变成了人间地狱……节目解说员一本正经地警告说，这部电影启示人们，要敬畏自然、保护环境，不要做违背自然规律的事，不然就会遭到大自然的报复。

不过电影所描绘的情形，恰恰是违背了自然规律的，不可能发生，大家尽可放心。这有两方面的原因。

第一个原因是违背了生物遗传与变异的规律。生物体的长大靠的是由食物提供的营养素，这是一个缓慢的过程，没有什么化学废料能够迅速地加快这一过程。事实上，没有任何的因素能够让生物体在一夜之间变得硕大无比。有的科幻片把出现巨型怪兽（例如哥斯拉）归因于核辐射或化学药品引起后代的基因突变，这比一夜之间的突变听上去好像有点儿道理，其实也是想当然。

核辐射或化学药品确实有可能引起基因的突变，但是基因突变绝大多数都是有害的，使动物的后代没法生存。个别的可能存活下来，那也是一些生存能力比较差的畸胎。现存的生物都有了长期的进化史，都很好地适应了环境，很难出现重大的改良。刚好出现适宜生存的突变的可能性微乎其微，而碰巧一下子突变得特别大，又特别适于生存的可能性完全可以排除。大型的动物（例如大象）不是在短时间内进化出来的，而是在自然选择的作用下，通过积累微小的变异，历经漫长的、数以百万年计的进化过程才出现的。

有人也许会觉得，既然是科幻电影，我们不妨宽容一些，不必苛求编剧的生物学水平。好吧，就算存在某种未知的因素，能够奇迹般地诞生巨型怪物，那么它们也不可能像电影描绘的那样，是把原来的生物按比例放大，因为这存在着一个无法克服的障碍：重力。

原因很简单，当一个物体增大时，它的横截面积增大的倍数远小于它的体积增大的倍数：面积按平方增大，而体积却是按立方增大的。让我们来比较一个橘子、一个哈密瓜和一个西瓜。假设哈密瓜的直径是橘子的两倍，而西瓜的直径是橘子的3倍。拿刀将它们剖开，哈密瓜的横截面积是橘子的4倍，西瓜的横截面积是橘子的9倍。但是我们更关心的是它们的分量，对吧？这与它们的体积有关，哈密瓜的体积是橘子的8倍，而西瓜的体积是橘子的27倍！

生物体的重量取决于它的体积，而能否支撑住它的身体重量则取决于它的肢足的横截面积。由于体积的倍数增长要比横截面积快得多，生物体按比例放得越大，两者就越悬殊，肢足就越不堪重负，到一定程度后就无法支撑了。

已知最大的蜘蛛是巨型食鸟蛛，身长可达10厘米（如果把腿长也算上，可达30厘米），体重可达120克。如果它们被放大到比人还大，比如身长达到了2米，即放大到20倍，那么其肢足的横截面积增大到400倍，能够支撑48千克的体重，然而它的体积却增大到8000倍，其实际体重是960千克，是其肢足能够承载的体重的20倍。显然，这样的大蜘蛛是站都站不起来的，更不要说奔跑、跳跃了。

能不能让这些庞然大物的重量减轻呢？生物体的主要成分是水，其比重一般只比水重一点，即使让其比重减少到和水一样，对体重的改变也微不足道。唯一可行的是改变其体型，让它的身体体积变小，而肢足变得更多或更粗（比如要再粗上4倍），其结果必然是看上去一点儿也不像蜘蛛。

同样的道理，把哥斯拉设想成按比例放大的恐龙，把金刚设想成按比例放大的大猩猩，而且还健步如飞、身手敏捷，都是经不起推敲的。生物体变大后其体型必定要发生重大的改变。大象是从较小型的动物进化来的，但是在进化过程中改变的不仅是身体的大小，还有体型比例的改变，例如四肢变得更粗大。猪鼻子插葱是装不了大象的：如果我们把猪按比例放大到和大象一般大小，它们的体型比例也有着很大的差异，例如大象的四肢要比猪的粗得多。和大象一样大的猪是站不起来的。

当然，这类怪物电影的目的是要通过放大效果把人吓得心惊肉跳，想要取得的是娱乐而不是科教作用，本来不必在乎它们是否在科学上站得住脚。然而，如果编导故作崇高自以为大有深意，评论家要发掘出什么微言大义教导人，把滑稽当正经，假戏真做起来，那还是值得去计较一下的。毕竟，说教不能建立在错误的事实和不切实际的臆想之上。

2007年8月19日

不可能的小人国

电视台在播放1996年拍摄的美国电视电影《格列佛游记》，与原著相比改动很大，故事主题变成了是否应该相信别人向你讲述的离奇故事，主线则成了格列佛在海外漂泊8年回来，没人相信他的奇遇，将他投入疯人院，幸而在听证会上他的儿子出示了从小儿国带回来的微型羊羔，证明他的确去过小人国，才被释放回家。

斯威夫特的这部奇书本是一部讽刺寓言，后来很不幸地经常被改编成供儿童阅读的童话。不管是寓言还是童话，都不会有人无聊到去计较其内容是否合理。但是现在真实性成了故事焦点，不相信格列佛奇遇的人成了反面人物，我们就不妨较真一下。如果有人像格列佛一样，说他曾经去过国民身高只有人类身高1/12的小人国，或身高是人类身高12倍的大人国，我们是否应该相信他呢？

由于体积的倍数增长要比横截面积快得多（体积按立方增大，面积按平方增大），生物体按比例放得越大，两者就越悬殊，肢足就越不堪身体重负，到一定程度后就无法支撑了。把人放大12倍，相当于体积（也即体重）增大到1728倍，但是大腿的横截面积只增大到144倍，这样的巨人会被重力压垮，是站不起来的。

如果把人体缩小到1/12又会如何呢？同样由于体积和面积的缩小比例不同，也会出现问题，不过问题不是出在重力，而是散热。人的体热来源于细胞代谢过程，身体产生的总热量与身体体积大小（细胞总数）相关，而散热则与身体表面积大小相关。人体缩小到1/12，则身体体积以及身体产生的热量减少到1/1728，但是身体表面积仅仅减少到1/144，因此小人的身体散热速度要比我们快得多（快12倍），会因为难以维持恒定体温而冻死。

在现实中有很多恒温动物比小人国里的小人还小，它们又是如何生存下来的呢？它们的身体结构和生理功能发生了一些变化，解决了散热的问题。让我们来看一个极端的例子。按体重算，世界上最小的哺乳动物是小臭鼩，成体体重平均为1.8克，体长约4.5厘米。但是这是一种相当成功的小动物，分布范围很广，在亚洲、非洲、欧洲的许多国家（包括中国）的森林、丛林中都能发现它们。

小臭鼩虽小，也是一种哺乳动物，必须把体温维持在大约38摄氏度才能生存。它是怎么办到的呢？哺乳动物用以保温的一个重要方法是长出厚厚的皮毛减少体热的散失。但是对小臭鼩这么小的动物来说，这个方法不可行，那将会让它变成一个小毛球，无法动弹。

小臭鼩能够采取的策略，只能是增加体热的生产，以此弥补体热的散失。为了加速产生体热的代谢过程，需要大量地摄入两样东西：食物和氧气。小臭鼩每天要吃下大约相当于其体重2倍的食物，而且都是营养丰富的动物性食物（昆虫、蜘蛛等）。作为对照，一头大象每天要吃300千克食物，听上去似乎很惊人，其实只占其体重的4%，而且还都是些低能量植物。

小臭鼩对氧气的消耗更是惊人。在热平衡的环境（气温35摄氏度）中，其氧气消耗率为每千克体重每分钟消耗100毫升，当气温降到22摄氏度时，氧气消耗率增加到270毫升，最高可以达到1000毫升，分别是人类的25、

250倍。为了能吸入这么多的氧气，它的肌肉每分钟要收缩900次，在颤抖时其肌肉速度能达到每分钟3500次。颤抖是在寒冷环境下快速产生体热的重要方法，由于肌肉的快速收缩，能使细胞产热提高4倍。

吸入体内的氧气进入血液，随着心脏的搏动输送到全身各处参与产热的代谢反应。为此，小臭鼩的心脏需要快速地搏动，每分钟能达到1500次，远远超过了所有恒温动物的心跳速度，已达到心脏所能承受的搏动极限。但是这么快的心跳还不能满足需求，小臭鼩还要有一个大心脏，每次跳动能输出更多的血液。哺乳动物的心脏重量一般占体重的0.6%，而小臭鼩的心脏所占的分量则是这个数值的3倍。

泰国猪鼻蝙蝠有时也被称为最小的哺乳动物，它的体长比小臭鼩还小（3.4厘米），但体重略大（2～2.6克）。恒温动物除了哺乳动物，还有鸟类。世界上最小的鸟是生活在古巴的吸蜜蜂鸟，它的体长为5厘米，体重为1.8克，与小臭鼩相当。看来这是恒温动物所能达到的最小极限了。而变温动物由于没有体热问题，不受这个限制。例如，最小的爬行动物侏儒壁虎体长只有1.6厘米，最小的青蛙体长只有1厘米。而无脊椎动物更是可以小到用肉眼都看不见。例如，最小的昆虫（一种缨小蜂）其成虫的体长只有0.139毫米，甚至比单细胞原生生物草履虫还小。

文艺作品偏爱离奇和幻想，不愿轻信的人们经常成为其嘲笑对象，而事实上真理往往在怀疑者的手中，有时比文艺作品的幻想更为奇妙。

2007年10月26日

猿：人性，太人性了

据美国有线电视新闻网报道，2004年12月7日，美国伊利诺伊州布鲁克菲尔德动物园为一头名叫芭布斯（Babs）的雌性大猩猩举行了哀悼仪式，不过参加者不是人，而是其他大猩猩。芭布斯享年30岁，是这个大猩猩群体中的优势雌性，因为肾病医治无效而在当天被处以安乐死。管理员曾经看过俄亥俄州哥伦布斯动物园为一头大猩猩举行哀悼仪式的录像，于是决定也给他们管理的大猩猩一个机会。

只见大猩猩们列队走到了芭布斯的身旁，第一个走来的是芭布斯9岁的女儿芭娜（Bana）。她到芭布斯身边坐下，握住芭布斯的手并拍打她的肚子，然后把头枕在芭布斯的手臂上，就像她们以前经常做的那样。之后，她站起来看看管理员，走到芭布斯身体的另一侧，把头埋在芭布斯的另一只手臂下面，继续拍打她的肚子。芭布斯43岁的母亲阿尔法（Alpha）第二个走了过来，其他大猩猩也挨个走到芭布斯身边，温柔地嗅芭布斯的身体。只有这个群体的雄性首领冷眼旁观。

这一切并非在管理员的指导下进行的，也不是因为这些大猩猩被养在动物园中而沾上了人气。生物学家们早就观察到野生大猩猩会举行仪式哀悼死去的大猩猩。其他类人猿也有类似的行为。我曾经看过一个录像，在一次战斗中，有一只黑猩猩阵亡，同一群体的黑猩猩举行哀悼仪式，聚在一起挨个慰问死者的兄弟。黑猩猩在暴雨中或瀑布前会翩翩起舞，似乎是对大自然感到敬畏，就像原始人跳起祭神舞。

许多思想家把战争视为人类的邪恶本性，但是类人猿内部也会爆发战争。珍·古德尔曾经在坦桑尼亚贡贝国家公园观察到在两个黑猩猩部落之间爆发了一场“四年战争”。在战争期间，他们有系统地互相追击、残杀，有十多头成年黑猩猩和所有的小黑猩猩因此丧生。那些脱离原部落加入另一部落的“叛徒”是被攻击的重点目标。在准备偷袭时，战士们会在森林中列队行进，小心翼翼地踩着石头，避免发出响声惊动敌人。

类人猿也能表现出人性中美好的一面。1996年8月，同样是在布鲁克菲尔德动物园，上演了令人感动的一幕。有一名3岁的小男孩掉进了大猩猩的笼子中，并失去了知觉。在游客们的恐叫声中，一头名叫宾提爪娃（Binti Jua）的雌大猩猩迅速过去抱起这位小男孩，赶走了另一头逼近的大猩猩，温柔地将小男孩放在笼门的后面。小男孩在那里被救出治疗，很快就康复了。一名游客用摄像机拍下了整个过程。

类人猿这些充满人性的行为，不管是邪恶还是美好，都在提醒我们，他们要比我们想象的更接近人，是我们名副其实的兄弟物种，和我们并不存在不可逾越的鸿沟。这让我们深刻地意识到人类的动物起源，人性也是进化而来的自然产物，并不是神灵赋予的某种神秘的东西。

现存类人猿只有亚洲猩猩、大猩猩、黑猩猩和矮小种黑猩猩4个物种，都濒临灭绝。灭绝的原因除了其生存环境遭到破坏外，偷猎也是一个重要因素。在非洲某些地方，吃猿肉成为招徕游客的一个卖点。我们也许应该把吃猿肉视为吃人肉，并以谋杀罪起诉偷猎者。

2004年12月14日

舞虻的结婚礼物

巴伦·奥斯登-萨肯（Baron Osten-Sacken，1828—1906）是美国南北战争时期俄国驻美国的外交官，曾经担任过俄国驻纽约的总领事。他同时也是一名昆虫学家，在20多岁时就开始发表昆虫学论文，并在42岁提前退休，以便全身心去研究昆虫。

1875年一个阳光灿烂的上午，奥斯登—萨肯在瑞士阿尔卑斯山区度假，看到一群昆虫在树林中飞舞，在太阳的照射下发出耀眼的白色光芒。这是不是以前从未被发现的新物种？他用捕虫网尝试了几次之后，总算捉到了一只，一看是一只小虫，颜色黯淡，而且比他预计的要小得多。他正感到奇怪，却在网上发现了一个闪光的白色丝质小球，在他的呼吸吹拂下轻飘飘地飞了起来。他设法把它抓住，装进瓶中。为了确认小气球的确是从小虫身上掉下来的，他又捕捉了多只小虫，每次都在网中找到小气球。而且他在仔细研究了捕捉的小虫标本后，认定它们全都是雄虫。

十几年后，这种新发现的昆虫被鉴定为属于双翅目舞虻科。舞虻的得名是由于其雄虫会成群聚集在一起飞舞，有时数量非常巨大。但是这种舞虻为什么要带着一个气球飞舞呢？有一位昆虫学家在对气球舞虻做了观察后，错误地认为气球是背在舞虻背上的，于是推测气球是雄虫用来吸引雌虫的装饰品。另一位昆虫学家的眼力要好一些，看出雄虫是用脚抱着气球的，于是幻想雄虫是把气球当成了飞行滑板，踩着它在阳光中滑翔。还有一个昆虫学家则推测气球是舞虻的警戒信号，警告鸟类等天敌不要吃它。但是昆虫学家们观察到鸟类在毫不顾忌地捕食气球舞虻，这个推测看来也不能成立。

我们现在知道这3名昆虫学家的研究结果都有对有错。气球舞虻的气球的确是被雄虫抱在腹下的，它也的确具有吸引雌虫的作用，而且它也有防备敌人的作用——只不过敌人是雄虫想要勾引的雌虫。气球是雄虫献给雌虫的结婚礼物，有了它，雌虫才不会把雄虫吃掉，而是与之交配。我们今天能够得出这些结论，是因为昆虫学家们后来又发现了许多种有着不同习性的舞虻，相互比较后，可以知道这种奇特的习性是如何一步步进化而来。

进化的起点，是雄虫不向雌虫献礼。有些种类的舞虻采取的是这种简单的结婚方式。它们都是肉食性昆虫，有时候也会自相残杀，求爱的雄虫偶尔会成了饥饿的雌虫的盘中餐。因此我们就不难理解，某些种类的舞虻雄虫进化出了一种保护自己的策略，求爱时给雌虫送去一只新捕捉来的猎物，在雌虫享用美餐时，雄虫趁机与之交配，一旦礼物被雌虫吃完了，雄虫就赶快逃跑。为了讨好雌虫，雄虫有时候会给它送去一只几乎和雄虫一样大的猎物。

在有的舞虻物种中，雌虫在收到礼物后，并不急着马上就吃，而是跟着雄虫飞离虫群，降落到草木上，才一边吃一边交配。这时候礼物起到的作用看来已经不是为了分散雌虫的注意力以免雄虫遭殃，而是为了吸引雌虫的注意力，成了雄虫求爱的信号了。有的物种的雄虫会吐出丝线把猎物捆绑住，以免猎物挣扎。有的物种则更进了一步，雄虫在捕捉到猎物后，会从肛门吐出丝质气球，把猎物包在里面，在交配时雌虫会把猎物吃掉。但是有的物种的雄虫在捕捉到猎物后，却自己先把猎物的汁液吸干，再把干瘪的猎物包进气球中。这个礼物已经没法吃了，接受它的雌虫也没有要吃它的意思，在这种情况下，礼物完全失去了食物的作用，而仅仅剩下了用来刺激交配的功能。

显然，此时猎物已变得可有可无，有的物种的雄虫开始偷工减料，只是在气球上贴一点儿不起眼的猎物碎片作为装饰。在这种情况下，猎物的刺激作用其实已经丧失，而刺激配偶的功能完全由气球取代了。再进化下去，必然就是连任何猎物碎片都省了，直接送上气球。奥斯登—萨肯发现的那种奇怪的气球舞虻，代表的正是这条进化路线的终点。

还有一种舞虻代表的是另一条进化路线的终点。它们看重的不是类似气球的“外表”，而是类似猎物的“内涵”。其雄虫喜欢从地面、水面上捡各种色彩鲜艳的小东西，通常是死去的昆虫，但是有时则是没有任何食值的树叶、花瓣，然后像高举旗帜一样高举着礼物去寻找雌虫，在交配时将礼物交给雌虫。

我们不要嘲笑这些舞虻买椟还珠式的愚蠢。在现代社会，礼物不也正越来越失去其原本具有的实用价值，变成了爱情、友谊的象征？也许有一天，我们也会进化到只需要给爱人送一个精美的空盒子就能讨得其欢心，像气球舞虻一样。

2006年9月10日

翅膀上的眼睛

世界上最大的蝴蝶翅膀的宽度长达30厘米，就像一只鸟，因此有了一个名称叫鸟翼蝶，传说要用箭才能把它射下。曾和达尔文共同提出自然选择学说的英国生物学家华莱士却用捕虫网捕到过它，在其名著《马来群岛》中，他如此描述首次捕获鸟翼蝶的情形：

> 就像预料的那样，我发现它是一种全新的、极为美丽的物种，也是世界上颜色最华美的蝴蝶之一……这种昆虫的美丽和鲜艳真是无法形容，只有博物学家才能理解我终于捕捉到它时所感到的强烈兴奋。把它从我的捕虫网里取出来，展开那灿烂的翅膀时，我的心开始猛烈地跳动，血液涌上我的脑袋，我感到就要昏厥过去，更像是迫近了死亡。在那一天剩下的时间里我一直感到头痛，在大多数人看来不过是很不值一提的小事却产生了如此大的兴奋。

我在高中时很热衷于到野外捕捉蝴蝶，每往藏品中添加一个新标本，也要激动一番，因此虽然我不是博物学家，却也不难理解华莱士的兴奋。鸟翼蝶属于凤蝶，这个科的蝴蝶绝大多数比较大，色彩鲜艳，是蝴蝶爱好者搜寻的目标，我也捕捉到一些，比如在中国南方常见的玉带凤蝶。不过当时最让我着迷的，是属于蛱蝶科眼蝶亚科的蝴蝶。眼蝶的翅膀颜色黯淡，很不起眼，引人注目的是翅膀上长着眼睛一样的花纹，有的是在翅膀周围镶嵌着一串小眼睛，有的是在翅膀比较靠中间的位置“画”着一对大眼睛。我曾经捉到一只眼蝶，翅膀上的眼睛不仅大，而且还有“眼白”，就像一对永不眨眼的猫头鹰眼睛，盯着它看，会让人感到有一种“魔力”。

小眼睛和大眼睛发挥的“魔力”并不相同。眼蝶停落的时候，翅膀是合起来的，因为是黯淡的褐色、灰色，所以很容易和树干的颜色混在一起，是很好的伪装。一旦它觉察到天敌——比如鸟——在靠近，就会把翅膀展开，让周围的小眼睛露出来。实验证明这些小眼睛能起到分散天敌注意力的作用，仿佛在告诉鸟：“好吧，算你能，你发现我了，就往这儿下口吧！”鸟受到迷惑，对准小眼睛啄过去，眼蝶就可以趁机飞逃，虽然翅膀会因此残破，却毕竟捡回了一条命。在野外经常可以发现翅膀上带着鸟喙啄过的痕迹的眼蝶。

大眼睛的作用则完全不同。它突然展露出来时，会让天敌吓一大跳，仿佛在警告天敌：“我是一只会吃你的猫头鹰，你还不快逃！”实验表明大眼睛对鸟类的恫吓作用极为有效。其中一个实验是这么做的：设计一个密闭的小盒子，前端留一对有图案的小窗口，盒子里面装一盏灯。将一条小虫钉在两个窗口之间，再把盒子放进鸟舍中，当鸟冲过来将要叼住虫子时，突然打开盒子中的灯，让窗口的图案显露出来。实验发现，如果是一对线条或十字图案，不会对鸟类产生什么影响，如果是一对圆圈，则会把鸟类吓跑，一对同心圆的效果更好，而惊吓效果最好的是把图案涂上阴影产生立体效果，让它们看上去像是一对真实的眼睛。

这个实验是著名的动物行为学家、诺贝尔奖获得者廷伯根（Niko Tinbergen，1907—1988）的学生做的。廷伯根本人也研究过眼蝶的翅膀，不过他是从另一个角度来研究的。那些颜色鲜艳的蝴蝶的翅膀图案显然有吸引同种异性的作用，那么眼蝶黯淡的翅膀是否有这方面的作用？他在鱼竿顶部粘上各色各样的纸模型，然后对着雄眼蝶舞动，看该模型能否吸引雄蝶追随。这种“钓”蝴蝶的举止显得很古怪，用廷伯根的话说：“难怪我们吸引来了那些碰巧见到我们在工作的农民和游客好奇和疑惑的眼光。”

他和同事共在野外做了约5万次测试，结论是：翅膀的图案不起作用。用一张褐色纸做的模型和绘成翅膀图案的模型、甚至和直接用雌眼蝶翅膀做的模型效果一样好。而且用红色、黄色、绿色和蓝色的纸做成的模型也和用褐色纸做的模型一样好，只有白纸或浅色纸的效果差一些是色盲。廷伯根后来更进一步发现，甚至不必把模型做成蝴蝶翅膀的形状，圆形或方形的模型也一样有效，那些比雌眼蝶翅膀更大、颜色更暗的模型对雄眼蝶的吸引力甚至超过了雌眼蝶。翅膀上长眼睛的眼蝶在爱情方面是盲目的。

我儿时捕捉蝴蝶的那片野地早就被开发殆尽，找不到蝴蝶的踪迹了。今天住在城镇的小孩恐怕连蝴蝶都难得一见，更不用说自己经常去采集。我很庆幸早生了20年，和蝴蝶有过那么一段渊源，此后读到有关研究报告时，才能产生一种曾经亲身经历过的亲切感。

闭上忧郁之眼
眼前就一片光明
我至今仍睁着眼
眨也不眨

——拙诗《眼蝶标本》

2006年9月18日

莫诺湖畔的苍蝇

位于加利福尼亚州和内华达州边界的沙漠中的莫诺湖是北美最古老的湖泊之一，有76万年的历史。有5条来自雪山的河流流入湖泊，但是没有出口流出，河水在湖泊中积蓄，慢慢地蒸发掉，而水中的盐分却留了下来。因此这种河水只进不出的湖泊就像一个小海洋，必然会是咸水湖。莫诺湖湖水的盐浓度极高，几乎是海水的3倍。莫诺湖湖水碱性也很强，pH值高达10，而海水的pH值只有8。

莫诺湖的湖水有一部分来自地下。地下泉水富含钙，河水富含碳酸，两者混合，就形成了碳酸钙，在湖底泉眼处慢慢地沉淀、结晶，形成了石灰华。1941年，500多千米外的洛杉矶从流入莫诺湖的河流分流取水，供市民饮用，这导致莫诺湖的水位逐渐下降了10多米，奇形怪状的石灰华露出了水面，形成了一个梦幻般的世界。

这同时也是一个生机勃勃的世界，有几十种、上百万只水鸟在这里栖息。但是没有鱼能够在碱性和盐度如此高的水中生存。水鸟的食物是卤虫和水蝇，它们都是莫诺湖的特有物种，卤虫和水蝇又以水藻为食，构成了一个完整的食物链。

在白人到来之前，莫诺湖畔生活着大约200名印第安人，水蝇的蛹是他们重要的食物，莫诺湖因此得名——“莫诺”是印第安语“食蝇者”的意思。吃蝇蛹听上去让人恶心，“莫诺”之名显然是其他印第安部落给取的。但是吃蝇蛹在食物匮乏的年代其实是一个非常明智的选择：水蝇蛹富含蛋白质和脂肪，虽然只有米粒大小，每一粒水蝇蛹所含的热量却高达15卡，而且晒干了容易储存。据当时品尝过蝇蛹的加州地质局的工作人员说，印第安人提供的水蝇蛹味道还不错。

印第安人早已撤离了莫诺湖畔，取代他们的是来观赏石灰华的零星游客，一群群苍蝇鸣叫着迎接他们。我一开始以为那就是水蝇。水蝇以水藻为食，为什么会如此迷恋人类，而且驱逐不去？有一只停在了我的脖子上，还有一只停在我的手臂上，我不假思索地一一将其击毙。又有一只停在了我的衣服上，我仔细地察看，才发现这不是水蝇，而是吸血的斑虻。我暗暗庆幸自己眼明手快，等到了晚上，才知道这些斑虻在临死前还是狠狠地咬了我一两口，斑虻停过的地方都肿起了大包，脖子上的是一个，而手臂上的却是相邻的两个，而且奇痒。一周后，肿才渐渐消失，两周后，瘢痕犹在。

斑虻是一种牛虻，其优势在于其口器就像刀一样能够刺穿厚厚的皮肤吸血，主要猎物为牛、马、羊、鹿这些大型哺乳动物。这些哺乳动物对牛虻的攻击几乎没有任何抵抗力，所以牛虻可以呼啸而来，丝毫不掩饰自己的动向。鲁迅曾说过，蚊子最令人讨厌的，是在叮之前还要哼哼地发一篇大议论说明应该给它充饥的理由。牛虻比蚊子更讨厌，岂止是哼哼，简直是行刑前大声的宣判。

但是莫诺湖畔并无哺乳动物生存，于是游人就成了饿极的斑虻的攻击对象。但是人是有手作为自卫武器的，它们在光天化日之下如此大张旗鼓地动进攻就显得可笑了，无异于自杀，虽然偶尔也会得逞，能喝上一口只是临死的口福。只有雌虻才会吸血，目的是为了产卵，但是如死，它们如何能传下后代？

也许会有一些鸣叫声不那么响、反应敏捷、飞行快速的斑虻在吸血之后全身而退，传下它们的基因。实际上，我不敢肯定，手臂上的那两个包，究竟是一只斑虻临死前咬了我两口，还是另有一只斑虻在我没有觉察的时候吸了血顺利逃走？

如果莫诺湖畔的雌虻只能靠吸人血为生，那么我们可以推断，在许多万年以后，那里的斑虻的形态和习性都会为此逐渐地发生变化，而出现一个特有物种。它们的飞行声会变得越来越细，飞行速度会变得越来越快，反应会变得越来越敏捷，体形会变得越来越小，活动时间也可能从白天逐渐推迟到黄昏或晚上。这一切都有助于它们能在吸完人血的同时保住性命留下后代。简而言之，在自然选择的作用下，它们可能会变得越来越像蚊子。

蚊、蝇、虻本是近亲，在昆虫学上都被归入双翅目（其特征是昆虫的两对翅膀只剩下了前面的一对，后面的一对退化成了平衡棒）。在进化史上是先有蚊，后有虻、蝇。不过，虻如果为了适应环境而出现返祖的进化，并不奇怪。我那两巴掌，就算是为这一进化进程作了一点贡献。

2007年7月29日

与蛆共生

芝加哥大学进化生物学家杰里·科因（Jerry A. Coyne）20世纪70年代在哈佛大学攻读生物学博士学位时，有过一段奇遇。1974年夏天，他选修热带生态学课程，前往哥斯达黎加的热带雨林实习。每天晚饭后，学生聚在一起听课，也就难免遭到热带蚊子的袭击。

一天晚上，科因觉得头皮被蚊子叮了一下，开始发痒。几天后，头皮发痒不仅没有消退，还肿起了一个大包。科因感到不妙，请一个学医学昆虫学的同学帮忙做了检查。这位同学告诉他吓人的检查结果：他的头皮寄生着一条蛆。

众所周知，许多蝇类会把卵产在伤口或眼睛、耳朵等人体开口处，让这些地方生蛆，蚕食人的肌肉，给人带来生命危险。但是科因的头皮原来并没有伤口，他也没有发觉自己被蝇类袭击过，蛆又是怎么长出来的呢？

原来，那是一种很特殊的蝇类——肤蝇，它会巧妙地借助蚊子间接袭击人类。肤蝇会捕捉蚊子，把卵粘在蚊子的腹部，然后将蚊子放生。几天后，蛆发育成熟了，但是仍然待在卵里等待时机——等待蚊子叮人（或其他温血动物）时，蛆感受到了体温，就孵化出来，钻进人的皮肤中寄生下来，靠吃人肉为生。

一旦你被肤蝇蛆看中，清除起来就很麻烦了。你可能会想到要把它拉出来。但是它的末端长有两个钩子，紧紧地钩住肌肉。你拉它时，钩子会钩得更紧，如果你用力想把它拉出，它就会被拉断，蛆的下半部分会残留在人体内，能导致感染，要比让蛆寄生危险得多。蛆会分泌抗生素，防止细菌、真菌来跟它抢肉吃，因此让蛆活着，伤口反而不会感染。

哥斯达黎加本地人在遇到蛆寄生时，会用一种草药把蛆杀死。不过，为了避免感染，把蛆杀死后仍然需要动手术把被寄生的部位清除干净，但是在热带雨林中很难找到外科医生。

还有一种治疗办法是利用蛆需要呼吸空气的习性。蛆躲在皮下，通过一根吸气管穿破皮肤透气。如果用一块生肉紧紧地压在蛆的吸气管开口处，蛆为了能够吸气，就不得不往上爬，钻到生肉中，离开了人体。科因的一位同学就是通过这种办法把寄生的蛆除掉了。不过这位同学被寄生的部位是臀部，科因要如法炮制的话，就要把头发剃光，并且在头上绑一块生肉，在炎热的热带夏天，这么做可不好玩。而且这种治疗办法还不一定就会成功。

想来想去，科因决定还是等回校后再找医生处理比较保险。与蛆共生并不像想象的那么可怕，大部分时间都没有什么感觉，只有在蛆翻身时才会感到一阵刺痛。几个星期后，科因回到了哈佛，这时头皮上的隆包已长到了像鹅蛋那么大。他马上前往哈佛诊所，吸引来了一群好奇的医生和护士围观。这让科因感到很恼怒，决定放弃治疗，顺其自然，让这只蛆完成其生命历程。

科因此时已经适应了与蛆共生的生活，他甚至喜欢上了这只蛆和隆包，用它来吓唬人寻开心。终于，在一个晚上，在观看棒球比赛时，科因发现蛆正在奋力往外钻，他知道一切即将结束了。当天晚上，一只大约一英寸（2.54厘米）长的蛆完全破皮而出。在自然状态下，成熟的蛆将会钻进土壤中，长出蛹壳，把自己包裹住，变成蛹，几周后就会变成蝇。科因把这只蛆放进一个装了消过毒的砂子的玻璃瓶中，细心看护。但是它在能把自己用蛹壳包裹住之前，干死了。

科因虽然逐渐适应甚至喜欢上了与它的共生关系，但是一开始是被迫的，而这只肤蝇蛆似乎也善解人意，很幸运地没有给他带来太大的痛苦。在此之前，在巴拿马工作的昆虫学家劳伦斯·邓恩（Laurence Dunn）主动让肤蝇寄生，并经历了更大的痛苦。他发现一只携带着肤蝇卵的蚊子后，觉得这是一个观察肤蝇生活史的良机，就主动伸出左臂让蚊子产下了两只蛆。第二天，伤口开始红肿，他惊讶地发现蚊子还在他的右臂和右腿也各下了两只蛆。虽然他为此常常感到痒得很厉害，有时还会感到刺痛，但他让这6只蛆都生存了下去，仔细地进行观察。这些伤口越长越大，并破裂流出许多脓、血，不得不进行包扎。过了46～55天，这些蛆先后钻出，被放进试管中，后来都成功地变成了蝇。邓恩发现，在蛆离开后，他的伤口就很快愈合了，不过有一处过了8个月还留有疤痕。

在生物学上，生物的共生关系有3种：对一方有益、另一方有害的属于寄生，对一方有益、另一方无益也无害的属于共栖，对双方都有益的属于互惠。肤蝇与人原本是纯粹的寄生关系，但是科因却从这种关系中找到了乐趣，邓恩更是借助这种关系增长知识，也许我们应该说，他们与肤蝇的关系变成互惠的了。

科因的生活后来再也没能离开蝇，不过是一种非常常见的、对人无害的实验动物——果蝇。

2006年11月19日

金合欢的关系网

在非洲东部的大草原上，生长着许多金合欢树。其中有一种金合欢树，除了像其他金合欢树一样长满了锐利的刺，还长着一种特殊的刺，刺的下端膨大，里面是空的，风吹过时，发出像哨子一样的声音，所以它们被叫作哨刺金合欢。

金合欢之所以遍布锐刺，是为了防止食草动物吃它们。不过这可难不倒长颈鹿等大型食草动物。长颈鹿的舌头能够小心翼翼地躲开刺，去吃金合欢树上的嫩叶。哨刺金合欢还有第二条防线。在哨刺里头，住着一种褐色的小蚂蚁，它们的腹部能往上举，所以叫举腹蚁。长颈鹿吃树叶时扯动了树枝，让举腹蚁觉察到了，它们便蜂拥而去，拼命地叮咬长颈鹿的舌头，迫使长颈鹿离开。

举腹蚁为什么这么爱护金合欢树呢？因为金合欢是它们的家。那里的土壤在雨季来临时灌满了水，而到了旱季则变得干裂，因此不适合蚂蚁在地下建巢，举腹蚁便把家安在了金合欢树上，住在空心的刺里头。金合欢树为了留住蚂蚁当保护神，还为它们准备了美味食物：在树叶基部有蜜腺分泌蜜汁供举腹蚁享用。

除了这种褐色举腹蚁，还有两种举腹蚁（一种颜色偏黑，一种黑头红腹）和一种细长蚁也以哨刺金合欢为家。一棵金合欢树上只能生活一种蚂蚁。如果有两种蚂蚁撞到了一起，它们就会展开你死我活的决斗，直到有一方独霸金合欢树。在战争中，褐色举腹蚁往往占优势，大约50%的哨刺金合欢树都被这种举腹蚁占据。黑头红腹举腹蚁则经常在战斗中落败，它们采取了一种自我保护策略，把金合欢的侧芽咬掉，让金合欢长不出侧枝，不会和旁边的金合欢树碰在一起，也就不会把其他树上的蚂蚁给引过来。细长蚁也经常在战斗中被打败，它们干脆采取焦土政策，把金合欢树上的蜜腺都给破坏掉，让举腹蚁觉得这棵金合欢树没有价值，不来占领。

1995年，一些美国生物学家在6片金合欢树周围围起带电栅栏，不让长颈鹿等大型食草动物吃它们的叶子。他们以为在人为的保护下，金合欢树会更加茁壮成长。10年后，他们却惊讶地发现这些受保护的金合欢树日渐枯萎、死亡，而没受保护、任由长颈鹿啃吃的金合欢树却依然长势良好。这是[illegible]回事呢？进一步的研究解开了这个貌似反常的谜团。

原来，长颈鹿不再来吃金合欢树的叶子之后，金合欢树就“觉得”没有必要讨好蚂蚁，不愿意再浪费能量去制造空心刺和蜜汁，空心刺和蜜汁的量都大为减少。这么一来，褐色举腹蚁反过来觉得金合欢树没有太大的价值，不愿为其着想了。有一种害虫——天牛的幼虫会在金合欢树干上钻孔危害金合欢树，以前褐色举腹蚁会尽力消灭天牛的幼虫，现在则听之任之了。金合欢树分泌的蜜汁少了，褐色举腹蚁就饲养一种能分泌蜜汁的介壳虫来解馋。褐色举腹蚁平时也养一些介壳虫，但是量不多，金合欢树不再分泌足够的蜜汁后，褐色举腹蚁才成倍地扩展介壳虫饲养业。这种介壳虫靠吸食金合欢树的汁液为生，本来就对金合欢树的生长不利，而且还传播疾病。

褐色举腹蚁在空心刺里做巢，在那里养育后代。空心刺数量减少，褐色举腹蚁失去了托儿所，数量减少了近一半，遇到入侵的其他蚂蚁时，一方面兵力少多了，另一方面也没了保卫家园的动力，无心恋战，因此在战争中经常被打败。统计表明，在受保护的金合欢树中，褐色举腹蚁丢掉了大约30%的领土，取而代之的是黑色举腹蚁，领土扩张了2倍。黑色举腹蚁经常到树下捉昆虫吃，蜜汁的减少对它们的生存影响不大。空心刺的减少对它们更毫无影响，因为它们并不住在空心刺中，而是住在天牛幼虫挖的洞中。因此黑色举腹蚁不仅不消灭天牛，还鼓励天牛到金合欢树上产卵。黑色举腹蚁的到来对金合欢树是一场灾难，金合欢树的生长变得缓慢，死亡率要比生活着其他蚂蚁的金合欢树高出一倍。即使金合欢树死了，对黑色举腹蚁也没有什么影响，它们在死树上照样能生存。

因此用电栅栏保护金合欢树的效果适得其反。对哨刺金合欢树来说，被食草动物吃一些叶子，反而是有益健康的好事，能被吃到有时也很重要。电栅栏容易拆掉，保护物种却不那么容易：长颈鹿、大象等大型食草动物的数量正在急剧地减少。即使没有电栅栏，也会有越来越多的哨刺金合欢树不必担心被吃掉叶子。我们可以预测，它们会因此目光短视地不再犒劳保护它们的举腹蚁，让危害它们的举腹蚁乘虚而入，结果反而让自己陷入绝境。在金合欢树的周围形成了一个复杂的关系网，一环扣一环，一个环节的消失能够导致出乎意料的灾难性后果。不只是金合欢树，每种生物都生活在某个关系网中。

2009年7月12日

一种奇妙蝴蝶的重生

在维多利亚女王时代的英国，采集蝴蝶是一项非常流行的爱好，其中最受追逐的标本之一是一种灰蝶科蝴蝶，英国人称为“大蓝蝶”（中国也产，中名“嘎霾灰蝶”）。实际上这种蝴蝶既不是很大，也不是很蓝。它并不是一种特别美丽的蝴蝶，被特别看重的原因可能是其难得：它数量稀少，而且生长在人迹罕至的荒野，每次采集相当于一次远征。

即便如此，仍然有大量的大蓝蝶被采集制作成了标本，至今还有大约3000个大蓝蝶标本收藏在英国的博物馆里。在19世纪末就已经开始有人呼吁对它进行保护。进入汽车时代以后，到大蓝蝶栖息地采集更加方便了，有的地方的大蓝蝶已经绝迹，保护变得更为迫切。1930年，英国建立了第一个大蓝蝶保护区，围起栅栏，雇了一名铁匠在那里看守不让人采集标本，停止在那里烧荒，并禁止放牧。那里原来生活着一个较大的大蓝蝶种群，但是在受保护9年之后，就一只不剩了。

此后还有更多的大蓝蝶保护区相继建立起来，但是大蓝蝶的数量却越来越少。20世纪50年代时英国大约还有数万只大蓝蝶，到1972年时只剩下了300多只。1975年英国通过的野生动植物保护法首次把大蓝蝶列为法定保护对象，但已无济于事。1979年，英国最后一只大蓝蝶死去。

大蓝蝶在英国灭绝的前夕，牛津大学杰里米·托马斯（Jeremy Thomas）等人追踪残存的大蓝蝶的生活史，发现了大蓝蝶灭绝的秘密。早在20世纪20年代，英国著名博物学家佛罗霍克（F.W.Frohawk）在研究了大蓝蝶之后，已发现了它与蚂蚁存在着奇妙的关系。托马斯等人的研究表明……关系要比人们想象的还要奇妙得多，也重要得多。

大蓝蝶对生活的要求极为挑剔，离不开一种百里香……种红蚁。每年的六七月间，是英国大蓝蝶飞翔的季节。每只大蓝……寿命只有四五天。在短暂的生命结束之前，雌大蓝蝶必须找到……香产卵。这些百里香必须是生长在红蚁巢的边上，而且含苞……卵产在百里香的花蕾里，一两周后，幼虫孵化出来，就以百里……在吃了大约两周的花宴，蜕了3次皮之后，幼虫掉到了地上……红蚁发现它。

大蓝蝶幼虫靠分泌蜜汁吸引……现大蓝蝶幼虫后，会用触角拍打它，让它分泌蜜汁，然后……巢。在蚁巢里，其他红蚁和红蚁幼虫围上来，分享大蓝蝶幼虫的蜜汁。等到蜜汁被吃完，大蓝蝶幼虫失去了利用价值，就有生命危险，所以它还必须能够保护自己，像红蚁幼虫那样蠕动，散发出红蚁的气味和声音，让红蚁误以为大蓝蝶幼虫是它们当中的一员，允许它继续在蚁巢中住下去。

大蓝蝶幼虫必须在蚁巢中整整待上10个月，不仅能躲避天敌，而且还有营养丰富的食物供享用。在给了红蚁一点儿小甜头后，大蓝蝶幼虫在蚁巢内四处走动大吃红蚁的卵和幼虫，把自己吃成大胖子。在这种情况下，大蓝蝶幼虫仍然危险重重。如果蚁巢中有蚁后，它会误以为大蓝蝶幼虫是一只以后也将变成蚁后的超级红蚁幼虫，从而发出化学信号让工蚁把它杀死。如果蚁巢的规模太小，或者红蚁又搬来了一只大蓝蝶幼虫，红蚁的卵和幼虫不够吃，大蓝蝶幼虫最终也会饿死。

所以大蓝蝶幼虫藏身的蚁巢规模要足够大，不能有竞争同伙，还不能有蚁后。在满足了这些苛刻条件之后，大蓝蝶幼虫才能在蚁巢内安全度过秋、冬、春三季，在蚁巢内结茧、化蛹，在夏天来临时变成蝴蝶，从蚁巢中走出飞翔而去。

如果没有红蚁的收养，大蓝蝶不可能生存。红蚁本身对生活环境也有一个要求：它们喜欢温暖，在朝南向阳的山坡筑巢，而且地面上草的高度最好为2～3厘米。如果草的高度太高，把阳光遮住了，蚁巢的温度太低，红蚁幼虫会冻死。

大蓝蝶的栖息地被划为保护区后，禁止烧荒和放牧，反而让那里草的长……控制，让大蓝蝶更快地灭绝。即使是在没有保护的地区，山坡的放牧也……越少。本来，还有野兔吃草能对之有所制约，但是在20世纪50年代，一种……很强的病毒入侵英国，让野兔患上致命的黏液瘤病，野兔的数量锐减9……草皮越长越高，大蓝蝶依赖的那种红蚁迅速消失，被另一种较耐寒……而代之，这种红蚁也喜欢吃大蓝蝶幼虫的蜜汁，但能识破伪装，将它……到草皮高度超过10厘米，连百里香也难以生长、繁殖了。

这些发现来……

家还有幸存，可以从……拯救英国大蓝蝶的灭绝。但是大蓝蝶在其他国……理，通过割草、放牧……英国逐渐恢复了52处百里香草地，并进行管……开始，大蓝蝶被从瑞典……高度，红蚁数量也随之上升。自1983年……随后它们逐渐在30多个地方成功地繁衍下来。到2008年，英国大蓝蝶的数量已多达数以万计。

大蓝蝶成了第一个成功获得重生的濒危蝴蝶物种，这一切都是由于对它的习性和灭绝的原因有了较为透彻的了解。英国大蓝蝶因人类的盲动而灭绝，因科学的进展而重生。生态学的研究让人类有了逆转环境恶化的能力，但是如果环保不建立在科学的基础上，想当然地采取行动，结果反而会更为糟糕。

2009年9月20日

植物中的神秘数字

扑克牌上的“梅花”并非梅花，甚至不是花，而是三叶草。在西方历史上，三叶草是一种很有象征意义的植物，据说第一叶代表希望，第二叶代表信心，第三叶代表爱情，而如果你找到了四叶的三叶草，就会交上好运，找到幸福。在野外寻找四叶的三叶草，是西方儿童的一种游戏，不过四叶的三叶草很难找到，据估计，每1万株三叶草，才会出现1株四叶的突变型。

在中国，梅花有着类似的象征意义。民间传说梅花五瓣代表着五福。民国时把梅花定为国花，声称梅花五瓣象征五族共和，具有“敦五伦、重五常、敷五教”的意义。但是梅花有5枚花瓣并非独特，事实上，花最常见的花瓣数目就是5枚，例如，与梅同属蔷薇科的桃、李、樱花、杏、苹果、梨等其他物种就都开5瓣花。常见的花瓣数还有：3枚，鸢尾花、百合花（看上去6枚，实际上是两套3枚）；8枚，飞燕草；13枚，瓜叶菊；向日葵的花瓣有的是21枚，有的是34枚；雏菊的花瓣有的是34、55或89枚。而其他数目花瓣的花则很少。为什么花瓣数目不是随机分布的？3、5、8、13、21、34、55、89……这些数目有什么特殊吗？

有的，它们是斐波纳契数。斐波纳契（1170—1240）是中世纪意大利数学家，他不是在数花瓣数目，而是在解一道关于兔子繁殖的问题时得出了一个数列：假定你有一雄一雌一对刚出生的兔子，它们在长到一个月大始交配，在第二月结束时，雌兔子产下另一对兔子，过了一个月后它们也开始繁殖，如此这般持续下去，每只雌兔在开始繁殖时每月都产下一对兔子，假定没有兔子死亡，在一年后总共会有多少对兔子？

在一月底，最初的一对兔子交配，但是还只有1对兔子；在二月底，雌兔产下一对兔子，共有2对兔子；在三月底，最老的雌兔产下第二对兔子，共有3对兔子；在四月底，最老的雌兔产下第三对兔子，两个月前生的雌兔产下一对兔子，共有5对兔子……如此这般计算下去，兔子对数分别是：1、1、2、3、5、8、13、21、34、55、89、144……看出规律了吗？从第3个数字开始，每个数目都是前面两个数目之和。

植物似乎对斐波纳契数着了迷。不仅花，还有叶、枝条、果实、种子等形态特征，都可发现斐波纳契数。叶序是指叶子在茎上的排列方式，最常见的是互生叶序，即在每个节上只生1叶，交互而生。任意取一个叶子作为起点，向上用线连接各个叶子的着生点，可以发现这是一条螺旋线，盘旋而上，直到上方另一片叶子的着生点恰好与起点叶的着生点重合，作为终点。从起点叶到终点叶之间的螺旋线绕茎周数，称为叶序周。不同种植物的叶序周可能不同，之间的叶数也可能不同。例如榆，叶序周为1（即绕茎1周），有2叶；桑，叶序周为1，有3叶；桃，叶序周为2，有5叶；梨，叶序周为3，有8叶；杏，叶序周为5，有13叶；松，叶序周为8，有21叶……用公式表示（绕茎的周数为分子，叶数为分母），分别为1/2、1/3、2/5、3/8、5/13、8/21……这些是最常见的叶序公式，据估计大约有90%植物属于这类叶序，而它们全都是由斐波纳契数组成的。

你如果观察向日葵的花盘，会发现其种子排列组成了两组相嵌在一起的螺旋线，一组是顺时针方向，另一组是逆时针方向。再数数这些螺旋线的数目，虽然不同品种的向日葵会有所不同，但是这两组螺旋线的数目一般是34和55、55和89或89和144，其中前一个数字是顺时针线数，后一个数字是逆时针线数，而每组数字都是斐波纳契数列中相邻的两个数。再看看菠萝、松果上的鳞片排列，虽然不像向日葵花盘那么复杂，也存在类似的两组螺旋线，其数目通常是8和13。有时候这种螺旋线不是那么明显，需要仔细观察才会注意到，例如花菜。如果你拿一颗花菜认真研究一下，会发现花菜上的小花排列也形成了两组螺旋线，再数数螺旋线的数目，是不是也是相邻的两个斐波纳契数，例如顺时针5条，逆时针8条？掰下一朵小花下来再仔细观察，它实际上是由更小的小花组成的，而且也排列成了两条螺旋线，其数目也是相邻的两个斐波纳契数。

为什么植物如此偏爱斐波纳契数？这和另一个更古老的、早在古希腊就被人们注意到甚至去崇拜它的另外一个“神秘”数字有关。假定有一个数φ，它有如下有趣的数学关系：

$$\varphi^2-\varphi^1-\varphi^0=0$$

即

$$\varphi^2-\varphi-1=0$$

解这个方程，可得到两个解：

$$\varphi_1=\frac{1}{2}(1+\sqrt{5})=1.6180339887\ldots$$

$$\varphi_2=\frac{1}{2}(1-\sqrt{5})=-0.6180339887\ldots$$

注意这两个数的小数部分是完全相同的。正数解（1.6180339887…）被称为黄金数或黄金比率，通常用φ表示。这是一个无理数（小数无限不循环，没法用分数来表示），而且是最无理的无理数。同样是无理数，圆周率π用22/7，自然常数e用19/7，$\sqrt{2}$用7/5就可以很精确地近似表示出来，而φ则不可能用分母为个位数的分数做精确的有理近似。

黄金数有一些奇妙的数学性质。它的倒数恰好等于它的小数部分，也即$1/\varphi=\varphi-1$，有时这个倒数也被称为黄金数、黄金比率。如果把一条直线AB用C点分割，让$AB:AC=AC:CB$，那么这个比等于黄金数，C点被称为黄金割点。如果一个等腰三角形的顶角是36°，那么它的腰与底线的比等于数，这样的三角形称为黄金三角形。如果一个矩形的长宽比是黄金从这个矩形切割掉一个边长为其宽的正方形，剩下的小矩形的长金数。这样的矩形称为黄金矩形，它可以用上述的方法无限一个个越来越小的黄金矩形，而如果把这些黄金矩形的来，则形成了一个对数螺线。常见的报纸、杂志、书卡用的形状都接近于黄金矩形，据说这种形状让人我们的生活中，黄金数无处不在，建筑、艺术品用到它，因为它让我们感到美与和谐。

那么黄金数究竟和斐波纳契数有什

$$\varphi^2-\varphi-1=0$$

可得

$$\varphi=1+1/\varphi$$

$$=1+1/(1+1/\varphi)$$

$$\cdots\cdots$$

$$=1+1/(1+1/(1+1/(1+\cdots)))$$

利用上面的公式，你可以用计算器如此计算φ：输入1，取倒数，加1，和取倒数，加1，和取倒数……你会发现总和越来越接近φ。让我们用分数和小数来表示上面的逼近步骤：

$\varphi\approx1$

$\varphi\approx1+1/1=2/1=2$

$\varphi\approx1+1/(1+1/1)=3/2=1.5$

$\varphi\approx1+1/(1+1/(1+1))=5/3=1.666667$

$\varphi\approx1+1/(1+1/(1+(1+1)))=8/5=1.6$

$\varphi\approx1+1/(1+1/(1+(1+(1+1))))=13/8=1.625$

$\varphi\approx1+1/(1+1/(1+(1+(1+(1+1)))))=21/13=1.615385$

$\varphi\approx1+1/(1+1/(1+(1+(1+(1+(1+1))))))=34/21=1.619048$

$\varphi\approx1+1/(1+1/(1+(1+(1+(1+(1+(1+1)))))))=55/34=1.617647$

$\varphi\approx1+1/(1+1/(1+(1+(1+(1+(1+(1+(1+1))))))))=89/55=1.618182$

……

两个[illegible]没有？以上分数的分子、分母都是相邻的斐波纳契数。原来相邻等于φ。[illegible]数的比近似等于φ，数目越大，则越接近，当无穷大时，其比就际上是[illegible]数与黄金数是密切联系在一起的。植物喜爱斐波纳契数，实世界充满了[illegible]这是为什么呢？莫非冥冥之中有什么安排，是上帝想让

植物的枝[illegible]

芽、分化而来的[illegible]花瓣有相同的起源，都是从茎尖的分生组织依次出[illegible]的方向与前面一个芽的方向不同，旋转了一个固

定的角度。如果要充分地利用生长空间，新芽的生长方向应该与旧芽离得尽可能远。那么这个最佳角度是多少呢？我们可以把这个角度写成 $360^\circ \times n$，其中 $0 < n < 1$，由于左右各有一个角度是一样的（只是旋转的方向不同），例如 $n = 0.4$ 和 $n = 0.6$ 实际上结果相同，因此我们只需考虑 $0.5 \le n < 1$ 的情况。如果新芽要与前一个旧芽离得尽量远，应长到其对侧，即 $n = 0.5 = 1/2$，但是这样的话第2个新芽与旧芽同方向，第3个新芽与第1个新芽同方向……也就是说，仅绕1周就出现了重叠，而且总共只有两个生长方向，中间的空间都浪费了。如果 $0.6 = 3/5$ 呢？绕3周就出现重叠，而且总共也只有5个方向。事实上，如果 n 是个真分数 p/q，则意味着绕 p 周就出现重叠，共有 q 个生长方向。

显然，如果 n 是没法用分数表示的无理数，就会"有理"得多。选什么样的无理数呢？圆周率π、自然数e和 $\sqrt{2}$ 都不是很好的选择，因为它们的小数部分分别与1/7、5/7和2/5非常接近，也就是分别绕1、5和2周就出现重叠，分别总共只有7、7和5个方向。所以结论是，越是无理的无理数越好，越"有理"。我们在前面已经提到，最无理的无理数，就是黄金数 $\varphi \approx 1.618$。也就是说，n 的最佳值约为0.618，即新芽的最佳旋转角度大约是 $360^\circ \times 0.618$，约为 222.5° 或 137.5°。

前面已提到，最常见的叶序为1/2、1/3、2/5、3/8、5/13和8/21，表示的是相邻两叶所成的角度（称为开度），如果我们要把它们换算成 n（表示每片叶子最多绕多少周），只需用1减去开度，为1/2、2/3、3/5、5/8、8/13和13/21。它们是相邻两个斐波纳契数的比值，是不同程度地逼近 $1/\varphi$。在这种情形下，植物的芽可以有最多的生长方向，占有尽可能多的空间。对叶子来说，意味着尽可能多地获取阳光进行光合作用，或承接尽可能多的雨水灌溉根部；对花来说，意味着尽可能地展示自己吸引昆虫来传粉；而对种子来说，则意味着尽可能密集地排列起来。这一切，对植物的生长、繁殖都是大有好处的。可见，植物之所以偏爱斐波纳契数，乃是在适者生存的自然选择作用下进化的结果，并不神秘。

2004年8月14日

性与死的统一

2000年，美国出了一本名为《性与死：生物学哲学导论》的高级教科书。这本书介绍、讨论的都是关于“进化”“基因”这些很专业化的生物学哲学问题，与性和死都没有什么关系。为什么用了这么个题目呢？作者解释说“因为这个题目很有趣”“生物界是奇妙和古怪的，至少比我们所能想象的还要古怪”。其实作者完全可以更明白地说：因为性和死是生物界的永恒主题，就像爱和死是文学作品的永恒主题一样。

无性的生物可以靠不断的分裂而永世长存，有性的生物却必死无疑。性是对死亡的抗拒，是新生命的开端。这两个相对的力量，有时却能古怪地结合。例如，在蜘蛛纲和昆虫纲动物中，有时能观察到所谓“性食同类”（sexual cannibalism），即在交尾前后甚至交尾过程中，雌性吃掉与之交尾的雄性。最著名的例子当然是螳螂了。

对雌螳螂杀夫的首次描述，出现于1658年出版的德语著作中。在1886年，一位美国昆虫学家向《科学》杂志报告了他在实验室看到的雌螳螂在交配前吃掉雄螳螂的头，而无头雄螳螂仍设法完成交配的奇怪情景，这大概是关于这一现象的第一篇科学文献。稍后，法布尔在《昆虫记》中也描述了螳螂杀夫：

> 然而在事实上，螳螂甚至还具有食用它丈夫的习性。这可真让人吃惊！在吃它的丈夫的时候，雌性的螳螂会咬住它丈夫的头颈，然后一口一口地吃下去。最后，剩余下来的只是它丈夫的两片薄薄的翅膀而已。这真令人难以置信。

从这段描述看我们不知道法布尔是亲眼所见，还是仅仅只是在转述一个公认的事实。不管怎样，随着《昆虫记》风靡世界，雌螳螂“杀夫”（或者更确切地说是“吃夫”）的恶名和雄螳螂“殉情”的美名也就尽人皆知了。

生物学家们甚至试图论证“吃夫”的合理性。有的说，雌螳螂产卵需要大量的能量，雄螳螂的肉正是极好的能量来源。断头的雄螳螂能完成交配，这是已被实验证实的，因为控制交配的神经不在头部，而在腹部，而且，由于某些神经抑制中枢位于头部，头被吃掉反而还有助于增强雄性的性能力呢。雄螳螂不死，真是天理难容了。

不过，很少有人在野外观察到雌螳螂吃夫。我们说的螳螂，乃是一大类昆虫的总称（是昆虫纲下的一个目——螳螂目），包括1500多种形态、生态各不相同的螳螂。绝大多数螳螂物种都没有被观察到"吃夫"现象，这个名声主要归咎于两种分布较广的螳螂：中国大刀螳螂（*Tenodera aridifolia sinensis*）和欧洲螳螂（*Mantis religiosa*）。但是，研究者报告的吃夫现象都是在实验室里观察到的，在这种条件下，担惊受怕的动物往往会有异常的举动，在自然状态下是否果真如此呢？这是真的与生殖有关的自相残杀，还是纯粹为了喂饱肚子的自相残杀？没人否认螳螂的确会自相残杀，而个子要小得多的雄螳螂也很容易成为雌螳螂的牺牲品，问题在于这是否有生殖意义？

在1984年，两名科学家里斯克（E.Liske）和戴维斯（W.J.Davis）虽然同样在实验室里观察大刀螳螂交尾，但是做了一些改进：他们事先把螳螂喂饱吃足，把灯光调暗，而且让螳螂自得其乐，人不在一边观看，而改用摄像机记录。结果出乎意料：在记录的30次交配中，没有一次出现了吃夫。相反地，他们首次记录了螳螂复杂的求偶仪式：雌雄双方翩翩起舞，整个过程短的有10分钟，长的达两个小时。里斯克和戴维斯认为，以前人们之所以频频在实验室观察到螳螂"吃夫"，原因之一是因为在直接观察的条件下，失去"隐私"的螳螂没有机会举行求偶仪式，而这个仪式能消除雌螳螂的恶意，是雄螳螂能成功地交配所必需的。另一个原因是因为在实验室喂养的螳螂经常处于饥饿状态，雌螳螂饥不择食，把丈夫当美味。为了证明这个原因，里斯克和戴维斯在1987年又做了一系列实验。他们发现，那些处于高度饥饿状态（已被饿了5～11天）的雌螳螂一见雄螳螂就扑上去抓来吃，根本无心交媾。处于中度饥饿状态（饿了3～5天）的雌螳螂会进行交媾，但在交媾过程中或在交媾之后，会试图吃掉配偶。而那些没有饿着肚子的雌螳螂则并不想吃配偶。

可见雌螳螂吃夫的主要动机是因为肚子饿。但是在野外，雌螳螂并不是都能吃饱肚子的，那么，吃夫就还是可能发生的。在1992年，劳伦斯（S.E.Lawrence）在葡萄牙对欧洲螳螂的交配行为进行了首次大规模的野外研究。在他观察到的螳螂交尾现象中，大约31%发生了吃夫行为。在野外，雌螳螂大概处于中度饥饿，吃掉雄螳螂，对螳螂后代也的确有益。1988年的一项研究表明，那些吃掉了配偶的雌螳螂，其后代数目比没有吃掉配偶的要20%。里斯克和戴维斯也承认，欧洲螳螂发生的吃夫现象可能比其他为普遍，是它们给螳螂带来恶名。但是，雄螳螂很显然不是心甘的。它们在交配前，小心翼翼地悄悄接近雌螳螂，避免被发觉。交配时从雌螳螂背后跃上，交配完了之后迅速地逃离，没有为了后代牺牲自己的迹象。雄螳螂可以多次交媾，没有必要做一锤子买卖。从自然选择的角度看，雄螳螂应该与尽可能多的雌螳螂交配，在最后一次交配中再被吃掉；而雌螳螂也应该与尽可能多的雄螳螂交配，而且应该每次都把雄螳螂吃掉。

如果说，对螳螂吃夫的普遍性至今在学术界还有异议，对某些蜘蛛种类的“吃夫”行为，却是少有争议的。被研究得比较透彻的是澳大利亚红背蛛（学名哈氏寇蛛，*Latrodectus hasselti*，与著名的黑寡妇同属，主要特征是背上有红条）。这项工作主要是加拿大生物学家安德拉德（M.Andrade）在近年来做的。与螳螂相似，红背蛛的吃夫现象也与雌蜘蛛的饥饿状态有关，这可以解释为什么吃夫现象并不总是发生。安德拉德在1998年报告说，在实验室条件下，多达50%的交配没有发生“吃夫”，而在野外，也有35%的交配没有“吃夫”。在交配前，个头比雌蜘蛛小的雄蜘蛛要小心翼翼地与雌蜘蛛进行交流，确信它有意交配，避免被当成猎物。然而，一旦交配开始，与雄螳螂截然不同的是，雄蜘蛛不仅心甘情愿地牺牲自己，而且简直就是在引诱雌蜘蛛吃自己：这种雄蜘蛛有两根交配器，交配时，先插入一根，倒转身体，把腹部送到雌蜘蛛的嘴巴前面邀请雌蜘蛛吃它！雌蜘蛛如果有食欲，就会喷上消化液开始吃。在被吃的时候，雄蜘蛛如果不是太虚弱的话，会设法拔出第一根交配器，插入第二根交配器，进行第二轮交配，而雌蜘蛛会继续享受它的美餐。

雄蜘蛛作出牺牲的原因是因为它们与雄螳螂不同，很难再有第二次交配的机会。在寻找配偶的过程中，80%以上的雄蜘蛛会因为各种各样的原因而死亡。历尽千辛万苦找到雌蜘蛛，就不要指望还有第二次机会，而应该倾其所有，孤注一掷。在被吃时，雄蜘蛛因此延长了交配时间，可以注入更多的精液，让更多的卵被自己的精子受精。而且，雌蜘蛛在吃了雄蜘蛛后，就较不愿意再接受第二只雄蜘蛛的求偶。这样，被吃的雄蜘蛛就有可能留下更多的后代。研究表明，它们的后代比那些没有被吃掉的雄蜘蛛的后代大约多了40%。

生物现象有时的确要比我们想象的还要古怪。但是从自然选择的角度看，却不奇怪。正是在自然选择的作用下，性和死如此奇妙地结合在一起。

2002年1月3日

生与老的交融

太平洋鲑鱼在2～8岁的时候（具体年龄与种类和地点有关），开始了它们一生中唯一一次洄游，从太平洋游到河流、湖泊产卵，游泳距离有的长达上千千米。在达到产卵地点的时候，体内皮质激素含量急剧升高，雄鱼身体变得通红。皮质激素是在紧张状态下肾上腺分泌的激素，会对身体造成伤害，导致消化系统、免疫系统的器官和组织萎缩，并经常出现冠心病。而且在交配、产卵过程中鲑鱼停止进食。在皮质激素和绝食的双重打击下，所有的鲑鱼在交配、产卵后都将很快死亡。

这听上去似乎很悲惨，却有其合理的因素。鲑鱼选择的产卵地点，对其后代相当安全，而且小型食物丰富，有助于鱼苗快速成长。但是这些小河流、湖泊却不能为成年的鲑鱼提供足够的食物，让它们重返大海。在这种情况下，鲑鱼最好的选择是为了传宗接代而牺牲自己：停止进食，为后代省下食物；让肾上腺大量分泌皮质激素，把身体保持在极度兴奋状态。雌鱼把原来供给消化系统的能量和营养物也都用于产卵，以便尽量增加产卵数目。雄鱼为了争夺最佳产卵地点以便把雌鱼吸引过来而猛烈地争斗。把所有的能量、资源都投入生育之中，在大功告成后鲑鱼就没有必要再活下去了。它们的尸体还能成为后代的食物。

和太平洋鲑鱼不同，大西洋鲑鱼并不做一锤子买卖。它们一生中能多次洄游、产卵，多达6次。虽然它们洄游的距离并不比太平洋鲑鱼短，但是它们为返回大海小心地保护自己的身体。它们体内的皮质激素水平较低，这可能是其寿命较长的因素。不过，在经过几次洄游后，大西洋鲑鱼也会得严重的冠心病。它们无法避免衰老，只是使衰老过程相对地延长。

还有许多鱼能够生存、繁殖许多年。例如，石斑鱼和鲟鱼的寿命可长达150年。某些年龄极大的石斑鱼仍然能正常产卵，没有出现肿瘤或其他衰老迹象。它们不仅比鲑鱼，也比哺乳动物老得更慢。为什么有的动物能够活这么长的时间，有的生命却那么短暂？我们必须意识到，在自然选择的作用下，对生物体至关重要的是能留下、传播自己的基因，自身寿命的长短并非关键。因此不惜牺牲自己来保证一次性地留下尽量多的后代，和注意保护 细水长流地多次生殖，都是可以采纳、能够获得成功的策略。在 和寿命长短之间，可以用不同的方式找到平衡点。

脊椎动物中很少有像太平洋鲑鱼那样生育后就死亡的，在鸟类和哺乳类中更是没有。这是因为鸟类和哺乳类对其后代不能只生不养，离开了父母的照顾，新生的后代难以存活。鸟类和哺乳类的父母也能通过多次生育而获得哺育经验，更好地照顾后面出生的后代，因此对它们来说，多次生育有额外的好处。在哺乳动物中，唯一一种与太平洋鲑鱼生活方式有类似之处的物种是澳大利亚的小型有袋类袋鼩。和鲑鱼相似，雄性袋鼩在生殖季节（在其1岁时）有异常大的肾上腺，分泌大量的皮质激素，适应激烈争夺配偶的需要。在过量皮质激素的损害下，几乎所有的雄性袋鼩都在经过一个交配季节后很快死亡。而雌性袋鼩会活得更长，许多在养好第一窝后代后死亡，有的能活到第二年。

许多无脊椎动物通过卵、蛹度过冬天或旱季等恶劣的季节，在合适的季节发育成熟，交配、产卵后死亡。这样的好处是可以避免成虫浪费资源去对付恶劣的季节，而把所有的能量都投入到繁殖中。许多昆虫都采取这种策略，最极端的是蜉蝣。蜉蝣的幼虫可在水下生活数年，但在发育成成虫后，在几天甚至几小时内就必须完成交配、产卵然后死亡。蜉蝣从幼虫发育出来的时候，已有完全成熟的卵和精子，但是却完全缺乏嘴和肠子。它们已注定了无法进食，将很快死亡。蜉蝣的祖先生活于大约3亿年前，其中有的是庞然大物，翅膀可长达46厘米；它们也都有强壮的嘴，表明它们是可怕的肉食者。它们也应该有比现代蜉蝣长得多的寿命。从这种长寿的、肉食的庞然大物进化出现在短命的、不能进食的微小蜉蝣，表明短命同样能有生存的优势。

蜉蝣是昆虫纲的一个目，其他目的昆虫，也多次进化出短暂的成年寿命。有的成年昆虫甚至“有意”加速死亡。和蜉蝣一样，天蚕蛾成虫也不进食，在发育出来后的几天内交配、产卵，然后它们变得异常活跃，加速耗尽能量而死。在激烈运动时，其翅上的鳞片很容易掉落，使它们的形态变了样。这样，那些吃了它们的天敌就不熟悉它们的本来面目，有助于保护其后代在发育成成虫后少遭天敌的追捕。有的天蚕蛾成虫的味道不好吃，在生殖后生存的时间较长。它们翅上的鳞片不容易掉落，它们也不试图破坏自己的形态，相反地，它们的翅上有非常显眼的图案，用以警告天敌：别吃我，我的味道不好吃。

生殖在许多方面都增加了个体衰老的速度和死亡的危险。个体需要花费精力寻找配偶、保护领地、争斗、交配；需要有特定的器官、组织从事这些活动；需要花费能量用于制造卵子、精子，对雌性哺乳动物而言还要承担胚胎发育；哺乳动物和鸟类还需要花费大量的精力照看自己的后代。所有这一切，都能增加体细胞的磨损，加速身体的老化。

生殖对许多动物的寿命长短的影响非常明显。如果雌性甲虫和蝇类不生殖，它们通常能活更长的时间。有一个实验表明，如果把雄性果蝇和雌性果蝇分开喂养，它们的寿命都比混合喂养延长了。这对雄性果蝇更为明显。当雄性果蝇和雌性果蝇一起喂养时，雄蝇的翅膀特别容易因为求偶和争夺配偶的争斗而损伤，存活时间都不超过40天。但那些与雌性果蝇分开喂养的雄性果蝇，80%能活过60天。

在哺乳动物中，也有类似的情况。雄性袋鼯通常在交配后很快死亡，而那些没有交配机会的雄性袋鼯则可以多活2～3年。雌性红鹿如果把幼鹿抚养到断奶，就可能因为体内没有足够的脂肪用于过冬而死亡。而那些未怀孕或者幼鹿出生不久就夭折的雌鹿，更可能安全地过冬。而且雌鹿的年龄越大，生殖带来的危险就越高。在10岁以前，哺乳雌鹿的死亡率低于10%，之后死亡率迅速上升，到14岁时死亡率超过40%。

幸运的是，生殖对人类寿命的坏影响似乎不大。相反地，承担了更大的生殖负担的女性，寿命反而一般要比男性长。但是不管怎样，有性生殖已决定了我们人类也无法逃避衰老、死亡的命运。衰老、死亡是我们为了基因的永生而不得不付出的代价。

2002年7月2日

健康

Health

当你遭遇袭击

你一个人迈着轻快的步伐走在回家的路上，突然之间从路边跳出一个人，然后你的眼睛看到一团白色雾状的东西，并感到刺痛。你的鼻子则闻到一股刺激性气味。这些信息被收集起来传到了丘脑。丘脑就像一个信息中转站，来自各种感官的信息在这里被迅速地转给大脑底部一个杏仁状的结构——杏仁核进行过滤，判断其中是否有危险的信号。杏仁核得到的只是一些没有经过大脑皮层处理的模糊信息，下意识让你知道："有人朝我喷白色雾状刺激性东西。"

这一信息虽然模糊，却足以让杏仁核感到危险，向丘脑下部的神经中枢下丘脑下达命令。下丘脑通过神经调节内脏和内分泌活动，一旦接到发现危险的命令，马上就会把全身各个器官和腺体都调动起来，让整个身体进入高度警戒状态，做好搏斗或逃跑的准备。

你感到呼吸变得急促，这是为了在短时间内吸入更多的氧气。你没有感到的是下丘脑同时也命令支气管扩张，这样每次呼吸时，肺都能吸入更多的氧气，送到血液中。你感到心脏怦怦地跳得厉害，让血液循环加速。你没有感到的是，与此同时，储存在肝脏中的糖原转化成葡萄糖，也送到了血液中。

氧气和葡萄糖都是提供能量所必需的物质。不管你是选择搏斗还是逃跑，最需要能量的都是四肢的肌肉。心脏急速地把血液里的氧气和葡萄糖送到了四肢的肌肉，其他部位的血液供应便相应地减少，以节省能量。例如，消化系统的各项活动都停止了。皮肤的毛细血管收缩，里面的血都流去供应肌肉。你因此感到毛骨悚然，一股寒意传遍全身，甚至打起冷战。这时如果旁边有人看着的话，会看到你被吓得脸色苍白，其实就是脸部皮肤的血液流向了最需要它们的地方。

奇怪的是，你一边感到寒冷，一边却开始出汗，所谓吓出一身冷汗。这是因为下丘脑也能命令汗腺分泌汗液，为散热做准备。不管是搏斗还是逃跑，肌肉在激烈的运动中都会产生大量的热，必须通过出汗把它们散掉，否则会影响机能。

下丘脑也给眼睛发去了指令，让瞳孔扩张，以便更好地看清前面的物体。这时候你清清楚楚地看到一个年轻男子手举一个喷雾器对准你。这个信息传到了视觉皮层，再结合嗅觉皮层接收到的信息，“有人朝我喷白色雾状刺激性东西”就成了你有意识地作出的一个清楚的判断。

那是什么东西？这个人想要干什么？信息传到了专门储存记忆的海马脑回，在此迅速地进行检索，根据气味和刺激性初步判断，可能是一种效力没有那么强的辣椒水。然后你想起了有关辣椒水的所见所闻，又想起了不久前一个朋友遭到两名歹徒的袭击，于是得出了结论：“我也遭到歹徒袭击了。”接下来的问题就是，是跟歹徒搏斗还是逃跑？

这时在下丘脑的命令下，肾上腺大量地分泌肾上腺素、去甲肾上腺素等应激激素。这些激素和乙酰胆碱、多巴胺等神经递质一起，让你的头脑保持清醒，对周围的环境异常警觉。你迅速对周围环境进行扫视，即使仅仅一瞥，也显得非常清晰：马路没有车，对面是一个小区的围栏，没有门……你甚至能注意到平时忽视的细节，比如围栏上挂着的标语。

同时，大脑中各个与记忆、思维、判断有关的功能区都活跃起来，你必须马上作出决策，是搏斗还是逃跑？歹徒手里有凶器，可能还有其他歹徒在身后，搏斗没有胜算，逃跑是最佳选择。这个决策从大脑前额叶皮层传到了运动皮层，运动皮层向下肢发出了命令。你撒腿就跑，闪过前面的歹徒，横穿马路向路对面冲去，还不忘转头左右看看有没有车过来，却瞥见身后有一歹徒紧追着，手举铁锤对着你的头部挥舞。此前已经积蓄好能量的肌肉突然之间爆发出来，你就像一名短跑运动员，以前所未有的速度向前狂奔，把歹徒远远甩到了后面。

你脱险了。但是这一幕的每个细节都已经存进了大脑的记忆区域，成了经验的一部分。大脑会对这些记忆进行分析、归类，从中汲取经验教训：单身一人活动很危险，遇到袭击选择逃跑确实管用……这也是一个不知不觉的学习过程，如果再次遇到类似的袭击，你的反应也许会更快。当然，谁也不能保证你还能再次逃脱。

但是恐惧中留下的记忆也会给你的生活带来阴影。在未来的一段时间内，单身外出会让你觉得不安全，走在路上你会时刻对周围的人保持警惕。在经过遭受袭击的地点时，或者有人无意中蹿到你前面时，你都有可能回想起遭到袭击的那一幕，甚至可能会作出应激反应：呼吸急促、心跳加速、出汗……随着时间的推移，记忆会逐渐淡化。但是，身体的创伤容易痊愈，心理创伤的痊愈却很难。这是你为了能够及时地应对危险而不得不付出的代价。

2010年10月11日

快乐就在大脑中

就像许多重大的科学发现，神经生物学最重大的发现之一纯属偶然。

20世纪40年代，神经生物学家已掌握了一种研究大脑功能的新方法：在动物大脑的某个区域植入电极，用微弱的电流刺激它，看动物会有什么反应。1949年，马贡（Horace Magoun）等人用这个方法发现在中脑网状系统中，存在睡眠控制中枢。这个发现一时成为热点。

奥尔兹（James Olds）在1953年从哈佛大学毕业到麦克吉尔大学做博士后研究，也想重复马贡的实验。他花了一周的时间给老鼠的大脑植入一个自己用电线制作的电极，准备在下个星期一开始正式实验。星期天上午，奥尔兹到实验室先试试看实验设备是否已经准备好了。他把老鼠放在空旷地带，给它施加短暂的电击。他当时并不知道，植入老鼠大脑中的电极并没有对准中脑网状系统，而是插到了靠近中脑的一小束神经束（内侧前脑束）中。但是他注意到了一个奇怪的现象，老鼠在挨了电击之后，虽然可以自由跑动，却总是回到施加电击的地方，似乎等待着下一次电击。

奥尔兹起初以为老鼠只是对电刺激感到好奇。他设计了一系列的实验，发现并非那么简单。如果把老鼠放进迷宫中，它将很快学会跑往施加电刺激的通道，甚至为此抛弃食物。如果在老鼠和电刺激之间放上各种各样的障碍物，老鼠历经千辛万苦也要跑向电刺激。一只老鼠即使被饿了10天也不愿意穿过带电的铁丝网去享受食物，却愿意忍受被电网电击的巨大痛苦，冲过去接受电刺激内侧前脑束。

奥尔兹教会老鼠自己踩控制杠施加电刺激后，老鼠将不分昼夜，废寝忘食，一刻不停地踩控制杠刺激内侧前脑束，每小时可达1万次之多。把饥饿的实验老鼠放进同时放了食物和控制杠的笼子里，老鼠将立即冲向控制杠不停地刺激自己，浑然忘了饮食。事实上，除非实验人员关闭电流，否则老鼠将忘掉所有的一切，一直自我刺激下去，直到精疲力竭昏厥为止。

显然，老鼠通过刺激自己的内侧前脑束，找到了一种无上的、绝不厌倦、永无满足的快乐。并非只有老鼠的大脑才有这样的“快乐中枢”，生物学家们对鱼、鸟、猫、狗、兔子、猴子、海豚等多种生物做了类似的实验，都获得了类似的结果。人也不例外。在20世纪60年代，美国图兰大学精神病专家希斯（Robert G. Heath）做了一个按今天的伦理标准看很成问题，不太可能还会有人去重复的临床试验。他往精神病和精神障碍患者的大脑中植入电极，希望通过刺激其快乐中枢使他们痊愈。如果把电极按钮交给患者，他们会反复按它，有时能连续按上上千次。有些患者在装上这个由他们自己控制的装置之后，过上了正常的生活。

到20世纪80年代，生物学家对快乐中枢的结构有了更深入的了解，并知道了控制它的神经递质是多巴胺。这个中枢的生物学功能是对生物体的生存、繁衍有益的行为作出奖赏，因此又被称为“奖赏中枢”。所有自然的和非自然（例如吸毒）的快感都被认为与奖赏中枢和多巴胺的分泌有关。近年来，有些神经生物学家对此提出异议，认为奥尔兹发现的“快乐中枢”其实是欲望中枢，真正的快乐中枢在其他地方，控制它们的是另一类神经递质（内啡肽、脑啡肽等类鸦片物质）。

但是不管怎样，我们所感到的快乐，乃是某种神经递质刺激大脑某个区域的结果，这一点是可以肯定的。不管是什么样的快乐，不管看上去是多么地超然、“形而上”，音乐的美感、爱情的甜蜜、做出重大发现的惊喜、得道的飘然乃至宗教信徒的狂热，归根结底，都是因为大脑中的一次次电击。

如果这个结论让你觉得很沮丧的话，希斯的一个发现也许会给你一丝安慰：当他把电极按钮交到患者手中时，他们并不会像奥尔兹的老鼠一样一刻不停地刺激自己直到昏厥。只要他们快活，就不觉得有刺激自己的必要。人毕竟不是老鼠。

2005年8月8日

一肚子的气

在你喝水吃饭的时候，不知不觉地同时也在咽气：每次吞咽同时要咽下2～3毫升的空气。咽到体内的空气必须找到一个出口排出去，不然你就要气炸了。也许你以为它们既然比重很轻，会逐渐上浮，从口腔排出去。其实不然，由于消化道的蠕动，咽下去的气将会随着食物逐渐地往下排。如果蠕动停止了，气倒是会试图上升，但是由于消化道的迂回曲折，还是会被堵住，不会跑太远。

吞进去的空气中有一部分，特别是其中的氧气，会被消化道管壁上的毛细血管吸收。等空气抵达大肠时，剩下的主要是氮气了。但是在胃、肠内发生的消化食物的化学反应会产生二氧化碳，与剩余的空气混合在一起。在胃、肠蠕动过程中，气体比其他成分更容易移动，小气泡会相碰融合成大气泡，大气泡最终抵达直肠，随着肛门括约肌一阵颤动，“噗”地排出体外，声音的大小取决于气体的量、排出的速度和括约肌的紧缩程度。这种气体的成分主要是氮气和二氧化碳，如果没有掺杂其他成分，就不会有味道，所以常言道：“响屁不臭。”

常言又道：“臭屁不响。”这些量比较少、通常少到不足以产生声响的气体不是来自吞下去的空气，也不是来自消化反应产生的气体，而是大肠中细菌在发酵、分解食物残渣时产生的。细菌在发酵过程中会产生多种气体，包括二氧化碳，它没有味道，也是空气的成分；氢气和甲烷，它们也没有味道，但是可以燃烧；含硫的气体，它们就有味道了。

那么有味道的气体都有哪些，含量如何呢？一直到1998年，才有科学家定量地研究这个问题。美国明尼阿波利斯退伍军人事务医学中心的研究人员用直肠管收集16名健康者排出的气体。为了确保能排出有味气体，他们在前一天晚上和当天早上各吃了200克斑豆，当天又吃了15克乳果糖。收集来的气体先用色谱和质谱仪器分析其成分，然后让嗅觉敏感的人评定其发臭程度。结果表明，主要的发臭成分是硫化氢，闻起来像臭鸡蛋；其次是甲硫醇，闻起来像烂菜叶；再次是甲硫醚，由于量很少，实际上闻起来还有点儿香。

即使你不吃不喝，也无法杜绝肚子里的气。大肠中的气有很小一部分既与吞下的空气无关，也与吃下的食物无关。肠壁脱落的死细胞，以及黏液中的黏蛋白，都会成为大肠中细菌的食物，然后就会有气体产生。当血液流经肠道时，血液中的二氧化碳也会泄漏出去。

在任何时候，一个健康人的胃、肠内都有150～500毫升的气体，其中大约2/3是咽下的空气，1/3是细菌产生的。如果得了某些疾病，气被堵住排不出去，就会越积越多，有的肠梗阻患者体内甚至能积存3500毫升气体。一个健康人每天要从肛门排气7～14次，释放气体总量200～2500毫升。男人排气的次数和量比女人多，这可能是因为男人进食比较多。但是女人产生的气体中有味道的部分比较浓，弥补了其量少的短处，扯平了。

为了减少排气，你也许会想到在进食时注意不要咽下空气，这么做的结果实际上会更糟糕，越是有意识地想要避免咽下空气，咽下的空气的量反而会越多。比较可行的办法是避免或少吃某些食物。被大肠细菌发酵分解从而产生有味道气体的食物残渣，是食物中人体无法消化的部分，特别是糖类，例如纤维素、低聚糖。一般来说，排气的量与膳食中的纤维素的量密切相关。如果你避免吃高纤维食品，就能减少排气。但是高纤维食品有益健康，长期吃缺乏纤维素的食品，会导致便秘，并增加患直肠癌、心血管疾病的风险。

另一种减少排气的方法是吃药。例如，在饭后服用二甲基硅油。它并不能减少气的量，但是能让吞到胃里的空气迅速地融合成大气泡，然后通过打嗝从上面的通道排出去。当然，它对在大肠中才产生的有味气体无效。要减少有味气体，可在吃豆类、全谷等含低聚糖较多的食物之前服用β-半乳糖苷酶制剂。人体本来没有这种酶，所以消化不了低聚糖，都留给了大肠细菌去处理。服用了它，就可以减少细菌的食物，从而减少气体的产生。有一些人体内缺乏乳糖酶，消化不了牛奶中的乳糖，这些乳糖到了大肠，被细菌分解，也会产生大量的气体，并能导致腹泻。这些人在喝牛奶之前服用乳糖酶制剂，就可以避免这种情况。

排出体内气体是人体正常功能的一部分。在做了腹部手术之后两三天，医生会询问患者是否开始排气，如果排气了，就意味着消化功能恢复，可以开始进食了。这个人人天天都有的正常生理现象在各个文化中却被赋予了贬义，甚至还叫人“不许放屁”，就未免管得太宽了，他自己就做不到。

2008年7月27日

一嘴巴细菌

偶然看到国内一家牙膏厂推销“中药抗菌牙膏”的广告，说是能“有效去除99%的口腔有害菌”，还有其“抗菌养护牙刷”的广告，声称“行业首创抗菌刷毛，能抑制99%常见细菌”。听那意思，如果两者结合使用，口腔、牙齿里的有害菌、常见细菌都要被赶尽杀绝了。这很能迎合消费者的心理。一般人总认为，我们一天刷两三次牙，除了清洁牙齿、去除异味，不就是要消灭口腔、牙齿上的细菌吗？

那么你有没有想过，口腔里的细菌有多少种？说出来吓你一跳，通过基因测序可以估计出，一个健康人口腔内的细菌多达25000种。这些细菌分布在唾液、口腔黏膜、舌头、牙齿等地方，这些地方的细菌种类也不太一样。比如牙齿，它和其他地方不一样，表面是光滑的，只有一小部分口腔细菌能够长在那里，即便如此，牙齿表面上也能检测出多达1000种的细菌。不过不用担心，这么多种细菌大多数对人是无害甚至友好的，有害的只有少数几种。比如导致龋齿的有害菌主要是变形链球菌、乳杆菌，导致牙龈炎的主要是普氏中间菌、牙龈卟啉单胞菌。在正常的情况下，这些有害菌的数量本来就只占极少数，几乎没有，无须靠“特效”牙膏、牙刷来抑制。

口腔中为什么会有这么多种细菌，有害菌又是怎么变得有害了呢？口腔是个绝佳的细菌培养器。它是人体的主要开口，外界的细菌通过空气、灰尘、食物进来，并在那里存活下来。空气能为喜氧细菌提供氧气，不过有的细菌是厌氧的，没有关系，这些细菌也能找到地方躲起来，不暴露在空气中。唾液不断地滋润着口腔，让它的温度保持在35～36摄氏度，pH值保持在6.75～7.25，对许多种细菌来说，这是最佳的生长温度和酸碱度。唾液中的氨基酸、蛋白质可以作为细菌的养料，当然食物残渣也是它们的养料。食物残渣中对牙齿影响最大的是里面的糖，它们被细菌分解，变成了乳酸等酸性物质。在酸性条件下（pH值低于5.5），牙齿会“脱矿”——牙釉质表面的钙磷脱落。不过，唾液会把酸给中和了，唾液里的钙磷沉积回到牙面上。在正常情况下，牙齿的脱矿与再矿化处于平衡之中。氟离子能够增强牙齿的再矿化，这就是为什么牙膏都要加氟，自来水也往往加氟。

细菌要在牙齿上繁殖，首先得能附着到牙齿表面上去，这也要靠唾液的帮助。新长出或刚清洁过的牙齿表面上还没有细菌，这时唾液流过，在牙齿表面上留下了一层糖蛋白组成的膜，这样细菌就可以黏附上去了。细菌是可以相互黏附的，即使不同种类的细菌也可以粘在一起。这样一层层的细菌粘在牙齿表面上，形成了一块块浅黄色的生物膜，也就是牙斑。牙斑的第一个害处是破坏牙齿的脱矿与再矿化的平衡，因为唾液渗透不进去，没法去中和牙斑下面的酸性物质。多数细菌怕酸，但是变形链球菌、乳杆菌不怕，它们在pH值为4.5时仍然能生长、繁殖，让牙斑的小环境越来越酸，牙表脱矿就越来越厉害，出现了龋齿，就不能再恢复了。

牙斑的第二个害处是会导致牙周病。长在齿龈缝的牙斑刺激着牙龈，让它出现炎症反应，加剧龈沟液的分泌。龈沟液主要成分来自血清，含有丰富的蛋白质，这对某些细菌来说是上等养料，它们能把蛋白质给消化掉。蛋白质被降解的结果和糖降解的结果相反，让周围环境呈碱性，由唾液维持的酸碱平衡往另一个方向被打破，pH值能超过7.5。口腔中多数细菌没法在碱性环境中生存，普氏中间菌、牙龈卟啉单胞菌等嗜碱细菌乘机大量繁殖，导致牙龈炎，有人就会觉得自己“上火”了。

牙齿和皮肤、黏膜等地方不一样，它的表层不会自己脱落，所以上面的菌斑不会自己掉下来，要施以外力。刷牙的主要作用就是为了清除牙斑。只要能把牙斑刷下来，不管是什么样的牙膏、牙刷，都能有效去除有害菌。但是牙齿有些地方是牙刷刷不到的，那就是牙齿之间的牙缝，那些地方的牙斑要靠牙线清除。如果牙斑不及时清除，唾液或龈沟液中的矿物质会在牙斑上面沉积，逐渐让牙斑矿化，形成了牙石。牙石一旦形成，就没法通过刷牙、用牙线去除了，而必须用专业的设备洗牙去除。国人一般并无定期洗牙的习惯，甚至认为洗牙会把牙齿洗坏，不敢去洗，口腔卫生就难以保持，也就难怪国人动不动就“上火”。

2012年9月19日

我们为什么想要吃饭?

“你为什么想要吃饭?”“因为我肚子饿了。”3岁小孩都会回答。那么我们为什么会有饿或饱的感觉呢?为什么肚子(胃)空了就感到饿,满了就觉得饱呢?显然,是因为我们体内有一个调节饿饱的机制,而控制感觉的中心,一定是位于中枢神经系统之中。生物学家很早就已经知道,在大脑腹面、丘脑的下方,有一块很小的区域——下丘脑控制着很多生理机能,包括体温、睡眠、内分泌、情绪反应、生殖、新陈代谢等,也包括控制摄食。具有类似功能的脑细胞聚集在一起,称为神经核。下丘脑有许多种神经核,哪一些是和控制摄食有关的呢?

我们可以用动物做两类相反的实验:刺激某团神经核,或破坏某团神经核,看动物各有什么反应。比如在下丘脑中,有一团神经核叫腹内侧核(这是根据其方位命名的),如果我们用微弱电流刺激老鼠的腹内侧核,老鼠就停止摄食,即使肚子空空,也不感到饿。但是,如果我们加大电流,用电击摧毁了老鼠的腹内侧核,老鼠就会一直处于饥饿之中,不停地吃饭,把自己吃成了一个大胖子,甚至胖得无法转身。这就证明了下丘脑的腹内侧核控制着动物的摄食,而且是一个饱足中心,告诉动物吃饱了。

在下丘脑中,另有一团叫作前庭下丘脑核的神经核对摄食起相反的作用,它是进食中心:如果刺激它,老鼠就开始摄食;如果把它摧毁,老鼠就开始绝食,直到饿死。有些人可能会想,如果我们把腹内侧核和前庭下丘脑核都破坏掉,会怎么样呢?实验结果表明,动过这种手术的老鼠也是绝食而亡。因此,腹内侧核起到的是抑制前庭下丘脑核的作用,如果前庭下丘脑核已经不存在,那么有没有腹内侧核也不会产生什么不同了。

前庭下丘脑核刺激动物摄食,而腹内侧核又对前庭下丘脑核起抑制作用,这就是中枢神经调控动物摄食的基本机制。但是实际的情形要比这复杂得多,还有其他神经核也参与了这个过程。而且这些神经核也并非专门用于控制摄食,它们也同时控制着其他生理过程。例如破坏掉老鼠的腹内侧核,不仅刺激其摄食,也影响了其性行为和其他行为(例如,变得特别凶狠)。脑中的神经核用无数神经纤维联系在一起,组成了一个无比复杂的通信网络,影响某个神经核的信号也会被传递到其他神经核,要清楚地分辨各个神经核的特定作用,是非常困难的。想想看,人脑有上千亿个神经元,每个神经元又与数万个其他神经元相连，这是一个多么复杂的系统，想要直接搞清楚其细节，是一个不可能完成的使命。

但是我们可以通过其他的办法，例如遗传学和生物化学的办法，来了解神经生理活动的一些细节。遗传学能让我们发现和研究某种基因突变的后果，而生物化学能让我们在分子水平上研究生理机制。在1950年，人们发现有一个品系的小鼠食欲过盛，变得非常肥胖，其体重能达到一般小鼠的两倍以上。经研究认为，这是由于某一个基因发生了突变引起的，但当时对这个基因在哪里、具体有什么功能都不清楚，只是简单地把它命名为“ob基因”（ob是英文单词obese，即肥胖的缩写），这个品系的小鼠被称为ob小鼠。后来又发现其他基因突变也能使小鼠食欲过盛，分别用不同的名称命名，其中比较重要的是1966年发现的db基因品系（db是英文单词diabetes，即糖尿病的缩写）。

那么究竟是什么因子使得这些突变小鼠食欲过盛呢？很容易想到的一个实验思路是，看看这些小鼠的下丘脑有什么化学分子过量。人们发现，胖小鼠的下丘脑中含有过量的神经肽Y。这种神经肽有许多生理功能，不过我们在这里关心的是它是否会影响摄食。的确如此，如果把神经肽Y注射到正常小鼠的脑中，它们就会食欲过盛，变得肥胖。看来小鼠肥胖的原因就是因为神经肽Y过量，我们已破解了这个肥胖之谜了？事情并没有那么简单。

在20世纪60年代后期和70年代早期，美国生物学家科尔曼（Douglas Coleman）用ob和db这两个品系的胖小鼠做了一个联体实验：把两种不同的小鼠的血管连接在一起，创造出了两只共用血液循环的连体小鼠，这样，在某只小鼠血液中的物质，就会进入另一只小鼠的体内并产生影响。他的实验结果是这样的：

把两只正常小鼠联体，让其中一只过度摄食，导致另一只胃口不佳、体重减轻；

把ob胖小鼠和正常小鼠联体，ob胖小鼠体重减轻；

把db胖小鼠和正常小鼠联体，正常小鼠停止摄食、体重减轻；

把ob胖小鼠和db胖小鼠联体，ob胖小鼠停止摄食、体重减轻，而db胖小鼠不受影响。

这些实验告诉了我们什么呢？从第一个实验我们可以推测，一旦正常小鼠吃饱了，血液中就会有一种饱足因子，抑制食欲。从第二个实验我们可以推测，ob胖小鼠体内缺少这种饱足因子，因此摄食没有节制，一旦从正常小鼠血液中获得饱足因子，摄食就变得比较正常，体重也减轻了。从第三个实验我们可以知道，db胖小鼠体内分泌过量的饱足因子，因此抑制了正常小鼠的摄食。第四个实验也表明db胖小鼠分泌过量的饱足因子，抑制了ob胖小鼠的摄食。

把这些实验综合起来看，我们可以知道，ob胖小鼠食欲过盛的原因，是因为体内缺少一种饱足因子，也就是说生产饱足因子的基因（也就是ob基因）发生了突变，失灵了。而db胖小鼠食欲过盛却另有原因，它并不缺饱足因子（也就是说它的饱足因子基因是正常的），但是饱足因子对它不起作用，我们可以推测，这是由于本来应该和饱足因子相结合的一种受体有缺陷，没法与饱足因子结合，使得饱足因子不起作用，在体内累积下来。也就是说，db胖小鼠的饱足因子受体的基因（也就是db基因）发生了突变。

那么这种饱足因子究竟是什么呢？如果我们能够把ob基因分离、克隆出来，就可以知道了。1986年，另一位美国生物学家弗里德曼（Jeffrey M. Friedman）开始着手克隆这个基因。他的实验室整整花了8年时间，到1994年才把这个基因克隆出来。这个基因编码一种激素，弗里德曼将之命名为瘦素（leptin，原自希腊语leptos，意思是“瘦”），这就是ob胖小鼠缺乏而db胖小鼠过量分泌的那种饱足因子。如果每天都给ob胖小鼠注射瘦素，ob胖小鼠在几天后摄食次数就急剧下降，而且能量消耗增加，两周后体重减轻了30%。相反地，瘦素对db胖小鼠不起作用。在1996年，db基因也被克隆出来，像预测的那样，它的确编码瘦素受体。

人体也有瘦素，它是由脂肪细胞制造、分泌的。如果我们吸收的食物过多，能量就转化成脂肪储存在脂肪细胞中，使脂肪细胞变大。肥胖主要是由于脂肪细胞储存了脂肪之后变大引起的，而不是脂肪细胞数目增多，实际上我们在儿童时代脂肪细胞的数目就基本不变了。随着脂肪细胞变大，它开始分泌更多的瘦素，沿着血液循环抵达下丘脑，抑制神经肽Y的合成，也就抑制了食欲。相反地，如果人开始节食，脂肪细胞缩小，瘦素的分泌变少，下丘脑中神经肽增多，也就刺激了胃口。瘦素还有其他的生理功能，例如会影响性成熟。

研究清楚我们为什么想要吃饭的机制，不仅有重大的科学意义，而且有巨大的实用价值。在发达国家，肥胖是个重大的社会问题，比如在美国，大约有1/3的人口有不同程度的肥胖，而全世界肥胖者据估计有3亿之多。肥胖不仅影响体形美观，而且有害健康，肥胖者容易患心血管疾病、糖尿病等多种疾病。因此，瘦素的发现引起了全社会的关注。人们马上想到的是，能不能用它作为减肥药？在1995年，瘦素才发现不久，加州一家生物技术公司就用2000万美元买下了瘦素基因的专利，第二年开始进行人体临床试验。第一期临床试验的结果表明注射瘦素似乎能使某些人的体重有所减轻，于是进入了更大规模的第二期临床试验，但是结果很不理想，它的减肥效果并不比安慰剂强。2002年，临床试验被终止。人们想要找到一种减肥妙药的梦想再次破灭了。

这是为什么呢？一个原因是，只有极少数的肥胖者是由于缺乏瘦素引起的（目前全世界只发现几个病例），对这些人来说，注射瘦素有非常显著的效果。但是，绝大多数肥胖者体内并不缺少瘦素，恰恰相反，他们的体内有过量的瘦素，他们食欲过盛的原因，并不是由于缺乏瘦素，而是由于对瘦素不敏感，这可能有许多因素，例如，瘦素进不了下丘脑，或者像db胖小鼠那样，瘦素受体有缺陷。

我们现在知道，除了瘦素和神经肽Y，还有许多其他的分子（例如促肾上腺皮质激素释放激素、胆囊收缩素）参与控制摄食。控制摄食的分子机制实际上比我们上面所描述的要复杂得多，而我们才刚刚开始有了一点了解。不过，现在多数研究者都同意，一个人的“正常”体重基本上是由遗传决定的。瘦素、神经肽Y和其他分子之间的相互作用，为一个人的体重和食欲确立了一个调定点，大致决定了一个人是胖是瘦，是胃口不佳还是食欲旺盛。肥胖是因为这个调定点较高。在人类进化史上，在食物缺乏的恶劣环境中，有一个较高的调定点实际上有生存优势，能够尽可能多地摄食储存脂肪以备饥荒。只不过在富裕的社会，优势变成了累赘而已。肥胖，是进化的遗产。

2004年2月17日

人，小生命的栖居

听上去有点儿恶心，但是你的眼皮底下很可能寄生着一种和蜘蛛属于同一个纲的小生物——蠕形螨。不信的话你拔一根睫毛，用显微镜看毛囊部分，也许就会看到一只甚至几只长着8条腿、颜色很浅的棒状小虫。蠕形螨身长只有0.1～0.4毫米，所以肉眼看不见。大多数成年人都被它们感染，年纪越大，感染的比例越高，到上了年纪，几乎所有的人都被它们感染了。

它们寄生在人的鼻子、外耳道、眉毛和睫毛的毛囊里，主要靠吃皮脂为生。它们的消化、吸收效率极高，几乎不剩下废物，所以它们甚至没有排泄孔，不在你身上拉撒——这也许让你感到舒服些。它们还吃皮肤里的性激素，在这些激素的刺激下发育、繁殖。雌虫成熟后将爬出毛囊和雄虫交配，然后到另一个毛囊产卵，一次能产二十几个卵。3～4天后卵孵化出幼虫，幼虫在1周后发育成成虫，成虫的寿命大约2周，死后尸体在毛囊、皮脂腺中腐烂掉。

一旦你接触到寄生着蠕形螨的毛发、鼻部皮脂而被感染上，就再也摆脱不了它们。它们将在你的身上生长、繁殖、死去。少儿因为缺乏油脂和性激素，蠕形螨比较不容易在他们身上繁衍，30岁以下的人大约只有20%被感染。但是成年人，特别是那些油性皮肤和使用化妆品的人，为蠕形螨提供了充分的养料，可能寄生着数以百万计的蠕形螨。

蠕形螨一般来说是无害的。如果蠕形螨繁殖过多，毛囊装不下了，可能会引起皮肤发痒、痤疮或毛发脱落。不过，蠕形螨在毛囊中进食时，会产生一种抗原，刺激人体免疫系统产生针对它们的抗体，减少它们的数量。蠕形螨身上寄生着一种芽孢杆菌，细菌产生的抗原也会刺激人体免疫系统出现炎症反应，这可能与红斑痤疮（酒糟鼻）有关。

不同的人皮肤上的细菌种类和数量存在差异，平均来说，一个人的皮肤上生存着大约1万亿个细菌，而且种类繁多。在一项研究中，研究者从6个人的手臂上检测到了182种细菌。这些细菌大多是葡萄球菌、链球菌和棒状杆菌，它们把本来无味的汗液分解成了有味的有机物，从而让人散发出体味。每个人的一生中，皮肤上生存的细菌种类和数量相对固定，不管你如何讲卫生、勤洗澡也不能改变这种状况。我们一天要脱落约1000万块死皮，其中约10%含有活细菌。每个人都是细菌播种机，走到哪就将其传播到哪。不过，健康人皮肤上的这些细菌一般来说是无害的，甚至是有益的，它们通过与有害的细菌竞争营养，保护了皮肤的健康。

不用害怕，我们体内的细菌种类和数量要多得多。人身上的细菌数量是人体细胞的数目的10倍。光是在消化道里，就至少生存着500种、50万亿个细菌，合起来重达1.5千克。一名健康人每天排出的粪便中，细菌占了1/3的重量，包括75种1亿个细菌。这些细菌的大量存在对人体是有益的，它们不仅抑制了从体外跑进来的有害细菌的繁殖，而且还帮助消化碳水化合物，并为人体制造维生素。大肠里的细菌能够制造维生素K_2，并被人体吸收、利用。

在人体内还隐藏着大量比细菌更小的、介于生命与非生命之间的东西——病毒。大部分成年人都感染了细胞肥大病毒，发展中国家的感染率更高，中国成年人的感染率达95%以上。一旦被这种病毒感染，就永远无法将其清除。通常情况下，细胞肥大病毒只是安静地潜伏在体内，不会导致任何症状。细胞肥大病毒属于疱疹病毒。而其他疱疹病毒，例如水痘—带状疱疹病毒和单纯疱疹病毒，就没有这么温和了。一旦感染上，它们也是潜伏终身，但是在某些情况下（例如精神压力大、生了某种疾病），潜伏的病毒会被激活，开始大量复制，导致细胞死亡、破裂，在皮肤、黏膜上长出了水疱，这时你就觉得自己“上火”了。几天后病毒又会自己沉默、潜伏下去。

几乎所有的人都感染了人类疱疹病毒6型。这种病毒在感染人体细胞后，会让自己的遗传物质结合到细胞染色体中，变成染色体的一部分，随着染色体复制、细胞分裂而一代代地传给了新的细胞，有的甚至能遗传给子女，还有许多其他病毒具有类似的能力。事实上，人体基因组大约有1/12是病毒序列，是我们的祖先在感染了病毒之后遗留给我们的“化石”。

千百万年的进化形成了我们与微生物之间错综复杂的互惠、共生和寄生关系。我们人体就是一个小小的生态系统，也有自己的生态平衡。

2007年6月25日

从慈禧太后的养颜术说起

最近我参加了一个电视谈话节目，和一位清宫秘档专家讨论慈禧太后的养颜术。我去参加这么一个听上去有点儿八卦的节目，目的是为了用科学常识分析一下历史记载和传闻的可靠程度，这毕竟是一档科普节目而不是历史戏说。不过在现在以和为贵的风气下，批判的眼光和怀疑的态度是不合时宜的，被过滤剪辑的结果倒让看了这期节目的观众误以为我也很认同慈禧太后的养颜秘诀。

按现在的标准，慈禧太后真没有什么值得骄傲的养生资本。她活了73岁，不过是今天中国女人的平均寿命。她的身体并不健康。据清宫秘档专家介绍。其生前长期患有脱发、痔疮、消化不良等多种疾病。虽然关于她青春不老的记载与传说并不少，但我见过她晚年的照片和画像，并不觉得有什么惊人之处，不过是一位普通的老太太。

所以慈禧太后是否驻颜有术首先就该打一个大大的问号，研究她的养颜术也就失去了意义。即使是童颜鹤发的百岁老人的经验之谈也没有多大的参考价值，因为一个人能得以长寿有时受基因的影响更大，未必与其生活方式有关。实际上许多长寿老人的生活方式都很不健康。毕竟，个案不能说明问题，大样本的调查统计和生物医学的实验结果才有价值。

但名人和权势的光环最容易迷惑人们的眼睛和判断力。“公主”“皇后”的名头已足以让人拜倒，何况是“太后”，更何况是近代最有权势的太后。许多人坚信慈禧太后必定驻颜有术，有她的种种奢侈、古怪的生活习惯为证：喝人奶，服用、涂抹珍珠粉，用玉石按摩……

这些在过去都是常人难以享用的珍贵、罕见之物，人们也就想当然地认为它们必然有神奇的功效。但科学早就鉴定出了它们的化学成分，消除了其神秘色彩。人奶虽然是婴儿的最佳食物，但对成年人来说其营养价值还不如牛奶。玉不过是主要化学成分为钙镁硅酸盐的岩石，与皮肤接触不会发生化学反应，传说的玉能通人性、能养人也仅仅是传说。珍珠并非像古人相信的那样是蚌吸取明月精华养育而成的，而是蚌在异物、病变的刺激下产生的分泌物，其主要成分是碳酸钙，并不含有什么神奇的物质，和贝壳没有本质的区别。服用珍珠粉最多相当于在昂贵地补钙，而涂抹珍珠粉甚至连这点营养作用都没有。

现在市场上的美容护肤品更多的是在打高科技的招牌，声称里面含有构成或滋养皮肤的成分，如胶原蛋白、玻尿酸、维生素，使用它能够使老化的皮肤变得年轻。其实组成皮肤的胶原蛋白和玻尿酸都是人体自己合成的，不能从外界直接吸取。皮肤新陈代谢必需的营养素则来自血液循环。皮肤作为人体的屏障，主要起到的是保护、感觉、分泌、排泄、调节体温等作用，吸收不是其功能。外界的物质很难穿透皮肤这道屏障，甚至连水都很难——在游泳池里泡一天也解决不了口渴。虽然皮肤并不是绝对严密无通透性的，也能放过少量的小分子营养物质，但是从皮肤渗透进来的营养物质并不被皮肤细胞直接利用，而是进入血液循环传遍全身，再传回皮肤被利用的部分就微不足道了。

所以，美容护肤品里的各种营养物质要么根本就不能被皮肤吸收，要么被吸收了也不能被皮肤利用，唯一的作用就是误导消费者多花钱。护肤品的作用就是“误导”，通过润湿的方式使皮肤暂时显得光滑，并不能像广告声称的那样真正地保养皮肤、消除皱纹、防止衰老。

要保持皮肤的健康当然需要有足够的营养，但是需要从饮食中吸取。不过，吃什么并不就补什么，吃动物皮并不能补皮，吃胶原蛋白也不能美容。吃胶原蛋白和吃其他蛋白质一样，要被消化成氨基酸才能被人体吸收，并不能直接用于制造胶原蛋白，它的美容价值和吃其他蛋白质不会有两样。

事实上，要维持年轻健康的皮肤，有一个简单而又便宜的办法，那就是躲避阳光。阳光的紫外线辐射是皮肤老化的主要因素。因此，要防止皮肤过早老化，应该尽量不要在太阳辐射最强的时候到户外活动，使用遮阳用具，并在皮肤暴露的身体部位涂抹防晒霜。慈禧太后的皮肤如果真像传说中那么好的话，主要的原因恐怕就是因为深居暗无天日的宫中。

永葆青春只是一个幻想。女人的这个愿望是如此强烈，宁信其有不信其无，不管是打着宫廷秘方的招牌还是挂着最新科技的羊头，都容易兜售出去，甚至拙劣的美容骗局都不难找到众多的追随者。所以，大可不必担心煞风景的科学事实会破坏了美容市场的和谐景象。

2007年8月9日

物以稀为奇

“燕窝、雪蛤膏同炖：美化肌肤的功效最为明显。”网上某部“百科”收集的一个食疗配方如是说。在古代，燕窝和雪蛤膏都被认为是“滋阴润肺”的补品，据说对治疗“肺痨咯血”有奇效。燕窝被称为“圣药”，雪蛤膏又叫蛤蟆油，比燕窝低档，像林黛玉那样的贵族小姐是不屑吃的，她每天早上吃的是冰糖燕窝粥。虽然吃了无数“调理虚损劳疾之圣药”，林小姐还是年纪轻轻魂归离恨天。

肺痨也就是肺结核，在抗生素发明之前是不治之症，不管流传着多少“验方”。现在得了肺结核很少有人敢不用抗生素而仰仗“滋阴润肺”的补品了，于是燕窝、雪蛤膏在今天就演变成了美容的圣品，轻信它们在这方面的效果毕竟不至于要命。

燕窝、雪蛤膏的产地一南一北，都是很怪的东西。燕窝产于我国南海诸岛及东南亚各国，是雨燕科金丝燕及同属鸟类筑在海岛的悬崖绝壁上的窝巢，主要成分是凝固的唾液，掺杂一些海藻、羽绒的杂质。它的珍贵在于攀岩采燕窝极为艰苦，而且危险。雪蛤膏是中国林蛙长白山亚种的输卵管的干制品。长白山的林蛙据说冬天潜入雪地下或冰川河底冬眠长达5个月之久，有特别顽强的生命力，所以就被认为有了其他亚种的中国林蛙所不具有的神奇之处。

对古人来说，一个东西只要极为难得，或极为独特，就成了它具有奇妙功效的证明。但对有了化学的今人来说，则还想知道它究竟有什么奇特的化学成分。要测定一种食品的主要化学成分并不难。燕窝和雪蛤膏的化学成分都有人测过。宣扬燕窝价值的文章称，“现代医学研究发现，燕窝主要成分有：水溶性蛋白质，碳水化合物，钙、磷、铁、钠、钾等微量元素及对促进人体活力起重要作用的氨基酸（赖氨酸、胱氨酸和精氨酸）。”而对雪蛤膏的说法则是：“雪蛤全身是宝，经现代科学分析测定，雪蛤膏的主要成分为：含量高达51.1%～52.6%的蛋白质（雪蛤油蛋白质含量高达约56%）、4%的脂肪、4.7%的矿物质，并含有人体所需的18种氨基酸、蛙醇（胆醇）、不饱和脂肪酸（亚油酸、亚麻酸等）、核酸、磷脂化合物、多种维生素（A、B、C、D、E等）和钾、钙、铁、磷、镁、锰、硒等13种微量元素。”

从这些成分看不出燕窝、雪蛤膏有任何神奇之处。蛋白质、碳水化合物、不饱和脂肪酸、维生素、微量元素固然是人体必需的营养素，但是许多日常食物中也都有，比如鸡蛋就含有品质最好的蛋白质、人体所需的全部氨基酸、碳水化合物、脂肪酸、十几种维生素和十几种矿物质（钙、铁、镁、磷、钾、钠、锌、铜、锰、氟、硒等）。燕窝、雪蛤膏所含有的，鸡蛋也都有，而且品质更好、含量更高，那么鸡蛋岂不也应该有比它们更神奇的功效？所以，靠罗列营养成分，用“必需氨基酸”之类的术语来证明某种食物的功效，只能蒙蔽没有基本的营养学知识的人。

有的推销手段要高明一些，试图为燕窝、雪蛤膏找出特殊物质。有“专家”说，雪蛤膏之所以能“补肾益精、润肺养阴、壮阳健体”，是因为它含有少量有益人体的性激素。这也并不特殊。许多食物都含有少量的性激素，例如牛奶。人体自己就能制造大量的性激素，食物中的少量性激素不会对人体有什么益处（多了反而有害）。如果摄入少量的性激素对人体真有什么神奇效果的话，哪里用得着吃贵重的补品，何不弄点避孕药吃？

还有“专家”说，燕窝含有大量的生物活性蛋白分子，更有“专家”说，这种生物活性物质就是“一种非常重要的多肽类激素——表皮生长因子”，它“被誉为美容基因”，“它能影响人体皮肤的细腻和老化，能启动衰老皮肤的细胞，使皮肤变得光滑而有弹性”。但是这些“专家”忘了基本的生物化学常识。即使表皮生长因子在人体内真有这些功能，来自食物中的表皮生长因子也无法被人体利用。作为一种“生物活性蛋白分子”或“多肽类激素”，被煮熟后就失去了活性，而且在消化道中将被分解成氨基酸才能被吸收进人体。何况，如果表皮生长因子真有此等奇效，并不难证明，现在完全可以用遗传工程的方法进行生产，再注射到人体。

可能有人会说，也许燕窝、雪蛤膏中含有某种未知的神奇物质呢。这种未知的可能性当然永远无法排除。但是这种神奇物质如果存在的话，含量必然极其轻微。燕窝、雪蛤膏的每次用量不过几克，其中的未知神奇物质的含量更是少得可以忽略不计了，否则这该是多么强大的物质啊？

当然，如果燕窝、雪蛤膏并无什么神奇功效，我们也就不必费心去寻找其中有什么神奇物质。我们有什么理由相信燕窝、雪蛤膏有奇效呢？许多人马上就会以“千百年来的经验”作为理由。但是经验有时有效，更多时候却是以讹传讹。千百年来使用燕窝、雪蛤膏治疗“肺痨咯血”的经验现在已无人相信，又何必相信它们的美容奇效？

有人声称，港台地区许多当红的影视明星护肤养颜、永葆青春的秘密就是吃燕窝。影视明星卸妆后的真面目本来就少有人知道，她们永葆青春的秘密恐怕更多的是靠化妆和整容，而不是靠吃什么神奇食品。有人有切身体验，认为吃了燕窝、雪蛤膏后的确皮肤变好了，这大概得归功于心理因素的作用。如果没有心理因素的强大作用，这些昂贵、稀奇的护肤美容“圣品”也就不会有如此庞大的市场。

2010年6月27日

为什么坐月子是陋习?

古人把生日称为“母难日”，这不仅指母亲在怀孕、分娩时要忍受痛苦，而且面临着很大的生命危险。在古代，孕产妇死亡率高达1.5%。由于一个女人一生中通常要经历5～8次生产，这就意味着一个女人在一生中由于生产而死亡的可能性高达1/9。由于现代医学的进步，现在发达国家的产妇死亡率已降到1/10000左右。

有许多原因能导致产妇死亡。有的是由于难产或分娩时大出血而当场死亡，有的则是在产后由于感染而死亡。如果在分娩时没有进行消毒，就可能发生破伤风。又由于产后子宫颈口处于开放状态，细菌容易进入子宫内导致子宫内膜、子宫肌层发炎，甚至进一步通过输卵管到达盆腔，引起输卵管、卵巢、盆腔发炎。因此产后如果不卫生，容易发生大面积感染，最终由于败血症而死亡。

严重感染时人会发高烧，发高烧时身体会打寒颤，就跟在寒风中一样。中医不知道这是由于细菌感染引起的，以为是“伤风”“受凉”。为了避免“伤风”，产妇不仅要闭门不出，坐床不起，而且要紧闭门窗，密不透风。产妇还要头戴帽子或裹毛巾，穿厚衣服，即使是大热天也必须如此。为了避免“受凉”，产妇不能洗头、洗澡，不能沾水，连刷牙都不行。产妇也不能喝凉水、冷饮，不能吃“凉性”食物，例如水果。

因此就形成了坐月子要忌风、忌水、忌动、忌口的习俗，而且长达一个月。忌风、忌水不讲卫生，反而增加了细菌感染的机会，而忌动、忌口又降低了免疫力，因此坐月子的结果反而更容易“伤风”“受凉”。越是容易“伤风”“受凉”，就越看重坐月子，形成了恶性循环。坐月子对产妇来说其实是很痛苦的一件事，在夏天时尤其如此。为了逼迫产妇就范，又有了一套吓人的说法，不坐月子或月子没坐好，以后就会得“月子病”，例如，头部吹了风或洗了头就会一辈子头疼，刷了牙以后牙齿会一直酸痛，身体哪个地方沾了水哪个地方就会疼等。

这些做法与现代医学格格不入，恰恰是对着来的。如果是在西方国家，产妇分娩后，护士往往就给她吃冷饮。分娩当天，护士就会让产妇洗澡，而且会逼着产妇下床运动。孕产妇体内的血液处于高凝状态，如果长时间躺着、坐着不动，容易发生下肢静脉血栓。如果血栓随着血液流动到了肺部，栓塞肺动脉，会导致产妇猝死，难以抢救。在发达国家，产妇由于难产、大出血或感染死亡已很少见，最主要的死亡因素就是血栓栓塞。即使产妇老大不愿意也要逼着她们运动，就是为了防止血栓栓塞。适当的运动也有助于产后的恢复。

西方国家的这种做法在许多中国人看来很不可思议。他们把这归结为白人的体质比较好。且不说白人的体质未必就都比中国人好，西方国家的居民也并不都是白人，还有黑人、印第安人、亚裔，还有很多华人，他们也都不坐月子。除了西方国家，其他国家，包括东方国家（例如日本），也都不坐月子。难道只有生活在中国的华人是世界上身体特别虚弱的特殊人种，非坐月子不可？一旦被指出了这个事实，又有人会说，正因为外国女人不坐月子，所以她们老得快，或者老了疾病多。好像这些人作过调查统计，发现不管哪个国家、哪个民族的女人到老都比中国国内的女人不健康似的。

“不坐月子，别看现在没事，以后就知道厉害了。”这也是常见的说法，让一些产妇不敢不从。也的确经常有人现身说法，说当年由于月子没坐好，所以落下了什么“月子病”。而什么病都可以归为“月子病”。我听过的一个很搞笑的说法是，由于当年坐月子是在夏天，穿凉鞋没有包住脚后跟，所以老了脚后跟皮肤就裂了。反正人老了甚或还没老都难免会出现各种疾病、不适，只要以前坐过月子觉得某方面没做好，就都可以归为“月子病”。难道没有生过小孩的女人就不会得这些病？“月子病”也可以说是一种心理疾病，是疑神疑鬼乱联想导致的，只有那些坐过月子的人才会得，不坐月子的人没有这方面的心理负担，反而不会得“月子病”。

坐月子是受中医文化影响的一种最具中国特色的传统陋习。这并不是说产妇不需要休产假。产妇在分娩后身体出现了一些变化，适当的休息辅以合理的饮食和锻炼，是有助于身体的复原的。更重要的是，产假有助于带好新生儿。如果因为迷信坐月子，把自己搞得全身脏兮兮、臭烘烘的，对宝宝也不好。说了这么多，也许还会有人问，那你的妻子敢不坐月子吗？当然敢，在医院时没有洗浴条件，她从医院一回家就洗头洗澡，出门散步，想干吗就干吗。

2011年7月11日

当眼保健操成为传统

“为革命保护视力，预防近视，眼保健操现在开始……”我们这一代人，是每天伴随着这个富有时代色彩的口令长大的。时代早就变了，但是眼保健操却在学生中一代代延续了下来，只不过口令略有变化而已。

然而，有没有什么科学的理论、临床试验或调查统计证明做眼保健操确实能够预防近视呢？没有。某个人自称自己因为做眼保健操所以不得近视甚至逆转了近视，这不是证据，因为个案证明不了疗效。世界上只有中国在推行眼保健操，而中国学生的近视率却排名世界第二，小学生为28%、初中生为60%、高中生为85%。不做眼保健操的美国，近视率却只有25%。

我们从小就被告诫，看书时眼睛不要离书本太近，看书每隔30分钟要让眼睛休息一会儿，不要在昏暗的光线下看书，不要在颠簸的车上看书……否则就会得近视。这些忠告有没有依据呢？也没有。反而有多项调查表明，近距离看书或在昏暗的光线下看书并不会增加得近视的风险。

我们一般说的近视指的是生理性近视，是因为眼球轴长变长，成像不聚焦在视网膜上，而是聚焦在视网膜前方引起的。它在儿童时期开始出现，逐渐变化，到成年时，随着眼睛发育的结束就定型了。

既然生理性近视是伴随着眼睛的发育出现的，那么在这个演变过程中，遗传（先天）因素和环境（后天）因素的影响各有多大呢？国内权威媒体曾报道说“有90%的孩子近视是由于环境因素不良造成的”，据称这是专家观点。而事实上，调查表明近视的产生受遗传的影响比一般人想象的要大得多。如果父母两人都是近视，子女也会是近视的可能性高达33%～60%；如果父母只有一方是近视，子女近视的可能性降低到23%～40%；如果父母两人都不近视，则子女近视的可能性只有6%～15%。

很显然，近视的发生深受遗传因素的影响。这个影响究竟有多大呢？通过对孪生子进行比较，可以定量地估计出某种性状的遗传率。遗传率的大小在0～1之间。如果人的视力差异完全是由遗传差异引起的，遗传率为1；如果与遗传差异毫无关系，遗传率为0。2001年英国研究者对226对同卵孪生成年人和280对异卵孪生成年人的研究表明，近视的遗传率高达0.89，也就是说，近视主要受基因控制，与后天因素的关系不大。差不多同时，丹麦研究者对53对同卵成年人和61对异卵孪生成年人的研究也得出了相同的结论。2004年，英国研究者进一步发现，有一个被称为PAX6的基因可能与近视有关。

这意味着如果你没有近视基因，那么不管你在多么恶劣的条件下频繁用眼，也不会得近视（虽然你的眼睛可能会有其他损伤）。而如果你有近视基因，那么就会逐渐变近视，环境因素是不重要的。不过，基因的表达离不开环境因素的作用，某些环境因素（例如阅读）可能是近视的诱因。调查表明受教育的程度与近视发生率存在相关性，在某些地方近视发生率逐代增加，都说明某些人在某些环境因素的刺激下，天生就比较容易得近视。

目前并没有证据表明有什么可靠的办法能够预防近视的发生，也许从小就什么书都不读，完全去除近视发生的诱因，会是个有效的办法。例如，在因纽特人中，只有受过正规教育的人才会得近视。但是为了预防近视而去当文盲，这种方法一点也不吸引人。各种预防、逆转近视的仪器设备（例如至今仍有人在推销的近视磁疗眼镜）都不过是异想天开。

至于那些有关预防近视的种种“眼睛保健”忠告，也只是想当然尔。遵循这些忠告不会有什么坏处，可能对眼睛还有其他方面的好处，例如消除眼睛疲劳。但是，做眼保健操却并非完全无害的。经常用不洁的手接触、揉按眼睛，增加了眼睛感染乃至呼吸道感染的风险（病毒会从鼻泪管进入上呼吸道），并非一个良好的习惯。

历经几十年的代代相沿，眼保健操已经成为了中国校园文化传统的一部分，变成了一种集体仪式和生活习惯。一种东西一旦成为了传统，就具有了天然的合理性，质疑它会让人觉得难以接受，何况是从小就被灌输的东西，更难以理性地看待。

2007年4月22日

“感冒”并非“伤风”

感冒是指病毒引起的急性上呼吸道感染，由流感病毒引起的为流行性感冒，由其他病毒（多达100多种，以鼻病毒、冠状病毒最常见）引起的为普通感冒。两者的症状很相似，但其实是两种不同的疾病。本文说的感冒如果没有特别说明，都是指普通感冒。一个成年人平均一年要得两三次感冒，它是最常见的、也是最被误解的疾病之一，许多临床医生也对之存在错误的认识。

中国古代医学认为感冒是风邪由皮毛、口鼻乘虚而入引起的。有人认为风邪就相当于病毒，即便如此，这种说法也弄错了感冒病毒进入人体的途径。感冒病毒并不能由皮毛、口腔进入人体，它的入口是鼻腔（有时也从眼睛进入，但也是经由泪管抵达鼻腔）。鼻腔黏膜上长有纤毛，这些纤毛会从前向后摆动，把粘在上面的东西往鼻咽部送去。进入鼻腔的病毒就这样被纤毛送到了鼻腔后部的淋巴组织——腺样体。腺样体细胞的表面有一种叫“细胞间黏附分子”（简称ICAM）的受体。受体就有专门和它结合的配体，但是感冒病毒却能冒充ICAM的配体，和ICAM结合，让ICAM把它送进细胞内。

感冒病毒进入腺样体细胞后，就把细胞劫持了，利用细胞内的设备大量地复制病毒。被感染的细胞最终死亡、破裂，释放出新复制的病毒，去感染其他细胞。感冒病毒的感染能力非常强，很少量（1～30个感冒病毒颗粒）的感冒病毒就足以导致感染，而且感冒病毒一旦进入鼻腔，95%的人都会被感染。

感冒症状通常在病毒感染2～5天以后出现。被感冒病毒感染的细胞只占鼻细胞的一小部分，对鼻黏膜的损害很轻微。感冒症状主要不是由于病毒造成的损害导致的，而是人体免疫系统对病毒感染作出的反应。感冒病毒感染了鼻细胞后，人体免疫系统发现了入侵者，就会像对待其他入侵者一样作出反应，释放出许多称为“炎症介质”的生物活性物质，例如组胺、激肽、前列腺素等。这些炎症介质引起血管扩张、通透性增加、白细胞和分泌液渗出，于是就导致了鼻腔堵塞、流鼻涕。炎症介质也能刺激神经系统的喷嚏、咳嗽反射和痛觉。

实验表明，感冒完全是由于病毒感染引起的，挨冻并不能增加患感冒的风险。为什么世界各地的人都普遍认为“着凉”“伤风”会导致感冒呢？可能有几个因素引起了误解。感冒在冬天较常见，这是由于在冬天人们多数时间待在门窗禁闭的室内，因此感冒病毒在冬天容易传播，会让人误以为是寒冷引起了感冒。患者被感冒病毒感染后在感冒症状出现之前有时会先发烧，感到寒冷、颤抖，之后发现自己感冒了就以为是着凉引起的，其实是倒果为因。此外，在挨冻时会流鼻涕，也容易让人误会那是感冒。

有些医生知道感冒是病毒引起的，不过他们认为着凉会降低人的免疫力，因此容易招致感冒病毒入侵。然而实验已表明只要感冒病毒进入鼻腔，几乎所有的人都会被感染，可见与着凉与否、免疫力的高低是没有关系的。并不是所有被感冒病毒感染的人都会出现症状，大概75%的人有症状。那么那些没有症状的被感染者是不是因为其免疫力强呢？情形可能恰好相反。感冒症状是由于人体正常的免疫反应引起的，没有症状反倒有可能表明其免疫系统不够活跃。

既然感冒与着凉无关，避免吹风、注意保暖并不能预防感冒。感冒病毒的主要传播“中介”是手，是接触过感冒患者或粘有感冒病毒的物体表面的手，那么勤洗手、避免用手碰鼻子和眼睛，以减少感冒病毒进入鼻腔的机会，是更可靠的预防感冒的方法。国内有药厂宣传“常服维C防感冒”，但是多项临床对比试验表明，服用维生素C对预防或治疗感冒都没有效果。

要治愈感冒，就必须杀死或抑制体内的感冒病毒，而目前并没有药物被证明能够抗普通感冒病毒。针对流感病毒的抗病毒药物倒是有，例如磷酸奥斯他韦（商品名达菲），但它并不能用以治疗普通感冒。国内医院普遍使用抗生素治疗感冒，但抗生素是抗细菌的，并不能抗病毒。有些医生辩解说他们这是为了防止继发细菌感染。虽然感冒偶尔会并发细菌感染，但是用抗生素防止细菌感染是无效的。

市场上卖的感冒药并不能治愈感冒，最多只能缓解感冒症状，最常见的是解热镇痛药扑热息痛（又叫对乙酰氨基酚，用于退烧和缓解头痛），以及抗过敏药扑尔敏（又叫马来酸氯苯那敏，用于减少鼻黏液分泌和缓解鼻塞）。市场上治疗感冒的中成药也都普遍添加了这类西药，让患者觉得有疗效。香港特区和台湾地区药检部门多次在大陆产的治感冒中成药中检测出没有标明的西药成分。

感冒是一种自限性疾病，通常一周左右就会自愈，但是人们得了感冒后总喜欢求医问药打点滴，还有人抱怨到医院治个感冒就花几百元钱，这是何苦呢。

2008年12月27日

中国人爱“打点滴”

一到秋、冬感冒流行的季节，中国许多医院的门诊、病房乃至过道走廊里就躺满了患者，身旁挂着输液瓶，瓶里的葡萄糖、盐水、抗生素或中药注射剂一滴一滴地输入到静脉中，因此形象地俗称“打点滴”，也叫作“吊水”“挂水”，似乎输入的水分才是最重要的。

这绝对是最具有中国特色的一景。感冒打点滴，算得上中国在医学上的一大创造，在其他国家是见不到的。比如在美国，如果你感冒了去看医生，医生通常只是建议你多喝水、注意休息，实在太难受了就去超市、药店自己买泰诺之类的镇痛解热药吃，不可能留你下来打点滴。

为治感冒输入静脉的那些药物没有一样是必需的。葡萄糖、盐从饮食中就可摄取，只要能进食就没有必要直接往静脉里灌。感冒是病毒引起的，而抗生素是用来杀灭细菌的，对病毒感染没有疗效，也起不到预防继发细菌感染的作用。如果并发了细菌感染，需要使用抗生素，也可以口服，没有必要静脉注射。至于中药注射剂，则没有一种被严格的临床试验证明确实具有疗效，更没有使用的必要。

在某些情况下，打点滴当然是必要的，比如患者严重脱水、无法进食，或所用的药物不能口服或打针（肌肉注射、皮下注射）。但是国内医院打点滴许多时候并不属于这类情况。有些自限性疾病本来不需要用药物治疗，比如新生儿黄疸，国内医院却通行打点滴“退黄”，用的当然是中药注射剂。有些疾病确实需要用药物治疗，本来用口服或打针就可以了，但在国内的医院，却也通行打点滴。口服的药物患者可以领回家自己服用，打针在门诊打完了就可以回家，而打点滴却必须留在医院里占一个床位，还要有护士进行处理、照料，既增加了医疗成本，也让医院人满为患。因此，滥用打点滴，是医疗资源的浪费。

在几种给药方式中，打点滴是最危险的。打点滴穿透皮肤屏障，直接把药液输入血液中，需要严格的无菌处理。如果药液在生产或储藏过程中被污染，或者没有使用一次性针头，或者针刺部位的皮肤没有消毒好，就有可能让病毒、病菌进入体内，轻则引起局部发炎，重则病原体随着血液扩散到全身，引起败血症，会有生命危险。打点滴也比口服药物更容易出现药物不良反应，特别是过敏反应。如果是口服，药物中能引起过敏的杂质可能在消化道中就被消化掉，或无法被身体吸收，但是打点滴时这些杂质却直接进入了血液，严重的能引起过敏性休克甚至死亡。近来媒体频频出现患者因为使用了中药注射液而突然死亡，就是这个原因引起的。此外，打点滴时所用的溶液太稀或太浓，都有可能破坏体内电解质平衡；输液速度如果过快，或者输入的量过多，能引起高血压、心脏衰竭和肺水肿；如果输入了大量的气泡或血凝块，能堵塞血管，让心脏停止跳动。

因此，从节省医疗成本和安全方面考虑，应该是药物能口服的就不打针，能打针的就不打点滴。这一点国外医院做得比较好。《生命时报》驻联合国记者曾经随机走访了纽约市中心的几家医院，竟没有找到一位正在输液的患者。为什么国内医院却反其道而行之呢？

一个明显的原因是为了经济利益。药物注射液的利润要比口服药物高得多。例如常用的抗感染药物甲硝唑，如果是口服的，一个疗程七天的花费只有大约3元钱，但是改用打点滴，一天就要花费大约20元钱。甲硝唑口服能被迅速而完全地吸收，根本没有静脉注射的必要，国内医院之所以乐于用甲硝唑打点滴，显然是出于利润的考虑。

但是，在医疗改革之前，国内医院打点滴已很流行了，当时医院的费用都由政府承担，并无经济压力。所以打点滴在国内的泛滥，应该还有别的因素，比如文化的因素。患者去医院看病，就想着要尽可能接受先进、彻底的治疗，而打点滴看上去要比吃药先进、彻底得多。许多人觉得打点滴要比吃药病好得快，这在某些情况下是对的，静脉注射药物能被完全吸收，药效也比较快，十几秒钟就能让血液中的药物浓度达到有效范围；但是在其他情况下，就只是一种错觉或心理作用，感冒打点滴就属于此类。对许多患者来说，上医院看病就要打点滴，成了理所当然的事，而医生为了避免医疗纠纷，也乐于满足患者的要求。如果有中国医生向美国医生学习，对感冒患者不开药或开点镇痛解热药就打发走，自己拿不了药物回扣且不说，还会被患者认为是不负责任，万一患者因为感冒并发了更严重的疾病，医生的麻烦就大了。

病人在医院里扎堆打点滴，其实是国内不正常的医患关系的一个缩影。

2009年12月25日

形形色色的“保胎”

国内有的地方要求孕妇领“准生证”之前，必须先去听“优生优育讲座”，而这种讲座由某个厂家赞助，请来“专家”推销其保健品。有个讲座的“专家”是这么推销的：世界卫生组织建议，要想使自己的孩子聪明，大脑发育好，孕妇必须每天服用1000毫克的α亚麻酸。这种物质在食物中含量不多，比如，如果要达到1000毫克的量，起码要吃4斤核桃。所以要服用α亚麻酸产品，而且必须从怀孕前3个月就开始服用，一直到生完孩子……然后“专家”就推荐了某个品牌的α亚麻酸产品，并发放优惠卡引来听众争抢。

这种神奇的α亚麻酸（简称ALA）究竟是什么东西呢？它对人体的机能很重要，而人体又没法合成它，所以是人体必须从饮食补充的两种必需脂肪酸之一（另一种是亚油酸）。我没有找到世界卫生组织对ALA的推荐量，只查到美国医学科学院对以ALA为代表的欧米伽3多不饱和脂肪酸的推荐量是成年男子每天1.6克，女子1.1克，孕妇1.4克，哺乳期妇女1.3克。

ALA广泛存在于植物油中，例如亚麻油（含55%）、菜子油（含10%）、大豆油（含8%）。核桃中的ALA含量也非常高。黑核桃的ALA含量在核桃中是较低的，但是100克黑核桃仁含ALA也达2克。如果像那位“专家”说的吃4斤核桃仁，ALA含量至少是40克。所以虽然ALA必不可少，但是要满足ALA的推荐量是很容易的，完全可以从饮食中摄入，没有必要吃保健品。现在并没有证据能够证明，在正常饮食之外额外补充ALA对胎儿会有什么好处。

事实上，国际医学界目前只推荐孕妇服用一种“保健品”——叶酸制剂。怀孕早期缺乏叶酸会影响胎儿神经系统的发育，出现神经管缺陷。虽然绿叶蔬菜、豆类、肝等食物富含叶酸，但是在烹饪后大部分叶酸都已失去，而且食物中的叶酸只有大约一半能被吸收，因此不容易从食物中获得足够量的叶酸。准备怀孕以及妊娠头三个月的孕妇应每天补充至少400微克的合成叶酸（维生素制剂或强化食品），这能显著地降低婴儿患神经管缺陷的风险。

其他的营养素当然对孕妇、胎儿的健康也很重要，但是它们可以，也最好从饮食中摄取，与其吃保健品，不如注意饮食的营养和均衡。如果担心自己的饮食营养不够，服用复合维生素也比吃成分、功能、质量都可疑的保健品要好。但是有很多孕妇总觉得要吃点保健品才对得起胎儿，甚至还有人习惯吃中草药进行“保胎”“安胎”。且不说这些中草药的功效未得到科学验证，更令人担忧的是它们对胎儿发育可能产生的不良影响。在怀孕期间本来应该尽量避免吃药，但是有的人不敢吃西药，却敢乱吃中草药，以为“天然药物没有副作用”。其实很多中草药已被发现有毒性，还有更多的中草药由于缺乏系统研究，其副作用尚不明确，吃这种“保胎药”是在拿自己的胎儿做药物试验。

“保胎”产品除了吃的，还有穿的。市场上有多种价格不菲的孕妇防护服在兜售，据说穿了它可以保护胎儿不受电磁辐射的影响。其实，日常设备发出的电磁辐射并不会对人体造成危害，仅在腹部兜一块“防护服”也起不到屏蔽作用。真正要屏蔽电磁辐射，必须全身全副武装都防护起来。孕妇防护服是中国特产，出了国门就见不到这种产品，也没见有外国孕妇用类似的东西，难道中国的胎儿就对电磁辐射特别敏感？

国内医生也喜欢提倡“保胎”，比如，教育孕妇在怀孕的前三个月要注意休息、避免性生活，怀孕后三个月也要避免性生活，以免流产云云。这些建议可能是受中国传统医学的影响，属于想当然，并没有科学依据。美国医生就不做这样的建议。

国内医生还喜欢开“保胎药”。我有一个朋友在怀孕两个月时阴道出现轻微出血，北京一家三级甲等医院的妇产科医生未做任何检测即诊断为“先兆流产”，建议保胎，给开了由匈牙利吉瑞大药厂生产的价格昂贵的药物“多力妈”。我获悉后做了一番检索：该药（Turinal）的成分为合成类固醇激素烯丙雌醇，并无严格的临床试验证明其有“保胎”的作用，反而有案例表明它能导致胎儿畸形，例如使男性胎儿的性器官女性化。欧洲大药厂欧加农生产过相同成分的“保胎”药，但在1995年将其退出市场。目前美国、欧洲各国都禁售或停售该药物，它在本国已被视为过时药，却在发展中国家推销。在了解到这些情况后，我的朋友把药扔了。几天后出血自行停止，后来生下一个健康的婴儿。

怀孕早期阴道出血非常常见，大约一半不影响妊娠，另一半会导致流产。自然流产的原因非常多，例如染色体异常、胎盘异常、子宫异常、性激素不平衡、感染、慢性疾病等，难以确定，难以干预，也没有必要干预。不分青红皂白就开“保胎药”保胎是荒唐的。即使是孕酮偏低导致的出血，也没有确凿的证据表明使用孕酮或相关的激素类药物会有效。因此国际医学界的主流意见是对所谓“先兆流产”顺其自然，但是国内却普遍使用所谓“保胎药”，有成分不明的中药，也有过时的西药，为此浪费金钱倒也罢了，本来会正常发育的胎儿若被“保”出了问题，就悔之晚矣。

中国传统文化本来就非常看重“保胎”，对孕妇的禁忌之多大概称得上世界第一。这些禁忌荒诞不经（例如，《本草纲目》说孕妇吃姜会使孩子多指，吃兔肉会使孩子缺唇，吃蟹会使孩子横生等），现在应该很少有人还相信了。现在流行的“保胎”看上去很高科技，其实也是受到了传统习惯的影响，再加上商家、医院的利益驱动。特别是受“只生一个”的计划生育政策的限制，准父母更担心自己唯一的宝宝会出问题，对种种“保胎”也就只好宁可信其有，觉得反正也不会有害处。害处当然是有的，除了“保胎”造成的生活不便和经济损失，更严重的是某些“保胎”做法会对胎儿健康带来风险，让“保胎”成了“害胎”。

2010年1月29日

“预防新生儿溶血”的医疗骗局

怀孕后，医院会对孕妇做一系列常规检查，这些检查基本上国内外都一样。但是有一项检查只有国内的医院才会做，那就是检查“母婴ABO血型不合”。如果孕妇是O型血，医生会问其丈夫的血型或干脆让丈夫也查一下血型。如果丈夫不是O型血，而是A型、B型或AB型，医生就会认为胎儿的血型有可能与母亲不合，会让孕妇抽血查一下其体内是否有抗A或抗B的抗体，有的话活性有多高（用效价表示）。如果效价比较高，医生会认为胎儿有可能发生溶血而流产，即使不流产，新生儿也可能发生溶血，然后就会让孕妇服用中药预防。一般从怀孕第三个月起开始服用，一直服到分娩。服用的中药一般是以茵陈为主的古方，有的医院也有自己的独特中药。例如，国内一家最著名的医院有自己的“新溶一号”草药配方，是其前辈在民间收集来的，其产科医生在网上称该药方预防新生儿溶血无比灵验，灵验到不必做临床试验验证，否则有违医学伦理云云。

母婴ABO血型不合究竟是怎么回事？它真的那么可怕吗？真的能够用中药预防吗？在回答这些问题之前，我们先来了解一下血型是怎么回事。血型是根据血液中的红细胞表面上的抗原来划分的，根据抗原种类的不同，常见的有二十几个分类系统，ABO血型系统是其中最早发现也是最著名的一个。如果一个人的红细胞表面上有A抗原，其血液就是A型；有B抗原，就是B

型；同时有A抗原和B抗原，就是AB型；如果两种抗原都没有，那就是O型。A、B抗原在人体其他细胞表面上也有，甚至微生物和植物中也有。如果人体内原先没有某一种抗原，从食物中摄入或受微生物感染后，就会在血清中出现对抗这种抗原的抗体。因此，A型血的人其血清中有抗B抗体，B型血的人其血清中有抗A抗体，O型血的人其血清同时存在这两种抗体，而AB型血的人其血清没有这两种抗体。抗B抗体如果碰到含B抗原的红细胞，就会与之结合，使红细胞破裂，出现溶血；抗A抗体碰到含A抗原的红细胞，也会出现类似的情况。这就是为什么在输血时要检查血型，如果ABO血型不合，就会发生溶血。

一个人的血型是从父母那里遗传来的。如果孕妇是O型，丈夫也是O型，他们的婴儿就只能是O型。但是如果丈夫不是O型，婴儿就可能是O型也可能不是O型。如果婴儿是A型或B型，就与O型的母亲血型不合。这种现象很常见，大约15%的怀孕属于这种情况。O型母亲可能从食物或微生物中接触到了A或B抗原，体内可能有了抗A或抗B的抗体，这些抗体有没有可能攻击非O型胎儿的红细胞，让他出现溶血呢？一般不会，因为自然产生的抗体通常是那类分子比较大的抗体（叫IgM抗体），这类抗体不能通过胎盘，进不了胎儿体内，也就不可能发生溶血。

O型血的孕妇由于某种原因偶尔也会产生比较小的抗体（叫IgG抗体），这类抗体是能通过胎盘进入胎儿体内的。那么它们会不会引起溶血呢？不用太担心。这类抗体的量往往很少，而胎儿的其他细胞的表面也有A或B抗原，抗A或B的IgG抗体基本上都先与胎儿其他的细胞结合，被清除掉了，能与红细胞结合的要少得多。而且，早期胎儿的红细胞上没有AB抗原，抗体不能与之结合，不会出现溶血，更不会因此流产。研究表明，母婴ABO血型不合并不增加流产的风险。后期胎儿和新生儿的红细胞上有了AB抗原，但是没有完全发育，量比较少。抵达红细胞的抗体本来就很少，两者结合即使出现了溶血，一般也不严重。

所以，虽然母婴ABO血型不合的比例高达15%，但是绝大部分不会发生溶血，只有其中的4%——也即所有新生儿中的0.6%——会发生溶血。即使溶血发生了，绝大部分症状非常轻微，只有少量的红细胞发生破裂。红细胞破裂会产生胆红素，由于新生儿肝脏功能不全，不能迅速清除胆红素，就会出现黄疸。大多数新生儿即使不发生溶血也会有黄疸，发生溶血的结果只是让新生儿的黄疸严重一些。溶血病例中大约2/3黄疸严重到需要治疗，通常用光疗就可以了（用蓝光照射破坏胆红素）。只有极少的溶血病例出现严重的贫血，需要输血治疗，但这种病例极其罕见，不到溶血病例的1/1000，即在全部新生儿中每百万个还不到6个。

有人可能会说，虽然ABO血型不合导致严重溶血的病例非常罕见，如果能够提前预防也好啊。问题是产前检查是无法查出是否会发生这种类型的新生儿溶血的。像国内医院那样去检查孕妇体内是否有抗A或抗B的IgG抗体和效价有多高是没用的，因为那不是表明会出现新生儿溶血的指证。所以国外医院不做这项检查，即使在常规的产前血液检查中发现了抗A或抗B的IgG抗体，也不在检查结果中列出。被国内医院告知有严重溶血危险需要预防的孕妇比例远远超过百万分之六，正表明该检查没用。而且，即使能通过产前检查发现有严重溶血的可能，也没有任何药物能够预防。国内医院给孕妇服用的中药不仅没被证明真有疗效，而且可能有害——这些未经检验的草药中完全可能含有能影响胎儿发育的成分。

为避免伤害胎儿，孕妇用药应慎之又慎。然而，国内医院不仅为了赚取检查费给孕妇做既无必要也无用的“母婴ABO血型不合”检查，而且不顾胎儿的健康，以预防为名给普通孕妇滥用未经验证的药物，从普通医院到最著名的医院都参与这场能伤害胎儿的医疗骗局，这是中国医学界的耻辱，也是医德沦丧的明证。

按：

由另一种血型——Rh血型不合引起的新生儿溶血会很严重，一般在第二胎出现，但可以在产前查出，也有有效的科学办法预防和治疗，与ABO血型不合不是一回事。

2011年7月18日

就这样被慢慢毒死

我曾经频繁地“下毒”。我的博士论文研究的是遗传信息的转录机制（即遗传信息从DNA传递到RNA的过程），转录过程是由一种叫作RNA聚合酶的蛋白质控制的。在做体外转录实验时，加入一点α-鹅膏蕈碱即可以抑制RNA聚合酶的活性，从而终止转录。顾名思义，α-鹅膏蕈碱是从鹅膏蕈提取出来的毒素，这种毒蘑菇的毒性极强，吃1～3朵就足以致命。受害者在吃的时候不会觉得有异味，而且吃后要过8～24小时才出现中毒症状，毒性发作时可能已离开了犯罪现场，是理想的谋杀工具。这个特性很早以前就已被人们认识到。公元54年，罗马皇帝克劳迪亚斯吃了一盘蘑菇后，过了12小时突然死亡，据信就是由于他的第四任妻子阿格丽品娜在其中偷偷掺了鹅膏蕈导致，使她与前夫生的儿子尼禄得以继位。

还有比这更缓慢也更隐蔽的下毒方法。往受害者每天饮用的咖啡中加一点砷、铊等重金属，使毒素慢慢地在体内累积，到毒发身亡时看不出有中毒的迹象。这是侦探小说常见的情节，在现实生活中也会遇到。不过，现在通过化验尸体组织，不难发现死因。有人化验了被珍藏到现在的拿破仑头发，发现砷的含量很高，怀疑拿破仑并非自然死亡，而是被用这种方法毒死的。

还可能有人由于经常吃中药补药，慢慢把自己毒死了。中国台湾“卫生署”和美国各地卫生机关都发现多种中药补药含有过量的重金属，如砷、汞等。吃这类补药会“发热”“上火”，让人感到好像很“补”，其实正是重金属中毒的症状。

中药是作为食品进入美国的，无须经过批准就可销售，但是如果发现有毒，就会被禁止。许多常见的中成药因被检测出重金属含量过高而在美国被禁。1991年，美国食品药物管理局发现一名13岁华裔儿童吃打蛔虫的中成药“鹧鸪菜”4年后大脑受损，经检验发现“鹧鸪菜”中汞的含量高达2.3%，公告禁止服用和销售“鹧鸪菜”（中成药“鹧鸪菜”并非一种草药名称，而是一种主治小儿肠道寄生虫疾病的中医成药品牌名称）。美国法律禁止进口含珍稀动物成分的产品，美国渔业野生动物部法医实验室为此在20世纪90年代中期抽查了12种声称含有虎骨、犀角的中成药药丸，未检测到这些成分，却意外地发现这些中成药的有毒元素汞和砷的含量高得惊人，其中含量最高的是谣传治好刘海若“脑死亡”的安宫牛黄丸（又称牛黄安宫丸）。其原因可能是这些药丸都掺了被中医当药用的矿物质雄黄（硫化砷）和朱砂（硫化汞）。

许多被历代中医视为无毒的中药现在都被发现含有慢性毒，能导致肾衰竭、癌症、胸腺萎缩、重金属中毒、畸胎。例如，大量服用灵芝会造成急性肾小管坏死，黄连因能引起新生儿溶血症而在新加坡和美国被禁，“止咳良药”款冬久服会导致肝癌。其中最著名的是含马兜铃酸的中药导致肾衰竭的问题，因为涉及同仁堂生产的名药“龙胆泻肝丸”而轰动一时。龙胆泻肝丸导致尿毒症的原因是，药中的关木通成分含有马兜铃酸，会对肾脏造成不可逆的损伤，最终导致肾衰竭。北京崇文医院一位出身中医世家的老中医也和许多患者一样，因服用龙胆泻肝丸而导致尿毒症。许多人把龙胆泻肝丸事件归咎于药典出错，把其中的木通换成了有毒的关木通。实际上，除了关木通，含有马兜铃酸中草药还有十几种，常常被当成无毒的药物用于“败火”“排毒”、减肥、治疗心脏病等，它们都能导致肾衰竭。毒副作用还未被发现的中草药不知还有多少。

有人把中医当成“经验科学”，说是千百年来用人体做试验的结晶。其实，没有科学指导的人体试验不仅不能确认药物的疗效，也难以发现药物的毒副作用。服了以后毒性马上发作的剧毒、急毒药物还可凭经验发现，而那些要经过几年、十几年才会出现症状的慢性毒，经验是无能为力的，只有用动物做毒理实验和做流行病学调查追踪服药者才能发现。现代药物在获准上市前都做了这些研究，在说明书中会详细说明毒副作用，而中草药却至今在中国有毒副作用不明的特权。如果不具体说明毒副作用，“是药三分毒”就只是一句废话和推卸责任的借口。同样，如果不提供确凿的证据，“炮制、复方配制或辨证施治可消除单味草药的毒性”“以毒攻毒”这种说法就只是草菅人命的大话。

2005年3月27日

一大类可怕的草药

1956年，保加利亚医生报告说，他们在保加利亚多瑙河流域的一些小村庄发现了一种奇怪的慢性肾病，与普通慢性肾病很不一样。后来在克罗地亚、塞尔维亚、波黑、罗马尼亚的多瑙河流域的一些村庄也发现了这种慢性肾病，所以就被称为巴尔干地方性肾病。患病的人通常在40～60岁时出现严重的贫血和尿毒症，其特征是肾脏纤维化、萎缩，肾脏最终缩小到只有正常肾脏的1/3。除了肾移植，没有任何办法可以治愈。在20世纪60年代时，患者的平均寿命只有45岁。70年代这些地区开始有了做血液透析的诊所，患者可以通过定期做血液透析避免尿毒症，寿命得以延长到平均69岁。但是随着寿命的延长，又出现了一个新的问题：大约一半的患者的肾盂和尿道会长出恶性肿瘤。

是什么原因导致这种地方性疾病呢？因为发病地区都在多瑙河流域，医生们首先想到的是，会不会是饮水里含有某种特殊的毒素？这个设想后来被排除了。之后又有新的假说被提出来，例如，有人认为当地人吃的粮食在储存时被某种霉菌污染，霉菌能分泌损害肾脏的毒素。但这些假说都没有确证。

1991年，在比利时也发现了一种奇怪的肾病。布鲁塞尔一家医院的医生范赫维根在治疗两个患了急性肾病的年轻女患者时了解到，她们都服用了一家减肥诊所提供的减肥药。他怀疑这种减肥药就是病因，随即展开了调查，发现共有70个急性肾病患者都服用过同一个减肥诊所提供的同一种减肥药。这些患者的症状都类似，肾脏纤维化、萎缩，出现尿毒症，必须换肾或终身做血液透析。因为担心肾脏会出现癌变，医生建议这些患者把肾脏和尿道都切除。有39个人同意做切除手术，其中有18人已长了尿路上皮癌，还有19人的尿路已有癌变前兆。

此前该减肥诊所已营业15年，未出现过问题。1990年该诊所改变减肥药配方，用了两种中草药，其消费者中才突然出现肾病患者。其中一种中草药是马兜铃属的防己。比利时研究人员怀疑防己就是祸首。实验证明了他们的猜测，防己中的马兜铃酸能对肾脏造成不可逆的损伤。消息传出后，在世界医学界引起了极大的震撼。法国、日本及中国台湾地区等也都报告发现因吃马兜铃科中药导致晚期肾病的病例，这种肾病因此被称为中草药肾病。各国纷纷禁售或警告不要服用含马兜铃酸的中药。但中国大陆药监部门、医疗机构、药厂对此却置若罔闻，坚持中药有自己的用药标准，把国外发现的问题归咎于他们不会正确使用中药。直到2003年2月，新华社以系列报道方式首度向国内公众披露，北京同仁堂制药集团生产的“清火良药”龙胆泻肝丸的主要成分关木通含马兜铃酸，导致很多人得了尿毒症，这才引起药监部门的重视，取消了关木通的用药标准。

比利时医生的报告出来后，一些肾病专家很快就想到，中草药肾病与巴尔干地方性肾病的症状非常相似，会不会都是马兜铃酸引起的？纽约州立大学石溪分校药理学教授格罗曼到克罗地亚访问巴尔干地方性肾病的患者，拿着马兜铃的图片询问他们是否服用过这种草药。让他失望的是，这些患者并没有服用过，但是他们告诉他这种草在当地很常见。于是格罗曼到乡下实地考察，发现在当地麦田的田间生长着很多马兜铃，在收割麦子时，马兜铃会混在小麦里一起被收割，会不会就是因为当地食用的面粉被马兜铃种子污染了呢？

回到美国后，格罗曼和同事们研究中草药肾病患者的肾脏标本，发现马兜铃酸和肾脏细胞中的DNA反应形成了加合物，而在普通肾病患者中则没有这种加合物。随后，在克罗地亚的巴尔干地方性肾病患者肾脏标本中也发现了马兜铃酸-DNA加合物，这就有力地证明了马兜铃酸是巴尔干地方性肾病的病因，巴尔干地方性肾病和中草药肾病是同一种病，应该被叫作马兜铃酸肾病。格罗曼和同事们进一步发现，在马兜铃酸肾病患者的肿瘤细胞中，一个与癌变有关的基因出现了特殊的基因突变，这可以解释为什么约一半的马兜铃酸肾病患者会长恶性肿瘤。如果在某个患者体内发现马兜铃酸-DNA加合物或特殊的基因突变，就可以认定他曾经服用过含马兜铃酸的草药。

马兜铃科的植物有几百种，它们普遍含有马兜铃酸，其中有几十种被用于做中药。吃含马兜铃酸草药的人群最大的当然是在中国大陆和台湾地区。1995年台湾地区建立了医保系统，几乎所有的台湾人都可以报销医药费，包括中药费。通过分析台湾地区医保报销数据库，就可以知道有多少台湾人曾经吃过含马兜铃酸的中药。结果十分惊人：在1997—2003年，有超过1/3的台湾人曾经吃过含马兜铃酸的中药。只要曾经服用过含马兜铃酸的中药，哪怕只服用过一次，肾脏就会有不可逆转的永久损伤，患肾病和上尿路上皮癌的概率就比一般人高。服用的次数越多，对肾脏的损伤就越大，最终导致尿毒症和癌症。台湾地区有12%的人患有慢性肾病，发病率居世界首位，台湾地区医学界认为其主要因素就是服用含马兜铃酸的草药。

中国大陆的情形未必比台湾地区好多少。据格罗曼说，他在中国的同行向他透露，他们怀疑中国大陆大部分的肾衰竭病例都是因吃含马兜铃酸的中药导致。目前国家药监局只取消了关木通、广防己、青木香3种马兜铃属草药的用药标准，但实际上还有马兜铃、细辛、天仙藤、寻骨风、汉中防己、淮通、朱砂莲、三筒管等十几种常用中药药材已知含有马兜铃酸，涉及几百种中药处方（中成药），例如，国家批准的中药处方中含细辛的就有100多种。其中还包括很多儿科中药。小孩一有感冒、咳嗽，国内医生就喜欢开中成药猴枣散，号称是名贵化痰药。猴枣散的成分之一就是马兜铃科的细辛，已知含有马兜铃酸。且不说猴枣散的疗效未经验证，即使它真对咳嗽什么的有效，也犯不着为这点小毛病冒着让儿童慢性中毒的危险去用它。马兜铃酸非常稳定，也没有东西可以抵消其毒性，不要相信通过药材炮制或“复方配伍”就可去掉马兜铃酸的毒性。不要以为现在吃了没事就可放心，小剂量服用马兜铃酸的危害有20～40年的潜伏期。

2012年1月2日

“上火”、病毒与中毒

如果有一天你突然发现嘴里长了小泡、溃疡，牙齿疼痛、出血，咽喉干痛，身体感到燥热，大便干燥……是个中国人都知道你“上火”了，有的地方（比如我的老家）也把它叫作“虚火”，这似乎是比较“规范”的中医说法，我查了一下，《辞海》收了“虚火”，但没有“上火”。然后你想到你可能是吃了什么“火气”比较大的食物引起的，因为据说有无数的食物吃了都容易“上火”。你可能就想到要喝凉茶，或者吃牛黄解毒片（丸）之类的清热解毒的中药来清热、降火。在听说中药不能乱吃之后，许多人都有这样的疑问：现代医学怎么看待“上火”？“上火”了怎么办？

这是一个很富有中国特色的问题。并不是说中国人的身体比较特殊，只有中国人才会“上火”，而是因为“上火”是中医对许多症状的一个笼统、模糊的说法，因素很多，因此在现代医学中不可能找到对应的称呼。例如口腔“上火”症状，有的可能是因为缺乏维生素B_2导致的唇炎、口角炎，有的可能是缺乏维生素C导致的牙龈、黏膜出血，更常见的可能是细菌、病毒感染引起的炎症，有的可能还与新陈代谢、内分泌变化有关。不同的病因要做不同的治疗。缺维生素引起的要适量补充维生素，细菌感染引起的要使用抗菌、消炎药。

如果“上火”是由于病毒感染引起的，那就没有什么特效药物了，除了对伤口进行必要的消毒、消炎处理防止继发感染，主要还是要注意口腔卫生、多喝水、注意休息，靠自身的免疫抗过去。比较常见的是疱疹病毒感染引起的口腔炎、口腔溃疡。几乎所有的人身上都感染了疱疹病毒，而且一旦被疱疹病毒感染上，就别想再把它彻底地消灭掉，只能终身携带它了。要理解这一点，需要知道一点病毒学的常识。

许多人对病毒是什么东西一无所知，有的望文生义，以为那是疾病产生的毒素，有的则以为病毒是和病菌一样的，可以用抗菌素杀死。其实病毒是与细菌非常不同、也无法用抗菌素杀死的病原体。它们比细菌小得多，结构也简单得多，一般就是一个蛋白质外壳，里面裹着遗传物质。它们是一类介于生物与非生物之间的东西，可以像非生物物质那样结晶，但是溶解后又能具有活性，而且它们不具有进行生命活动所必备的各种构造，必须寄生在细菌或其他生物的细胞中才能生存。在感染的时候，病毒的蛋白质外壳粘到细胞表面，然后把病毒遗传物质注入到细胞当中，利用细胞中的各种“设备”复制病毒遗传物质，制造病毒外壳，再组装成一个个新的病毒。新病毒的数量多到一定程度后，细胞就会死亡、破裂，新病毒就被释放出来，去感染其他细胞。如果所有的细胞都被感染、死亡，病毒自己也就跟着死去了。所以这种凶狠的感染方式的结果可能是两败俱伤。

疱疹病毒则采用一种温和得多的方式来与宿主共处。它们在感染细胞后，会让自己的遗传物质结合到细胞染色体中，变成染色体的一部分，随着染色体复制、细胞分裂而一代代地传给了新的细胞。所以一旦被疱疹病毒感染上，它就变成了永远潜伏在人体细胞中的敌人，不可能彻底把它清除掉了。这些潜伏的敌人有可能会导致癌变，不过一般来说是无害的。但是在某些情况下（例如精神压力大、生了某种疾病），由于某种未知的因素，潜伏的病毒遗传物质会突然被激活，开始复制新的病毒，让细胞死亡、破裂，去感染新的细胞。这时候你就觉得你“上火”了。不过，这个过程一般持续一周左右，然后又恢复正常了。然而，以后病毒还可能再次被激活。目前没有任何药物可以用以去除在细胞染色体中潜伏的病毒，以后也不太可能，所以“上火”是不可能根除的。最先进的药物只能做到抑制住病毒的复制，不让它爆发。

所以如果你喝了凉茶、吃了清热解毒的中药，几天后觉得“火”被降下去了，其实未必是药物在起作用，而是自然发生的进程。为了降火而去吃中药，不仅无益，反而可能有害有中毒的危险。这类中药往往含有有毒物质。例如，许多人都吃过的牛黄解毒片（丸）其实是毒片。按照组方，每片（大片）牛黄解毒片含有50毫克雄黄。雄黄的化学成分为二硫化二砷，遇热分解变成剧毒的三氧化二砷，也就是俗称的砒霜，口服10毫克即可中毒，100毫克即可致死。即使你吃的牛黄解毒片是由很正规的药厂生产，在生产过程中已采取严格的质量控制，去除雄黄原料中的砒霜杂质，也并非就可以放心服用了，因为雄黄本身就有毒（虽然毒性不像砒霜那么大）。根据《中国药典》，雄黄有毒，常用量为一天50～100毫克，而牛黄解毒片的用量为按药典规定一天服4～6片，实际服入雄黄200～300毫克，竟是雄黄常用量的3～6倍。因为服用牛黄解毒片中毒、出现不良反应的并不罕见。例如，《中国药房》在1998年就报道过38例牛黄解毒片（丸）不良反应，认为可能多由雄黄引起。

即使服用的牛黄解毒片的量不大，没有马上引起中毒，也不能掉以轻心。雄黄中的砷进入体内后会累积起来，长期服用会导致慢性中毒，对神经、血管、心脏、肝、肾、脾都能造成损伤。虽然有时候为了治疗绝症人们不得不使用毒药（例如，砒霜现在被用以治疗某种白血病），但是为了“降火”而去让自己慢性中毒显然是不合算的，无异于饮鸩止渴。

2006年10月17日

偏方是怎么来的

最近因为写书的需要，我把《本草纲目》翻看了一遍，发现了一些有趣的东西。这本名著顾名思义，应该是以收集草药为主，其实不然，它把药物分成水、火、土、金石、草、谷、菜、果、木、服器、虫、鳞、介、禽、兽、人共16部，差不多把天下万物都囊括进去了，难怪有人称之为古代百科全书。

不过与其他百科全书不同的是，《本草纲目》是药书，记载天下万物的目的是为了用它们来治病，例如服器部记载了裤裆、汗衫、衣带、头巾、裹脚布、蓑衣、草鞋、死人枕席、日历、钟馗像、桃符、蒲扇、蒲席、锅盖、蒸笼、竹篮、扫帚、马绊绳、厕筹、尿桶等种种日常用品，不是为了介绍它们的日常用途，而是为了说明把它们烧成灰或浸汁能治疗什么样的疾病。这在今天看来难道不有趣吗？

《本草纲目》收录的很多药方很显然是所谓的偏方，对此李时珍有时候会试图给出理论解释证明其有效性。“水部”记载了不同时节下的雨水可治不同的疾病，例如夫妻各饮一杯立春雨水后同房，治疗不孕症有“神效”，李时珍解释说，这是“取其资始发育万物之义也”。

《本草纲目》记载了多个治疗不孕症的偏方，有的比这还要离奇，例如有一个是：在上元节时偷来富家灯盏放在床下，就能令人怀孕。为什么呢？没有解释，也令人百思不得其解。有的偏方虽没有解释，但是可以猜出来其缘由。据《本草纲目》说，鱼骨鲠喉，把渔网煮成汁或烧成灰喝了，就能让鱼骨掉下。它没有给出理论依据，想来是因为既然渔网能够捕鱼，其汁、灰捕鱼骨也不在话下吧。

对这类奇特的偏方，李时珍显然深信不疑，而且还赞叹其奇妙。他记述说，有人上吊死了，把上吊的绳子拿来烧成灰，水服能够治狂癫，并感叹道：“观此则古书所载冷僻之物，无不可用者，在遇圆机之士耳。”

这些用来治病的“冷僻之物”，起初可能只是出于某个人的异想天开，或许也真有人试验过证明其有“神效”，于是就成了经验之谈。毕竟，长期不孕的人是有可能碰巧怀孕的，狂癫是有可能突然变好的，卡喉的鱼骨也有可能在喝了水、吃了灰之后掉下去的，如果刚好用了这些偏方，就能作为其有效的证据。偏方无效的时候当然更多，不过人们的天性是倾向于记住有效的个案并啧啧称奇，却容易忘记无效的情形——所以算命先生不必担心会失业。

偏方的疗效会比算命更为普遍和显著，因为许多疾病不仅可以自愈，而且在心理暗示的作用下，会更容易自愈。因此偏方所用的药物越是冷僻，越是珍稀难得，越是污秽苦臭，对患者的心理暗示作用就越强，治疗效果也就会越好。因此犀角、虎骨、虎鞭、熊胆到今天也还被视为良药，而《本草纲目》更收录了大量的秽物入药：牛蹄中的水、三家洗碗水、磨刀水、猪槽中水、溺坑水、鞋底下土、床脚下土、烧尸场上土、冢上土、蚯蚓泥、犬尿泥、粪坑底泥、檐溜下泥、梁上尘、门臼尘、寡妇床头尘土等，都能治各种各样的疾病。人们相信"良药苦口利于病"，所以也就相信苦口的都是利于病的良药了。同样，人们相信"以毒攻毒"，所以毒物也就被用来作为解毒的良药。

《本草纲目》的压轴是"人部"，据说人的身上都是宝：头发、头垢、耳屎、膝头垢、爪甲、牙齿、人屎、人尿、乳汁、经水、人血、精液、唾液、齿垢、胡须、阴毛、人骨、天灵盖、胞衣、脐带、人势、人胆等都是良药，都有种种神奇药效。

当然，并不是中国古人就特别古怪，其他民族的古代医术也是如此，都有存在把珍稀、污秽、有毒之物当良药的问题，缘由应该相同。只不过，《本草纲目》这部"百科全书"把这些东西全收集罗列在一起，所以才显得格外突出。

没有人会否定《本草纲目》中收录了古人许多的宝贵经验，就连鲁迅也认为这部书"含有丰富的宝藏"。但是没有经过科学检验的经验未必可靠，可能只是以讹传讹。古人对前人的经验之谈是如此的轻信，有时候甚至到了荒诞的地步，这就大大地降低了古人经验的可借鉴价值。对上述那些古怪的偏方我们现在可以不假思索地否定、不必检验就抛弃，但是对那些看上去不那么古怪的偏方呢？例如草药的疗效，一概否认、抛弃无疑是不智的，但是里面有多少是臆想、讹传，又有多少是宝贵的治疗经验？要去除大量的粗、伪来获得那么一点可能的精、真，是一个艰难的使命。

2006年12月22日

“神医”华佗的手术神话

近日河南大学文学院教授王立群在央视《百家讲坛》讲“神医华佗”，称其“料病如神，预知生死；治疗神奇，手到病除；外科神奇，开刀剖腹；医学流派，器重神奇”，所以世界华人总爱拿华佗作为神医代称。他主要依据的是《三国志》和《后汉书》所谓“正史”的记载，认为“这些传说都应当符合史实，并非虚构和神化”。

但是，王教授的前辈、真正的国学大师陈寅恪早在1930年写过一篇论文《三国志曹冲华佗传与佛教故事》，考证出华佗故事就是个神话故事，故事原型来自印度佛教传说。陈寅恪的理由主要有两点：第一，华佗这个奇怪的名字其实源自印度药神阿伽佗（“华”“伽”的古音相同）；第二，华佗的神奇医术与后汉安世高翻译的《来女耆域因缘经》所载神医耆域的神奇医术雷同，明显是抄袭来的，“为外来神话，附益于本国之史实也”。

其实，即使没有国学大师的考证，仅从现代医学的角度来看，华佗的事迹也完全不可信。正史所载的华佗神奇医术，大抵荒诞不经，稍有科学头脑者即不会信以为真，在今天已很少还有人把它们当史实介绍，只有华佗用“麻沸散”为病人做开腹手术的故事至今仍被人们津津乐道，甚至被写入中国科学史、医学史。

这项据称早于西方1000多年的创举，《三国志》和《后汉书》所载大同小异，《后汉书》的说法是（据王教授的翻译）：华佗对需要开刀的病人，先让他用酒服用“麻沸散”，喝过“麻沸散”的病人像喝醉了酒一样失去了知觉，再为病人剖开腹部，取出结积物。如果病在肠胃，华佗能开刀取出肠子，剪掉有病的肠子，洗涤干净后，再缝合好，敷上药膏，四五天就会愈合，一个月就能长好，因为不疼，病人也没有什么感觉，一个月之内，病人就恢复了健康。

陈寅恪已指出，这个破腹断肠的记载也为抄袭印度神话之作。即使是中国原创，其真实性也令人起疑。那个神奇的麻醉药“麻沸散”只有一个名称，没有具体成分。后人推测说其主要成分可能是曼陀罗花。“曼陀罗”是梵语，印度古籍有用曼陀罗花当麻醉剂的记载，华佗故事在这里再次与印度发生了关系。中国古籍则迟至宋代才有用曼陀罗花做麻醉剂的记载。后来中医也用它当止痛剂做一些小手术，如李时珍《本草纲目》载：“割疮灸火，先宜服此，则不觉苦也。”

曼陀罗花起麻醉作用的主要成分是东莨菪碱，但是麻醉深度不够，镇痛不强，肌松作用不完全，并不适合于做开腹手术。20世纪70年代初期的“文革”期间，根据“麻沸散”的成分主要是曼陀罗花（又称洋金花）的推测，为发扬“中药麻醉”，我国许多医院尝试静脉注射洋金花总碱或东莨菪碱进行全身麻醉，同时还要结合氯丙嗪、哌替啶等现代麻醉药才能做手术，最终也由于效果不佳放弃了。如果是单独口服曼陀罗花，当然效果更差。很显然，口服曼陀罗花只能够用于“割疮灸火”之类的小手术，是不可能用于开腹手术的。事实上，全身麻醉手术都必须吸入或静脉注射麻醉药，不能口服。

“麻沸散”当然也可能不是曼陀罗花。也许华佗发现了今天众多科研人员用科学方法也没能发现的一种神奇的口服麻醉药。这就能保证其开腹手术能够成功吗？不能。成功的麻醉只是成功完成开腹手术的一个重要条件，却不是唯一的条件。做手术的医生需要有系统的解剖学知识，对腹部结构、脏器解剖有精细的了解，对疾病有准确的诊断，还要知道如何消毒防止伤口感染，如何在手术中止血，这都是华佗的时代所不可能实现的。因此，即使华佗真能成功地实施麻醉，也不等于他就能成功地动手术。在缺乏系统的解剖学知识的指导，连消毒、止血都不具备的条件下，实施破腹切肠手术，病人必死，何况我们不知道有什么病是可以通过切开肠子进行清洗来治的。

华佗庙有一副对联云：“未劈曹颅千古恨，曾医关臂一军惊”，说的是华佗两项尽人皆知“外科事迹”：为关羽刮骨疗毒，向曹操建议用利斧砍开脑袋治疗头风病而惹下杀身之祸。这本是《三国演义》的小说家言，连“正史”都不载，却也被当成了华佗的主要事迹。如果华佗真的是因为想开曹操的头颅而被杀，倒是咎由自取。且不说开颅术治不了头风，在当时的医疗条件下，接受开颅术无异于自杀。

传统医学往往以标榜名医、神医的神奇医术来抬高身价，说得越神奇越能把人镇住，一般人也宁信其有。现代医学则相反，对传闻、轶事都宁信其无，越是神奇的说法越不能相信。这种怀疑精神乃是科学精神的一部分。不仅科学家、医生要有科学精神，历史学家也应该有科学精神，切不可盲目相信“正史”的记载，对那些违背常识和科学知识的记载更不能相信。有没有科学精神，也是国学大师与庸俗历史学家的区别所在。

2008年5月11日

青蒿素和中药有多大的关系？

近日，中国科学家屠呦呦获得2011年度拉斯克临床医学奖，理由是“发现青蒿素—— 一种用于治疗疟疾的药物，挽救了全球特别是发展中国家数百万人的生命”。由于拉斯克奖被许多人认为是生物医学领域仅次于诺贝尔奖的大奖，屠呦呦的获奖在国内引起了很大的反响。国内有的媒体在报道这一事件时把青蒿素称为中药，并说它让人们重新燃起中药创新的希望。其实青蒿素不是中药，而是从植物中提取的成分单一、结构明确的化学药。有很多化学药最初都是以植物为原料提取或合成的，例如阿司匹林、达菲，我们不能因此就说它们是中药。

所谓中药，应该是指中医传统上使用的、用来治疗相同疾病的药物。中药虽然传统上也用青蒿治疟疾，但是中医所用的那种青蒿（又名香蒿）并不含青蒿素，已被证明对治疗疟疾无效。青蒿素是从与青蒿同属的黄花蒿（又名臭蒿）提取的。中医几乎不用黄花蒿入药，用的话也只是用来“治小儿风寒惊热”，从不用它治疟疾。青蒿素一开始也称为黄花素或黄花蒿素，后来为了表明其与中药的关系，才统一叫作青蒿素，再后来干脆在药典里把黄花蒿改叫青蒿，定为青蒿的正品，让人误以为青蒿素真的是从青蒿提取的。

中医由于没有植物形态学和分类学知识，不同种、不同属甚至不同科的植物在某方面长得相似，就常常被当作同一种药物使用。也许黄花蒿有时也被用来代替青蒿使用，即便如此，里面的青蒿素也起不了作用，因为中医是把药物煎成汤药来治疟疾的（最著名的是以青蒿、知母、桑叶、鳖甲、丹皮、花粉煎成的青蒿鳖甲汤），而一旦加热到60摄氏度，青蒿素的结构就被破坏，失去了活性，杀不死疟原虫了。

青蒿素的发现是许多人分工合作、相互竞争的结果，究竟谁的功劳大，至今争论不休。不过，大家都公认屠呦呦起到的关键作用就是发现青蒿素受热就失去活性，想到了要用乙醚提取。屠呦呦称，她是在东晋葛洪《肘后备急方》一书中看到“青蒿一握，以水二升渍，绞取汁，尽服之”的说法，才恍然大悟不能加热青蒿。由于这个故事，人们会说青蒿素的发现至少受到了中医的启发，葛洪也因此成了“东晋名医”。其实葛洪是个炼丹的术士，《肘后备急方》则是收集民间的偏方，并没有用到阴阳五行、辨证配伍，与中医中药没有关系。

事实上，葛洪记载的这个偏方是否真的能治疟疾，也是很可疑的。青蒿素几乎不溶于水（所以屠呦呦才用乙醚提取），用两杯水（东晋的“升”很小，当时一升大约相当于现在的200毫升，也即一杯）浸泡一把青蒿，即使用的是黄花蒿，也不太可能泡出能达到药理浓度的青蒿素。如果葛洪只记载了青蒿能治疟疾，我们也许能认为有其合理性。但是葛洪共在书中搜集了43个治疗疟疾的偏方，其中有草药，也有巫术。青蒿一条是其中很不起眼的，只出现了一次（而草药“常山”出现了13次），也没有说其疗效有多灵。反而是那些荒诞不经的巫术，葛洪盛赞其“立愈”“无不瘥”。例如：“禳一切疟。是日抱雄鸡，一时令作大声，无不瘥。”“破一大豆（去皮），书一片作‘日’字，一片作‘月’字，左手持‘日’，右手持‘月’，吞之立愈。向日服之，勿令人知也。”

即使葛洪记载的青蒿偏方真的对治疗疟疾有效，它并没有被葛洪特别关照，在随后的一千多年间，也差不多被淹没了。虽然在某些中医典籍中也会抄录它，但是并不看重它，只是作为文献备考。中医和民间仍然不停地在寻找治疗疟疾的方法，屠呦呦课题组搜集了808个可能抗疟的中药，而同时的云南小组搜集的中草药单方、验方竟多达4300余个。这么多的偏方正说明没有哪个有突出的效果，否则就都用它了。而当时的实验也证明它们无一有效。

的确，虽然偏方如此之多，在历史上中国古人从来就没能抗击疟疾，每次疟疾流行都死人无数。直到1950年，全中国还有疟疾病人3000万，每年病死数十万人。马未都以青蒿素的发现来说明“西医西药没进入中国时，中国人也活得好好的”，真是哪壶不开提哪壶。事实是，没有一种中药能够有效地治疗疟疾，这个史实很能证明这一点：1693年，康熙皇帝患疟疾，所有宫廷御医和民间中医都束手无策，最后是靠吃法国传教士提供的金鸡纳树皮粉末治好的。金鸡纳提取的西药奎宁进入中国后，成了最受热捧的、最著名的药物之一。在京剧《沙家浜》里，新四军赖以治疗疟疾的药物是奎宁，而不是青蒿或别的中草药。

青蒿素是“文革”期间集中全国力量用人海战术研发出来的。动用了数十个单位的500多名科研人员，用5年的时间筛选了4万多种化合物和草药，最后才很偶然地发现了青蒿素。中医和中医典籍提供的众多药方没有派上用场，和拿着一本《中国植物志》一个一个往下筛选的效率差不多。有人从青蒿素的发现认识到“中药是尚未充分开发的宝库”，中药中当然完全可能含有某些还未被挖掘出来的化学药，但是青蒿素的发现过程恰恰说明想从中医典籍无数以讹传讹的记载中找到真正有用的药物极为困难，效率非常低下，而且要靠运气。青蒿素发现之后的40年间，虽然有无数的科研人员试图从草药中再创奇迹，却再也没能找到第二种能被国际公认的新药，也就并不奇怪了。

2011年9月19日

科学不是神话

1822年9月14日，法国语言学家商博良（Jean-Francois Champollion，1790—1832）破译了古埃及象形文字，从此古埃及历史不再是秘密，埃及学由此诞生。就在这一年，美国康涅狄格诞生了一位埃及学家埃德文·史密斯（Edwin Smith，1822—1906）。1862年，史密斯在埃及卢克斯特市从一位古董商那里买到一卷纸莎草书卷，并辨认出是一份医学文献。1906年，史密斯的女儿将它捐献给纽约历史学会。后来，纽约历史学会请芝加哥大学东方研究所的著名埃及学家亨利·布里斯蒂德（Henry Breasted）翻译、出版该书卷。布里斯蒂德花了10年时间在1930年完成了这项任务。结果发现，这是一本外科手术指南，收集了48个病例，从头往下依次讨论了身体各个部位的损伤，对每个病例依次介绍病名、如何检查、诊断和治疗。

这个书卷此后就被称为埃德文·史密斯手术书。它是一个抄本，大约抄写于公元前17世纪，而它根据的原本，写于公元前3000—公元前2500年，是一位不知名的古埃及医生的作品。迄今，人们共发现了14种古埃及医学文献，埃德文·史密斯手术书是其中最古老的，事实上，它也是人类迄今为止发现的最古老的科学文献。

但是，与其他古埃及医学文献相比，埃德文·史密斯手术书却是令人惊讶的“现代”。在人类文明的早期，人们认为疾病是神的惩罚或恶魔作祟，巫医不分，拜神祛魔和用药都是治病的方法。古埃及人普遍相信身体的每一部位都对应着一个神，因此只有通过膜拜神灵才能治病。认为万物有灵的泛灵论在各个古代文明中都或多或少地存在着，但在古埃及文明中表现得最为明显，古埃及的医生往往是由祭司担任的。因此在古埃及的医学文献中，都掺杂着大量的迷信和巫术。然而埃德文·史密斯手术书却是个例外。它对病因作出自然的解释，治疗方法也是相当理性的，只有一例用到了巫术。

更难得的是，埃德文·史密斯手术书在介绍了各个病例后，分别给出可治愈、不确定、不可治3种结论。其中不可治的结论出现了14次，探讨这些无法治疗的病例看来是出于科学的兴趣。认识到存在着不治之症，承认人力不是万能的，这不仅是诚实的表现，也是一种极其可贵的科学态度。在所有古埃及医学文献中，只有埃德文·史密斯手术书表现出了这种态度。埃德文·史密斯手术书不仅是古埃及最早的医学文献，也是最客观、最清晰和最有科学态度的。

在其他民族的古代医学文献中，也很少愿意承认会有不治之症。似乎世上没有治不好的病，只有没治好的病。只要遇到神医，寻到灵丹妙药，就会出现奇迹，什么病都可以手到病除，甚至起死回生。在中国古代医学文献中，也充斥着这种神话。

现代医学发展到今天，已征服了以前无法治愈的无数疾病，但仍然对许多疾病没有良效，总有医治无效的时候。许多人不愿意接受这个现实，这就给“另类医学”、江湖骗术、伪科学、迷信留下了生存空间。即使平时很有科学头脑的人，一旦厄运降临到自己或亲人身上，也会对现代医学产生怀疑，转而乞灵于其他方法，梦想出现奇迹，为此受骗上当、倾家荡产也在所不惜。患者和家属的遭遇是值得同情的，可恨的是那些有意无意的医疗骗子。5000年前就敢于在书中坦承许多病不可治的古埃及医生，因此更值得我们的敬仰，虽然我们连他的名字都不知道。

2005年3月2日

追求健康最不应该“另类”

提倡健康保健的书向来就容易成为畅销书，中外皆然。但是像国内现在这样最畅销的几本健康类图书都是以耸人听闻为卖点，宣扬的都是一些有悖科学常识、生活常理的另类养生观的，却具有前所未有的中国特色，什么“吃晚饭死得早”“吃肉块能吃死人”“牛奶是给牛喝的，不是给人喝的”“吃动物蛋白会得癌症”“喝水能治百病”“香蕉要吃皮，烂的皮最好吃”……似乎只要自称是几百年前某个太医的后代，或者从国外函授学校要一个“博士”头衔，再离奇的健康指南都不难找到众多追随者，甚至办一场电视讲座就能让当地的红薯被抢购一空，仅仅是因为“博士”说了吃红薯保证你不得癌症。

“轻信主流营养观点是很危险的！”另类营养专家警告说，让你觉得不跟着他吃素吃红薯，就会有性命之虞。虽然科学主流也有弄错的时候，但是在绝大多数情况下都会是正确的，轻信另类养生则要危险得多。主流营养观毕竟是无数最有专业识别能力的专家在做了大量的科学实验、调查之后得出的结论，而不是某个人的信口开河。一边是无数真正的专家，一边是某位资历可疑的“太医”“博士”；一边是大量的科学证据，一边只会耍嘴皮子。哪一边更可靠可信，本是一目了然的事。

然而，这是个追求多样化的时代，“另类”成了先进、高明的标签，让许多人丧失了基本的判别能力。在许多问题上，追求“另类”至少并无害处，有时还很可爱。但是在保健方面，恰恰是最不应该“另类”的，因为这是以自己的身体健康为代价的。这种危险性并不是短时间内就会表现出来的，也不是自己可以觉察到的。如果你因为长期素食而得了营养不良，因为饮食缺钙而在晚年得了骨质疏松症，或因为吃腐烂的水果皮、霉变的红薯皮在体内累积了毒素、致癌物而得了癌症，谁会为你的轻信承担责任？“太医”“博士”会吗？那时候他们很可能早就像许多风云人物一样销声匿迹了。

2007年4月11日

假如你要生产假药

国家食品药品监督管理局近日决定对所有批准上市的药品实行编码管理。据说，有了药品编码这个“身份证”，药品的生产厂家、产品特性、价格、生产日期等信息经识读器识读，可一目了然，假药从此无立足之地。但是，如果假药厂商把药品编码也复制过去，难道识读器还能辨认？连人的身份证都能假冒到可以乱真，何况药品“身份证”。

我们通常说的假药，就是指的这种假冒正规药厂，或者假冒上市批号的药品。它们的质量通常有问题，不含或少含所标注的药物成分。它们明显是非法产品，也是比较低级的假药。比较高级的假药在形式上完全合法，它们由正规药厂生产，有上市批号，药品质量没有问题，符合国家药典的要求——唯一的问题是，它们并非真正具有疗效，至少并没有被科学设计的临床证明过有效，所以必须作有罪推定认为它们无效。

我们是守法公民，生产非法的假药要冒被追究法律责任的风险，不能去做。合法的假药品种繁多，足够让我们挑花了眼。虽然明知是假药，你也可以放心地生产，不必担心会被患者识破。患者其实并无鉴别药物疗效的能力，即使是只含生理盐水或淀粉的药物，也会让相当一部分患者觉得很有效。

这是因为有很多因素会影响到人们对药物疗效的认定。许多疾病都能够自愈，不必治疗也会痊愈。还有许多疾病的状况受病人心理因素的影响很大，给病人服用假药也会出现一定的疗效，特别是那些发病机理与精神情绪有关的疾病，例如高血压、失眠症、焦虑症、胃十二指肠溃疡等，假药的有效率能达到30%甚至更高。有些慢性病，例如哮喘、关节炎，病情自己会时好时坏。还有一些疾病的病情好坏，取决于病人的自述或医生的主观判断，其结果很容易受到病人或医生的主观愿望的影响。

所以可以选用的假药品种非常多。感冒药是最佳的选择之一。虽然普通感冒和流感是两种不同的疾病，但一般的人区分不了，你的感冒药可以两者通吃。不管是哪种感冒，你的感冒药都会显得非常有效，吃几天通常就会好。虽然不吃药过几天也会好，但一般人是不会想这么多的，感冒了还是想要吃药，吃了药感冒好了就认为药有效。如果在药里加一点能缓解症状的化学药，更能起到立竿见影的功效。

流感的症状通常比普通感冒严重，偶尔会因为并发了肺炎等疾病而让病情恶化乃至死亡，但是这种情形毕竟不容易碰上，假药还是会让绝大多数人觉得有效的。碰上恶性的流感大流行会比较棘手一些，不过几十年都未必能爆发一次。即使是这次搞得人心惶惶的新型甲型H1N1流感，现在看来其严重程度也远远低于一开始的估计，并不比一般的流感严重，死亡率很低，而且死亡病例几乎全部集中在美洲，其他地区病死的只有寥寥几个。在这种情况下，对大多数患者来说，吃假药也感觉不出和吃达菲有什么区别了，假药也就有了用武之地。

生产号称能止血的药也是不错的选择。人体本身就能制造极为有效的止血药：当血管破损时，血小板会在伤口处聚集起来，释放凝血酶和多种血液凝固因子，收缩血管，形成血栓，堵塞创口。只要不是罕见的血友病患者，只要伤势没有严重到要上医院急救，伤口经过包扎后都能自行止血。但是人们一看到出血，不撒点止血药就觉得不放心，不管撒的是祖传秘方、保密配方还是香炉灰、草木灰，当然都是无比灵验。

庞大的补药市场也可以去分一点。现在卖补药的都改用了现代医学术语，叫作能调节免疫功能、增强免疫能力。免疫力的高低本来就没个标准，感觉强就强，感觉弱就弱。只要有信心，喝自来水也能让人觉得提高了免疫力。如果给自来水加上一个显得特高科技的名头，频谱水、纳米水、离子水、电解水、磁化水、能量水、活性水、富氧水……“效果”就更佳了。

如果胆子再大一点，心再狠一点，可以生产专供癌症病人用的抗肿瘤药物。这些人的钱最好赚，他们或其亲属为了一点渺茫的希望，甘愿花光所有的积蓄。他们通常也很通情达理，治不好就认命，治好了就会对你感恩戴德，义务当起宣传员。治好的可能性其实并不低，你自己不要因为明知用的是假药就没了信心："癌症"患者中有相当高的比例是误诊，即使是真正的癌症患者，也有一部分会自愈。

还有许多其他常见疾病的市场也不应放弃。这些疾病本来已经有了较为有效的化学药，但是许多患者担心化学药的副作用而不敢用，等着你为他们提供"没有副作用的天然药物"，再在里面掺入化学药就能让他们觉得确实有效：降血糖药掺入格列本脲、减肥药掺入芬氟拉明、壮阳药掺入昔多芬、治脱发药掺入米诺地尔、安神药加入艾司唑仑、皮肤药加入糖皮质激素……

所有这一切，在中国都能找到同类产品，它们合法地生产、上市、做广告，不必担心真的会被当成假药查处。就算有人要找你的碴，要你出示什么临床试验报告，也会有曾被假药治好过病的群众主动为你出头，用口水把他淹死。

2009年6月29日

怎样成为一代"神医"

近日电视上在宣传一名"神医"，专治截瘫、偏瘫，据说手到病除，原本意义上的手到病除：不打针不吃药，简单地用手揉揉，就能让患者活蹦乱跳。这是"神医"辈出的时代，国内媒体以前推出过不少"神医"，以后想必还会继续推出。其实"神医"并不神秘，只要悟出了其中的道道，人人皆可成为"神医"。

当"神医"的第一步，当然是要宣称专治被人们视为不治之症的大病。晚期癌症、截瘫之类就是"神医"最擅长的，也是最保险的，因为这种病的患者抱着死马当活马医的心态，治不好是正常的，不会被责怪，碰巧"治"好了一两个，就会引起轰动，就有了口碑。至于普通疾病则应该留给普通医生去治，治不好有损"神医"的威名，不屑去治。

“神医”还要有人生的传奇，要么有显赫的出身，比如是“太医”的后代，家藏祖传秘方；要么出身卑微，但有过一番奇遇，或者得到高人指点，或者刻苦自学，终成大器。人们既仰慕名门之后，也敬佩创业英雄，不管你选择哪一种出身，在人们的心目中都不是等闲之辈。中国老百姓普遍相信民间有高人，不必经过专业训练也可当“神医”，即使没上过大学又怎么了？扁鹊、华佗上过大学吗？英雄不问出身嘛。

光有传奇经历还不够，还必须有能证明自己资质的头衔，比如洋博士文凭、教授职称、院士称号。国外有许多专门为中国人培养博士的大学，一句外语不会也没有关系，只要交了学费，博士文凭很快就会寄来。这些大学虽然被某些人蔑称为“野鸡大学”，但是名头往往都特别大，（比如冠以“国际”“世界”“联合国”字样），足以吓死胆小的人；或者与国外名牌大学只有一字之差，一不留神就看错了。院士称号同样可以向国外和港澳地区那些专门面向中国人的新兴“科学院”索取。至于教授职称，是可以自封的，保险一点的，可以通过关系到某个大学当个客座教授，或者自己成立一个研究所当研究员，研究员不就是教授了吗？

天下号称能治疗不治之症的人太多，为了能让自己脱颖而出，还要标新立异，专门与主流医学唱反调。即使治疗的方法是简单地拍打、揉搓，也要一口咬定不是按摩，而是以自己的姓名命名的新疗法，创建了一个以自己的姓名命名的医学新体系，并且还有发表的论文、出版的学术专著和专家的鉴定为证。

不过现在许多人都已经知道国内学术腐败很严重，论文和学术专著是交了钱就能出的，鉴定的专家也是能收买的，所以还要证明自己不光是在国内横，还有崇高的国际声誉。想在国际学术期刊发表论文是不可能的，但是还有许多途径可以让自己成为轰动世界的“神医”。简单的办法是说一段自己如何扬威海外、镇住国外专家的故事，这不需要成本。复杂的办法则要花点钱，比如申请美国专利，只要是别人没提过的新观点新方法，专利员都会让你过；获得布鲁塞尔尤里卡博览会金奖之类的奖状，这些展销会是交了钱就能参加，参加了就能获奖的；在国际会议上做报告，许多国际会议是交了钱就能去那里指点江山，合影留念的；担任某个国际组织的负责人，当然，这个国际组织要靠自己去注册。更复杂一点的，还得多花些钱，雇一批老外当演员，拍一段录像供回国放映。

找到领导、名人为自己捧场，也是必不可少的。虽然领导、名人对医学成果并无鉴别能力，但是在我们这个社会，领导、名人是各个方面的权威，当然也就是医学权威，领导、名人的肯定不仅能让普通公众崇拜，而且也相当于给了自己一把闯荡江湖的尚方宝剑，工商、药监部门也得让三分。

不过最能让人信服的还是患者的现身说法。找几个托儿，编造一册患者病例，这种手法太低级，在网络时代容易露馅。而让真实患者出来表演，就不怕记者、网民的追踪调查了。只要看过的患者足够多，就不难找到几个能言之凿凿地证明自己的神奇疗效。即使是不治之症，也有相当数量是误诊，其实病人患的并非不治之症。即使真的是不治之症的患者，也有一部分可以自愈，在心理暗示的作用下，更容易自愈，而笼罩在“神医”头上的种种光环，正是强大的心理暗示。让瘫痪患者当场站起来走路，看来让人震惊，但也并非不可思议，因为有的瘫痪患者的功能实际上已经恢复，只是还有心理障碍而已。这样的患者的确可以让你手到病除，只要让你碰上几个，就可以吹一辈子了。

“神医”治病都靠嘴，敢吹会吹是基本功。但是最终还需要媒体的配合，才能让“神医”吹遍全国。媒体宣传是可以用钱买的，只要愿意多花钱，广告也能变成新闻报道。有时这笔宣传费甚至可以省下来，因为有的媒体记者、编辑会真诚地相信“神医”故事，为其做义务宣传。

如此这般，一代“神医”就诞生了。让普通公众、领导、名人、媒体相信“神医”并不难，让国内学术界相信就不太容易，但也还有可能，而让国际学术界也相信，就完全不可能了。不过这没有关系，诺贝尔奖可以不要，钱却是不能不赚。“神医”的市场在国内，最多再加上海外华人，这里有着沉积了千百年的“神医”土壤，摇钱树很容易茁壮成长。

2009年6月22日

如何成为一名“养生大师”

“养生大师”李一“神仙”闭关了，他的养生培训班停办了。稍早一点，“中医食疗第一人”张悟本收费高昂的悟本堂拆了，他的书下架了。再早一些，“排毒教父”林光常在台湾因常业诈欺罪被判两年6个月徒刑，“刘太医”刘弘章也在天津因非法行医被捕，以销售伪劣产品罪遭到起诉。这是“大师”辈出的时代，“养生大师”前赴后继，一个“大师”倒下了，很快又会冒出新的“大师”。我来传授一下这些前辈“大师”的经验，你如果跟着学，下一个名动江湖的“养生大师”说不定就是你了。

首先要给自己起一个能够体现自己的养生特色和地位的响当当的绰号，自从水浒的时代以来，这是行走江湖的通行证，是扬名立万的招牌。绰号可以是自己喊出的，也可以是媒体帮着炒出的。有时一个绰号不够，就再加一个别号，所以张悟本又号“京城最贵中医”，林光常又号“地瓜王子”，李一又号“道医传人”。

江湖上讲究师承，特别是以传统文化为卖点的，最好再给自己改换祖宗，投胎世家。刘弘章号称明朝永乐年间“太医”刘纯的后裔，虽然史书记载刘纯从未当过太医，这没关系，有几个读者会去查史书？张悟本号称出身中医世家、老爸当过领导人的保健医生，虽然张家父子都曾经是纺织厂工人，谁敢说他们就没有悄悄地在干第二职业？曾是练摊的杂耍演员、2006年才受箓正式成为道士的李一都敢号称出生于道教世家、3岁就成了道士。养生成了文化，就必须把自己包装成文化人，最好还要有一个博士学位、教授头衔，没有就去买一个（比如，林光常从美国野鸡大学买的“美国环球大学博士”），或者干脆发明一个（例如刘弘章父子的“联合国医学博士”）。李一的剑桥大学客座教授头衔是他的发明，但是国内名牌大学的客座教授却可能是真的，因为那里有他的仙友、弟子。

敢吹会吹是行走江湖的必备技能。以前有种说法，东北出大师，因为东北人善于忽悠。我们要强烈反对这种地域歧视，全国各地都不乏忽悠天才，最近出现的几个最著名的“养生大师”就都不是来自东北的。这让其他地方的人也有了盼头。声称自己的养生大法能够包治百病、百病不生，是吹的必要内容。李一更是把吹术提高到了新境界，敢说自己能用胎息大法在水下闭气2小时22分，敢说“我们活到200多岁是正常”，这些都不是凡人能说得出口的，不愧是神仙。

如果你的养生方法与医学界主张一一相符，人家自己会上医院、看医生，何必来找你。所以一定要标新立异、声称自己超越了现代医学，才能吸引人。医学界认为牛奶是一种营养丰富的食物，你偏要说“牛奶是给牛喝的，不是给人喝的”，吓唬大家“喝牛奶会导致骨质疏松，会导致癌症”。医学界认为吃盐过多会增加患高血压的风险，你偏要说“吃盐多少和高血压没有关系”。医学界认为水产品要煮熟了吃以免吃进寄生虫，你偏要提倡吃生泥鳅清肝火。

医学界认为健康没有捷径可走，要过健康的生活，必须改掉不良的生活习惯（例如不吸烟、少喝酒），注意饮食均衡，进行适度的锻炼，保持精神放松。这些说起来容易做起来难，幸好有“养生大师”给大家指明一条捷径，各有各的高招：“一天一斤绿豆煮水能防治高血压、糖尿病和近视，三斤绿豆煮水能防治癌症。”“生吃长条茄子就等于吃降脂药。”“喝牛蹄筋汤能有效防止癌变和其他疾病。”“一天吃一个红薯，保证不会得癌症！”“通电体检能够预测出未来五年你能得什么病。”你也必须发明自己的捷径、偏方，不要怕荒唐，再荒唐也会有许多人信——生泥鳅都吃得下，还有什么吃不下？

“养生大师”不是自得其乐的隐士，总要把自己推销出去。拉拢名人、媒体做宣传能让你快速走红。如果能在某个媒体里培养几位弟子，再有一个团队为你策划、推销，那你就更为省心省力了。但是这就需要有钱。敛财是所有“养生大师”的终极目的，不管是卖假药、卖保健品、卖排毒餐，还是举办培训班、坐诊收高昂的费用。

不用担心“养生大师”会很快失去市场。养生文化自古以来就没有失传过，在某种程度上，养生已成为一种不可或缺的信仰。特别是在就医环境恶劣的今天，面对着一方面渴望能通过养生不生病、治好病，一方面又缺乏科学素养、医学知识的公众，“养生大师”很容易一直风光下去，偶有闪失遭遇曝光也不用太担心被司法部门追究责任，换一个马甲又可卷土重来。

2010年8月23日

为什么“神医”大都是“中医”？

又一名“神医”被媒体曝光了。一年前我已注意到这位“养生大师”，因为她提倡的养生方法——生吃泥鳅不仅古怪，而且危险。但一年来此人不仅越来越红火，而且还成了包治不治之症的“神医”，“渐冻人”（运动神经元疾病）是她治疗过的最简单的病，而治疗的方法仍然以生吃泥鳅为主，再加上买她发明的固元膏和在穴位注射当归注射液。她要攻克的下一个目标是艾滋病，估计治疗方法也差不多。近年来冒出的“神医”，虽然治疗方法千奇百怪，喝芒硝、吃蹄膀、喝绿豆汤、吃生茄子、吃生泥鳅……但都是号称根据中医理论，至少在名义上他们全都是扁鹊重生、华佗再世的中医。

为什么“神医”偏爱中医？首先是因为中医的通俗性很容易让一般中国人理解、接受。作为传统文化的一部分，中医的术语、观念从小就在熏陶着我们，“上火”“清火”“开脾”“补肾”之类的说法深得人心。如果你告诉大家运动神经元疾病是“脊髓前角运动神经细胞、脑干颅神经、运动神经核细胞，以及大脑运动皮质锥体细胞的进行性病变”，没有几个人听得明白，但是如果说“渐冻人”是“身体过度受寒凉”所致，“不就是说这个人的身体进入了冬天？那就为身体升温、回暖、化冻不就行了嘛……”虽然是对“渐冻人”这个俗称的望文生义，但是人人能懂，听上去像是那么回事，而其治疗方法“去除体内肝火”“吃温热食物补充能量”也就似乎很顺理成章了。

只要用几个中医术语编一套说辞，就俨然成了“养生大师”“中医大师”，这也是因为中医的门槛太低，不具有专业性。本来医学应是最具有专业性的学科，现代医生如果不经过医学院的教育就无法胜任，也不可能获得行医资格。但是“神医”们都没有受过现代医学的教育、训练，都是祖传或自学，只要能背几句中医经典著作，用几个中医术语，就足够了。人们对此也不觉得有什么大不了的。毕竟，医学院教育是从西方传过来的，中国历史上哪有这个玩意儿？“不为良相，便为良医”是古代读书人的梦想，说明当医生和当官一样，都无须受过特殊的专业教育。只要识字，就能够成为中医乃至名医、神医。历史上的神医文化水平都不高，今天的所谓“国医”有的也没有受过很好的教育。时至今日，人们仍然相信好的中医在民间，不是中医学院能培养出来的。相信民间有高人、神人，当然也就会有神医。

中医不具有科学性，这使得它成为“神医”的避风港。和现代医学不同，中医的理论本来就是模糊、粗糙、充满主观想象的，没有客观的判断标准，而中医的疗法也没有必须用科学方法验证的要求。“中医和西医是两套不同的体系”往往是中医拒绝科学验证的借口，“神医”当然也可以借用。虽然在“神医”被揭露的时候，总会有在医疗、科研机构任职的中医出来试图撇清“神医”与中医的关系，但是历史上和现实中中医流派那么多，都自诩正宗，彼此都不服气，凭什么就不许“神医”举中医的招牌呢？“神医”最受诟病的是他们靠偏方治大病，但是翻翻至今仍备受中医推崇的经典著作，例如《本草纲目》，里面治大病的偏方还会少吗？其中有的偏方及其理论依据，比今天的“神医”所提倡的还要荒唐得多。

现代医学是科学，科学受制于自然规律，不可能出现奇迹。对许多疾病现代医学还没有找到有效的治疗方法，即使对已有有效的治疗方法的疾病，具体到某一个患者时，也不能保证就百分之百有效。中医则不然。在中医看来，只有不好的医生，没有治不好的疾病。中医理论已涵盖了一切疾病，而一切疾病也都能在中医理论的指导下加以治疗。古人从不知道的疾病现在都有相应的中医治疗方法，比如科班的中医认为“渐冻人”是“脾胃虚损”“脾肾虚损”“肝肾阴虚”“湿热浸淫”，可以据此开出中药或食疗。即使一种疾病刚刚被发现，例如一种新型传染病，中医也马上就能作出病因病机分析，开出预防或治疗药方。

中医的神秘性，正是“神医”的土壤。现代医学不能为健康提供捷径，不能治愈许多疾病，但是中医声称“能”，“神医”当然更“能”。一般的中国人虽然平时有病还是以上正规医院看西医为主，但是出于朴素的民族感情，仍对中医心存幻想，总认为中医有其独到、神奇之处，特别是在养生、绝症的领域，更是为中医留下了无比宽阔的空间，“神医”也就可以乘虚而入，而且可以毫不心虚地高举中医的大旗。

2011年7月4日

为什么说中医不是科学？

1955年成立的中医研究院在去年11月改名为中医科学研究院，特地加了“科学”两个字，据称这表明多年来中医是否是科学的争论结束了。如果靠这种文字游戏就能结束争论那就太省事了。美国的神创论者成立了“神创科学研究所”，但是生物学界仍然不认神创论是科学。同样，美国生物医学界虽然对中医的某些疗法（例如针灸）是否有效有争论，但是对中医是否是科学却是没有争论的：不是科学。例如，美国国家卫生院（NIH，也译为美国国立卫生研究院）和美国医学会（AMA）都把中医和其他乱七八糟的民间医术一起归为“另类医学”，不属于医学科学。著名的反伪科学组织“对声称超自然现象的科学调查委员会”（CSICOP）则干脆认为中医是玄学、巫术、伪科学。

中医支持者在面对批评时常见的一个反弹是批评者不懂中医，似乎只有中医从业者才有批评中医的资格。按这个逻辑，我们也可以说只有算命先生、风水“大师”、星相师才有批评算命、风水、星相的资格了。要批评某一种学说是否科学，无须演一出“敌营18年”再反戈一击，甚至无须了解它的细节，只要根据通用的科学标准对其思想和方法加以衡量即可。尤其是在有现代医学可作为对照的情况下，只要具有现代医学知识，要判断中医的非科学性就更为容易。

如果用科学哲学中一些被广泛接受的检验标准，例如逻辑的自洽性、可检验性、可证伪性、可测量性等，对中医进行一番分析，我想不难认定中医不是科学。我不想在此作这种枯燥的“科学是什么”的理论分析，而只想从另一个角度，反过来从“科学不是什么”说明为什么中医不是科学。

科学讲究创新，绝不崇古。因此在科学中不存在人人必读、必信的经典。现代医学的学生除非是本人对医学史感兴趣，否则没有人会去研读希波克拉底、盖伦、维苏里、哈维等历代医学大家的著作，不熟悉经典著作丝毫也不影响他们行医。现代医学的论文也没有人会把前贤语录当论据，靠引经据典来证明自己的正确性。中医则不然，《黄帝内经》《伤寒论》《金匮要略》等古代文献是中医学生必读、必背、必信的至高无上的经典，是他们诊断、处方的依据，中医的论文往往只是对这些经典的阐明、验证。所以，中医更像是一种人文学，而不是科学。

科学研究的是普适的自然规律，它没有国界，不具有民族、文化属性。虽然现代科学是在西方发展出来的，但是它早已成为全人类的共同财富，也融入了东西方各国科学家的贡献。没有一门科学学科是只有某个民族才有而其他民族不予接受的，也没有一门科学学科是只有某个文化背景的人才能理解而其他文化背景的人无法掌握的。中国人并不需要先去学习西方文化才能掌握现代医学，就是因为现代医学是一门不具有民族、文化属性的科学。所以，把中医当成中国特有的科学，把中医的科学地位不受西方科学界的认可归咎于西方人不了解中国文化，那是很荒唐的。

科学是一个完整的知识体系，各个学科都相互联系、统一在一起，不存在一个与其他学科都无联系、甚至相互冲突的独立科学学科。现代医学建立在生物学基础之上，而生物学又建立在物理、化学的基础之上。但是中医不仅在整体上（而不仅仅是个别细节）与现代医学不兼容，也与生物学、化学、物理学不兼容，它对抗的不仅仅是现代医学，更是整个现代科学体系。这样的东西，可以是与科学无关的哲学、玄学或别的什么东西，但是不可能是科学。

为中医辩护的一个常见理由是说它是一门经验科学，是几千年经验积累的结晶。虽然经验有时候含有科学因素，但是经验本身并不是科学，单凭经验而不按科学方法加以研究是不可能归纳出科学理论的，所以“经验科学”的说法本身就不科学。历史是否悠久也与一门学科是否科学无关。有的科学学科（例如现代医学）的历史非常短暂，而有的非科学学科（例如算命、巫术、星相）的历史甚至比中医更悠久。

事实上，中医主流历来是看不起经验的，鄙视建立在经验基础之上的民间偏方、验方。中医理论基本上并非经验的积累，而是建立在阴阳五行相生相克的玄学基础上的臆想，并根据这套臆想来诊断、处方。李时珍的《本草纲目》被认为是中医药经验的集大成，充斥其中的却是天人感应的谬论，例如，它声称夫妻各饮一杯立春雨水后同房，治疗不孕症有“神效”，这显然不是什么经验积累，而是因为“取其资始发育万物之义也”。中医之所以相信虎骨、虎鞭、熊胆、犀角是良药，是因为这些动物凶猛、强壮引起的联想，所谓取象比类，类似感应巫术。水蛭会吸血，中医就认为把它晒干了入药能够活血化瘀，蚯蚓（地龙）在土壤里钻来钻去，中医就认为把它晒干了入药能够通络利尿，凡此种种，不胜枚举，以生物的习性附会其死物的药效，这显然不是经验结晶，而是变相的感应巫术。

没有科学的指导，宝贵的经验也很容易走偏。以抗疟良药青蒿素为例，它的研发据称是受到晋葛洪《肘后备急方》治疟验方的启发："青蒿一握，以水二升渍，绞取汁，尽服之。"这显然是一个验方，与中医的辨证论治、复方配伍的理论无关。后来的《本草纲目》等中医医书虽然都有青蒿可截疟的记载，但是现代研究表明中医所说的那种芳香可食用的青蒿（香蒿）并不能治疟疾，青蒿素是从中医并不认为能截疟、辛臭不可食用的另一种植物臭蒿（黄花蒿）中提取出来的。我们只能推测葛洪说的青蒿指的是臭蒿，被后来的中医家搞混了，所以现在往往就把臭蒿改叫青蒿了。

为中医辩护的另一个常见理由是说它有效。但是有效性并不等于科学性。科学固然会有效，有效的却未必是科学。中国人大约在明朝的时候已发现通过种人痘能够预防天花，这应该是一种经验结晶，而且也有一定的效果。但是中医却把天花当成是小儿先天就有的藏在命门中的"胎毒"，而种痘是为了把胎毒引出来。甚至在更安全、更有效的牛痘术于19世纪初自西方传入中国后，中医家也要来个"中西医结合"，对种痘后的反应进行辨证施治，认为是"脾经毒甚，血热违和"。在今天看来这种与有效的经验相结合的理论当然是很可笑的。

何况，中医治疗的有效性是很值得怀疑的。许多人之所以相信中医的疗效，是因为相信自己曾经被中医治好过，而中医家也在医案中津津乐道如何巧治某个患了疑难杂症的病人。不幸的是，患者的证言和医生的"医案"并不被现代医学认为是疗效的证据。许多疾病都能自愈，在受到心理暗示时更是如此，患者的痊愈不一定是所接受的治疗导致的，因此某个患者被某个中医用某种疗法治好了病，并不能作为该中医医术高明、该疗法确实有效的证明。一种疗法、药物是否有效，是必须经过严格设计的临床试验才能确定的。现代医学是迟至20世纪40年代才确立了这个原则，古人迷信名医医案本无可厚非。但时至今日，一些"中医泰斗"仍然拒绝接受现代医学的临床检验标准，碰巧"治好"了某个疑难杂症就大肆吹嘘，没治好的病例则只字不提，连把自己的亲人治死了也不知反省，这和江湖医生有什么区别?

为中医辩护的人经常说，五千年来中华民族繁衍生息的实践证明了传统中医药学的确是人类的宝贵财富。这个诉诸民族感情的证据根本不值一驳。一个民族的繁衍生息并不需要靠医术来维持，这证明不了其医术的科学性。

其他民族、甚至其他物种几千年来也都在繁衍生息。在现代医学传入中国之前，中国人的平均寿命并不高于其他民族，在古代和近代都只有30岁左右，现代中国人平均寿命大幅度提高到70多岁完全拜现代医学之赐。事实上，中医可能对中华民族的繁衍生息反而有负面影响，本来可以自愈却因不当治疗或为了养生服用有毒的补药而过早死亡的中国人不知有多少。又如，历代中医都认为女性受孕时间为月经净后六日内，还胡说什么单日受孕为男，双日受孕为女，而那段时间恰恰是女性最不容易受孕的“安全期”，如果古代中国人为追求多子多福真按中医的指导择日“敦伦”，反而是无意中在搞计划生育了。

否定中医是科学，并不是在全盘否定中医。中医理论没有科学价值，但是可以有人文价值，中医的某些经验疗法（特别是偏方、验方）也可能有其实用价值，值得现代医学去挖掘。所以对中医的正确态度应该是“废医验药”，抛弃不科学的中医理论，在现代医学的指导下检验中医疗法的有效性和安全性。

我们也不必因为中医不科学而妄自菲薄。毕竟，在现代医学兴起之前，各国、各民族的医术（包括西医）也都不科学，并不比中医好多少，甚至更糟糕。有人声称中医是“超科学”“人体科学”，未来科学的发展会证明其正确性云云，这和那些“算命先生”“风水大师”宣称算命、风水是超越现代科学的“预测科学”“环境科学”并无不同，不过是一相情愿。现代医学接受中医的某个疗法是可能的，接受中医理论则完全不可能。我们没有理由相信古人的智慧能够超越现代科学。科学是向前发展的，不可能重归蒙昧。天文学不会重归占星术，化学不会重归炼金术，生物学不会重归神创论，同样，医学科学也不会重归玄学、原始医术。

能否超出朴素的民族感情科学地看待中医，是检验一个中国人的科学理性素养的试金石。

2006年10月2日

科学史

Science History

阿基米德的镜子

公元前213年春天一个阳光灿烂的日子，罗马执政官马塞卢斯率领一支60艘战船的舰队，攻向西西里岛上的希腊城邦叙拉古。

此时，迦太基统帅汉尼拔正带着大军在罗马大地上行进。罗马军团不敢与之正面交锋，试图切断汉尼拔大军的补给线。叙拉古正是从汉尼拔的北非老家到意大利这条补给线上的关键港口。叙拉古原来一直与罗马结盟，在3年前汉尼拔大败罗马军团后，就倒向了迦太基。

罗马拥有当时最强大的海军，每艘战舰有3层甲板，由150名桨手行使，载着75名士兵，25名军官和水手。其中有8艘战船经过改造，每两艘连在一起，载着一架威力巨大的攻城机。罗马军队用它来攻城，几乎攻无不克。但是马塞卢斯知道这一次非同寻常，因为叙拉古城里住着古代世界最伟大的数学家兼工程师阿基米德。阿基米德靠给政府设计武器获得报酬，因此得以衣食无忧地研究纯学术问题。

当罗马战船驶近城墙时，它们遇到了阿基米德的第一种武器——巨大的投石机抛出大石头，向甲板、桅杆和水兵砸去。有的战船躲过了被砸沉的命运，驶得更近了，这时阿基米德的第二种武器派上了用场，小型的投石机从墙洞射出石头，虽然石头较小，但是速度更快、更密集，罗马水兵纷纷被击中落水。有一些战船还是驶到了墙底下，罗马水兵开始攻城了。这时从墙头伸出一根根又长又粗的木梁，扔下沉重的铅块，把战船和攻城机砸烂。然后，罗马水兵见到了他们从未见过的奇怪武器：一架架起重机从墙后伸出来，晃动铁爪，钩住了船头，把战船垂直地吊起来，然后松开铁爪，战船就被翻了个底朝天。马塞卢斯见了此情此景，感叹道：阿基米德在用我们的船从海里舀水。

最后，神奇的一幕出现了。一群叙拉古士兵出现在墙头，一致地晃动手臂，一道白光射向还在一箭之遥的一艘战船，这艘船就被点燃了。然后又射向第2艘、第3艘……罗马战船一艘艘地烧了起来，马塞卢斯赶快下令撤退。在这场被马塞卢斯称为罗马舰队与阿基米德一个人的战争中，阿基米德取得了胜利。马塞卢斯必须另找攻占叙拉古的办法。

这一切真的发生过吗?

我们可以确定发生过这场战斗，而且罗马舰队被击退了。同样可以肯定的是，阿基米德设计的武器在击退罗马人的战斗中发挥了关键作用。可靠的记载表明，罗马舰队饱受石头、铅块的狂轰乱砸，也遭遇铁爪起重机的重创。但是早期的记载都没有提到阿基米德还用了能点燃战船的秘密武器，甚至根本就没有提到罗马战船起火了。

到了公元2世纪后期，罗马诗人卢坎才首次说到阿基米德用科学办法把敌人的船只点燃。此时距离这次战斗已过了400年，而且卢坎也没有具体说阿基米德用的是什么办法，可能只是用了更普通一些的点火办法，例如，向甲板抛掷装了硫磺、油脂、沥青的火罐。还要再过300年，才有一名希腊数学家首次记载，根据传统说法，阿基米德用镜子点燃了一箭之遥的敌人舰队。

可见这个传统说法缺乏可靠的史料，很可能只是一个传说。这个传说有没有可能是真的呢？有一点是可以肯定的，阿基米德研究过光学，显然知道用凹面镜能够聚焦阳光。但是当时的技术是制造不出一面足够大的凹面镜的。替代办法是用很多面平面镜排列成一个抛物面，同样能够聚焦阳光。传说阿基米德就是这么设计的，让许多士兵人手一面镜子，排成了一个镜子阵。

阿基米德掌握了足够的光学知识能设计出这种光学武器。但是这样的武器真的能派上用场吗？轻信的古人从不怀疑，文艺复兴之后就不同了。笛卡儿认为那是虚构的故事，而布封却在1747年用实验证明阿基米德能够办到。布封用168面20厘米×15厘米的镜子聚焦阳光，点燃了大约50米外的木头。1973年，希腊科学家试图重现当时的情景。阿基米德时代古希腊人还不会生产玻璃镜子，只能用铜镜或磨光的盾牌。在雅典的一个海军基地，士兵们举起70面1.5米×1米的铜镜，瞄准50米外的一艘小木船。起初，许多人没法聚焦，经过反复练习后，终于对准了，几秒钟后木船开始冒烟，很快就烧了起来。

2005年10月，麻省理工学院的学生在校园里做了演示，把127面30厘米×30厘米的镜子对准30米处的木船模型。对准大约10分钟，木头烧了起来，他们让它烧了1分钟再扑灭，木板上烧出了一个洞。随后他们到旧金山，对停泊在海上的真木船做实验。这回用了300面镜子，让船舷冒烟、烤焦，有一个地方出现小火，持续燃烧了2个小时后只烧出了一个小洞，但是并没能点燃木船。

这些实验结果不足以令人信服，用到实战上就更成问题了：叙拉古士兵如何知道要准确地把光线对准哪一点？即使一致对准目标了，罗马战船怎么会保持静止一段时间让他们聚焦？浸泡在海水里的战船是否能像干木头那样被点燃？如果点燃了，火势很小，会不会很快就被船上的士兵扑灭？

即使这一光学武器在理论上可行，在实战中也不实用，还不如发射火箭或用抛石机发射火团更好用。但是它听上去比火箭、抛石机神奇多了，更适合用来讲故事，传说于是出现。就算明知它不可信，人们还是会津津乐道，让它一直流传下去。

2009年7月27日

伽利略有没有做比萨斜塔实验？

这是一个连小学生都知道的科学故事：古希腊哲学家亚里士多德（前384—前322）认为物体的下落速度和重量成正比，物体越重，下落的速度越快。千百年来这被当成是不可怀疑的真理。但是年轻的伽利略（1564—1642）不信这个邪。他在比萨斜塔上当众实验，扔下了一重一轻两个球。在众人的惊呼声中，两个球同时落地。千年的教条被推翻了，一条新的科学定律——自由落体运动定律——被发现了。

这个故事最早出现在伽利略晚年的秘书维维亚尼（Vincenzo Viviani）写的伽利略传记中。这本传记写于1654年（1717年才出版），此时伽利略已去世12年。按维维亚尼的说法，伽利略是在比萨大学任教期间（约1590年），当着其他教授和全体学生的面在比萨斜塔做的实验。但是伽利略本人的著作都没有提到在比萨斜塔当众演示，比萨大学的记录、伽利略同时代的其他人也都没有提到这个据说很轰动的实验，倒是提到了其他人在比萨斜塔做自由落体实验。由于当时的传记写作有喜欢夸大其辞编造故事吸引读者的风气，许多人认为这个比萨斜塔实验不过是维维亚尼编造的一个传说而已。

还有人认为，伽利略根本没有必要去做这个实验，因为他用“思想实验”已经推翻亚里士多德落体运动法则。伽利略在晚年（1638年）出版的《关于两门新科学的对话》一书中，详细介绍了这个思想实验。根据当时教的亚里士多德物理学，每个物体在每种介质中都有一个自然下落速度，在同一种介质中，物体的下落速度和它的重量成正比，物体越重，下落的速度越快。伽利略据此设想，有一重一轻两个球，重球的下落速度将比轻球快。再设想把这两个球绑在一起，速度慢的轻球会拖慢速度快的重球，因此它们一起下落的速度应介于它们各自下落的速度之间。但是两球合在一起的重量大于重球，它们一起下落的速度又应该比它们各自下落的速度都大。这样就出现了自相矛盾，因此亚里士多德的落体运动法则是不能成立的。

伽利略对他的这番论证非常自信，认为无须进一步做实验，就已证明了物体的下落速度和重量大小无关。在真空中，这个结论无疑是正确的，因此很多物理学家、科学哲学家认为伽利略的论证简洁有力、十分精彩，是思想实验的典范。且不说推翻了亚里士多德落体运动法则并不能就得出物体下落速度和重量无关的结论（速度和重量还可以存在其他关系，例如非线性关系），严格地说，伽利略的思想实验并没能推翻亚里士多德落体运动法则。人们往往误以为这个思想实验是关于真空中的自由落体。其实不是，它针对的是任一介质中的自由落体（亚里士多德物理学不相信真空的存在）。而在有介质时，下落速度并非都与重量无关，在某些条件下物体越重，下落速度越快（例如在黏性介质中，具有相同投影面积的物体，它们的下落速度和质量的开方成正比）。

既然伽利略的思想实验出现了与事实不符的结果，那么它的推理过程就有不严谨之处。伽利略在推理时承认亚里士多德的这一前提：每个物体下落时都有一个自然速度。那么把两个球绑在一起，还能不能作为一个物体看待？如果它是一个物体，它就获得了一个新的自然下落速度，应根据它的新重量来算这个新速度（即比重球的速度要大），而不能再根据两个球分别下落的速度去计算新速度，这样就不存在矛盾。如果它不是一个物体，轻球会拖慢重球，但是这时轻球的重量不能加到重球之上，不存在一个有两者重量之和的新物体，不能根据重量之和算出另一个更大的速度，这样也不存在矛盾。亚里士多德可以反驳说，伽利略之所以会认为有矛盾，是因为他一方面把绑在一起的两个球当成两个物体，另一方面又当成一个物体，自己自相矛盾造成的。

所以伽利略的思想实验并不能像他认为的那样清楚地证明亚里士多德的理论有内在矛盾，最多表明其中可能有问题，孰是孰非，仍然要靠实验来解决。伽利略虽然声称无须实验，但在书中还是提到了两个否定亚里士多德理论的实验：从200肘尺（1肘尺大约等于半米）处扔下一个100～200磅的炮弹和一个只有半磅的步枪子弹，前者只比后者领先一掌距（23厘米）落地；从100肘尺处扔下一个100磅的铁球和一个1磅的球，前者只比后者领先2指宽落地。但是伽利略既没有在书中明确说是他本人（即书中人物萨尔维亚蒂）做的实验，也没有说这是在比萨斜塔做的实验（第一个实验明显不可能是在比萨斜塔做的，因为塔高只有五十几米）。那么伽利略究竟做没做过自由落体实验？如果做过的话，是不是在比萨斜塔做的？是不是当众做的？

伽利略在另一处倒是明确提到他曾经在高塔上做过落体实验。伽利略在比萨大学当数学教师期间，写了一部没有出版的手稿《论运动》（写于约1590年），其中5处提到在“高塔”或“塔”上做的落体实验。这5处中只有一处是为了反驳亚里士多德理论，是以反诘语气提出的（“如果两块石头从一座高塔同时扔出，一块的大小是另一块的两倍，那么谁会相信，在大石头已落地时，小石头只下落了一半路程？”），显然这只是假设，而不是对真实实验的描述。剩下的4处是在描述实验，其中一处更是明确地说他本人经常在高塔上做试验，但是不是为了否定亚里士多德理论，而是为了验证他提出的一个新的落体定律：落体的速度和其密度成正比。原来此时伽利略并不完全否定亚里士多德理论。他认为，在真空中如果是相同材料做的物体，那么它们的下落速度和重量无关；但是如果是不同材料做的物体，那么下落速度和它们的比重成正比。假如扔下一个金球和一个银球，由于金的比重大约是银的两倍，伽利略认为金球应领先银球一半的距离先落地。

伽利略说他经常做的实验是同时抛木球和铅球的实验。他报告一个奇怪的现象：一开始木球的下降速度比铅球还快，之后铅球逐渐赶上木球，领先木球落地。根据现在的物理学知识，如果考虑到空气阻力，铅球领先落地是预料中的，但是木球一开始领先铅球，则似乎是荒唐的。因此，有人怀疑伽利略是不是真的做了实验。

20世纪80年代初，两名美国科学家米克里奇（Donald R. Miklich）和塞特尔（Thomas B. Settle）重复了伽利略的实验。他们让51名学生做实验，一手握铁球，一手握木球（两者重量比约为10），两手朝下，同时松手让球下落，并对整个过程进行摄影。对摄影结果进行比较，发现在大多数（占88%）实验中，一开始木球的确明显领先铁球。原因不是由于物理定律不成立，而是由于人们在扔球时，会下意识地先松开负重较轻的那一手（可能是因为人们要用更大的劲握住重球，因此松开要稍慢一些）。伽利略报道的这个奇怪结果，恰恰证明了伽利略的确在高塔上做过落体实验。既然他用不同材料的物体做过落体实验，那么也应该用相同材料的物体做过。维维亚尼很可能是根据《论运动》中的这些叙述，夸大成当着众人的面在比萨斜塔做演示。在维维亚尼的故事中，伽利略是为了证明用相同材料做成的重量不同的物体的下落速度相同，这与伽利略当时的观点相符。

伽利略通过实验发现如他预料的，比重大的物体的下落速度略快于比重小的物体，但是并非如他的假说所预言的下落速度与比重成正比。伽利略想出了别的假说试图解释为什么实验结果与理论的预测不符，以及为什么比重小的物体的下落速度一开始会比比重大的物体快。他最终放弃了原先的假说，得出了正确的结论：在真空中（或在介质阻力可忽略时），任何物体，不管其重量、形状和比重，下落速度都是一样的。

伽利略对自由落体的研究的各个方面，分开了看都并非他的首创。古罗马哲学家卢克莱修（公元前99—公元前55）在承认在介质中落体速度与重量成正比的同时，也正确地指出在真空中所有落体的速度都将一样快。早期基督教神学家斐罗庞努士（John Philoponus，490—570）在给亚里士多德的著作作注解时，指出试验能证明亚里士多德的落体法则是错误的，如果从同一高度扔下重量差别很大的两个物体，它们落地的时间差异将会极其小。这是首次有关落体实验的记载，斐罗庞努士很可能只是在叙述前人的实验。在伽利略时代，也有多人在他之前做了否定亚里士多德理论的落体实验。1544年，意大利历史学家法奇（Benedetto Varchi ）在一篇有关炼金术的文章中顺笔提及实验否定了亚里士多德的落体法则。1576年，先于伽利略担任帕多瓦大学数学教授的莫勒提（Giuseppe Moletti）报告说，如果从塔顶扔下相同材料但不同重量的物体，或者相同体积但不同材料（铅球和木球）的物体，它们将同时落地。莫勒提声称他做了多次实验都得到这个结果。1586年，比利时数学家斯蒂文（Simon Stevin）详细报告说他以前做过实验，从30英尺高处让重量相差10倍的两个铅球落到木板上，将只听到一声落地的声音。

甚至思想实验也并非伽利略的独创。意大利数学家贝尼德蒂（Giovanni

Battista Benedetti）在1585年出版的书中，已提出了一个否定亚里士多德理论的思想实验：假设两个重量相同的物体由一根线连着一起下落，按亚里士多德的说法它们的速度将由它们的总重量决定；再假设在下落过程中这根线断了，这两个物体将保持原来的速度下落，但是重量只有合起来时的一半了，因此下落的速度和重量无关。伽利略的思想实验可以说是这个思想实验的改进版。

但是只有伽利略历时多年，通过系统实验彻底解决了落体运动的问题。他不再满足于做扔球这种简单的定性实验，而是设计出了定量测量落体速度的实验：让球从光滑的斜板上滚下，测定在某个时间点球与起点的距离，从而不仅证明在阻力可忽略时下落速度与物体重量无关，而且证明自由落体运动是一种速度在不断增大的匀加速运动，下落的距离正比于时间的平方。这才是我们现在说的自由落体运动定律。伽利略对物体运动的系统研究，为现代物理学奠定了基础。

伽利略在研究自由落体的过程中，不仅做理论上的思辨，提出假说，而且做实验对假说进行验证，根据实验的结果对假说进行修正，根据新的假说再对实验进行改进。这是历史上首次系统地应用科学方法。虽然受古希腊自然哲学家和当时风气的影响，伽利略也热衷于在其公开著作中做逻辑思辨，有时甚至声称通过思辨而不做实验也能解决问题。但是他实际上更注重实验。在1640年的一封信中，伽利略如此说："追求真理的可靠途径是把实验放在任何推理的前面，我们相信后者将会含有（至少是隐含）谬误，而一个合理的实验不可能与真理相对立。"在伽利略之前，从来没有人如此强调实验的重要性。所以伽利略被爱因斯坦称为现代物理学乃至现代科学之父，当之无愧。

2009年5月29日

让我们接近星星

仰望晴朗的夜空，星星不过是一个个亮点，是如此的遥远、神秘。即使在天文望远镜发明之后，人们也无法用它一窥恒星的真面目。这使得实证主义哲学的创建者、法国哲学家孔德（Auguste Comte，1798—1857）在1835年为了说明人类的认识有其局限时，举恒星为例，声称人类只能对恒星做一些简单的视觉观察，永远无法知道恒星的化学组成及其温度。

在孔德如此自信地下断言时，他并不知道早在20多年前，一个名叫弗朗荷费（Joseph von Fraunhofer，1787—1826）的德国人已经找到了研究星星的一种新方法。弗朗荷费11岁成为孤儿，没有上过学，靠自学成为光学仪器专家。1812—1814年，弗朗荷费在为天文望远镜制造消色差物镜时，需要精确地测定透镜的折射率。早在1666年，牛顿发现阳光经三棱镜折射后，被分解成了7种颜色的光，它们似乎形成了一个不间断的连续光谱。1802年，英国化学家沃拉斯顿（William Wollaston，1766—1828）注意到光谱并非连续的，其中有7条黑线，他天真地将它们当作是颜色的自然边界。1814年，弗朗荷费用更精密的方法进行观察，发现太阳光谱中的黑线多达500多条，他对其中324条的波长进行了测量，并对最明显的8条用字母标记。

一种明显的可能性是，这些黑线是棱镜产生的假象。为了否证这一点，弗朗荷费用260条密集的金属丝制造了第一个衍射光栅，阳光穿过它之后，也形成了光谱，而且同样出现了那些黑线。接下来，弗朗荷费做了一件从来没有人想过要做的事：他把望远镜对准某颗恒星，再让星光穿过棱镜，形成了恒星光谱，上面也有黑线，但是位置与太阳光谱并不完全相同。

弗朗荷费也注意到，用酒精灯烧食盐，产生的火焰光谱中，有一条黄色的光带，位置恰好与太阳光谱的D黑线重叠。但是他没有进一步研究这个问题。1826年，弗朗荷费患肺结核病逝，年仅39岁，他至死都不知道这些黑线是怎么产生的。1859年，德国物理学家基尔霍夫（Gustav Kirchhoff，1824—1887）发现，如果燃烧某种元素，发出的光经过棱镜后，会形成位置固定的光谱线。例如，燃烧钠会出现两条黄色的光谱线，它们的位置恰好与太阳光谱中的两条黑线相同。为了验证它们的确相同，他让阳光先通过钠蒸气，再通过棱镜，料想会见到钠发出的光谱线刚好填补了太阳光谱的两条黑线。没想到，那两条黑线反而变得更黑、更明显了。

这是怎么回事呢？基尔霍夫又做了几个实验才找到答案。一种元素被加热、发光，我们看到了它的发射光谱。但是在它处于冷却状态时，它将吸收与它的发射光谱的波长一模一样的光。因此，太阳发出的光穿过比较冷的钠气，钠气就会吸收那些它自己在炽热状态下发射的光线，而形成黑线。也就是说，太阳光谱中那两条与钠光带相对应的黑线，是钠吸收线，表明在太阳外大气层中，存在钠元素在吸收太阳内部发出的光。这样，通过分析太阳光谱和恒星光谱，与化学元素的光谱对比，就可以知道太阳、恒星上面都有什么化学元素。1868年，通过分析太阳光谱，法国天文学家詹森（Pierre Janssen，1824—1907）发现太阳含有一种未知的元素，被称为“氦”（Helium，意思是“太阳”），到1895年这种元素才在地球上发现。通过分析光谱，我们还可以知道恒星的温度、压力、运动速度、旋转速度，甚至它的年龄和距离。星空不再遥远而神秘。弗朗荷费的墓志铭准确地预见了这个结果：“他接近了星星。”

孔德死于1857年。如果他晚死几年，见到星星的奥秘正在被揭开，将会作何感想呢？哲学家往往是非常自信的“智者”，但是很遗憾，他们对科学研究所划定的界限，几乎没有不被以后的科学进展证明了是错误的。

2005年1月22日

光的真理

“惠更斯”号探测器在太空飞行了7年多之后，于2005年1月15日成功登陆土星最大的卫星土卫六，引起全球注目。这颗卫星是荷兰科学家惠更斯于1655年发现的，所以这个探测器以他的名字命名。惠更斯是科学史上罕见的天才，除了发现土卫六，还发现土星光环、离心力定理、动量守恒定律，创建了概率论，发明了摆钟，首次提出其他星系上也有行星和生命，并为此写了一本书！

惠更斯最著名的科学贡献，是为光的波动学说奠定了理论基础。光是什么？古希腊自然哲学家就已经在思考这个问题了。最直观的答案是：光是由极细小的微粒组成的。这可以很容易地解释一些光学现象：光微粒的运动速度极快，所以光做直线传播；光线反射是由于光微粒碰撞反射面引起的；光从一种媒介进入另一种媒介（例如从空气进入水）时会发生折射，是因为光微粒在不同媒介中的运动速度不同。与惠更斯同时代的牛顿就是光微粒学说的集大成者，认为光微粒遵循他发现的三大运动定律。牛顿发现阳光是由不同颜色的光混合而成的，他认为不同质量的光微粒产生了不同颜色的光，这些光微粒混合在一起就变成了白光。

但是此前，意大利数学家格里马第（Francesco Maria Grimaldi，1618—1663）已经注意到，让一束光穿过两个小孔，其投影的边缘出现明暗条纹。他联想到水波的衍射，提出光可能是一种波，不同颜色的光是由于光波的频率不同引起的。但是怎么用波动来解释光的反射和折射呢？惠更斯提出了一个后来被称为“惠更斯原理”的学说来阐明波面在媒体中的传播性质，并在此基础上用作图法巧妙地解决了这些问题。

牛顿的死对头胡克也支持波动学说。牛顿刚提出微粒学说时，备受胡克的讥讽，声称牛顿学说正确的部分是剽窃他的，其他部分则荒诞不经。牛顿一气之下不再发表光学著作，等到胡克死后，才出版《光学》一书，全面论述微粒学说，构建了一个相当精致的体系。这时候惠更斯也已经死了，没有人能和牛顿唱对台戏。由于牛顿的权威，微粒学说被普遍接受，毕竟，这个巨人在那么多科学问题上都对了，这一个想必也不会错吧？

牛顿死后70多年，才有人试图复兴惠更斯的波动学说。英国物理学家托马斯·杨、法国物理学家菲涅耳（Augustin-Jean Fresnel，1788—1827）用干涉实验证明了光是一种波。不过，对牛顿微粒学说的致命一击发生于1850年。牛顿和惠更斯的学说都能解释光的折射现象，但是有一个重大差别：牛顿学说认为光从空气进入水发生折射，是因为光微粒在水中的运动速度比较快；而惠更斯学说恰恰相反，认为是由于光波在水中传播速度比较慢导致的。当时人们还没有办法精确地测量光速，不能验证谁对谁错。1850年，条件成熟了。法国物理学家傅科（Leon Foucault，1819—1868）用实验证明了水让光速变慢，牛顿的学说被推翻了。

此后，麦克斯韦建立电磁学，认为光就是一定频率范围内的电磁波，赫兹用实验证实了这个预见。波动学说取得了全面的胜利。但是赫兹同时也证实了光电效应，即在光的照射下物体会释放出电子，这是波动学说没法解释的。为了解决这个问题，爱因斯坦提出光的发射和吸收都采取量子的形式，光波是由光子组成的，光具有波和粒子二重性质。

这给人的印象似乎是牛顿也没有错。经常有人在争论问题时引用这个所谓"波粒二象性"来说明真理不止一个，大家争来争去可能只是看到了问题的不同一面，最终会统一起来，证明大家都对。这个观点是错误的。爱因斯坦的光子和牛顿的微粒除了都是粒子之外，并无任何相同之处。光子不是牛顿所描绘的那种遵循经典力学运动定律的微粒。牛顿对光的反射、折射、衍射、颜色等光学现象的解释都是错误的，波动学说才是正确的。在光的问题上，真理仍然只有一个。

2005年1月21日

放血疗法的兴衰

1799年12月12日，68岁的乔治·华盛顿冒着大雪骑马巡视其种植园，上午10点出门，到下午3点才回家。第二天，华盛顿感到喉咙疼痛，但仍然继续冒雪骑马外出，将他希望砍伐的树木做标记。14日上午，华盛顿的病情加重，呼吸困难，便找来了管家，命他给自己放血治疗。华盛顿深信放血是一种包治百病的疗法，自己曾经用它给他的黑奴们治好过多种疾病。

华盛顿令管家给他放半品脱（合8液体盎司，1液体盎司≈0.03升）的血，不过根据医生后来的报告，管家实际放了12～14盎司（指液体盎司，下同）的血。与此同时，华盛顿也派人去叫他的私人医生，并请两位名医一起会诊。私人医生到达后，主要的治疗手段还是放血，先后放了3次血，前两次各放20盎司，最后一次放了40盎司。两位名医稍后赶到，又给华盛顿放了32盎司的血。

当天下午4点半，华盛顿呼吸越来越困难，意识到治疗无效，自己将不久于人世，他找来秘书留下了遗嘱，并告诉医生们不必再费心了。晚上10点10分，华盛顿抬手给自己把了把脉，停止了呼吸。

当时的医生认为华盛顿死于咽喉和气管发炎，当代有医生认为他死于急性细菌性会厌炎导致的窒息。但是严重的失血无疑加速了其死亡。华盛顿共被放掉了124～126盎司即约3.7升血。华盛顿的体重约为100千克，一个人体内的血量与体重有关，为70毫升/千克，即华盛顿体内的血量大约为7升。也就是说，在半天之内，华盛顿体内的血被放掉了一半以上！

放血疗法的历史源远流长，至少有三四千年的历史，也许可以一直追溯到新石器时期。在原始人看来，人之所以会生病是由于恶魔附体，要治病就应该把体内的恶魔释放出来，放血就是一种释放恶魔的方法。

古希腊希波克拉底用四体液学说取代了恶魔说。他认为人体由土、气、火和水4种元素组成，而疾病则是由于4种体液失去平衡导致的：由肝制造的血液、肺制造的黏液、胆囊制造的黄胆汁和脾制造的黑胆汁。治病就是要让体液恢复平衡，放血就是一种方法。不过希波克拉底提倡通过恰当的饮食、休息和锻炼让疾病自然痊愈，以后的盖伦才在四体液学说的基础上大力提倡放血疗法，病情越严重，放血就要越多。盖伦根据病人的年龄、体质、季节、天气、地点、发病器官等构建了一套非常复杂的放血疗法体系。后来放血疗法又和星相结合在了一起，变得更为精致，要根据对应的星座，在特定的时间对特定的身体部位放血，真可谓“博大精深”“天人合一”。

在中世纪的欧洲，放血疗法变得更加流行，成了几乎所有疾病的标准疗法。不过，医生虽然建议患者放血，却不屑于自己操刀，具体的操作由理发师来做。理发师成了最早的外科医生。从当时起沿用至今的理发标志——红白条纹柱子——其实就是个放血疗法的广告：红色代表血，白色代表止血带，柱子代表放血时病人握着的棍子。

放血疗法并没有随着中世纪的结束而结束，反而在18世纪末、19世纪初达到了顶峰。这时候，放血不仅被当成包治百病的疗法，而且还成为保健的方法，许多健康人也定期放血。虽然四体液学说不再被视为真理，但是多数医生仍然相信疾病是由于体内某种物质过多或缺乏，身体失去平衡导致的，放血可以起到消除器官的炎症，降低体温，减轻心脏负担等作用。

从19世纪中叶起，有越来越多的医生怀疑、抨击放血疗法。特别是在发现有许多疾病是由于细菌感染引起的，细菌是真正的病因之后，如何消灭、抵御细菌成了治病的焦点，放血疗法便失势了。但是一种延续几千年的医疗传统是不会轻易退出舞台的。在19世纪末至20世纪初，还有不少医生在坚持使用放血疗法，批评那些全盘否定放血疗法的人太偏激、太极端。甚至直到20世纪20年代，放血仍然被一些医生视为治疗肺炎的有效方法。

不过，随着现代医学的发展和成熟，有着悠久历史的放血疗法不可避免地走到了尽头。现在，除了极少数疾病（例如红细胞增多症）还会用放血治疗，已没有人还用它来治疗普通疾病了。当然，对放血疗法的疗效不必一概否定，它也许对某些疾病（例如高血压）会起到缓解作用，也许还能激发人体的免疫能力，但是既然我们对这些疾病有了更安全有效的治疗方法，也就没有必要再去留恋一种古老的医术，更不要幻想将来有一天它会获得新生。

在现代医学建立之前，西方的医学观念发生过几次重大变化，然而放血疗法却总能找到理论依据而顽强地生存下来。不管是恶魔说、四体液学说还是身体平衡说，都能合理地推导出应该采用放血疗法。可惜合理的推导并不能就得出正确的结论，因为其推理的大前提——其理论体系——从根本上就错了。所以，要正确地评价一种医术，首先应该废弃不科学的理论体系，代之以科学的理论和方法。即使医学不完全是科学，也应该建立在科学的基础之上，而不是去宽容迷信、玄学和臆想，否则就可能给病人带来不必要的痛苦，甚至加速其死亡，造成华盛顿之死那样的悲剧。从这个意义上说，不科学的医学是没有人性的，不管它多么有人情味。

2007年3月27日

“龙骨”的由来

虽然有的中国人自称“龙的传人”，但现代人都知道龙是神话中的虚构动物。古人则不然，不仅相信龙是实际存在的，而且还用它入药。《本草纲目·鳞部》所列的第一味药，就是“龙”，为上品药。李时珍引经据典，对龙的形态、习性、好恶做了介绍，因为这关系到如何正确地用药：“医家用龙骨者，亦当知其性之爱恶如此。”

龙入药的部分包括龙骨、龙齿、龙角、龙脑、龙胎、龙涎。其中龙胎号称产自巴蜀，不知是什么东西。今天中药用到的“龙脑”又名冰片，是用龙脑树的树干蒸馏制成的产品，来源明确，似乎不该被误会为龙的脑。龙涎现在知道其实是抹香鲸肠胃的分泌物，被误传成了“群龙所吐涎沫”。至于龙骨、龙齿、龙角，都是同一种东西，现在也还是中药的一种，其实是古代哺乳动物的化石。

李时珍记载了古人对“龙骨”由来的争论，以及他自己的看法。争论的内容是，龙骨究竟是死龙的尸骨，还是活龙的蜕骨？这又涉及一个问题，龙究竟会不会自然死亡？李时珍认为龙是神物，似乎不会自然死亡，但是根据《左传》《述异记》《博物志》等古籍的记载，又可以知道的确有自然死亡的龙，所以“龙骨”应该是死龙之骨。虽然有争论，也只是细节问题，对于化石是“龙骨”，古代中国人并无人怀疑过。

比李时珍早2000年，古希腊哲学家色诺芬尼就已经对化石做了描述，正确地推测出化石是生物——而不是神物——的遗迹。他在意大利西西里岛的采石场发现了鱼的化石，又在马耳他岛发现了海洋软体动物的化石，据此得出了一个在当时相当超前的结论：山脉必定曾经位于海中，地球在历史上多次交替出现世界性的大洪水和干涸。

但是基督教在西方占据统治地位后，化石的由来反而又变得不明不白了。既然《圣经》记载了世界只有短短几千年的历史，那么显然不能认为化石是生物体经历了长期的历史过程而遗留下的遗迹。当时流行的观点认为它们是和生物体没有任何关系的自然形成的石头图像。离奇一点儿的观点则认为它们是动物交配时精液溅到岩石上长出来的类似生命的东西。与这些观点相比，中国古人说化石是“龙骨”反而显得相对先进了。

但是认为化石是动物遗迹这种离经叛道的观点一直顽固地存在着。到17世纪下半叶，终于有几名著名博物学家通过仔细比较化石和生物体的构造，令人信服地证明了化石必定来源于生物体。一旦化石的生物起源被确认，那么如何解释遗留在山上的海洋生物化石，便成了难题。与《圣经》记载[illegible]的唯一希望，是认为化石是在诺亚大洪水中而灭亡的动物的遗迹。[illegible]

希望，在发现化石是分层分布的之后，就被彻底地粉碎了：仅仅一次的大灾难，如何能使化石形成分层分布，而且每一层都有独特的动物和植物的化石？世界肯定要比《圣经》所说的古老得多。

另一个问题是：化石所代表的生物，有许多在现在似乎不存在了。例如，人们很早以前就在马耳他岛发现有奇怪的类似舌头的石头，古罗马博物学家老普利尼认为它们是在月亏的时候从天上掉下来的。1666年，意大利托斯卡纳的渔民抓到了一条大鲨鱼，托斯卡纳大公命令将之送给正在当地行医的丹麦博物学家尼古拉斯·斯蒂诺（Nicolaus Steno，1638—1686）解剖研究。斯蒂诺发现这种鲨鱼的牙齿与“舌石”的石头非常相似，只是“舌石”要大得多。他因此推断“舌石”是某种巨鲨的牙齿化石，但是这些巨鲨都已灭绝了。

然而，一个万能而且仁慈的上帝怎么会允许他的创造物灭绝呢？一些虔诚的博物学家认为这些物种并非真正灭绝，而是还躲在某个偏僻的地方有待发现，例如，可能在某处的海洋里就生活着被认为已经灭绝的巨鲨。

不过，法国古生物学家居维叶（Georges Cuvier，1769—1832）还是能够令人信服地举例说明，至少有某些物种已经灭绝了。他不以容易引起争议的海洋生物为例，而是选择了陆地生物，而且是最能引起人们注意的大型哺乳动物。他指出，有许多种大型哺乳动物（例如猛犸象、乳齿象）的化石与现存的哺乳动物（例如亚洲象、非洲象）类似，然而又不相同。如果这些化石所代表着的大型哺乳动物还生存着，那么是很容易发现的，既然它们在世界各地都未发现，那就可以认定它们已经灭绝了。

一旦知道地球的历史极为古老，而且物种会灭绝，进化论也就呼之欲出了，而这一切都是由于认定了化石的生物起源。正当欧洲发生这场思想革命的时候，中国学者还丝毫也不怀疑化石是龙骨，而且是上品神药。

2007年1月22日

达尔文的子女

1839年1月，30岁的达尔文与大他一岁的表姐爱玛结婚。达尔文此前曾对是否要结婚犹豫不决，在笔记本中写下结婚的好处与坏处加以比较。排在结婚好处第一条的是“孩子”。结婚当年年底，达尔文夫妇有了第一个儿子。此后一直到爱玛48岁，他们共生下了10个子女，其中有3个夭折：二女儿玛丽仅活了3星期，小儿子查尔斯在2岁时死于猩红热，大女儿安妮在10岁时死于肺结核。

后来有人把达尔文子女的夭折归咎于近亲结婚。这是没有道理的。在达尔文的时代，儿童夭折是日常生活的一部分。在当时的英国，大约1/5的婴儿没能活到1岁。即使是10～15岁的儿童，死亡率也高达5/1000，是现在的25倍。猩红热在当时对儿童是一种能够致命的常见传染病，达尔文的朋友、后来被称为“达尔文的斗犬”的托马斯·赫胥黎也有一个儿子在3岁时死于猩红热。至于肺结核，在当时更是医院不予收治的可怕的不治之症，在死亡原因中排在第一位。

近亲结婚既没有给达尔文的子女带来更高的夭折率，也没有影响到他们的身心健康。没有夭折的两个女儿和5个儿子都很长寿（67～93岁）。大儿子是银行家，二儿子是数学家、剑桥大学教授，三儿子是植物学家、剑桥大学的教授，四儿子是工程师、皇家地理学会会长，五儿子是科学仪器设计者、剑桥市长和皇家学会会员，可谓个个有成。只有2岁夭折的小儿子根据达尔文的观察记录以及照片判断，当是当时还不知道的一种遗传病——唐氏综合征（先天愚）患者，但这可能是由于爱玛是个超高龄的孕妇导致的：4…以上的孕妇生下唐氏综合征婴儿的概率高达1/30。

达尔文把他的子女当成了科学观察的对象，一出生就开始…观察和记录他们的一举一动，从中收集证据用来证明人类的情感与…无本质区别，必定是经过进化而来，而不是上帝创造的。在他看…的夭折也是一个自然事件，并非上帝的安排。医学也许有一天会…的自然因素和治疗方法，但是宗教对此毫无用处。

爱玛则是个虔诚的基督徒，面对孩子的死…仰中寻找安慰：…她和达尔文最宠爱的大女儿安妮的死亡，和当时的多数人一样…也不能明白上帝把安…希望安妮能上天堂，等自己死后与她在天堂上…

从她身边夺走的目的何在。她珍藏了安妮的一些遗物，放在一个书箱中，它们至今还在达尔文后人的手中。

达尔文此前已向爱玛明确表示过，虽然他曾经是剑桥神学院的学生，但是他不相信基督教。他仔细推敲过基督教的教义，发现没有证据和理由能够让他接受基督教。但是他还和爱玛、子女们一起上教堂参加礼拜仪式。在安妮死后，达尔文彻底地告别了基督教，不再参加礼拜仪式，星期天把家人送到教堂，自己则留在外面等他们。安慰他的，只有安妮留下的美好回忆——在安妮死后一周，他写下了一篇安妮回忆录。

安妮究竟得了什么病，当时并无明确的记载，其死因也只简单地写着“发烧”。但是从其发病过程和症状看，现在一般认为安妮得的是肺结核。在当时没有任何药物可以真正治疗肺结核。实际上，当时对绝大部分疾病都没有真正有效的药物，流行的药物大多含汞、砷等重金属，或者是鸦片之类的毒品，不仅不能治病，反而对身体造成进一步的伤害。

在安妮患病后，达尔文根据一位名医的建议，每天对安妮进行“水疗”，例如用湿布包裹患者全身，猛烈揉搓5分钟。在家中治疗无效后，达尔文把安妮送到了那位名医的疗养院，在其指导下进行水疗。一个月后安妮就死在了那里。在安妮生命的最后几天，达尔文日夜陪伴在她身边，每天写信向因怀孕留在家中的爱玛汇报情况，留下了详细的记录，读之令人心酸。

安妮死于1851年。当时医学界对肺结核的病因一无所知，有的认为它是消化不良引起的，有的认为它是一种遗传病——这让经常患病的达尔文更感到内疚。事实上当时对传染病的病因都一无所知。26年后，德国医生科赫发现炭疽杆菌，首次证明传染病是病菌引起的。在读了科赫的论文后，达尔文评论[illegible]我还清楚地记得在二三十年前我对自己说，如果能够证明传染病的起源[illegible]将会是科学的最大胜利；而我现在很高兴看到了这一胜利。”5年后，科[illegible]了结核杆菌，1921年据此出现了能预防结核病的疫苗（卡介苗）。但[illegible]到1944年链霉素的出现，才有了真正能够治愈结核病的药物。

孩子是[illegible]能得到的最好礼物，而孩子的夭折也给父母带来了最大的痛苦。[illegible]代医学的进步大大降低了出现这种痛苦的可能性，这是达尔文时代[illegible]以想象的。它确实算得上是科学最大的胜利之一。

2007年11月18日

达尔文人生的转折点

有时，一个偶然的事件就会影响一个人一生的选择。在我读高一时（1982年），正在“向科学进军”的中国大张旗鼓地纪念达尔文逝世100周年，出版了许多达尔文著作和进化论科普，激发了我对生物学的兴趣，并一直持续下来。今年是达尔文诞辰200周年（达尔文生于1809年2月12日）和《物种起源》出版150周年（出版于1859年11月24日），世界各国科学界正在轰轰烈烈地庆祝，国内还未见到有什么举动，不知是否也会使一些中学生对生物学产生兴趣，而不是像近年来那些高考状元一律功利地选择金融、经济作为专业？

当达尔文还是一名似乎很平庸的中学生的时候，他更像一个游手好闲的纨绔子弟，而不是肩负历史使命的天才。他的父亲有一次指责他说：“你除了打猎、玩狗、抓老鼠，别的什么都不管，你将会是你自己和整个家庭的耻辱。”为了让达尔文尽快走上正轨，在16岁那年，他的父亲让他提前两年从寄宿学校退学，和哥哥一起前往爱丁堡大学学医。

爱丁堡大学有当时英国最好的医学院，达尔文的祖父、父亲都曾在那里学习，后来也都成了名医。达尔文父亲指望达尔文能延续家族传统。可惜，达尔文对医学毫无兴趣，更要命的是，由于当时麻醉术还未发明，手术极为残酷，而他天性脆弱，不敢面对手术台上的淋漓鲜血。在观摩对一个男孩的手术时，达尔文再也无法忍受下去，逃离了现场，并决心不再进手术室。他更热衷于帮助大学博物馆采集植物标本，跟随动物学教授研究海洋无脊椎动物。

两年之后，老达尔文终于明白无法让儿子继承衣钵，必须重新设计达尔文的人生。达尔文家族除了出医生，还出律师和军人，但是小达尔文显然缺乏从事后两种职业所必需的自律。老达尔文觉得当教区牧师是游手好闲的人的最佳选择，有稳定的收入，有体面的社会地位，而且有充裕的业余时间让达尔文做博物学研究。达尔文想想也是，当时许多博物学家的职业都是牧师。于是达尔文听从父命，进了剑桥大学学神学。他花在打猎、收集甲虫标本上的时间比花在学业上的时间要多得多，却也能应付考试，在1831年以在178名非优等生中排名第10的成绩毕业，准备当个牧师了此残生。

达尔文在晚年回顾他的一生时，认为他的所有这些所谓高等教育完全是一种浪费。但是他在课余结识了一批优秀的博物学家，从他们那里接受了学术训练。他在博物学上的天赋也得到了这些博物学家的赏识。达尔文完成学业后，随地质学家塞奇威克到威尔士考察，并梦想能有机会到热带地区做博物学研究。

没想到这个机会很快来了。这一年的8月，他从威尔士考察回来，收到剑桥大学植物学教授亨斯楼给他的一封信，让他赶快申请当贝格尔号的博物学家。当时英国海军计划派贝格尔号到南美海域考察，制作海图。船长费兹洛伊担心旅途的寂寞会让自己精神崩溃（其前任在南美海岸自杀），况且他的家族有自杀史（其叔叔用刀片割破喉咙），因此他希望旅途中能有一名绅士做伴，最好是一名博物学家。亨斯楼自己想去，但让妻子很伤心。另一位候选人——也是名牧师兼博物学家——则由于神职工作无法脱身。他们联合推荐了未婚也未授神职的达尔文。

老达尔文反对儿子参加航行，认为这会推迟儿子在神学职业上的发展。达尔文沮丧地给亨斯楼回信谢绝推荐，然后到他舅舅韦兹伍德家打猎散心，意外地发现舅舅非常支持他参加航行。两人一起给老达尔文写了一封长信。针对老达尔文的顾虑，韦兹伍德指出这次远航实际上对达尔文的职业发展很有好处，毕竟，研究博物学对神职人员很合适。老达尔文同意了。

达尔文连夜赶去见亨斯楼。不幸的是，他们发现这是一场误会：费兹洛伊早已答应把位置留给一名朋友。几天后，达尔文在海军部遇到费兹洛伊。费兹洛伊告诉他，其朋友几分钟前决定不去了，他还想去吗？达尔文兴奋得几乎昏倒，勉强点了点头。费兹洛伊却心存疑虑，因为他迷信面相，认为达尔文的鼻子形状表明他不会吃苦耐劳。在经过几天相处增进了解后，费兹洛伊和达尔文定了协议。达尔文算是船长客人，不支付薪水，坚持不下去时可以随时离队。

贝格尔号于1831年12月27日扬帆起航，绕地球一圈，于1836年10月2日回到英国。达尔文沿途考察地质、植物和动物，采集了无数标本运回英国，还未回国就已在科学界出了名。这5年的见识，让达尔文从一名正统的基督徒变成了无神论者，不可能再去当牧师，而成了职业博物学家。更重要的是，他开始思考生物的起源问题，最终创建了进化论，极大地改变了世界。种种巧合促成的贝格尔之航是达尔文人生的转折点，也是人类历史的转折点。

提供了这一机会的费兹洛伊为此感到自己罪孽深重。《物种起源》发表后，这名虔诚的基督徒愤怒地宣称它带给他“最剧烈的痛苦”。6年后（1865年）一天的早晨，费兹洛伊起床走进卫生间，和他叔叔一样，用剃须刀结束了这一痛苦。

2009年2月10日

达尔文的姻缘

> 天啊，想到一个人的一生就像一只中性的蜜蜂不停地工作、工作却一无所获，就令人无法容忍。不，不，不该这样。设想一辈子就孤独地生活在伦敦烟熏肮脏的房子里。只要想象你自己有一个美好温柔的妻子，坐在温暖的火炉旁的沙发上，有书，也许还有音乐……结婚——结婚——结婚。证毕。

1838年，29岁的达尔文像解一道数学题一样，比较了结婚的好处和坏处之后，决定结婚。但是找谁结婚呢？他的初恋情人范妮·欧文已在6年前嫁人。他的姐妹们曾经想撮合他和另一个范妮，大他3岁的表姐。范妮·韦奇伍德性格温和、有洁癖、勤劳刻苦，适于当乡村牧师（达尔文的原定职业）[illegible]妻子。我们不知道达尔文对这个安排有何意见，他从未在信中提到[illegible]表姐。但是不管达尔文本人是否看得上这位身材矮小、相貌平平的表[illegible]此时已无关紧要——范妮·韦奇伍德已在6年前病死。

合适的人选只剩下韦奇伍德家的小女儿、大达尔文9个月的[illegible]。爱玛与她的姐姐大不一样，她漂亮、优雅、聪明、开朗、善解人意、[illegible]才多艺，喜欢射箭、骑马、跳舞、溜冰，受过良好的家庭教育，懂意大利语和德语，有音乐天赋，曾经到巴黎向肖邦学钢琴。这样的[illegible]然有众多的追求者，但她拒绝了多次求婚，把自己变成了大龄女青年，[illegible]因是要照顾中风卧床的母亲和有残疾的大姐伊丽莎白。如果达尔文[illegible]她很可能一直[illegible]

持单身。女儿为照顾父母错过姻缘终身不嫁在当时并非罕见，达尔文的二姐苏姗、达尔文的四女儿伊丽莎白都是如此。

“他是我见过的最开放透明的人，他说的每个单词都表达了他的真实想法。他充满深情，对他的父亲和姐妹都非常好，十分和蔼，并拥有一些能让人倍感愉快的小优点，例如对人不挑剔和善待动物。”爱玛在给姨妈的信中如此描述她从小熟悉的表弟。达尔文的求婚让她感到意外，立即接受。两个多月后，1839年1月，两人闪电结婚，开始了持续40多年的幸福和谐的姻缘。

在达尔文列出的结婚好处中，排在第一位的是“孩子”。婚后的16年间，爱玛不间断地处于怀孕、生产、哺乳、断奶、怀孕……的循环中，生下了10个孩子。达尔文想要的不是一个事业助手，而是生活伴侣，能照看家庭，聊天，分享音乐，“教会我有比沉默孤独地构建理论和积累事实更大的快乐”。在这方面爱玛非常称职，全身心地照顾丈夫和子女。达尔文并不觉得有让爱玛参与或深入了解其科学研究的必要，爱玛也不觉得达尔文的研究有多大的意思，但是必要时她也会帮他做实验和校对。她看重达尔文的科学研究，不是因为认为其有趣或能带来名望，而是因为她知道这对达尔文来说有多么的重要。

唯一的问题是宗教信仰。和当时普通女子一样，爱玛是个虔诚的基督徒，而达尔文自从环球航行归来，就对基督教信仰产生了怀疑。达尔文的父亲也不信教，但是他忠告达尔文，要像他一样向妻子隐瞒自己对宗教的看法，否则会影响家庭幸福。但是“透明人”达尔文在结婚前就向爱玛坦白了自[illegible]不信教，并透露了自己在秘密研究进化论。这成了爱玛一生的烦恼，她担忧[illegible]是他们死后不能一起上天堂永远在一起。按照基督教的教义，像达尔文这种[illegible]信基督教的人只能下地狱，除非能在死前皈依基督教。

在婚[illegible]不久，爱玛发现自己怀孕后，促使她更现实地思考死亡的问题：在当时，[illegible]多虑，达尔文的表哥福克斯的妻子和达尔文儿子弗朗西斯的第一任妻子[illegible]因为生小孩死的。爱玛给达尔文写了一封信，虽然他们生活在一起，但是[illegible]觉得这个问题重大到需要用文字来表述。她表示尊重达尔文对基督教的[illegible]但是也相信达尔文的看法还未定型。她希望达尔文在科学研究中养成[illegible]被证明否则就不相信的习惯，不要影响到他对无法用相似的方法证明[illegible]们理解能力的其他事情的判断。这对她来说很重要，“任何关系到你的事情同样关系到我，如果我想到我们不能永远相互拥有，对我来说将会是最不幸的事。”

达尔文此时对基督教的看法的确还未定型，他只是无法相信基督教《圣经》叙述的是真实的历史，无法接受《圣经》中那位暴虐、凶残的上帝，无法相信基督的神迹会是真实的……直到大女儿安妮夭折他才彻底地否定了基督教。“怀疑以一种很慢的速率在我的心中滋长着，但最后还是完成了。”达尔文晚年在自传中回顾自己的心路历程时写道，“速率是那样地慢，以至于我没有感到有什么苦恼，而且此后我连一秒钟也没有怀疑过我的结论是正确的。真的，我很难明白人们怎么能够希望基督教是真实的，因为果真如此的话，其经文以明明白白的语言表示了，凡是不信仰基督的人，其中包括我的父亲、兄弟以及我几乎所有的最好的朋友，都要永世受到惩罚。这真是一种可咒诅的教义。”

20多年后，当达尔文病重时，爱玛又给他写了一封类似的信。但是一切已晚。在科学理性和亲人感情之间，达尔文选择了前者。他知道这样的选择对爱玛来说意味着什么。基督教“可咒诅的教义”在他们之间划下了一片“痛苦的空间”（爱玛语），达尔文只能默默承受。他珍藏着这两封他没有答复的“美丽的信”，和他的手稿放在一起。晚年的某一天，达尔文翻出了第一封信，想到了爱玛无法摆脱的苦恼，想到了她永远不变的爱，在信的下方加了一句：“当我死时，你要知道，有许多次，我亲吻它并为之哭泣。”

2009年11月23日

假如没有达尔文

在科学史上，各个科学发现的突破程度不尽相同。有的科学发现已呼之欲出，许多人在竞赛，甚至差不多同时作出来，以致发生优先权的争执。也有的科学发现极为超前，刚提出时被忽略了，后来才被挖掘出来。达尔文的进化论不属于这两种情形。他没有竞争对手，以一人之力创建进化论；

有被忽略，《物种起源》一发表就引发了一场科学大革命，为生物科学奠定了理论基础。假如没有达尔文，或者假如达尔文没能登上贝格尔号从而失去发现进化论的机会，是否会有人很快地作出相同的发现？生物科学的建立还要再等多长时间？

达尔文并不是最先提出进化论的人。在达尔文之前，有一些学者已具有进化思想初步概念，包括他的祖父伊拉兹马斯·达尔文。法国动物学家拉马克更是经常被提出来和达尔文作对比，据说法国人迄今认为进化论的创建者是拉马克。在《物种起源》第一版，达尔文对这些进化论先驱只字不提，招来其论敌的尖锐批评。为此达尔文在《物种起源》第三版加了一篇“史略”，简述在《物种起源》发表之前20多位学者有关生物进化的观点。这篇史略常被批评写得过于粗糙，不过倒没什么遗漏，其中有些人其实是神创论者，因为个别言论与进化沾边，也被收集进去。

这些先驱者大多对生物进化只有零星的见解，缺乏系统阐述，没有引起重视。拉马克第一个系统地研究生物进化，并给出了第一个进化的理论。拉马克的进化论虽然没有被忽视，却是往往被作为反面教材加以嘲笑和批驳，在他生前及死后相当长一段时间内，并无人接受他的进化论。这有宗教信仰的原因，也有科学上的依据。拉马克理论中的一些观念，例如，否认物种的存在、否认物种会灭绝、认为简单的生物能无中生有地自发生出来，过于落后，脱离了当时学术界的主流。

达尔文第一个科学地论证了生物进化，汇集了系统分类学、生物地理学、比较解剖学、比较胚胎学、古生物学等领域的证据，雄辩地说明，如果生物是由共同祖先进化而来的话，那么这些领域令人迷惑的种种现象就有了合理的解释。这一解释极具说服力，而且简单明了，让人难以相信在达尔文之前竟然没有人系统地提出，而它一旦被提出来，很快就被生物学家们所普遍接受。

达尔文出示的进化证据大多是前人的发现，这种归纳工作似乎较不具有突破性。但是如果你以为达尔文只是在给别人提出过的理论提供证据，那就大错特错了。事实上，达尔文的进化思想与前人有很大的不同。拉马克等人虽然相信生物是进化而来的，但是他们把进化过程设想成是一个不断攀升的梯子，生物从低级到高级一步步往上爬，一直进化成位于梯子顶端的人。这种直线式的、方向性的进化观念影响深远，直到现在，一般的人仍然是如此理解生物进化的。汉语当初之所以把evolution通译成“进化”而不是更恰当的“演化”，也是受这一观念的影响。

而达尔文则把生物进化过程设想成一棵不断地生长、分支的大树，现存的所有生物都位于这棵树的某个小分支的顶端，很难说哪一种更高级，在同时存在的生物种类之间作高低级的比较是没有意义的。进化没有预定的方向，进化树不存在一个以人类为顶端的主干，人类只是进化树上一个普普通通的分支。这个观念在当时极为新颖，在现在还让许多人觉得无法接受。

达尔文不仅揭示了生物进化的事实和模式，而且提出自然选择是生物进化的主要机制。在达尔文之前，有些学者提出过某些看上去很像自然选择的观点，经常被人视为达尔文的先驱者，而事实上他们的观点或者与自然选择毫无关系，或者只涉及自然选择的某个方面。一般人只是简单地把自然选择当成是“优胜劣汰”，在达尔文之前也的确有一些学者提出过类似的“淘汰”学说。但是这只是涉及了淘汰不良形态、保留最佳形态的稳定性选择，而完全没有涉及自然选择学说中最关键的部分：对优良性状的选择将会产生新的形态、新的物种。这是达尔文进化论中最富有革命性、最大胆超前的观念，从提出之日起就饱受非议，在提出之后近百年才被生物学家们普遍接受，而且还有不少人不服气。

达尔文在1838年开始创建自然选择学说，但没有急着发表，而是继续为该学说收集资料。直到1858年夏天，达尔文收到华莱士的信，发现华莱士独立地提出了自然选择学说，在朋友们的建议下，才在当年与华莱士一起发表有关自然选择的论文（没有引起任何反响），并在第二年出版《物种起源》（马上引起轰动）。华莱士因此被普遍视为自然选择学说的共同创立者，而事实上，华莱士对自然选择的理解并不那么准确，也不彻底，并非达尔文第二。

在达尔文时代，并没有可以替代他的人。如果没有达尔文，进化论的创建至少还得等待一代人的时间，而且不太可能由某个人石破天惊地独创，而会由多人集体努力、逐渐形成。毕竟，达尔文是科学史上罕见的思想巨人，只有牛顿、爱因斯坦可与之比肩。

2009年2月16日

科学史上最孤独的天才

在许多人的心目中，孟德尔和达尔文一样是生物学的创建者。然而，孟德尔的研究者远远少于达尔文的研究者。研究达尔文的传记、专著、论文、评论汗牛充栋，在生物哲学、生物学历史研究的学术期刊上，几乎每一期都少不了研究达尔文的论文，而研究孟德尔的却难得一见。显然，两个人在历史上的重要性难以比拟。达尔文是科学史和思想史上数一数二的巨人，名字出现在所有“有史以来世界十大伟人”的名单中，甚至在生前就已被视为可与牛顿比肩的伟人，拥有丰富的思想和无穷的魅力，他的发现对人类社会有极其宽广、深远的影响。而孟德尔显得很普通，甚至一直有学者怀疑他是否算得上科学天才，他的形象是被后来的“孟德尔主义者”有意拔高的，他在历史上几乎没有任何影响。当所谓“孟德尔定律”在1900年被3位科学家同时重新发现的时候，他们都声称自己已独立地作出了同样的结果，是否果真如此是很值得怀疑的，但他们都敢于同时如此声称，至少也说明了“孟德尔定律”在当时已经是呼之欲出了。如果孟德尔不曾存在过，历史的进程不会受到什么影响。

研究达尔文和孟德尔的文献数量如此悬殊，还有一个因素：有关达尔文的原始史料无比丰富。他身后留下了多达172卷的著作、论文、笔记和书信，光是他27岁之前所写的书信汇集出版时就多达702页，真可谓取之不尽、用之不竭，其生平研究者永远不愁会挖掘不出新东西。而孟德尔在身前极少发表著述，逝世后不久其手稿又被全部烧毁，现在所能找到的全部原始材料，不过是几篇论文和报告，一份申请中学教师文凭时写的简历，十几封书信和两首少年时代写的诗，一天时间就可全部读完。

如何用如此稀少的原始史料写一部孟德尔传记，是一大挑战。一个办法是采访孟德尔的亲属好友、同事、学生，以口述补充文字的缺乏。早在1924年伊尔提斯（Hugo Iltis）就这么做了，他在这一年出版的《孟德尔生平》（Life of Mendel）一书，向来被视为孟德尔的“标准”传记。1996年，奥雷尔（Vitezslav Orel）收集到了更多的资料，以现代观点写了另一本标准传记《戈里果・孟德尔：第一位遗传学家》。在已有这两本标准传记之后，又没有新的史料问世，认识孟德尔的人也都早已去世，还有必要再写一本孟德尔传记吗？美国专业科普作家海尼格（Robin Marantz Henig）显然觉得有必要。她面向的是普通读者，采用的是文学写法，通过营造历史、文化氛围讲述一个生动的、富有戏剧性的故事。孟德尔生前死后的遭遇无疑是非常有戏剧性的，这本在2000年出版的《花园里的修道士》（The Monk in the Garden）就干脆分成序幕、第一幕、幕间、第二幕、尾声五个部分，就像是一出富有悬念的戏。从吸引读者阅读的角度看，它是很成功的。但是在这本奇特的孟德尔传记中栩栩如生再现的，是孟德尔所生活的环境和围绕着他的发现的种种事件，孟德尔本人反而只是个配角，原因之一还是因为有关孟德尔本人的史料太少，而作者又不想把传记写成小说，有想象之处也一定用虚拟语气。

作者并非生物学的专家，书中偶尔可见生物学知识错误（比如把染色质当成给染色体着色的染料），也未能深入讨论在介绍孟德尔时不能不面对的关键问题：为什么孟德尔如此重要又如此出色的研究会被同时代的人所遗忘？孟德尔究竟有什么独特之处，才使得他成为科学史上最孤独的天才，超前了整个时代35年？

并不是因为孟德尔的工作是个冷门。恰恰相反，当孟德尔发表遗传定律的时候，当时的学术界正迫切需要遗传定律。也不是因为他的工作不为人知。在1900年以前，他有关豌豆杂交实验的不朽论文至少被人引用了十余次，引用者有的还是植物学的权威。他也长期与当时最著名的植物学家之一耐格里（Karl Wilhelm Von Nageli，1817—1891）通信。但是这些人都不觉得孟德尔的杂交研究有什么了不起，甚至颇为不屑。这是为什么呢？因为他不幸处于巨人的阴影之下。达尔文在1859年出版的《物种起源》一书在生物学界引发了一场革命，进化论的研究是当时最引人注目的一个领域。从事遗传研究的人，甚至包括孟德尔，都觉得自己也是在解决生物进化的问题——他在1866年的论文中提到，他从事豌豆实验的目的，是为了“解决一个问题，这个问题对有机体的进化史的重要性决不能低估”。在当时的研究者看来，对进化论而言，物种间的杂交要比物种内的杂交意义重大得多。孟德尔本人也用菜豆和山柳菊从事过种间杂交，他的这些工作在1900年常被植物学家们提到，而他的豌豆实验看上去不过是个琐碎的小工作，不值一提。

孟德尔被时代所忽略的，恰恰是他的天才之处。以前研究生物遗传的学者，当他们比较子代和亲代的异同的时候，是把亲代作为一个整体，又把子代作为另一个整体进行比较的。他们相信的是，亲代存在一种“本质”，子代存在另一种“本质”，遗传就是这种本质的传递和变化。子代内部的变异被看作是可以也应该忽略不计的偏差，只有其平均的性质才有研究的价值。

但是孟德尔在做豌豆实验时，却不抱这种本质论的思想，采用的是群体思维。在他看来，子代群体是由一个个不尽相同的个体变异组成的，每一个个体都是有价值、值得研究的，个体变异并不是偏差，而恰恰是遗传的表现。因此，别的植物学家在研究豌豆杂交实验时，只停留于对现象的概括描述：第一子代只出现一种性状，第二子代两种性状又都出现了，等等，而孟德尔却知道要挨个挨个去数豌豆种子，每一粒种子都是宝贵的，不可抛弃。

孟德尔的天才之处，恰恰也是达尔文的天才之处。达尔文之前的进化论先驱们，在研究进化问题时，抱着的也是本质论的观点，每个物种都存在着一种代表它的本质，进化就是从一种本质到另一种本质的变化，而物种内的个体变异可以忽略不计。而达尔文重视的是物种内的个体变异，这些变异提供了自然选择的材料，生物才得以进化。很难说哪一个变异更重要，现在看上去不起眼的变异，以后很可能成为适应变化了的环境的优势变异而传播开去。这种强调群体内部个体的重要性的群体思维，可以说是达尔文的首创。

《物种起源》德语版在1860年出版后不久，孟德尔就已仔细地阅读，并在书上作了批注。据说，孟德尔的论文在1868年发表后，他寄了一份给达尔文，但是达尔文从来没有阅读它——人们在达尔文藏书中发现它的时候，论文的连页没有割开（当时人们阅读一本新书时，必须自己把纸页割开）。在现存的达尔文藏书中，并无孟德尔的论文，这个说法是否可靠不得而知。这两位生物学的创建者，如果在科学思想上曾经有过交流的话，也肯定是单向的。但无论如何，他们是殊途同归了。

2001年4月13日

凯库勒的梦中发现之谜

你很可能在中学化学课堂上听过德国化学家凯库勒（August Kekule，1829—1896）在梦中发现苯环结构的故事。如果你的化学老师忘了讲，那么你很可能在某一本面向少年儿童的科普读物中读过它。这个故事的背景是这样的：已知一个苯分子含有6个碳原子和6个氢原子，碳的化合价是4价，氢则是1价，有机物的碳原子互相连接形成碳链，那么在饱和状态下每个碳原子还应该与2个（在碳链中间）或3个（在碳链两端）氢原子化合，算上去6个碳原子应该和14个氢原子化合，比如己烷就是这样的。苯分子只有6个氢原子，说明它的碳原子处于极不饱和状态，化学性质应该很活泼。但是苯的化学性质却非常稳定，说明它和不饱和有机物的结构不一样。

苯究竟有什么样特殊的分子结构呢？这个问题把当时的化学家难住了。凯库勒也对此百思不得其解。故事说：一天晚上，凯库勒坐马车回家，在车上昏昏欲睡。在半梦半醒之间，他看到碳链似乎活了起来，变成了一条蛇，在他眼前不断翻腾，突然咬住了自己的尾巴，形成了一个环……凯库勒猛然惊醒，受到梦的启发，明白了苯分子原来是一个六角形环状结构。

凯库勒是在1865年发表有关苯环结构的论文的。1890年，在柏林市政大厅举行的庆祝凯库勒发现苯环结构25周年的大会上，凯库勒首次提到了这个梦。和后来的流行版本略有区别的是，他说他是在火炉前撰写教科书时做的梦的。这个故事很快传遍了全世界，不仅一般人觉得有趣，心理学家更是对它感兴趣。100多年来，众多心理学家在提出有关梦或创造性的理论时，都喜欢以此为例。据说它是研究创造性的心理学文献中被举得最多的一个例子。

一个人是否做过某个梦，由他说了算，空口无凭，别人不好判断真假。凯库勒既然在25年后当众亲口说他做过这么个蛇梦，我们看来只好相信他了。不过凯库勒做的可不是一般的梦，而是与科学发现有关的，那就有可能找到支持或反对它的间接证据。美国南伊利诺大学化学教授约翰·沃提兹（John H. Wotiz）在20世纪80年代对凯库勒留下的资料做了透彻的研究，发现有众多间接证据能够证明凯库勒别有用心地捏造了这个梦故事。

其实关键的证据有一条就够了。凯库勒说他是受梦的启发发现了苯环结构的，如果我们能够证明在凯库勒之前已经有人提出了苯环结构，而且凯库勒还知情，那么我们就可以认为凯库勒没有说真话。事实的确如此。沃提兹发现早在1854年，法国化学家奥古斯特·劳伦（Auguste Laurent）在《化学方法》一书中已把苯的分子结构画成六角形环状结构。沃提兹还在凯库勒的档案中找到了他在1854年7月4日写给德国出版商的一封信，在信中他提出由他把劳伦的这本书从法文翻译成德文。这就表明凯库勒读过而且熟悉劳伦的这本书。但是凯库勒在论文中没有提及劳伦对苯环结构的研究，只提到劳伦的其他工作。

所以，凯库勒是没有必要从梦中得到启发的。凯库勒编造这么个离奇故事的原因，可能正是为了不想让人知道他的重大发现与法国人有关。在当时的德国反法情绪很盛行，年轻时曾在巴黎留学的凯库勒也受到感染。沃提兹发现凯库勒在一封信中把法国人叫作“狗崽子”。或许可以说，这是一种“爱国主义”的剽窃行为。

在凯库勒之前，还有别人提出苯是环状结构，其中值得一提的是奥地利化学家约瑟夫·洛希米特（Johann Josef Loschmidt），他在1861年出版的《化学研究》一书中画出了121个苯及其他芳香化合物的环状化学结构。凯库勒也看过这本书，在1862年1月4日给其学生的信中提到洛希米特关于分子结构的描述令人困惑。所以即便凯库勒在1865年时已忘了劳伦提出的苯环结构，也还可以从洛希米特的著作那里得到启发，不必靠做梦。不过，洛希米特把苯环画成了圆形，而劳伦则是画成正确的六角形，更接近于凯库勒提出的结构式。所以我倾向于认为凯库勒是从劳伦那里抄来的想法。

1990年，在沃提兹的组织下，美国化学协会举办了一次关于苯环结构发现史的研讨会。自此真相该大白了吧？并不。不仅科普文章、大众媒体继续对凯库勒的梦津津乐道，科学史学者、科学哲学家、心理学家也继续煞有介事地研究凯库勒的梦。我查到在1995年《美国心理学杂志》还刊登了一篇长达20页的研究“凯库勒发现苯分子结构的创造性认知过程”的论文，探讨凯库勒的梦是什么样的心理状态。2002年举行的第4届创造性与认知国际会议上，也还有人举凯库勒的梦为例。一个有趣的虚构故事是很难被枯燥的事实真相所取代的，尤其是当它可以被用来作为支持自己的学说的例证时更是如此。

2008年2月4日

艾弗里为何没得诺贝尔奖

诺贝尔文学奖和和平奖的权威性历来有争议，而物理、化学、生理学或医学这3个科学奖的奖项的崇高地位却是公认的。即便如此，科学类诺贝尔奖授予了不配获奖的人，错过了应该获奖的人，也是屡见不鲜的。生物的遗传物质被证明是脱氧核糖核酸（DNA），这称得上是20世纪最重大的科学发现之一，但是其发现者美国生物化学家奥斯瓦尔德·艾弗里（Osvald T. Avery）却没有因此获得诺贝尔生理学或医学奖。从艾弗里在1944年宣布其重大发现，到1955年以78岁高龄逝世，诺贝尔颁奖委员会有10年的时间可以考虑，为什么没有选择艾弗里？诺贝尔颁奖委员会当年的提名和评审情况现在已解密，我们也得以知道这个诺贝尔奖历史上最大的遗憾之一是如何造成的。

艾弗里的实验材料是肺炎双球菌，这是一种引起肺炎的细菌，在抗生素发明之前，一直是人类的主要杀手。它对小鼠的危害更严重，往小鼠体内注入一个肺炎球菌，就能导致小鼠死亡。但是并不是所有的肺炎球菌都能引起感染。有的肺炎球菌缺乏一层外膜，不能引起感染，它们看上去比较粗糙，被叫作粗糙（R）品系。那些看上去比较光滑的光滑（S）品系细菌包着一层多糖外膜，能抑制体内白细胞的吞噬作用，因此能够引起感染。当然，如果加热杀死S品系的病菌，它们也失去了感染能力。但是1928年，在英国卫生部任职的医生弗雷德里克·格里菲斯（Frederick Griffith）发现了一个奇怪的现象，将被杀死的S品系细菌和活的R品系细菌混合在一起后，注入小鼠体内，却导致了小鼠死亡。从小鼠的尸体中，找到了活的S品系的细菌。看来，S品系细菌虽然已被杀死，却含有一种物质，能指导R品系细菌合成多糖外膜，将之转化成有感染能力的S品系。这种“转化因子”就是遗传物质，它究竟是什么呢？

1935年，美国洛克菲勒学院的艾弗里、柯林·麦克劳德（Colin M. MacLeod）和麦克林·麦卡提（Maclyn McCarty）开始试图纯化这种能把R品系转化成S品系的转化因子并鉴定其化学成分。他们用了近10年的时间从事这项研究，在1944年发表报告说，他们已经将转化因子从S品系细菌的抽取物分离、纯化出来，它的活性极强，六百万分之一就能导致转化。化学分析表明转化因子是一种分子量至少高达50万的大分子，由DNA组成，蛋白质杂质的含量少于1%（后来又进一步减少到少于万分之二。这些杂质实际上是核苷酸的降解产物，而不是蛋白质杂质）。用蛋白水解酶（能将蛋白质降解）或核糖核酸酶（能将核糖核酸即RNA降解）处理转化因子，都不影响其转化能力，但是如果用脱氧核糖核酸酶（能将DNA降解）处理，其转化能力就消失了。这就证明了转化因子是DNA。

这个结果完全是意想不到的，在此之前人们甚至不知道细菌也有DNA，而以为那是真核生物的特征。当时人们普遍相信只有结构非常复杂的蛋白质才可能是遗传物质。人们猜想，既然基因能够控制那么多、那么复杂的生物性状，那么构成基因的遗传物质也一定是一种非常复杂、非常多样的化学物质，才能承担作为基因的艰巨任务。蛋白质恰好是结构最复杂、最多样的分子，相比之下，DNA则太简单了。因此，很多人都不愿承认艾弗里的实验结果。艾弗里又是个非常谦逊、低调、内向的人，不热衷于介绍自己的工作，即使受学术会议邀请去做演讲，也往往让年轻的同事代劳。1945年英国王家学会授予他在科学界有着很高荣誉的科普利奖章（Copley Medal），他却懒得前往英国接受，而由学会会长把奖章送到他在纽约的实验室。难以想象这样的人会去斯德哥尔摩做演讲介绍自己的研究结果。

诺贝尔生理学或医学奖获得者是由斯德哥尔摩的卡罗林斯卡医学院全体教授投票决定的。当时卡罗林斯卡医学院只有20几位教授，由其中的3位组成诺贝尔奖委员会，由他们对被提名者进行讨论、确定最后候选人的名单提交表决。每年世界各地的科学家都会向诺贝尔奖委员会提名许多人竞争当年的诺贝尔奖，委员会从中挑出一部分被提名者，分别由一名委员或医学院的其他教授作出书面评价，据此委员会把被提名者分成三类：一，不值得获奖；二，目前不值得获奖；三，值得获奖。只有最后一类的人选（只剩几个）才提交给全体教授讨论、表决。当时卡罗林斯卡医学院的教授大部分都不做基础研究，对生物医学的进展实际上很不熟悉，少数从事基础研究的教授的意见就很受重视。

因此，要获得诺贝尔奖，首先必须有人提名。自20世纪30年代初期起，几乎每年都有人提名艾弗里，不过在1946年以前，艾弗里是由于其他工作被提名的：他发现肺炎双球菌的抗原特性取决于其外膜多糖。但是和对遗传物质的看法相似的是，当时人们普遍认为抗原特性取决于细胞表面的蛋白质，不相信艾弗里的结果，怀疑其结果是因为多糖掺杂了蛋白质杂质导致的。在1946年以前，艾弗里有4次进入了第二轮名单，即诺贝尔奖委员会对其工作作了书面评价，但是评价的结果都认为他的发现不值得获奖。

1946年起，开始有人在提名艾弗里时提到他对遗传物质的研究。当时全世界研究核酸的生物化学家很少，其中的两个恰好都是卡罗林斯卡医学院的教授：化学教授艾纳·哈马斯登（Einar Hammarsten）和他的前学生、细胞研究与遗传学教授托布真·卡佩森（Torbjorn Caspersson）。这两个人对艾弗里成果的评价无疑会对医学院的其他教授有决定性的影响。不幸的是，这两个人都相信只有蛋白质才有可能是遗传物质，而且他们根据自己的研究经验，知道很难除去DNA中的蛋白质杂质，从而不相信艾弗里的实验结果。1946年，由哈马斯登对艾弗里的实验作了简短的书面评价，他对艾弗里的结果持批评态度，认为艾弗里的DNA被蛋白质杂质污染了，蛋白质才是转化因子。

接下来的几年，有一些实验室用其他实验证实了艾弗里的结论，艾弗里的发现已获得了独立验证。1952年，艾弗里再次进入了诺贝尔奖第二轮提名名单，由细菌学教授伯恩特·马尔姆格伦（Berndt Malmgren）对之作了书面评价。马尔姆格伦综述了这几年来的有关研究，认为蛋白质不太可能是转化因子。但是他的结论却是，要把DNA作为转化因子仍然缺乏最后的证据，因此认为艾弗里的发现目前不值得获奖。

"最后的证据"是在1952年出现的。激烈批评艾弗里实验的人中，有多位是所谓"噬菌体小组"的成员。这个非正式组织包括1940—1960年那些研究噬菌体遗传学的科学家，他们都以噬菌体为材料研究遗传的物质基础，但是他们也都是把基因当成蛋白质来研究的，不相信DNA具有作为遗传物质所必备的复杂性。但是在1952年，这个小组的两名成员艾尔弗雷德·赫尔希（Alfred Hershey）和马莎·切斯（Martha Chase）在做噬菌体实验时，出乎意料地发现DNA是遗传物质，他们才改变了立场。与艾弗里实验的遭遇不同，赫尔希—切斯的实验结果未遭到什么批评就很快被人们普遍接受，甚至被当成了DNA是遗传物质的最后证明。事实上，这个实验只是用不同的实验方法，在另一种生物体上得出了支持艾弗里实验的结果，其精确程度还远远不如艾弗里实验。

赫尔希—切斯的实验结果是在1953年冷泉港的大会上，与詹姆斯·沃森（James D. Watson）和弗朗西斯·克里克（Francis Crick）提出的DNA双螺旋模型一起介绍给与会者的。DNA双螺旋模型解释了为什么结构似乎很简单的DNA分子能够担当作为遗传物质的重任，消除了人们接受DNA为遗传物质的最后一个障碍。沃森也曾经是噬菌体小组的成员。由于噬菌体小组在分子生物学领域的巨大影响力，越来越多的人相信DNA是遗传物质。

1954年，艾弗里最后一次进入了诺贝尔奖第二轮提名名单，由哈马斯登作书面评价。哈马斯登在评价中没有提及赫尔希—切斯的实验结果和沃森—克里克的DNA双螺旋模型，不过他承认DNA就是转化因子，艾弗里的发现很重要。但是，他又指出，转化的机制还不清楚，因此在目前这个发现不值得获奖。艾弗里又没能进入最后一轮候选名单供表决。即使艾弗里的发现被提交表决，也很可能不会获胜，这是因为1953年的诺贝尔生理学或医学奖已颁发给了生物化学领域的重大发现（三羧酸循环和辅酶的发现），1954年不太可能继续颁发给生物化学——最后表决颁发给脊髓灰质炎（小儿麻痹症）病毒的研究者。

1955年，艾弗里逝世，永远失去了获得诺贝尔奖的机会。假如艾弗里多活几年，分子生物学成为了显学，自1958年起诺贝尔奖开始频繁地发给对分子生物学作出重大贡献、甚至贡献不怎么重大的人，艾弗里是否有可能分享殊荣？很可能不会。同时期另一位对DNA的研究作出重大贡献的美国生物化学家欧文·查加夫（Erwin Chargaff）活到了2002年（活了97岁），就一直没有获得诺贝尔奖，并为此愤愤不平。此时分子生物学虽然风光一时，但是出现在聚光灯下的是那些曾经非常蔑视艾弗里的工作、以“贬低生物化学”著称的噬菌体小组的成员。事实上，艾弗里差点被人遗忘。噬菌体小组在历史上声名显赫，但是成果却很少，与其名声并不相配。在噬菌体小组作出的成果中，最著名的便是赫尔希—切斯实验，比它早了8年的艾弗里实验受到了排斥。在介绍分子生物学历史的早期著作中，赫尔希—切斯实验被当成了证明DNA是遗传物质的唯一实验。在艾弗里同事们的抗议下，艾弗里实验才被补充进去。直到今天，在教科书中，艾弗里实验与赫尔希—切斯实验仍被一起介绍，其实两者的重要性并不能相提并论。

以艾弗里的性格，他应该不会渴望获得诺贝尔奖。他也不需要靠诺贝尔奖为自己增辉。分子遗传学的历史要从艾弗里艰苦卓绝的伟大实验讲起，今天没有哪个生物系的学生会不知道艾弗里的实验，而大多数诺贝尔奖获得者的工作又有多少人知道？有的人获得诺贝尔奖，是为自己增辉，有的人获奖却是为诺贝尔奖增辉。艾弗里没有获得诺贝尔奖，是诺贝尔奖的遗憾，不是艾弗里的遗憾。

2008年1月7日

爱因斯坦信不信上帝？

爱因斯坦说过一句读过点书的人都听说过的话："上帝不掷骰子。"这很明显是比喻，但还是很容易让一些人留下爱因斯坦信仰上帝的印象。传教士更爱宣传说爱因斯坦信仰上帝，连爱因斯坦这么聪明、这么有科学精神的大科学家都信了上帝，你还敢不信吗？这种宣传做得多了，连一些未必是信徒的人也跟着想当然地认为爱因斯坦是信上帝的，例如最近有文章称："爱因斯坦是大科学家，但他相信上帝的存在，我们总不能因其相信上帝就说他缺少科学素养吧？"（李鸿文《官员迷信并不代表缺少科学素养》，《中国青年报》2008年11月18日）

这种传言不知起于何时，但是在爱因斯坦还没"去见上帝"的时候就已经开始出现了，爱因斯坦生前曾多次澄清过。例如，1954年3月22日，一位技工给爱因斯坦写信，提到他读到一篇有关爱因斯坦的宗教信仰的文章，对文章内容的真实性表示怀疑。爱因斯坦在24日回信说：

> 你所读到的关于我信仰宗教的说法当然是一个谎言，一个被有系统地重复着的谎言。我不相信人格化的上帝，我也从来不否认而是清楚地表达了这一点。如果在我的内心有什么能被称之为宗教的话，那就是对我们的科学所能够揭示的这个世界的结构的没有止境的敬仰。

最近发现了一封爱因斯坦在1954年写给一位犹太教哲学家的信，信中对这位哲学家的著作表示了不同意见，指出"对我来说上帝一词不过是人类弱点的表达和产物"，而《圣经》则是"原始"和"非常孩子气的"，不管后人对《圣经》作如何精巧的诠释，都"不能改变我的这个看法"，因为这些诠释和《圣经》的原文几乎毫无关系。爱因斯坦虽然是犹太人，但并不信犹太教，也不特别看重犹太教，在信中他直言不讳地说："对我来说犹太教和所有其他宗教一样，是最幼稚迷信的体现。"

虽然一直有人文学者声称把宗教和迷信混为一谈是"无知"，但爱因斯坦显然认为两者并无区别，所有的宗教都是最幼稚的迷信。然而我们却经常见到有人引用爱因斯坦的这句名言来证明科学离不开宗教："没有宗教的科学是跛脚的，没有科学的宗教是盲目的。"这是从爱因斯坦1940年发表在《自然》杂志上的一篇文章《科学与宗教》中抽离出来的。那些用这句名言来宣传宗教信仰的人显然都没有看过它的上下文，而是把自己对宗教的理解强加在爱因斯坦身上。

以爱因斯坦对所有宗教的不屑，不难理解他在这句话中所说的“宗教”并不是一般意义上的宗教。宗教一般被定义为对超自然力量的信仰或崇拜，但是在这句名言的上文，爱因斯坦“偷换概念”，把宗教定义成能让人超越自私欲望的“超个人”的价值，是对超个人的目标的追求，而不论它是否与神有关。换句话说，他在这里所说的“宗教”，其实是一般人所说的“道德”或“信念”，因此他才会说：“如果人们根据这些定义理解宗教和科学，那么它们之间看来是不可能有冲突的。”

所谓“没有宗教的科学是跛脚的”，不过是说科学家都有一种追求真理的激情和信念：“科学只能是由那些全身心被追求真理与理解的激情所渗透的人们产生的。然而，这种感情的源泉萌发于宗教的范畴。同时属于这个范畴的还有这样的信念，即用理性理解世界是可能的。我无法想象一个真正的科学家没有这种深沉的信念。”我在上文引用的爱因斯坦的信也说了，他本人的宗教就是“对我们的科学所能够揭示的这个世界的结构的没有止境的敬仰”，和上帝、神、超自然力量毫无关系。

在这句名言的下文，爱因斯坦抨击传统的宗教，指出：“今天在宗教与科学范畴之间所存在的冲突的主要原因，是人格化上帝的概念。”并呼吁宗教导师们放弃有关人格化上帝的教条，放弃这个恐惧与希望的源泉。只有在宗教领袖据此重新定义宗教后，宗教才能从科学知识那里获益。“真正的虔诚，并非通过对生命的恐惧、对死亡的恐惧或盲目的信仰，而是通过努力获得理性知识而达成的。”可见，爱因斯坦名言的主要用意在于批评传统宗教，希望宗教领袖放弃与科学相违背的教条。用这句名言来为传统宗教辩护，声称传统宗教与科学无冲突，甚至认为科学离不开传统宗教，是荒唐可笑的。

不可否认，至今还有个别的大科学家信仰宗教，在那些宗教势力强大的国家更是如此。例如，根据调查，美国科学院院士中还有极少数人（大约7%）相信上帝的存在。虽然大科学家一般都是比较有科学素养、科学精神的人，但总难免会有例外。我们不能因为有例外的存在就认为“不能因其相信上帝就说他缺少科学素养”。科学强调怀疑、实证和理性，宗教要求盲从，两者有着根本的冲突。至少在相信上帝这件事上，个别的美国科学院院士表现得很没有科学素养。

2008年11月24日

克里克：改行改出科学奇迹

2004年7月28日，当代最伟大的生物学家之一、DNA双螺旋结构的共同发现者克里克（Francis Crick）在美国圣地亚哥逝世。克里克晚年在圣地亚哥的索尔克生物学研究所工作，我曾经在该所做过博士后研究，与他有数面之缘，聆听过他的教诲，不过给我印象最深的，还是他那辆挂着“ATCG”（表示DNA的碱基配对）车牌的宝马车总是早早地停在专用车位上。9月27日，索尔克研究所举行追悼仪式，在该所工作的一个中国人来函建议我写一篇纪念文章。我正在构思的时候，10月6日，又传来了威尔金斯（Maurice Wilkins）逝世的消息。这两名英国生物学家由于在1953年发现核酸（DNA）的分子结构及其在生物物质信息传递中的作用，而在1962年与美国生物学家沃森（James Watson）分享诺贝尔生理学或医学奖，现在他们又在同一年先后逝世，而且两人年纪相同，都出生于1916年（克里克早出生半年）。但是两人的共同之处还不止于此：与沃森是科班出身的生物学家不同，克里克和威尔金斯原来是物理学家，在第二次世界大战结束之后才转行搞生物学研究。

第二次世界大战从某种意义上说是一场科技战争，尤其是像英国这种人力和物力资源都缺乏的岛国，更倚重科技的进步来改变战争的进程。大批的物理学家、数学家被征召为军方服务，破译密码，研制雷达、声呐、计算机、核武器等。克里克1937年从伦敦的大学学院物理系本科毕业后，又开始攻读物理博士学位，但是1939年战争爆发，他被迫中断学业，为英国海军部工作，研制磁性水雷和感音水雷。威尔金斯比克里克晚一年获得物理学士学位（剑桥大学），但在1940年读完了物理学博士（伯明翰大学），其论文与雷达有关，在战争期间他参与研制雷达，1943年又到美国伯克利参与曼哈顿计划研制原子弹。

战争结束后，这些曾经为战争的胜利立下汗马功劳的物理学家的出路成了问题，许多人必须改行。其中不少年轻的物理学家，在大物理学家波尔和薛定谔的激励下，投身到生物学的研究。此时的物理学界，在经历了相对论和量子力学两场革命后，进入了所谓“常规科学”时期，似乎已没有重大问题可解决，满足不了雄心勃勃的年轻物理学家的求知欲。而生物学相对来说还是一块未开垦的神秘领域，特别是生物的遗传在当时还是一个谜。波尔和薛定锷都认为通过研究生命现象有可能发现新的物理定律，向物理学家们发出了号召。

克里克和威尔金斯后来都强调薛定锷在1944年出版的《生命是什么？》一书对他们的影响，使他们从事生物物理研究——用物理方法研究生命现象。克里克先是研究细胞中磁性颗粒的运动，在听说剑桥大学卡文迪许实验室新成立了一个研究组用X射线衍射法测定蛋白质的结构后，便要求转到那里做博士论文。差不多同时，威尔金斯也到伦敦的国王学院用X射线衍射法测定DNA的晶体结构，以后又来了一位女化学家弗兰克林（Rosalind Franklin，1920—1958）与他一起工作。当X射线照射到生物大分子的晶体时，晶格中的原子或分子会使射线发生偏转，根据得到的衍射图像，可以推测分子大致的结构和形状。不过，不理解DNA的生物学功能，单纯根据晶体衍射图，有太多的可能性供选择，是很难得出正确的模型的。

但是这两位测定DNA结构的人，当时却对DNA的重要性，DNA究竟在细胞中干什么一无所知，对他们来说，DNA无非是一种普通的生物大分子，能测定一种生物大分子的结构就算得上有了科研成果，如此而已。克里克的论文题目是《多肽和蛋白质：X射线研究》，与DNA更无关系。1951年，23岁的年轻的遗传学家沃森从美国到剑桥大学做博士后，挂着的课题项目是研究烟草花叶病毒，其真实意图却是要研究DNA分子结构，因为他深知DNA的重要性。沃森碰巧与克里克共享一个办公室，便说服他一起研究DNA分子模型，因为他需要克里克在X射线晶体衍射学方面的知识。据他的回忆，他到剑桥后发现克里克也是“知道DNA比蛋白质更为重要的人”。但是按克里克本人的说法，他当时对DNA所知不多，并不觉得它在遗传上比蛋白质更重要，只是认为DNA作为与核蛋白结合的物质值得研究。对一名研究生来说，确定一种未知分子的结构，就是一个值得一试的课题。正是因为沃森坚信DNA是遗传物质，并且理解遗传物质应该有自我复制、携带遗传信息和突变的特性，很快就作出了重大发现。1953年，在威尔金斯和弗兰克林拍摄到的DNA衍射照片的基础上，沃森和克里克提出了DNA双螺旋模型，给生物学带来一场革命。1958年，年仅38岁的弗兰克林因患癌症逝世（因为长期接触X射线引起的），使得1962年诺贝尔奖委员会给这个发现颁奖时，已无须因为一次最多只能奖给3个人而为取舍大伤脑筋了。在这3个人中，威尔金斯可以说是稀里糊涂得了诺贝尔奖（他的自传的题目叫《双螺旋的第三人》，很准确地反映了这一点），克里克则是在沃森的鼓动下被动地获奖，而只有沃森一开始就志在必得。

测定DNA的结构，是威尔金斯科研生涯的顶点，也是终点，从那以后，他基本脱离了科研，忙于教学、行政工作和从事反对核武器等社会活动。沃森和克里克则成为了分子生物学的领军人物，特别是克里克，为分子生物学的确立作出了无与伦比的贡献。在1957年，克里克预言了基因控制蛋白质合成的机制，指出遗传信息仅仅体现在DNA的碱基序列上，还需要一种连接物将碱基序列和氨基酸连接起来。这个“连接物假说”很快就被实验证实了：后来发现的转运RNA就是克里克预言的连接物。1958年，克里克提出了两个学说，奠定了分子生物学的理论基础。第一个学说是“序列假说”，它认为一段核酸的特殊性完全由它的碱基序列所决定，碱基序列编码一个特定蛋白质的氨基酸序列，蛋白质的氨基酸序列决定了蛋白质的三维结构；第二个学说是“中心法则”，遗传信息只能从核酸传递给核酸，或从核酸传递给蛋白质，而不能从蛋白质传递给蛋白质，或从蛋白质传回核酸。在1961年，克里克等人在噬菌体中用遗传学方法证明了蛋白质中1个氨基酸的顺序是由3个碱基编码的（称为1个密码子），在破译遗传密码的问题上也作出了重大的贡献。到20世纪70年代，克里克认为分子生物学的基本问题都已解决，分子生物学研究也将进入乏味的“常规科学”时期，于是改而探索另一个未知领域：意识。这也许是一个很合乎逻辑的选择，因为克里克最重要的研究工具就是思考，利用别人获得的数据，靠推理和建构模型来解决问题。

现在也有大批物理系的毕业生改行从事分子生物学研究，原因还是出路问题。当前的生物学研究要比物理学研究活跃得多，工作机会也多得多。但是他们当中恐怕没有多少人像他们的前辈们那样有要在生物学领域进行一场革命的雄心壮志了，分子生物学也已非常成熟，早就过了可以由其他领域的人士来从事革命的草创时期。克里克这样的天才的出现，终究只是一个不可再现的科学奇迹。

2004年10月14日

从“绝不退却”到“百家争鸣”——遗传学痛史

一

那是自中世纪以来对科学家的最大一次迫害。地点在苏联，起因则是进化论的两位创建人对进化机制的不同看法：拉马克相信在生物内在欲望驱使下的用进废退是生物适应环境的原因，而达尔文则认为适者生存的自然选择才是进化的主要动力。我们或许会觉得，拉马克主义更像是唯心主义，而唯物主义的达尔文主义应该更受马克思主义的青睐才对。但苏联的官方哲学，与其说是马克思主义的，不如说是唯意志主义的，它更相信所谓“人的主观能动性”。早在1906年，一位叫斯大林的年轻布尔什维克就已论述说，新拉马克主义正在战胜新达尔文主义，而这再一次证明了恩格斯的从量变到质变的唯物辩证法之正确。但是与斯大林的预言相反，从20世纪20年代起，遗传学的发展越来越显示了新拉马克主义的错误，新达尔文主义的正确，这个遗传学和进化论的综合过程，到50年代才最终完成。

苏联政权对遗传学的蓬勃发展抱着深深的敌意，遗传学成了资产阶级科学的典型。这除了意识形态的原因，还有实用的因素。从1928年起，苏联开始强迫建立集体农庄，被剥夺了财产和权利的农民们以屠宰牲畜、销毁粮食、消极怠工抗议，农业生产受到了灾难性的破坏。苏联迫切地需要用技术发明创造农业生产的奇迹。但是，虽然俄国拥有切特维里科夫、菲利普琴科（这两位大师的群体遗传学方法在他们的学生杜布赞斯基于1927年移民美国后传播到了西方，为综合进化论的创建起了关键作用）、瓦维洛夫等一批遗传学的杰出先驱者，还处于实验阶段的年轻的遗传学对农业生产还无法提供太大的帮助。从理论上说，用达尔文主义的方法改进物种也要比拉马克主义缓慢得多。相信后天获得性能够遗传的拉马克主义表达了一种快速发展的良好愿望：如果那是真的，就意味着你的儿子天生就具有了你学到的知识，而不必一切从头开始。拉马克主义的表述也更为直观，更易被外行接受，直到今天仍然有许多外行对“用进废退”深信不疑。苏联需要一种新的比资产阶级遗传学更加先进、更容易为大众接受的无产阶级的遗传学，这个新遗传学需要有偶像和权威。

于是，一位没有受过教育、夸夸其谈的园艺师米丘林便被树立成了新遗传学乃至新生物学的偶像。这位没落贵族家庭的后代据说在革命前受到沙皇的迫害，在政治上当然可靠；在理论上，他攻击孟德尔遗传定律是没有普遍意义的“豌豆定律”，主张获得性能够遗传，强调环境的创造性作用，与造就共产主义一代新人的信念不谋而合；在实践上，他声称用远缘杂交和嫁接的方法“定向培育”出了600多个（一说200多个）果树新品种，几乎到了随心所欲的地步，再也没有比这种神话式的偶像更能吸引人的了。“米丘林遗传学”“米丘林生物学”在共产主义国家成了新遗传学、新生物学的代名词，即使到了当代，在这些国家，米丘林头上的光环也还未完全消失。俄罗斯社会和民族问题独立研究所去年年底发出问卷，评选出10名俄罗斯（包括苏联时期）20世纪杰出科学家，米丘林也入选。在1989年版《辞海》的“米丘林”条目，还附有一幅肖像，这是那些极其重要的正面历史人物才享有的待遇，生物学家中有此殊荣者仅寥寥数人。但是，我们现在根据遗传学知识可以断定，米丘林用所谓“无性杂交”创造的“新品种”，如果是真的，也只是一些由不同基因型的细胞组成的嵌合体，并非新种。米丘林对遗传学乃至生物学毫无贡献，如果不是在他的名义之下所进行的这场旷日持久的反科学和伪科学运动，米丘林的名字完全可以从生物学史上抹去。

1935年，米丘林在被授予苏联科学院荣誉院士的头衔一周之后去世，未能看到在他的战旗之下对苏联遗传学家所进行的有系统的、大规模的迫害。其实序幕早已拉开。在1931年和1932年，一批遗传学家被贴上“孟什维克化的唯心主义者”的标签而赶出科学院，瓦维洛夫创建和领导的列宁全苏农业科学院植物育种研究所则被批判成“在列宁的名字掩盖下”所建立的“异己阶级的、充满敌意的、彻底反革命的研究所”。正是在这种政治气氛下，米丘林的继承者李森科正式登上了政治舞台。此君以“春化处理”（对越冬作物种子进行低温处理后推迟到春天播种）的发明者自居，而实际上春化处理既不是他的发明（早在1915年嘎斯塔夫·嘎斯讷就已发明了这种技术），也不是他首次在苏联推广（在1923年马克西莫夫就已用更为严格的方法做了春化试验，以后他对李森科的技术进行了严厉的批评），他的发明就是将那些对推广他的春化处理技术有意见的人称为阶级敌人。1935年，这位农民的儿子已被树立为“赤脚科学家”的典型，与躲在实验室中的“资产阶级遗传学家”相对抗。在全苏第二次集体农民突击队员大会上，李森科做了《春化处理是增产的有力措施》的报告，宣称：“富农破坏分子不仅在集体农庄中有，而且在科学界，他们的危险性和破坏性也是同样的。为了保护春化处理技术，我们同一些所谓‘学者’进行了许多争论，受了不少气；在坚持春化处理的实践中，遭受了种种打击。阶级敌人永远是阶级敌人，不管他是不是科学家。”斯大林听了，大声喝彩：“好！李森科同志，好！”

就在这一年，李森科先后成为乌克兰科学院院士和全苏农科院院士，并正式提出了米丘林主义的伪科学理论，否认基因和任何特殊遗传物质的存在，认为细胞才是遗传的基础，细胞的任何部分都有遗传性。遗传是有机体和环境相互作用，将外界条件内化的结果，由外界条件引起的变异都是能够遗传的。遗传学被称之为孟德尔摩尔根主义，被宣布为资产阶级的、反动的、唯心主义的，与辩证唯物主义的发展观点（因为它强调基因的稳定性和连续性）、普遍联系的观点（因为它强调内部遗传物质的重要性）、主观能动性的观点和有规律的观点（因为它认为突变是随机的、没有方向的）格格不入的。这种伪科学声称可以通过定向改变环境而快速改变生物体的性质，正中斯大林加快集体化和工业化的下怀。1936年年底，全苏农科院举行了一次特殊的会议，按官方的指示要求将“旧”遗传学纳入“米丘林生物学”。但遗传学家们并不妥协。在这一年，已有3名党员遗传学家阿哥尔、列文和列维特（人类遗传学学院院长）被宣布为“人民公敌”被捕，阿哥尔和列文被枪决，列维特死于狱中，人类遗传学学院被关闭。1937年，瓦维洛夫被宣布为“人民公敌的帮凶”而被撤销了全苏农科院院长的职务，他之后的两任院长和一批农科院成员先后被逮捕。1938年，李森科担任了院长。被米丘林主义者视为头号敌人、处于危险之中的瓦维洛夫表明了他抗争到底的立场：

> 我们将走向柴堆，我们将被烧死，但是我们绝不从我们所确信的退却。让我坦白地告诉你们，我曾经相信，现在也还相信并坚持我所认为的是正确的……这是一个事实，仅仅因为身居高位者希望我退却就要我退却，是不可能的。

原定1937年在莫斯科举行的第7次国际遗传学会议，推迟到1939年在英国爱丁堡举行，没有一个苏联生物学家被允许参加这次会议，包括在1936年当选国际遗传学会会长的瓦维洛夫。但是国际声誉并没能救得瓦维洛夫。1940年，瓦维洛夫以英国间谍、破坏分子等罪名被捕，1941年被判处死刑，在死牢中被关了几个月后改判徒刑。1942年瓦维洛夫在狱中被选为英国王家学会会员。1943年瓦维洛夫死于狱中，终年56岁，正是科学家的壮年。他的死标志着遗传学在苏联的终结，从那时到现在，苏联、“独联体”没有出过一位值得一提的遗传学家。大批遗传学家先后被逮捕，有的被处决，有的死于狱中。如果不是因为德苏战争爆发而转移了苏联政权的注意力，苏联遗传学家们早已被赶尽杀绝。

第二次世界大战一结束，苏联政权马上开始了整肃知识界的行动。继1946年整肃文学界、1947年整肃哲学界之后，1948年开始整肃科学界，生物学首当其冲。1948年7—8月，在苏共中央的领导下召开了列宁全苏农业科学院会议，残余的几名遗传学家被“邀请”参加这次近千人的大会接受批判。李森科作了经斯大林修改、苏共中央批准的《论生物学现状》的报告。遗传学家们在会上一开始还为染色体遗传学辩护（虽然他们否认自己是孟德尔摩尔根主义者），一旦知道党中央的意图之后，便声明放弃自己的反动立场——瓦维洛夫那样的勇士早已被杀光了。这次会议被宣布为“表现了米丘林路线对孟德尔摩尔根主义的全面胜利”，“彻底粉碎了反动的魏斯曼、孟德尔、摩尔根主义”。紧接着，苏联科学院和苏联高等教育部也召开会议作出决定，遗传学家被禁止从事科学研究和教学，与遗传学有关的研究所、实验室挨个挨个被关闭，撤销一切非米丘林方向的科研计划，遗传学书籍被从图书馆书架取下，遗传学教科书被销毁，遗传学课程被取消。任何遗传学的教学和科研实际上在苏联已成为非法，反对米丘林学说即构成犯罪。

从1948年一直到斯大林死时，苏联科学刊物上没有发表过一篇敢对米丘林学说有任何异议的文章。斯大林死后，反对的声音开始浮现。最主要的原因，是这个学说不仅未能对农业生产有任何的效益，反而带来了严重的灾难。李森科竭力主张在西部西伯利亚播种经春化处理的冬小麦，结果从来也没有得到过收成，甚至连种子也收不回来。李森科否定生存斗争的存在，将这个观点称为“马尔萨斯主义”“庸俗达尔文主义”，自称“创造性的达尔文主义”，认为种内不存在竞争，主张密植，越密越好，导致作物大批死亡。光是这一损失，估计即达10亿卢布。当时，多倍体、自交系、辐射育种等遗传育种技术已在世界各国大规模发展，成为农业增产的重要方法，而苏联在这些方面仍然是一片空白。1956年2月，苏共二十大召开，赫鲁晓夫做揭露斯大林罪行的报告。4月李森科被迫辞去了全苏农业科学院院长职务，苏联开始派代表团出席国际遗传学会议，恢复了遗传学研究。但是在1958年，赫鲁晓夫转而支持李森科，1961年，李森科东山再起，重新担任全苏农业科学院院长，苏联遗传学研究再次转入地下，改在物理、化学研究所之内偷偷进行。直到1964年10月赫鲁晓夫下台，苏联遗传学才算获得了合法地位，可以跟米丘林"生物学"平起平坐了。但是在20世纪30—40年代曾经处于世界领先地位的苏联遗传学，这时已落后了四分之一世纪。从1938年到60年代初，苏联没有出版过一本遗传学教科书，也没有一所医学院教遗传学。"独联体"各国仍然在承担这个断层导致的恶果：直到现在，这些国家的生物学研究水平仍然远远落后于世界水平。

二

在中华人民共和国成立之前，中国的遗传学家基本都有留美、留欧背景，其中也不乏在摩尔根实验室学习、研究、得过博士学位的（像李汝祺、谈家祯等人）。他们回国后大都在大学任教和从事研究，已为中国遗传学的发展打下了基础。中华人民共和国成立以后，李森科的《论生物学现状》一文在中国大量印行，成为大学生物系和农业院校的必读文件。苏联伪生物学家纷纷应聘来华传播伪生物学。1952年，中国开展知识分子思想改造运动，遗传学家们都受到了批判。这一年6月29日，《人民日报》发表了题为《为坚持生物科学的米丘林方向而斗争》的文章，批判"反动的""唯心主义的"摩尔根学派，严厉指责"当前我们生物科学的状况已经到了不能容忍的地步"，"各大学中生物科学各部门基本原封不动，旧生物学的观点仍然贯穿在课程的各个方面"，勒令"要用米丘林生物科学彻底改造生物科学的各个部门"，"从批判旧生物学、旧遗传学工作中来学习米丘林生物科学"。从这一年秋季起，遗传学课程在各大学基本被取消，遗传学研究全部被停顿，而改以伪生物学研究取代。遗传学家们虽然一般仍留在原单位，但全部被改行从事其他方面的教学或研究工作。遗传育种材料被销毁，试验田被铲除。甚至直到1955年，李森科在苏联已遭到批评，而在中国仍然对之视若神明。因中国科学院植物研究所研究员胡先骕在这一年出版的《植物分类学简编》一书中对李森科"创造性达尔文主义"的一些观点提出异议，此书被全部销毁。1955年10月底在北京召开的纪念米丘林诞生100周年大会上，胡研究员受到了政治批判。

1956年4月，传来了李森科辞职的消息。中共中央也在这时候提出了“百花齐放，百家争鸣”的口号，指定在遗传学领域树立“百家争鸣”的榜样。于是在1956年8月，由中国科学院和高等教育部共同主持，在青岛召开了约130人参加的遗传学座谈会。遗传学家和米丘林主义者在这次会议上一起讨论遗传学问题，至今仍被视为“百家争鸣”的典范，用我在大学本科时一位老师的话说：为中国遗传学的发展立了大功。

这次会议，如其名称所表示的，并非一次学术讨论会，而是座谈会，更确切地说，是一次遗传学家向米丘林主义者普及遗传学的基本常识的会议。参加会议的许多人在发言之前都声明自己是外行，从其发言内容看，倒也并非谦虚。童第周、朱洗等实验胚胎学家对基因学说还有所怀疑是可以理解的，因为在生物个体发育过程中的基因调控机制也只是近十几年来才研究得比较透彻，在当时还一无所知。但是，会上米丘林主义者对遗传学的攻击，即使是按当时的水准，也是极其低下的。他们全然不懂基因型和表现型、后天获得性和自然选择的区别，不具有遗传学的基本概念。

华东农业科学研究所研究员、室主任奚元龄竟然还用细菌的抗药性来证明后天获得性的正确，不知道早在20世纪40年代微生物遗传学实验就已证明了那是自然选择的结果。即使是遗传学家，由于已多年被禁止从事遗传学工作，各种遗传学期刊自1949年起就被停订，对国际遗传学的进展也大多不了解。在整个座谈会中，只有中国科学院生理生化研究所副研究员王德宝提到了，在3年前沃森和克里克就已作出的DNA双螺旋结构这一划时代的发现，还不忘小心翼翼地声明“并不能算作定论，我们对于DNA的构造知道得还很有限”。

除了漠视科学事实之外，米丘林主义者的发言还表现出逻辑思维混乱、没有掌握科学方法，根本就不具有从事科研的能力。比如，华南农学院教授王仲彦在长篇介绍了他们做的“无性杂种”证明米丘林学说的实验之后，承认还存在缺点：“（1）没有原种对比，科学性不够；（2）所观察的对象仅为外部性状，外部性状是容易变异的，对遗传性的影响如何尚需深入研究。”他不知道，这两点就使他的实验毫无价值，没有对照的实验不仅是

“科学性不够”，而根本就是“没有任何科学性”。难怪北京农业大学教授李竞雄认为“论争的焦点，还在于共同语言，共同语言不仅只是事实，还包括实验材料、方法、结果的解释以及科学定义等”。

然而整个会议中最令人哭笑不得的，是米丘林主义者几乎一致地认为遗传学的发展恰好证明了米丘林学说的正确。武汉大学生物系教授何定杰说，用于证明DNA是遗传物质的肺炎球菌实验正好证明了后天获得性能够遗传（我将他的话看了几遍，至今不明白他是如何推导出这个结论的），“由此可见，摩尔根遗传学，近年的发展，已大大地接近于米丘林遗传学。”“从摩尔根遗传学的发展趋势看来，它不是与米丘林遗传学背道而驰，而是一天一天地接近于米丘林遗传学，朝着米丘林遗传学方向发展着。”中国科学院植物研究所遗传研究室副研究员梁正兰说：“我听了几位先生介绍摩尔根学派的发展，许多工作是很有意思的。基因的概念不像以前那样，而有了新的发展。我相信这是因为许多新的研究成果不能不使这种理论有所修改的结果。基因概念的这种发展是很好的。在我看来在某种程度上和米丘林学说比以前接近了些。”该研究室副研究员李璠则指责遗传学家将基因学说当成了“绝对真理”：“正因为如此，在摩尔根遗传学中，直到今日，在理论上看不见什么发展和创见。”该研究室主任祖德明在会后总结文章中，也声称摩尔根学派最近“渐渐觉察到细胞质特别是环境条件对于遗传的巨大作用，从而初步解开了染色体基因学说的束缚。”看来这个中国遗传研究的权威机构（当时遗传研究所还未成立）就没有一个遗传学家！

对于这些在现在看来极其可笑甚至可以说相当无耻的论调，当时的遗传学家们又是怎么反应的呢？除了李竞雄教授敢于针锋相对地、极其正确地指出米丘林学派“抹煞了100多年来生物科学发展的事实，而回到100多年前去了”，其他遗传学家都采取了一种回避、退让、调和的态度。北京大学生物系教授李汝祺跟他的“师弟”、复旦大学生物系教授谈家祯说要“走中间路线”。会上走中间路线的人的确不少，像“孟德尔和米丘林学派都有片面性，应该截长补短，互相补充，融合起来，希望我们遗传学成为一门创造性的科学”（浙江农学院教授陆星垣的发言）之类的骑墙说法几乎出自每个发言者的口中，若不查其师承，难以认定他们是遗传学家还是米丘林主义者。如果说这是碍于情面不好当面发生冲突，那么会后的总结文章也一样试图调和。谈家祯教授会后在《人民日报》上撰文说：“我认为米丘林提出的定向培育理论，标志着人类控制和改造生物类型的崇高愿望，可能把遗传学、甚至整个生物学的发展方向提到更高的阶段。”“从摩尔根学派最近开展的有关细胞质遗产和微生物定向变异的初步研究成果来看，摩尔根学派不是同米丘林学说的基本精神没有一点共同的基础的。”等于是认同了米丘林主义者的“先进”谰言。山东大学生物系教授方宗熙会后在《生物学通报》上一面指出摩尔根主义“成为现代生物学的极其重要的知识，成为现代生物学的基本理论。因此，现代遗传学的研究应该以它为基础”，一面又赞扬“米丘林学说所强调的定向改造遗传性使生物更好地为人类服务的方向，是生物学发展的一个新方向，这样的方向符合于祖国社会主义建设的需要，也符合于科学发展的前途”。也一样是承认“米丘林生物学”之“新”。

其实，当局的既定政策，就是在“百家争鸣”的口号下让两家和平共处。中国科学院生物学地学部副主任童第周在致开幕词时已指出“苏联的科学精神”和“米丘林学说”是碰不得的：“在学习苏联的先进科学中还不能很好地领会苏联的科学精神”，“几年来我们虽然学习了米丘林学说，因为体会不深，在研究上和教育上主要根据李森科学说来进行工作和教导学生”，而这次会议的用意，就是要解决“过去摩尔根学说被批判了，不敢介绍；现在李森科学说也被批判了，更觉得无所适从”的尴尬。中宣部科学处处长于光远随后发言，为整个会议定下了基调：“遗传学的两个学派应该互相学习，互相补充。”会议的目的，看来是达到了。按照童第周先生在闭幕词所言，这次座谈会一致认为：“摩尔根学说的研究和米丘林学说的研究都应当发展，都应当扩大它们的领域。本着提高我国科学技术水平，12年内达到国际标准的共同目标，各学派之间互相学习，互相批评，这对于遗传学的发展，不但没有妨碍，相反地将会起很大的作用。”像李竞雄教授这样的“极端”分子的不平之鸣，也就只是整个会议中个别的不和谐声音。《人民日报》在会后发的报道《一个成功的学术会议》批评这些“极端”分子说：

> 有个别摩尔根学派的科学家，曾经要求会议作出我们遗传学应该按照摩尔根学派方向发展的结论，认为只有采用摩尔根主义的方法才能在12年内赶上遗传学的国际水平；认为在高等学校中应该只讲授摩尔根学派的细胞遗传学等。这些看法，受到其他科学家，包括一些摩尔根学派科学家的反对，他们认为这是和“百家争鸣”的精神不符的，是和实际情况不符的。

今天读到这些话，只有让人感到悲哀。当局的如意算盘，是觉得遗传学和米丘林主义各说对了一半真理，科学的发展会使它们统一起来。但这种美妙的情景在科学史上极其罕见。历史早已证明，正确的恰恰是那些和“百家争鸣”精神不符的个别遗传学家。我忍不住要设想：假设会议能够作出按照摩尔根学派方向发展的结论，而不是浪费宝贵的科研资源支持、纵容一个真正反动的（无视100多年来生物学的发展）、唯心主义的（否认遗传的物质基础）伪科学流派；假设中学、高等学校从此只讲授遗传学，而不是同时讲授米丘林主义误人子弟……今天中国的遗传学水平也不会是这个样子了。可惜历史无法假设，而今天中国遗传学与国际水平的差距，大约也还是12年。

这种“百家争鸣”一直持续了下去，20世纪60年代遗传密码的破译、70年代克隆技术的发明都没能结束这种局面。到了80年代，遗传学已进入分子时代达30年之久，被定为“米丘林生物学”研究基地的四川大学生物系还出了一本《米丘林遗传学》的教科书。当我无意中在中国科技大学的图书馆阅览室浏览到这本书的时候，其感觉，就像是在一堆高科技产品中突然见到了一件古董。

三

美国伟大的遗传学家、诱发突变的发现者穆勒在20世纪30年代时曾经应瓦维洛夫的邀请到苏联工作过几年。他们希望能够并肩对抗正在崛起的米丘林主义。穆勒参加了1936年的列宁全苏农学院会议，在会上做了最激烈的发言，指控李森科及其同党是打着辩证唯物主义旗号的唯心主义者。他将遗传学和米丘林主义的对抗，比作是医学和巫术、天文学和占星术的对抗。但第二年，穆勒就灰溜溜地离开了苏联。在一个极权政府决定全力支持伪科学的时候，科学只有一败涂地，科学家的肉体甚至因此被消灭。

虽然在青岛会议之后，中国的决策者没有采取像苏联政权那样极端的做法，但是“百家争鸣”的号召，在允许遗传学教学和研究的同时，也保护、支持了米丘林主义伪科学的教学和研究。如果没有政治的干预、支持，这种毫无事实依据的伪科学教学和研究根本不可能维持下去。在西方国家，米丘林主义从来就没有市场，而只被视为笑柄。

中国的科学家并非对科学方法没有清醒的认识，但是他们只能与上级的既定政策保持一致。李汝祺教授在青岛会议上就指出：“科学的标准和对科学的态度，一方面决定于科学的事实，同时亦决定于逻辑。”对米丘林主义者不顾科学事实、不符逻辑的思维，有相当尖锐的批评。但是他在1957年4

月29日《光明日报》上发表《从遗传学谈百家争鸣》的文章，为了“百家争鸣”的局面，仍不得不承认米丘林主义的价值，想象“不久的将来，通过具体的研究工作，遗传学中目前存在的两个学派，会逐渐融合为一”。毛泽东命令《人民日报》转载这篇文章，并给加上了新的题目《发展科学的必由之路》，从此就有了一个论断，叫作“百家争鸣是发展科学的必由之路”。青岛会议记录在1985年出版时，书名就叫作《百家争鸣——发展科学的必由之路》。

如果我们按官方的定义，将“百家”理解为不同的派别，那么科学的发展，并不是必然要经由百家争鸣。对还没有定论的科学问题，固然免不了会有两家、多家的争鸣；但对已有定论的科学问题一家独鸣也属正常。在20世纪50年代，对遗传学的一些基本问题早已有了定论，若无政治的干预，本来就应该只有摩尔根学派的一家独鸣，米丘林主义乃是政府人为树立的伪科学学派，本无争鸣的资格。如果我们将“百家”理解为个人，那么也绝不是人人都有在科学问题上争鸣的资格。想到科学领域争鸣，首先要遵循科学的标准，使用共同的科学语言。用穆勒的比喻，即是不能用巫术的语言到医学、用占星术的语言到天文学争鸣。片面地强调百家争鸣，就有可能为伪科学开方便之门。实际上“百家争鸣”到今天仍然是伪科学者试图插足科学领域的一大借口。

对科学研究横加政治迫害是一种犯罪，对伪科学研究加以政治支持也是错误的。如果非要为发展科学找一条必由之路的话，那就是：让科学按自己的规则，独立、自主地发展。

参考文献：

① Marxism and the Philosophy of Science: A Critical History，by Helena Sheehan，Humanities Press International，1993

②《百家争鸣——发展科学的必由之路——1956年8月青岛遗传学座谈会纪实》，李佩珊等编，商务印书馆，1985

2000年4月30日

基因与人种：人类的同一性与多样性

人们对生物之间的相互关系的看法也许有许多种，但大致可以分成4种类型：从空间上看，生物之间的关系是直线式的还是分支式的？从时间上看，生物之间的关系是静态的还是动态的？在西方，从亚里士多德开始，采取的是一种最简单的、既是直线式又是静态的观念：世界上所有的生物从低级到高级依次排列，组成了一个逐级上升的阶梯，位于最底层的是最低等的生物，位于最顶端的自然是所谓万物之灵的人了。这个“自然界的伟大链条”的观念影响极为深远，直到18世纪才开始受到冲击。林耐第一个打破了这个链条，把它改变成分支式的。当他把人归为哺乳动物纲灵长类下众多物种之一时，事实上已剥夺了人类在自然界中至高无上的特殊地位。但是，正如布封在反驳林耐这种分支式的归类法时所指出的，按照这种归类法，必然会推理出所有的动物都来自同一种祖先（而这种进化的观念在布封看来是错误的，因此林耐的分类也就是错误的），而林耐本人却对此视而不见。在林耐的宏图中，生物彼此之间并无亲缘关系，人类和其他灵长类动物之所以被归在一起，只是因为上帝在创生时对他们用了类似的设计蓝图，并非由于他们从共同祖先进化而来。对这种静态观的冲击有赖于比林耐稍晚的拉马克。然而拉马克的进化观却是直线式的，他不过是把“自然界的伟大链条”改成了动态的，低等的动物在努力进化成高度的动物，高度的动物在努力进化成人，人乃是进化的目的和顶峰。正是达尔文对林耐和拉马克的观点进行了取长补短的扬弃，创建了分支式的进化论。包括人在内的一切生物都是一棵不断生长、分支的进化树上的一个支点，很难说哪个更高等。人类和其他生物一样，都是从共同祖先进化而来的，是进化过程中的偶然产物，既非进化的目的，更不是进化的顶峰。

达尔文主义虽然早已成为生物学界的主流，但远远没有成为社会的主流。许多人仍然像18世纪的林耐一样，拒不承认生物进化的事实，而那些接受进化的人当中，又大多抱着拉马克式的直线进化观。人类不过是进化的一个偶然，并不比其他生物更高等的分支，这种观念，对普通读者而言，还是新颖甚至有点儿骇人听闻的。正确地认识人类在自然界中的地位，是正确地认识人类自身的基础。

但是人类学的研究具有特殊性：研究者和被研究者都是人，研究者往往已有了预设的社会观念，难以保持客观中立的立场，因之难以避免因社会地位、经历不同而导致的社会偏见。当研究的是其他生物，例如小白鼠时，研究者有什么样的社会观念无关紧要，对研究的结果不会有什么影响。但是当人本身成为研究对象时，研究者的社会观念却有举足轻重的影响，而研究的结果也可能被带上“科学”的客观性、权威性的面具，而被用于支持已有的社会偏见，甚至引发新的社会偏见。人类学的历史，就是一部充满了社会偏见乃至悲剧的历史。

一、人种学的起源

当林耐把人归入分支式系统时，他遇到了一个问题：人这个物种是否应该再分支，分成几类？林耐当然不是世界上第一个试图给人分类的人，但却是第一个试图以“科学的方法”这么做的人。在《自然的系统》这本划时代著作的第一版（1735年出版）中，林耐将人划入了灵长类，但并未对人作进一步的划分。从第二版（1740年出版）开始，他把人分成了4个地理亚种：红种的美洲人、白种的欧洲人、黄种的亚洲人和黑种的非洲人。这样的划分法似乎很顺理成章，合乎“常识”，直到今天，在一般人的心目中，人种大抵也是分成这4类。林耐对他鉴定的物种都有一个简单的描述，有必要仔细看一下林耐是如何描述人种的。

美洲亚种：红肤色，坏脾气，受抑制；头发黑、直、粗；鼻孔宽；脸粗糙，胡须少；顽固，易满足，散漫；身上涂抹红条；依照习惯统治。

欧洲亚种：白肤色，严肃，健壮；头发金黄、飘垂，眼睛蓝色；活泼，非常聪明，有创造力；穿紧身衣服；依照法律统治。

亚洲亚种：黄肤色，忧郁，贪婪；头发黑色，眼睛黑色；严厉，傲慢，充满欲望；穿宽松外套；依照舆论统治。

非洲亚种：黑肤色，冷漠，懒惰；头发卷曲，皮肤光滑，鼻子扁平，嘴唇厚；女性外阴下垂，乳房大；狡诈，迟钝，愚蠢；身上涂油；依照怪想统治。

按今天的标准，这样的描述显然属于以欧洲为中心的种族主义。但林耐很可能并非有意这么做。如果他有意确定欧洲亚种的优越地位，那么我们难以理解他为什么把美洲亚种而不是欧洲亚种排在最前面。这样的排列法表明，林耐试图不偏不倚地把4个人种当作自然界中地位平等的4个亚种，但是在作具体描述时，仍然无法摆脱当时流行的社会观念的影响。于是在他的笔下，不知不觉地根据其审美标准对欧洲人进行“美化”而对其他种族进行“丑化”，尽管只有少数欧洲人是金发碧眼，“金发碧眼”却成了欧洲亚种的特征，而欧洲人体毛较浓密这一“原始”特征就不提了。欧洲人当然最聪明，性格也最无可挑剔，其他人种要么愚蠢，要么让人讨厌。对社会制度的描述最能反映出当时的欧洲人对人种等级高低的看法：依照法律统治的欧洲人胜过依照舆论统治的亚洲人，后者又胜过依照习惯统治的美洲人，而最低级的当然是依照怪想统治的非洲人了。当林耐把性格、社会制度这些非自然的特征作为人类亚种的属性时，就已偏离了“自然的分类”。事实上，除了这4个地理亚种，林耐还根据道听途说为人类设了两个非自然的亚种：一个是“野亚种”，这是根据那些在森林中发现“野孩子”的报告而设立的；一个是“怪物亚种”，包括传说中的世界各地的种种怪人。显然，林耐并不是像对待其他生物那样对人类进行自然的划分，而是根据笼统的归纳、价值判断、社会偏见和传说来划分人类。

前面已经提到，布封作为林耐的对手，反对系统分类法。他在研究人类的多样性时，也不试图把人分成几大类群，而是从生理上和文化上描述了许多民族（中国人、日本人、爪哇人、因纽特人、埃及人等），尽管在描述时，也不可避免地带着偏见。通过比较这些民族的异同，他试图确定他们之间的历史关系，并解释他们是如何演变的。他用一个相当于现在所谓微进化的理论试图解释人类作为单一的物种，是如何从同一祖先演变成今天这么多样的分化的。他将导致人类分化的因素归为3种：气候、食物和奴隶制，后者是指将人从气候和食物最适合其生存的原住地强迫迁移到其他地方。布封并设想，气候对种族差异的影响是可以通过实验来验证的，比如，可以将塞内加尔人迁到丹麦，不与当地人通婚，看看经过多长时间，丹麦的气候将会使他们的肤色变白。

可见，布封对人类多样性的研究，采取的是与林耐截然不同的方法。林耐用的是分类法，而布封则用的是描述、分析、历史和实验的方法。他所问的问题不是人类可以分成几大类群，各大类群都有什么特征，而是人类具有怎样的多样性，这些多样性都是怎么演变而来的。然而虽然布封的著作在当时非常流行，被广泛阅读，但是他在学术界的声誉比不上林耐。虽然布封的方法更具有现代意义，但是在以后的200年间，却是林耐的分类法被认为更为“科学”，而在学术界获得继承。

布鲁门巴哈一般被视为人类学的创始人。他在1775年向哥廷根大学提交了其博士论文《论人类的自然变异》，跟林耐一样，将人类分成了4个种族，但是对划分的范围和描述与林耐的并不完全相同。在该书的第二版（1781年出版）中，布鲁门巴哈给人类增加了一个种族，即马来人种，并对前4个种族的划分作了修正。这五个人种，分别被称作高加索变种（白色人种）、蒙古变种（黄色人种）、埃塞俄比亚变种（黑色人种）、亚美利坚变种（红色人种）和马来变种（棕色人种）。我们看看布鲁门巴哈又是怎么描述人种的。

高加索变种：白色肤色，粉红色面颊；毛发棕色或栗色；头半球形；脸圆而直，各部分轮廓略为分明，前额平滑，鼻狭窄，略呈钩状，嘴小；门齿垂直地分布于上下腭；嘴唇（特别是下嘴唇）有些张开，下颌圆满。

蒙古变种：黄色肤色；毛发黑、硬、直而稀疏；头近方形；脸宽，同时扁平和凹陷，各部分轮廓因此不分明，似乎要混在一起；眉间平坦且非常宽；鼻小，似猿；面颊常为球状，向外突出；眼睑开口狭窄，呈线状；下颌略微突出。

埃塞俄比亚变种：黑色肤色；毛发黑色而卷曲；头狭窄，两侧扁平；前额呈节状，不平；颊骨向外突出；眼睛非常凸出；鼻厚，看上去像是与宽阔的上下腭混在一起；齿槽狭窄，前端拉长；上门齿倾斜地凸出；嘴唇（特别是上嘴唇）非常饱满；下颌收缩；许多人为罗圈腿。

亚美利坚变种：铜色肤色；毛发黑、硬、直而稀疏；前额短；眼眶很深；鼻子有些似猿，但凸出；脸无例外地都是宽阔的，面颊凸出，但不扁平或凹陷，脸的各部分从侧面看时轮廓非常明显，就像是经过深度雕刻的；前额和脸的形状许多都经过人为的改变。

马来变种：棕色肤色；毛发黑、软、卷、厚，并且茂盛；头有些狭窄；前额略微肿大；鼻饱满，相当宽，就像扩展开来，尾端厚；嘴大，上腭有些凸出，脸的各部分从侧面看时，十分凸出而分明。

与他的老师林耐相比，布鲁门巴哈显然要客观得多。他不再用文化、性格特征来描述人种，而只限于解剖特征，用语也尽量平实，看上去更具有“科学性”。但是布鲁门巴哈的做法，却充满了矛盾。

他认识到所有的人类都属于同一个物种，人类的一个“变种”会与另一个混合，并不存在明显的界限，划分变种将是主观的做法，然而他还是坚持把人类划成了5个变种。

他认识到人类的形态存在着连续的、复杂的变异，并不能作简单的、明确的归类，然而他觉得通过描述某些特殊的形态，就可以把他们当作人种的典型，而其他的形态都可作为这些典型的变异。

布鲁门巴哈可能是同时代的西方学者中最不具有种族主义倾向的。作为一位伟大的人文主义者，他有意识地反对种族主义，强调所有种族在生理、心理和智力上都是平等的，他特别否定那种把黑人视为劣等人的流行说法："并不存在任何一个特别的在埃塞俄比亚人当中普遍存在的特征，其特征在人类的其他变种中都可以观察到。"并确认"尼格罗人（黑人）的心理能力和天赋是完善的"。然而，布鲁门巴哈虽然避免了将性格、文化这些主观判断引入人类学研究，却毫不掩饰地将另一类主观判断——审美观作为研究的基础。他虽然极力强调所有人种在生理、心理和智力上的平等，却不认为他们在美学上是平等的。他如此解释为什么把一个包括欧洲、西亚、北非和因纽特人在内的人种命名为高加索人："我以高加索山命名这个变种，是因为在这一带，特别是其南坡一带，产生了最美丽的人种，而且因为在这个地区，我们认为最有可能是人类的发源地。"

布鲁门巴哈认为"最美丽"的高加索变种乃是上帝最早创造的、在形态上最理想的人类原型，后来在不同气候和生活方式的作用下，随着时间的推移，人类发生了退化，虽然在生理、心理和智力上保持等同，在外貌上却变得越来越丑陋。一条退化路线是从高加索变种退化成蒙古变种，亚美利坚变种是其过渡形态；另一条退化路线是从高加索变种退化成埃塞俄比亚变种，它也需要有一个过渡形态，于是马来变种就被制造了出来，林耐的4个地理亚种变成了5个人种。林耐至少在表面上承认各个人种在自然界的地位平等，而布鲁门巴哈却是公开地在人种之间划分自然等级，最高（最原始）的是高加索变种，其次是亚美利坚和马来变种，最次是蒙古和埃塞俄比亚变种。

现在，虽然已无人认为人类内部有亚种之分，但仍然有人类学家把人类分成四大基本种族。与林奈时代不同的是，美洲原居民被归入了亚洲人，另外多出了一个澳洲人。《剑桥人类进化百科全书》（1994年版）是这么描述这四个人种的。

高加索人：分布自北欧到北非和印度；皮肤色素有不同程度的消减；男性头部和身体的毛发普遍发达，并大多纤细，波状或直；以窄脸和突出的窄鼻子为典型。

尼格罗人：分布在非洲撒哈拉之下；皮肤色素浓密，头发卷曲，鼻子宽，脸一般较短，嘴唇厚，耳朵近似方形，无耳垂；身材变化大，从非常矮小到非常高都有。

蒙古罗人：分布在除了西部和南部以外的亚洲、北太平洋和东太平洋及美洲；肤色从棕色到白皙，毛发粗，波状或直，脸部和身体体毛稀少，脸宽并倾向于扁平，在中部群体眼皮被一个内部皮肤皱褶覆盖，但在其他地方该皱褶不明显或没有；牙齿经常有复杂的牙冠，上门齿内表面常为铲状。

澳大罗人：澳大利亚和美拉尼西亚的原居民。肤色深，头发以波状或卷曲为主，儿童普遍为金发。头长而窄，有突出的眉脊和下颌。

这样的描述的确是非常客观的了，已丝毫不带有任何价值判断。然而客观的描述未必就是客观的事实。虽然避免了林耐、布鲁门巴哈的种族主义偏见，但这本书却继承了他们的思维方式：无视人类形态变异的连续性，而根据某些特殊的形态将人类划分成少数类型。典型是本质，而个体变异并不重要，这种本质主义的思维在西方学术界根深蒂固，即使在达尔文认识到每一个个体变异都可能是重要的，并创建了群体思维之后100多年，仍然有待改变。

二、人种学的罪恶

在达尔文看来，进化并没有方向，生存竞争的结果导致多样化，而不是进步。但是达尔文这个正确的观念，在当时以及以后100多年间，都没有被普遍接受。人们仍然像拉马克时代一样，把“进化”当成向更高水平、更复杂程度的进步。一位叫斯宾塞的达尔文同胞，不仅歪曲了达尔文学说，把自然选择当成生物进步的动力，而且把这种说法推广到了人类社会，让达尔文的名字与一种臭名昭著的社会学说——“社会达尔文主义”——联系在一起。在斯宾塞看来，你死我活的竞争既是生物界也是人类社会进步的动力。生物界的生存竞争使得人类进化成万物之灵，而通过社会竞争——例如资本家对工人的残酷剥削、欧洲殖民主义者对殖民地的掠夺——才使得欧洲列强，特别是英国处于人类文明的巅峰。

作为新兴的资本主义和殖民主义的代言人，斯宾塞对人类社会的看法是乐观的，“进步”被视为人类社会的发展趋势。但对没落的贵族阶层来说，他们感受到的，却是人类社会正在退步的怨恨和恐惧。这种悲观情绪在经历了大革命后动荡的18—19世纪的法国贵族当中更为显著。在1853—1855年，一位叫戈宾诺（Joseph-Arthur Gobineau）的法国伯爵出了一部四卷本的著作《论人类种族的不平等》，试图从人种学的角度为人类社会的退化，特别是“已在欧洲各国肆虐了这么多年的血腥战争、革命和无法无天”寻找依据。在研究了希腊、罗马和日耳曼民族的兴衰之后，戈宾诺确信种族问题盖过了其他历史问题，是解决其他历史问题的关键；组成一个民族的各个种族的不平等，足以解释这个民族的命运。戈宾诺认为在世界历史上总共存在10种文化，每一种文化的兴起都是因为“亚利安人”给当地人民带去了高贵的血液、艺术和知识的天赋。按照这种说法，在世界各地都应该曾经存在过亚利安人，而戈宾诺也的确到处发现了亚利安人。随着亚利安人的血缘被稀释，人种即退化，文明也就开始没落。文明创建者中亚利安血液的纯粹程度，决定了一个文明的兴衰。在这些高贵的血液被外来的元素稀释、冲淡，不再能发挥作用之后，文明也就必然灭亡。这样，在他看来，所有伟大文明的衰亡，并不是由于人们经常提及的那些腐败因素（“奢侈，政府管理不善，宗教狂热，道德败坏”），而是因为人种的退化。

戈宾诺对人类遗传的理解——血液的高贵、纯粹、稀释云云，与欧洲中世纪的迷信一脉相承。那种认为人类不同的种族有不同的天性的观念，也自古就有。戈宾诺的独特之处，在于把文明的兴衰归结为种族天性的不同和混合，而且最终追溯到单个种族——亚利安人。他把人类历史的进程简化成了遗传的演变，似乎为历史的研究提供了客观基础。像戈宾诺这种既有“学术性”又简单明了，涵盖全世界、概括人类历史的气势恢宏的大理论，总不难找到追随者，何况是一个可以为社会偏见提供正当理由的学说。当戈宾诺鼓吹亚利安人是最美丽、最优秀的人种，而“大洋洲的人有幸提供了最丑陋、堕落和可恶的种族样本，似乎是被创造出来为了展示人和单纯的畜生之间的链环”时，他在当时的欧美社会找到了无数的知音，须知那是一个伟大如杰弗逊、林肯也相信白人和黑人是截然不同的种族，而前者的身体和心灵都比后者高等的社会。（杰弗逊：“黑人不管是起初就是一个不同的种族，或是因时间和环境造成了不同，身心两方面的天赋都比白人低。”林肯：“我相信白人种族和黑人种族之间的体质差异将禁止这两个种族能在社会和政治平等之下共同生活。既然他们不能共同生活，他们在一起时就必须有上等和下等之分，而我和其他任何人一样，赞同把上等位置划归白人种族。”）戈宾诺的著作很快就走出了国界，在西方世界找到了市场。1856年，一位鼓吹奴隶制的美国人就在费城出版了戈宾诺著作的英译本，英国的版本也随后出现。但戈宾诺最大的知音出现在德国。在作曲家瓦格纳的笔下，那个想象中的亚利安人被艺术化成了日耳曼民族的象征，成了他颂扬日耳曼文化、抵抗外来“污染”的工具。1899年，瓦格纳的英国裔女婿休斯顿·张伯伦（Houston Stewart Chamberlain）在德国出版了一本建立于戈宾诺的理论之上的种族主义著作《19世纪的基础》，影响重大。十几年后（1916年），另一部种族主义的经典著作，麦迪逊·格兰特（Madison Grant）的《伟大种族的消逝》（The Passing of the Great Race）在美国出版，同样以戈宾诺理论为基础。

然而，戈宾诺的理论虽然宏大，却不精致，只有定性的推断而没有定量的证明，“科学性”不高；而且他更关心的是对历史的解释，而不是要拯救人类的未来。打着科学的幌子推销种族主义和等级主义，以及设计具体的方案防止人类的退化，这两个任务留给了伪优生学的创建者、达尔文的表弟弗朗西斯·高尔顿（Francis Galton）。他在1869年出版的《遗传的天赋》（Hereditary Genius）一书，很快就引起了学术界的重视。高尔顿的伪优生学建立在“逻辑推理”和“统计”基础之上。其“逻辑推理”并不新鲜，也就是退化律，即如果不加以人工干预，人类的遗传就是一代不如一代，一步步退化。这根据的是当时流行的“融合遗传”的错误概念，把人类的遗传，当成就像是从男、女双方各取半杯水混合成一杯水，这样一代又一代地混合下去，原先“优良”的水当然也就一代又一代地被稀释掉了。高尔顿所说的遗传，并不只是体质，而是认为人类一切特征，特别是智力、品质、道德、创造力等，也都是能遗传的，而心灵方面的遗传其实才是他更关心的。这种信仰也是由来已久，高尔顿的独创之处，是采用了统计的方法定量地加以证明。例如，他统计了1660—1865年286位著名的英国法官，发现1/9有父子或兄弟关系。于是他得出结论说，当法官的能力是遗传的，这些法官天生就继承了当法官必备的品质。显然，高尔顿犯了统计上的两大错误：一是取样不随机，二是缺乏对照，完全无视其他因素的影响（例如，家庭环境对职业取向的影响、裙带关系对升迁的影响等）。他用同样的方法证明了科学家、诗人、政治家、将军甚至划船手等全都是遗传的。这个结论尽管在今天看来非常荒唐，在当时却深受欧洲上层社会和知识分子的欢迎，迎合了他们觉得自己天生就高人一等的心态。高尔顿是一位等级主义者，认为下等人之所以是下等人，是因为他们天生在智力、体力和道德方面就下等。他的统计已“证明”了这一点。他更是一位种族主义者，在他看来，并被他的研究所“证明”，北欧人无疑是最高等的人种，而黑人有着最低等的人种，最低等的种族的智力甚至还不如聪明的狗：

> 尼格罗种族（黑人）的平均智力水平，要比我们的低两等。
>
> 雅典种族的平均能力，按最可能低的估计，也几乎要比我们高两等，也就是说，与我们的种族高出非洲尼格罗种族的相当。

从古代雅典人到当时的欧洲人，已经退化了两等，而他所担心的，是欧洲人所保留着的那些“高贵品质”，包括发达的智力、强健的体力、高尚的道德、深刻的洞察力等，正在很快被高出生率的贫苦欧洲人和非白种人所稀释、败坏。为了将人类从灾难的边缘拯救下来，高尔顿从动植物育种（也就是他的表哥达尔文所说的人工选择）得到启发，提出了两套方案（这两套方案被其追随者称为“积极优生”和“消极优生”），一方面，“上等人”只能跟“上等人”结婚，并且要尽可能多地生孩子，他写道：“如果那些最适宜占据大地的种族被鼓励早婚，在几代之后，他们将会取代了其他种族。”另一方面，高尔顿呼吁政府插手，劝阻或防止“下等人”生殖。他相信，其结果将会是非常成功的：

> 在家养动物以及进化历史上，没有什么能使我们怀疑，（通过优生学）将会形成一个心智健全的种族，他们在心智和道德上比现代欧洲人高等的程度，与现代欧洲人比黑人中最低等的种族的高等程度相当。

他希望伪优生学能变成一种世俗宗教，让“下等人”出于宗教的狂热，为了人类的未来而自觉牺牲自己的生殖权利，而让“上等”的欧洲人大量繁衍，这会使得全人类的品质大为提高，进而进化出更高级的人类。这应该成为人类的最高道德召唤。

在世界各地（欧洲各国、苏联、美国、巴西、中国、日本等），在各行各业的人士（科学家、医生、社会活动家、女性主义者等），高尔顿都很快找到了大量热心的追随者。1895年首先从德国开始，高尔顿的“福音”被称为“种族卫生”。1912年在伦敦举行的第一届国际优生学大会，吸引了世界各国的750名参加者，来宾中包括丘吉尔和贝尔。在1890—1930年，有大约30个全国性的优生学学会在世界各国成立。优生学在名牌大学被传授，在标准生物学教科书被介绍。不过，世界各国对优生学的热衷和推广程度并不相同。例如，在法国，优生学活动家们强调对孕妇进行教育，鼓励多生优育，但是排斥进行婚前诊断和强制绝育，并未真正采用高尔顿的方案；在英国，情况与此类似。高尔顿的优生方案首先在美国得到实施，之后在德国被推向了极端。

高尔顿的逻辑推理，建立在对遗传机制的无知之上。在20世纪初，孟德尔遗传定律被重新发现并很快被学术界普遍接受。孟德尔遗传定律证明了遗传并不是融合的，推翻了高尔顿的退化律。但是高尔顿的优生方案并没有随之被推翻。恰恰相反，早期的遗传学家相信孟德尔遗传定律为优生学提供了更为牢固的基础。他们不仅认为人的一切特征都能遗传，而且都遵循孟德尔遗传定律，以颗粒的形式固定地永久遗传下去，因此，用人工干预的办法消灭劣质性状，就更为迫切了。他们最关心的劣质性状是所谓的"低能"，指的是一切心灵缺陷，不只是智力缺陷，更包括心理、行为缺陷，它被认为是导致贫困、犯罪、道德败坏等一切社会问题的最终因素，是与生俱来、无法通过教育和环境加以改变的天性，而且是可遗传的单一性状。1921年，美国遗传学家达文波特（Charles B. Davenport）在著名的《科学》杂志上的一段话，表达了当时遗传学家的普遍意见：

> 通过对家族史的广泛深入的分析，似乎非常可能地，中度和高度的低能是作为一个简单的隐性性状遗传的，或者大约如此。据此可知两个低能的父母应该只有低能的儿女，而这正是实际所发现的。

果真如此的话，要解决社会问题，就有了一个简单可行的办法：通过优生消灭这一导致低能的基因。早在1911年，达文波特在《与优生学有关的遗传》一书中，就已为美国优生学运动制订了行动指南，而这不过是高尔顿两套方案的改头换面：

> 优生学者的普遍方案是非常清楚的，即通过引导年轻人对配偶作更合理的选择，理智地恋爱，而改进人种。它也包括由政府控制心灵不健全者的繁衍。它并不暗示在出生前或出生后消灭不适者。

直到1925年，摩尔根才成为遗传学家中第一个公开质疑优生学的理论基础和实践方案的。但是当时美国遗传学界的主流仍然支持优生学运动。在1928年国际遗传学大会指导委员会任职的100名美国遗传学家中，有42人是优生学运动的活跃分子，剩下的人要么消极地支持，要么保持沉默，敢于公开批评优生学运动的遗传学家很少，尽管这时候已有许多证据表明，人的智力、心理、行为并不是完全由遗传因素决定的，更不是由单一基因决定的，而是由多个基因与环境相互作用的结果。

与高尔顿一脉相承，美国优生学家既是等级主义者，也是种族主义者。事实上，优生学运动能在美国风起云涌的一个主要因素，是来自西欧、北欧的旧移民对来自东欧、南欧的新移民的种族歧视。印第安那大学细菌学家莱斯（Thurman Rice）在1929年出版的《种族卫生》（Racial Hygiene）一书中，即如此声称：

> 我们以前所接受的移民实际上都来自北欧。他们大多有优良的品质并很好地融合在一起……今天的情况非常不同；目前，或至少是现有法律通过之前，到来的新移民大多数来自东欧和南欧，或者来自其他更无关联的地区；他们与“熔炉”中我们的血缘不相混合，如果相互杂交的话，他们的显性性状将会盖过我们原有的隐形性状；他们通常是激进分子和无政府主义者，引起无穷无尽的麻烦；他们有非常低的生活水准；他们扰乱了今天的劳动问题；他们极其多育。

莱斯说的“现有法律”，指的是美国国会在1921年和1924年通过的限制中欧、南欧和东欧移民的法案，法案被提出和通过的一大理由，就是那里的人民属于低等的种族（由“智商测定”所证明）并倾向于生育有缺陷的子女，几名优生学家为此到国会作证。

达文波特为优生学运动制订的两个普遍方案，第一个根本无法实施。众所周知，爱情是盲目的，又如何能使年轻人“理智地恋爱”？达文波特甚至连自己的女儿都无法说服。因此美国优生学运动的主要手段，实际上就是要求政府干预，进行“消极优生”。到20世纪20年代，美国优生学家们已成功地游说几十个州的议会通过了对社会不适者强制进行绝育的法案。这些不幸者中排第一位的是“低能”者，还包括疯子、犯罪分子、病人（包括肺结核、梅毒、麻风病和其他慢性传染病患者）、盲人、聋子、残废，以及孤儿、无家可归者、流浪汉等一切带来社会负担的人。到1935年，有28个州通过法律对孤儿院的孤儿、精神病院的病人和监狱的犯人强行实施绝育手术。光是加利福尼亚一州，就将12941人强行送上了绝育手术台。美国优生学家或许会争辩说，他们很“人道”，只是对不适者进行了绝育，并没有“在出生前或出生后消灭不适者”。但是，既然认定了某个类群的人天生就低人一等，这些人即使被剥夺了生育的权利，也依然是一大社会负担，那么从经济的角度看，从肉体上消灭这些人要合算得多，所需要的只是撕下“人道”的遮羞布。而这，正是稍后在德国发生的情形。

1923年，3位德国著名生物学家鲍尔（Erwin Baur）、费希尔（Eugen Fischer）和冷兹（Fritz Lenz）合作出版了一本教科书《人类遗传和种族卫生原理》，很快被译成多种文字，获得国际学术界的普遍赞扬，成为欧洲和美国大学遗传学的标准教科书。这本教科书详细介绍了人种学和优生学的基本原理，目的非常明确："如果我们继续浪费我们先天的心理遗产，还像我们在过去的几十年那样浪费，那么要不了多少代，我们就会不再比蒙古人更优等。我们的人种学研究不能导致傲慢，而必须导致行动——导致优生。"当20世纪20年代初希特勒因啤酒馆政变失败坐牢，在监狱中撰写《我的奋斗》时，这本教科书是他的科学参考书。在《我的奋斗》中，希特勒计算出要经过600年有系统的绝育，才能使人类恢复健康，不过对一个将要持续千年的帝国，这么做还是值得的。1933年7月14日，新成立的第三帝国通过了"防止遗传病后代法"，对精神分裂患者、抑郁症患者、低能者、癫痫病患者、酗酒者、先天盲人和聋子以及舞蹈病患者强行绝育。在以后的三四年间，多达40万人被"遗传健康法庭"判决实施绝育。到1934年，有色人种的小孩都必须被绝育，之后被送上手术台的是犹太人、吉卜赛人和"有关个体"。这时候的纳粹德国还可说只是在步美国优生学运动的后尘，纳粹公开声称加州等地的优生立法是他们的榜样，而访问德国的美国优生学活动家也纷纷写报告赞扬德国的优生学运动。至迟到1938年，德国的"种族卫生"运动就有了质的飞跃：种族卫生主义者声称，不应该让那些有先天缺陷或患了不治之症的人继续在人间受折磨，这些人生不如死，于是"安乐死"取代了绝育手术。1939年9月1日，在入侵波兰的同一天，希特勒在一封信中指示由特定的医生对病人进行评估，对那些无法治愈者实行"仁慈地杀死"。数十名医学和精神病学教授奉命对283000名病人进行评估，75000人被判决饿死或注射毒药杀死。精神病患者如果生病，则不予治疗，任其死亡。在1940年10—12月，波兰的4400名精神病患者和德国的2000名精神病患者被枪杀。一些医院开始试验效率更高的屠杀方式：使用毒气。到1941年，已有70723名精神病患者被用一氧化碳毒死。比起"最后解决"，这些不过是小小的试验而已。最后被"解决"掉的，包括500多万犹太人和难以数计的吉普赛人、同性恋者、精神病人以及其他危害"种族卫生"的人。

在这场大屠杀中，德国科学家们密切配合。德国人类学、生物学和医学等学术领域根据种族主义和优生学的原则进行"改革"，研究人员积极参与鉴定、绝育和灭绝那些“不卫生”者的活动。《人类遗传和种族卫生原理》的三位作者中，鲍尔死于1933年，无缘见到理想的实现；冷兹在1937年加入纳粹并成为威廉大帝人类学学院的系主任；费希尔在1940年加入纳粹，并成为该学院的院长。在1943年，费希尔宣布：“希特勒及其追随者勇于迈出开创性、决定性的第一步，为了德国人民在德国人民之中取得如此辉煌的种族卫生成就，他们的不朽历史功勋将永被铭记。”纳粹的副领袖赫斯则声称，国家社会主义运动不过是“应用人种学”。

1939—1940年的冬天，一位名叫埃林格（Tage Ellinger）的美国遗传学家访问德国，在威廉大帝人类学研究院与费希尔会面。在1942年的《遗传学杂志》（Journalof Heredity）上，埃林格报告了他的“访德观感”。他一方面谴责纳粹对犹太人的所作所为属于“人类兽性的可耻范畴”，另一方面则声称纳粹德国的优生计划的本质并不可恶，并对“甚至连纳粹也能从生物科学得到帮助”感到沾沾自喜。埃林格的“一分为二”观点在当时的美国生物学界很具有代表性。甚至直到今天，仍有许多人坚持认为，优生学的宗旨是好的，只不过在历史上被种族主义者利用了。纳粹究竟是在歪曲优生学的宗旨，还是把优生学家不敢或无法实现的理想付诸现实？如果把社会经济问题归结为遗传问题，如果把遗传方法当作解决社会经济问题的捷径，那么，进入“人类兽性的可耻范畴”，其实就是个合乎逻辑的结果。

三、人种学的困境

种族主义的理论基础是认定人类各个种族天生就不平等，因而在社会上也应该不平等。反种族主义者虽然都认为人类各种族平等，但具体的立场却不一定一致，从弱到强一般有3种立场：一，虽然认为各个种族应该有平等的权利，但是并不否认各个种族在生物学上不平等，只不过认为高等种族应该平等地对待低等种族。二，认为各个种族在生物学上有不同的特点，存在着差异，但是各有优劣势；在某个方面某个人种强些，在另一方面另一个人种强些，综合起来，优劣势相互抵消，并无高低之分，当然在社会上也应该平等对待。例如，认为白人比黑人聪明的人，可能会承认白人在其他方面不如黑人，并不认为白人总的来说就比黑人聪明，因此会否认自己是种族主义者。三，认为各个种族在生物学的各个方面，特别是在智力和心灵方面，不存在差异，天生就平等。

这些反种族主义的立场都不否认自然的种族的存在。然而，只有在人类可以天然划分成几个种族时，种族是否平等才成为问题。如果种族并非是自然的划分，而是人为构想出来的，那么也就不用去争论种族是否平等了。但是这种最强烈、最彻底的反种族主义立场在一般人当中很少见到。人种作为在生物学上划分人类的自然单位，似乎是一目了然的。不同人种的外貌区别难道不是非常明显吗？我们遇到外地的人群，总会注意其外表与我们的不同之处，外来者的故乡越远，外表的差异就倾向于越大。在本能上，我们会把自己和外来者划成两个不同的群体。如果碰到另一群外地人，我们也会把他们划成一个群体。那么，这一群人和另一群人，是不同的两群人还是同一群人？这种判断是否有客观的标准？推广到全世界范围内，我们能否把全人类划分成几大群体？是否有生物学的基础？

当林耐和布鲁门巴哈把人类划分成四五个大类的时候，他们显然认为这是很显然的能被普遍接受的划分。对他们来说，不管这大类是叫亚种还是种族，都是人类这个物种下面的一个自然分类。但是布鲁门巴哈也已意识到人种并不存在明显的界限，存在许多中间的、过渡的混合类型，在对实际人群进行划分时，经常会遇到没有明确的客观标准的难题，而必须作出主观的选择。比如，印度人因为其脸部特征与欧洲人相近，传统上被划分为白种人，但是他们的肤色黝黑，与非洲人相近，将其划分为黑种人也未尝不可，也可以因为他们处在亚洲，不妨根据其他特征将其划入黄种人。又如，北非的人是应该划入白种人，还是应该和撒哈拉沙漠南部的其他非洲人一起划入黑种人？把撒哈拉南部的非洲人划入黑种人少有异议，但是这包含了身体差异极其多样的许多人群，例如东非又高又瘦的尼罗人，中非矮小的俾格米人，肤色要比其他地方的人黑得多的西非人，这些人是否应该划入一个种族，还是再细分？类似地，美洲原居民是应该作为单独的一个人种，或划入黄种人，还是再细分成几个人种？某些偏僻地区生活着非常独特的人群，例如，日本的阿努伊人长相与其他日本人和其他亚洲人都非常不同，是否应该另列一个种族？

造成这种困惑的原因是人类的身体特征的变异，并不具有明显的分界，而是一条连续的谱带。在这条谱带的端点处的群体，他们的特征的差异是明显的，例如，我们很容易区分东亚人、北欧人和南非人。但是，对处于连续谱中间的为数更多的其他群体，例如西亚、南亚、东欧、南欧、北非的群体，应该是划入东亚、北欧还是南非群体，却令人困惑。而那些与世隔绝的小群体，由于与外界缺乏通婚，有了独特的身体特征，更难以归类。显然，要像林耐和布鲁门巴哈那样，根据某几个大致的身体特征划分种族，在现实中是行不通的。那么，有没有可能找到某个真正反映种族差异的特征，以之作为客观标准划分种族呢?

人种学家首先想到的当然是智力的载体——大脑。他们的逻辑是，既然脑容量越大意味着智力越高，而不同种族之间存在着智力差异，那么种族差异就体现在脑容量的差异上了。从事这项研究最为著名的是19世纪美国人种学家莫顿（Samuel George Morton）。他从19世纪20年代开始收藏各种各样的人颅骨，到1851年他去世时，已成了世界上最著名的人颅骨收藏者，收藏品多达1000多具。当然，他收藏人颅骨的目的并不是为了观赏，而是为了研究不同人种的平均脑容量的差异。他使用一种号称非常精确的办法测量脑容量：往颅骨里塞满种子或铅子，然后倒出来用量筒测量其的体积。他的测量结果是：高加索人种平均87立方英寸，蒙古人种平均83立方英寸，马来人种平均81立方英寸，美洲人种平均82英寸，埃塞俄比亚人种平均78立方英寸。看来，白种人最聪明，黑种人最愚蠢，而其他人种介于中间，这不正好证明了当时欧洲人的普遍看法吗？在高加索人种中，还可以划分等级，位于顶端的是英国、德国人，位于底部的是印度人，中间是犹太人，这也与当时的社会偏见完全相符。看来莫顿已为种族差异和智力的等级提供了客观的证据。但是在1977年，美国生物学家古尔德（Stephen Jay Gould）检验了莫顿的原始数据，发现他提供的结果并不是真正的平均脑容量。在计算白种人的平均脑容量时，莫顿有意忽略了那些小的脑容量，而在计算其他人种时，又排除了大的脑容量。根据莫顿的原始数据重新计算的结果显示，所有人种的脑容量都在83～87立方英寸，并不存在显著差异：蒙古人种87立方英寸，现代高加索人种87立方英寸，美洲人种86立方英寸，马来人种85立方英寸，古代高加索人种84立方英寸，埃塞俄比亚人种83立方英寸。在这个结果中，黑人的平均脑容量仍略低，这很可能是因为莫顿选择了那些矮个子或女性的黑人颅骨。莫顿没有做这方面的记录，当然也没有根据性别、身材进行校正。他应该知道，脑容量的大小与身材有关。如果根据身材进行了校正，就会发现所有人种的平均脑容量都一样。

在19世纪中叶，瑞士解剖学家莱泽斯（Anders Retzius）发明了一种测定、比较人的颅骨的定量方法——头指数，即将头长除以头宽再乘以100。据此可将人的头颅分成长头型（指数低，即头颅比较细长）和宽头型（指数高，即头颅比较圆）两大类，处于中间的指数大约80的被称为中头型。这种方法看来更客观、中立，很快被采用为测定种族差异的重要方法。对世界各个人群的测量表明他们似乎都有一个稳定的头指数，比如，英国人属于长头型（指数为78），土耳其人属于宽头型（指数84）。这是不是表明长头型的要比短头型的优等呢？看来的确如此，北欧人、东亚人的头要比中欧（特别是犹太人）、西亚人的头长，后者要比澳大利亚土著人的头长，而澳大利亚土著的头又要比非洲黑人的头长，从长到宽的等级恰好与欧洲社会对人种的偏见相符。

但是人类学家知道，人的头颅性状是很容易在后天改变的，例如一些部落出于文化的原因，能用人为的方式让小孩的前额变高或变低。考古学家通过测量古人颅骨则发现，某个群体（例如日本人）的头指数在几百年间发生过明显的变化，表明头指数会受到环境的影响。美国语言学家、人类学家保爱士（Franz Boas）在20世纪初对美国移民及其后代所做的调查，则从根本上否定了头指数可作为人种区分标准。在19世纪与20世纪之交，有大批的欧洲人移民到美国，为研究遗传和环境的相互影响提供了良好的机会。大部分新移民都倾向于住在自己族群的社区，保持内部通婚，以这些移民社区为研究对象，可以排除不同族群的通婚导致的遗传变化。也就是说，如果这些移民的后代的身体特征发生了变化，可归为环境的变化所致，而不是遗传的变化。保爱士主要以犹太人（宽头型）和西西里人（长头型）这两个族群为研究对象。他发现，那些在美国出生的犹太人的头颅要比在国外出生的父母以及刚移民过来的亲戚的头颅要长，而西西里人的情形正好倒过来，在美国出生的西西里人的头颅变得更宽。而且，这种移民后代的头颅变化程度，与在其出生时母亲在美国生活的时间成正比。保爱士调查结果的唯一缺陷，是时间不允许他对第三代移民进行测量，因此就留下了一种可能性：第二代移民所出现的变化只是由于其母亲感受生活环境的突变而产生的异常，第三代及以后的移民又会恢复到其祖先的状态。但是在20世纪30年代，对夏威夷的日本移民家族所做的调查否定了这个可能性。第三代移民在包括头指数的身体特征的改变，要比第二代移民还要大。很显然，这种改变是由于不同的生活环境导致的。

既然头指数会受到环境因素的影响，那么它作为人种的测量指标就失去了意义。人种的测量指标必须是完全由遗传决定的。但是，我们所能观察到的那些身体特征（或者说表现型），并不一定可靠地反映遗传（或者说基因型）。那些对环境有适应作用的特征（例如肤色），生活在类似环境下的不同群体都可能有（例如生活在热带的人群都有较深的肤色），其相似性说明不了同源性。而那些对环境不具有适应作用的特征（例如头指数）却可塑性太强，也容易受生活环境的影响而发生变化。那么能反映种族差异的遗传指标在哪里？

提起遗传，大家马上会想到"血缘"。欧洲同样有把血和遗传联系在一起的文化传统，也就有研究者想到，血液中会有什么物质决定了人种。在20世纪20年代，一位名叫曼诺伊洛夫的俄国人宣称，往血液里加入一系列的化学药品后，可以将俄国人和犹太人区分开：俄国人的血是红色的，而犹太人的血是蓝绿色的。随后有人报告说，用同样的方法，可以把几种东欧人和亚洲人的血也区分开，甚至还可以区分男人和女人，以及同性恋者、双性恋者、色情虐待狂等不同性倾向者的血液。尽管这些结果在当时都发表在权威的学术杂志上，在今天看来当然都只能当作笑话。

用血型来区分人种看来更可信赖。众所周知的ABC血型系统是在1900年发现的，其遗传完全符合孟德尔定律，表明它是由单个基因决定的，因此是可靠的遗传标志。更重要的是，对不同人群的普查结果发现，他们都有不同的血型频率。很快就有人想到用ABC血型来划分人种。在1919年，两位波兰研究者对英国和法国占领军士兵和俘虏中不同民族的人进行了调查，根据血型频率将人类划分成了3个人种：A型占多数的欧洲人，B型占多数的亚—非人和过渡型人。遗憾的是，这个划分与其他常用标准有很大差异，例如他们发现，在传统上被划入白种人的印度人血型比例与欧洲人大不相同。不过，能把欧洲人和其他人群区分开，对他们来说这才是最重要的。1925年，有研究者则根据ABO血型把人类分成6个人种，他们的这些划分根据的都是血型表现型的频率。就在这一年，ABO血型的遗传规律被发现了：两个显性等位基因A和B，以及一个隐性等位基因O决定了4种血型：基因型AO和AA的表现型为A型，BO和BB的表现型为B型，AB的表现型为AB，OO的表现型为O。比较血型等位基因频率看来要比比较血型频率更为可靠。在第二年，一位叫史尼德（Laurence Snyder）的人首次根据血型基因频率来划分人种，把人类划成了7个人种。然而细看他的数据，可以发现其划分并非真正根据基因频率，而是完全随意的。比如，"欧洲型"中包括了基因频率很不相同的不同群体，A的频率为19.2（冰岛）~34.1（瑞典），B的频率为5.2（英国）~12.8（德国），O的频率为57.8（瑞典）~74.6（冰岛），并可见欧洲人并不具有同样的基因频率，变化范围很大。如果根据这个基因频率的范围，我们也可把其他的“人种”，比如“过渡型”的13个群体中的3个，划为“欧洲型”。到1930年，史尼德更严格地根据血型基因频率，不得不把人类划分成了25个“人种”！但是即使如此，也还没有完全根据血型基因频率来划分。

陷入这种困境的原因非常简单：除了个别的例外（例如，美洲原居民90%以上有O，而基本上没有B），人类所有的群体都有A、B、O三种等位基因，而这些等位基因的频率在不同的群体中又有重叠，并没有界限。例如，德国人的血型基因频率（A=29，B=11，O=60）和新几内亚人的血型基因频率（A=29，B=10，O=61），爱沙尼亚人的血型基因频率（A=26，B=17，O=57）和日本人的血型基因频率（A=28，B=17，O=55），甚至西班牙巴斯克人的血型基因频率（A=23，B=2，O=75）和澳洲原居民的血型基因频率（A=22，B=2，O=76），都实际上相同，又怎么能根据ABO血型基因频率来区分人种？ABO血型系统虽然是最早发现、最著名的血型系统，但并非唯一的血型系统。人类还有不同的血型，例如MN血型。有人想到了对那些没法用ABO血型区分的群体，可以再用MN血型加以区分。例如，德国人有54%的M和46%的N，这就可以和新几内亚人分开了（M=6，N=94）；用MN血型还是不能明显地区分爱沙尼亚人和日本人，那就再加一种血型系统……在不断地添加新的基因频率作为标准后，当然最终可以把任意两个群体区分开，因为没有两个群体会有完全相同的遗传成分。但是这样的区分又有什么意义呢？这是已预先认定这两个群体属于不同的种族，然后再寻找能把他们区分开的基因，这已违背了初衷，本末倒置了：目标并不是要把某两个群体最终用基因频率区分开，而是要找到能用于划分种族的客观标准。一开始就把那两个群体划为不同种族的依据何在？

显然，研究血型基因频率的人种学家并不是真的要根据基因频率划分人种，而是倒过来，先划分了人种，再去找基因频率。一种基因频率不行，就再加一种。但是使用的基因越多，那么在群体之间就会发现越多的不同，原先认定是同一人种的群体之间就出现了较大的差异，而不得不再细分了。在20世纪40年代时，美国人类学家波伊德（William Boyd）根据ABO、RH和MN三种血型基因频率将人类划分成了6个种族，其中5个与布鲁门巴哈所划分的相同，多出的一个是西班牙的巴斯克人。难道巴斯克人这么一个小群体居然可以被视为一个人种？虽然他们讲一种独特的语言，但从身体特征上看与其他欧洲人并没有什么显著差异，只不过他们的血型基因频率显得特别，以此为标准就必须把他们划分出来了。在得到更多的血型基因频率的数据后，波伊德不得不再加一个人种，将南亚人划分了出来。但是这还没完，因为还有更多的基因频率被补充进来，划分也就越来越细，到1962年，波伊尔把人类划分成了13个人种。

如果再加入新的基因频率，当然还可以继续划分下去，“人种”的数目就会越来越多。那么，“人种”这个概念就失去了意义了。研究人种的遗传学家们本来是希望能找到将人类划分成几大块的遗传依据，结果却发现划分越来越细，越来越接近遗传群体，而这样的群体可能有成千上万个。任何与外界缺乏通婚的人群，例如与世隔绝的村庄，都可视为一个遗传群体。到20世纪60—70年代，遗传学家们已认识到，从遗传学的角度看，划分人种既没有依据也没有意义，有意义的是无数的遗传群体。研究这些群体的基因频率，确定群体相互间的亲缘关系，取代了对“人种”的研究。到70年代，人种学作为一门学科，实际上已经消亡。

四、既同一又多样

生物学的研究早已确认，现代人类都来自非洲，很可能是大约20万年前从同一个人群繁衍下来的。在从非洲扩散到世界各地的过程中，我们的祖先遇到了多种多样的生活环境。为了适应这些不同的环境，特别是不同的气候条件，在自然选择的作用下，身体出现了不同的变异，例如皮肤的颜色、眼睛的形状、毛发的形态、身材的大小，使我们感觉到了“种族”的差异。但是这些变化，都是相当表面的。而且，分布世界各地的各个所谓种族也彼此杂居、通婚，因此人类身体特征的变异并不具有明显的界限，而是一条连续的谱带。当19世纪的人种学家热衷于划分种族、把人类划分成从3个到100多个种族时，达尔文已意识到人类地理分布的连续性必然导致遗传特征的连续性，因而将会使任何划分种族的企图归于失败。这就像找一群人按身材高矮排列，两端的高个子和矮个子的差别是明显的，但是如果说世上就存在高个子和矮个子两个种族，非要把中间那些不高不矮的人往这两个种族划分，则是不合理的。人类学家们继续用了100年的时间，才普遍意识到这一点。

这主要归功于遗传学的发展。人体的许多特征，像肤色、身高、头发形状等，主要是由遗传决定的。但是它们的遗传机理相当复杂，涉及多个基因，而且也受到环境（例如气候、营养状况）的影响，使得这些特征分布成为了连续谱，通过测量可得到一条高斯曲线，但是没法截然分类，难以用这些特征来比较遗传差异。像血型抗原这种蛋白质分子完全由遗传决定，区别明显，是个更好的选择。虽然人种学家试图根据血型系统划分种族的努力也归于失败，但他们却开创了在分子水平上研究人类的遗传多样性的先河。研究蛋白质的多态性（即同一种蛋白质在不同人体的不同形态）主要有两种办法：一种是用免疫学的方法，即用抗体—抗原反应；另一种是电泳方法，测量蛋白质在电场作用下的移动距离。这两种方法都是试图测定不同个体中蛋白质结构的变化。但是有的遗传变异并不会改变蛋白质的结构。蛋白质是由DNA编码的，如果DNA序列的突变发生在非编码区，或者虽然发生在编码区，但是属于不影响所编码的氨基酸序列的“沉默突变”，那么这样的遗传差异就无法在蛋白质结构上体现出来。显然，最好的办法是研究DNA序列的突变（通俗地说，就是基因突变）。在20世纪80年代，人们开始用限制性内切酶来检测两个个体的DNA序列差异。限制性酶是由细菌产生的，能在某段特定的DNA序列（一般是4～8个碱基）处把DNA切断，如果这段特定的DNA序列发生了突变，就得到了不同的DNA片段。如果突变发生在别的地方，那还是检测不出。最直接的办法是测定和比较DNA序列。这是在进入90年代以后才开始大量应用的。

在分子水平上研究人类的遗传差异，进一步否定了“人种”的存在。我们没能找到任何决定种族的基因，也就是说，不存在这样的基因：它在某个种族的所有个体中全都存在，而在其他种族个体中又都不存在。就是说没有特别的基因决定了你是白种人、黄种人或其他种人。那些导致“种族”特征的基因在所有人种中都存在，只不过频率不同而已。从林奈时代起，肤色就被当成了种族的主要标志。人类群体肤色的差异，乃是自然选择作用下对阳光多寡的适应结果。阳光会损伤人体内的叶酸，如果孕妇体内叶酸太低，胎儿的神经管发育会发生畸形，导致无脑儿；而男人体内叶酸太低，也会阻碍精子发育导致不育。因此在热带地区，深肤色对人类繁殖有重要的保护作用。人体的维生素D需要依赖阳光激活，那些迁移到高纬度阳光较弱地区的人群，容易因为缺乏维生素D而患软骨病，那么那些肤色较浅的人，他们的皮肤能够吸收更多的阳光，在新的环境中较不易得软骨病，就有了生存优势。我们现在已经知道，有6个等位基因影响肤色深浅（有的认为是8个或更多，但道理一样），分成3对：A-a，B-b，C-c。基因型为AABBCC的肤色最深，为aabbcc的最浅，其他组合则导致中间的肤色。纬度低的地方原始人群的A、B、C频率高一些，纬度高的地方a、b、c频率高一些，但是，这6个基因在所有的“人种”中都存在，只不过其分布频率不同，各种排列组合的频率也不同。不管拿别的什么“人种”形态特征，在基因水平上都是类似的结果。

有时，我们也的确能够发现某个等位基因只存在于某个种族。比如，线粒体DNA的一种基因具有一长一短相差9个碱基的两种等位基因。欧洲和非洲人只具有长的形式，而有一部分亚洲人具有短的形式，因此，这种短的等位基因有时被叫作“亚洲等位基因”。但是，具有“亚洲等位基因”的亚洲人实际上是少数：在亚洲大陆只有18%的人有，其他亚洲人则具有长的等位基因。反倒是美拉尼西亚群岛和美洲的原居民有更高的“亚洲等位基因”频率。我们显然不能根据“亚洲等位基因”来鉴定一个人是不是亚洲人。

“种族”不是遗传群体，而是多个相对独立的遗传群体的统称。在所谓黄种人之内，有许多相对独立的遗传群体，在所谓白种人之内，也有许多相对独立的遗传群体。一个遗传群体，是一个倾向于自我通婚的社会群体，它可以有多种形式，例如一个闭塞的村庄，一个有独特风俗的民族。由于人们倾向于找讲同一种语言的人为配偶，因此一个遗传群体的重要特征就是有共同的语言。现存的语言有五六千种，这意味着遗传群体的数目要多于1万个（考虑到讲同一种大语种的人往往由多个遗传群体组成），可以视为遗传群体数目的下限。从遗传学的角度看，一个遗传群体要至少有500名成员才能防止因近亲结婚导致的危害，这也是许多人类学家发现的人类部落的平均人数。也就是说，全世界最多只能有1000万个遗传群体，在考虑了其他因素以后，我们可以把100万作为遗传群体数目的上限。也就是说，全世界很可能是由1万～100万个遗传群体组成的。属于同一个遗传群体的两个个体，由于有更近的共同祖先，要比随机抽取的两个个体有更大的遗传相似性。也就是说，一个遗传群体有一定的遗传特征，按种族的本来意思，也可以把一个遗传群体视为一个种族，但恐怕没有人愿意把全人类划分成1万～100万个数目不定的种族，但这是从遗传学的角度来说唯一有意义的划分法。但是，即使是这样的划分法也是非常主观的，原因还是因为遗传差异是连续的，甚至邻近的两个居民点都可以发现显著的差异。实际上，不管两个选定人群在地理上或遗传上是如何的靠近，只要检测了足够多的基因，我们总能够发现基因频率的差异。比如，我们总可以发现北京人和天津人存在不同的基因频率，从而把他们划分成两个不同的遗传群体，或者说种族！

研究遗传群体的基因差异（即基因频率）是很有价值的，因为它有助于我们了解人类的生物学历史。我们可以通过比较一个基因在不同群体的频率来测量群体之间的“遗传距离”。一般来说，两个群体的遗传距离与他们之间的地理距离存在相关性。这是由于虽然大多数人从自己的乡镇或城区选择配偶，但还是有少数人会与邻近的地区通婚，因此遗传距离就反映了由于婚姻导致的迁移。研究不同群体的遗传距离，也就有助于了解人类的迁移史。比如，通过比较各地群体的遗传距离，我们知道，现代人类走出非洲时，很可能先到达澳大利亚，然后到达东亚，最后到达欧洲和美洲。

群体内部的各个个体之间的遗传差异又如何呢？研究发现，任何群体内的个体差异平均都几乎相同。任意一个典型的小村庄内部的遗传变异的程度，和地球上任何一个小村庄的遗传变异的程度相似。当然，一个小村庄的遗传变异要比一个大城市的少，但是差别也不大。平均来说，任何一个小村庄的遗传变异程度只比全世界的遗传变异程度略少一些：从一个小村庄任意选两个村民，他们之间的遗传差异，是从世界上任意选两个人的遗传差异的85%。换一个角度看，任意两个人的DNA序列有1/1000的差异，而人类与黑猩猩的DNA序列的差异也不过是1%多一些。因此，“种族”内个体的基因差异往往大于“种族”间的基因差异。比如，一高一矮两个黄种人的基因差异，要远远大于两个同等身高的黄种人和白种人的基因差异，“种族”内的个体差异（身高）要重要得多。

没有两个人是相似的，甚至具有相同基因的同卵孪生子的形态也有所不同。在细胞、分子水平上，人类的个体差异就更加明显。如果不使用免疫抑制剂，皮肤移植将会因发生排异反应而失败（近亲之间的皮肤移植可能除外）。这是因为每一个人都有一套独特的主要相容性复合体系统，由5个或更多个基因座位参与，每个基因座位都有很多个甚至多达100多种的可能的等位基因，在它们的控制下，每个人都有了独一无二的细胞表面抗原（除了同卵孪生子）。分子遗传学的研究也表明了，不存在一个“纯种”的人。大约30%的人体蛋白质是多态的，也就是有着不同的序列和结构，而功能又属正常。人体的每一个基因座位都有一对等位基因，如果这对基因相同，称之为“纯合体”；如果不同，称之为“杂合体”。每个人的体内，大约10%的基因属于杂合的。

为什么会存在如此巨大的多样性？在某些遗传学家看来，如果自然选择在人类的进化中起着主要作用的话，有害的基因被淘汰，优秀的基因被保留，基因的多态性应该越来越少。20世纪上半叶开展优生学运动的遗传学家们也是这么认为的，他们以为通过人为的办法协助自然选择，可以消灭不良的基因，保留更为纯粹的优秀基因，基因越纯，人类总体上就会越健康。至于种族主义者，更是希望通过“种族卫生”来达到种族的纯洁。但是动物育种家们早就从实践中知道，虽然通过长期的（至少20代）近亲繁殖可以得到“血缘”很纯的家养动物，这种纯种动物往往有很低的生存能力和繁殖能力，或者有先天的缺陷，相反的“杂种”动物有更强的抵抗力和生命力，更有生存优势。在基因水平上，“杂种”也就相当于杂合体。在60年代，杜布赞斯基通过对果蝇的研究提出了“平衡理论”，认为自然选择不仅不会使基因种类变少，反而会保留、增加基因的多样性。他发现在果蝇自然群体中，基因有着繁多的杂合，而那些杂合体的果蝇，要比纯合体的果蝇有着更强的生存能力和繁殖能力。

在人类也存在许多“杂合优势”的例子，经常被提到的是镰刀型贫血症。与之类似的是地中海贫血症，与之相关的基因有两种等位基因，一种是正常的N，另一种是致病的T。如果子女各从父母得到一个N，他们的基因型是纯合体NN，表现正常；各得一个N和一个T，基因型是杂合体NT，表现也正常；如果各得一个T，基因型是纯合体TT，将会得地中海贫血症。在欧洲南部的某些地区，出生婴儿中大约有81%是正常的纯合体NN，18%是正常的杂合体NT，剩下的1%是纯合体TT，一般还未成年就因为患地中海贫血症而夭折。既然地中海贫血症患者一般在留下后代之前就已死亡，为什么自然选择没有把致病基因T给消灭掉，每一代人都还会有1%得此病？原因是因为那里是疟疾流行地区，而杂合体NT对疟疾的抵抗力要比纯合体NN强。直到20世纪40年代，在这些地区大约有1/10的纯合体NN因染上疟疾而死亡，而杂合体NT则几乎总是能战胜疟疾。用群体遗传学的公式进行计算，我们就可以知道，在每一代人当中，每有一个等位基因T被地中海贫血症消除，就有一个等位基因N被疟疾消除。如果疟疾的严重程度增加或降低，那么地中海贫血症基因T的频率也会因之增加或降低。如果疟疾被彻底消灭，那么地中海贫血症也会逐渐被消灭，因为纯合体NN和杂合体NT有了相同的生存优势，而纯合体TT却都在成年前死亡。只要疟疾还在威胁那里的人们的生命，杂合体NT就要比纯合体NN有生存优势，等位基因T就会一直存在，每一代也就都会有地中海贫血症患者TT出现。

我们不知道究竟有多少基因有杂合优势，但是应该有不少，这就使得纯化种族变得不可能，因为自然选择总是要保留这些基因的杂合体。如果像优生学家所梦想的那样，用人为方法强行消灭杂合体，那就必然会导致类似地中海贫血症那样的种种致命疾病普遍出现，导致生存、繁殖能力低下。因此，优生学的遗传学基础是完全错误的，其结果是可怕的。我们应该认识到，人类的遗传存在着极其广泛的多样性，而且大都是正常的。这种多样性是自然选择的结果，也是生存的必要条件。

我们对人类在同一性之下的多样性了解得越多，就越明白它是多么的复杂。任何试图抹杀人类同一性和多样性，将全人类简单地划分成几大种族的努力，在科学上都是站不住脚的。但是种族作为一个社会和政治概念，作为历史的产物，仍然会存在下去。在我们使用这一名词的时候，必须牢牢记住，种族不具有生物学的意义。

2001年12月—2002年1月

历史

History

功到雄奇即罪名——纪念民族英雄袁崇焕诞辰410周年

一

当我写下“民族英雄”这四个字时，不由觉得有些沉重。在这样的时候这样的地方，还提什么民族英雄，是不是显得有些不合时宜？君不见有人突发奇论，认为“良禽择木而栖，良臣择主而事”乃是符合现代民主原则的真理，因此，在民族战争中，拒绝“弃暗投明”“顽抗到底”的岳飞、袁崇焕之流，就成了不识时务、抗拒历史潮流、祸国殃民的罪人了。此论一出，居然还很有些人赞同。所谓的民族英雄，在今天某些人看来，不过是疯子、腐儒的代名词。

民主原则本来是处理民族内部事务的一种方式，现在竟然也被人套用在两个民族的生死决战之中，用以剥夺被侵略民族的抵抗权利，可算是一大发明。未来的侵略者又多了一样堂皇的招牌，被侵略的懦弱者又多了一项自慰的借口。但是不管招牌如何堂皇，借口如何漂亮，总会有不愿当异族奴隶的热血男儿挺身而出，为本民族的存亡作最后的挣扎。虽然由于时势的缘故，这种挣扎也许是徒劳的，免不了要被聪明的后人讥之为抗拒历史潮流，但他们为人的尊严和英雄的气概，却在悲剧性的最后一搏中发出了惊世骇俗的光亮，千百年之后依然在历史的长河中熠熠生辉，激励着每一个血还没有冷透的后来者。

何况岳飞、袁崇焕等人所奋起抵抗的乃是落后、野蛮的异族（在当时还是异族）的掠夺性侵略，这种抵抗，在任何时候都有无可置疑的正义性。以明末为例，当时后金（崇祯九年，即1636年，改国号为清）的全部男丁不过20万人，全部从军作战，生产劳动靠的是俘虏来的汉人、朝鲜人奴隶。后金发动战争的目的，便是掠夺物产和俘虏人口，每过一地，必定烧杀劫掠，无恶不作。对这样的入侵之敌，难道应该箪食壶浆夹道欢迎？就算本民族的统治者昏庸残暴，而本民族的百姓何罪之有？在保家卫族的战争中，英雄豪杰只能舍生忘死，知其不可为而为之，除此别无选择。

这种英雄气概，不是现在的某些自诩的民主斗士所能理解的。即使是在当时，这些置个人安危于度外的民族英雄就已被视为不合时宜的痴人傻子了。请求与袁崇焕同死的布衣程本直就这样评价袁崇焕的为人：“举世皆巧人，而袁公一大痴汉也。唯其痴，故举世最爱者钱，袁公不知爱也；唯其痴，故举世最惜者死，袁公不知惜也。于是乎举世所不敢任之劳怨，袁公直任之而弗辞也；于是乎举世所不得不避之嫌，袁公直不避之而独行也。而且举世所不能耐之饥寒，袁公直耐之以为士卒先也；而且举世所不肯破之体貌，袁公力破之以与诸将吏推心而置腹也。"这样的痴汉，在当时已是"掀翻两直隶、踏遍一十三省"而不可再得，在物欲横流的今天更是天方夜谭，也难怪有人要把本民族的大英雄拿来作为自己骂街的靶子了。

二

万历十年（1582年），是中国历史上一个重要的转折点。这一年，大政治家张居正累死任上，人亡政息；20岁的万历皇帝开始了他25年不上朝的亲政，中国一下子从辉煌灿烂的顶点跌入了黑暗不幸的深渊。万历四十六年（1618年），努尔哈赤以七大恨告天，起兵攻明，压垮大明帝国这一头骆驼的最后一根稻草终于来了。而腐朽的大明帝国是如此的不堪一击，打一场惨败一场，天启二年（1622年）广宁一役，王化贞的十三万大军全军覆没，40余座城落入了后金手中，明军士气低落到了极点，正是在这一年，袁崇焕挺身而出，投笔从戎，开始登上了悲壮的历史舞台。4年之后，努尔哈赤率兵13万，攻打孤立无援的宁远，却被袁崇焕的1万守军打得大败而归。努尔哈赤纵横天下数十年，第一次尝到了惨败的滋味，还在战斗中被打伤，不久郁郁死去。这是明清的长期交战中，明军取得的首次胜利。又过了一年，皇太极欲为其父报仇，"灭此朝食"，亲率两黄旗两白旗精兵围攻宁远、锦州，攻城不下，野战不克，损兵折将，连夜溃逃。袁崇焕从此威震辽东，令清兵闻名丧胆。

三

崇祯即位，招回因宁锦大捷反而被魏忠贤罢官的袁崇焕，拜兵部尚书，督师蓟辽，赐尚方宝剑。兵部尚书是最高军事行政官，督师是最高军事指挥官，袁崇焕身而兼之，达到了其军旅生涯的顶点。袁崇焕走马上任，坐镇辽西，满兵再也不敢取道宁锦以入山海关，但是却可能取道蒙古，从蓟门入寇。袁崇焕虽然官为督师蓟辽，蓟州其实是他所管不到的，因此上疏请朝廷务必加强遵化的防守，增设团练总兵。连上三疏，朝廷却因为他推荐的总兵人选被弹劾，不予理睬。朝官还在那里互相推诿扯皮，而皇太极已接受汉奸高鸿中的建议，果然如袁崇焕所料，在崇祯二年（1629年）十月二十七日，皇太极率领满兵10余万，以蒙古兵为前导，从喜峰口窜入长城，攻陷遵化。

这些地方都属蓟辽总督刘策管辖（总督比督师低一级），与袁崇焕无关，但袁"抱心太热"，于二十八日闻警，即与祖大寿、何可纲率兵入援，沿路经过的抚宁、永平（都在河北东北）等地逐路置防，逐城设守，计划截断满兵的归路。十一月初十，袁军到达蓟州，与满兵交锋，满兵没有料到会在这里遭遇袁军，大惊，于半夜越过蓟州向通州退兵，渡北运河，直逼北京。袁崇焕率五千骑兵急速追赶，士不传餐，马不再秣，两天两夜急行军300多里，竟比满军早到北京三日。崇祯见袁军赶到，大喜，召见袁崇焕，赐御馔和貂裘，但袁崇焕要求让士兵入城休养，却没被批准，只得驻扎在广渠门外。满兵一路上攻来，到高密店时侦知袁军已在北京，无不大惊失色，以为袁军从天而降。二十日，两军在广渠门会战。袁军后来又到了4千骑兵，合起来也不过9千人，以这9千人大战十万满兵，以一当十，从早打到晚，满兵终于不支败退，连退十几里才稳住了阵脚。本身并不会武功的袁崇焕因为这一仗关系重大，披上了甲胄亲自上阵督战，把满兵一直往北追到了运河，据说袁在战斗中中箭受伤（《朝鲜仁祖庄穆大王实录》）。

这一仗与宁远之役、宁锦大捷大不相同，并非据城固守，而是硬碰硬的野外作战，连明军最为倚重的红夷大炮也未能派上用场，在军事形势上并无优势可言，而能击败十倍于己的敌军，靠的是誓死保卫京师的高昂士气，赢得十分侥幸。气二鼓而衰，三鼓而竭，士气是不可长期依赖的，作为一个高明的军事指挥官，袁崇焕深深知道这一点。即使是这一仗，他也并不想打，而是不得不打，侥幸以少胜多，他也没有被胜利冲昏了头脑，而是按兵不动，等待随后就会赶到的大批步兵和各地勤王兵。崇祯一再催促他出战，他都以兵困马乏、等待援兵为由加以推迟。其实即使援兵赶到，他也未必就愿意立即跟满兵决战，因为打野战，明军不是能骑善射的满兵的对手。袁崇焕对满兵的战略向来是"战虽不足，守则有余；守既有余，战无不足。"这一次皇太极以倾国之师深入大明腹地，本来极其冒险，拖得越久，对他们越是不利。袁崇焕的计划便是截断满兵退路，把满兵围困住，等到各路勤王兵云集，时机成熟，再四面合围，进行决战，毕其功于一役。即使不能在此役全歼满兵，也当能给以重创，自己先前向崇祯夸下的"五年全辽可复"的海口，隐隐有了希望。这时有两路勤王兵赶到，袁崇焕并未把他们留下守卫北京，而是一路派去昌平保卫皇陵，另一路退至三河截断满兵后路。他自己的主力预计十二月初三、初四日即可赶到，可以开始实施合围计划了，不料初一日自己被捕下狱，使历史因之改写！

对袁崇焕的这一番部署，生性多疑的崇祯越想越不对头：为什么他能料敌如神，说满兵要来就真的来了？为什么打败敌军后不乘胜追击，反而按兵不动？为什么勤王兵赶到他反而把他们驱散？而这时朝中、城中的舆论对袁崇焕也非常不利。这是满兵首次打到北京城外，北京的官民何曾见过这种阵势，巴不得早点把满兵赶跑；高官贵族大多在城外置有家产，现在惨遭满兵蹂躏，自然心疼得很，见袁崇焕按兵不动要打持久战，官民们便把怨气都发泄到了袁崇焕头上，骂他“纵敌”。我国人民历来喜欢用顺口溜抨击时事，历代统治者对这种民谣也很重视，把他们当成预言看待，而这时也出现了这么一首民谣：“投了袁崇焕，鞑子跑一半。”（文秉《烈皇小识》）这时的民心竟然认为要赶跑满兵，必须先逮捕（“投”）袁崇焕。这些舆论，自然也通过各种渠道传到了崇祯耳朵里，更加深了他的疑虑。终于，有两个被满兵俘虏的太监逃了回来，向崇祯报告了他们在敌营偷听来的重大机密：原来袁崇焕通敌，与满兵有密约，二十日满兵并非战败，而是有意退兵，以便让袁崇焕实施他的逼和计划。崇祯至此恍然大悟，认为所有的谜团一一解开了，立即召见袁崇焕，就在殿上命锦衣卫把袁崇焕逮捕下狱。

当时在场的大学士成基命算是头脑比较清醒的人，叩头请崇祯务必慎重，不要轻信流言，目前敌军兵临城下，局势危急，非平时可比（即不应该像平时那样想抓谁就抓谁）。崇祯自以为证据在手，慎重即是因循，不理（《明纪》）。在兵临城下之时，把自己的最高军事指挥官逮捕下狱，不仅在中国历史上，大概在世界历史上也是空前绝后的创举了。

祖大寿是一起被召见的，见主帅被捕，战栗不知所措。崇祯派了个太监向城外袁军宣读圣旨，宣布袁崇焕罪状，三军放声大哭。初三日，祖大寿与何可纲悲愤之余，决定不再为皇帝老儿卖命，率袁军往东向锦州奔去。正南下赴援的袁军主力在途中听说主帅被擒，自然也掉头就走。

崇祯这下子才慌了起来，便接受余大成的建议，派全体内阁和九卿到狱中求袁崇焕写信劝祖大寿回来。等到信使追上袁军，已在山海关外了。祖大寿读毕，下马捧信痛哭，全军也跟着痛哭，惊动了在军中的祖大寿母亲，问清是怎么回事后，劝大家回去奋勇杀敌：“所以至此，为失督师耳。今未死，何不立功为赎，后从主上乞督师命耶？”于是袁军个个争先恐后，即日回兵入关，收复了永平、遵化一带。这一件事，即使如铁石心肠的崇祯也不能不稍被打动，也因此闪过让袁崇焕复出的念头，但也仅仅是一闪之念而已。

加在袁崇焕头上的罪名，是擅主和议，专戮大帅。擅主和议，是指他跟皇太极的议和。皇太极与明军每打完一仗，都要主动议和，这并非如金庸在《袁崇焕评传》中所认为的那样是诚心诚意地议和，多半是带有欺骗性的缓兵之计。袁崇焕对此并非不知道，但是在军事上处于劣势的明军更需要有一段和平的时间用于休养兵马，巩固城池，因此对皇太极的每次议和他都积极响应，两人书信往返不断。这一切并非背着明廷干的，而明廷对议和虽然不以为然，却也并不怪罪。在袁崇焕给崇祯的奏疏中也指明了他的治辽战略就是“守为正着，战为奇着，和为旁着”。崇祯对此本来也很赞赏，当袁崇焕“擅主议和”之时，崇祯甚至还加了他的官，给了他太子少保的头衔，但这时候却翻起了历史老账。明朝的士大夫鉴于南宋的教训，无不以与满人和谈为耻，但对于南宋向金是称臣纳款的求和，而袁崇焕与皇太极是不带任何屈辱性甚至还是高一等的议和这种明显的区别都看不出来。敢于议和便被视为秦桧式的卖国贼，而不管议和的目的何在。所谓书生误国，莫过于此。这也就是程本直所说的“举世所不得不避之嫌，袁公直不避之而独行也”。[对于与袁崇焕的最后一次和谈，皇太极曾在谕文里抱怨说：“逮至朕躬，实欲罢兵戈，享太平，故屡屡差人讲说。无奈天启、崇祯二帝，渺我益甚，逼令退地，且教削去帝（号），及禁用国宝。朕以为天与土地，何敢轻与？其帝号国宝，一一遵依，易汗请印，委曲至此，仍复不允。朕忍耐不过，故吁天哀诉，举兵深入。”则这是什么性质的和谈再明白不过了。对于这次议和，清人后来以之为奇耻大辱，淹没不载，幸好清宫内阁档案中还保留了这道木刻谕文。]

专戮大帅，是指袁崇焕在半年前以阅兵为名，乘舟至双岛，祭出尚方宝剑，斩镇守皮岛的左都督毛文龙于帐前。金庸对此颇有微词，认为毛文龙不该杀，杀的方式也不对头。袁崇焕历数毛文龙的十二罪状，确有凑数之嫌，但不服节制、虚报兵额、中饱关银、擅开马市私通外番这几条，在当时确实都是死罪。后人查阅清宫档案，更发现毛文龙当时确实与清人私通（《近世中国秘史》），足见其死有余辜。至于袁崇焕采用那么戏剧化的手段杀他，也是万不得已。皮岛孤悬海外，如果靠下诏擒拿，只能逼反了毛文龙。朝中大臣并非没有想除去毛文龙的，只是除不了，不敢除，奈何他不得：“是左右大夫皆曰可杀，国人皆曰可杀也。其不杀也，非不杀也，不能杀也，不敢杀也，是以崇焕杀之而通国快然。”（程本直《漩声记》）朝鲜深受毛文龙荼毒，其国王听到毛文龙被诛的消息，大喜：“为天下除此巨害。”（《朝鲜仁祖庄穆大王实录》）可为毛文龙该杀的佐证。但毛文龙杀敌无能，拍马有方，领来的饷银，倒有一大半没有运出京城，而是用于行贿。私开马市，用战略物资向清人换来的人参貂皮，也多拿来向朝廷大官上贡，因此朝官喜欢毛文龙的很是不少。袁崇焕把毛文龙杀了，这些朝廷显贵断了一大财路，无不深恨袁崇焕，最恨的是毛文龙的同乡——大学士温体仁。正是这位温体仁，当崇祯闪过复用袁崇焕的念头时，他赶紧连上五疏，请速杀袁崇焕。杀毛文龙，这时便被拿来作为袁崇焕通敌的证据，因为据说清兵最忌惮的倒不是袁崇焕，而是毛文龙，因此便要袁崇焕杀了他作为议和的条件。袁崇焕既然被当成了秦桧，毛文龙也就被捧成了岳飞，《天启实录》中记载毛文龙的罪恶本来不少，这时的文献反而都颂扬起毛文龙来了。

四

从袁崇焕被捕到遇害，经过了8个多月的时间。既然袁崇焕的通敌证据确凿，为什么会拖这么久呢？金庸说是因为满兵直到六月份才全部退出长城，在此期间崇祯不敢杀袁崇焕得罪辽东部队。崇祯既然敢抓，抓了以后大家都知道袁必死无疑，又何至于不敢杀？当时的兵部尚书梁廷栋甚至请崇祯立斩袁崇焕，“则逆奴之谋既诎，辽人之心亦安”（《明本兵梁廷栋请斩袁崇焕疏》），可见在这些人看来，杀袁反而有助于稳定军心。袁案之所以拖了这么久，是党争造成的。原来，当时的首辅钱龙锡与袁崇焕关系相当不错，这时也受到了牵连。钱是当初惩办魏忠贤一案（称为逆案）的负责人，因此令阉党怀恨在心。这时候阉党余逆又在朝廷渐渐得势，便想把袁案扩大成一个新逆案，把钱龙锡这些对头一网打尽。钱龙锡自然在朝中也有些势力，两派便就袁案展开了拉锯战，事情就这么一直拖了下去。此事终于让崇祯发觉，大发脾气，限令5天之内了结袁案（《明纪》）。新逆案因此没能得逞，但钱龙锡也在袁崇焕死后被捕论死，后改判充军。

主持袁案会审的正是前面提到的梁廷栋。此人曾在辽东与袁崇焕共事，但两人合不来，现在终于抓住了机会公报私仇。他起初判定的处罚是夷三族。当时的兵部郎中余大成是为袁崇焕喊冤最出力的一位，这时吓唬上司说：我在兵部当郎中，已换了六任尚书，没有一个有好下场的；你现在开了夷三族的先例，想想你自己的三族吧。梁廷栋倒真的被吓着了，便与温体仁商量，对袁崇焕减轻处罚，判处凌迟，兄弟妻子流放三千里（袁崇焕无子，《碧血剑》的袁承志自然是虚构的），籍没财产（发现袁家没有什么财产，足见袁崇焕当官之清廉）。

崇祯三年（1630年）八月十六日，46岁的袁崇焕在北京西市口被凌迟。所谓凌迟，便是千刀万剐，是极刑中的极刑。而北京市民先是认为袁崇焕纵敌，现在又都相信袁崇焕通敌，清兵是他引来的，无不以争食袁崇焕的血肉泄恨为快，使这次凌迟更是空前的惨烈。把袁崇焕误为大汉奸的明末史家张岱津津乐道地记下了这个血腥的场面：

> 遂于镇抚司绑发西市，寸寸脔割之。割肉一块，京师百姓从刽子手争取生啖之。刽子乱扑，百姓以钱争买其肉，顷刻立尽。开腔出其肠胃，百姓群起抢之，得其一节者，和烧酒生啮，血流齿颊间，犹唾地骂不已。拾得其骨者，以刀斧碎磔之，骨肉俱尽，止剩一首，传视九边。（《石匮书后集》）

英雄肉的价格是手指大的那么一块，银一钱。而我们的英雄，在整个行刑过程中，一直在叹息，即使皮骨已尽，而“心肺之间，叫声不绝，半日而止”。（《明季北略》）袁崇焕所悲叹的，不是百姓的愚昧，那对他来说毫不意外，他所悲叹的，是出师未捷身先死的遗憾，即使身受极刑，萦绕在脑子里的依旧是民族的存亡，国家的安危：

> 死后不愁无勇将，忠魂依旧保辽东！（《临刑口占》）

五

袁崇焕对自己的下场并非一无所知。自从他投笔从戎以来，他所担心的不是战死沙场，而是死于谗言。在奏疏中，反反复复说的也是这种担心。他对天启皇帝是这么说：“顾勇猛图敌敌必仇，奋迅立功众必忌，任劳则必召怨，蒙罪始可有功；怨不深则劳不著，罪不大则功不成。谤书盈箧，毁言日至，从古已然，唯圣明与廷臣始终之。”他对崇祯皇帝也是这么说：“以臣之力制全辽有余，调众口不足，一出国门，便成万里。忌能妒功，夫岂无人。即不以权力掣臣肘，亦能以意见乱臣谋。”“用人当任而无贰，信而勿疑。……但当论成败之大局，不必摘一言一行之微瑕。事任既重，为怨实多。……况图敌之急，敌亦从而间之，是以为边臣甚难。陛下爱臣知臣，臣何必过疑惧，但中有所危，不敢不告。”当我们今天阅读这些文字的时候，只觉得字字是血，句句是泪，对于自己死于敌人的反间，死于朝廷的猜忌，袁崇焕早已预见到了。既然如此，他为什么不“良臣择主而侍”，不明哲保身退隐山林，反而舍身报国，明知是死路一条，却偏偏去赴汤蹈火？因为人民在受难，民族在沦亡，热血男儿责无旁贷，不敢偷生惜死！

“杖策必因图雪耻，横戈原不为封侯。”（《边中送别》）他的投笔从戎，不是为了封万户侯，而是以收复失地，解辽东人民于倒悬为己任。在崇祯与袁崇焕那场著名的平台对策中，崇祯曾把袁崇焕叫到跟前，对他说：“愿卿早平外寇，以舒四方苍生之困。”这不过是一句套话，袁崇焕竟然大为感动，举手加额：“皇上念及四海苍生，此一语，皇天后土，实式临之。臣所学何事，所做何官，敢不仰体皇上，早结此局。”（《石匮书后集》）为崇祯念及百姓，欣喜之情溢于言表。他与皇太极议和，也是把归还被占领土，放回被俘官民男妇作为首要的谈判条件，毫不让步：“今若修好，则城池地方，作何退出？官生男妇，作何送还？”

既然把民族利益放到了首位，也就只好不顾个人安危，抛弃家庭幸福了：“予何人哉，十年以来，父母不得以为子，妻孥不得以为夫，手足不得以为兄弟，交游不得以为朋友。予何人哉，直谓之曰：大明国里一亡命之徒可也。”（余大成《剖肝录》）心甘情愿当一个以国为家的亡命之徒，此乃袁崇焕之所以为民族英雄，袁督师之所以为“千古军人之楷模”（梁启超语）。然而这样一个亡命之徒，却惨死于本族人之手，一个屠杀本民族英雄的王朝，真是无可救药的奴隶之邦！

六

金庸认为，当时的朝臣之中，大约七成同情袁崇焕，其余三成则主张杀他，其根据是当时余大成的说法。其实余大成在后面还有一句：那同情袁崇焕的十之七“特以所坐甚大，且惮于体仁（温体仁）与栋（梁廷栋），未敢救。”大概不过是余大成为了救袁崇焕的虚张声势，不足为凭。当时敢于公开为袁崇焕鸣冤的朝臣极少，大学士周延儒、成基命，吏部尚书王永光曾上疏解救，祖大寿以官阶赠荫请赎，兵科给事中钱家修请以身代，御使罗万涛为袁申辩，削职下狱。此外就是为此专门写了一篇《剖肝录》的余大成了。而袁崇焕所率的辽兵，当然都知道自己主帅的冤枉，袁崇焕在狱中的8个多月，天天有关外将吏士民到督辅孙承宗的府第号哭鸣冤，愿以身代，而孙承宗竟不敢向崇祯报告。前面提到的那位布衣程本直，胆识与朝臣们相比真有天壤之别，不仅写了一篇《漩声记》为袁辩冤，而且四次诣阙抗疏，无效，愤而请与袁俱死：“予非为私情死，不过为公义死尔。愿死之后，有好事者瘗其骨于袁公墓侧，题其上曰：‘一对痴心人，两条泼胆汉’，则目瞑九泉矣。”崇祯成全了他，顺手把他杀了。

更多的人，都觉得袁崇焕该死，即使是觉得袁不该死的，也只是觉得袁爷功大，并不知其中另有冤情。逃归太监，对袁崇焕之通敌言之凿凿，令人不能不信。虽然崇祯对此事也许并未加以声张，但当时的人都知道有两个太监对于挖出袁崇焕这个大汉奸起了关键作用（《石匮书后集》）。在这种形势下，敢于为袁鸣冤的人需要承担多大的压力，需要有多么大的勇气。也多亏了这些勇士的鸣冤叫屈而留下的第一手史料，我们今天才能对这个冤狱的来龙去脉有一个清楚的了解。

这几声微弱的不平之声很快便被淹没了。到了南明，士大夫们，不管是君子还是小人，是博学鸿儒还是无耻之徒，居然都异口同声谩骂袁崇焕是祸国殃民的大汉奸，并且有声有色地编造起袁崇焕如何与清兵暗中勾结的故事来了。就算有几个见识不凡的学者觉得内有隐情，也不敢为袁崇焕辩护，金庸的先祖查继佐编写的《罪惟录》这部明史巨著，提到这桩攸关大明命运的大案，竟然只有“下狱，伏法”这四个字。难怪现代明史专家孟森愤慨而言：“此则明统一日不绝，崇焕功罪一日不明！”而今日竟还有些学者根据明末的这些“记载”，认定袁氏通敌胁和的说法并非无稽，读史之人，能不慎乎！

既然皇帝是如此昏庸，朝臣是如此忌恨，百姓是如此愚昧，一向以“心苦后人知”自慰的袁崇焕便只有期待着历史公正无私的审判了（《入狱》）：

> 执法人难恕，招尤我自知。
> 但留清白在，粉骨亦何辞。

然而这一天来得实在太晚了，一直等到乾隆年间，清人根据《清太宗实录》编写《明史》的“袁崇焕传”，世人才知道，原来那两位太监是清兵有意放回，他们所偷听到的机密也是清兵有意让他们听到的，而这一切，都是熟读《三国演义》的皇太极亲自导演的一出“蒋干盗书”。袁崇焕之冤至此大白于天下，然而这时候大明王朝已经灰飞烟灭100年，大明遗老也都死得干干净净了。

七

金庸的《袁崇焕评传》的主要创见，是认为崇祯杀袁崇焕的根本原因，不是中了敌人的反间计，而是两个人的性格冲突。他的理由是，曹操中了周瑜的反间计立时醒悟，而袁崇焕从下狱到被杀，长达8个多月，崇祯不可能不知道这是敌人的“蒋干盗书”，之所以还是要杀袁崇焕，是为了掩饰自己当初的愚蠢，不肯认错。曹操中反间不过是小说家言，不足为据，即使真有此事，则老奸巨猾、足智多谋的曹操能够醒悟，二十不到的毛头小伙子崇祯则未必有这样的本事。但是我也认为敌人的反间不是袁崇焕被杀的根本原因，它不过是擒捕袁崇焕的锁链的最后的一环，而这一条锁链早已由昏君奸臣、腐儒愚民共同铸就了。

袁案是中国历史上关系最重大的一桩冤案。一提起大冤案，大家马上会想起岳飞、于谦。但南宋之初，名将辈出，岳飞之外，还有韩世忠、张俊等人，是以南宋还能苟延残喘100多年。于谦死于功成之后，对明朝的国运并无直接的影响。但是袁崇焕之死，却可以说直接导致了明朝的最后灭亡。他死后，明廷再也找不到一个像样的督师，边事无人，这是第一个后果。第二个后果，是让明军将士因此对朝廷寒透了心。以前明军与满兵交战，虽然屡战屡败，但将士或者战死，或者逃跑，还很少有向满兵投降的，袁死后才开始有整个部队向满兵投诚的：“以督师之忠，尚不能自免，我辈在此何为？”他死后的第二年，投降的明朝将士给满兵送去了红夷大炮，从此明军在武器上也不占优势了。第三个后果，是袁崇焕一死，各路勤王兵军心大乱，山西和陕西两路军马溃回家乡后竟然沦为流寇，流寇从此成为大明王朝的又一大威胁，并最终把它埋葬。

袁崇焕死后的15年，崇祯吊死煤山。明亡，亡得一点儿也不冤枉。崇祯死前还自称“君非亡国之君，臣乃亡国之臣”，至死不悟，带着花岗岩脑袋，向与他一样残忍却更有知人之明的朱元璋报到去了。

天启二年（1622年），另一位民族英雄、抗后金名将熊廷弼被朝廷冤杀，传首九边。当时还未成名的袁崇焕兔死狐悲，作诗哀悼。这两首诗，拿来哀悼袁崇焕本人，倒也相当合适。诗曰：

记得相逢一笑迎，亲承指教夜谈兵。
才兼文武无余子，功到雄奇即罪名。
慷慨裂眦须欲动，模糊热血面如生。
背人痛极为私祭，洒泪深宵哭失声。

太息弓藏狗又烹，狐悲兔死最关情。
家贫罄尽身难赎，贿赂公行杀有名。
脱帻愤深檀道济，爰书冤及魏元成。
备遭惨毒缘何事，想为登坛善将兵。

注：

金庸大侠当年写完《碧血剑》之后意犹未尽，写了一篇长达六七万字的《袁崇焕评传》附在其后。我当年读的《碧血剑》是盗印版，删去这篇评传不附，是以我虽然一向留心袁崇焕的研究，却错过了金大侠的高论。直到最近，有网友得知我在写纪念袁崇焕的文章，乃千里迢迢寄来金传让我参考。金庸自谦其评传并无多大的学术价值，只有可读性，则我的这点文字连可读性也没有，或者还有点儿普及性，不留心明史的人若能因此了解一下这桩大冤案的始末，知道我们曾经有过这么一位被冤杀了的大英雄，足矣。草成此文，以报网友赠阅之谊。凡见于《明史》及与金传重复的史料，文中不另注明出处。

1994年9月1日

博物馆中的古墓

加拿大的秋天短暂而美丽，美丽得令人心碎。在漫山遍野的红叶的包围下，只能在慢速道上缓慢地开着车，到达多伦多唐人街时已是午后。走下车，看着满街的汉字招牌和东方面孔，那感觉就像当年的周末走在合肥三孝口的街头。一样地在书店和音响店转转，一样地往挎包中塞进沉甸甸的过时的书，一样地找一家小餐馆坐下。在一堆港粤风味的菜单中，看到“福建炒饭”，毫不犹豫就点了。因为放多了醋而使原味尽失，慢吞吞地吃着竟然心里越吃越酸。也许所谓的乡愁，就是这样的一盘原味尽失的炒饭吧。

吃完了饭，日已偏西，穿过多伦多大学的校园，去寻找安大略王家博物馆。旅游手册说，它是海外博物馆中收藏中国文物最多的一个，不能不去见识一下。这也不是第一次在海外品赏我们祖先的杰作了，华盛顿、底特律、印第安纳波利斯等或大或小的博物馆，总会有那么间中国的展厅，让来自展品的故乡的参观者在赞叹之余也未免会感到一丝的惭愧和愤怒。看多了也就麻木了吧。商周的青铜，汉朝的瓦当，唐朝的三彩，件件是精品，样样是稀世珍宝。说明上说，这只是收藏品中极少的一部分，等到宋前中国文物室建成，才会有较完全的展览。以下宋元明清，展品越来越齐全，越来越精细，我也就越不认真看。看完了这些展室，进了一个大厅，迎面是一面玻璃砌成的墙，只见屋外的树木在微风中摇曳，而阳光透射进来，照着两个石坊，一对石人，一对石虎，一个高高拱起的坟墓，让人仿佛置身于野外的墓地。这就是参观指南里所说的明墓了，我本以为是哪个无名小卒的坟墓被千里迢迢地挖掘了运过来，走过去一看说明，赫然写着大明一品大将祖大寿之墓。

中国人不重生而重死，讲究的是"备极哀荣"，仿佛亲人的死去反而给了子孙们一个显示孝顺和炫耀财势的机会。只要看看今天的农民手里刚刚有了几个钱，便开始大修祖坟，即可知这种心态是于今尤烈。而历代统治者，都不厌其烦地制定出葬仪的种种规定，什么级别的官员应该有什么样的墓碑，多高的坟墓，多大的墓地，什么样的摆设，都规定得清清楚楚，级别不够，再有钱也不能越礼，否则就有可能招来杀身之祸。知道了这一点，就可以明白商人、财主为什么都那么热衷于花一大笔钱买一官半职，也可明白当今政府对葬仪级别的种种规定不过是历史的遗俗而已，因而沈从文死时因为级别不够连一则讣告都登不了也就没什么可大惊小怪的了。明朝一品官员的坟墓，按规定应该有石人、石虎、石马、石羊、望柱各一对，这个展览室还缺少好几样，如果不是当初没有完全运来，就是运来了也摆不下——我已很惊讶于这个博物馆竟会浪费这么大的一块地盘给这些在中国毫不稀罕的石头。清朝的典章制度基本上照抄明朝，清朝一品官员的坟墓与明朝的想必不会有什么不同。那么祖大寿的坟墓究竟是明墓还是清墓？

说明中对祖大寿的生平事迹只字不提，但对于对明末清初的史实略有涉猎的人，对这个名字可以说是如雷贯耳吧。在袁崇焕威震辽东之时，祖大寿是袁手下最得力的大将，在宁远保卫战、宁锦大捷、北京保卫战中都立下了汗马功劳。在辽东将士中，他又是唯一一位亲见自己的主帅在殿前被捕下狱的，所受的刺激更强于别人，当时已惊吓得手足无措，之后干脆领兵反叛，毁山海关东走。是袁崇焕在狱中的一纸书信把他招了回来，是他的母亲及孙承宗劝他奋勇杀敌以赎出袁督师。在辽东将领中，他又是营救袁崇焕最卖力的一位，曾请求削职为民，以自己的官阶赠荫换取袁督师的性命。但袁爷最终还是被他奋勇保卫的人千刀万剐了。祖大寿在悲哀之余，只能接过袁督师的担子，率领袁爷旧部这支大明最精锐的部队，驻守宁远、锦州、大凌河等要塞，抵御清兵的入侵。到了崇祯四年（1631年），祖大寿奉孙承宗之命守大凌河城，八月，城才修了一半，皇太极以倾国之师，把大凌河城团团包围住。祖大寿突围不得，援军又被击退，只能闭城坚守。皇太极不断地送信劝他投降，他都不予理睬。坚守了3个月，城里粮食吃完了，开始杀马吃。马杀完了，开始吃平民百姓。平民百姓吃光了，开始吃军中的老弱病残。军中的老弱病残也吃光了，接下去就该是健壮将士的互相残杀了。无论如何，城是没法再守下去了，所有的将领，除了副将何可纲，都认为只剩下投降一条路了。于是祖大寿长叹一声："人生岂有不死之理？但为国为家为身，三者并重。今既尽忠报国，惟惜此身命。"只好杀了誓死不从的好汉何可纲，与皇太极在城外设坛盟誓，算是投降了。然后他向皇太极献策说，趁外地明军还不知道他投降，他愿意带一支兵马去锦州，在城里当内应，这样清军梦想多年的锦州要塞便唾手可得。皇太极听得满心欢喜。但祖大寿一进了锦州城，便把与皇太极的盟誓置之脑后，继续当他的大明总兵官，抵抗起清军来了。皇太极恼羞成怒，两次御驾亲征攻打锦州、宁远，都无功而返。祖大寿又为明朝守了10年的城，直到崇祯十四年（1641年）四月，清兵再次倾国而来包围锦州城。这一次整整围了一年，洪承畴的14万援军在松山被击溃，洪承畴投降；祖大寿粮尽援绝，城中又开始人吃人，只好再次投降。这次皇太极连立坛盟誓都不要了，也不再信任祖大寿，不敢再让他带兵。祖大寿倒乐得不必像孔有德、尚可喜那样去屠杀自己的族人，从此身在曹营心在汉，退出了历史舞台。史书中记载他投降以后的唯一事迹，是曾经写信劝他的外甥吴三桂投降。吴三桂当时还没有"冲冠一怒为红颜"，这种劝降信自然毫无作用。祖大寿平平安安地活到了顺治十三年（1656年），老死。

顺治十三年，明朝已灭亡了13年，再过四五年，龟缩在云南的南明永历帝也被吴三桂用弓勒死，而外国人建的博物馆却告诉参观者说，那时候造的坟墓是明墓，已当了十几年清朝大官、被载入《清史稿》而不是《明史》的祖大寿是明朝一品大将，还用一队穿着明人服装的瓷人排列成的送葬队伍暗示祖大寿当初就是这么给埋葬的。也不知哪位汉学家在这里向大家开了一个天大的玩笑，若能起祖大寿于地下，面对此情此景，他该是喜是悲？

一个汉学家，不管他是多么地熟悉中国史实，多么地热爱中国文化，当他面对明末清初的这段历史时，其感受肯定没有中国人那么痛切。这是一个大变动的时代，每一个英雄豪杰或迟或早都要面临生与死，忠与奸的抉择；这又是一个悲惨的时代，每一个英雄豪杰几乎都以鲜血为自己的人生画上了句点。从战死沙场的满桂、赵率教、孙祖寿，到含笑就戮的何可纲，就连卖国求荣的吴三桂最终也逃脱不了身败名裂的命运。祖大寿总算在屈辱中得了善终，享受到了一品大臣的哀荣。谁又料到几百年后他的坟墓却被整个挖了送到国外展览，当作明墓的标本供人鉴赏呢？只有北京白塔寺的祖家街，还能让哪一个有心的路人匆匆路过时会偶尔想起祖家的昔日威风吧。

我不能不想到前面提到的这些英雄豪杰们的主帅袁崇焕。当他以大明国里的“亡命徒”自命为国守边时，是不会想到日后自己是否能备极哀荣的。他甚至本来就不应该有坟墓。当他在西市口忍受千刀万剐，血肉被愚民们抢食一空时，是他的一个姓佘的谋士在半夜里冒死去收拾他的残骸，埋葬在广渠门内的广东义园。这位姓佘的谋士从此终生为袁爷守坟，死后就葬在袁崇焕墓旁。此后，佘家世世代代为袁爷秘密守坟，守了300年，一直守到了民国，才由康有为发起，为袁崇焕修了一座庙堂，供后人瞻仰礼拜，扼腕叹息。

有没有坟庙，坟庙是否高大宏伟，其实都是无关紧要的。真正的丰碑永远只矗立在后人的心中。

1994年11月7日

人生舞台上的海瑞

今年春，公当会试天下，谅公以公道自持，必不以私徇太岳；想太岳亦以公道自守，必不以私干公道也。惟公亮之！

这是万历五年（1577年），已在家赋闲了7年的海瑞写给大学士吕调阳的一封信。这一年，当国首辅张居正（号太岳）次子张嗣修将参加会试，海瑞便给身为次辅的吕调阳写了这封信，旁敲侧击，提醒他不要徇私舞弊。也许在他看来，要让嗣修落第才能显出公道吧。结果呢，却是嗣修高中廷试第二名，赐进士及第。张居正为此向万历皇帝神宗谢恩时，神宗回答得挺坦率：“先生大功，朕答不尽，只看顾先生的子孙。”其后张居正尸骨未寒，神宗即剥夺张的儿子们的功名，逼死的逼死，充军的充军，对先生的子孙是这么看顾的。赐进士及第的是他，连张居正请求回避都不许；剥夺功名的也是他，连奉旨行事的主考官都要追究责任。若说徇私舞弊，皇帝才是正主，海瑞这封信，完全寄错了人。就算吕调阳真能操纵会试结果，海瑞大约也不至于天真到以为从天涯海角寄一纸短笺就能让当朝大学士听退休官僚的忠告。这一封信，与其说是写给吕调阳看的，不如说是写给众人看的，更是写给后人看的。

海瑞自己却不是进士出身。他在嘉靖二十八年（1549年）中了乡举之后，会试落第，就未再参加会试，而以举人出身踏上仕途。明朝对官僚的出身极其看重，举人只能做做小官，非进士出身万难挤入高层。海瑞从福建南平县的儒学教谕开始做起，一步步往上爬，竟当过总管江南鱼米之乡的钦差大臣应天十府的巡抚，最后又死在南京右都御史（正二品）的任上，追赠太子少保，这可以说是绝无仅有的了。他的仕途的转折点，是嘉靖四十五年（1566年）的“骂皇帝”事件。在两年前，海瑞从兴国县知县任上上调进京，在户部云南司任主事。名为主事，其实什么事也不用操心，大事有尚书、侍郎在管，小事有吏在做。无所事事了两年之后，他给嘉靖皇帝世宗上了《直言天下第一事疏》。在这封空前绝后的奏疏中，海瑞只字未谈本职工作，从头到尾只是在攻击世宗屠戮大臣不是个好皇帝，父子分离不是个好父亲，乃至夫妻分居不是个好丈夫，“盖天下不直陛下久矣！”一个大臣上奏疏告诉皇帝说天下人早就认为你不配当皇帝，可真够骇人听闻的了。然而还有更激烈的话，为《明史》所不敢录，虽然一篇《海瑞传》，有一半的篇幅倒用于抄这封奏疏：

> 今赋役增常，万方则效，陛下破产礼佛日甚，室如悬罄，十余年来天下极矣！天下因即陛下改元之号而臆之曰：“嘉靖者，言家家皆净，而无财用也。”

比之武宗之胡闹，神宗之贪婪，熹宗之昏庸，世宗还算不上大明最糟的皇帝。但我们一谈到明朝的昏君，想起来的首先就是这位家家皆净的嘉靖帝，在一定程度上还得归功于海瑞这一骂。我们读这样的骂文，确实如听人骂街一样的痛快，但不要忘了，骂的乃是当朝皇上。即使换上以纳谏出名的唐太宗，恐怕也无法容忍如此进谏。据说世宗读了这封奏疏后，气得全身发抖，把奏疏摔在地上，大喊快去把他抓来，不要让他逃跑了。旁边的一位宦官劝他说，这人是个出名的书呆子，上奏疏之前已告别了家眷，遣散了仆人，连棺材都准备好了，不像会逃跑的样子。实际上在两年前海瑞进京前就把家眷都送回了琼州故乡，不可能在这时候又来告别家眷，这或者是这位宦官编造了一番话为海瑞求情，或者这整个戏剧性的一幕，根本就是编造出来的。虽然被一本正经地写进了正史，但中国的史书，本来就是史实和小说不分。

海瑞没有家眷可告别，但上了奏疏之后，倒是去找过同乡王宏海托付后事，可见他自己也明白上这样的奏疏，只能招来杀身之祸，并不能让皇帝幡然改悔。既然如此，又何必干这种无成效的蠢事呢？用后来神宗评言官们的话说，这是“讪上卖直”，以诽谤皇上来卖弄自己的正直。果然，“公是疏一出，而直声震天下，上自九重，下及薄海，内外无不知有海主事也。”（《刚峰海公行状》）从一个默默无闻的举人出身的小官僚，一夜之间成为妇孺皆知的大名人，真可谓一骂成名天下知了。

世宗虽然大叫“快去把他抓来”，却并不相信一区区主事敢上这样的奏疏，还想放长线钓大鱼钓出幕后的黑手，派特务跟踪了海瑞一段时间，实在摸不出别人，才把他抓进了锦衣卫让刑部问罪定刑。该给海瑞定什么罪，却颇使刑部为难。《大明律》虽有“骂人”一条，对各种各样的骂人的处罚规定得非常详细，但制定《大明律》的人做梦也没想到还有人居然敢骂皇帝，最高只定到骂公侯，对此只是处以枷号一个月的惩罚，而世宗的意思，当然是要定成死罪。刑部人马翻遍了《大明律》，也翻不出该给骂皇帝的人定什么罪。最后是刑部尚书想出了解决办法，比照“子骂父”律，属十恶不赦之罪，判处绞死。“子骂父”罪属于告诉乃论，在这一案中，皇帝成了原告了。

海瑞既然已直声震天下，若被处死，就会青史留名；如果大难不死，就有了升官的资本。他很幸运，世宗还来不及处死他就自己先走一步了，连牢中的主管都知道这下子海瑞该高升了，办了一桌酒席来讨好他。海瑞还以为这是死前的最后一餐呢，从从容容吃喝完毕，才知道原来世宗驾崩了，于是哭得死去活来，把吃下去的酒菜都吐了出来，晕倒在地。我们可能会觉得奇怪，不是说世宗早就不配做皇帝了吗，现在换了别人来当皇帝了，海瑞怎么又如此难过呢？但不这么一哭一晕，又如何能显出其先前的骂乃是忠心耿耿？

海瑞在出狱后的两年间，换了六七次官职，连升四级，从正六品主事一直升到了正四品的通政司右通政提督誊黄，其升迁之快，无以复加。这固然是大难不死的后福，却也是因为在当时内阁的党争中，他投靠首辅徐阶排挤次辅高拱，被徐阶一手提拔。隆庆元年（1567年），广东道监察御史齐康弹劾徐阶的家人在乡里横行不法，这本是当时尽人皆知的事实，以后海瑞巡抚应天十府时也对该如何处置徐阶的儿子而伤透了脑筋。但当时的言官都是徐阶的亲信，他们一口咬定齐康是受高拱指使，乘机对高拱群起而攻之。这时担任大理寺丞的海瑞也跟着起哄，上了一封《乞治党邪言官疏》，谩骂高拱是小人，齐康是受高拱指使的鹰犬，这二人乃是奸党，请求穆宗“罢斥高拱，将齐康重加刑治”，以其骂皇帝的天才来骂大臣，不过是小菜一碟。十几年后海瑞整理文集，重读此文，自己都觉得脸红，加了个附注说：“一时误听人言，说二公（指徐阶和高拱）心事俱未的确。”但高拱终于因此去职，而海瑞也就连连升官，官至四品，身披红袍了。

京城天子脚下，高官多如牛毛，中不溜秋的四品官除了跟着起哄骂街，也没什么用武之地，我们的英雄仍然感到寂寞。海瑞披上红袍的这一年（隆庆三年，1569年），刚好是6年一次的京察之年。所谓京察，就是由吏部和都察院对五品以下的京官作出考察，而四品以上的则做自我鉴定。海瑞在自我鉴定中便称自己无所事事，不称所职，请求把他革职。内阁和吏部的大臣们自然很明了这种以退为进的把戏，他们既然不敢当真把这位名满天下的忠臣革职，就只好委以重任。这一年六月，海瑞调升右佥都御史，钦差总督粮道巡抚应天十府。让一个举人担任钦差大臣，这是前所未有的事，更不用说巡抚的是全国最富庶的应天（南京）、苏州、常州、镇江、松江、徽州、太平、宁国、安庆、池州这10府了（还兼理杭州、嘉兴、湖州三府的税粮）。

新官上任，照例要发布一个安民告示。海瑞颁布的《督抚条约》洋洋洒洒36条，所津津乐道的是地方官员该如何参见、招待巡抚大人，当然是要求一切从简，连一顿饭该花多少钱（物价贵的地方，费银不过三钱，物价贱的地方，费银二钱，烛柴俱在内），该吃什么（鸡、鱼、猪肉三样和小瓶酒，不用鹅及金酒），都定得清清楚楚，使人觉得这位巡抚大人未免也太婆婆妈妈。最奇的有这么一条：

> 各官参见手本用价廉草纸，前后不着壳，后不留余纸。别事具手本亦然。凡册用稍坚可耐久而价廉纸，不许如前用高价厚纸。申文纸亦然。册用白纸裱褙为壳，封筒用单纸，内先用一草纸护封防弊，不用裱

糨纸。凡文册俱指顶大字便览，防洗补。申文供招等项，不许重具书册。

联想到他还在担任淳安知县时，就规定衙门用纸“先用后偿”，“用过纸一张，则给予一张，用过四五张，则给予四五张”，真是惜纸成癖，始终如一了。要是让他担任首辅，说不定也会下一条全国惜纸令。我们也许会误以为明朝的纸张是什么贵重东西，其实他所规定不许留空白的廉价纸，不过是每百张银六至八分，高价的永丰纸，每百张也就值银二钱，相当于他的一顿饭钱。他对此的解释是“毫厘皆民脂膏，损之毫厘，莫不有益”。要提倡节俭，就从每一张纸抓起，而且唯恐人不知。他在巡抚任上主持疏浚吴淞江这一“万世功”，公布的预算是银七六一零二两二钱九分，真正是把毫厘都算在内了。而这花费了几万银两的疏浚工程，没过三年就又堵塞了。（顾炎武《天下郡国利病书》第七册引耿橘的话说：“海公之役，计费四万有奇，不三年而旋淤，说者谓稽查无法，委任欠当之故，是非卑县之所敢知。”）

巡抚的一项主要工作是审案，对此，海瑞在《督抚条约》中一面反反复复地说“江南刁风盛行”，喜欢告刁状，一面又宣布“本院法之所到，不知其为阁老尚书家也”，则又等于是在鼓励告状。据他说，应天巡抚衙门每月初二、十六放告的这两天，每天来告状的有三四千人之多。每月要由他一个人处理这么多案子，没有神仙的本事，绝无法一一都能公正地处理。何况他在办案时，遵循的是伦理、道德高于事实、法律的原则：“凡讼之可疑者，与其屈兄，宁屈其弟；与其屈叔伯，宁屈其侄。与其屈贫民，宁屈富民；与其屈愚直，宁屈刁顽。事在争产业，与其屈小民，宁屈乡宦，以救弊也。事在争言貌，与其屈乡宦，宁屈小民，以存体也。”殊不知有多少弟、侄、富民、刁顽、乡宦乃至小民遭受其冤屈，才织成了这顶“青天”的高帽。

海瑞巡抚应天半年之后，有给事中舒化弹劾海瑞不通人情世故，这是针对其种种条约的；另一给事中戴凤翔弹劾海瑞“庇奸民，鱼肉缙绅”，导致“种肥田不如告瘦状”的民风，这是针对其办案的。这时高拱东山再起，也不会容忍一个政敌占据要职，海瑞终于因“志大才疏”被免去应天巡抚而专督粮储，愤而告老还乡。临走前上疏把朝中大臣骂了个遍：“今举朝之士皆妇人也”（《告养病疏》）。当时的首辅李春芳看了哭笑不得：这么说来，我岂不是老太婆了吗？连这位宽厚的首辅，海瑞也失去了他的同情。

海瑞离职后，就回到了家乡琼山闲居。有祖传的十亩薄田可供度日，他自己又清苦惯了，生活本不成问题。但是他又要刻书印文集，好让自己的政绩流传下去，则不能不另开财路。这时候，他的名声又派上用场了。对琼州府的官员、乡绅们来说，身边这位以正直清廉闻名遐迩的大名人，正是写歌功颂德的文章的最佳人选。通过写这些应酬文章而获得报酬，是海瑞闲居时的一项主要收入。文集中所收的“赠序”一类的文章之多，真让人怀疑他是否把这当成了一项生意来做，来者不拒。这些赠序的对象，大约有的本来名声并不好，甚至就是贪官污吏，所以海瑞一面应酬为他们歌功颂德，一面又用点春秋笔法，羞羞答答地作些“如前所云，大抵多出一时耳闻”，“诸君信予不为佞，予亦信诸君不我欺”之类的声明，未免有点儿自欺欺人了。

虽然人在天涯海角，离京万里，但从本文开头所引的那封信即可知道，海瑞对官场的是非并未忘怀。张居正柄政的时候，海瑞曾希望他能主持公道，但张居正却委婉地拒绝了。其实两人的政见本有许多相同之处，比如都赞成、推行一条鞭法，都想严肃法纪，但张居正在用人之际却拒绝重新起用海瑞，乃是嫌他不通人情世俗，轻率冒进（他在给海瑞的复信中说：“三尺之法不行于吴久矣，公骤而矫以绳墨，宜其不堪也。”），成事不足败事有余。《明史・海瑞传》却说是：“居正惮瑞峭直，中外交荐，卒不召。”倒像是张居正怕召来海瑞跟自己对着干似的。而有的更说张居正之所以不用海瑞，乃是海瑞写给吕调阳的那封信引起了他的忌恨。其实海瑞写那封信时，张居正已当国5年，不用海瑞也已5年，还不如说海瑞正是因此忌恨而写了那封信的呢。

张居正死了，海瑞才有了出头之日。但新的当权者对于起用海瑞一事也是能拖就拖，一直到张居正死后两年多，即万历十三年（1585年），才宣布让海瑞担任南京吏部右侍郎。这时候经过16年的赋闲，海瑞已是72岁的老翁了，却欣然受命，视为“千载一时”的难得机会，浑然不顾那不过是一个闲职。

自从明成祖把京师迁到北京，南京就成了留都，保留着一套完整的中央机构，但这只是有名无实的荣誉机构，到南京的中央机构任职，也就跟养老差不多。江南花花世界，也正是老干部们养老的最佳场所。德国大诗人歌德曾有一首诗描绘这种情形（《中德季日即景》）：

厌倦官场，腻于朝政。
春和日丽，辞离北国。

驻足江南，退隐水乡。

游山玩水，舞文弄墨。

开怀畅饮，杯复一杯。

自在若是，夫复何求！

现在来了一位既非厌倦官场，且又热衷朝政的管官的官（当时南京吏部尚书没有到任，侍郎实际上是负责人），这个老干部之家就没有安宁了。海瑞正是对南京中央机构的这帮人整天游山玩水、吃喝玩乐大为不满，竟然想到要援用200年前明太祖禁止官员游乐的陈规，对这些官员施加廷杖。这时候他似乎对朱元璋的那套严刑峻法着了迷，给神宗上疏要求严惩贪官污吏，“举太祖法，剥皮囊草，及洪武三十年定律，枉法八十贯论绞”（剥皮囊草，指的是朱元璋剥贪官的皮制成草人放在公堂上警告继任官员），此论一出，朝野大哗。当时的官员手上都有点儿不干不净，那是没办法的事，谁叫大明的官俸那么微薄，只够糊口呢？现在海瑞竟然对皇上建议说凡贪污80贯以上的就该绞杀，则全国的官员，恐怕除了要变卖产业才能置备朝服的海瑞自己，通通该杀了。被激怒的御史们群起攻击海瑞，南京的御史们要保护自己的屁股，更是起哄得厉害，神宗为了平息众怒，就下了个结论，宣布海瑞的言论“有乖政体”“词多迂憨”，最后干脆把话挑明了，他之所以起用海瑞，只是看中了他的名声，让他来当花瓶的：“虽当局任事，恐非所长，而用以镇雅俗、励颓风，未为无补，合令本官照旧供职。”

海瑞受到了神宗如此公开的蔑视，再热衷也无法把官继续当下去了，连上七次奏疏要求告老还乡，神宗一概不准，要他继续把花瓶当下去，直到万历十五年（1587年），病死在南京右都御史的任上。神宗在悼词中赞扬海瑞是“直言敢谏之忠臣”，却也不忘贬他一句“强项不能谐时”，这是官方对他的盖棺定论。海瑞出丧那天，穿白衣送葬的人群百里不绝，这是百姓对这位演员谢幕时的喝彩。

人生舞台上的海瑞谢幕下台了，艺术舞台的海瑞紧接着上场。海瑞死后不久，万历年间就出现了一本专门描写他办案的小说《海忠介公居官公案》，里面所描述的71个案件，跟海瑞自己记载的许多案件相比，竟然没有一个相同的。此后又有长篇章回小说《海公大红袍》《海公小红袍》。至于以他为题材的戏曲，那就更多了，传奇《朝阳凤》《吉庆图》《忠义烈》，京剧《五彩舆》《德政坊》《梁鸣凤》，高甲戏《海瑞回番书》，潮剧《刘明珠》……一直可以数到20世纪60年代的“大毒草”《海瑞上疏》和害死了一位明史学家一家三口的更大的毒草《海瑞罢官》。这一位海青天也就在舞台上永远地活了下来，与原型离得越远，活得也就越长久。主张“宁作良臣，不作忠臣”的明末史家谈迁曾悲愤地问道：“夫缄口以待迁，厚利也；危言以招戮，实祸也；身死而天下悲其忠，虚名也……博此虚名，将焉用之？”答曰：用之舞台。

1997年10月

张居正二三事

一

明万历五年（1577年）九月，首辅张居正之父病逝，按当时的丁忧制度，他应离职回家乡守制27个月。当时内阁还有次辅吕调阳、张四维，不过形同摆设，事无巨细都由张居正定夺，两人不敢担当首辅重任，上疏援引先朝故事，请皇上谕留张居正在官守制，即所谓“夺情”。明神宗接到奏疏后，下旨夺情。张居正连上三疏乞恩回乡守制，神宗也连下三旨慰留，夺情遂成定局。对这种公然违背封建礼教的举动，自然引起了守旧官僚们的强烈反对，神宗廷杖了几名言官，才把朝野舆论强压了下去。史书却谓，所谓夺情，乃是张居正和掌印太监冯保的阴谋：

> 江陵（张居正）闻父计，念事权在握，势不可已，密与保谋夺情之局已定，然后报计。（《定陵注略·卷一·江陵夺情》）

张居正本是不拘常格的人，封建礼教不会被他放在眼里，当时新政正在全面展开，断无离职27个月之理。他不愿回乡守制，希望夺情，是毫无疑问的。在上疏乞恩守制时就说得很露骨：“如皇上之于臣，若是之恳笃者，此所谓非常之恩也。臣于此时，举其草芥贱躯，摩顶放踵，粉为微尘，犹不足以仰答于万一，又何暇顾旁人之非议，循匹夫之小节，而拘拘于常理之内乎。”表面上乞恩守制，却暗示皇上不必拘于常理。但张居正自己不愿守制，神宗、太后更不愿他离职守制。张居正名为首辅，实乃摄政，十足是个

“改革的总设计师”，朝廷岂可一日无他？即使他真心实意要求守制，神宗、太后也绝不会答应。第二年三月张居正归葬，希望能请假到八九月份，神宗却命他五月份即回京办公。其间朝廷有大事，即千里奔驰请示张居正，足见朝廷不可一日无“首辅张先生”。以张居正之精明，岂会不知道这一点，哪里用得着画蛇添足鬼鬼祟祟与冯保密谋夺情？不错，神宗是在张父死后十余日才获悉的（神宗给张居正的手札说：“朕今览二辅所奏，得知先生之父弃世十余日了，痛悼良久。”），但张居正本人也只比神宗早一日获悉死讯。张父死于十三日，到二十五日噩耗才传到北京，第二天吕调阳、张四维就上疏要求夺情了，一天之差，说张居正与冯保谋定然后报讣，未免过于勉强。何况既是密谋，史官焉能得知，什么“江陵时作擎曲状，令小史扶掖内阉，乃叩头谢，强之立而受，云：‘此头寄上冯公公也。’”（同前引）绘声绘色，如亲临其境，那是把历史当小说了。

二

医学上有所谓“久坐成痔”一说，多年的文牍生涯，使张居正得了很严重的痔疮。痔疮本非致命，但张居正为了根治，却请了一位“名医”动手术割除痔疮。按当时的医学条件，以中医的外科水平，开刀动手术无疑是在跟死神开玩笑。果然，在万历十年（1582年）三月间动完手术后，张居正就再也起不来床，接旨也只能伏枕叩头。拖到了六月，垂危。十八日神宗命太监送去一封手谕问张居正政治遗嘱，张居正挣扎着写了一本密揭推荐了两名接班人，又过了两天，二十日即病逝。其死因，当是由于手术后失血过多（在手术后张居正上疏说：“臣宿患虽除，而血气大损，数日以来，脾胃虚弱，不思饮食，四肢无力，寸步难移……”），或伤口感染。但与张居正有私怨的王士贞却说张居正实死于纵欲过度：

> （张）得之多御内而不给，则日饵房中药，发强阳而燥，则又饮寒剂泄之，其下成痔。而脾胃不能进食。（《嘉靖以来首辅传·卷八·申时行传》）

对这段痔疮形成的病理分析，中医家不知觉得如何，在现代医学看来却不过是胡言乱语。晚明士人风行房中，张居正或未能免俗，但说他“多御内而不给，则日饵房中药”，莫非王士贞在张居正的卧室装了窃听器？

明人对性抱着一种极其矛盾的神秘态度，一方面希望能通过房中术求得长生不老，一方面却又认定纵欲伤身。而那些体弱多病的人，也就往往被认为好色纵欲，反正"好色纵欲"并无一定标准，除非是光棍，这顶帽子谁都可以戴上。以后多病的明神宗也是因此饱受臣下这方面肆无忌惮的攻击，"以目前衽席之娱，而忘保身之术，其为患也深"（卢洪春疏），"得非衽席之爱不能割，曲蘖之好不能免乎？有一于此，足耗元气。皇上行之有节而不沉溺，则元气自充矣"（赵志皋疏），"以皇上妃嫔在侧，宜思戒之在色也。……此其病在恋色者也"（雒于仁疏），"皇上郊庙不亲，朝讲不御，章奏多留中不发，为困于曲蘖之御，倦于窈窕之娱，否则，何朝政废弃至此极也？"（冯从吾疏），真是不胜枚举。对这种身在九重之外却自以为对皇帝的性生活知道得一清二楚，把手伸到了大内衽席之间的近于诽谤的言辞，神宗最初是怒不可遏，必加严惩，到后来悟出了这些人不过是要"沽名讪上""讪上卖直"，欲博得犯颜死谏的美名，简直就是为了被惩罚而上疏，惩罚他们，惩罚得越重，越满足了他们的心愿。对这种近于受虐狂的变态心理，有一个很好的例子：吴中行等人因为上疏反对张居正夺情而被廷杖，刑部办事进士邹元标见状，厚贿太监，马上也上了一疏反对夺情，也挨了80廷杖，发谪极边充军，顿成名人。

等到神宗悟到了这一点，看透了大臣们的心理，对这类进谏往往就懒得理睬，把奏疏留中不发，任其自生自灭，再激烈的言辞也懒得去追究，锦衣卫的监狱竟至于长满青草。他从此30年不上朝，消极怠工了。

三

张居正一死，20岁的神宗总算可以亲政了。要雪太后曾命张居正辅助他到30岁再亲政之耻，要从张居正的阴影中走出来，必然要对张居正死后算账。于是，剥夺张居正生前所得的太师、上柱国之类至高无上的头衔，惩处张居正的亲信，将其子革职为民，一步一步地，全面展开了对张居正的清算。万历十二年（1584年），被废辽王的遗孀王氏乘机上书为已故辽王鸣冤，声称辽王之被废乃是由于张居正的迫害，要求平反昭雪。辽王由于作恶多端而被废，此事发生于隆庆二年（1568年），当时张居正还只在内阁中排名第四，要追究责任，也该追到当时的首辅高拱身上。但王氏在奏疏中无中生有地声称辽王被废后其府第田土都被张居正霸占，"金宝万计，悉入居正府"，却使终生爱财如命的神宗眼中大发红光，以此为借口下令查抄张府。

张居正生前就有贪财的恶名。刘台曾上疏指控他"入阁未几，而富冠全楚"，"宫室舆马，妻妾奉御，有同王侯"，而王士贞则说，严嵩被抄家后，财产十分之九都进了皇宫，但后来又从宫中流失，“最精者十二归江陵（张居正）”（《觚不觚集》）。陕西道御史杨四知告发张居正有14大罪，其中一条就是“贪滥僭窃”，“银火盆三百，诸公子碎玉碗玉杯数百”，真够骇人听闻的了。现在王氏又说“金宝万计，悉入张府”，怎不让神宗眼红！他估计至少也能抄到200万两银，然而把张府里里外外搜遍了，锱铢必究，都折算成银，也不过十几万两。张家原是盐商，本就有钱，张居正生前又蒙神宗赏赐极丰，有十几万的家当，实在没什么稀奇。这点钱，不过刚够神宗嫁一个女儿，还不够娶一个媳妇（神宗长公主下嫁，用去银12万两，而福王大婚，用去银30万两），自然是大失所望，下令对张居正的儿子严刑拷打追赃，逼死了大儿子张敬修，朝野震动，才算告一段落。对张居正的最后判决是：

> 张居正诬蔑亲藩，侵夺王坟府第；钳制言官，蔽塞朕聪；私占废辽地亩；假以丈量，庶希骚动海内；专权乱政，罔上负恩，谋国不忠。本当断棺戮尸，念效劳有年，姑免尽法追论。伊属张居易、张嗣修、张顺、张书都著永戍烟瘴地面，永远充军。

大概因为实在没抄到什么东西，也就不好意思判他贪污敛财。

明朝的官俸，低得不可思议，只够勉强糊口。海瑞号称本朝第一清官，薪俸之外的钱财一概不取，却也只好业余当农民，率领衙役在衙门的后院种菜自给。为老母亲做寿，破例买了两斤猪肉，竟被当成重大新闻传播。则其名为朝廷命官，实与贫民无异。一般的官僚不愿当贫民，就钻钻法律的空子，干点似非法似合法的勾当。地方官照例从上缴中央的税赋中抽成供私用，称为“常例”，京官无此财路，就要靠地方官的馈赠了。张居正不是海瑞，对官员间的一般馈赠并不拒绝，在书信往来中也多提及，并不回避。但对大金额的有贿赂之嫌的馈赠，他是不收的。名将李成梁受封伯爵，一次就遣手下人送他黄金千两、白银万两，被他严词拒绝：“若主以血战功封一官，我若受之，是且得罪于高皇帝。其毋再渎！”张敬修在自杀前留下的遗书说其父“清介之声传播海内”，或许过誉，但时人比之为严嵩，告之曰“贪滥僭窃”，那定是欲加之罪何患无辞了。

海瑞评说：“居正工于谋国，拙于谋身。”《明神宗实录》也说：“识者谓，居正功在社稷，过在身家。”不过是道出了自商鞅以来所有改革家的下场。张居正何尝不想谋身，但要革除“数十年废弛丛积之政”，要“振纪纲”，“重诏令”，“核名实”，则不能不认真，不能不得罪人，也就只好先把自身的安危置之度外，而承受或出于私人恩怨，或由于个人利益受到损害，或因为忌妒的舆论攻击。张居正的才干无人可否认，舆论也就只能在其道德品质上打转，于是搞阴谋、好色、贪财，凡是处于其位者具有代表性的恶行，无不被加到了张居正的头上。既然在忠与孝、国与身中选择了前者，最后也就只有在佛家教义中找到了精神解脱：“如入火聚，得清凉门。”在熊熊烈火中想象出一个清凉世界。

鲁迅有谓：历史人物的大小，恰与物理规律相反，愈近愈小，愈远愈大。被同时代人视为卑劣小人、独裁奸相的张居正，其伟大，只有后人才能仰见。在张居正当国十年所留下的家底被神宗、熹宗糟蹋得干干净净，国破家亡之际，崇祯就明白了张居正的好处，知道“得庸相百不若得救时相一也”，才给张居正彻底平反。江陵张居正故宅有题诗云：

恩怨尽时方论定，封疆危日见才难。

只不过恩怨尽时，也是封疆危日，一切都即将成为历史了。

1997年5月

严嵩的末日

明嘉靖四十年（1561年）十一月二十五日晚上，皇帝居住的西苑永寿宫忽然起了大火。大明的宫殿经常莫名其妙地起火灾，但这次失火的原因却很清楚，是因为嘉靖皇帝酒后跟宫姬在貂帐里玩烟火，火势蔓延开去，把永寿宫烧了个一干二净。

皇帝暂时搬到了玉熙殿，见那里又狭窄又潮湿，很不满意，便宣召内阁首辅严嵩和次辅徐阶询问怎么办。

严嵩坐着肩舆进了禁苑，这是他80岁那年，皇帝给他的特赏。这一年，严嵩已经82岁了，居相位也已近20年，皇帝对他却依然恩宠不减，舍不得让他告老还乡。嘉靖皇帝号称英察之主，乃是非常有主见的人，虽然整天求仙服丹，却一刻也没有放弃对朝廷的控制，凡事在询问臣下之前就已打定了主意。宠幸大臣的本事，就在于摸清、迎合皇帝的主意，而严嵩正有这样的本事，再加上他的儿子严世蕃精明能干，父子两人合在一起，把皇帝的心事猜出个八九不离十，所奏总能正中皇上下怀，在别人看来，竟像是皇上对严嵩言听计从。皇帝长期住在西苑建醮迎仙，大臣们又多了一份差事：书写献给神仙的青词。严嵩早年是颇负盛名的诗人，“诗思冲邃闲远”，“文致明润宛洁”（王廷相语），正是写青词的最佳人选，皇帝对他进献的青词往往再三把玩，赞赏不已。皇帝常把制成的仙丹赏赐给严嵩试服，这些仙丹其实乃是铅汞化合物之类的毒品，严嵩七八十岁的老人，仍不惜充当小白鼠。从他写给皇帝的实验报告来看，他不仅真的服了，而且非常忠实地报告服用的后果，“遍身躁痒异常，不可一忍”，“至冬发为痔疾，痛下淤血二碗”，正是铅汞中毒的症状。还到哪里去找如此善解人意、文采斐然而又忠心耿耿的大臣呢？皇帝一有问题，自然第一个想到的就是他了。

对皇帝要住到哪里，严嵩已经想过了。眼下正在修建奉天殿、华盖殿、谨身殿三大殿，工程浩大，淘空了国库，没有多余的人力、物力重盖永寿宫。按理皇帝应该回到大内去，这也是众公卿的主张。但是严嵩知道，自从嘉靖二十一年发生了宫女杨金英等人谋杀皇帝的“宫闱之变”之后，皇上就不敢再回大内去了，一提起大内就心惊胆战，建议皇帝回大内，正是触犯了忌讳。众位公卿只是盼着皇帝回了大内就可恢复朝仪，视理朝政，却也不想想皇帝心里的难处。严嵩的建议是，皇上暂住修饰完整的南宫（重华宫）。

严嵩自以为考虑得面面俱到，这个建议定会博得皇帝的满心欢喜。不料皇帝听了，大为不高兴：你这是要把我关起来吗？严嵩千算万算，却忘了当年明英宗被也先俘虏放回后，景帝就把他软禁在南宫，因此在嘉靖皇帝看来，南宫乃是“逊位受锢之所”，大大的不吉利。

这就给了精明不在严嵩之下的“甘草国老”（海瑞语）徐阶一个千载难逢的表现机会。徐阶奏说：三大殿工程确实浩大，但我们正可以利用三大殿工程的“余料”和人力修复永寿宫，百日之内当可完成。皇帝想着的正是要修复永寿宫，一听徐阶这么说，龙颜大悦，下令马上动工，并钦命徐阶之子督视工程。第二年三月，永寿宫如期修复，皇帝将其改名万寿宫，大庆五日，大赏诸臣，徐阶加官少师，与严嵩平起平坐了，而严嵩仅加禄百石。

严嵩开始失宠了！这几年来他的确老了，精力大不如以前，政事都要事先跟严世蕃商量，人称“大、小宰相”，又说是“皇上不能一日无嵩，嵩又不能一日无其子”。偏偏在嘉靖四十年五月严老夫人去世，严世蕃要丁忧守制三年，不能跟随老爹到西苑直庐办公，便干脆整天躲在家里跟姬妾们鬼混，父亲从直庐遣人走问政事，他也只是敷衍了事。这样，严嵩的奏对就越来越不称圣意，他在皇帝心目中的分量也就一直往下掉。他知道，以后的政权会是徐阶的了。自己先前迎合皇帝陷害、得罪了许多人，得给子孙们留条后路了。他以前曾得意洋洋地说过：“有我福，无我寿；有我寿，无我夫妇同白首；有我夫妇同白首，无我子孙七八九；有我子孙七八九，无我个个天街走。”现在这些个个天街走的子孙反而成了包袱，得依赖别人的扶持了。于是他办了酒席宴请徐阶，席间令子孙们团团拜倒在徐阶脚下，举杯对徐阶托孤道：“嵩旦夕死矣，此曹唯公哺乳。”徐阶表面上一副受宠若惊的样子，连连说道“不敢当，不敢当”，内心却开始琢磨如何给严家以致命的一击。

要扳倒一位大臣，普通的办法是指使亲信联合上疏弹劾。这一招，徐阶在三四年前就试过了，不灵。嘉靖三十七年（1558年），徐阶的门生刑科给事中吴时来和刑部主事张翀，以及同乡刑部主事董传策三人同日上疏弹劾严嵩。皇帝一眼就看穿了这是徐阶想要抢班夺权：严嵩这么老了，你徐阶就不会再等一等，何必这么急？下旨把三人逮捕入狱，定成“相为主使”，“诬罔大臣”之罪发往烟瘴卫所充军。徐阶为此被迫韬晦了几年。现在皇帝的恩宠逐渐转移到了他的身上，又可以再试一试了。那么有没有别的办法出奇制胜呢？

大臣听皇帝的，但皇帝又听神仙的，谁能代表神仙呢？道士。也许突破口就在这里了。计谋已定，徐阶便向皇帝推荐了一名来自山东的道士蓝道行，此人的特长是会降紫姑扶乩。道教山山有仙，处处有神，这位紫姑，就是主管厕所的女神，据说她的乩语最灵。在扶乩之前，皇帝把所问之事写在纸上密封好，让太监带到扶乩之所焚烧，再请神仙降临以乩语答复。如果乩语不准，皇帝不是怪道士不灵，而是责备太监污秽不洁，神仙不愿降临。这么给怪罪几次，太监们也学乖了，烧以前先偷看皇帝所问的内容，再转告蓝道行，这样降下的仙语自然是百发百中，句句说到了皇帝的心坎上，皇帝也就对蓝道行的道行深信不疑。宫外呢，有徐阶在通风报信。严嵩将有密札呈奏皇帝，徐阶先派人通知蓝道行，扶乩的时候就预言说：“今日有奸臣奏事。”皇帝正在纳闷谁是奸臣，严嵩的密札送到了，严嵩也就成了神仙口中的奸臣。神仙的话，皇帝能不信吗？然而最终导致严嵩下台的，却是初夏的一场大雨。

嘉靖四十一年（1562年）五月的一天，御史邹应龙出门碰上了大雨，到一位内侍太监家避一避，顺便打听点宫内的动静。这位太监连连摇头：说不得啊说不得。这一来邹应龙好奇心大起，不停地追问，太监也就讲开了：最近皇帝密令蓝道行扶乩，问的是天下何以不治。神仙回答说是因为"贤不竟用，不肖不退耳"。谁是贤，谁是不肖呢？神仙说是贤者如徐阶、杨博，不肖者如严嵩父子。皇上又问了：我也知道严嵩父子很贪婪，上帝怎么不处死他们呢？神仙回答说：我如果处死他们，就会加深了重用他们的人的罪责，所以留给你自己处置。皇上听了，沉吟了好一会儿，你说这是什么意思呢？

是啊，这是什么意思呢？雨停回家后，邹应龙反反复复仍然想着这个问题。如果皇上真的已经动心，决定除去严嵩，抢先告发自然是奇功一件。但是如果皇上还没动心呢？重者杀头，轻者流放，从前的沈炼、杨继盛、吴时来等人就是前车之鉴。邹应龙想了一夜，仍然决定不了该怎么办，迷迷糊糊地睡了过去。正是日有所思，夜有所梦，梦见自己带了随从出去打猎，看见远处有一座高山，对准放了一箭，箭却不知飞到了哪里。继续往东走去，前面又是一座山，不过要小多了，山边有一幢楼，下面全是田，田里有一堆米，米上盖着草。他又发了一箭，这下子，楼倒了，小山倒了，高山也跟着倒了下来，把他吓出了一身冷汗，惊醒过来。做了这么个奇怪的梦，是什么意思呢？高山，高山，合起来不就是一个"嵩"字吗？这么想下去，梦中的情景就一一可解了：东边的楼是"东楼"，那是严世蕃的字，田上面有米，米上面再加草，合起来可不就是"蕃"字吗？这么胡思乱想想明白了，这个梦是要告诉他对准了严世蕃攻击，连带着打倒严嵩。他不再犹豫了，连夜修成《贪横荫臣欺君蠹国疏》，控告严世蕃贪污误国：

> 工部侍郎严世蕃凭借父势，专利无厌，私擅爵赏，广致赂遗。……

最后是请斩严世蕃，休退严嵩。

类似的奏疏，11年前锦衣卫经历沈炼、9年前兵部车驾司员外郎杨继盛都上过，结果一个以"出位恣肆狂言，排陷大臣，计取直名"之罪流放，后以谋叛罪被斩；一个被抓住了奏疏中"或问二王（裕王、景王），令其面陈嵩恶"一语，定成"诈传亲王令旨"罪被杀。至于吴时来三人弹劾严嵩父子被流放，不过是4年前的事。然而时势变了。现在皇帝读着这封奏疏，想到的是上帝要他处死严嵩父子的乩语。圣谕曰：

> 嵩小心忠慎，祗顺天时，力赞玄修，寿君爱国，人所疾恶，既多年矣。却一念纵爱悖逆丑子，全不管教，言是听，计是从，不思朕优眷。其致仕去，仍令驰驿，有司岁给禄米一百石资用。……

皇帝毕竟还念着严嵩的种种好处，不忍加害，只以纵爱逆子之罪令其致仕还乡。严世蕃也未被处死，而是流放到雷州卫。然而20年的老宰相终于倒了！首辅是徐阶的了，连严嵩原先的办公室西苑直庐也是他的了。他在直庐的墙上写了三句话，向大家宣布自己的执政方针："以威福还主上，以政务还诸司，以用舍刑赏还公论。"依然是一副与世无争、无为而治的模样，但他是不会甘心让严嵩安度晚年的。

嘉靖四十一年（1562年）六月二日，严嵩满怀悲伤，出了北京广渠门，沿着运河南下，经过两个月的长途跋涉，回到了阔别40余年的故乡江西袁州府分宜县。这位曾经名震海内的诗人，40年来把文才花在了替皇帝撰写青词上，现在是再也无青词可写了，突然焕发了诗的青春，一路南回一路吟唱：

> 承诏赐休退，整驾念徂征。出昼心已结，辞天骨犹惊。伫立独踟蹰，泪落忽沾缨。上恋圣主恩，下怀知爱情。远树千重隔，沧江双橹鸣。路歧方浩浩，纷思何由平？（《南还稿·六月二日出都作》）

"路歧方浩浩，纷思何由平？"几十年的宦海生涯使他预感到这不会是最后的结局。

严世蕃并没有到雷州卫去服刑，只走到广东南雄，在那里住了两个月就偷偷回家了。回去后也并不韬光养晦，而是大动土木，兴建私宅，这样就引起了地方官员的注意。一天，袁州府推官郭谏臣有公事到严府，见到上千名工匠正在修建园亭，督工的家奴对他非常无礼，甚至还有人向他投掷瓦砾。郭推官咽不下这口气，回去后干脆向巡江御史林润告发严家聚众练兵，准备谋反。

这时候，严世蕃的同党罗龙文也从戍所逃回了徽州老家，两人来往密切。这位罗龙文是倭寇首领王直的姻亲，曾经奉总督胡宗宪之命出海招降。林润接到郭推官的告发后，把故事再编得完整一点，向皇帝控告这两个人以建造府第为幌子，聚众4千人，"道路皆言，两人通倭，变且不测"。这是谋反大罪，皇帝自然极其重视，立即下诏速将严世蕃、罗龙文拿来问罪。那时候严世蕃之子严绍庭还在北京当锦衣卫指挥，闻讯赶快派人赶在圣旨下达之前到家乡报警。严世蕃得报，想逃回戍所，却早在林润的监视之中，被逮住了，解往京师。这是嘉靖四十三年（1564年）十一月的事。

严世蕃二进宫了，却也并不怎么惊慌，“任他燎原火，自有倒海水！”他有的是计策。自己贪污受贿，天下人均知，想赖也赖不掉，但是“皇上只要人干事，不怪人爱钱”，认了也没什么了不起的，当初邹应龙告发他的不就是“贪污误国”吗？最多再流放一次罢了。“聚众谋反”“通倭”的罪名那才是最可怕的，不过也没什么证据，其实根本就是捏造的，应该不难洗刷清楚。最好是让三法司连带判决严嵩害死沈炼、杨继盛，这两个案子乃是皇帝亲自定的，要是让皇帝觉得三法司想为沈、杨翻案，审官和囚犯的位子恐怕就要掉个个儿了。计谋已定，他便命其党徒四处宣扬：不好了，要是三法司把沈、杨二案翻出来，严世蕃就死定了。

负责此案的三法司刑部尚书黄光先、都御史张永明和大理寺卿张守直果然中计，在判决中大书特书严氏父子迫害沈、杨。写好了，在上奏之前照例送给首辅徐阶过目。徐阶将三人领入内室，屏退左右，问道：诸君觉得严公子该不该死？三人异口同声回答：死有余辜！徐阶又问：那么你们是要他活还是要他死呢？三人答道：正是要他为沈、杨偿命啊。徐阶连连摇头：严嵩害死了沈、杨不假，但那都是领过圣旨的。皇上是最英明的，绝不会错。诸位的这份判决呈上去，皇上疑心三法司是在怪罪皇上，必定震怒，大家都免不了要被问罪，而严公子也就大模大样地出都门回家了。三人愕然，赶忙请教徐阶怎么修改。徐阶说：只要以林润的奏疏为底稿，再把聚众谋反这一条发挥发挥就行了，事不宜迟，稍迟就会发生变故。三人就请徐阶主笔，徐阶微微一笑，从袖中取出底稿：早就写好了，各位以为如何？三人看了，连声说好，马上叫来吏员誊清，这份置严世蕃于死地的判决书就从徐阶相府递了出来。

严家闻讯，这才真的慌了。严嵩托人送重金给徐阶，请他营救。徐阶钱照收，人也照杀。他的道理很简单：不收钱，严家的人要怀疑我捣鬼；不杀人，众人要怀疑我捣鬼。这位甘草国老到现在还是两边都不得罪。

皇帝却也不信严世蕃会谋反，命令三法司再核实。圣谕云：“此逆情非常，尔等皆不研究，只以润（林润）疏说一过，何以示天下后世？其会都察院、大理寺、锦衣卫从公鞫讯，具以实闻。”

徐阶领了圣旨，急出长安门。三法司的官员们早在门外等候，他随便问了几句就赶回家中，起草答疏，声称“事已勘实”，通倭谋反“具有显证”。皇帝这才批准了三法司的判决，于嘉靖四十四年（1565年）三月二十四日下诏，以“交通倭虏，潜谋叛逆”之罪判处严世蕃、罗龙文死刑。死囚按规定应该留到秋后处决，但这一次，按徐阶的要求，立即处斩，“亟正典刑，以泄天下之愤。”怕一拖就要出意外吧。

当时的史家多认为严世蕃死有余辜，却对以莫须有的叛逆之罪处斩不敢苟同。张居正主修的《明世宗实录》评论此案说：“其罪状宜坐奸党之条，岂无可杀哉？乃润（林润）疏指为谋逆，法司拟以谋叛，悉非正法也。”支大纶的《皇明永陵编年信史》也是大为不满：“比乃咒诅怨望，练兵积粟，通倭诱虏，茫无影响，何以服天下之心哉？内阁颐旨，法官唯诺，刑罚不中，伊谁之咎？”谈迁在《国榷》中更是感叹道：“嗟乎！三尺法至平也，舍奸党之正条，坐不轨之苟论，自置相以来，未之闻矣。”其实这是有先例的，当年朱元璋杀宰相胡惟庸，不就也捏造了一个“通倭谋反”的罪名吗？有太祖高皇帝做榜样，徐阶想必是心安理得的。

徐阶不以“奸党”之名处置严世蕃，却捏造出一个通倭谋反的罪名出来，其用心，乃是要把严家一网打尽。犯了叛逆之罪，亲属都要受到牵连，家产也都在抄没之列。即使他们在判决中未对严嵩拟罪，严嵩却也难逃法网，皇帝还要怪他们未依法追究严嵩的罪责（诏令云：“疏内不言逆本，是何法制？”），下诏把严嵩及其孙子们削官为民，并抄没家产。对江西严家的抄没，不知为何，一直拖到严世蕃被处决之后的5个月才进行，共抄得黄金3万多两，白银200万两，相当于当时全国一年的财政总收入。此外还有田地百万亩，房屋6000多间和无数的珍宝古玩字画。严嵩出身贫寒，这些财产当然都是他当了大官以后，特别是入阁拜相以后，父子劳神搜刮而来的，用张居正的话说，是“商贾在位”。做了几十年的买卖，一夜之间就赔个精光。

至于抄家之后严嵩的去向，各家说法不一，或说他寄食故旧，或说他寄食野寺，或说他与孙子住在关公庙，《明史·严嵩传》则说他是“寄食墓舍以死”，大约是到处打游击找人讨口饭吃。他是哪一年死的，各家说法也不同，或说被抄家以后不久就死了，或说过了一年才死，《明史》则说是过了两年才死，与嘉靖皇帝差不多同时死的，终年87岁左右。死后没钱买棺材下葬，也没人吊唁，直到万历初年，徐阶的门生张居正当国，才吩咐分宜县县令收拾严嵩尸骨备棺埋葬。这位县令遵命照办后，张居正还特地去函称赞："闻故相严公已葬，公阴德及于枯骨矣，使死而知也，当何如其为报哉？"大约觉得自己的老师对严嵩的处置未免太过分，或者是要借此为后人如何对待故相立个榜样吧。他自己死后，却也差点被开棺鞭尸。至于徐阶的结局，也并不怎么美妙，三个儿子被逮充军，田产充公，若不是张居正极力维护，说不定也落得个跟严嵩一样的下场。在此起彼伏、你死我活的内阁纷争中，只有皇帝才是最后的赢家。

1997年12月

黄道周之死

对于凡夫俗子来说，死是生命自然的终结；而对于圣贤豪杰，死则是人格最后的完成。这样的完成，可以静美如秋叶，更可以绚烂如春花，而在山河破碎之时，则只能壮丽如夕阳了。

当年轻的黄道周把自己锁在福建铜山（今属东山县）孤岛上一座小小的石室刻苦攻读，立志当圣贤的时候，也曾经推演周易预卜自己的结局，据说准确地推算出自己将死于62岁这一年。而这将是怎样的一个完成啊！

一、出关

圣贤的传统道路是治国平天下。但如果我们翻开黄道周的履历表，就会发现他这条路走得极为艰难，以闽人的固执，身处大厦将倾的末世，毫无成功的可能。自从天启二年（1622年）中了进士以后，因为几次上疏奏事为倒霉的大臣求情，自己也跟着倒霉，屡调屡降，其中有几年还被斥为民。崇祯十一年（1638年），因为弹劾大学士杨嗣昌，当面顶撞皇帝，被连贬六级赶出京城，到江西按察司当小小的照磨。过了两年，江西巡抚解学龙在评价所部官员时，偏偏对黄道周推崇备至。崇祯皇帝闻言大怒，说他们两个以党邪乱政，削了解学龙的职，把黄道周逮进刑部要求处死。如果黄道周就这么死了，不过是崇祯皇帝所随意屠戮的无数大臣中毫不起眼的一个，至多留下个忠谏的声名。幸好刑部尚书敢于抗旨，争辩说只有封疆或贪酷大臣才能以党邪乱政论死，以言论得罪，最多只能判处充军。审了两年，最后是判处黄道周永戍广西。还没走到广西，圣旨又下来了，皇恩浩荡，赦免复官。但是黄道周已不再做治国平天下的梦了，一获赦免，便告老还乡，在龙海邺侯山背山临江盖了一座邺山讲堂开坛讲学。这时候，他已是公认的儒林领袖、一代宗师，被时人推崇为“字画为馆阁第一，文章为国朝第一，人品为海内第一，其学问直接周、孔，为古今第一”（徐霞客语），全国各地来听讲的人络绎不绝，门前的九龙江，号称因此有千帆相竞。重返家乡这一年，他已58岁了，他的打算就是以传道授业了此残生了。

然而大明的气数已经玩儿完。崇祯十七年（1644年），崇祯帝吊死在煤山，吴三桂打开山海关放进清兵，大明的国土很快只剩下了半壁江山，国难当头，黄道周的官运却忽然好了起来。福王在南京即位后（即弘光帝），马上下了诏书，命他赴南京担任吏部左侍郎。

弘光帝的任命下来，黄道周本来不打算去赴任，但当政的马士英派人逼迫：“先生德高望重，不出来做官，是打算跟随史可法拥立潞王吗？”在此之前，大臣们对该拥立福王还是潞王分成两派。以与崇祯血缘的亲疏而论，应该立福王，但此人臭名昭著，不可为人君，以史可法为首的朝中大臣都宁愿立亲缘较远名声却较好的潞王，还在犹豫不决，手握重兵的马士英抢先立了福王，乘机把朝柄捏在手中，而把史可法赶到了扬州前线。黄道周之所以不愿出山，正是不愿去给这些人当花瓶。但福王这一派的人也不会把他留给其他藩王，软硬兼施之下，他也就只好上南京去了。到了南京，就被升为礼部尚书，地位不可谓不崇高，却仍然是摆设。弘光小朝廷只在醉生梦死中残存了一年。当多铎的铁骑杀到南京来的时候，如果黄道周人在朝廷，绝无可能跟从钱谦益冒着大雨跪在城门口恭迎清兵，自然只有一死殉国，那样也不过是南京陷落时自杀的大臣中的一个。但上苍却不愿这么快就把他赶下悲壮的历史舞台，南京陷落的时候他恰好被派到浙江祭奠禹陵，无意中又躲过了一劫。

弘光小朝廷一倒，黄道周平天下之心却更炽了。先是准备去跟随潞王，不料潞王才监国三日，就向清兵投降。然后是唐王监国，被郑芝龙、郑鸿逵兄弟拥戴着往福建跑。黄道周深知福建的地势易防守难出击，一进了福建，最多是关起门来当小朝廷，万难恢复故土。而且当时的福建乃是郑家的天下，去了那里，就是去当傀儡了。他写了一封信劝阻唐王入闽，信还没寄到，唐王已过了仙霞岭进了福建。黄道周只好也回了福建，打算走小路回漳浦老家去，在半道上被唐王派人截了下来，迎到福州。唐王也在福州正式登基，即隆武帝。

隆武帝是读书人，读书人大多敬重黄道周，他也的确要重用黄道周，封官武英殿大学士兼吏、兵二部的尚书，成了宰相了。但战时的宰相并不值钱，兵食大权都掌握在郑芝龙手里，不仅黄道周动用不了，连隆武帝也动用不了，君臣相见，对此只有相对而泣。

这时候清廷已下了剃发令，为此在江南制造了一系列惨绝人寰的屠城惨案。江南人民一面奋起反抗，一面向隆武朝廷求援。但郑芝龙却不准备发一兵一卒。他的人生哲学很简单，当年他当海盗大王，明廷招降了他，给他高官厚禄，以后清兵来了再投降就是了，还会有高官厚禄的。而黄道周名为兵部尚书，却调动不了一兵一卒，只能到家乡发动子弟兵了。隆武帝无法给黄道周一件武器，一分军饷，一担军粮，他给黄道周的，只有几百张空白文书。黄道周就带着这几百张空白文书上了路，每到一地，就用它来写奖状，谁参了军，就送一张亲笔书写的奖状，最后竟然也给他拉起了一支几千人的队伍，筹到了一个月的兵粮。

隆武元年（1645年）九月十九日，这支以锄头扁担为武器的“扁担兵”，这支只有不到10匹马、只带了一月兵粮的乌合之众，这支完全靠忠义之气纠结起来的家乡子弟兵，在一位毫无作战经验的文人率领下，浩浩荡荡开出了分水关，永别了家乡，去跟凶残的征服者作最后的决战。

当蔡夫人在家中听到丈夫出关的消息，长叹一声：“哪有将在内相在外而能成大事的？道周死得其所了！”

二、决战

黄道周出关后，又一路招募新兵，江西的义师也都赶来汇合，加起来有上万人。十月初抵达广信（今上饶），一进了广信就开坛讲学，借机募捐，又筹到了3个月的兵粮。几天之后，分兵三路，向清兵发起了进攻，一路向西攻抚州（今临川），另外两路北上分别攻婺源和休宁。

这是一场在军事史上没有留下任何影响的决战。《明史》的编撰者甚至不承认这是一场决战，对整场战役的叙述只有19个字：“由广信出衢州，十二月进至婺源，遇大清兵，战败……”仿佛是稀里糊涂在路上碰上了清兵而被收拾了的。

这是一场任何军事分析家都会嗤之以鼻的决战。黄道周所面对的，并不是八旗子弟，而是洪承畴的队伍。这支以前大明最精锐的部队，掉转刀口杀向自己的族人时，一点儿也不比八旗子弟逊色。一方是没有受过任何军事训练的乌合之众，一方是身经百战、横扫大半个中国的劲旅，其结果如何，还没开战就已决定了。

但是我们还能指望有更精彩的对垒吗？几个月前几十万南京守军不战而降，现在又有几十万正规军龟缩在关内准备几个月后不战而降，保家卫国的责任被推卸到了平民百姓肩上，这与其说是患得患失的两军交战，不如说是义无反顾的垂死反抗。

婺源离得最近，这一路首先战败，随后休宁、抚州之师也被击溃，这么一来，连广信也守不住了。向朝廷求援吧，请兵不至，请饷不给，黄道周召集诸将计议：与其坐而待毙，不如倾巢而出作一决战，不能让清兵笑中国无人！婺源县令本是黄道周的门人，这时捎来一信说愿意弃暗投明当内应，不管是真是假，就再打一次婺源吧。

十二月六日，黄道周亲率部队向婺源进发，走到了童家坊，闻报说前面的乐平已陷落了，下一个就该轮到广信了。广信的士民要求回去保卫家乡，黄道周就让他们回去，自己带着门人们和乐平、德兴两县的乡勇千余人，继续前进。二十四日抵达明堂里，深入谷中，遭遇到了埋伏在那里的清兵。参将高万容不受节度，率兵往山上逃去，全军崩溃。黄道周把招征印交给中书陈骏，命他突围逃回，自己留下继续督战，直到兵尽矢穷，被俘。被俘之前他曾想自刎，被门人、兵部主事赵士超所制止：“这里离南京不远，不如等一下死在太祖高皇帝身旁！”

这一等，就意味着要到狱中去遭受更重大的痛苦和更严酷的考验。

三、成仁

黄道周落到了徽州守将张天禄的手里。张天禄如获至宝，他知道，擒获一名以忠义闻名的人，要比攻下数十州郡更能博得洪承畴的欢心。大概，在洪承畴看来，如果能够劝得忠义之人投降，就可以减轻自己叛国投敌的耻辱吧。

黄道周被客客气气地送到了南京。狱中的生活似乎和平时也没有什么两样，继续著书立说，跟门人讲习吟咏如常。每天来探望他的人非常多，有的是来求教的，他就在狱中开了讲堂；有的是来求字的，他也是有求必应。黄道周是明末首屈一指的大书法家，与倪云璐、王铎并称晚明三大家，三个人的结局却完全不同：倪在李自成攻陷京师时自缢而死，王投靠清廷，官至礼部尚书。黄道周的书法是其人格的完美体现，“他的真书，如断崖峭壁，土花斑驳；他的草书，如急湍下流，被咽危石”（沙孟海《近三百年的书学》），其行草大字更以“险怪”而为世所重。此时南京士人都知道他来日无多，争相向他索书，得到了就当成宝贝收藏起来。以后的200多年，清代的书法界极少有人敢提到他，却也并不妨碍其书画在民间的辗转流传，至今仍有许多作品存世。

清廷对黄道周如此客气，固然是敬重其儒林一代宗师的身份，更重要的是抱着感化、劝降的用心。洪承畴亲自出马劝降，黄道周先是装聋作哑，根本不认这位同乡的老朋友：“洪承畴？早就在松山战死了，先帝赐祭九坛，带领百官亲自哭临，怎么还会活着？一定是无赖小人冒充的。”继而送给他一幅藏了史可法、洪（皇）承畴名字的对联：

史笔传芳，未能平虏忠可法。
皇恩浩荡，不思报国反成仇。

洪承畴又羞又愧，给清帝上疏，请求免黄道周一死：“道周清节夙学，负有重望，今罪在不赦，而臣察江南人情，无不怜悯痛惜道周者。伏望皇上赦其重罪，待以不死。”但摄政王多尔衮忌惮的正是这“负有重望”，“江南人情”，下令尽快处决。

处决令下来的时候，黄道周已经绝食12日了。他刚被俘的时候，蔡夫人即派人送来书信：“忠臣有国无家，勿内顾。”这时候也用不着寄家书去告知死期了，只在门人赖继谨的家书后面，添了16个字：“蹈仁不死，履险如夷；有陨自天，舍命不渝。”

隆武二年（1646年）三月五日即是刑期。黄道周盥洗更衣完毕，对仆人说：“以前某人曾向我索字画，我答应了的，不能食言。”命铺纸和墨，先作小楷，然后改用行书，纸太长，写不完，以大字完成。又命铺纸，做水墨大画两幅，画一幅残山剩水，再画一幅长松怪石。画完，从从容容写上题识，加盖印章，然后出门就刑。

黄道周被押到了东华门，想起孝陵就在附近，又见到一块福建门牌，就走到牌下，指着“福建”两字说：“我君在焉，我亲在焉，死于此可也。”向着南方——家乡的方向——再拜，不愿再往前走。监刑官只好命令在门牌下施刑。门人蔡春落、赖继谨、赵士超和毛玉洁从后面赶上来告别：“老师先走一步了，我们马上就来跟老师的魂魄汇合。”四人在同一天被杀，合称黄门四君子。

随从请黄道周给家眷留几句遗言，黄道周撕裂衣衿，咬破手指，以鲜血写下了最后一幅大字：

纲常万古，节义千秋；天地知我，家人无忧。

100年后，他所抗拒的征服者的皇帝乾隆推崇他为古今完人。

1998年3月

“金学”史辨

有名门正派的红学权威发令道：除了红学，其他都不准称学。但江湖上久已把胡侃金庸小说称为“金学”，这种歪门邪道，恐怕不是名门正派的霸主所能管得了的，故这里特称“金学”。

一、《笑傲江湖》的时代

金庸的长篇小说，大多有具体的时代背景。《天龙八部》写北宋，《射雕英雄传》《神雕侠侣》写南宋，《倚天屠龙记》写元末，《碧血剑》写明末，《书剑恩仇录》《鹿鼎记》写清朝，都交代得清清楚楚，且把当时的史实虚虚实实融汇进去。独有《笑傲江湖》，却没有交代明确的朝代。据说是因为要把此书写成普适的政治寓言而有意为之。如果有了具体的时代背景，反而没有了普遍性。但作为一个有历史感的作家，在描写刻画时却也无法全然超脱于历史而面壁虚构。细心的读者并不难从蛛丝马迹中推知《笑傲江湖》所有意模糊的时代背景。

《笑傲江湖》中有奉张三丰为祖师的武当派，并且是与少林派并驾齐驱的一大门派。书中提到“八十余年前，日月教几名高手长老夜袭武当山，将宝剑连同张三丰手书的一部《太极拳经》一并盗了去”（第四十回），则《笑傲江湖》所记，至少是张三丰身后80多年的事。据《倚天屠龙记》，武当派为张三丰在元末所创，其至少80多年后，不是明朝就是清朝了。《鹿鼎记》第二十三回提到：“听说前朝有位独孤求败大侠，又有位令狐冲大侠，以无招胜有招，当世无敌……”既然说的是“前朝”而非“本朝”，那么令狐冲就不是清朝人。《笑傲江湖》中的男人脑后也并不拖着一条辫子。《笑傲江湖》所记乃是明朝事，是可以确定的。

大明共有天下277年，历洪武、建文、永乐、洪熙、宣德、正统、景泰、天顺、成化、弘治、正德、嘉靖、隆庆、万历、泰昌、天启、崇祯十六帝十七朝，《笑傲江湖》又发生在哪一朝呢?

书中提到“湖南省巡抚”（这个说法不通，以后再说），中国之有巡抚，始于洪武二十四年（1391年）遣皇太子巡抚陕西。巡抚成为专设之职，则始于宣德年间。但湖南一带，则迟至正统三年（1438年）才有巡抚。《笑傲江湖》所记，只能是正统以后的事了。

但我们还可以把这个上限再缩小一些，其关键，就在于“八十余年前，日月教几名高手长老夜袭武当山，将宝剑连同张三丰手书的一部《太极拳经》一并盗了去。”日月教史书失载，其前身当是明教。朱元璋当上皇帝后，严禁明教，大肆屠杀明教徒。幸存的明教徒大约就因此隐埋起来，拆“明”为“日月”，改叫日月教了。如果出身武当的老教主张无忌还健在，甚或如果当年感受过老教主恩惠的大小头目还有健在的，日月教大概不会去跟对张教主有养育之恩的武当派为难。夜袭武当山之事，应当只有在张无忌和受过张无忌领导的教中长老们都死得干干净净以后才有可能发生，保守地估计，也当是《倚天屠龙记》结束之后60年的事。《倚天屠龙记》结束的时候，朱元璋派人害死了韩林儿，这一年是元至正二十六年（1366年），过了60年，是明宣德年间，再过80余年，就到了正德朝了。可见，《笑傲江湖》最有可能发生在正德之后。

正德之后，还有嘉靖、隆庆、万历、泰昌、天启、崇祯六朝。万历四十七年（1619年），陕西开始出现了流寇，以后的泰昌（仅一个月）、天启、崇祯三朝，盗贼蜂起，天下大乱。但在《笑傲江湖》中，虽然江湖内部杀了个你死我活，江湖之外却是太平世界，泰昌、天启、崇祯三朝，看来应该排除了。同样，在嘉靖一朝，北有鞑靼入寇，南有倭寇侵扰，始终不得安宁，而《笑傲江湖》中的人物走南闯北，却没有一点兵荒马乱的迹象，看来也不能是处在嘉靖这一朝。这样，就只剩下了相隔五十多年的正德、万历（包括只有短短6年的隆庆）两朝。根据《碧血剑》，明末另有一个华山派，这个华山派，跟《笑傲江湖》中的华山派一点儿关系也没有，乃是在原华山派自相残杀毁灭之后另外发展起来的。这两个华山派，最好在时间上离得远一点儿才比较合理。如果《笑傲江湖》发生在万历年间，则未免离《碧血剑》太近。由此看来，让《笑傲江湖》发生在正德年间应该是最理想的了。这时候是调皮捣蛋的明武宗当皇帝，共在位16年。自土木堡之变后，大明的国势已走下坡路。但经过孝宗的励精图治，又有一点起色，史称“弘治中兴”。正德皇帝就享到了这中兴的后福，虽然胡作非为，全国的局势，除了在末年发生过宁王之乱，总的说来还不算坏。天下的英雄也就还有时间有精力自相残杀，何况当今皇上就是一位喜欢耍枪舞棍、自称“镇国公总督军务威武大将军总兵官朱寿”的功夫皇帝呢?

有没有可能再把时间定得确切一点呢?《笑傲江湖》的第一回，有这样一段对话：

> 林震南忽道：“娘子，你今年三十九岁罢？”王夫人啐道：“呸！这当儿还来问我的年纪？我是属虎，你不知道我几岁吗？”林震南道：“我发帖子出去，便说是给你做四十岁的大生日……”王夫人道：“为什么好端端给我添上一岁年纪？我还老得不够快么？”

王夫人属虎，在《笑傲江湖》开始时虚岁39，可见那一年是龙年。正德年间共有两个龙年，即正德三年和正德十五年。正德十五年的前一年发生了宁王之乱，后一年正德皇帝就驾崩了。皇上驾崩是天下头等大事，即使不会震动武林，也不会没有任何影响。但是在《笑傲江湖》之中，自始至终却没有任何的迹象表明曾经有过国丧、换过皇帝、改过年号，那么，将《笑傲江湖》开始的那一年定为正德三年，即公元1508年，应是最为合理的了。

二、“湖南省巡抚”和“小小参将”

《笑傲江湖》第六章，写衡山派的刘正风金盆洗手，买了一个官职：

> 那官员展开卷轴，念道：“奉天承运皇帝诏曰：据湖南省巡抚奏知，衡山县庶民刘正风，急公好义，功在桑梓，弓马娴熟，才堪大用，

着实授参将之职，今后报效朝廷，不负朕望，钦此。”

这个圣旨第一句话就错了，并不是皇帝的圣旨都叫“诏”，只有那些布告天下、宣布重大政策的帝王文书才用“诏”，封一个官是用不着的，只一句“皇帝圣旨”也就够了。

第二句话更错得离谱。中国的行省制度始于元朝，全称是“行中书省”，意思是中央（中书省）在地方的代办机构，简称“行省”“省”。但到了明朝却改叫“承宣布政使司”，简称“布政司”，民间仍然习惯称为“省”，但是在官方正式文件中却是不会如此称呼的。那么改叫“湖南布政司”就对了吗？还不对。在明朝，并没有“湖南”这么个布政司，只有湖广布政司，其辖地相当于现在的湖北、湖南。将湖广拆为湖北、湖南，是清康熙时候的事。

那么，把湖南改成湖广，把省改成布政司，该可以了吧？还是不行。布政司实际上指的是布政使（省长）的衙门，不能跟巡抚扯到一起。去掉这个“省”字，叫“湖广巡抚”才不算太错。但这只是非正式的说法，在正式文书中一般也不会这么叫。严格地说，巡抚并不是一个正式的官名，而是职名，其主要职责是总揽一地的吏治、刑狱，所以一般由都察院的长官（左右都御史、副都御史、佥都御史）担任，即使是尚书、侍郎当巡抚，也要兼都御史。湖广的巡抚，按规定由都御史担任。巡抚一般也要总揽当地的军事，如果是直接指挥军事，加衔“总督军务”或“提督军务”；如果只是当军事顾问，叫“赞理军务”。湖广巡抚按规定是“赞理军务”，正式的称呼是“巡抚湖广等地方赞理军务”。把“湖南省巡抚”改为“都察院左（或右）都御史巡抚湖广等地方赞理军务某某某”（皇帝圣旨没有不提大臣姓名之理），那才算是合格了。

《笑傲江湖》写来宾的反应道：

> 来到刘府的一众宾客虽然并非黑道中人，也不是犯上作乱之徒，但在武林中各具名望，均是自视甚高的人物，对官府向来不瞧在眼中，此刻见刘正风趋炎附势，给皇帝封一个“参将”那样芝麻绿豆的小小武官，便感激涕零，作出种种肉麻的神态来，更且公然行贿，心中都瞧他不起，有些人忍不住便露出鄙夷之色。

明朝的地方驻军将领，其军阶从高到低，分别是总兵官、副总兵、参将、游击将军、守备、把总。这些官职并无定员，各地配置都不一样。湖广的配置是总兵官一人、参将三人、守备十一人、把总一人，刘正风被封为参将，那就是湖广一地驻军的前四把手，相当于省军区的总参谋长一级，绝非“芝麻绿豆的小小武官”。

在金著中，像这样搞混了古今地名、官衔的比比皆是。比如《笑傲江湖》第二十二章，写令狐冲抢劫吴天德：

> 打开信封，抽了一张厚纸出来，却是兵部尚书的一张委任令，写明委任河北沧州游击吴天德升任福建泉州府参将，克日上任。

现在的河北，在明朝叫“北直隶”（江苏、安徽一带叫南直隶），在清朝乃至民国初期都叫“直隶”，一直到北伐成功，国民政府定都南京，直隶才改叫河北。吴天德的官职也是非同小可：福建驻军只有一名总兵官，一名参将，他被任命为参将，那是要去当福建军区的二把手的，绝不会说千里迢迢一个人从“河北”跑到福建，连个随从都没有，以致着了令狐冲的道儿。

1999年12月4日

浪子李白与情圣杜甫

天宝三载（744年），李白被唐明皇赐金放还，由长安来到了东都洛阳，时年44岁。而33岁的杜甫自从10年前考试不第后，就一直在外游历，恰好也在这时漫游到了洛阳。这两位大诗人的相遇，乃是中国文学史上最为激动人心的一刻，或许只有老子与孔子的相遇可以相比。但老孔相遇不过是于史无证的传说，李杜相遇却是史有明文：“甫少与李白齐名，时号李杜。尝从白及高适过汴州，酒酣登吹台，慷慨怀古，人莫测也。”《新唐书·杜甫传》中的这段话，其实是从杜诗《遣怀》中抄来的：“忆与高李辈，论交入酒垆。两公壮藻思，得我色敷腴。气酣登吹台，怀古观平芜。”我们现在对李杜相遇情形的了解，也全都来自号称“诗史”的杜诗。

闻一多曾把这一次的相遇，比之为太阳和月亮的相碰。那么谁是太阳谁是月亮呢？这时候的李白，虽然已丢掉了御用诗人的宝座，却仍然是钦定的桂冠诗人，诗名满天下，正如日中天。而杜甫却出道不久，诗名未就，《新唐书》说他已与李白齐名，是完全不正确的。李杜齐名，是杜甫死后的事。年轻的杜甫能与这位大名人论交，其受宠若惊的心情可想而知。李白的相貌大概是很有几分仙风道骨的，所以杜甫对他的第一印象也像贺知章一样，惊为谪仙人，也学着求仙访道，“相期拾瑶草”（《赠李白》）了。当年的秋天，他们连同高适一起漫游梁、宋。第二年，高适南游楚地去了，李杜又同游齐、鲁。“余亦东蒙客，怜君（李白）如弟兄。醉眠秋共被，携手日同行。”（《与李十二同寻范十隐居》）如此亲密无间，倘搁在今日，就有同性恋之嫌了。到了秋天，杜甫西上长安再求功名，李白则南下漫游，一个定居成了“渭北春天树”，一个漂游犹如“江东日暮云”（《春日忆李白》），从此两人再也没有见面。

现传1000多首李诗中，只有4首与杜甫有关。其中《戏赠杜甫》不见于集中，从内容、文字上看，定是伪托无疑。《秋日鲁郡尧祠亭上宴别杜补阙范侍御》中的“杜补缺”是否就是杜甫也很值得怀疑（杜甫当时并无官职，也非“补阙”），所以可以确定的，其实只有两首。

李杜同游齐鲁时，李白暂到鲁沙丘城小住，有《沙丘城下寄杜甫》诗云：

> 我来竟何事？高卧沙丘城。城边有古树，日夕连秋声。鲁酒不可醉，齐歌空复情。思君若汶水，浩荡寄南征。

写到了最后一句，才算是表达了一下思念之情，但我们如果多读几首李诗：“请君试问东流水，别意与之谁短长”，“桃花潭水深千尺，不及汪伦送我情”，“孤帆远影碧空尽，惟见长江天际流”，“云帆望远不相见，日暮长江空自流”，就会发现“思君若汶水”云云，不过是李白赠诗所惯用的套路，对谁都可以顺手来这么一下，这样的思念也就像“海枯石烂”“地老天荒”的海誓山盟一般，不由得变得廉价起来。

另一首则是杜甫西赴长安时，李白敷衍了事的赠别（《鲁郡东石门送杜二甫》）：

> 醉别复几日，登临遍池台。何时石门路，重有金樽开？秋波落泗水，海色明徂徕。飞蓬各自远，且尽手中杯。

面对着离别，他所念念不忘的不过是酒酒酒，一杯又一杯，干了这杯再说吧，此外就没有别的意思了。郭沫若辩解说“何时石门路，重有金樽开”也就是杜甫《春日忆李白》中所说的“何时一樽酒，重与细论文”；但杜甫强调的是“细论文”，“一樽酒”不过是佐料，而李白却是为酒而酒，何尝提及其他？原来杜甫在他的心目中，不过是一个酒肉朋友而已。果然在离别之后，李白就把杜甫置之脑后，完全忘怀了，在他以后的诗中，再也无一字提及杜甫。

相反，杜甫对这段仅一年多的交谊的记忆却是愈久弥新。现存1400多首杜诗中，与李白有关的有20来首，其中直接寄赠、思念李白的，就有10首，大多作于李杜分手之后。这些都是呕心沥血、情真意切的名作。这些诗中，有对李白的绵绵思念：“终朝独尔思”“故人入我梦，明我长相忆”，乃至于“三夜频梦君，情亲见君意”；有对李诗的具体评价：“清新庾开府，俊逸鲍参军”“李侯有佳句，往往似阴铿”“笔落惊风雨，诗成泣鬼神”；有对李白成就的极度推崇：“白也诗无敌，飘然思不群”，“千秋万岁名，寂寞身后事”，虽然他此时的诗艺其实已超过了李白；有对李白生不逢时、怀才不遇的遭遇的惋惜、同情：“文章憎命达，魑魅喜人过”，“冠盖满京华，斯人独憔悴”，浑然忘了自己其实更为憔悴。

天宝十五载（756年），李白从庐山下来，参加了永王起兵与肃宗争夺皇位的行动。事败后他说是“空名适自误，迫胁上楼船”，乃是被胁迫的，忘了自己曾经得意洋洋地吹嘘过“但用东山谢安石，为君谈笑静胡沙”，作《永王东巡歌》至11首之多，告他鼓吹、协从反叛，也并不怎样的冤枉。谋反乃是最大的罪名，但也只有在这样的患难中才能见出真情，别人避之唯恐不及的，杜甫却尽力为之开脱：“处士祢衡俊，诸生原宪贫。稻粱求未足，薏苡谤何频！”是说李白之下山从永王，乃是为生活所迫要讨碗饭吃，并非有什么野心；“苏武元还汉，黄公岂事秦？”说的是如苏武欲归汉，夏黄公不事秦始皇一样，李白也并非心甘情愿地追随永王；乃至于愤怒地喊出了“世人皆欲杀，吾意独怜才。”李白能有这样的“酒肉朋友”，乃是三世修来的福气。

李白被判罪流放夜郎，走到巫山时，遇赦放还。杜甫只知他被流放，却不知他已遇赦，音信杳无，积想成梦，于是就有了收入《唐诗三百首》的那三首名作：《梦李白二首》和《天末怀李白》，诗中处处为李白的安危设身处地地着想，如此知心之作在诗歌史上很是罕见。以后打听到李白的住所，又写了长诗《寄李十二白二十韵》，对李白的一生经历作了概括，乃是一篇具体而微的李白评传。我们不知道李白是否收到了这首赠诗，但杜甫没有得到李白的回音却是肯定的，因为之后不久，他又因“近无李白消息”而作《不见》，这时李白也许已经病故了。即使在李白死后，杜甫仍在《昔游》《遣怀》二诗中回忆着当年与李白的交谊，这一份情谊，超越了生死。

李白就像一个浪子，往好处说是超脱豁达，说难听的则是无情无义。他对君王不忠：唐明皇待他不能说薄，但在唐明皇落魄丢了皇位的时候，他却作《上皇西巡南京歌》10首，极尽讥诮挖苦之能事；对家乡不愁：“但使主人能醉客，不知何处是他乡”（《客中作》），有酒喝就好，管它是哪里；对妻子无情：“出门妻子强牵衣，问我西行几日归？来时倘佩黄金印，莫见苏秦不下机。”（《别内赴征》）“会稽愚妇轻买臣，余亦辞家西入秦”（《南陵别儿童入京》）；对情人呢，想的不过是“何由一相见，灭烛脱罗衣”（《寄远》）的肉麻。对这样的人，我们实在不能指望他对朋友能有什么深情厚谊。有这样的人格，也很难留下多少能与其天才相符的作品。所以李诗只宜读那几首名篇，倘若不幸捧着全集来读，就难免要越读越失望。龚自珍就是因为失望，而断言现存李诗中只有100多首是真的，其他的全是伪作。那些“集中十句，九句妇人与酒”（王安石语）的华而不实、空洞无物的诗，别人确实也作得、模仿得，而无须仰仗太白的高才。

杜甫却是个多情种子。同样对落魄的唐明皇，李白是讥诮挖苦，杜甫却是寄予深刻的同情：“江头宫殿锁千门，细柳新蒲为谁绿？”“人生有情泪沾臆，江水江花岂终极！”（《哀江头》）对落难的王孙（《哀王孙》）和受苦的百姓（如三吏、三别），即使陌不相识也都抱着“人饥己饥，人溺己溺”的仁者情怀，对于妻子儿女、兄弟姐妹、亲朋好友，自然更是无不爱得一往情深，最沉痛的如《同谷七歌》中“有弟有弟在远方”和“有妹有妹在钟离”两首，其真情至性的流露，真可以惊天地泣鬼神。前人但知他“每饭不忘君”，不知他每饭不忘亲，不忘友，不忘人，乃至不忘物，且听他说“自去自来堂上燕，相亲相近水中鸥”（《江村》），“暂止飞乌将数子，频来语燕定新巢”（《堂成》），再读读他的《缚鸡行》《义鹘行》《观打鱼歌》《又观打鱼歌》，其对草木鱼虫鸟兽的一片爱心跃然纸上，也就不难明白为什么仇兆鳌说他“爱物几于齐物”了。所谓的忠君爱国，不过是对天地万物的大爱的逻辑结果，梁启超封他为“情圣”，恰如其分。没有如此多情的心灵，绝写不出那般抑扬顿挫的作品。1400首杜诗，大都是发自内心的血泪相迸的产物，每一首都是老杜生命的一部分，别人作不得也模仿不得。“药裹关心诗总废，花枝照眼句还成”（《酬郭十五受判官》），写诗写到这种天人合一的境界，历史上找不出第二个人来。就此而言，杜甫乃是诗界热烈的太阳，而李白却是冰冷的月亮。

1997年1月

从秦始皇生父之谜说起

《史记》能让一般的人也读得津津有味的一个原因，是太史公很喜欢讲述一些奇闻轶事。比如，按它的说法，秦始皇帝居然是个没有嬴家血统的私生子。据它说，吕不韦在赵国邯郸与一名美貌舞女（后人称为赵姬）同居，后者有了身孕。有一次吕不韦请在赵国当人质的秦国公子子楚喝酒，子楚喜欢上了赵姬，向吕不韦索要。吕不韦先是大怒，后来考虑到已经破费了大笔家财结交子楚，于是就把赵姬献给了子楚。赵姬向子楚隐瞒了自己已怀孕一事。12个月后，在第二年的正月，赵姬逾期产下一子，被子楚立为夫人。这个小孩取名为政（“政”通“正”，表示是正月生的），也就是后来的秦始皇嬴政。但汉朝的人认为嬴政其实是吕不韦与赵姬的私生子，所以干脆又把他叫作吕政。

后来的史家也都沿用这个说法（例如司马光《资治通鉴》）。到明朝时，有几位学者对此表示怀疑，认为这或者是吕不韦编造出来保护自己的，或者是秦始皇的仇家捏造出来泄愤的。现代的史学家有的认为这个说法不可信，有的认为司马迁的记述不可能空穴来风，于是秦始皇生父是谁，就成了一个谜。

现在的小说、影视，都还是把吕不韦当成秦始皇的生父。文艺作品喜欢传奇，无可厚非。近日见到有一个名牌大学的历史系教授在电视上办讲座讲吕不韦，也跟作家一样喜欢八卦，甚至连存疑的态度都没有，坚称“吕不韦是秦始皇的生父，是没有问题的”，而且邯郸献姬乃是吕不韦精心策划的一个阴谋，就是为了让自己的儿子有朝一日能当上秦王。

嬴政生于秦昭王四十八年（公元前259年）。秦昭王是嬴政的曾祖父，中间还隔着祖父秦孝文王和父亲秦庄襄王即子楚。子楚当时还只是秦昭王众多孙子中被抛弃的一个，几乎没有可能继承王位，吕不韦把宝押在他身上已是匪夷所思，更何况是子楚的继承者？孝文王和庄襄王碰巧都很短命，一个只在位一年，一个只在位三年，嬴政才因此早早登上了王位。吕不韦如果能预见这种巧合，那可真是神仙了。

从科学的角度看，说吕不韦是秦始皇的生父，问题更大了。很显然，嬴政是在赵姬嫁给子楚一年以后出生的，后人为了把嬴政说成吕不韦的儿子，才有怀孕12个月这种离奇的传说。人类妊娠时间从受孕之日算起平均不足9个月，仅为266天。古人因为不知道女性的受孕时间，有了“怀胎十月”这种不准确的说法。如果真的怀胎十月，对胎儿是相当危险的，更不要说怀胎12个月了。

在现在，如果过了预产期两周还没有开始生产，医生就要考虑进行引产或剖腹产了。这个时候，子宫的环境开始恶化，胎盘无法向胎儿提供足够的养分和氧气，影响了胎儿的健康。羊水的产量也下降了，使得子宫中羊水量减少，胎儿有缺水的危险，皮肤变得干燥、松弛、发皱。覆盖在胎儿皮肤表面的保护性皮脂也会丧失。逾期胎儿会在子宫中排出胎粪，把胎儿皮肤和脐带染成绿色或黄色，并有可能被吸入体内。逾期胎儿的头通常长得过大，导致难产。

那么，如果在怀孕12个月后还能顺利地生下健康的婴儿，那只能说是奇迹了。虽然现代偶尔也能见到怀胎1年成功生产的新闻报道，但是都不可信，那或者是孕妇为了掩盖自己的不忠而撒谎，或者是中间有过不明显的小产再第二次怀孕。

因此，子楚根据赵姬生子的时间判断嬴政是自己的儿子，是非常合理的。那位历史教授嘲笑子楚是因为智力不高才如此判断，反而暴露出他自己缺乏常识。

总之，根据医学常识我们可以断定秦始皇不可能是吕不韦的儿子。虽然有关吕不韦是秦始皇的生父的说法不见于《战国策》等其他史料，是《史记》首先提出来的，但是现在的历史学家之所以不敢否定甚至去肯定这种说法，是因为相信司马迁，以为太史公不会胡写。

其实以现代的眼光看，《史记》算不上严谨的史书，充斥了神话、鬼话、传闻和小说家言。就拿吕不韦这事来说吧，《史记》既说赵姬是委身吕不韦的舞女，又说赵姬是赵国有势力的豪家女，身份如此悬殊，前后矛盾。又如，《史记》叙述吕不韦与子楚商议如何争取让安国君（后来的秦孝文王）立子楚为嫡嗣，绘声绘色地记录两人的对话。读者读起来固然很过瘾，但是这是两个人私下里极为机密的密谋，具体内容他人如何得知？不过是司马迁的文学虚拟而已。再如，赵姬婚前怀孕一事，乃是她与吕不韦两个人的天大秘密，连赵姬的丈夫都瞒过了，他人又如何得知？明显是编造出来的。在吕不韦生前，秦始皇显然从未听说过吕不韦是其生父的传言，所以在决定除掉吕不韦时，还责问他："君何亲于秦？"

我们是相信科学、理性，还是迷信古代的权威？即使是学习历史，也会面临着这样的选择。

2006年11月6日

从"徐达吃蒸鹅而死"说起

近日央视科教频道的百家讲坛由一位明史专家讲朱元璋生平，我因本来就对明朝的历史感兴趣，以前还写过一些有关文章，便抽空收看了几集。其中有一集讲朱元璋屠戮功臣，忠心耿耿的徐达交出兵权后也没有逃脱其毒手。说是徐达得了背疽（后背长了一个大疮），朱元璋派人给他送来蒸鹅。徐达见了蒸鹅，满面流涕，告诉医生说你们赶快逃跑，然后吃下去就死了。为什么？徐达知道背上长疮不能吃发物，这个蒸鹅是发物，一吃这个东西，病毒发出来这个人就死了。他明白了朱元璋还是要让他一死。让医生逃跑则是为了不让朱元璋把他们都杀了当替罪羊，说他们没给徐达治好病。

其实这是把一个民间传说当成史实来讲了。《明史》记载了徐达的确死于背疽，但并无朱元璋派人赐食一说。明朝中叶有一本专讲明初故事的野史笔记《翦胜野闻》才有这个赐食记载，但是并没有说是什么食物。按《四库总目提要》的说法，《翦胜野闻》“书中所纪，亦往往不经”，并不可靠。清赵翼《廿二史札记》转述了这个故事，才说是“赐以蒸鹅，疽最忌鹅”，虽然赵翼本人认为这是“传闻无稽之谈”，但“徐达吃蒸鹅而死”却从此成了一个表现朱元璋阴险毒辣的民间传说广为流传。

这个传说虽然常被明史专家采用，但是极不可信，不仅因为史无明文，而且不合常理。朱元璋如果要杀徐达，完全可以像杀其他功臣一样找个借口公开定罪抄斩，实在拉不下脸也可以在一般食物或药中下毒悄悄杀之，没有必要羞羞答答又欲盖弥彰。

说“疽最忌鹅”并没有任何科学依据。所谓背疽，在现代医学看来是背部发生了大面积急性化脓性感染，是金黄色葡萄球菌侵入多个相邻的毛囊及其所属皮脂腺或汗腺导致的。在今天治疗起来并不困难，用抗菌素和动手术排出脓液即可望痊愈。鹅肉的主要成分是蛋白质和脂肪，并不含有能导致病情恶化的毒素，反而能增强患者的营养，因此并不需要“忌口”。

但是在古代，背疽却是一种可怕的“恶疾”，得了往往是致命的。死于背疽的历史名人史不绝书，除了徐达，还有秦末的范增、三国的刘表和曹休、唐朝的孟浩然、后唐的李克用、南宋的宗泽、明朝的杨一清、清朝的杨光先等等。因为是绝症，所以发背疽而亡竟然成了赌咒发誓用语，例如《说岳全传》里头秦桧便向兀术发誓“不把宋朝天下送与狼主，后患背疽而死”。

也因为是绝症，所以号称能治它的验方就特别地多。到宋朝时，流传的背疽验方已多达百余个，但按当时出版的医书《集验背疽方》的说法，“然有验者极少”。即使是《集验背疽方》所收录的20几个“验方”，又何尝就真的如它声称的“神妙莫比”？这些“验方”的用料和制作方法有的相当奇怪，例如有一个验方要用到“男子发一团如鸡子大”，真不知女子发为何就用不得?

由于“验方”其实不验，所以就需要有种种的禁忌为失败开脱。按《集验背疽方》的说法，背疽患者戒“作劳叫怒，嗜欲”，而“饮食如干湿面、炙、腌藏、冷酒、生冷、滞腻、鱼、羊并不可食”，所谓性热的食物不能吃，性冷的也不能吃，“性热者发热，冷者损脾、肾，毒者发病，皆当戒之”，几乎没有什么还能吃的了，可不仅仅是蒸鹅肉。更奇怪的是，病房绝对不能让有狐臭的人、孕妇和经期妇女进入，和药的时候也不能让这些人撞见，而且还不能让鸡、狗、猫见到。有这么多涉及方方面面的禁忌，要想不让“验方”失灵还真不太容易呢。治好了算它灵验，治不好了就可怪到犯了什么禁忌了，而不是它不灵。

在今天已很少有人相信和药不能让鸡、狗、猫见到这样的鬼话了，但是还有很多人相信、讲究“忌口”，对徐达吃蒸鹅而死之说津津乐道，不知这也同样没有科学依据，虽然种种禁忌的荒诞程度不同，性质还是一样的。

假如有那么一天，有确凿的证据证明徐达的确吃过朱元璋赐予的蒸鹅，然后死了，这就能证明吃鹅肉会像中医说的那样“动风发疮”吗？不能。也许蒸鹅里被加了毒药；也许徐达本来就病得快死了，跟死前吃没吃蒸鹅无关；也许徐达由于迷信“疽最忌鹅”，因此受到了心理暗示，加重了病情而死；也许他是吃了当时用以治背疽但是有毒的药物死的……从一个相关的个案是证明不了因果关系的。但是一般人太容易把前后发生的两件事当成存在因果关系联系起来了，对“忌口”是如此，对“验方”也是如此——碰巧用了某个“验方”病好了，就相信是该“验方”有神效，而不去深究病好了是可以有很多因素造成的，不做严密设计的临床试验进行对照、统计是没有说服力的。

2006年10月16日

假作真时——美国皇帝诺顿一世传奇

旧金山主要报纸《旧金山纪事报》（San Francisco Chronicle）1880年1月9日的头版头条是“Le Roi Est Mort”（法语“君王驾崩”），宣布：

> 美国皇帝和墨西哥保护者诺顿一世逝世。

众所周知，美国独立之前是英国殖民地，独立之后一直实行共和制，1月9日又不是愚人节，怎么冒出了一名皇帝来？这位皇帝当然是自封的。古今中外，以皇帝自居者数不胜数，直到当代中国农村，还经常上演皇帝登基的闹剧。真正得以君临天下者少之又少，按成王败寇的规律，众多的失败者下场都很悲惨，若不被杀、坐牢，就是被送进精神病院了。但是这位自封的美国皇帝，手上无一兵一卒又穷得叮当响，却生前深受爱戴，死后备极哀荣。这只有在美国这个国家，而且只有在旧金山这个城市才可能发生。只有一个民主且有高度言论自由的国家，才会容忍有人自封皇帝发号施令；也只有在一个浪漫的城市，才会欣赏并且利用这种假戏真做的小丑。

像某些出身草莽的皇帝，约书亚·诺顿（Joshua A. Norton）的出生日期曾经也是个谜，其墓碑上刻的出生年份为1819年，《旧金山纪事报》的讣告则说他享年大约65岁（也就是大约出生于1814年）。现在我们根据教区出生记录，可知他于1811年1月17日出生于英国，1820年随父母移民南非。他的父亲在南非经商颇为成功，因此在诺顿于1849年在美国西部淘金热中到旧金山闯天下时，口袋里装着父亲给他的4万美元巨款当种子资金。诺顿起初在旧金山从事多种生意，炒房地产、给金矿提供工具、卖大米等等，也干得颇为成功，到1854年已拥有了大约25万美元的资产，成了旧金山最受尊敬的商人之一，被朋友们戏称为“皇帝”——这大概是他后来自封皇帝的灵感。这时候他有了个大胆的商业计划。当时旧金山已有了相当多的华人，大米是他们的必需品，市场颇大。诺顿想要独占大米市场，囤货居奇哄抬价格。他筹集资金，买下了旧金山几乎所有的大米，促使旧金山的米价直线上升。就在他开始当上米王收取回报时，他的商业运气却完结了：两艘满载大米的日本船只突然抵达旧金山，而他剩余的资金只足以买下其中一艘所载的大米。米价直线下降，诺顿一夜之间破产。

接下来的三年诺顿被债主讨债，官司缠身，到1858年，他已身无分文。然后他失踪了大约9个月。1859年夏天，他回到了旧金山，身穿一身破旧的欧式海军元帅服在大街上晃悠，目光分散，看来已经疯了。9月17日，他决定让世人知道他的真实身份，走进《旧金山布告》（San Francisco Bulletin）办公室，递交了一份一句话的诏书，“在美国绝大多数公民的强烈要求下，我……宣告自己为美国皇帝”，并命令美国各州的议员于明年2月1日到旧金山音乐大厅开会，修改现有的法律。下署“美国皇帝诺顿一世”。

《旧金山布告》的编辑们没有把这张字条扔进废纸篓，而是在第二天以“一名皇帝在我们中间？”为题在头版刊登了诏书。旧金山的公民们一觉醒来发现自己成了皇帝的子民，并愉快地接受了这个现实。在当天就有人在街上向诺顿一世行鞠躬屈膝礼。随着时间的推移，诺顿一世越来越受到旧金山人民的爱戴。像其他国家的皇室成员，诺顿一世的存在给公众提供了许多饭后谈资，人们津津乐道他的轶事、绯闻。有谣言说诺顿一世是法国皇帝拿破仑三世的私生子，这个谣言可能是诺顿一世本人炮制的，至少是被他所认可的。拿破仑三世（1808—1873）实际上只比诺顿一世大三岁，这也许可以解释为什么诺顿一世对自己的出生年份秘而不宣。也有谣言说诺顿一世向英国女王维多利亚求婚。诺顿一世在晚年的确颁布过诏书宣布自己要选皇后，不过其真实动机是想以此为借口把皇宫搬到高级宾馆。诺顿一世的诏书更多的是在针砭时弊，不乏真知灼见，旧金山各报争相刊载，并为了娱乐和出于政治目的，经常盗用诺顿一世的名义颁布伪诏。对旧金山人民来说，诺顿一世不仅是个小丑，也是个政治工具，这和世上大多数帝王也没有什么区别。显然，有许多人会认为诺顿一世不过是个精神病患者。但诺顿一世除了自封皇帝之外，其言行举止都很正常，并没有出现精神分裂症患者所常见的幻觉。马克·吐温在旧金山当记者时，曾是诺顿一世的邻居。据他的观察，诺顿一世并不像人们想的那么疯狂。他后来创作《哈克贝利·芬历险记》时，以诺顿一世为原型塑造了其中的“国王”一角。

但是诺顿一世试图统一全美的伟大事业却一再受挫。1859年10月12日，他发布诏书，以腐败盛行、当今政府不能保护公民生命财产为由，宣布解散美国国会，并再次命令各方代表到旧金山音乐大厅共商国是。1860年1月，他听说议员们抗旨继续在华盛顿开会，便下令美国军队总司令斯格特将军派兵前往国会大厦驱逐叛党。美国军队也抗旨，于是他在那一年的7月颁布诏书宣布解散共和国。此时共和国也的确处于濒临解散的状态，南北战争即将爆发。他命令林肯总统和南方邦联杰斐逊·戴维斯总统到御前来和平解决争端。他们两人全都抗旨，内战于是爆发。在内战爆发后，诺顿一世向林肯总统表示他愿意派御林军援助联邦政府，林肯礼貌地答复说将把他及其队伍作为后备力量。诺顿一世还给世界各国的政府首脑写信提供种种忠告，据说当时夏威夷国王对诺顿一世表现出来的智慧极为佩服，不愿再与美国国务院打交道，而只接待诺顿皇帝的使者。美国联邦政府对诺顿一世的身份也并非完全不予承认，在1870年全国人口普查的记录中，写着诺顿的职业是“皇帝”。

不过，诺顿一世的统治范围显然只限于旧金山一地。作为皇帝，诺顿一世享有一些特权，例如他可以在旧金山最好的餐馆免费就餐，这些餐馆也以能挂上“美国皇帝指定餐馆”的牌子为荣。旧金山的剧院在前排为他保留了三个座位，供他和两头皇犬就座。他驻跸的“皇宫”—— 一个肮脏、窄小的公寓房间——的租金，也由共济会包了。当然也有个别的人不承认他的皇家特权，例如华人洗衣店就拒绝为他免费洗涤皇服，不过没有关系，自有好心的有钱人暗地里替他付钱。在他真的需要付钱时，他就发行“皇家”钞票，面值大多为50美分，也有的为5美元、10美元。这些钞票在旧金山被商店、银行普遍接受，据说信誉比美元还好。不过诺顿一世并没有因此滥印钞票大发横财，在他驾崩之后，人们在皇宫中发现国库只剩区区数美元。在诺顿一世的皇服过于破旧时，市政府为他订作了一套崭新的皇服，并举行盛典交给他。在自行车开始流行时，市政府购买了一辆让他当皇骑。

诺顿一世也励精图治，勤政爱民。每天人们都看到他穿着皇服在街上视察，监视市政设施的修建，监督警察的工作，并经常要在各种各样的庆典上作为嘉宾发表演说。如果他发现市政设施不足，他就命令加以改进。如果税率太高，他就命令降低。如果臣下不执行他的命令，他有时也会挺身而出。当时旧金山经常出现攻击华人的骚乱。诺顿一世在一次巡视中，遇到了一起反华骚乱，据称他为了平息骚乱，跑到华人和暴徒中间，跪下来反复做祷告，使暴徒感到羞愧而散去。在无数正常人疯狂反华的时候，却只有一名被视为疯子的人大无畏地站出来制止悲剧的发生，究竟谁更疯狂？

诺顿一世还是一位目光远大、雄才大略的皇帝。1869年，他颁布诏书下令臣民资助当地一位姓马里奥特（Marriot）的发明家研究“空中机器”，而30多年后，莱特兄弟才成功地制造了人类第一架飞机。他向其他国家领导人提议组成“国联”，以和平解决国际争端；1919年，根据凡尔赛条约果然成立了这么个名称、功能和他提议的一模一样的国际机构，但是此时各国领导人都不知道他们是在实现诺顿一世的宿愿。1869年，诺顿一世下令在旧金山海湾建一座悬索桥，此后又几次下诏命令建桥。和他的其他圣旨不同的是，这道圣旨最终不仅被奉行，并且归功于他，只不过迟了60多年：1933年，旧金山开始在诺顿一世规划的地址建悬索桥，1936年，这座世界上最著名的大桥之一——金门大桥建成，在它的一根桥梁上挂着一块牌纪念诺顿一世：“旅行者，请停步并感谢美国皇帝和墨西哥保护者诺顿一世（1859—1880年在位），他有先见之明，构想并下令在旧金山海湾建桥。”

这样的皇帝合该受到人民的爱戴。在1867年1月21日，有一位名叫阿曼·巴比尔（Armand Barbier）的新警官不知好歹，竟敢作乱犯上，以流浪罪逮捕诺顿一世。有人向巴比尔指出诺顿一世口袋里装有4.75美元，也有住所，因此不能算是流浪汉，巴比尔于是改指控诺顿一世是精神病患者，将他关起来等待精神病专员（负责判决某人是否有精神病的政府官员）作判决。舆论大哗，旧金山的报纸纷纷发表社论抨击警官的做法。眼看人民就要起义勤王，警长下令释放诺顿一世并向他道歉，诺顿一世宽宏大量地赦免了那名新警官。从那以后，旧金山的警官在街上见到诺顿一世时都向他敬礼，一年一度的警察—诺顿的"皇家警察"——检阅仪式也由诺顿一世带队。

1880年1月8日，诺顿一世在前往自然科学院演讲的途中，因中风驾崩。两天后，他被埋葬在共济会墓地，约三万人参加了葬礼，送葬的队伍长达两英里，据称是旧金山历史上最隆重的葬礼。葬礼第二天，有日全食使旧金山天昏地暗，提醒旧金山人民一个美好王朝的终结。1934年6月30日，旧金山市政府将他的遗体移到林地陵墓（Woodlawn Cemetery），新立了一块不算寒碜的大理石墓碑，上书"诺顿一世，美国皇帝和墨西哥保护者"。1980年1月7日午餐时间，旧金山举行典礼纪念它的唯一皇帝驾崩100周年。古往今来，有多少皇帝在死后100年还让人记得？

> 护林人乙：是的，但是你说话的口气就像你是国王。
> 亨利六世：啊，我是，在精神上是，而那也就够了。
> 护林人乙：但是如果你是国王，你的王冠在哪里呢？
> 亨利六世：我的王冠在我的心中，而不在我的头上。
> 它没有镶嵌钻石珠宝，也不是要人看见。
> 我的王冠叫满足，很少国王享有此王冠。
> ［莎士比亚《亨利六世（下）》第三幕第一场，拙译］

2004年2月11日

美国西部酒馆法官传奇

我知道法律……我是它的最大违反者。

——罗伊·比恩法官

一直到19世纪80年代，得克萨斯西部还是一片人烟稀少的蛮荒之地。当时有一个说法："在佩科斯河以西，没有法律；在艾尔帕索以西，没有上帝。"1882年，铁路公司开始建造连接圣安东尼奥和德州最西端艾尔帕索的铁路时，大约8000名不同民族的劳工和移民涌入佩科斯河以西。争吵和决斗难免经常发生。"这里十分和平，"在那里开酒馆的罗伊·比恩有一次对来客说，"过了4小时了还没有人被杀死。"

德州巡警必须经常出动去抓捕亡命之徒，但是却很难让他们受到法律的制裁，因为需要骑马一周、穿越荒野才能把犯罪嫌疑人押送到最近的法庭接受审判。当地迫切需要有自己的法官和法庭。在这一年的8月2日，在巡警的请求下，酒馆老板罗伊·比恩被德州佩科斯郡政府任命为佩科斯郡第6选区的治安法官（最低一级的法官），法庭就设在他的酒馆。实际上，在比恩被正式任命的一周前，巡警已经把犯罪嫌疑人带来让他审判了。比恩得以获此重任，是因为他上过3个月的学，算是有点儿文化，而且他的哥哥当过治安官，算是来自法律之家。

不过，比恩法官显然对法律一无所知。用他后来的话说，他对法律的了解来自他对法律的违反。他本身就是个屡屡作奸犯科的亡命之徒。比恩是肯塔基人，大约出生于1825年。在大约15岁的时候，他离开家乡，前往墨西哥的奇瓦瓦找他的哥哥山姆。兄弟俩在奇瓦瓦合开了一家货栈。在那里，比恩和一名厌恶外国人的墨西哥人发生冲突，将他杀了，不得不逃离墨西哥，前往加利福尼亚州圣地亚哥投靠在那里当市长兼民兵少将的大哥约书亚。

约书亚把比恩安排在民兵中当副官，指望他能走上正道。比恩很快又闯了祸。1852年2月，比恩和人进行公开决斗，两人骑在马上用手枪对射，吸引了许多观众。比恩躲过了对手射来的两颗子弹后，一枪打中对手的大腿，一枪打中对手骑的马。两人都被捕，被判罚款和监禁。比恩坐了一个月的牢后，越狱逃走，跑到洛杉矶附近的圣加百利，再次去找他大哥约书亚——约书亚在那里开了一家酒馆。那一年的11月，约书亚被情敌杀死，比恩成了这家酒馆的主人。不幸的是，到1858年，比恩也卷入了一场恋爱纠纷中，性命受到威胁，为避免像他大哥那样横尸酒馆门廊，他不得不再次逃亡。这回他又去找山姆。

山姆那时在新墨西哥州的多纳阿纳郡当治安官，并开一家集商店、餐馆、旅馆、赌场和酒馆为一体的店铺。兄弟俩又在一起做生意。南北战争爆发后，比恩组织了一支自称“自由漫游者”的游击队协助南方邦联作战，但是他们对抢劫比与联邦军队作战更感兴趣，人称“四十大盗”。

战争期间联邦战舰封锁了德州的港口，比恩看到了发财的机会，搬到圣安东尼奥，从墨西哥走私枪支和战时物品。战争结束后，比恩在圣安东尼奥定居下来，娶了一名墨西哥少女为妻，生了四个子女。他的家庭生活并不和睦，而且他靠卖兑水的牛奶和从邻居林地偷来的木柴为生，在当地名声也很糟糕。因此圣安东尼奥对比恩来说也没有什么可以留恋的了。在1882年，当南太平洋铁路修到德州西部的时候，比恩便离家出走，带上帐篷追随建筑队伍，向工人卖酒。

在被任命为治安法官之后，比恩到格兰德河（美国和墨西哥的界河）边悬崖上的兰特利定居。比恩听说有一位英国著名女演员名叫莉莉·兰特利，便自称是这位演员的崇拜者，这个小城是他以她的名字命名的。这个说法就和比恩的许多自我吹嘘一样令人起疑，因为负责修建经过这个城市的铁路老板也姓兰特利。不过，无可争议的是比恩的确以这位英国演员命名他的酒馆兼法庭，并为了避免混淆把该演员的出生地名称也用上，叫“泽西莉莉”。他以喝酒为酬劳请一名画家书写招牌，这位喝得醉醺醺的画家写错了莉莉小姐的名字，多写了一个“L”。不过没有关系，还有比恩悬挂在酒馆里的一幅莉莉小姐的破旧画像可资证明。酒馆门廊上则悬挂好几块公告酒馆主人的特殊身份的大字招牌：“法官罗伊·比恩，公证人”“治安法官”“佩科斯河以西执法者”，还有一块“冰啤酒”广告牌掺杂其间。

比恩法官的日常事务就是卖酒。他最喜欢的顾客是当火车停靠加水时，从车上蜂拥而下的口干舌燥的旅客们。他殷勤地向旅客们提供饮料，但是在找零钱时却慢吞吞地拖延时间。当火车即将启动的笛声响起，旅客们着急地向比恩索要零钱，忍不住叫骂起来时，比恩便摇身一变成了法官，对旅客们的骂人行为处以罚款，罚款金额恰好等于该找还的零钱。

一旦有疑犯被带到，比恩法官就从酒馆顾客中挑选12个人组成陪审团，开庭审案。他用来维护自己的法律权威的工具，除了一把左轮手枪，还有一本《得克萨斯法令1879年修订版》。他时不时地还会收到《得克萨斯法令》的更新材料，这些材料都在茅坑和火炉中找到了归宿，只有他最早得到的这本1879年修订版被保存了下来作为摆设。偶尔他会真的去查阅法令条文。有一次一名爱尔兰人打死了一名华人劳工，被带来听候法官大人的发落。爱尔兰人的朋友们威胁说如果他被判有罪，他们将会砸烂“泽西莉莉”。《得克萨斯法令》这时候就派上了用场。比恩法官把它一页页翻了一遍之后，宣布案子撤销，因为法令中并没有规定打死华人违法。

当然，在绝大多数案子中，比恩法官甚至连法律条文都无须翻阅，更不必引用。他的判词别出心裁，有的甚至文采斐然，比如这篇被广为传诵的对盗马贼的判决：

> 12名与你相比有天壤之别的真正好人对你进行了审判，他们说你有罪。时间流逝，季节循环往复。春天来临之时，在每个山冈和每个山谷，都布满了摇曳的绿叶和芳香的鲜花。然后是酷热的夏天，烤焦的地平线上散发着热浪。然后是秋天，天上挂着金黄色的收获月亮，山冈在落日照耀下变得金碧辉煌。最后是冬天，凛冽的寒风呼啸着，冰雪笼罩了每一片土地。但是你将不会在这里看到所有这一切；哪怕一眼也看不到，因为这个法庭判决你将被带到最近的一棵树下，勒紧你的脖子，直到你死、死、死，你这个橄榄色的羊崽子。

或许正是由于这篇不知真假的著名判词，让比恩法官赢得了“绞刑法官”的美名，据说他还说过“先将他绞死，然后再审判”的名言。不过，比恩虽然无数次威胁要将疑犯绞死，但是并无证据表明他真的下令绞死过任何人。可能有那么一两次他判处犯人绞刑，但又让其逃脱。有一个故事说，他判决绞死一名盗马贼，几分钟后，他发现犯人口袋里有400美元，便改判罚款300美元，建议犯人赶快离开此地。

在比恩法官的法庭，金钱高于一切。他每听取一个案子、公证结婚或离婚，都要收取5美元的费用。他主持的结婚仪式总以“愿上帝宽恕你的灵魂”这一死刑判决用语结束，或许是他对自己失败的婚姻的感言。他的判决非常实用，比如“法庭判决罚你45美元，并给每位陪审员买一杯酒。”甚至死人也得交罚款。有一次一名爱尔兰人从铁路桥上坠落摔死，尸体被带到比恩法官的法庭。比恩法官发现尸体身上有40美元和一把手枪，便以藏匿枪支罪对尸体判处罚款40美元。这些钱款都留在了比恩法庭。有一次德州检察总长写信给比恩询问为何州政府从未收到他收缴的罚款，比恩答复说他从未收到州政府的拨款，因此他的法庭必须自给自足。这个答复看来让州政府感到满意，以后比恩再也没有收到这类询问。

比恩法官这种非常规又不乏幽默的办案方式看来得到了当地居民的认同。1884年当地治安法官由任命改为民选时，比恩法官即当选。此后直到1902年他自愿退休，在每两年一次的选举中，他又多次当选，只有在1886年和1896年的选举中他落选。1896年落选的原因不是因为他获得的票数太少，而是太多，多于全体投票人的人数，被对手抓住了把柄。

也是在1896年这一年，比恩法官声名远扬。当时，世界拳王鲍勃·菲兹西蒙斯和爱尔兰冠军彼得·马赫进行世界重量级锦标赛，原定在艾尔帕索举行，但德州法律禁止职业拳击赛，德州巡警们随时准备出动加以制止。比恩接手承办这次比赛。他雇佣墨西哥劳工建了一座小桥通往格兰德河中的一个沙洲，那里就是比赛的场所。2月21日比赛这一天，闻讯赶来的德州巡警对这个他们没有管辖权的“国际岛屿”只能干瞪眼。这个比赛场地就在“泽西莉莉”的附近，从各地赶来的观众刚好可以在那里买酒喝。比恩在那天把啤酒价格涨到一瓶一美元。菲兹西蒙斯只用了95秒钟就把马赫击倒，观众们回到“泽西莉莉”继续喝酒纵乐。那一天是“泽西莉莉”进账最多的一天，而比恩的传奇故事也随着体育记者的报道传播开去。

比恩聚敛的这些钱财，在1899年为了挽救他的儿子山姆的生命花光了。有一位叫乔治·厄普肖的人取笑山姆的一条毛毯，两人吵了起来。山姆挨了一记耳光，比恩便叫山姆掏枪把厄普肖杀了。比恩花大钱和大量的酒找来一批人作伪证，才让山姆获得无罪释放。

1896年，“泽西莉莉”失火烧毁。比恩将它重建，并在街对面为自己建了一个家，命名为“歌剧院”，预言他的偶像莉莉·兰特利有一天会来那里演出。他经常给莉莉·兰特利写信倾诉衷情，邀请她访问兰特利。但是直到1903年3月15日，比恩法官因为“心肺问题”寿终正寝时，仍没能见上莉莉小姐一面。10个月后，一列南太平洋火车在兰特利停靠，走下了莉莉小姐。在从新奥尔良前往旧金山演出的途中，她终于决定在这个据称以她的名字命名的小城停靠片刻。全城居民出动欢迎她的到来。她参观了“泽西莉莉”，听人们讲述比恩法官的故事，并被赠与比恩法官的左轮手枪。“这是一次短暂的访问，”她后来在自传中写道，“但是难以忘怀。”

就像其他美国西部的传奇故事和人物，我们很难分辨比恩法官故事中的历史事实和虚构成分，也难以说清他究竟是一名执法者还是违法者，是好人还是坏人。他是那个蛮荒时代的产物，极好地适应了当时的环境。随着那个时代的远去，他那夹杂着蛮横、贪婪的黑色幽默，甚至有了浪漫色彩。比恩法官的事迹被好莱坞多次搬上银幕、屏幕，其名声越响，离历史事实也就越远，也就更加迷人。在今天，兰特利已成为一座几乎没有居民的鬼城，只剩几座废弃的房屋和一个便利店，还有就是使它没有完全被废弃的原因——被作为德州历史遗迹保留下来的“泽西莉莉”，据说每年吸引了10万游客。

现在，大家已经听说了罗伊·比恩的光荣事迹，
他是正义和法律的化身，
他手持吊钩，他怒容满面，
我现在不想再告诉你们。

——美国西部民歌《罗伊·比恩》

2006年6月10日

古怪的家谱

大约在公元前6世纪的时候，巴比伦攻陷耶路撒冷，几万名犹太人被俘虏，带到巴比伦，史称“巴比伦囚虏”。犹太人因此从巴比伦人那里学到了一周七天的计日法，再由此而编出了上帝在七天之内创造万物的神话，“七”因此成为犹太人的一个神圣的数字。

有狂热的教徒拿着《圣经》算了一下，据说是字数、人名数什么的刚好都是七的倍数，以之作为《圣经》是上帝所写的证明。这一招并不新鲜，早在1900年前，《马太福音》的作者就这么干过了。他为了让亚伯拉罕到耶稣的代数刚好是七的倍数，不惜编造耶稣的家谱，大笔一挥把耶稣的好几个祖宗全都砍掉了，因此便出现了从亚伯拉罕到耶稣，《马太福音》说有四十二

代，而《路加福音》却说有五十五代的矛盾。信徒们若要用“马太”的四十二代来说明上帝是《圣经》的作者，我们自然也可以用“路加”的五十五代来否证。

让我们来看看“马太”为了得到七的倍数这一神奇的数字，是怎样编造数据的。他把代数说得一清二楚，使得信徒们想为他圆谎的任何企图注定要落空：

> 从亚伯拉罕到大卫，共有十四代。从大卫到迁至巴比伦的时候，也有十四代。从迁至巴比伦的时候到基督，又有十四代。

显然“马太”想强调的就是“十四”这一神妙的数字。但是从他列出的具体人名来看，我们却发现其中大有蹊跷。比如他说：“约兰生乌西亚。”

但是我们查对《旧约》的《列王记下》，发现其记载是约兰生亚哈谢，亚哈谢生约阿施，约阿施生亚玛谢，亚玛谢才生乌西亚。从约兰到乌西亚是四代，而不是一代。实际上约兰死后约50年，乌西亚才出世。

你再听他说：“约西亚生耶哥尼亚和他的弟兄。”但是我们查对旧约，耶哥尼亚是约西亚之孙，中间还隔着一个约哈斯。

所有这些被《马太福音》漏掉的人，都当过犹太的国王，旧约记载甚明，“马太”不可能不知道，只不过为了凑成七的倍数，有意跳过而已。焉知今日马太的徒子徒孙，在号称进行科学计算时，没有玩弄类似的把戏？

我们怎么知道“马太”觉得十四是个神圣的数字，因此不惜伪造代数呢？因为《马太福音》特意把从犹太人始祖亚伯拉罕到耶稣的传代分成三段，然后强调这三段刚好都是十四代：

> 这样，从亚伯拉罕到大卫，共有十四代。从大卫到迁至巴比伦的时候，也有十四代。从迁至巴比伦的时候到基督，又有十四代。

从大卫到迁至巴比伦的传代，《马太福音》是这么说的：

> 大卫从乌利亚的妻子生所罗门。所罗门生罗波安。罗波安生亚比雅。亚比雅生亚撒。亚撒生约沙法。约沙法生约兰。约兰生乌西亚。乌西亚生约坦。约坦生亚哈斯。亚哈斯生希西家。希西家生玛拿西。玛拿西生亚们。亚们生约西亚。百姓被迁到巴比伦的时候，约西亚生耶哥尼雅和他的弟兄。

从所罗门算到耶哥西雅，确实是十四代。不过我前面说过了，《马太福音》漏掉了四代人，所以应该是十八代才对。

我们再来看看从迁至巴比伦的时候到基督，《马太福音》又是怎么说的：

> 迁到巴比伦之后，耶哥尼雅生撒拉铁。撒拉铁生所罗巴伯。所罗巴伯生亚比玉。亚比玉生以利亚敬。以利亚敬生亚所。亚所生撒督。撒督生亚金。亚金生以律。以律生以利亚撒。以利亚撒生马但。马但生雅各。雅各生约瑟，就是马利亚的丈夫。那称为基督的耶稣，是从马利亚生的。

所罗巴伯之后的那些人，在《旧约》中都不见记载，查无对证，听任“马太”信口雌黄，我们也拿他没辙。但是他在这里又犯了一个低级错误。如果我们没有被他报出的这一大堆古怪的人名搞蒙，而去数一数，就会发现从撒拉铁到耶稣是十三代，而不是十四代！我们当然不能怀疑“马太”连个三岁小孩都不如，这么简单的数数都数不过来。很有可能的是，他在数数的时候已有“十四”这一先入为主的数字，有意无意糊涂了一下，把前面已经数过的耶哥尼雅又被数了进去，就成了十四代了。

他这一糊涂，坚信《圣经》绝无错误的信徒们可就惨了，要替他遮掩这一低级错误，就又得编造出个圆谎的理由来。他们说，数代的时候，要把马利亚也数进去，这不就十四代了吗？那前面的“乌利亚的妻子”怎么就不数进去？而把约瑟和马利亚夫妻两个数成两代人，让约瑟由耶稣的爸爸变成爷爷，也只有这样的信徒才干得出来。

阿Q式的穷人要说自己的祖先阔，阔人们更要证明自己的祖先阔。人一阔起来，修家谱光宗耀祖便成了当务之急，不停地上溯，总可以找到一个同姓名人当祖宗。所以姓包的是包公的后代，姓霍的自然是霍光的嫡传。如果手里有几个钱，更可以买到一个显耀的祖宗。

国人如此，洋人又何尝不如此？耶稣——姑且承认真有这么个人——生前穷困潦倒，死前徒弟们一哄而散，众叛亲离。但死后可就阔得不能再阔了，自然就有他的信徒来为他找祖宗。《马太福音》为他找了一堆犹太的国王当祖宗，真是显赫得很。

《马太福音》的作者是个犹太人，相信耶稣是犹太人的救世主，因此他记述耶稣的祖宗记到犹太人的始祖亚伯拉罕，便停止了。而《路加福音》的作者是个异教徒，他相信耶稣是全人类的救世主，因此还要一直往前追溯，一直到人类的始祖亚当为止。

算得越多，就越容易出错。从亚当到亚伯拉罕，《路加福音》记述了二十代，而《创世记》却只有十九代。多出的一代是“沙拉是该南的儿子，该南是亚法撒的儿子”。

根据《创世记》，沙拉是亚法撒的儿子，中间莫名其妙冒出来一个该南。

从亚伯拉罕到大卫的传代，“马太”和“路加”之间没有异议，但是从大卫开始，两个人开始分道扬镳，为我们提供了两份截然不同的耶稣家谱。《马太福音》说耶稣是所罗门的后裔，他的祖先全是犹太的国王；而《路加福音》偏说耶稣的祖先是所罗门的兄弟拿单。拿单的儿子是玛达他，玛达他的儿子是买南，等等，一直到耶稣的祖父希里，所有这些人，都名不见经传，在《旧约》上都找不到任何记载，“路加”从何处找来这些稀奇古怪的名字拼凑耶稣的家谱，真是上帝才晓得。

从大卫之后的谱系中，《马太福音》和《路加福音》只有两个名字相同，即撒拉铁和所罗巴伯父子，但是《马太福音》说所罗巴伯是大卫的十六代孙，《路加福音》却说是二十代孙，并非同一个人。

信徒们为了让这两份家谱能合成一份，真是煞费了苦心。有一种说法是，《路加福音》说的是耶稣的母系家谱，自然跟《马太福音》的父系家谱大不相同。也就是说，当《路加福音》说“约瑟是希里的儿子”时，指的实际上是“女婿”。那么为什么其他七十四处“儿子”都不是“女婿”，只有这一处才是女婿？那也是只能去问上帝了。

而且，按照这种说法，马利亚跟约瑟都是大卫的后裔了。在《新约》中找不到有关马利亚是大卫后裔的任何证据，反而有不太有利的证据，因为《路加福音》说马利亚是以利沙伯的亲戚，而以利沙伯是亚伦，而不是大卫的后裔。

比较这两份家谱，“马太”虽然为了“十四”这个神奇的数字而有遗漏，毕竟还是基本符合《旧约》，还算可靠些，而“路加”整个就是闭着眼在瞎编。“路加”不是犹太人，也不想去感召犹太人，自然没必要替耶稣找犹太国王们当祖宗吓唬人了。

1995年3月

都灵裹尸布疑案

在中世纪的欧洲，至少在表面上每个人都是基督教徒，这就使得教会成为最大的跨国公司，而无数的教堂就是其子公司。子公司之间也要相互竞争财源，而如果一座教堂有镇堂之宝，例如藏有圣物——据称是耶稣、圣母或圣徒的遗物，那么就会吸引来众多的朝圣者，也就意味着滚滚的财源。

因此，就有了无数的圣物被创造出来以满足市场的需求，其中最神圣也最热门的当然是耶稣的遗物。虽然历史上是否真有耶稣这么个人是很值得怀疑的（没有任何确切的历史记载提到耶稣），但是教会却声称他留下了许多遗物：从耶稣诞生时躺的马槽、穿过的衣服，掉的乳齿、剪下的脚趾甲，吃最后的晚餐时用的杯子，到上十字架时戴的刺冠、钉子和十字架，都有教堂声称珍藏着，而且不止一个。数量最多的大概是耶稣上的十字架——所谓“真十字架”。虽然耶稣只上过一次十字架，但是分散在各地的“真十字架”之多，用16世纪宗教改革家加尔文的话说，足够装满一艘货船。

有的圣物之离奇，到了荒唐的地步：有的教堂保存着当年圣彼得献给耶稣的鱼，有的教堂保存着几瓶耶稣变出来的酒，有的教堂保存着耶稣当年在耶路撒冷流下的眼泪，他背负十字架时流下的血液，法国香槟地区沙隆的一座教堂至今保存着耶稣的脐带，意大利帕多瓦圣安东尼教堂至今声称保存着一小瓶幼年耶稣喝过的圣母奶，还有几个教堂曾经同时声称珍藏着幼年耶稣受割礼后留下的包皮。每年1月1日天主教“割礼节”这一天，意大利卡尔卡塔教堂都会把据称珍藏着“圣包皮”的圣物匣抬出来游行。这个习俗一直延续到1983年为止，那一年圣物匣被小偷偷走，从此“圣包皮”下落不明。

在这些圣物中，最著名的是都灵裹尸布，在今天连许多非基督徒都听说过。据说，耶稣在十字架上被钉死之后、复活之前，尸体就是用它包裹、下葬的。它并非唯一如此声称的圣物：世界各地大约有40条声称与耶稣尸体有过零距离接触的裹尸布。都灵裹尸布之所以出名，在于据称在它上面印有耶稣身体的轮廓，至今许多人相信它是真迹。

具有讽刺意味的是，这块裹尸布刚刚面世的时候，却被教会认为是赝品。它是在14世纪的时候首次出现在法国一座叫里雷的小镇。第一份提到它的历史文献是1389年法国特鲁瓦市主教致法国阿维尼翁的教皇（当时意大利罗马另有教皇与之相对立）的一封信。在信中，特鲁瓦主教报告发生在他的教区里雷镇的一件丑闻。他愤怒地指控说，里雷教堂的教士们出于赢利的目的，获得了一块巧妙地绘着一个人的两面身体图像的亚麻布，虚假地声称它就是当年包裹耶稣尸体的裹尸布。他说，这块布是在大约1355年首次在里雷展出的，当时即引起他的前任的注意。前任主教曾经做过调查，发现这是个骗局，布上的图像是人工精心绘制的，绘制它的画家也向前任主教坦白了。而这块布最早的主人、里雷教堂的创建者查尼（Charny）家族也不敢说它是真实的耶稣裹尸布，而只是说它是“相似物或象征物”。他们建造这座教堂的目的是为了展览这块“裹尸布”，并向参观它的人收钱。

不过，当时的教皇虽然不许人们把它当作“真实裹尸布”，但是仍然把它当成圣物，规定教徒可以通过朝拜它赦免罪过。1453年，“裹尸布”被卖给了萨伏伊公国的王室，收藏在一个镶银的圣物箱中，在一个新建的大教堂中展览。这一易手大大提升了“裹尸布”的地位，它甚至有了自己的节日。“裹尸布”后来在许多个不同国家的城市展示过。1532年12月，收藏它的教堂发生火灾，“裹尸布”虽然被抢救下来，但有些地方被烧掉了，在1534年由一些修女对烧坏的部分做了修补。1578年，“裹尸布”结束了旅行，被永久地安放在特地为它修建的都灵大教堂中。此后的几百年间，它为该教堂带来了无数的朝圣者对之顶礼膜拜，有时朝圣人数之多甚至让人窒息身亡。

到此为止，“裹尸布”和天主教的其他圣物并无太大的不同。19世纪末的一个偶然事件，让天主教世界之外的人也对它的真假产生了兴趣。1898年5月，都灵市议员皮亚（Secondo Pia）受命给“裹尸布”拍照。他惊讶地发现，出现在底片上的“裹尸布”人像要比平常看到的清晰得多，它清楚地显示了一个身高约1.8米的男子裸体像，留着长发和络腮胡须，两手交叉放在阴部，在胸口靠近心脏的地方有一个大伤口，手腕和脚部似乎也有伤口，背部有些裂口似乎是受到鞭打留下的。

消息传开后，许多人马上联想到这些细节与基督教《圣经》所记载的耶稣受到鞭打之后在十字架上钉死一事相符，那个头像看上去也很像中世纪画家画的耶稣像，这似乎证明了“裹尸布”上的人像的确就是耶稣——皮亚也是这么认为的。但是如果熟悉《圣经》的话，就会发现该人像的这些细节恰恰与《圣经》所述不符，倒像是某个中世纪艺术家根据当时人们想象的耶稣像创作的作品。

根据《圣经》的记载，耶稣是“照犹太人殡葬的规矩”埋葬的。按照犹太殡葬习俗，尸体要进行清洗，剃光头发、胡须，抹上香油，而“裹尸布”上的那个“尸体”显然没有进行过这些处理。它的长发虽然显得很像人们心目中的耶稣，却露了马脚：尸体平躺时，头发应该散开，而不是现在这样像是一个人直立着头发垂直向下。而且，根据犹太习俗，尸体虽然用亚麻布包裹，但是是用几块布包裹的，头部用的是单独的一块布包裹（《圣经》里也说，耶稣复活后，人们发现耶稣的坟墓空了时，“进坟墓里去，就看见细麻布还放在那里；又看见耶稣的裹头巾，没有和细麻布放在一处，是另在一处卷着”。这与犹太习俗相符），因此耶稣的头部和身体就不会像“裹尸布”那样被印在同一块布上。那种用一块裹尸布包裹整个尸体的做法，是欧洲中世纪的习俗，而不是犹太习俗。仅凭这一点，就可推断都灵“裹尸布”乃是欧洲中世纪的赝品。

有人声称，都灵“裹尸布”上的人像在底片上比正片清晰，而且有三维立体效果，是人工画不出来的，只有神迹才能创造。实际上，用中世纪的绘画技巧就可以惟妙惟肖地复制出“裹尸布”。一种复制方法类似于中国的“拓片”法：先制作一个耶稣像浮雕，把亚麻布弄湿了粘贴在浮雕上，等布干了以后，敷上氧化铁蛋彩颜料，这样得到的布上人像也是在底片上更清晰，也具有三维立体效果，与“裹尸布”没有什么区别。更简单的办法是用稀薄的氧化铁蛋彩颜料直接在亚麻布上临摹“裹尸布”人像，结果与原画看不出区别。

也有不少人试图用科学检测方法鉴定“裹尸布”的真伪。最早这么做的是法国一位解剖学教授。他用显微镜检查，发现“裹尸布”上沾有“血迹”。因此，他在1902年4月21日在法国科学院报告说，他认为可以相信“裹尸布”的确包裹过耶稣的尸体。

70年后，瑞士犯罪学家富雷-苏尔泽（Max Frei-Sulzer）为“裹尸布”的真实性提供了另一条证据。他分析了从“裹尸布”样品刮下来的花粉，发现其来自几十种生长在中东的植物，这可以说明“裹尸布”的确源自以色列一带。不幸的是，此人在1983年涉嫌参与伪造《希特勒日记》而名誉扫地，让人也不能不怀疑他提供的“裹尸布”样品有假。的确，在他提供的26个“裹尸布”样品中，大部分的花粉都在其中的一个样品，这表明花粉很可能是人为掺入的。即使“裹尸布”真的含有来自中东地区的植物花粉，也不过表明造假者用了产自或曾经经过中东的亚麻布，并不能证明它就是真品。

布上的“血迹”又是怎么回事呢？1979年，美国显微分析学家麦克隆（Walter C. McCrone）和他的助手用多种物理、化学方法分析了“裹尸布”上的5000多根纤维和32份来自“裹尸布”不同地方的胶带样本（用透明胶带从“裹尸布”上粘贴、取样），没有发现真正的血迹，看上去像“血迹”的东西其实是朱砂、红赭土，还有蛋彩，都是中世纪画家爱用的颜料。顺便说一下，这些“血迹”红得像是刚流出的血，看上去一点也不像陈年血迹——那应该是黑色的。

前面提到，在1532年，“裹尸布”差点被烧毁。当时“裹尸布”藏在圣物箱中，大火烧熔了镶嵌在箱上的银，滴到了“裹尸布”上，到今天还能在“裹尸布”上看到银滴的痕迹。银的熔点是961摄氏度，差不多是焚尸炉的温度。如此高的温度，将会使“裹尸布”上原来可能有的任何血液成分都被摧毁。因此，如果真的有人在现在的“裹尸布”上发现血液成分的话，绝无可能是原有的，而是在1532年的大火之后才留下的，比如某个朝圣者为了治病在触摸“裹尸布”时留下的。

对“裹尸布”的真实性的最致命一击发生于1988年。那一年，罗马教廷令人惊讶地同意让科学家用同位素法测定“裹尸布”的年代。这需要对“圣物”有意造成一点损害：剪下一小块“裹尸布”，测定其中碳14的含量。

有的化学元素含有几种不同原子量的原子，称为同位素。碳元素有三种同位素，根据其原子量的大小分别称为碳12、碳13和碳14。其中碳12的含量最多，约占地球上碳原子的99%，碳13约占1%，而碳14的含量只有百万分之一。碳14虽然含量虽少却很有用，因为它具有放射性，会缓慢地按固定的速率衰变成氮原子。碳14的半衰期为5730年，也就是说，每过5730年，碳14的含量就会减少一半。这个衰变速率是永恒不变的，不受任何外界因素的影响。

生物在活着的时候，它们会不断地从外界吸收碳原子，包括碳14，这样碳14在生物体内的含量就基本不变。但是生物死后，不能再吸收外界的碳14，而体内原有的碳14将会按固定的速率衰变。这样，通过测定生物化石或生物制品中碳14的含量，再根据其半衰期，就可以计算出该生物体是在什么时候死的，也就可以确定生物化石或生物制品产生的年代。用碳14可以测定年龄在大约6万年以内的样品，如果样品的年龄超过了6万年，就要用其他半衰期更长的放射性同位素来测了。

1988年4月21日，在都灵大主教和录像机的监视下，从“裹尸布”上剪下了长3英寸、宽0.5英寸的一小块，剪的位置既远离布上的人像，也远离烧焦的部分和1534年修补的部分。这小块布被进一步剪成三块邮票大小的样品，分别交给了美国亚利桑那大学、英国牛津大学考古学研究所和瑞士苏黎世联邦理工学院的实验室，由他们用碳14法测定“裹尸布”的年龄。三个实验室都得到了相同的结果：“裹尸布”里的亚麻是在公元1260—1390年的某个时候收割的。这个时间段与“裹尸布”在里雷教堂首次面世的年代一致，与据称耶稣死亡的年代（约公元30年）则大相径庭。这就确凿地证明了“裹尸布”的确是14世纪的赝品。

这是三个世界著名的实验室分别独立地测出的一致结果，如果要指责他们都犯了操作错误未免太可笑了。但是坚信“裹尸布”的真实性的信徒们还是提出了种种理由来质疑这个结果。有的和神创论者一样，干脆从根本上质疑碳14测定法的可靠性，这就意味着不仅对“裹尸布”的测定结果有误，对所有其他历史文物、化石的测定结果也都有误，为了维护“裹尸布”的真实性而把其他文物、化石的真实性也都一笔抹煞，也是很可笑的。有的声称高温会改变碳的结构，而“裹尸布”曾经经历过高温，所以测定的结果比实际年龄小。这种说法同样是荒唐的，再高的温度也不可能改变原子的结构，高温对放射性同位素测定法的结果不会有影响。还有一种说法是说误用了1534年修补“裹尸布”用的布料作为样品（虽然在取样时已确保不会搞错），那样的话，测出来的年代又太老了，老了200年。

最聪明的质疑理由是说样品受到了微生物污染。如果“裹尸布”上面生活着细菌或真菌，它们制造出来的单糖和多糖也含有碳，而且是年代比较近的碳，在测定“裹尸布”年代的时候，这些年代比较近的碳混杂其中，就会使测定的结果比实际的要年轻。这种情形是可能发生的，但是要把一件1世纪的文物误测为14世纪，污染物的量必须非常大，需要占到总量的1/3，那样的话，很容易用肉眼就能看出样品有一层厚厚的污染物了。而实际上，美国两家实验室分别用不同的方法对“裹尸布”样品做了检验，都未发现有受到微生物污染的迹象。

总之，不论是历史的记载、常理的推断还是科学的检验，都表明“裹尸布”是中世纪的赝品。但是对迷信的人们来说，再确凿的证据也无法动摇他们的信念。无数的信徒仍然坚信“裹尸布”就是耶稣的裹尸布，“裹尸布”上的人像就是耶稣留下的。2000年“裹尸布”最后一次展出时，仍然吸引来了上百万朝圣者。下一次的展出要等到2025年，朝圣的人数大概也不会少多少。今天的朝圣者的心态，与中世纪的时候并没有什么不同。而对教会来说，只要能吸引来朝圣者，管它是真是假呢。

2007年9月7日

诗歌

Poetry

最后的预言

握紧我的手
让我的图腾烙在你的手上
请传递这一把火　直到
百年之后　我所有绝望的嘶叫凝固
而此刻回声不绝　如带雨的风
从一颗龟裂的心上抚过
那美丽的伤口　如礼花般开放
为一个最后的节日之夜殉葬

啊　那些长跪不起的人们
一夜夜静等灵光催命的闪耀
为每一次的劫难欢呼和嚎叫吧
但是我早已降临
在空旷的祭坛上悠悠地独步
一步步踏碎绿树红墙守护的古老梦境
碎影依然伟大如魔鬼　然而不再长久
告诉你们吧　这一刻的阵痛
乃是不可告人的无上欢乐
我不死的种子　在城楼那双神秘的眼下
挣扎着播散如四溢的血
带血的宁馨儿
比水晶里的人神更为不朽

这时候你的归来不可改变
正如我命定的离去
墓碑高耸　指示一次奇迹的毁灭
所有的道路都指向我们百年后的重逢
真正的道路是否不再虚幻
唯一的道路究竟埋葬在哪一片地下

不可破译的密码在你的眼里闪烁
在默默的相对中消逝

1989年12月

再读鲁迅

这时候目光依然暗淡如夜
为了寻找一个古老的预言把你读遍
六十年前的预言应约滚滚而至
反复地兆示我　你最后这一个祭司
该怎样嚎叫于静寂的人群

而你　可怕的先知啊　却早已安息
把灵魂藏身于象形文字的方阵
默默地上演一幕幕轮回的把戏
指示好的故事　坏的结局
令走火入魔的我们懵懵懂懂一齐恸哭

那么　我们究竟在等待什么
等待如血　洗礼一个早熟的黄昏
预告无数个夭折的黎明
雄性勃勃的墓碑　今夜突然疲软
美丽的情人　砰然倒地的身影依然美丽
那曾经使我们亢奋不已的　究竟是什么呢

但是我们终将再次归来
在你的书堆上举起反叛的大纛
熔岩一旦喷出　将如野草般蔓延
淹没永恒而颓败的舞台

淹没所有没有人证的历史
在焦黄的气息中我们飞升　然后永生
那最后审判的时刻　正在来临

我重重地合上古色古香的封面
去吧　让新点的火焰把你读完
那飘扬着的　不过是灰烬

1989年8月

河　岸

多少年了
多少条河流已经干涸
这一条也不会长久

我将能够走着过去
去寻找天堂的碎片
积木的天堂在对岸坍塌
那些乌黑乌黑的卵石啊

当我走到河中间
水会悄悄地向我涌来
我会站在河中间
水会慢慢地把我淹没
这时候河水静静地上涨
所有的卵石一起闪亮

1990年8月

绿 房 子

我们曾经到过那座绿房子
我们去的时候
只找到最后的一片落叶
用无数不瞑的眼眸
凄凄地诉说绿色的过去
在子夜的霜冻之后
动人的只剩下昨日的主题

我们曾经到过那座绿房子
我们在的时候
相约一起寻找遗失多年的火种
密谋纵一场不灭的大火
在这座不朽的房子烧塌的时候
陪葬的我们
在火的怀抱中一样的不朽

我们曾经到过那座绿房子
我们走的时候
墙上的油彩已经剥落
如无数的落叶飘飞
在失去阳光的地方
用垂死的祭神之舞
为我们不再回头的远征壮行

这一座曾经美丽的绿房子啊
我们曾经为你哭泣

1992年5月

深夜无人的街道

把最后一缕阳光
深深锁进尘封的心头
夜幕沉沉如墓石
未曾诞生的梦想
就这样被再次埋葬
是的，这并不是一个特别的日子
我们的相遇纯属偶然
虽然末日的钟声正在天际闪耀
我们凝视的眼神还是那么安详
让我们在这时开始
从被废弃的象牙之塔开始
让我们一起走过无人的街道
寻找一种被遗忘多时的空旷
它是如此短暂
短暂得就像路灯下的一个孤影
眷恋的回头只看到一地的清光
旧的面孔飞逝而去
新的面孔半隐半露
依然残存的那一丝广告的微笑
遮掩不住斑驳千年的风霜
命运早已被写进一部古老的典藏
浓浓的血散发着淡淡的墨香
那双描绘我们的旅途的手
此刻正在何处的城堡奋笔疾书
一笔一划划过深夜无人的街道
我们追随的脚步是多么坚强
无可挽回的往事
在我们的脚下一一浮现
为何我们无法收住那一道道

试图穿透围墙的目光
把每一点遥远的光亮
都读成唯我能读的天启
把每一个幽暗的角落
都看作无处不在的家乡
家不过是深夜凄凉的慰藉
携手同行的时候本无须这样的想象
就这样走着就已经很好
就这样走着还能走多长
就这样一起走在深夜无人的街上
等着末日的钟声传来最后一响
等着那双神秘的手疲惫地垂下
等着走到永恒的家乡
不需要歌声不需要方向
不需要天空不需要太阳
一种不可言说的温暖
在我们的四周微微荡漾

1994年8月5日

时　　刻

你为这样的时刻沉默多久了
当言语只是梦呓
想象也已不再辉煌
可以表白而不可言说
这该是怎样的时刻
曾经到来等于是没有到来
期待着总觉清新

过后才发觉一切都不陌生
你该怎样为这样的时刻歌唱
无法找到是永不消散的曲调
只能以这紧闭的双唇
展示一种永恒的象征

一只等待许久的手
握住的只是一把充满尘埃的白光
窗前的太阳已经苍老
半明半暗之间是多么的安详
在一个人的日子里
时刻准备着
以一种无可置疑的姿势
迎接一种时刻的到来
就像一根孤独的旗杆
等待风扬起降下的旗帜

1993年3月22日

无形的手

那一双双无形的手
从墙脚顽强地长出
相握成网
层层叠叠如密集的枝叶
阳光被过滤
成点点永不消逝的露珠
在指尖上滚动
滴落在我生命中
最枯燥的那一部分

透过这一双双无形的手
看见了一个新奇的世界
那一小块一小块晴朗的天
那种感人的形状
那种炫目的色调
使我不能不为之颤栗
伸出手与之相握
反反复复抚摸这些天堂的入口
仿佛已尝遍了
天路历程的滋味

面对这一双双无形的手
不会再有置身黑暗的恐惧
不会再有自我慰藉的叹息
那些密密麻麻的冰凉的触摸
那一道一道冷冷的光
固执地穿过百叶窗
展示一种永远新鲜的诱惑

1992年11月

初春的声音

我只是坐着
一如莲座上冬眠的塑像
只有一种声音能把我唤醒
醒来的时候就有了陌生的感觉
望着那条潮湿的黑色小径
知道所有的冰雪都已化尽

这时你的呼吸从远处传来
断断续续，时有时无

你说草在长
你说草在无声地长
在太阳睡去的时候
在失去月光的时候
破土的声音无人听到
我看着你
看着你鼻尖上微微的银光
看着你眼里神秘的滚动
心中最后一缕鹅黄也变成了嫩绿
我轻轻地对你说
是的，我听到了

1994年3月29日

湖边之火

暗夜是一次又一次的沉沦
燃烧是生命最终的挣扎
湖边冷冷的火燃尽无尽暗夜
告诉我一切都有成灰的可能

林中小木屋有条形的月光
希望在半明半暗中滋长
那是无人知晓的启示
在无人觉察的时候固执地来临

让我们一起静心倾听

如歌的风没有休止
不愿错过每一次无结局的等待
湖水因为我们的沉默突然上涨

唯一的结局必将如期而至
就像最后的星火必将熄灭
是的一切都有成灰的可能
在相互的一视中我只看到永生的辉煌

1994年10月4日

末日的童话

我仍然记得我的旅程开始于许多年前的今日
我并不是去奔赴一次等待已久的约会
从来没有不可抗拒的声音在招引我
我只是去寻找遗失的古老光环
千百年后依然闪耀在某个未为人知的角落
也许那是一座荒芜已久的玫瑰花园
而你就是它被遗忘的主人
任凭落红遍地而我无缘采撷
只能在无人的旷野踩着野花的幽香
一丝悲悯升起在空荡荡的天际
我乃是孤独的布施者
在死寂的世界传播无人能解的幻想
神秘的星座引导我离开故土越来越远
白马走失而我还必须赶路
黑色的森林里到处是你布下的迷阵
你无处不在的身影是我可望不可及的家园
一次次的寻找只是徒劳的游戏

所有的启程必回到不变的起点
我终于独自坐在相思树下
让等待的寂寞取代远征的激动
或许你已擦肩而过而我忘记回头
或许你正在走来而我无法察觉
这一切已经与我毫不相干
这是一个平淡无奇的日子
往事和未来一起风起云涌而我只是木然独坐
风吹动黎明前的月光带来一丝余温
冰封的心灵依旧冷冷犹如末日
一个人的绝望还能持续多久
所有的希望都属于过去的季节
我守候一生的童话开始进入没有尽头的冬天
二十八岁的初秋有雪花阵阵
埋葬了十八岁少年永恒热烈的梦想

1995年9月28日

雪夜闭门读陶庵

此刻有湖心亭的雪
片片从书中飘出
飞舞在窗外宛如不死的精魂
从故国家乡到异国他乡
这一场雪已断断续续下了
整整三百六十三年
你正踏雪而来
一步一步把旧梦遗留在了身后
我正拥炉温酒而待
不倦的目光读遍了那些深深的足迹

你抚琴悲歌
歌声不绝如萧萧的寒风
我击节长叹
叹声幽咽如树梢的颤动
与你一起沉迷于一个不再的梦幻
让流年似水往事如烟都凝结不动
在无人的雪野上演
又一场不知是人是鬼是怪的夜戏
冷酷荒诞的世界
只有梦幻剩余一丝的温暖与真切
而你的旧梦正是我的新幻啊
为了这一刻的邂逅
我们已经等候多年
世上再也没有第三颗如此痴迷的灵魂
相对终夜有如一生
直到我轻轻地合上线装书
雪霁
梦断
酒冷
你已走远

附：湖心亭看雪

崇祯五年十二月，余住西湖。大雪三日，湖中人鸟声俱绝。是日更定矣，余拏一小舟拥毳衣炉火独往湖心亭看雪。雾凇沆砀，天与云与山与水上下一白，湖上影子惟长堤一痕，湖心亭一点，与余舟一芥，舟中人两三粒而已。到亭上，有两人铺毡对坐，一童子烧酒，炉正沸。见余大喜，曰："湖中焉得更有此人？"拉余同饮。余强饮三大白而别，问其姓氏，是金陵人客此。及下船，舟子喃喃曰："莫说相公痴，更有痴似相公者。"（张岱《陶庵梦忆》卷三）

1995年12月

琴　三　章

听琴

是旅途中一次不经意的短暂驻足
为你凝视一种遗忘已久的声音
自四面八方不绝涌来
峨峨若高山
一座新的诱惑是新的转机
洋洋若江河
缓缓地销蚀铁石心肠
一声声在你我心间流淌
用一生的等候去倾听
这一刻知音的共鸣
让这一夜梦幻的倾听
从此伴我走遍天涯
我终于听出了你是谁来自何处
而我是谁将去何方？

抚琴

你抚琴如抚我
我抚你如抚琴
让同一种温柔在两双手下不绝流出
一点一点淹没一个没有记忆的夜晚
从一双手流向另一双手
从一个音符流向另一个音符
流进我们的血液永不消逝

远离听众的演奏是随心所欲的游戏
乐谱就写在你我的内心
肉体的美丽只是一段和弦
一呼一吸之间化为余音袅袅
最后一声是一次短暂的休止
这是宿命中无法躲避的一次合奏
在黑暗中我们一起倾听将临的高潮滚滚

焚琴

你用琴声点燃的火焰
在我轻柔的扫拂下升腾
如花似锦开放在指尖
美丽得就像一片迷途的帆
满载如血的欲望飘向天堂
断一根弦是绝一条路
终点在音符和休止之间轮回
唯一的解脱是烟的方向
奇迹焚毁了
白鹤失去影踪
我们是自身的殉葬者
在火光中静听永生的最后一响
我知道最后的时刻没有声音
那响亮着的是灰烬

1996年6月

默　　祷

当一个人走向一个人
请以如山的胸怀展示如水的路途
让迷路的浪子走入永远的庭院
把路过的每一处风景悬挂窗前
用路边的小花编织秘密的花园
当一个人看着一个人
请以如火的目光化解如石的心肠
让每一片心灵的碎片折射外面的阳光
让我陶醉在这一块小小的光明天地
用昨夜的梦想建造明日的围墙
当一个人默想一个人
请以如神的预言告慰如痴的等候
请给我毁灭的力量
请给我创生的欲望

1996年9月28日

如　　果

如果你是我的奇迹
悄然出现在错误的时刻
在我即将远行的时候
寄一纸带血的信笺
邀我重返家园
如果我是你的道路
指引一个不可改变的方向
那是永世长存的墓地

迎接每一个过客的回归
如果我们相信永生的预言
一次的相遇犹如朝圣
在午夜的祭坛上点燃自己
照亮一种顽固的信念

那么让我们面对一身的灰烬
虔诚地创造千年后复活的神话

1996年10月

守 夜 人

守夜人以一盏灯创造世界
他说要有光
于是就有了光
他见到光是好的
于是就与光为伴
他秉灯而行
一步步开拓未来的世界
而把过去慷慨地交还暗夜
开一片天辟一块地是第一步
日月普照繁星闪耀是第二步
芳草连天绿荫遍地是第三步
飞禽高歌走兽欢舞是第四步
根据自己的影像造一个王子
根据自己的想象造一个公主
永远地过着幸福的生活是最后一步
世界就这样成了

他打打呵欠即将安息
而暗夜驱而复返魔鬼战叫四起
他以灯为旗
在夜的边缘守卫其士其民
发动一场又一场无敌的圣战
直到最后的敌人是自己的影子
无法驱逐就与之握手言欢
举灯对影成三人其乐融融
从此天下无事而阳光正在到来
他关了灯灭了身影毁了世界
守夜人在黎明到来之时平静地睡去

1996年2月

雪中之旅

一个人看一片雪缓缓飘来
一个人看一个人擦肩而过
这是一个无法回头的冬天
回去的路更加迷离
每一个脚印都暗藏着一个陷阱
每一步都指向无可挽救的沉沦
起点是错终点也必错
一点迟疑毁灭了一次奇迹
从此我的旅程只是惯性的持续
等待多年的同行者悄然来过
然后消逝成一个掩埋不去的影子
冷冷地拒绝一切后来者

一片片雪花一起凋零
一个人孤独地走失
没有故事的旅行向谁诉说
一封封书信向何处投递
家园永远在前方的路上
而道路已经消失

1996年11月

蝴蝶爱人

从前有一个女孩
暗暗地爱一个男孩
从前有一个男孩
不相信他爱的女孩是女孩
从前有一大群人
不准一个男孩爱一个女孩
从前有一个男孩
为了爱一个女孩泪尽而亡
从前有一个女孩
为了爱一个男孩以身相殉
暗恋、误会、悲伤然后死亡
这样的故事千篇一律平淡无奇
曾经发生过无数次
直到昨天还在发生
只有这一个结局无人能及
一个誓言化为一道霹雳
坟墓张开犹如地母的产道
一个男孩在黑暗的尽头

等着一个女孩的到来
一起迎接一次历尽劫波的重生
一只蝴蝶悄然向我飞来
一只蝴蝶翩然向你飞去

1996年11月11日

如是我闻

是菩提树下一场清凉的梦后
昙花在眼前再次开放
灿烂一如昨日
而我已经厌倦
崩溃的时刻终于到了
我在此刻睁开双眼
在静穆中把目光垂下
整个王国就在脚下轻轻抛弃
从此家园即是他乡
而他乡即是家园
为了回归故里我即将浪迹天涯
寻找一句失传多年的偈语
在肉体之上参禅然后涅槃
在血泪之中顿悟然后飞升
欢喜之后是磨难
磨难之后还是磨难
千百年后只遗下一只待月的手指
一朵将谢的小花
和一个无人能解的微笑
而公主！异族的公主

你是这个苦难的世界里
无法躲避的最后诱惑
万千柔情展示天堂的幻影
我仍然需要一个不变的理由
才能相信美丽与腐烂的轮回
否则我别无选择
只有继续端坐于此
守卫心中这一块空旷地
而公主！异族的公主
你是否敢于踏入这条永恒的河流
漂流而入我的心中
一起勘破刹那的因缘
那神圣的时刻
必有五色花自天上撒下
纷落如雨

1998年2月

温柔的部分

你偶然触及了我温柔的部分
就像碰到了一个糜烂的伤口
已经淡忘的痛苦刹那间复苏
美丽的脸上洋溢着平凡生活的诱惑
几乎使我抛弃信守多年的誓言
痛苦与激动、回忆与憧憬
都使我泪眼朦胧
朦胧中把你看成心心相印的旅伴
其实我依旧还只是一个孤独的过客

流浪的路途从未改变
多少年来的符咒屡试不爽
证道的心情只有宁静没有悲伤
你偶然触及了我温柔的部分
我因此变得更加坚刚

1999年10月3日

复　　活

当我从四月的坟地破土而出
萌发的欲望就像早熟的春天
当我从彼岸的天堂踏步而来
幻灭的脸庞就像残缺的月亮
当我从被我抛弃的城市飘过
身影就像一面面无敌的战旗
当我向你描绘一幅虚拟美景
道路在我的指尖隐约地延伸
虔诚的圣女赤裸着长跪床前
最后的诱惑在眼里闪闪烁烁
一记冰凉长吻破除千年符咒
失传的经书正在对视中流传

我像天神一般死去
却以一位俗人复活

2002年2月15日

漂亮宝宝

当黑暗不可避免地降临
当整个世界只剩下我们两人
当我一步一步把你送到梦乡
你的两只小手依旧紧紧地
拽住我的步伐
仿佛担心我不能守护你的梦境
而宝宝
你其实就是我的美梦
以最奇妙的形式成真
你是迟到的童话
在平凡的日子来临
你是我从空虚中创造的
一个不可重复的完美奇迹
我永远的爱人
你是最黑暗时刻唯一的光芒
闪烁在黎明前一声声的吟唱——

爸爸爱宝宝
宝宝爱爸爸

2008年8月

浪　淘　沙

年少自轻狂
不费思量
凄风苦雨学彷徨
最是仓皇离国日
一样风光

往事已茫茫
梦醒愁长
江山无限苦情伤
芳草连天霜后绿
莫向残阳

浣　溪　沙

雪夜无书待五更
高歌一曲醉时成
闭门论道太狂生
千古兴亡今夜事
几经昏晓永明灯
杯中已尽发先声

鹧鸪天（之一）

歌罢大江万事空
天涯孤旅路途穷
阑珊灯灭人归后
剩有绵绵昨夜风

情已淡，恨犹浓
河山回首几千重
不堪说尽思无限
枉作英雄噩梦中

鹧鸪天（之二）

百草无芳恶鸟鸣
难谋一面说飘零
共看残月思无限
独向群狼战不停

君莫苦，且倾听
高歌一曲隐衷情
为酬千里相知意
吐尽缠绵梦里盟

临江仙

今夜魂飞千里外
灯前浅笑盈盈
芳樽频进索山盟
呢喃千万语
梦醒不闻声

多少相思无写处
缠绵遥寄荧屏
人生最苦是多情
新愁听旧曲
独坐望天明

散文

Prose

我的经典

乃摒弃本业，而驰骛古典。

——张居正

从中学的时候起，我就常常被误会为读过许多书，其实我最多不过只能算翻过许多书罢了。我的读书习惯是随便抽出一本书来翻翻，偶尔被某句话或某件事吸引住，就把目光停住看一会儿。就连鲁迅所说凡是要冒充读书读得多者必读的《四库全书提要》，我也只是翻翻而已。交谈、作文时想起了曾经在某本书上读过的某句话、某件事，说出来，也就往往让听者、读者误以为我读过那本书，而其实我对那本书的所有知识可能也就是那句话、那件事。虽说从小就被教育“好记性不如烂笔头”，我却也几乎不做读书笔记，需要照抄原文的时候，再凭记忆去翻查，也往往能查到，而翻查的过程也相当于又把那本书“看”了一遍了。

以我这样的读书法，身边也就需要堆放一堆书供随时翻查，等到床上地下越堆越多的时候，既然没有女秘书来给我整理，也就只能亲自动手收拾，收拾时又顺带把这些书翻翻。近日收拾时，翻出了杜小真译的加缪的《西西弗的神话》，翻开扉页，看到写着“我的经典”四字，已忘了是什么时候写上去的了。于是又翻到最后，见写着“1988.4.3阅毕。1989.2.17.重阅毕”。能让我从头读到尾，而且边读边画线的书很少，一年之内重读两遍的书更是屈指可数。出国时，因为担心行李超重，本打算一本书也不带，后来还是忍不住塞了几本小册子，其中就有这一本。当时大概是计划到了美国后再重读一遍的，然而竟没有。初到美国时在一家旧书店看到这本书的英译本，把它买回来，也只是翻了一下，并未再细读。我与这本书的缘分，也就结束于1989年2月17日。

但在我的大学本科时代，与我最有缘分的书也就是这一本了。在我上大学之前，早已把整个人生设计完毕，思想也已成熟，所以，那时候读书，已不是要找引路的导师，而是在找知心的朋友。而使我对这个朋友一见如故的，却是它的开头所引的古希腊诗人平达的两句诗：

哦，我的灵魂并不追求永恒的生命，
而是要穷尽可能的领域。

而全书所论证、抒情的，也都不出这两句。我早知道人生道路的结局只有一个——鲁迅说是“坟”，而其实有时候是连“坟”也未必有的，而通往这个结局的道路却可以有无数条。要让宿命的人生变得有趣，就尽可能地多走几条路；要让荒谬的人生变得有意义，就不妨细细地体味每一过程的悲欢痛快，结局如何也就无关紧要了。唐璜穷尽女人，演员穷尽角色，征服者穷尽土地，创作者穷尽艺术，而一无所有的我们，至少可以以心灵穷尽世界，永不停息。当我无师自通地想明白了这一切，突然看到有人在哲学上对此做洋洋洒洒的论证，让我从此在旅途上可以把胸膛挺得更高，那种亲切，如遇故人。而加缪完成这本书的时候，也不过29岁。

而我书中的爱人，则是我在高二那一年读的罗曼·罗兰的《约翰·克利斯朵夫》。初中的时候，阅读的范围限于中国的经典。上了高中，突然觉得应该放眼世界了。大部头的世界名著，除了卡夫卡、博尔赫斯、加缪、萨特、马尔科斯这些较现代的作家的作品是在大学时才开始涉猎；经典的部分，像雨果、列夫·托尔斯泰、屠格涅夫、陀思妥耶夫斯基、巴尔扎克的作品，却都是在高中时候读完的，以后也未再读。尤其是高三那年，由于要准备高考，上课基本上只是复习，没有多少新内容可学，闲得很，也就成了我读闲书最多的一年，而其实也是我看电影最多的一年，独自去看电影的习惯也就是在那时候养成的。然而所有的这些名著、名片，却没有哪一部像《约翰·克利斯朵夫》那样给我的心灵如此深沉的激动。那是我在书的世界所发生的刻骨铭心的初恋，事实上也是唯一的一次爱情。在那个假期我日日与她为伴，共享了所有的喜怒哀乐，除此之外，似乎在整个假期里未再做别的什么事了。如果能翻翻那时候的日记，一定很有意思，可惜都留在了国内。当时的纪录其实并不重要。一个16岁的少年从此带着“以不断的创造征服不断的磨难”的信念，无悔地越过成年的门槛，去追求不息地扩张、更新的生命，这就够了。从那以后我没有、也不必再去读这部书。

有时想想也觉得奇怪，与我最为有缘的两部外国作品，都是法国人写的，而我偏偏不懂法文，也不知会因此未能尝到多少的原汁原味，想来总是一件很遗憾的事。对英语作品，却从未能让我有那样深厚的感情，虽然反反复复读过不少达尔文、罗素的著作，对他们，却只有对智者的敬畏。对于智者，无法作为朋友、爱人，而只能作为老师了。但是，我书中的先生，在初一那年从家庭藏书中翻出了一套年龄比我还大好几岁的《鲁迅选集》之日起，就已经注定了。从那时候起，我的案头就总会有一两册的鲁迅全集分册或作品集的单行本放着，不时地翻翻，对我而言几乎就等于是休息。第一次上美国大学图书馆，借回来的也是几本鲁迅作品集。与《西西弗的神话》《约翰·克利斯朵夫》不过是一时因缘，而与《鲁迅全集》的缘分则恐怕是要持续一生了。对这套中国百科全书式的巨著，在初中、高中、大学时代和现在不同的时候读，总能有新的感受；在少年、青年、中年和老年来读，滋味也不会相同，所以也就可以时时、不停地读下去。先生所教给我的，并非人生观——我觉得人生观是应该靠自己去领悟的，无人可教——而是更为实际的东西，教我为人，教我处世，教我作文，甚至也教我写诗。我对现代诗歌的最初的感悟，就是在把《野草》反反复复读了无数遍、自然而然地记住了其中的每一句话，所以不必再读以后所得来的。

是那个老问题了：如果你被流放到一个孤岛，只允许你带一本书，你将带哪一本？其实，在孤岛上，有蓝天碧海为伴，即使无书可读，也不要紧的。这个问题，不妨改成：如果你被判单独监禁，只允许你带一本书，你将带哪一本？在大学校园人人自危的日子里，我是认真地考虑过这个问题的。这一本书，必须可以景仰，可以钩沉；可以索隐，可以发挥；可以默诵，可以吟咏。每一个字都可以发现一个故事，每一篇作品都可以写作一篇文章。既有无限丰富的内容，又有无比精深的内涵。既平易近人如知心的好友，百读常新如永远的爱人，又超凡入圣如旷世的良师。我的回答不假思索。我将带着一册《杜工部集》欣然赴命，让这道“四千年文化中最庄严、最瑰丽、最永久的光彩”（闻一多语）照亮漫漫长夜。也许我很幸运地永远不必真正去面对这个选择，但总有一天，我终将退隐到家乡的岛上，自我画地为牢，让1400首诗包围我。不在千家注杜中再加入一家，那个在孩提时代从一副对联“两个黄鹂鸣翠柳，一行白鹭上青天”中所发现的美丽新世界在我的眼中就不会圆满。当我看够了世界，当我厌倦了流浪，回归也就是无可改变的结局。我从哪里来，还到哪里去。

东行万里堪乘兴，须向山阴入小舟。（杜甫《卜居》）

1999年3月21日

我的“偶像”

我早已过了崇拜偶像的年纪了。我在青少年时代，也没有当过追星族，但对我的成长影响特别大，以之为楷模，类似于美国人所说的“my hero”的人物，当然是有的。我在文章中从不掩饰我对鲁迅的推崇，某些作风、经历也很容易让人联想到鲁迅，例如疾恶如仇的性格、不留情面的文风、组织鲁迅著作电子化工程、建立第一个鲁迅网页乃至最终由学科学出身变成自由撰稿人，都能让支持我的人赞我有鲁迅遗风，让反对我的人骂我是鲁迅遗孽。现在鲁迅已不像十几、二十年前那么神圣，且大有被人打倒再踏上几脚永世不得翻身之势，被人说像鲁迅未必都是恭维，有时倒是嘲笑乃至鄙夷了。但是如果说我是在有意学鲁迅，却也不是，无非是因为自小喜读鲁迅文章，以后也不曾远离过，第一次上美国大学图书馆，借回来的是几本鲁迅作品集，到现在身边也少不了一张鲁迅文集的光盘，如此熏陶之下，难免潜移默化受其影响。我几年前写的《我的经典》一文中，对此已总结得很好：“对这套中国百科全书式的巨著，在初中、高中、大学时代和现在不同的时候读，总能有新的感受；在少年、青年、中年和老年来读，滋味也不会相同，所以也就可以时时、不停地读下去。先生所教给我的，并非人生观——我觉得人生观是应该靠自己去领悟的，无人可教——而是更为实际的东西，教我为人，教我处世，教我作文，甚至也教我写诗。我对现代诗歌的最初的感悟，就是在把《野草》反反复复读了无数遍、自然而然地记住了其中的每一句话，所以不必再读以后所得来的。”

在此只简单说说我的一些新感受。鲁迅文章的矛头所指，向来被认为是针对中国的所谓国民劣根性，他本人也如此认为，但我在国外生活多年之后所获得的感想却是，鲁迅所深刻揭露的，其实是一些人性的普遍弱点，并非中国人所特有，法国作家罗曼·罗兰在读了《阿Q正传》之后曾说过法国大革命时也有阿Q，就是这个意思。在这样的解读下，使鲁迅的作品具有了“世界性”。我从前更喜欢鲁迅早期那些批判中国历史和国民劣根性的杂文，现在却更喜欢他晚期那些抨击现实中具体的人和事，却又能以小见大、见微知著的“时评”了，因为据我的体会，发一些高论做所谓“宏大叙述”要比作点具体的、实实在在的揭露容易得多，有的人可以把全体中国人骂得狗血喷头却绝不敢去具体得罪某个人。现在捧胡适、骂鲁迅已成时髦，对那些没有读过几篇鲁迅文章就敢对鲁迅说三道四的人，我已不再像从前那么愤怒，有点儿“人不知而不愠”的意思了，但对那些借骂鲁迅抬高自己的“青年导师”，我仍然喜欢狠狠剥下其画皮，对这些人，我有一句话相赠：“捧胡多为伪君子，骂鲁必是真小人。”

我的性格早已成熟，文风也已定型，所以在为人处世、作文写诗方面，鲁迅已不可能对我产生新的影响。不过从鲁迅那里，我仍然能够吸取力量。几年来由于打击伪科学、揭露学术腐败，我天天都遭受攻击、谩骂，有时便如此自嘲：伟大如鲁迅者尚且难免生前死后都饱受诬蔑，何况我等凡人？既然被人当成是鲁迅遗孽，那么如此享受鲁迅待遇也算是“罪有应得”，何须多虑？用鲁迅年轻时候的话说，是：“内既坚实，则外界之九千九百九十九种恶口，当亦如秋风一吹，青蝇绝响。”经常有人问我：看到了中国学术界这么多黑暗，我的揭露又收效甚微，感不感到绝望呢？我的回答是：我从来不抱有希望，所以也不感到绝望。想想鲁迅已如此深刻地看透了中国社会，却又在绝望中作战到生命的最后一刻，那么我不抱希望的战斗却又轻松得多了。

这种力量，并不仅仅来自于鲁迅的文章。如果在中国有哪个地方能称得上我的圣地的话，那就是上海的鲁迅墓。从1986年初夏到今年晚春，我去拜谒过五次，每次去时自身的处境不同，内心则一。在寂寥之中与先生相对，能最强烈地感受到什么叫薪尽火传，精神不死。2001年第四次去拜谒时，诌了一首诗，就拿来作为结尾吧：

> 魔怪千年吞赤子，先生至死舞青锋。遗言一个无饶恕，扼腕坟前誓叩钟！

2004年10月22日

我的理想

相信许多人小时候都写过《我的理想》或《我长大要当……》之类的命题作文，我却从未写过。即使是在初中时学陶铸《崇高的理想》一文，其他班级的同学都奋笔疾书，大谈自己的崇高理想时，我班语文老师也没布置我们写，大概是嫌这个题目太俗。

我这人小时候很俗，是个乖孩子，班干部从幼儿园当到高中，没什么独特的思想，所以当时一般学生的理想大概也就是我的理想。小学一年级时曾像模像样地写过一篇批林批孔的文章，用的都是从广播里听来的词儿，令父母不胜欣喜，以为共产主义事业接班有人。而我当时的理想，说来惭愧，不是当官，却是当解放军战士，解放台湾，打败苏修。到了小学高年级，社会风尚大变，提倡“向科学进军”，陈景润之类的科学家一时成为学生崇拜的偶像，而我那时数学学得顶呱呱，时不时在数学竞赛拿个第一名，以后当个科学家，是老师们也是我的希望。上了初中，文学才能开始显露，作文每每被当作范文，还曾经入选《中学生文选》，供各地的小朋友考试抄袭用。自学《鲁迅全集》也在这个时候，终身受益不浅。而这时候的愿望，便成了当个鲁迅一样的作家了。

高一时有一件国家大事对我影响很大，那就是反精神污染运动。那一阵子所有的文学刊物都连篇累牍地批判朦胧诗，却使我第一次有机会接触到现代派的诗，并为其奇丽所吸引。记得读到的第一首朦胧诗是北岛的短诗“一朵迷路的蒲公英”，因为短，所以批判文章全诗照录。读完的几天后制作眼蝶标本（其翅膀有花纹如眼），竟然浮想联翩，也依样写道“一只迷路的小眼蝶”（几年后重写此诗，自然不露模仿痕迹了）。因为诗文中流露出的反叛情绪，令当时的语文老师兼班主任大为惶恐，挽救无效，终于翻脸，我被革除了团内外一切职务。无官一身轻，独立思想大为高涨，这时的理想，便是当个北岛式的反叛诗人。那一年我16岁。

有一项官衔是班主任无法革除的，也是我高中时的唯一职务：学校生物兴趣小组组长兼生物科代表。除了写诗，我那时还对生物标本制作有着狂热的兴趣（后来知道大诗人歌德也有这种兴趣），每天的课外活动时间，别人去打球，我却躲在实验室里制作植物标本；而到野外捕捉蝴蝶，几乎是我在夏天周末的唯一活动。诗与生物学，如鱼与熊掌，难以割舍。后来之所以以全省高考语文第一名的成绩，却去上没有文科系的理工学校中国科大，乃是因为知道诗歌创作可以业余玩玩，生物研究却必须有专业训练。那一年科大生物系在福建只有两个名额，招生的老师先去的是闽北，已把名额用完，到了闽南，便劝我改学计算机。我坚决不干，宁可到别的学校去。这位老师只好把计算机系的名额给了生物系。科大生物系开系至今，只有85级有三个福建人。而现在，对计算机的兴趣日隆，恐怕不下于生化，那是当初万没想到的。

上了科大，学的是现代生物学，并不需要制作标本，从此我也就一门心思当我的反叛诗人。成绩当然不可与北岛同日而语，但精神庶近之，何况当时此岛已受招安。曾经想联合合肥16所高校的诗人大干一场，幸好因为分官不平，只好解散。否则一年后开始大举剿灭民间组织民间刊物，我这个头目大约是逃不了的。

临上科大时，曾经发了三个宏愿。这种事本来只适宜写在日记里，不该公开的，但我现在老了，年龄倒写已过花甲，说说小时候的丑事也无妨。那三个宏愿当时是按难易程度和预想实现的顺序排列的。第一个愿望自然就是找到又纯又美的女孩，每一个情窦初开的骄傲少年大抵都有这种愿望，没什么稀奇的。奇的是当时以为这样的女孩大学校园里到处都是，可以手到擒来，所以把这列为第一条。第二个愿望可就难多了，是要出一本《草叶集》一样的诗集，当个惠特曼一样的诗人，可见当反叛诗人并非我的最终目标。第三个愿望是到美国留学，那时我认为这一个最难。须知当时出国热还未掀起，出国留学的只限于高干子弟的小圈子，对我是听说过没见过，而且所听说的都是有成就的科学家、文学家才去留学，想必要功成名就才有可能。我一个贫下中农的孙子，敢有这样的愿望已是难得，并不指望能在年轻时就能实现的。也不是只我一人孤陋寡闻，不信问问当时的新生为什么上科大，肯定都说因为科大研究生升学率全国第一（曾达80%）。不料到这批学生毕业时，科大上研究生竟要签合同担保，而全国第一的却变成出国留学率了。

到了1988年年底，因为一场感情纠葛而心灰意冷，曾写下了一句名言，科大生物系的老友说不定还有记得的。这句方氏名言是："所有值得我去死的女孩都跟着别人死去了。"当时已明白要实现第一个愿望实在是万分艰难，反而是第三个愿望，已排上了议事日程，只要父母同意我远走高飞就行了。

现在呢，回首往事，那第三个愿望早已实现，第二个愿望努力努力，虽然成不了惠特曼，出本诗集也许还是有可能的；唯有第一个愿望，越发见其难。美丽的女孩有的是，纯情的女孩也不少吧，但要两者兼得——请各位小姐原谅——这世上恐怕没有。半个多月前心灵再受一次创伤，几乎崩溃，期间用了种种法来使自己麻木，使自己忘却，其中一项就是彻夜重读《书剑恩仇录》。凌晨5点，读到香香公主喀丝丽自杀那一幕，忽然大悟：原来那又纯又美的女孩早在300年前就为陈家洛而死了（陈家洛真是浑蛋，竟敢不随她而去）。这样想着，悲从中来，眼泪就不由得流了出来。这是我长大以后的第二次流泪。那第一次，是4年前的6月和同学们一起哭。

流完泪之后似乎又发了个誓，可算是新的愿望。但一觉醒来，全忘了。也许到我年龄顺写也是花甲之后，能回想起来，到那时再说。

小时候平仄押韵，起承转合玩得娴熟，后多年弃置不用。书到此，竟旧病复发，口占一绝曰：

望尽天涯路几千
少年心事不堪言
多情种子无情命
漫作欢歌气黯然

1993年7月18日

是音乐之中无声的力量

是音乐之中无声的力量
使我们相对无语
是那些永不消失的古老旋律
在我的眼里闪烁不已

——拙诗《摇滚舞场》

三年前，当飞机飞离中国大地的时候，我的心情异常的平静，没有丝毫的激动，仿佛只是到一个地方去度几天假。而这个度假地，从诗歌、小说、影视中我已多次端详过了，自觉熟悉得很。

在一个中国同事那里过了周末，我便搬进了研究生宿舍。几乎没有中国人住在那里，因为房租贵，又禁止自己做饭。但是这时已是积雪的严冬，在全美数一数二的巨大校园里，对于连个自行车都没有的我，交通是个大问题；而研究生宿舍的最大好处，就是到实验室只需走几分钟。从此我就每天宿舍和实验室两点一线地来回走动，而那一个个孤寂的夜晚，自有史籍和鲁迅著作陪伴我。我的内心，平静而安详。是的，在风雨过后，我终于找到了一个可以自成一统的地方隐居，让生命在培养皿和线装书之间慢慢地消失，心满意足了。放下手中的书本，往窗外望去，是一排排树，偶尔有车灯从树丛中闪出来，那一切，似乎离我太遥远，与我的生活毫不相干。

这样过了三四个月，天气渐渐暖和，积雪开始消融，我也偶尔出去散散步，而我也终于发现，在我每天晚上面对的那丛树后，有一个很大的演出厅，叫作沃顿中心，我当时当然不知道，两年后会在那里举行最后一场的总统竞选辩论，使它名扬全国。翻翻校报，学校的管风乐队将于周末在那里举办免费的音乐会。在国内附庸风雅也听过几场交响乐，很难说有什么特别的感受，不至于当场打瞌睡而已，促使我那天晚上去听音乐会的动机，也许不过是想借机参观一下这个一流的演出厅。

在可容2000多人的音乐厅里，稀稀拉拉地坐了200来人，大部分人已头发花白。我找了半天，找不到第二张东方面孔，使我略感尴尬，在旁边找了个位置坐下，随时准备溜走。节目单也懒得看，那些稀奇古怪的音乐词汇也看不懂，只把它卷成筒状，在手里把玩着。

学着别人的样，静静地听，一曲完了，也跟着别人鼓掌，一面想着，现在溜出去合不合适?

突然我听到了一种不同寻常的声音，从不为人知的心灵深处缓缓地流出，在寂寥的星空下凝聚，如风，吹拂过每一片麻木的土地，所有被埋葬了的苦难，在刹那间一一呈现；如水，在卵石与冰块之间呜咽穿行，来自源头的热望，在冷却之中挣扎，等待着，那爆发的一瞬，惊心动魄。

然后我见到一片云彩飘来，带来远方湿润清新的消息。远远地，那位美丽的公主，坐在山坡上遥望，那匹白马没能如期而至。多少年后，她成为一座石像，冰冷而圣洁。送葬的队伍绵绵不绝，送葬的歌声绵绵不绝。苦难之后还是苦难，最嘹亮的一声不是震撼山河的预言，而是葬歌唱完之后无边的沉默。

魔笛响起了，时候到了，那一双双眼睛，在绝望中睁开，黑压压犹如暗夜。人群涌来，寻找那一丝历代相传的灵光，而新点的火苗在人们杂乱的脚下成为一缕轻烟飘散，无影无踪。枪声大作，四散的人们最后的惨叫隐隐传来。

帆扬起了。那等待在彼岸的，究竟会是什么？

而无法压抑的是永生的力量，狂风呼啸，山洪奔流，公主复苏，眼睛闪亮，火种重生。生命，在火光之中四射，展开，弥漫，无边无际。宇宙间所有的声响，一起迸发，所有的光亮，一起闪耀，所有的生命，一起歌唱。

然后我听到了掌声，痴痴地，无动于衷。当我举起手鼓掌的时候，一切都已沉静下来，前面的听众转过头来，盯着我。

我发现我的眼泪早已夺眶而出。

我看了下节目单，刚才演奏的是瓦格纳Elsa's Procession to Cathedral的管乐改编曲。那是我第一次听到瓦格纳的曲子。

几天后，我搬出了研究生宿舍。几个月后，我有了一套音响，开始收集瓦格纳的CD，却始终没找到那个曲子。即使找到了，又能怎样呢？我常常这么问自己。瓦格纳的交响乐带给了我一个全新的世界，但是却再也没有当初的那种心灵激荡了。不时地还到沃顿中心听音乐会，但是即使是著名的俄罗斯基洛夫交响乐团的演奏也未能让我重温那一夜的激动，那种感觉，再也找不到了。

再也找不到了。

1993年11月14日凌晨

那一夜的星空——流星雨夜在马基诺岛

黑暗中长大的孩子最常见最爱见的是头上的星空。在天井的凉席上，听祖母念叨着过去，仰望的是夏夜银河横过的星空。稍稍大点，买几本天文科普书，拿一张四季星图，在漆黑的深夜独自走向旷野，去辨认“大熊”“天仙”，去跟“大火”“天狼”交谈，这时候，胸中装着的是无垠的星空。再大点，拎一瓶酒，与三两好友坐在江边的竹林里，看那粼粼的波光，天上江上，星光点点，远处的微光，就不知是星星还是渔火了，恍惚之间，自己已身处星空之中。

多少年了，再也没能仰望星空。头上的一方天，不是车顶就是天花板。偶尔走出车外屋外，仰头一望，只见满天的星斗淹没在彻夜的灯火辉煌之中，只剩下孤单单的几颗让人引发凄冷的回想。从此我怕仰望消失了的星空。从没想过去咫尺之遥的天象馆看看，怕的也是让虚假替代了真实的星空。

从此我把儿时的星空珍藏在心中。

此刻，在一个童话般美丽的小岛上，世上最清最蓝的湖水包围着我。夜深人静，昏暗的码头再也没有第二个人。此刻我等待着的，究竟是最后一班大陆开来的游艇，还是据说将在今夜出现的百年不遇的流星雨？

湖上的晚风一阵阵吹来，我的内心就像近旁那个孤寂的灯塔，闪烁不已。在长凳上躺下，仰望，忽然发现了久违的星空。

就像一个紧闭的窗户，点点漏洞透露外面有一个新奇的世界。多少次当内心漆黑一团，才会抬头去寻找那一点光明，为了片刻的冰凉的安慰？在一双双神秘的眼下，孤独的心灵无处可逃。往事一幅幅展开如画卷，找不回来是童年的梦境，一遍遍描绘是你笑盈盈远去的身影。固执地在南天上寻找属于你的星辰，究竟哪一颗才是你深不可测的眼？

无缘与你分享今夜的星空。

一颗颗流星悄然划过，向我报告悲哀的消息。一颗两颗三四颗，没有许多也不要太多，在至爱的祖母无声无息地撒手人寰的时候，在至爱的你不可改变地离去的时候，冥冥上苍总该显示一点的慈悲，不要让我从此除了心灵之外一无所有。原来生离死别、恩恩怨怨只不过是一颗颗稍纵即逝的流星。

悄然划过之后，又能留下些什么呢？

只要翻一个身，让一声闷响打破湖面的平静，一切的哀愁都会被湖水冲走，而我也就融化在星空里了。

而我只是那么一动不动地躺着。晶莹剔透的夜里，顿悟的心情没有欢喜，只有宁静。汽笛一声，船开来了，等船的人们也都来了。

我站了起来。永恒的是今夜的心情，永恒的是今夜的星空。

汽笛一声，船开走了。美丽的小岛越来越远，稀疏的灯火也变成了一团星星。是的，再也不必回头。

1994年2月24日

等　待

在一个庸俗的世界里，人们太容易忘记梦想放弃追求，把一己短暂的小小的悲欢当成整个世界，把廉价的欢乐当成永恒的幸福，心已死绝却自以为大彻大悟，以执着为愚蠢视痴迷为可怜，以尘世的满足轻视理想的挣扎，以凡人的自得嘲笑修道的壮烈。不管是否等待等待谁等待什么，人生的结局只有一种，关键是对人生过程的体验。但是如果忘记梦想放弃追求，整个过程就提前结束了，人生也就到达了终点，行尸走肉，虽生犹死。我们活着，因为我们拥有超脱尘世的心灵。除此之外，我们一无所有。

十二年，不短，也不算长，也就是上了大学一直等到读完博士。这样的人大概不少，等到头发花白的也是听说过的。结果是喜剧自然是皆大欢喜，结果是悲剧也改变不了等待过程的酸甜苦辣，有过希望有过梦想有过慰藉，墓志铭上还可以写上一句“等待过”，不可怜。

如果被等待者可望而不可即，或者是使君有妇、罗敷有夫而为世间礼法所不容的，没有酸甜只有苦辣，没有希望只有绝望，而依然不能自拔，那倒是很可怜的。但也不算最苦，还知道自己在等着什么，知道自己的等待物何在。就像黑夜中见到一点星光，虽然绝无摘星的希望，毕竟也可算是一点光明。

最苦的是茫然四顾而连一点星光也找不到。知道自己在等待，却不知道自己在等待着谁。没有结局不会有结果，等待本身成了目的成了一种宿命。明明知道自己不能再等无法再等等不到谁等不来什么却仍然只是十年如一日地等等等。

多少年来我骑着白马绝望地四处流浪经过十年的等待千里的徘徊在应该沉睡的时候我独自醒来在不该等你的地方把你等待等待一次百年不遇等待千年一次的感觉冉冉升起等待她复活的消息等待你命定的到来等待一个奇迹的诞生等待你突然到来来亲睹我在艰难地完成一个诺言。

也许你已擦肩而过而我忘记回头也许你正在走来而我无法觉察这一切已经和我毫不相干我只是木然独坐时刻准备着以一种无可置疑的姿势迎接一种时刻的到来就像一根孤独的旗杆等待风扬起降下的旗帜在许多许多年后在完成了百年孤独之后一切都会成为一个平淡无奇的故事——不必诉说。

知我者说我心痴，不知我者问我何求?

1996年3月

偶然的知音

20世纪70年代，美国宇航局财大气粗，竟然异想天开送了一艘飞船任其在太空中漂游，看看有无运气被外星人捕获。飞船中携带着的，自然是各种值得向外星人炫耀的人类文明的代表物，其中有一金质唱片录满了人类音乐经典中的经典，而作为中国音乐经典的代表的，是古琴曲《流水》。

这一曲《流水》，据说就是几千年前伯牙弹给钟子期听的那一首，有汹涌澎湃、排山倒海之势，即使不预先告知弹的是什么，听完也不难感叹一句："洋洋兮若江河！"《高山》不如《流水》流行，我没有听过，但流水喧哗而高山沉默，要听出“峨峨兮若泰山”想必要困难多了。然而流水也罢，高山也罢，都不过是在描绘着外面的风景，并非表现着心灵的深处，被说中了，也不过就像出谜语被猜中了一样，又何必引为终身的知音，乃至于摔琴以谢？

其实听的内容是什么并不重要，重要的是听本身。世间未必没有别人听得懂伯牙弹奏的这两支曲子，此前此后想必都有人听懂过，然而钟子期之特别，就在于他不是伯牙刻意面对的听众，而是一个无意中路过的陌生人。没有想到他会驻足聆听，他听了；没有想到他听得懂，他懂了；没有想到他会评论，他评了。那一声意外的共鸣，胜于无数预期的掌声。射向茫茫太空的那一艘飞船，寻找的就是这一位偶然的钟子期，至于它都带了些什么，倒是无关紧要的。

而一次次徒劳的寻觅还不如悄然等待一次不经意的邂逅。也许你已擦肩而过而我忘记回头，或许你正在走来而我无法察觉，这一切都不过是一个命定的结局之前小小的插曲，我依旧只是自弹自唱自歌自吟，等待那一声意外的共鸣。

1996年11月27日

墙外的独白

一

每天早晚，都要经过两条铁路。在枕木上沿着轨道向两旁眺望，便有了一种感觉——叫远方。想起很小的时候，反复看过的捷克木偶片《好兵帅克》，那位可怜的好兵，顶风冒雪沿着铁路走向前线。在幼小的心灵中，竟产生出兔死狐悲般的悲哀，仿佛有一天我也会像他一样那么走。

那一天终于没有到来。虽然曾经跟火车打了五年交道因而恨极了火车，但毕竟不至于靠两条腿，而且目的地明确。当我淹没在车厢里的人海，似乎从未想到那位可怜的好兵，也忘了童年的那场梦。现在，几乎可以说永别了火车——至少是中国式的火车，捡起的却是童年的梦幻。当我在铁道上四望，仿佛望见了帅克那矮小的背影，听见了那不可抗拒的远方的召唤，又隐隐觉得哪天我会那么沿着铁路走下去，去远方。

只有真正地走一遭，才会明白自童年起就缠着我的那种诱惑究竟是什么。当我走到底，也许会发现什么也没有——连帅克的前线我也没有，因而不能算到底，所以只能不停地走下去。

二

天空曾经美丽，现在却褪尽了所有的颜色，只留下了苍白。那些曾经使我激动不已的逝去的一切究竟是什么呢？我是否会为了这遗留的苍白再次激动？或者，在长久的注视中，我会把这苍白也当成了美丽？

天空已不美丽，然而平静，安宁，没有了风云变幻。在这样的天空下，我不能歌唱，即使勉强开口，也随即发现了歌声的空洞。就像一切的摇滚，不过是快乐生活中的无病呻吟。虽然，在呻吟的背后，也有那么一丝愤怒——对平庸的愤怒。这是一种可以自顾自怜的愤怒，我却无法学会。我所有的愤怒都只能面向我所深爱的土地，而此刻她离我是多么遥远，以至看起来也变得可爱，让人再也愤怒不起来。

我所能做的只能是忍受乃至陶醉在这片苍白的天空下，并且沉默。

三

那时候，总想把手伸出窗外，伸到墙外，去接触阳光。手里会有一团火，即使在无风的日子里也欢跳不已。你想要传递这一把火，让它传遍每一个阳光照不到的角落，那些被各式各样的墙隔绝的角落。但是有谁会接受这一把火？谁愿意点燃了自己？因此你只能让这一把火在墙外，在阳光下，在不需要火的地方孤独地燃烧，因此你不能不常常被煎熬得泪流满面。

你现在已置身墙外了，但对墙内的一切刻骨铭心。但是你现在所能做的只是注视着手中这一把火孤独地燃烧直至熄灭。你甚至连一声“请传递这一把火”的恳求都再也说不出口。让火在阳光下烧完，而见不到阳光的墙角依然黑暗如故。那些窗口终于被一个个地堵上，人们再也不能伸出手来，而你也不能伸进手去。

但是你知道总有一天这座墙会被点燃，烧成灰烬。那火种，也许就在你手中。

你注视着你的手，激动不已。

1992年4月于斯巴达村

共度千年时光

现代人写古体诗词，好像都喜欢自己当注释家，甚至连讲究浑然天成的词，也会一句一句自己加上长长的解释，害怕读者领会不了“诗人”的妙句。结果自注往往是诗词本身的几倍长，作者的意思在自注里面表达无遗。读这样的诗词省心是省心了，却未免味如嚼蜡。没有了想象的空间，读诗还有什么意思呢？碰到这种把读者当傻瓜的大作，我向来是毫不犹豫地跳过去的。

古人写诗词，极少自注，更少加比诗词本身还要长的自注。对自己的诗词怎么解释，是读者的事，作者尽可以不管。如果读者能够有超出作者原意的心得，也无不可，而且那未必就不是诗本身的成功。诗无达诂，一首好诗的意味绝对不是靠自注来表达的。

让我们来看一首稼轩的婉约的词：

野棠花落，又匆匆、过了清明时节。
刬地东风欺客梦，一夜云屏寒怯。
曲岸持觞，垂杨系马，此地曾轻别。
楼空人去，旧游飞燕能说。

闻道绮陌东头，行人长见，帘底纤纤月。
旧恨春江流未断，新恨云山千叠。

料得明朝，尊前重见，镜里花难折。
也应惊问，近来多少华发？

——辛弃疾《念奴娇·书东流村壁》

据说徽、钦二宗被虏北上时，曾经在东流村住过，所以历来的注家，便都说这首词写的就是这件事，抒发的是国家仇，民族恨。以这种读法来读这首词，倒会读得一头雾水，要怪辛弃疾怎么不学现代的“诗人”，每句都来点自注，告诉我们“轻别”是什么意思，为什么“镜里花难折”，还要惊问“近来多少华发”。但是如果我们就词论词，就会发现这其实是一首怀念年轻时候的情人的情诗，而且我相信这就是作者的本意，并没有什么微言大义在里面。

为什么历来的词家不承认这一点？大概觉得如此儿女情长会影响辛弃疾作为词界的英雄豪杰的形象吧。鲁迅说得好：“无情未必真豪杰”，稼轩是英雄，也是性情中人，《青玉案·元夕》“东风夜放花千树”中，他能为了一个萍水相逢的意中人而“众里寻他千百度”，可见他很多情，甚至可能比常人还多情。倘是别人，转几下头不见了踪影就死了心，还会当真钻到人群中去找个千百回？他还有一首《南乡子·舟中记梦》，写的就是梦见过去的情人的。

所以，最可能的是，这是他在清明时节经过东流村时，在寒冷中孤枕难眠（“刬地东风欺客梦，一夜云屏寒怯”），回忆起自己年轻时在此的一段风流韵事，有感而作。以这个“中心思想”来读这首词，就变得明白如话，无须什么注释了。

这段韵事，以他因故离开此地而结束：“曲岸持觞，垂杨系马，此地曾轻别”。“轻别”两字，看似平常，其实沉重无比。当时只以为是平平常常的短暂离别，我或者只是回一趟老家，或者只是到外地办点事，你以酒饯行，看着我登船顺流东去。我虽然是依依不舍，却也没怎么看重，因为太年轻，不知道人生的多变，以为不久就能重逢。谁料得到这一去竟是永别，物是人非事事休，当我回来重温旧梦的时候，曲岸依旧，垂杨依旧，楼阁依旧，连燕子也是从前的燕子，然而你却不在了，为什么当时只是那么轻易地分别？真是“当时只道是平常”！

你到哪里去了呢？听说你去了如花似锦的东边，再也没有回来。每到夜晚，路过的人们经常能看到你对月相思，大概是想念着我吧。路人都看得到你，而我却看不到。我的旧恨是早已随着春水向东向你流去，还没流完呢，现在往东一看，云山层层叠叠，挡住了我企望你的视线，不由得又添新恨。恨，在文言中是憾的意思，长恨歌就是长憾歌，并不是什么国家仇民族恨。“旧恨春江流未断，新恨云山千叠”，比起李后主的“问君能有几多愁，恰似一江春水向东流”又深了一层，同为传诵千古的名句。

我们以后还能相见吧？也许会吧，不过到那时我们的青春早已逝去，成了无法摘折的镜中花；而你也会奇怪，我已经是白发三千丈了。

对这样的好词，所有的解释都是多余而苍白的，可以从头到尾一字不落地读下去。而读着读着，就像在听一支小提琴曲，藏在心中的角落的情感，突然之间就被调动了起来，而你本以为它们早已被你遗忘。你恍惚之间已成了千年前的作者，在刹那间共度千年。

1995年4月

欲将沉醉换悲凉

晏几道是宰相晏殊的小儿子，在年轻的时候过的是繁华温馨的日子，整日寻欢作乐，“歌中醉倒谁能恨，唱罢归来酒未消”，唱的都是这种靡靡之音，天真烂漫是个好孩子。到了晚年，阅历多了，悲欢离合也经历了不少了，心境变得凄凉起来，词风也深沉多了。其晚年的词，以这首重阳怀乡之作为代表：

天边金掌露成霜，
云随雁字长。
绿杯红袖趁重阳，
人情似故乡。
兰佩紫，菊簪黄，
殷勤理旧狂。

欲将沉醉换悲凉，

清歌莫断肠。

——晏几道《阮郎归》

小晏祖籍临川，但生长于汴京，所以汴京才是他的故乡，这是他在外地思念汴京之作（“金掌”指承露的铜人，喻京都）。这种乡情，在词中是逐步烘托出来的，由轻而重，分了三层：

第一层是轻轻的、若有若无的一句“人情似故乡”。此处有佳人美酒，有热情待客的亲朋好友，似乎与故乡没什么差别，“人情似故乡”，但是只是“似”而已，而不是“是故乡”。一个“似”字，已透露出了那种在欢歌宴饮中悄悄涌上心头的乡愁。

然后是比较沉重的一句“殷勤理旧狂”。这是节日，就该有过节的样子，跟大家一样也要“兰佩紫，菊簪黄”，然而诗人告诉我们，他不过是在“殷勤理旧狂”，现在的疏狂不过是旧日的残余，还要费心费力调节一番才能表现出来，已经近于强颜欢笑了。一个“旧”字，表明了诗人现在实际上已不狂，那么现在的真实心境是什么呢？诗人在最后终于直截了当地说了出来：“悲凉”！然而他不愿旧日的疯狂真的不再有，不愿现在的悲凉永远地存在，所以他希望用沉醉来换掉悲凉，在醉中回到疯狂。偏偏歌女却唱起了忧伤的歌，所以他就请求她们“清歌莫断肠”了。其实一个“欲”字，一个“莫”字，已说明诗人本人也不相信悲凉是真正能用沉醉换得掉的，只是一厢情愿要把它压抑下去，在这样本该欢乐的时辰暂且把它埋在心里罢了。而这种压抑是非常脆弱的，只要歌女的一声清歌，便全部崩溃。

1995年4月

杜诗解读二首

堂前扑枣任西邻，无食无儿一妇人。
不为困穷宁有此？只缘恐惧转须亲。
即防远客虽多事，便插疏篱却甚真。
已诉征求贫到骨，正思戎马泪沾巾。

——杜甫《又呈吴郎》

老杜前面写过一首《简吴郎司法》，“简”是信件，这一首诗也是一封信，所以题为“又”。从前面一首诗可知，吴郎是来自忠州的一位“司法”（州政府的军事参谋），是杜甫的晚辈姻亲，暂住夔州，与老杜关系很好。老杜在夔州有两处住宅，一处是靠近市区的瀼西草堂，一处是在东屯农庄的茅屋。平时他居住在瀼西草堂，此时是秋天，为了照看庄稼，便暂时搬到了东屯茅屋（有《自瀼西荆扉且移东屯茅屋四首》记其事），空出来的瀼西草堂便借给吴郎居住。从这一首诗可知，草堂前有枣树，西邻是一贫穷寡妇，老杜在时听任她打枣。吴郎搬入后，在枣树周围围起篱笆，其用意自然是防止寡妇再来打枣。寡妇到东屯茅屋告诉老杜此事，老杜便以诗代简，写了这封信替寡妇求情。因有求于人，所以题为“呈”：

“草堂前的枣树向来听任西边邻居随便打，她是一位没有饭吃也没有儿子的孤单寡妇啊。如果不是因为贫穷困苦，她又何至于打别人家的枣呢？现在草堂新换了主人，她对你不了解，怕你不让她打枣，你就更应该对她亲切些，消除她的恐惧。她防范你这位远方来客虽然是多虑，但是你插了篱笆，却要让她当真了。她向我控诉横征暴敛让她穷得只剩一把骨头，而我也正想起现在连年战乱，天下百姓也都和她一样，不由得泪湿手巾。”（按：“只缘恐惧转须亲”一句一般解做老杜在介绍自己以前是如何对待寡妇的，不确。“转须亲”，说明其实不“亲”，显然不是老杜的自况，而是在劝吴郎。）

这是发生在1200多年前的一件生活小事，到今天我们读了这样一封诗札，却仍然深深感动。令人感动的不仅是诗人对一位穷人的无比同情，竟然为让她打自己家的枣而向客人求情，更感人的还是那份善解人意、体贴入微，不仅是对贫穷寡妇的体贴，“只缘恐惧转须亲”，更是对吴郎的体贴。

因为怕当面说他让他觉得不好意思，便去信提醒，而为了说得委婉、含蓄，特意采取诗的形式。虽然吴郎插篱笆的用意很明显是防备寡妇打枣，老杜为了不让他难堪和易于接受，故意将之当成误会，把“不要不让她打枣”的本意改成了“不要让她在打枣的时候感到不便”。告之寡妇的贫穷困苦，这是动之以情，又提醒他在天下百姓都在受苦的战乱年代，更应该富有同情心，这是晓之以理。“已诉征求贫到骨，正思戎马泪沾巾”，一件生活小事因此成了天下大事的一个不可分割的部分，而这首本来只是用于解决纠纷的诗札也因此成了既打动人心又胸怀天下的杰作。不是至情至性的情圣，绝无法做到如此情真意切、细致入微，而没有诗圣的如椽大笔，也写不出这样以小见大的崇高诗作。

这种人人能体会到的深情厚意，腐儒却一点也不懂。面对如此崇高的诗作，清末民初“大儒”王闿运竟骂之为卑下的叫化腔：“叫化腔，亦创格。不害为切至，然卑之甚。”（《湘绮楼说诗》卷一）近代另一“大儒”马一浮也把这首诗当作杜诗的一大污点，不仅说这种事“叙述琐细，不合入诗”，而且怀疑杜甫和寡妇有仇，故意要让后人都知道她有“窃枣”的恶行：“世之寡妇而窃枣者必自不乏，幸而不遇少陵（按：少陵是杜甫的号）。使人人遇少陵，则千载下皆不免从邻翁诗中知其有窃枣之事。吾不解少陵与其西邻寡妇何怨而必记其扑枣以示人也。”（见其手稿《杜诗瘢》）虽然历来注者多说西邻寡妇“窃枣”，但她扑枣是得到杜甫允许甚至鼓励的，如何谈得上“窃”？杜甫不认为她是窃，自然也不觉得她的所作所为是恶行，后人读之，也只觉得寡妇可怜，不觉其恶。杜甫写作此诗，纯粹为了实用，写时未必当成文学作品来写，信笔为之，所以毫无雕琢痕迹，恐怕也没有想到会流传后世而不朽，既不是要显示寡妇的恶，也不是为了炫耀自己的善。王闿运之流名为大儒，实为腐儒，明于礼仪而陋于知人心，不知天地之大，心胸之广，岂能领会诗圣“人饥己饥，人溺己溺”的真儒本色？

城尖径仄旌旆愁，独立飘渺之飞楼。
峡坼云霾龙虎卧，江清日抱鼋鼍游。
扶桑西枝对断石，弱水东影随长流。
杖藜叹世者谁子？泣血迸空回白头！

——杜甫《白帝城最高楼》

这是一首七律诗，但是念起来却没有律诗的朗朗上口。它的格式大体上还和律诗相符，如在第一句和偶数句压平声韵，中间两联对仗很工整。但是它的音调在许多关键地方都与律诗的要求相反。这并不是不懂音韵或虽然懂音韵而不愿受格律的约束，而是故意与律诗的格律作对。例如律诗切忌在句末连用三个平声字，称为“三平调”，这首诗却故意连续用了三处“三平调”（“之飞楼”“鼋鼍游”“随长流”）。由于律诗的格律是以音调和谐编排的，与之作对，必然导致念起来很拗口。这种写法，后来就被称为拗格。这首诗的用字也很奇怪，用了平常律诗中不用的结构助词“之”“者”，倒数第二句则不用七言诗的“四、三”断句格式，而用“五、二”句式（“杖藜叹世者、谁子？”），犹如散文，读起来很不顺畅。这样，从格律到句法，都使这首诗显得非常独特。后来的诗人也学这种写法，如韩愈以散文句子入诗，黄庭坚致力于写拗体律诗，都是为了避免平庸，显得奇特。但是这只是学了皮毛。老杜并不是为了在形式上标新立异。白帝城最高楼是独立之楼，老杜是独立之人，用独立之体，拗口之句，才写尽了不平之景，不平之情，不平之气。一个个似乎摆错了位置的字突兀起伏，满腔的悲愤因而跃然纸上。

“城尖径仄旌旆愁，独立飘渺之飞楼。”这一联写的是最高楼又高又险的地势。以“尖”形容城，似乎很奇怪，起笔就大不平常。但白帝城建在山头上，仰望确实让人感到“尖”，也只有“尖”才能突出其险峻。而通往这个险峻之处的，又是一条崎岖不平的小径，地势如此高危，连插在那里的军旗也发愁，何况人呢。就在这样的地方，孤零零地、若隐若现地耸立着一座楼，仿佛在飞腾。

“峡坼云霾龙虎卧，江清日抱鼋鼍游。”这是登楼以后看到的景象，每一句都是由实变虚：“峡坼云霾”“江清日抱”是实景，“龙虎卧”“鼋鼍游”是虚拟。上句写山，是静穆的：云霾悬浮山中，山峡看上去断断续续，就像一头头静卧的龙虎。下句写水，是动荡的：在太阳的怀抱中，清澈的江水闪着波光，就像一只只鼋鼍在游荡。这一联又隐指当时局势的动荡不安和潜伏的种种危机。

“扶桑西枝对断石，弱水东影随长流。”这是极目远眺时的想象，每一句的写法变成了由虚入实："扶桑西枝""弱水东影"是虚拟，"断石""长流"是实景。扶桑是传说中的一种神木，也是日出之处，这是向东远望，想象山峡之高，高到断石可以和扶桑西端的树枝遥遥相对。弱水是传说中昆仑山下的一条江，源流极远，这是向西远望，想象江流之长，长到可以和弱水东来的影子相接。一"对"一"随"，仿佛从东到西，天地之大，尽在眼底。

"杖藜叹世者谁子？泣血迸空回白头！"在写尽地势之险峻、高危，景象之壮观、广阔之后，笔锋一转，指向了自己。上一联已念天地之悠悠，这一联也就顺理成章地独怆然而涕下。"杖藜""白头"，可见其老病（这一年杜甫54岁，4年后就逝世了）。"叹世"，可见感叹的不是自己的遭遇，而是世事的艰难，在当时自然是战乱不断，或许一开始的"旌旆愁"，愁的不只是地势的高危，还有战事的频繁？"谁子"，是"谁氏之子"的省略，这是周围的人见一老人登楼感叹世事，在打听、询问他是谁。此时诗人刚刚流浪到夔州，人生地不熟，这一问，又勾起了他无限的悲伤，自己一生飘零，忧国忧民，到老无人能知，于是就在摇着满头白发回首应答的一刹那，有血泪在高空中飞散！世事的辛酸，人生的不平，浓缩在这一问一回之间。

尖峭的山城崎岖的小径，就连旌旗也在发愁，
孤孤单单若隐若现，耸立着一座飞腾的高楼。
云霾隔断连绵的山峡，群山犹如龙虎在静卧，
太阳环抱清澈的江水，波光仿佛鼋鼍正浮游。
扶桑西端的树枝，遥遥相对山峡高高的断石，
弱水东来的影子，紧紧连接大江长长的水流。
这个人究竟是谁，拄着藜杖感叹世事的艰辛？
血泪在空中飘洒，就在满头白发回顾的时候！

2002年9月

文学大师的断想

1999年是老舍诞辰100周年，国内的文坛免不了轰轰烈烈地纪念。老舍是被称为语言大师的，而其实他不过是像一台录音机，忠实地记录北京口语。他的叙述、议论文字，并无鲜明的个性。文字具有鲜明的个性的、即使是断章残片让人一读之下就知非他莫属的、因而真正称得上语言大师的，近世以来，鲁迅、张爱玲、钱钟书三人而已。

现代白话文以北方口语为母语，这三位大师却都是南方人。人人都讲着相同的口语，写作如果受口语影响太深，也就难以形成自己独特的文学语言。所以，如果书面语与自己所用的口语保持着一定的距离，也未必是坏事。

我曾经在异国他乡，在一个阴暗的房间，在朋友的床上，随手抽出一本张爱玲文集阅读，越读越感到彻骨的阴冷。有人说鲁迅的文字刻薄，而其实先生用刀笔冷峻地刻画的字里行间，饱含着无限的救世热情，读之只让人觉得沉重而奋发。也有人说钱钟书的文字刻薄，而其实他已把人情的丑态化为玩世不恭的幽默一笑，读之只让人觉得轻松。只有张爱玲的文字才真正是从外到里阴森森凉飕飕的刻薄。所以鲁迅救世，钱钟书玩世，而张爱玲虐世。所以鲁迅是宗师，钱钟书是学者，而张爱玲则是纯粹的作家。

我看到涉世不深的女孩喜读张爱玲，就像看到涉世不深的男孩喜读鲁迅，一样觉得不可思议。当然，思想过分早熟如张爱玲者除外。

一个创作者很难始终保有玩世不恭的心态，否则就只有沦落成毁灭者。三位大师之中，钱钟书的作品最少，创作生命最短，理所当然。

玩世不恭者难免要向世人卖弄他能够玩世不恭的本钱，所以与另两位大师相比，钱钟书的文字，有时未免造作。

文学的原则是以我手写我心，文学的道德是真挚自然，文学大师的境界是收发由心，从容不迫。但人们往往误把周作人式的平庸文字当成从容，也往往误把鲁迅式的从容文字当成匠心。

1999年2月20日

一无所有的执着

今天是1995年8月24日
我们共同面对同样的现实
这里是世界，美国的卡拉马祖
我们共同高唱着一首歌
啦啦啦……

崔健，这位中国大陆第一位自写自谱、自弹自唱的行吟歌手，终于行吟到了新大陆。在从旧金山前往纽约、波士顿的巡回演出中，他特地在他的女友的故乡，密歇根州的卡拉马祖小城停了一下，向父老乡亲们汇报演出。在观众中，有当地的美国人，更多的是从各地赶来的中国留学生，还有他两岁的小女儿，戴着耳塞安静地坐在外祖母怀中，好奇地看着激动的人们。要再过许多年，她才可能明白她的父亲为什么能有如此的魅力；而其中深层的因素，也许是她永远无法理解的。

崔健斜背吉他，手提小号，穿着一件我只在抗战电影中见过游击队员穿过的那种小褂，使他显得比实际身材要矮小，与那些舞台形象高大的演唱者相比，让人多了一份亲切感。他说了一声“大家还是都站着吧”，然后就以那首据说是纪念他与密歇根的女子的初遇的《解决》开始了演唱：

眼前的问题很多，无法解决
可总是没什么机会，是更大的问题
我忽然碰见了你，正看着我
脑子里闪过的念头是先把你解决

他的经理对我说，他们这回之所以选择在一个只能容纳两三百人的露天酒吧表演，是为了达到一种演员与观众水乳交融的气氛，以后有机会他们也会以这种形式在美国各地的酒吧巡回演出。但是观众们最初的反映显然令他们失望。他们此行的目的，是为了推出最新专辑《红旗下的蛋》，这些曲调陌生歌词含糊的新歌，并未能引起观众们的共鸣。许多人赶了几百里路而来，不过是想亲耳听一下崔健演唱那几首他们不知已听了多少遍，能够从头到尾一字不漏地唱到底的旧歌，因此崔健每唱完一首新歌，便可以听到一片“老崔，来首老的！”“《一无所有》！”“《一块红布》！”的喊声，在美中国人的怀旧情绪之浓之烈，一定让崔健深有感触吧。崔健像完成汇报任务似地唱完了新作，紧接着的一曲《一无所有》便使全场为之沸腾。到了第二场，他干脆就以演唱老歌为主，一句“大家都到前面来吧！”使大家一拥而上，台上台下，这回的确是水乳交融了，而我就在崔爷的眼皮底下随着他且歌且舞。大功率的音响使我的耳朵整整嗡鸣了两天，一遍一遍地，好像在睡眠中也在为我哼着那些耳熟能详的歌曲……

我曾经问个不休：你何时跟我走？

可你却总是笑我—— 一无所有！

10年前，当大哥大姐们还在回味着邓丽君的靡靡之音，当全国百名歌星像幼儿园大班的孩子一样一起呼唤“让世界充满爱”的时候，崔健却石破天惊地以这一声高亢苍凉的呐喊震撼了无数同龄人的心。我的一个朋友，当初也是挤在北大食堂里听崔健演唱的一位，一听崔健唱出了这一句，立马就哭了。仿佛一记当头棒喝，我们两眼睁开发现自己的的确确是一无所有，不仅仅是“我没有钱，也没有地方”的物质上的贫乏，更是“我闭上眼没有过去，我张开眼只有我自己”的精神上的苍白。然而，正如一张白纸可以描绘最好最美的图画，一无所有同样使我们有了“我的自由属于天和地，我的勇气属于我自己”的无牵无挂的洒脱，使我们可以无所顾忌地宣告“总有一天我要远走高飞”，使我们可以“出走”走向“大海的方向”，去寻找“所有”。崔健的歌中，深深打动我的不是“一无所有”的揭示，也不是“莫非你正要告诉我你爱我一无所有”的自我慰藉，而是这种“吾将上下而求索”的执着。我已经不记得什么时候第一次听到《一无所有》，感想又是如何了，但我永远记得在离校出国前的那些夜晚，与几位同学到校门口的小酒馆喝得有七八分醉意，蹒跚而归，一路上唱着《假行僧》，不成曲调却有情，悲凉的声音久久回荡在中国科大深夜寂寞的校园里：

我要从南走到北

我还要从白走到黑

我要人们都看到我

但不知道我是谁

人们总爱把王朔和崔健视为京城民间文化的两个代表而相提并论，这实在是一个误解。王朔轻松而崔健沉重，王朔油滑而崔健执着，崔健之深刻在此，悲壮也在此。我们并非真的完全没有过去，即使远走高飞怀念仍然跟着我们，而“我的怀念将永远是记忆”。这种记忆是太容易唤醒了，刻骨铭心的是故乡和爱人，所以即使是仅仅“看到了野菊花”，也会“想起了我的家”，甚而至于开始逃避爱情，“我怕你说，说你爱我”。我们便始终在这种出走与怀念、逃避与执着的矛盾中挣扎着，对此实在是无路可逃。两年前，我是早已从东走到西，躺在朋友的床上，听着录音机传来回旋反复、低沉无奈的倾诉，想起永别在即，不由潸然泪下：

我就要回到老地方
我就要走在老路上
我明知我已离不开你哦哦哦姑娘

《解决》专辑出版的时候，我已经在美国了，辗转买来CD，才发现是国内的盗版。与盗版一事一样庸俗的是，《解决》中的崔健也变得世俗了许多，他终于发现原来“真理总是在远方，姑娘总是在身旁”，想的只是怎样才能把身旁的姑娘首先解决。真解决了又怎么样呢？也不过是“谁知进进出出才明白是无边的空虚”。他也迷惑于“不知生活真的需要手段还是生活就该苦干”，而赞扬起“投机分子”来。虽然明明白白地宣告“可我身上的权利就像一把刀子，它要牢牢地插进这块土地”，但那也只是对现实的宣言而已。只有《一块红布》依然残存着当初的形而上的悲壮，也许正是因此，使它成为继《一无所有》之后最流行的曲子：

我不能走我也不能哭
因为我身体已经干枯
我要永远这样陪伴着你
因为我最知道你的痛苦
嘟……

然而只要跟《假行僧》的“要爱上我你就别怕后悔，总有一天我要远走高飞”的豪言壮语相比，这一切又是显得多么地无奈！

在观众“《一无所有》！《一无所有》！”的喊声中，崔健唱起了它，然而却低了八度来唱开头的那声探寻。本来是高亢苍凉的，却显得如此平庸疲惫，就像一位朋友所调侃的：“女儿都有了，还唱什么《一无所有》？”

玩笑毕竟是玩笑，但《红旗下的蛋》专辑中的平庸与疲惫是随处可见的，他仿佛在其中反思着自己的过去，发现当初的追求实际上并不那么崇高，“记得那一天，我的心并不纯洁”；也发现自己梦想变成一只与众不同的“英雄的鸟儿”，却不过是一出闹剧，最后是一声“我飞不起来了”的长长的叹息。虽然这其中也许有政治的因素，有记者绘声绘色地推测崔健这次始终不唱《南泥湾》是因为“上头”有命令，这也许不过是捕风捉影。他的经理倒也告诉我乐队中的古筝弹奏手这次莫名其妙地被挡在海关不让出来；但当初崔爷连个演唱会都开不了也未能使他怎样，何况是这么点挫折？也许他已经老了，毕竟岁数不饶人，“二十多年来我只学会了忍耐”这回就改唱成了“三十多年来……”二十多岁的人其实只是开始在学忍耐，而立之后是连学也不用学了。万幸的是，在一片疲惫声中，我们仍然能听到不那么和谐的挣扎。毕竟，他虽然“想唱首歌来宽容周围的一切，嘴里却发出了奇怪的声音”，他仍然一遍又一遍地问着“我的理想在哪里？我的身体在这里”，他信誓旦旦要“回去砸了那些破盒子，回去撕破那个烂旗子。告诉那个胜利者他弄错了，世界早就开始变化了”，面对着狂风，他反复坚持着“迎着风向前”。正是这种挣扎，使我们仍然能一睹崔健当年的风采，使我们知道在现今京城多如牛毛的摇滚歌星中，崔健仍然是鹤立鸡群，“以歌为旗”，用世俗的形式向世俗做着并未完全退缩的挑战。

正是这种执着，使我深深感动。因此，在“再来一个，《一无所有》！”“再来一个，《不是我不明白》！”的喊声中，我孤独地喊出了“再来一个，《从头再来》！”虽然这一声呼喊马上就被淹没了：

> 我不愿离开，我不愿存在
> 我不愿活得过分实实在在
> 我想要离开，我想要存在
> 我想要死去之后从头再来

1995年8月

美梦成真听贝九

我有一些梦想，在别人看来其实都是微不足道，很容易实现的。但每实现一次，自己也就觉得像完成了一件人生大事那样的欢乐。比如我就一直很想听一场崔健的音乐会，去年崔健到西雅图演出时，就很犹豫要不要专程到西雅图去一趟。终于没去成，就有了永远错过了的遗憾。想不到这回他倒自己到密歇根来演唱了，而且还是气氛最好的那种演出，算是了却一桩梦想。

我的另一个与音乐有关的梦想，是听一场贝多芬第九交响乐的现场演出。我收集了一堆这支曲子的现场录音，从当年中央交响乐团的磁带，到1989年伯恩斯坦在柏林墙指挥六个世界著名交响乐团的实况CD，变换着听，总想寻找那种身临其境的感觉。但是要能真正感受到这支乐曲撼人心魄的力量，是只能身处现场的，即使是低水平的演出，也要比世界最高水平的录音好得多。但是这支曲子虽然是无人不知，演奏它的机会却并不多，因为它要求有一个两三百人的合唱团，又有哪一个交响乐团会带着这么一支庞大的合唱团去巡回演出呢？只能看当地乐团的演出了。

想不到在即将离开此地时，机会却来了。为纪念联合国成立50周年，本校的音乐学校在今晚演出了贝九。

每回学校的自己演出，听众都不多，这回却把能容纳两千人的音乐厅坐得满满的。我早早去了，占了前排的位子，正对着指挥，仿佛他只是我的替身，我操纵着他的一举一动。

不知已听过多少遍了，每一个音符都是熟悉的，但是我仍然像在倾听着一支全新的乐曲，不愿跳过一个音符，屏息着等待下一个高潮的到来。是的，我常常被老贝的音乐压得无法呼吸，而到高潮终于爆发的时候，眼泪也往往迸了出来。

再也没有哪一支曲子，能像第四乐章那样直指人心了。它的主题是如此简单，简单到只有伟大的大师才可能写出，又简单到每个人都可以在心底跟着哼唱（某评论家语）。在经过缓慢轻柔的第三乐章后，第四乐章的出现是如此迫切，仿佛在漫长而痛苦的等待之后一个灿烂欢乐的结局，那高唱《欢乐颂》的，不只是台上的四位独唱和两百人合唱，还有每一个听众的共鸣吧。在这十几分钟中，所有的心脏一起跳动，所有的人都融为一体了，我终于明白为什么我如此渴望着听一场贝九音乐会，这种“一切人类成兄弟”的感觉，是在现场之外无法得到的。

在指挥按下最后一拍后，仿佛一个人一般，全场起立，鼓掌，谢幕三次才罢。行家们自然又要对这种热情嗤之以鼻，但我们的掌声，不仅仅是献给演奏者，还献给那位伟大的聋子，他为我们写出了不朽的乐章，自己却只能在想象中听到它，连我们的掌声也无法听到。

1995年10月22日

公安局长与父亲

我小时候我家住在一家大院里。这座大院是原来当地首富的住宅，三层的楼房，非常的气派，当街的墙上有守卫用的枪眼，护家的大门则足足有三寸厚。1949年当地首富全家乘自己的汽船逃到台湾，房子便充了公，分给三户干部，每户一层，我家住二楼。

大院的隔壁即是公安局。二楼廊道紧靠公安局的那堵墙不知为何只砌了半人高，上半部全空着，宛如一个很大的望窗，从那望下去，即可以看到公安局的天井。我小时候，常常借助椅子爬上这堵半墙，为的是能俯视公安局大院。公安大院我从未去过，未免有一种神秘感。母亲在房里见到，总是赶快过来抱我下来，有时会对我说，她当年为了逃命翻过这堵墙，是隔壁的张局长救了我们母子。

那是“文革”时候，父亲作为一个小官僚，免不了要受到造反派的围攻批斗。文攻武卫愈演愈烈，像父亲这类有枪的官更是成为造反派抄家抢劫的目标。眼看形势不妙，父亲便躲到乡下祖母家。母亲当时怀着我，已有八九个月的身孕，行动不便，想生产后再去。结果父亲走后第二天，便有一队人马团团围住我家大院，把紧闭的三寸厚大门砸得砰砰响。母亲慌得六神无主，在那堵墙边高喊“张局长救命”。隔壁的张局长闻讯，在另一头架了个梯子，使母亲得以翻墙而过。当时的公安局虽然已经瘫痪，但余威犹在，还无人敢去围攻。母亲在那里藏了一夜，第二天由张局长护送到祖母家，因此才有了我。好几年过去了，母亲回想此事，仍心有余悸："要不是张局长……"而我则像听故事一样不停地追问结局：那些人后来冲进来了没有，抢了咱家了吗?

张局长和我父亲年轻时一起在上海的政法学校受训，算是同窗；回到家乡一个当了公安局长，一个负责法院工作，中共公检法一家，也可说是同僚，交情非同寻常。张局长当了十几年局长，政绩自然不少，最为脍炙人口的是破除迷信时胆大包天，亲自砸了当地百姓所膜拜的明朝太师公的祠堂。此事之所以出名是因为张局长的儿子碰巧不久出麻疹夭折，信徒们便都说是太师公显灵，闹得满城风雨。张局长的另一大政绩是据史书的记载制造了一个"刺笼子"。这个铁笼子只有半人高，仅能供一人立足，前后左右上下全布满了倒钩铁刺，犯人关进去，不能站不能动不能坐甚至不能蹲，只能弯腰拱背半立半蹲，不到半个时辰，肯定什么都招了，那种就要被刺着的滋味实在要比已被刺着恐怖得多。

到了1976年，"四人帮"倒台，张局长和其他几个曾权倾一时的旧朝红人被定成了"四人帮"的小爪牙，以现行反革命罪判处15年徒刑。在审讯期间，张局长据说也尝到了刺笼子的滋味，演出了一幕现代请君入瓮。中国的法院，在当时是没有一点独立性的。5年以下的徒刑，由县委常委讨论决定；5年以上的，则报市委常委审核。张局长的15年徒刑，便是他过去的政敌现在的常委公报私仇的结果。作为法院院长，其权力就只是能参加定罪量刑的讨论，以及担当万人宣判大会的宣判长。当时的法院院长，一位原籍山东的南下干部，因为"四人帮"爪牙的嫌疑而被迫告老还乡，作为第二把手的父亲便责无旁贷地成了宣判长。这种万人宣判大会，学校照例要组织学生参加以接受教育。看着一排反革命五花大绑在台上示众，对于我们是一件很刺激的事，而最刺激的莫过于当宣判长宣布："现在宣判如下"，反革命分子齐齐被按跪在台上的那一瞬间，人群涌动，大家都站起来踮起脚跟想看清反革命分子被按跪时的丑态。当父亲以铿锵有力的闽南话宣布："判处现行反革命犯张××有期徒刑15年"时，10岁的我，在小伙伴的羡慕目光的包围下，骄傲得就像做宣判的就是我自己。真的，我当时一点都记不得母亲曾经告诉我，张局长可算是我的救命恩人。

我无法推测父亲当时的心情。那次宣判会后不久，有了新的院长，不必再由他出头露面了。他转而主管民事诉讼案件，房地产纠纷、财产继承之类与平民百姓的生活息息相关的大问题。处理民事纠纷，对于贪官，是一项油水十足的肥差，所以当时的民事审判庭庭长乃是当地的一霸，上街买菜从不用带钱夹；而对于清官，却是一项得罪人的苦差。以父亲有口皆碑的廉洁奉公，软硬不吃的作风，上上下下得罪的人一定不少。当时我家已搬到法院大院，来求父亲的人，早晚络绎不绝，父亲也就只好在家里办公，从此我家争吵怒骂之声不绝于耳。父亲也从此除了一大清早到郊外散步一圈，以及偶尔坐上吉普去开会外，几乎是足不出户了，大约怕的是有人拦在街头纠缠。

进入80年代，邓小平复出，拨乱反正安抚人心，张局长和他的难友们一起被提前释放，官复原职自然是不可能了，便用闲职安置。张局长在农村政策研究办公室挂了个副主任的虚名，除了领工资的那天去一趟办公室，便在家赋闲了。他是闲不住的人，所以便广交朋友。我就常常看他笑眯眯地在街上走。张局长已不是局长，但虎落平阳，雄风不减当年，熟人碰见，依然毕恭毕敬地叫“张局长”，他便大声地寒暄，说笑，在满脸堆笑的脸上再也见不到一丝当年局长的威仪。

张局长当年要树立艰苦朴素的形象，居家破旧得与其身份很不相符。这回没官一身轻，便可以明目张胆地大兴土木了，当然其新屋气派，是远不如当今公安局长的住宅的。新屋落成之后，厅里整日高朋满座，座上宾客已无达官显贵，都是三教九流的平民百姓，而尤以青年人为多。

我们两家，自从张局长入狱后，便再无来往。现在呢，父亲闭门不出，倒免了在路上遇见老朋友的尴尬。母亲是常在外面走动的，肯定有与张局长碰面的时候，她如何应付，从未听她谈起。我因为与张局长的小儿子是高中同班同学，虽然关系一般，逢年过节，也会上他家玩玩。张局长因我是稀客，总是拿出好茶招待，问寒问暖，但从不问及我的父母。在他看来，我只是他儿子的同学，而不是我父亲的儿子。在他面前，我总想：他是否还记得他曾经救过我？过了这么多年，经过了这许多事，他大概早已忘了。

三年多前，父亲退休赋闲了。但凡曾经显赫一时的贪官污吏一旦失去了权力，从此就门可罗雀，而清官退休后却会反而门庭若市。我家据说依然热闹如故，只是上门的不再是求情的当事人，而是串门的亲朋好友了；所听到的不再是争吵，而是欢笑声了。这也许是作为清官的唯一安慰了。而父亲也开始问心无愧地四处走动，并且筹建新房。在世风日下的今天，人们更加怀念正直清廉的好处，而已跳出了是非之地的父亲，便成了人们心目中清官的典范。只是我已远隔重洋，无法恭逢其盛。在来访的客人中，会不会有张局长？父亲会不会成为张局长的座上客？我想不会的，虽然我很希望父亲和张局长这对老朋友能够"相逢一笑泯恩仇"，因为他们已历尽劫波，殊途同归了。

1993年5月

中元祭祖

深夜去了趟超级市场，看到南瓜堆了一地，知道万圣节就要到了。我的家乡也是有一个鬼节的，是仅次于春节的隆重的民间节日，在夏历的七月，称为中元节。道教以天、地、水为造人的三元，元月十五日、七月十五日和十月十五日分别是天官、地官和水官的圣诞，也就分别被称为上元、中元和下元。这中元，大概就可算是祭祀地官的节日了，但是它却更具有佛教色彩，又有一名叫普渡节，正式的名称应该叫盂兰盆，梵语"救倒悬"的意思。佛经上说，目连练成神通后，看到不敬神灵的母亲在地狱里作为饿鬼忍饥挨饿，乃向佛陀求救。佛陀让他在七月十五日这一天备食品百味，供养十方僧众，目连之母才得以脱离饿鬼道。这段佛经传入中国后，被大加演义，就变成了渲染地狱之恐怖的戏剧《目连救母》，现代则改编成《宝莲灯》，戏中的目连，俨然成了奋勇救母、镇怪除魔的孙大圣一样的英雄，他的能耐，绝非仅止于用美味贿赂僧众。

目连乃是佛陀的十大弟子之一，在当时能有什么僧众呢？想必是佛陀找了个借口让目连请师傅、师兄弟们撮一顿吧。夫子食不厌精，佛陀一张口也是百味饭食，而凡夫俗子们也就乘机大饱口福。中元本是七月十五，佛陀定下的盂兰盆也是七月十五，但是奇怪的是，我们那里的人并不都在这一天过节，从七月初一到三十，都有人过节，各个乡村、各条街道都有自己特定的日子，在那一天就要请别处的朋友来饱餐一顿。春节是关起门来吃饭，中元却是要大宴宾客的，尤其是在“文革”期间，公开的迷信活动被禁止后，请客吃饭几乎就成了过中元的最主要活动了，何况在当时又到哪里去找十方僧众？备下的百味饭食，在请天上地下的鬼神享用之后，也只能用来大宴宾客，一年的积蓄，却也往往在此时花完。中元期间，是当地宣传、执法部门最为忙乎的时候，从前是忙着抓迷信活动，“文革”结束后说是信仰自由了，迷信活动也就不用再抓了，就改为禁止请客大吃大喝。轮到哪一村或哪一街道过节了，政府工作队也就到了那里，堵在村口、路口，不让外地的人进去作客，如此一个月从初一忙到三十打游击，中元的请客吃喝之风却是愈演愈烈，尤其是“先富起来之后”，百味饭食已无须倾家荡产去置办了，自然就更舍得花钱。到了几年前，政协的几个老头倡议，引经据典号召大家统一在七月十五这一天做中元，大家居然也都响应。请客吃喝本是人情，别人请你不好不回请，但如果大家都不请，倒也省钱省事。从此做中元，就像过春节一样关起门来吃自己的，相沿几百年、屡禁不绝的请客之风至此绝矣。

众人过节的精力，也就转向了迷信活动。过中元的用意，是为了祭祀亡灵，要把饭食摆到大门口膜拜，不仅请自己的祖先，也向无主的孤魂野鬼施食。“文革”时只能把膜拜转入屋内，让孤魂野鬼们在门外饿了十来年，现在它们又有口福了。据说，这也是为了纪念唐高宗之时跟随陈政父子开发漳州而客死他乡的那些河南士兵。漳州人的血缘，十之八九都能追溯到这些士兵，所以这也算是在祭祀漳州人的共同祖先了。过盂兰盆会的最盛大节目，是放灯，也即在水中点放宝莲灯，这个节目，宗教色彩最浓，恢复得也就最晚，所以我是没有见识过的。《漳州府志》形容说“杆头燃灯于天际，连缀如星”，想来真是美丽、壮观之至了。那一盏盏如星的灯火，也许正象征着列祖列宗的灵魂在闪耀吧？

其实佛教既然信轮回，就不会像中国的本土观念那么看重生命的延续，那么敬仰列祖列宗。它对祖先的敬仰，也许就到有直接关系的父母为止了。所以佛陀倡盂兰盆会，不过是要人“常忆父母，乃至七世父母”，前世乃至远至七世的父母，在佛陀看来，也还要比今世的祖父母亲吧。但是即使真有轮回，除非练成了神通，又怎能明白自己前世的父母究竟是谁？更不必说什么七世了。所以到了中国，常忆的也就变成了今世的父母、祖父母、列祖列宗，七世的父母能否“离恶鬼苦，生人天中，福乐无极”，既无心也无力去管。

我的祖父、外祖父均去世甚早，没能给我留下什么印象。祖母和外祖母却都得享高寿，我也能分享慈爱。三年前，祖母以90高龄一睡不起，无疾而终，我人在美国。今年外祖母亦以90高龄在患病一年后撒手而去，我人仍在美国。那样的慈爱，难道只有作盂兰盆才得回报了？不信鬼神者的悲哀，是不能欺骗自己，无法让已逝的亲人永享极乐。一切的遗憾都无可补救，只能深藏于心，直到自己也归于尘土。当我抬头看到窗外满天的星星，想到的不是宝莲灯的灯火，却是离家出走、永别祖母时她那双泪眼。

1996年10月11日

阿　姆

最近英国小保姆一案把美国媒介搅得沸沸扬扬，焦点或是在小保姆或是在婴儿的母亲。我倒是对那位7个月的生命只值279天监禁的婴儿，很有点儿兔死狐悲之感，因为我自己，也是保姆抱大的。

由于父母都在工作，我们兄弟姐妹在幼年时都雇人照看。我的保姆是我家对门的一个家庭妇女，我叫她“阿姆”。阿姆在闽南话等于伯母，也用于对中老年妇女的尊称，于我却成了专用名词，只用来称呼这位保姆，说起阿姆指的就是她了，她的真名叫什么反而不记得了。

阿姆说话略带点口音，大约是从乡下或邻县嫁过来的。丈夫在水产部门卖鱼，三个儿子中，一个在外地当工人，一个当小贩，还有一个只比我大两三岁。她的性格善良、平和到未与任何人红过脸，对儿子们也就未免过于溺爱而疏于管教，儿子们对她，用本地的话来说，都有点儿“没大没小”，这在我看来，是一件不可思议的事。

我能记事的时候，阿姆已不是我的保姆了，她是如何看顾我的，没有留下丝毫的印象。但那份慈爱一定是深深地植入了我的本能，以至我在潜意识中把她的家当成了避风港，做错了什么事惹得父母生气了，便往她家跑。

到她家去当然还有别的原因。比如说，我家是烧煤炭的，她家则是烧柴的，噼啪作响，火光通红，远比烧煤更为好玩。一到做饭的时间我就常常跑到她家看她做饭，往往也就先在那里吃上了。本地的民间节日很多，在小孩看来，都是跟吃挂上了钩的。从新正吃甜粿，元宵吃糯米圆，清明吃祭粿，端午吃肉棕，立夏吃薄饼，七夕吃糯米饭，中元吃米糕，一直吃到冬至吃籼米圆，几乎是月月有节、节节有吃。但我的母亲并非本地人，并不会弄这些吃的，而且干部家庭要带头移风易俗，也不过这些民间的节日。这些节日，我也就等于是在阿姆家过的了。以后我家搬走了，逢年过节，阿姆仍送来这些过节甜食。其实，因为知道我家不过这些民间节日，亲戚朋友逢年过节也都送来风俗小吃，但在我吃来，只有阿姆送来的最为上口。我的口味，竟是在她家养成的。

夏天一到山洪、台风季节，城里就会发几次大水，街道上会积水一两尺深。我家住在二楼，无被淹之虞，一到发大水，我就说要到对门阿姆家帮忙搬东西，母亲也很放心地让我去。说是帮忙，其实是乘机玩水，阿姆还得腾出手来看护我别摔倒、跌倒了。一到收拾完毕，就可以名正言顺地玩水了，主要的项目是放纸船。纸船以及其他一些折纸的折法是从阿姆那里学来的，直到现在我仍对折纸有着浓厚的兴趣，在书店里看到介绍日本折纸的书降价处理，往往就买了下来。

阿姆大字不识一个，但我从她那里学来的东西，却不止折纸这一项。比如说，本地的民歌童谣、故事传说，这是父母所不屑教我的，许多也就得自阿姆之口。夏夜纳凉照例是传递这种民间文化的时节。我家的阳台在西边，因为西晒的缘故，并不适于纳凉，所以夏夜我常常是在阿姆家的天井度过的。在天井上放块床板，铺上凉席，我就躺在凉席上仰望着夜空。阿姆坐在旁边，轻轻地摇着蒲扇为我驱赶蚊子，指着月亮对我说："你有没听人讲？月公公里边住着一只兔仔……"

这对我的确是一个重大的发现。我当时正是迷恋养小动物的年纪，就极想养一只小白兔，苦于无处得到。现在知道了月亮上原来就有一只小白兔，每天望几眼，也就聊胜于无了。

但我仍然很想养点什么。终于有一天，当我又去纳凉的时候，阿姆兴冲冲地领我到天井的一角，对我说："我叫你伯给你带了一只小乌龟。"真的，在我的眼前，正有一只小小的乌龟，傻乎乎地缩成一团，其可爱不亚于我在画册上看到的小白兔。我就把小乌龟养在了天井中。说是养，其实也就是每天去看看它还在不在，又不用喂它什么。不幸的是，一次大水过后，小乌龟不在了。阿姆说是给大水冲走的，下一次的大水也许会把它再冲回来吧。我于是就耐心地等待着。以后读到古人的记载，说谁谁放生了一只大乌龟，后来大乌龟回来报恩云云，总让我想起这一只小乌龟，说不定哪天又会再见一面呢，报恩倒是不想的，本来也没什么恩可报。

我家搬走后，阿姆家就渐渐地去得少了，而且我已进入了心理断乳期，连自己的家都待不住，何况保姆的家呢。但每年的农历新年，初一拜老师，初二回祖母家，初三开始走访亲朋好友时，阿姆的家是必去的。暑假的时候去的次数就更多了。

大学本科的最后一年，我正为准备考GRE忙得焦头烂额，收到了父亲的信，信的最后说了一句："你的保姆最近因为心肌梗塞在睡梦中突然去世了，没有任何痛苦。"读完了信，发了半天呆。当时就很想写点什么，但我知道她是看不懂的，只折了一些纸船、纸帽、纸衣、纸裤之类，放火烧了。我的室友诧异地说："你这是干什么呢？"

"没什么，我的阿姆过世了。"我淡淡地说。虽然我们毫无血缘，但在我的文化基因中也有着她的遗传，而她，永远是我唯一的阿姆。

1997年11月

白马已逝诗魂在

去年我曾经写过一篇短文《不老的白马》，介绍果风的诗集《白马无缰》。根据其自述推测他已年逾古稀，后来才知道他实际上要比我推测的大了十余岁。所谓天有不测风云，对于耄耋老人更是如此。但当我获悉果风老先生已于最近去世时，仍感到无比的震惊，因为在今年夏天我才见过他一面。虽然那是他大病之后，身体已大不如去年夏天我们初次见面之时，但仍然精神健旺，喝干一杯葡萄酒后还能健步如风开车去接打工下班的孙女。我还设想着等明年年初我迁到他所在城市的附近，我们就更有机会见面了，想不到音容笑貌犹在眼前，却已是阴阳分界，人天永隔了。

翻开他的诗集，看着他手书的题赠，苍劲有力，难以想象这只手已永远地停笔了。我一直很想知道对于那些即将走完生命的旅途的人，生命的意义何在，对死亡的看法又是如何。两年多以前，九十多岁的祖母在睡眠中无疾而终，没有留下片言只语的遗言。其实即使她曾经有过弥留，以中国人的习惯，也是不会向亲属谈论生死的，而一辈子没有拿过笔的祖母也不会留下什么文字让后辈们去感想。果风先生却是有诗留下的，我便在里面寻找着与生命有关的段落，听到的是大彻大悟的声音：

生命
是一次不再的美丽
来之偶然
去之必然

之间
长空明澈
白马无缰　驰骋于
紫云英花盛放之野
一望无际

此诗写于三年前，大概正是作者步入80高龄之时的一番感慨。几乎所有的宗教和传统哲学都想要教导我们，生命不是偶然的，不是没有意义的；死亡反倒是可以有办法避免的，或者生命根本就不会完全终结，死亡不过是另一轮生命的开始。但是作者不愧是生物学家，他很清楚在现代生物学看来，生命的发生不过是在物理、化学作用下的几率不大也不是太小的偶然事件，生命的形形色色不过是自然选择作用下的偶然结果，其无限多样性正说明了这种选择的偶然性。即使对于个体的生命，也不过是亿万精子中的一个与卵子偶然相遇的产物，实在是“来之偶然”，并没有“天将降大任于斯人”的宿命。如此偶然的生命，除了让这个星球变得更加美丽或丑恶，不会有什么形而上的意义。它只是存在着，此外无它。而自然选择的作用注定了死亡是必然的，如果真的存在永生的生命，自然选择就毫无用武之地了。

那么，人生真的就毫无意义而只能坐以待毙了？并不，因为从“来之偶然”的起点到“去之必然”的结局，还有个丰富多彩的“之间”可供驰骋。

人之高贵，就在于能从没有意义的偶然存在中发掘出有意义的本质，在无意义的世界中创造有意义的一生，在短暂的生命中获得永恒的真谛。“朝闻道，夕死可矣”，对于大彻大悟的心灵而言，生命的短暂毫不足惜。古希腊诗人平达在献给特尔菲竞技会的获胜者的《颂歌》中唱道：

> 哦，我的灵魂并不追求永恒的生命，
> 而是要穷尽可能的领域。

果风老人未必知道这首诗，但在明澈的长空下，一切心灵都是息息相通的。他自己就是那驰骋在一望无际的开满紫云英的原野上的无缰的白马，从中国驰骋到了美国、波多黎各，从事生物科研、教学30多年后，在生命的暮年转而拿起诗笔，奔向一个陌生的领域。他的一生，正是2000年前那一声“要穷尽可能的领域”的呼唤的最好回响，在生命终结之后，余音依然不绝如缕，让后辈小子的心弦嗡嗡共鸣。

1995年11月14日

出师未捷身先死——悼念邹承鲁先生

> 我一生做学问所遵循的基本原则可以归纳为：努力追求科学真理，避免追求新闻价值，跟踪最新发展前沿，不断提高水平，勤奋工作，永不自满。
>
> 我自己确信，如果我有再生活一次的机会，我仍然将选择科学研究作为我终身的职业。
>
> ——邹承鲁

2006年11月23日午后，我打开计算机开始下载电子邮件，其中有两封来自邹承鲁先生信箱的信，标题都一样：“Dr. CL Tsou has passed away”（邹承鲁博士已去世），大惊。信是邹先生的女儿发来的，原文为英文，摘译如下：

亲爱的朋友们：我的父亲邹承鲁博士已在今天凌晨去世了。大约一个月来他病得很厉害，医生们尝试了各种办法，他自己也很努力，但是还是没能成功。邹博士安详地去世，其家人和朋友和他在一起，直到最后一刻。

邹先生已83岁，三年前查出患了淋巴癌，时不时要住院治疗，所以这条坏消息并不太让人意外，我只是没有料到会来得这么快。我最后一次见他是在2006年6月份，他当时在北大医院住院。他的精神很好，我们谈了一个多小时。直到11月2日，我还收到他投给新语丝网站的稿件《必须严肃处理学术腐败事件》，万没想到那是他的绝笔。看着邹先生女儿寄来的邹先生摄于2006年9月的一组照片，才发觉他和6月份时相比，变得多么憔悴，不由得一阵心酸。

邹先生祖籍江苏无锡，1923年5月17日生于山东青岛，1945年毕业于西南联合大学化学系，1951年在英国剑桥大学获得生物化学博士学位后即回国，后来在胰岛素人工合成、蛋白质折叠、酶学等方面有突出贡献。1980年当选中国科学院学部委员（即后来的院士），担任过中科院生物学部主任。

邹先生的大名在20世纪80年代我还在国内读生物系本科时，就已如雷贯耳。据传，邹先生曾经如此评价过某位院士候选人：没有在Nature（英国《自然》杂志）或Science（美国《科学》杂志）上发表过论文，怎么能当院士！我不知道这个传说是否属实，不过它倒是很能表现出邹先生不怕得罪人的个性——得罪的不仅是那名院士候选人，还有一大批院士。《自然》和《科学》是国际公认的顶级科学学术刊物，近年来在重赏之下，国内科学家在这两份刊物上发表论文的才逐渐多了起来，但是在上个世纪，却是凤毛麟角，在老一辈院士中也很罕见。

但是邹先生有那么说的资本。他的第一篇论文是发表在《自然》上的，不过他那时（1949年）还是学生，并不能体现出从事独立研究的水平。1979年，他又在《自然》上发表了一篇论文，这是我国改革开放后第一次在国际刊物上发表的论文。1993年，他在《科学》上也发表了一篇论文。这三篇论文，两篇邹先生为唯一作者，一篇为邹先生与一名学生合署。这在一篇重要论文动则一串挂名作者的今天，是很少见的。邹先生在国际期刊上发表的最后一篇论文2003年发表在《蛋白质化学杂志》上，他虽然是该文的第三作者，但是邹先生一贯反对没有作过实质性贡献的人在论文中挂名，所以可以推知他实际参与了这篇论文的研究工作，也就是说，他的科研生涯一直持续到80岁。

我在美国留学时读的是生物化学，与邹先生可谓同行，不过研究方向与邹先生的离得太远，并没有读过他的论文。我当时有在大学图书馆乱翻书的习惯，有一次竟然无意中翻出了一本介绍中国生命科学进展的英文著作，是邹先生主编的，还饶有兴趣地翻了一遍。

不过，近年来邹先生走进公众的视野，并不是因为他的学术研究，而是他对学术腐败现象和事件直言不讳的批评。我们也是因为这个原因而认识的。

> 我深信，为了我国科学健康发展，既要创新，也必须打假，而打假尤为重要。只有在科学界清理出的一片干净土地上，才有原始性创新大展身手的舞台；否则，真假不辨，良莠不分，对于将决定我国科学前途的广大青年学子，让他们何去何从？
>
> ——邹承鲁

我与邹先生开始有联系，始于2000年8月。当时有一个美籍华人带了号称“世界上独一无二、价值无法估量”的基因库回国，引起相当大的轰动，被媒体称为“基因皇后”。我质疑此人的学术地位及该基因库的实际价值，认为这是并无多大科学价值的商业炒作，并就这一事件起草了一封公开信说明事实真相，联系了88名研究生物学的专业人士联署。邹先生发来电子邮件向我询问了情况。他没有联署公开信，但是与饶毅教授合写了一封信寄给国内报纸，表明对这一事件的看法：

> 我们不是不知道公开自己意见的后果，但如果对类似的过分炒作视而不见、缄口不言，我们担心必将损害中国科技界的形象和长远利益。为了科学的声誉和自己的良心，我们不得不泼上一杯冷水……

这是学术打假事件首次引起国内媒体的广泛关注。引起更大的风波的是次年年初的“核酸营养品”事件。当时我发现，只要学过生物化学的人都知道没有营养价值的核酸居然在国内被当成包治百病的保健品销售，有一些生物化学专家公然为其捧场，在被我揭露后，他们又召开了所谓研讨会、听证会为这一保健骗局保驾。就在我愤怒地指责中国生物化学家向公众作伪证时，时任中国生物化学与分子生物学学会理事长的邹先生站出来告诉公众真相："核酸营养没有任何科学依据"，"核酸营养之争在学术上没有多大意义，只不过是一个商业炒作和学术道德的问题。"在当年9月召开中国生物化学与分子生物学学会全会上，他在退居二线前提议制定"家规"，要求学会成员不得以学会名义发表带有商业色彩的文章、举行带有商业色彩的活动。这是中国学术性机构首次作出这种规定。

2002年8月，又出现一个打着高科技招牌的商业炒作。有一位名叫徐荣祥的医生向媒体宣布一条惊人的消息：他将用五年的时间完成克隆人体的206个组织器官。邹先生对此批评说：

> 由于人们生物学知识的贫乏，又缺乏判断能力，这样就会给人有空子可钻。正是利用人们的这种心理，有的人便可以胡吹，就可以骗人。而企业为了达到自己近期或远期的商业目的，多会使用某个人们不熟悉或不了解的概念，然后把它曲解，变成一个"激动人心"的新概念，再用它来达到自己的目的。

徐荣祥的反应是给邹先生寄去了一纸"知情通知书"，以"经济法律纠纷"相威胁。邹先生并没有被恶意诉讼的威胁所吓住，将它在新语丝网站上公布出来。五年过去了，事实的真相如何，即使对生物学一无所知的人也可以看得很清楚。

> 在揭露这些（违反科学道德的）事件时，对知名科学家应该更加不留情面，正因为他们影响大，对他们的揭露，更加可以使广大科学界，特别是青年同志引以为戒。对无名人物大张旗鼓进行鞭挞，对知名人物却噤若寒蝉，只能起到很坏的反作用。

——邹承鲁

学术腐败问题在最近几年才引起公众的关注，而其实早在1981年，邹先生当选为学部委员之后不久，就开始关注这个问题，起草了一封公开信，呼吁开展"科研工作中的精神文明"的讨论。从那以后他一直在呼吁重视科学道德、学术规范问题，而且不只是口头说说而已，自己也参与揭露学术造假事件。他可谓中国打击学术腐败的第一人，只不过这些工作在当时限于学术界内部，不为公众所知罢了。

邹先生在八九十年代揭露的这些人，有好几位是当时位居学术高位的"大人物"，或是人为树立的"科学明星"。与后来打击商业骗局、商业炒作不同，揭露这些人的阻力更大，有可能受到他们及其上层支持者的打击报复，面临的是政治和职业上的风险。如果他们没法找你算账，还是会设法进行报复。2001年11月我到北京首次拜访邹先生时，他就向我感叹说："连我的学生都对我老得罪人有意见。"得罪了人，拿他没办法，就把气出到他的学生身上，申请经费、评院士的时候，故意刁难，说你不是邹先生的学生吗，就按严标准来要求。

邹先生揭露的这些人基本上都没有得到应有的处理，有的总算是被边缘化了，只能到边远地区继续招摇；但是有的至今仍然是"大人物""科学明星"。这样的结果，其实是预料得到的，也是腐败之风愈演愈烈的一个重要因素。如邹先生所言：

> 目前往往是违反科学道德的小人物得到处理，而知名人士就很难处理。个别的反而得到领导更大的重用。我认为在一定程度上是纵容了这些事件的发生和发展。我感觉上世纪80年代学术腐败的案例为数并不算多，但90年代以来是越来越普遍了。相关机构应该下决心处理一些典型案例，将学术腐败的恶化势头彻底扭转。

这种状况，并没有因为近几年来舆论、媒体对学术腐败问题的关注而有所改善。我最后一次见到邹先生时，正值四川大学副校长、中国科学院院士魏于全因为涉嫌造假被实名举报，在网络、媒体上闹得沸沸扬扬，连《人民日报》都罕见地整版报道，而结果还是不了了之。邹先生对我说，他曾经为这件事给中国科学院主管学术道德的副院长写了一封信，要求中科院组织调查组调查此事，但没有接到任何回音。邹先生后来在《必须严肃处理学术腐败事件》一文中披露了此事：

> 学术腐败问题已经蔓延至院士群体，有此类问题的已经不是个别的。几个月以前，当某一位院士的问题开始在媒体上曝光的时候，我曾通过学部给中国科学院学部道德建设委员会主席写过一封私人信件，我认为，科学院有责任处理院士的问题，要求科学院学部道德建设委员会就此事进行调查，如果属实，应予以严肃处理。几个月以来我一直在等待，但迄今为止，没有看到这件事的任何处理结果。

他一直等到了生命的最后一刻，也没有得到回音。

> 光说是不行的，对学术不端行为，一定要严查严办。希望各有关

单位，各级有关领导真正予以重视，认真干几件实事，才能克制当前的腐败之风，还我国科学界一片干净土。

——邹承鲁

2005年9月初，我到青藏高原考察，有近一周没法上网，也就没法像往常一样每天更新我主持的网站。从高原下来后的第一件事是收电子邮件，其中有一封是邹先生的英文短笺："亲爱的是民，最近几天都没有收到新语丝，希望你一切都好。"

这是战友的担心和问候。他太清楚打击学术腐败，触及巨大的利益集团时所面临的各种可能的危险。他应该也很清楚，个人的力量实在太渺小。在生命的最后几年，邹先生成为了公众人物，成为了一名斗士，对科研体制、教育体制、院士制度种种问题慷慨陈词，大概也是知道自己来日无多，想把余热发挥殆尽，能触动一处是一处，改动一点是一点吧。他在2006年2月建议重建西南联大，被有些人视为天真，但我想，这又何尝不是对中国现有名牌大学失望至极的一种流露？

他的战斗还没有见到胜利的曙光，他所企望的科学净土依然遥不可及。他的建言，有的已说了许多年，再说也是白说。他甚至来不及把所有的话都说完。在2006年7月份，邹先生写信告诉我他准备写一篇文章，要我提供材料。我没有见到这篇文章。他的女儿告诉我，邹先生最后几个月在构思一篇长文，想把以前想说而无法说的话都写下来。死神快了一步。想来他是带着遗憾离去的。83岁可算长寿，但是对一个战斗到最后一刻的人，我不忍说安息。

一个人的死亡，并非意味着一个人的结束，除了留下基因，还可以留下弥因（meme），比如思想、精神、观念、学术成果，都不会轻易被死神带走，而会传之久远。邹先生走了，但是他的学术成就，他对中国科学普及和学术道德建设的贡献和影响，并没有被带走。邹先生遗留给我们的，不仅仅是杰出的学术成果，更是伟大的科学精神。杰出的学术成果最终将会成为文献上冰冷的记载，但是伟大的科学精神却会成为熊熊的火种，点燃每一颗还未死绝的心灵。邹先生的学术成果是绝大多数人都难以理解也不必理解的，但是他的科学精神已经和必将激励着无数在为中国的科学发展和社会进步而奋斗的人们。

在我写作此文的时候，被邹先生称为"院士同道"的何祚庥先生刚好打来电话。我问他是否会出席12月1日上午邹先生的追悼会，他说："当然去！我年纪也大了，一般人的追悼会都不去，但是邹先生的追悼会一定去，去示威啊！"我想何先生指的是向那些从事和支持学术腐败的人示威吧。

年近80的老先生尚且威风犹在，何况我等后生？

邹先生应该安息了。

2006年11月27日

八月始见荔枝来

最近去了一趟大华商场，一进门就见到一块广告牌，上书"新到新鲜台湾荔枝"，画上的荔枝鲜红欲滴。跑到了水果摊前一看，却是外壳又黑又干，这样的荔枝，在我的家乡是只能用来酿酒或晒成荔枝干了。

人说荔枝是水果之王，在我看来却是过于娇嫩的水果公主。白居易说它"若离本枝，一日而色变，二日而香变，三日而味变，四五日外色香味尽去矣"。变质的次序未必如此严格，但四五日之后的荔枝确实是色味全非了。中国历代的国都大多在北方，如何让皇帝品尝到这南国的美味，也就成了一个大难题。"长安回望绣成堆，山顶千门次第开。一骑红尘妃子笑，无人知是荔枝来。"这个故事，在中国可谓家喻户晓，广东有一荔枝品种就叫"妃子笑"，据说就是唐代的贡品。其实真正的"妃子笑"，恐怕该产在四川。唐时的四川气候比现在暖和，盛产荔枝。白居易的那篇《荔枝图序》一开头就说"荔枝生巴峡间"，俨然把荔枝当成了四川特产。那时候有个叫薛能的文人，就很奇怪杜甫在四川住了那么多年，居然不赋荔枝，因此他要作为荔枝赋诗的第一人。这荔枝的首唱，并不怎么高明："颗如松子色如樱，未识蹉跎欲半生。岁杪监州曾见树，时新入座久闻名。"大约到了宋代，四川就不怎么产荔枝了，所以四川人苏东坡到岭南尝到了荔枝，才会欣喜若狂，大叫“日啖荔枝三百颗，不辞长作岭南人。”

从四川到长安，不过几百里路，快马奔驰一日也就到了。汉代的荔枝，不知为何，却是要从南海（广东）千里迢迢地进贡，而且明目张胆地进行，并不像唐代那么偷偷摸摸。为了保持色香味俱全，也就惨烈无比：“旧南海献龙眼、荔支，十里一置，五里一候，奔腾阻险，死者继路。”（《后汉书·和帝纪》）后来由于一位叫唐羌的官员上书进谏，汉和帝才下诏免贡，此事也就被当成了汉和帝的一大政绩而载入史册。下诏免贡，不等于皇帝就从此不想尝尝鲜荔枝，只不过由公开转入地下，“无人知是荔枝来”而已。

这个传统，一直延续到了今天，一骑红尘换成了一架专机。每年的荔枝时节，都有专机到福建运送荔枝名种进京，据说是为了开国宴。荔枝是中华的特产，也理当在饭桌上让它发扬国粹，不过这一飞机运过去，又必须在几日之内就吃完，倘不是遇到大宴宾朋的盛大场面，那就有劳各位皇亲国戚、高官贵族的大嘴了。曾读到某名人回忆录中对某领导为表关怀送他两篮荔枝一事大书特书，感激涕零，而那两篮荔枝，自然是国宴的残羹冷炙了。

北方城市之有鲜荔枝出售，而无须等待领导的赏赐，乃是近年来的事。那也是用飞机运来的，当然昂贵无比，非小民可问津。我到北方读书后，就基本上与荔枝无缘了。荔枝成熟于五六月，又无法保存，到七月初放假回家，就只能等到明年的春节喝荔枝酒了——荔枝干我从未吃过，好像那只是卖到北方去骗人的。大四那年的六月中旬我就提前回了家，最大的收获就是赶上了荔枝“尾”，慰了几年的相思。荔枝吃多了会“上火”（大概是因为糖分太高而引起牙龈发炎或代谢失调），小时候吃荔枝总是被定量控制，这时候已算是大人，且挟着民主之余威，父母不敢干涉，也就可以畅怀大吃，吃个尽兴，吃罢也可以叹一句“日啖荔枝三百颗，不辞长做闽南人”。这样的闽南人，也就做了这么一次，此后仍是天涯海角，荔枝只在梦中。

想不到在这不产荔枝的国度，荔枝季节早过的时候，却又见到了它。一磅不到两块钱，如此便宜，不像是用飞机运来的，倒像是用了什么保鲜的方法海运而来，这也许可以解释为什么五六月间成熟的荔枝会出现在七八月的市场。看着那黑干的外壳，虽然明知味道不会好到哪里去，吃这样的荔枝只会破坏萦绕了十来年的一个思乡的美梦，却忍不住还是买了几磅。

说来很可悲，我喜欢的东西，几乎都是特产。水果爱荔枝、龙眼、番石榴（平常吃的香蕉、苹果之类，我是当养料吃的，毫无乐趣可言），饮料爱杨桃汁、铁观音，小吃爱猫仔粥（海鲜杂碎粥）、蚵仔煎、四果汤、八宝芋泥，糕点爱山枣糕、油柑子、杨桃蜜饯，乃至树爱榕树，花爱水仙，诸如此类，都是出了华南，甚至出了闽南，就万难觅到的。这样的人，本该老死家乡，却偏要四处流浪。维系着那一缕越来越淡的乡情的，也就是这一连串并不起眼的小东西，而乡愁也就像在错误的季节，在异国他乡所品味到的变味的荔枝，在咀嚼中生出了一丝苦味。

1997年8月18日

在美国看电影

一

1997年据说是美国电影的独立制片人年，几部奥斯卡最佳影片的提名，除了一部《竭力卖乖儿》（Jerry Maguire），都是独立制作的。没有大牌影星，没有天文数字的制片经费，没有好莱坞各大电影公司的撑腰，在出名之前也就无法在主流电影院上映，而只能送到特殊的小电影院去。偌大的密歇根首府蓝星市，就只有这样一家名叫奥迪恩的小电影院，专门放映外国电影、独立制片电影和其他为主流电影院所不屑的电影，但不放成人电影，也就无法像成人小电影院一样买卖兴隆，倒闭过好几次。在我到蓝星市的第二年，奥迪恩又面临倒闭，在报上呼吁大家支持，说是只要每年能筹到2万块钱就可以维持下去。最后是成立了一个“奥迪恩之友”的俱乐部，交100块钱的会费就可全年免费看电影。大概拉到了一两百名会员，终于没有再度倒闭。

当我搬到奥迪恩的附近，开始频繁光顾它的时候，它已经渡过了经济难关，无须再吸收我这样的“之友”了。其实我每年交给它的钱是大大超过100块钱的。这个坐落在集市广场上的小小的电影院，也在扮演着民族文化俱乐部的角色。每当放中国大陆或台湾地区的电影，就会聚集起一堆中国人，放巴西、墨西哥、古巴电影，是一堆南美人，与中国人一样熙熙攘攘，真成了集市了；看法国、意大利电影的，则是白发苍苍、温文尔雅的老头、老太太们。像我这样独来独往的电影世界公民，一定不多，否则奥迪恩也不会一直在死亡线上挣扎。

虽然自诩为世界公民，其实还是有所偏爱的，从中国大陆、台湾进口的电影是场场不漏，虽然看完之后是失望的多，下一次还是心甘情愿去失望。有一次看的是黄建新根据贾平凹的小说改编的《验身》，没见中文报纸吹嘘过，去看的中国人也就不多。贾平凹号称是小说大家，讲的这个故事却是司空见惯的老套路，看了头就知道尾，情节的可预见性正是犯了电影的大忌。阴差阳错，放映的时候却在中间放颠倒了顺序，变成了长工和老板娘未过门就守寡的儿媳妇先上床再恋爱，玄乎乎的倒让观众觉得有几分东方的神秘色彩。我实在不愿意在第二天见到当地报纸的影评因此对此片赞不绝口，在电影结束后便去向经理说了，结果是得到了两张下一部电影的票作为补偿。我其实乃是电影世界中孤独的看客，更愿意独自一人在黑暗中品味另一个世界的悲欢，一张票也就足够了。

离开蓝星的前一夜，从生化大楼开始，沃顿演奏厅、图书馆、雪松河乃至北京快餐、美孚加油站、迈耶超级市场，这些五年来与我息息相关的地方我一一去告别，最后来到了奥迪恩门前，正遇上最后一场电影散场，只见稀稀拉拉走出了几个人，突然感到一股生离死别的悲伤。

纽约的罗切斯特也有这样的一座电影院，名字就叫“小剧院”，据旅游手册的介绍，竟也算是罗切斯特的一景。我到罗切斯特找住处的时候，朋友便带我到那里去看了张艺谋的《摇啊摇》，但此后的一年半，我却再也没去光顾过。这座小剧院不幸处于市中心的正中心，而我对夜晚上市中心有一种莫名的恐惧，只好敬而远之了。轰动一时的《英国病人》原先就是在小剧院独家放映的，也未能吸引我冒险一顾。等此片得了奥斯卡大奖，在各大影院纷纷上映，我才就近找了一家看个新鲜。结果就像电视《善菲尔德》（Seinfeld）中的伊蕾恩一样，此片的冗长、虚假让我如坐针毡，之所以没有像伊蕾恩那样愤而离开，而枯坐了近三个小时，乃是因为整个影院只坐了我一个人，我很慈悲地决定让这部获奖影片放完。

圣地亚哥应该也有这样的电影院吧，但我却连打听的兴趣都没有了。在灿烂的阳光下，夜晚已成了可有可无。

二

前面说到成人小电影院买卖兴隆，不过是设想之词，并没有切身的体会。刚到美国的时候，接机的同学带我到纽约市的时代广场见见世面，走累了却找不到一个地方可以坐下歇一歇的。同学说，这里唯一一个我们花费得起的地方，就是花五块钱进成人电影院，要坐多久可坐多久。我倒是跃跃欲试，他却不好意思了。当晚我就离开了纽约市，这一个可以亲身体验成人电影院的机会就此失之交臂。随着录像机的普及，成人小电影院肯定是没有20世纪70年代那么兴旺了，像蓝星、罗切斯特这种中、小型的城市是否还有这种小电影院，很值得怀疑，毕竟，一两个人躲在家里看成人录像要比跑到红灯区在大庭广众之下看成人电影要体面得多。

但我却有过一次很体面地在大庭广众之下看成人电影的经历，这得归功于罗切斯特大学学生会电影组一个很奇特的习俗：每年春天刚来临时要在学校的电影院放一部硬核的成人电影。买完票，还要验看证件、象征性地搜搜身才放人进去，煞有介事。这是我长这么大看电影第一次被搜身，至今也不明白为何要搜身。观众要比平时稍微多一些，还三五成群地坐着不少女生。我见过资料说，看成人电影的几乎都是男性，校园大概有些例外。开始放演员表的时候，每出现一个名字，观众便是一阵起哄，想必都是一些大家耳熟能详的大明星了。电影本身自然没什么看头，无非是用简单得不能再简单的情节连缀起一串性行为场景，所有的台词加起来不会超过100句，动作单调机械千篇一律，并没有因为拿到学校电影院放映就能高明多少。我感兴趣的是观众。当一个又一个特写镜头，真正是如柱如洞扑面而来时，引发的是什么样的反应呢？男生们是默不作声，女生们却是狂呼乱叫：“天啊！”“真肮脏！”“停下来！”大约是借此才能释放内心的紧张吧。而当屏幕上精液喷射的一刻，屏幕下也跟着一大哄，让我想起小时候第N遍成群结队地去看《地雷战》公映，在日本鬼子踩上地雷的一刻，从观众中爆发出来的惊天动地的爆炸声。

这与其说是在欣赏电影，不如说是在参加一个热闹的宣泄性集会，从古罗马的狂欢到现代的摇滚音乐会，都属此类。而我是这集会中的外人，他们在看电影，我只能在看他们。

三

罗切斯特大学放的电影一张票两块钱，校外影院放第二轮电影也是这个价钱，而且音响要好得多，因此除非是像放成人电影这类特别节目，我是很少在罗大的校园内看电影的。密歇根州立大学的电影也是这个价，但另有一个好处：花五块钱买一张通票，整个学期就都可以免费看电影了，每周三四部轮流在四个礼堂放映，其中两个礼堂就在生化大楼的附近，晚上的实验只要有两个小时的间隔，就可以溜出去看一场电影。在密州大的五年，也就成了我看电影的黄金时代。

这么一场一场地看下来，对电影在美国大学生中的行情也就了如指掌。最受欢迎的是迪斯尼的动画巨片，看别的电影准时去就行了，看迪斯尼的电影却要提前去排队入场，去晚了就没了座位，刚得了奥斯卡大奖的电影都未必有这样的吸引力。与此相反的是外语片，除非是刚得了奥斯卡外语片奖成了名片，每场往往也就只有几个人在看。我想这大概是因为美国没有配音翻译，看字幕太累，未必是由于美国大学生对国外漠不关心。好莱坞拍的以外国人为题材的影片，像《喜福会》，还是很受欢迎的，许多女生还有备而来，拿着一盒纸巾进场，准备在里面痛哭一场。我却没能在《喜福会》中找到一个能感动我的场面，毕竟，它是为美国观众拍的。

在校园看电影的一个好处，是可以看到在外面看不到的经典名片。比如密州大搞过一次希区柯克电影周，在放《教父》下集时顺便把上、中集也拿来放了一遍，等等。像这类大手笔，以前只能通过录像管窥，受了大屏幕高清晰度的震撼后，才越发明白对这类电影，录像与电影的差别，远大于快餐与宴会的不同，因此我也就很少光顾录像店，既然大宴不断，又何须快餐果腹？

这类大手笔，都是好莱坞拍出来的，也只有以好莱坞大公司的人力、财力，才能够拍出这样的巨片。现在是以对好莱坞不屑为时髦，这股风竟也吹到了奥斯卡评奖。但只要好莱坞每年能推出一两部这样的杰作，我也就心满意足了。而且，真要看表演，还得看好莱坞的。独立制片的影片，大抵是所谓导演电影，演员不过是导演手中的道具，好莱坞却古风犹存，仍在靠演员的表演争取观众。好莱坞固然捧出了无数拙劣的演员，但美国现在最杰出的演员却也都是由它培养出来的。我到美国后看的第一部电影是斯特里普主演的《边缘上的明信片》，当时十句台词听不懂一句，但斯特里普的一颦一笑却使我自以为看懂了这部电影。在阳盛阴衰、女演员大抵以脸蛋、身材为资本的好莱坞，姿色平平而演技超群的斯特里普乃是一个异数，好莱坞有这样的异数，也就并非一无是处。从那以后斯特里普每年的新片我基本上都去看。一般人看好莱坞的电影都是冲着主演而去，我也不例外，我冲着的是像斯特里普、霍夫曼、德尼罗、帕奇诺这些上一辈的演员，在好莱坞奋斗了二三十年即将告别舞台，他们的演技才达到了炉火纯青之境。有他们在，导演、编剧的水平如何反而是次要的了。

但好莱坞的绝大部分产品，在我看来仍是垃圾，因此我光顾所谓主流电影院的时候，远少于去奥迪恩这样的小电影院。这大概会很时髦地被认为是处于美国文化的边缘，说不定还要被冠以“边缘人”的美称。但我在中国的时候，一样认为中国的绝大部分电影都是垃圾，岂不也是中国文化的边缘人。只不过中国没有主流电影院和小电影院供选择，只能够一窝蜂都往主流拥过去了。

如果美国边缘人的定义是对美国通俗文化都保持距离，那我是不够格的。美国报纸每天的漫画，也算是美国通俗文化的一大特色，大都很低能，而以六岁男孩和布老虎为题材的《卡文和霍布斯》却充满了机智，曾经是我每天必看的，后来才知道它也是美国最受欢迎的漫画（至少在知识界是如此），无意中赶了一次时髦。几年前其作者宣布封笔，我和实验室的美国人一样长吁短叹，认为从此无漫画可看了，的确从那以后我极少去翻报纸的漫画版。电视情景喜剧也该算是美国的国粹，其收视率最高的《善菲尔德》也是——用台湾地区的“国语”来说——我的最爱。前一阵因其中一位演员开价太高而差点停播，我和我的新美国同事一起提心吊胆，有同感的美国人想必不在少数，我这不又突然进了文化中心了？其实在这个多元的崇尚个性的社会，很少有人对每一样通俗文化都热衷，也很少有人对之一概排斥，每个人都时而在中心，时而在边缘，或者说，人人都是中心，并不存在一个大一统的中心，实在没必要以边缘人自居，自怨自艾或孤芳自赏。

1997年6月14日

下　棋　梦

我这次搬家，坐的是早晨的飞机，送我去机场的朋友睡过了头，赶到机场时离飞机起飞只有十分钟了，却被安全检查人员拦了下来，说我的行李里有两枚炸弹。我说是两盒石头，不信，一定要我打开来看。我那箱子是胡乱塞得满满的，一打开就散了一地，等让警察过了目，收拾完毕，飞机刚好起飞，我只好在机场睡了一觉等待下一班飞机。

那是一副云子，竹编的盒子圆鼓鼓的，用X光一照，确实很像是地雷。当初带这副云子出国时，在中国的机场也被拦了下来，也怀疑是炸弹，不过一跟他们说是围棋子就放行了，不像这次被翻了一个底朝天。这副云子是毕业那年昆明的同学给我带的。那时候我也算个棋迷，尤其是大三那年，自称一手写诗一手下棋，打遍全系无敌手——不过我们系没几个下棋的，所以也没什么可吹的。最辉煌的战绩是省队教练黄永吉六段（20世纪50年代的全国冠军）来下车轮战，被我杀掉了一条大龙。黄六段算了半天，就是少一口气，竟然指责我趁他不在时偷偷放了一子。他把那子拿起来一看，傻了眼：原来是星位上让的子。

到美国后，跟张文东的师兄做了两年的室友，这副云子才派上了用场。这位室友如果不是他父母不让他下棋，现在大概也是国家队里的一员虎将。当时围棋网络还没完善（其实他后来也很少去IGS），他是通过电话跟以前的棋友下棋的，赢来的钱还不够付电话费。当时我没什么事干，一到周末就跑到功夫俱乐部去踢人场子，他呢则跑到密歇根的围棋俱乐部去踢人场子。那里的指导老师是业余六段，我的室友可让他二子。他跟我下是让三子，我还是输多赢少，下得我从此对围棋失去了信心，只能用象棋报仇。下中国象棋我可让他一只马，而且十之八九还是我赢。这么一来都觉得没什么意思，就一起学国际象棋。大家都是白手起家，一开始还旗鼓相当，但慢慢地差距就越拉越大了。国际象棋毕竟跟中国象棋思路相同，才过了一个月，他还只有二级棋手的水平，而我已经有候补大师的实力了，又没法再下下去。当时我们学国际象棋的一个目的是想去参加棋赛赚点奖金。美国大大小小各种规模的国际象棋比赛多如牛毛，而且是分等级比赛，每个等级都有名次有奖金。我们当时的如意算盘是有了一级棋手的实力就去参加二级棋手的比赛，有了候补大师的实力就去参加一级棋手的比赛，这样得个分级冠军什么的应是不难。哪知道要参加什么等级的比赛并不是可以自己报的，而要有美国棋协的级别证书，否则只能参加最低一级的比赛，没什么钱赚。要得到级别证书，得到当地的俱乐部下计分棋，从最低一级下起，每20盘统计一次。即使有候补大师的实力，要升到候补大师也得下好几百盘棋了。等级高的人不愿跟我这种没等级又有一定实力的人下计分棋，因为下赢了没好处，下输了就惨了。只能找没等级或等级很低的人下，而里面像我这种藏龙卧虎的毕竟是极少数。跟臭棋篓子下正式的计分棋恐怕是人生最痛苦的一件事，让人恨不得帮他下算了。我到俱乐部去过一两次后就再也不去，实在是熬不了那几百盘棋，这个下棋发财梦也就完了。

前几天接到这位朋友的一封信，说现在忙着看小孩，早就不再下棋了。可见男人也是结婚不得的，不仅是女人如此。

我的实验室里摆着一副围棋，木制的棋盘，看上去很不错，不过棋子不够数，100枚不到，是从前一位台湾人留下来的，据说他还教会了实验室的老美下围棋。今天本地报纸的科普版刚好有一篇文章介绍围棋和计算机，谈到围棋的规则很简单，变化却无穷无尽，计算机要是花一秒的时间用于国际象棋，就等于要花100年的时间用于围棋，预计至少要在100年后才会有真正能下围棋的计算机问世云云。实验室的老美们看了这篇文章都觉得是胡说八道，围棋规则很简单没错，变化却绝对不如象棋，不就是把五子连成一线吗？敢情那位台湾人是把五子棋当成围棋教给他们了！看来我这传播中国文化的使命任重道远。

1997年8月7日

没有围墙的大学

“没有围墙的大学”，这种说法以前指大百科全书，现在又用来指远程教育、网络大学，总之，与真正的大学相对。在中国人的心目中，大学就应该是壁垒森严的。20世纪80年代，我在合肥“南七技校”（中国科技大学）上学，整座校园被用红砖墙包围了起来，墙头上还插满了有中国特色的碎玻璃以防翻越。只有两个大门供出入，一到晚上11点就关上了。看完夜场电影回来，不想露宿街头，就必须施展轻功登门而入，穿裙子的女同学未免不太方便。后来有壮士发功拉弯了铁门上的栏杆，从此过完夜生活回来的绅士、小姐们都可以优雅地侧身鱼贯而入，不必再当梁上君子了。

20世纪90年代，商品经济的大潮席卷中国时，我躲在美国大学读书，听说母校的围墙被拆掉了。这时候，有了时空的间隔，这座丑陋的围墙变得美丽、高尚起来。有校友喟然感叹道，没了围墙，以后社会上的三教九流之士都可以自由出入校园，大学不再是象牙塔了。不久，又听说，拆掉围墙是为了卖地皮，在围墙原址临街建起了一长排商业大楼、店铺，组成一道新的围墙，仍然把整个校园围得水泄不通。而大门也新建了，而且坚固无比，纵有神力，也不能再劈开一条通道。

但是校园里的治安，据说却是一天坏似一天了。门卫当然相应地加强了。近年来我也去过几次中国的名牌大学晃悠，看到穿着类似军装的制服的门卫威风凛凛地站岗，虎视眈眈地盯着每一个出入的人，总让我感到有些心虚，因为身上并不习惯带可以证明我的合法身份的证件。幸好，大概我长得不像个非法分子，迄今还没有被门卫拦截下来盘查的记录。

可见再警惕的门卫也是靠不住的。大概正是为了防止像我这种貌似忠厚却"心怀鬼胎"的人混进校园，有些大学又想出了新的高招。我看到一则报道说，清华大学东校门和西校门都已经安装上了刷卡机，将要实行进门刷卡制度，没有卡的要登记。原因据说是"由于现在出入清华大学的人太多，学校里也经常有自行车丢失"。这么一来清华大学自行车似乎就万无一失了，除非校内人员互相偷。

美国在20世纪60年代曾经兴起过一场办社区教育的全国性运动，运动名称叫"University without Walls"。可见"没有围墙的大学"这种说法并非国粹。但是奇怪的是，我学习过、访问过的北美大学有30来所，却没有见过有哪一所是有围墙的，也没有大门，当然更没有门卫。有时在校园内碰上执勤的校警，笑眯眯地和你打招呼，并没有警戒地拿你当贼看待。美国有的大学连校园都没有，学校建筑与校外建筑混杂在一起。有的有很大的校园，但将校园内外分隔开的，不过是一条马路。人人可以大摇大摆地走进去，不用担心会有人把你拦下来要证件。大学图书馆之类的公共建筑也可以自由出入、查阅。北美大学有的在当地属于名胜，校园内游客如云，也从未听说校方乘机卖门票赚一笔，像有的中国名牌大学一样。事实上，北美大学欢迎游客参观，这显然有助于争取到社会支持和好的生源。

美国大学的“外来人口”那么多，治安却是出奇地好。偶尔见到校园犯罪的报道，也多是学生所为。似乎三教九流一进了校园，也暂时变得纯洁、高尚起来。在那样的校园内生活、学习、工作、参观乃至游玩，的确有一种身处象牙塔的感觉。而过去的中国大学，给我的感觉像是集中营，现在的中国大学，则更像是公司。世俗的喧嚣，不是靠一堵围墙能够挡住的。

2005年5月30日

衣服随意

索尔克研究院位于海滨的悬崖上，下面就是一大片被悬崖峭壁所隔绝的沙滩，近在咫尺，但要下去却不怎么方便。几条去沙滩的路都是人走出来的，又陡又险，往下走怕一不小心滚下去，往回爬则得累出一身汗来。那并非人迹罕至的荒郊僻野，一到周末，沙滩上总能聚集起几百上千人来。市政当局向来热心这种热闹场所的公益以拉选票，为何却不在此处开凿一条路呢？原来这个沙滩，乃是大名鼎鼎的布莱克沙滩——加州最大的“衣服随意”沙滩之一，当局乐得让它这么与世隔绝，至少就会较少有小孩儿下得去了，虽然偶尔也能见到拖家带口的在沙滩上玩耍。

美国以清教徒立国，视裸体为罪恶，相沿至今，在公共场合全身裸露——女性甚至只要裸露上身——几乎在所有的州都算犯了有伤风化之罪，据说是最多的一宗性犯罪。但对一些特定的场所，警察却也睁只眼闭只眼，并不去干涉。比如在各大、中城市遍地开花的脱衣酒吧，似乎也没听说有警察去围剿。那里的小姐脱到最后剩下一双鞋是绝对不脱的，以表示还没有“全身裸露”，不犯法；或者扭几下做跳舞状，以表示这是艺术，也在豁免之列。最近艾奥瓦州通过法律禁止在酒吧跳脱衣舞，脱衣酒吧也并没有因此停业，他们改办美术培训班了，来客每人发一块画板一支铅笔，参加人体美术大赛。总不能学咱们的孙传芳大帅连人体美术也禁吧？

另外一种这类特别的场所，就是“衣服随意”沙滩——或换个通俗的说法，“裸体”沙滩一了。虽然在这种地方赤身裸体与在别的沙滩一样属于违法，但约定俗成，人人如此，警察也就眼不见为净，干脆不来巡逻。这样的沙滩在东西两岸都有几处，虽说是衣服随意，也没有人来强制执行，但一进了人家的地盘，也只能入乡随俗，否则只有你一人衣冠楚楚更令人尴尬，这就足以使那些只想去看看风景的人止步了。但布莱克沙滩却是真正的衣服随意，那里的人大约有一半至少还穿着泳装，甚至还能见到衣冠楚楚的旅游者在拍照，只要不对着人来个特写镜头，也没有人来干涉。

没去过的人总觉得这种地方很神秘。曾经在香港某大报上看到报道说天体营的主要活动是“比凸比大”，实在是以己心度人腹，想入非非了。其实只要去走一遭，就会发现那里人们的活动跟在别的沙滩也没什么不同，无非是游泳、玩沙、晒太阳、扔飞盘，甚至也打沙滩排球，扑倒救球的滋味想必不太好受。

在众人面前赤身裸体，很需要勇气，不仅要不害羞，更重要的还得不怕出丑。那又不是百里挑一的脱衣表演，普通群众而已，大多数的人也就是男的大腹便便、毛浓如猿，女的乳房耷拉、腰肥腿粗，为风景起见，我是诚心诚意希望他们能把衣服穿上的。衣服的最大功用，不在遮羞，倒在藏丑，所谓人要衣装是也，即使是美人儿也不例外。明人卫咏编过一部美人教科书《枕中秘》，里面就教美人们该如何穿戴，什么“春服宜倩，夏服宜爽，秋服宜雅，冬服宜艳。见客宜庄服，远行宜淡服，花下宜素服，对雪宜丽服”等等，却也没有说“临水宜裸裎”，倒是在别处把“入夏好风南来，香肌半裸，轻挥纨扇”当成一岁快意时，看来半裸是强于全裸了。其实衣服的另一功用是在突出诱惑，所谓三点式突出的是三点，新几内亚男性土著全身裸露却偏要套上一个硕大的阴茎鞘作勃然翘然状，突出的是一点。倘要勾引异性，香肌半裸更有效用吧。只有到了上手入轨，灯前月下，独对红妆，朦胧之际，心醉之时，赤身相对才有了另一番别趣。

1997年9月13日

暴风中的宁静

久住在风和日丽、四季如春的地方，一旦去外地旅行，就对气候的变化特别地敏感。最近出了两趟远门，偏偏又都遇上了两场天灾——的的确确是天灾，并不是因为怀念居住地的气候的多愁善感。

九月中去新泽西、纽约拜访朋友，抵达的第二天，飓风就袭击了该地区。主人很是担心会像去年飓风来袭时一样停电，地下室将因为抽水泵停止工作而水满为患，事后的修缮得花上几千美元。担心了一整夜，却安然过去了，在我，则是多了点坐在屋中欣赏久违的暴雨的闲情。边看雨边与主人聊着日常琐事，听着她的二岁儿子一遍又一遍反反复复放着的巴尼恐龙的录像，在平凡幸福生活的氛围中，突然强烈地思念着一个在远方的人，是一种别离的滋味。

10月初经台北、香港抵达厦门，同样是在第二天，风速47米每秒的14级台风正面袭击厦门，从市区扫荡而过。厦门的主人倒是没有地下室可担心，但暴风雨还是顽强地从紧闭的窗户渗进来，使我们不得不在屋内手忙脚乱地抗洪抢险。到了天暗下来的时候，发现电早已停了。但是台风也已过去了，在黑暗之中四周显得异常的宁静。于是约了人，到另一处点蜡烛打牌。一路走过去，只见街道两旁的树木一排排地横躺着，残渣碎物撒了一地，是从未见过的满目疮痍。

我对打牌向来趣味索然，但在停电的情况下也没有别的什么事情可做。其实打牌、打麻将，不过是我们中国人聚在一起聊天的手段。在美国时，偶尔也被中国留学生拉去打牌，在牌桌上大家聊的无非是体育比赛、电影电视、同事趣事、往事旧闻、市场行情，轻轻松松，快快乐乐。现在，在烛光的照耀下显得颇有几分浪漫的牌桌上，话题却是非常的沉重，三句不离政治的腐败，司法的黑暗，经济的欺诈，新闻的虚假，社会的混乱……个个牢骚满腹，仿佛都是怀才不遇的政治家。这是在沉重的生活中一次轻微的宣泄。当地官场如何买官卖官，法官如何原被告通吃，军警如何欺压公民，假货如何猖獗……一切在我听来都是熟悉的，因为凡此种种，在晚明、晚清的野史笔记、白话小说中都已见识过，在中国历史上并不是什么新奇的玩意。然而对我来说又是陌生的，当10年前我还在中国生活的时候，还没有听说过这些怪现象。何况大家口中那些以为不注自明的名词、人名，在我听来却是完全陌生的，因此我只有沉默着，静静地好像在听着与己无关的故事，心里慢慢地涌起了一股分处两个不同世界的悲哀。我所面对的，是一个与我朝思暮想的中国截然不同的现实世界。这个世界正处于一场强烈台风的中心，而我却在台风之外，只是偶尔被轻轻吹拂了一下。

深夜打完牌往回走，一路上仍然是昏暗的。快到住处时，却看到了楼上的窗口已有灯光，知道电正在逐步恢复，于是轻轻地松了口气，一夜的沉重好像就此卸下了。

1999年10月12日

杂文

Essay

关于爱国的“天答”

《华夏文摘》的“主笔”何碧在最近一期（1999年7月15日）的《华夏文摘》上发表了一篇题为《关于爱国的“天问”》的奇文。学屈子号称“天问”，好像是自以为无解。如果果真是“吾将上下而求索”的彷徨，我们还可以给予同情。但是，作者显然是早已成竹在胸，所以在颠三倒四抛出了一堆诘问之后，就急忙忙地给出了答案：

> 说穿了，我们的爱国主义，其实只是“夜郎综合征”（又名“河伯综合征”）的一种表现。夜郎国的人从小听到的是自己怎么怎么天下第一，等到河伯到了大海，才发现不但自己现在的一切不如人，而且论历史不如埃及悠久，论文化不如希腊罗马美轮美奂。惊怒妒羡之余，只有缩回心造的幻影中去，靠膜拜那个虚构出来的伟大祖国来寻求心理平衡。实在无法逃避现实之时，就把一切责任赖到别人头上，似乎整个世界都约齐了来欺负自己。近年来，当局为转移民众对内政的注意，一直在进行密集的民族主义洗脑，将百年前受的屈辱幻化为现实，全国便又一次成了精神病院。

言下之意，凡是爱国主义者都是被中国当局集体洗过脑，都是精神病院中人。不知道这段描述有没有何碧的个人经验在里头，如果有，我怀疑何碧还真是从中国的哪一所精神病院逃出来的，因为我很难想象，百年来还有哪所中国学校还在宣扬中国天下第一，何碧这样的学生要等出了国才发现现在不如人，才知道原来埃及历史也悠久，希腊罗马文化也“美轮美奂”（用“美轮美奂”形容文化，不通，这里姑且延用），惊怒妒羡之余，也就跪倒在了洋主子脚下。在中国的学校受过正常教育的人，都知道中国早已不是第一，在许多方面（不是“一切”）不如人，中国现在是个贫穷落后的发展中国家，所以才要“振兴中华”。在中国上过中学世界历史课的人也都知道，埃及有悠久的历史（未必就比中国更悠久，就算更悠久也没什么，因为我们从来就没说过自己“最”悠久），古希腊、古罗马的文化也辉煌灿烂。至于中国文化跟他们比，哪个更辉煌灿烂，不可能有一个客观的标准，要强加比较，就带着感情因素。因为我们是中国人，在感情上，不认为中国文化不如古希腊、古罗马，人之常情；非中国人，或“前”中国人如何碧之流，在感情上，非要认定中国文化不如古希腊、古罗马，也是他们的自由。但是，古埃及历史再悠久，古希腊、古罗马的文化再辉煌，也早已是明日黄花。文明古国中至今硕果仅存的，只剩下了中国一个，“周虽旧邦，其命维新”，这一点，本来也值得外人惊怒妒羡的。

不可否认，海外华人在怀恋祖国时，对祖国文化有美化的倾向，这就像游子思念故乡，老来回忆儿时，更多地只记着了美好的事物，也是人之常情。但是，如果说这些美好的事物都如何碧所言只是“心造的幻影”，是为了“靠膜拜那个虚构出来的伟大祖国来寻求心理平衡”，则是诬蔑。我倒觉得，何碧之流可能已经或计划不做中国人了，才需要靠谩骂爱国主义来寻求心理平衡。不愿做中国人，本来也没什么了不起，但如果反过来咒骂还在做中国人的人，则未免太恶心。

我们牢记百年前、几十年前中华民族所受的外辱和影响至今的后果，是为了发奋图强，而不是“把一切责任赖到别人头上”，当然，别人的责任也不能一笔勾销。何碧是要我们把别人的责任一笔勾销的，为我们指了一条路：

> 《总理遗嘱》中说，国民革命要成功，必须联合世上一切平等待我之民族。孙中山糊涂一世，到死仍不明白。我们的问题，不是要让人家平等待我，而是要拆除自己心中的围城，真正学会平等待人，既不把洋人当神崇拜，又不当鬼憎厌，物我两忘地融入世界文明。不去除心中的天朝情结，抛弃狭隘愚昧虚伪的“爱国主义”，我们就只会像与风车作战的堂吉诃德，被旋翼一下又一下地打得头破血流，周而复始，七八年又来一次。

“真正学会平等待人”“物我两忘地融入世界文明”之类的高调，是否该唱，要看是对谁、在什么时候说的。被压迫者要求生存，自然首先要求别人平等待我。平等待人应该去对着强盗宣扬。和平时期，多讲平等待人，受压迫、被侵略时，则应该要求平等待我。比如现在讲中日友好，没什么不妥；但如果在抗日战争时期对着中国人宣扬中日亲善，却是为日寇帮凶的汉奸论调。孙中山先生在中国受列强欺压之时，要人家平等待我，一点也不糊涂；何碧要求在中国遭受外祸之时也“物我两忘”，正是为列强帮凶的汉奸论调。用鲁迅的话说，是：“但高超固然是可敬佩的，无奈这高超又恰恰为日本侵略者所欢迎，则这高超仍不免要从天下掉下来，掉到地上最不干净的地方去。”

何碧说：“中国大约是爱国志士最多的国家，谁也不像咱们一样，动辄斥同胞为汉奸、卖国贼。”这句话基本准确。但是，中国之所以爱国志士多，是因为中国外祸也多，汉奸、卖国贼也多，为汉奸、卖国贼辩护的更是不少，比如现在就流行为秦桧、吴三桂、汪精卫、周作人等著名汉奸辩护，花样百出，且辩护者个个理直气壮，自诩深刻、高明，不以为耻，反以为荣，这大约也是一项世界之最。但比起来，总不如像何碧这样干脆来个釜底抽薪，否定爱国主义来得彻底。如果我们因此就把何碧之流斥为汉奸，倒也不太妥当，因为汉奸言论并不是汉奸行动。但言论往往是行动的准备和先导，只要有机会、有条件，“汉奸有理”论者是可以变成实际的汉奸的，所以，称他们为候补汉奸，还差不多。不过，“汉奸”一词，现在虽然是用于泛指背叛中华民族者，但那个“汉”字很容易让人误解，以为只跟汉族有关。为避免误解，改称华奸比较妥当。何碧之流既然认为当华奸有理乃至光荣，而爱国“狭隘愚昧虚伪”，那么，被称为候补华奸，也不能算是什么攻击了。

“爱国”是一种爱情，爱情这玩意，很难做理性的分析，不好多问个为什么。如果有人非要问人为什么要爱国，我只能回答说，就像人要爱父母一样。父母生我育我，故爱之；祖国生我育我，故亦爱之。至于历史悠久、文化灿烂之类，就像父母有名有钱之类，都只是佐料，并不是主要因素。美国的历史不悠久，文化也不灿烂，但一般美国人的爱国之心，绝不比中国人差。爱国之心，人皆有之，只要还没有被私欲迷了心窍。即使是原始部落，也存在爱部落之心。只要想想印第安人当年以鸡蛋击石头般地抗击殖民者的悲壮史，看看至今印第安人虽已无力回天而仍然不忘几百年前的屈辱，把美国法定的“哥伦布纪念日”视为屈辱日，中国人牢记百年前的屈辱又算得了什么。何碧为了证明只有中国人最爱国，举了个英国的例子：

> 兄弟所在的英国，刻下正在闹分家，即所谓“逐渐解体”（devolution），苏格兰和威尔士都为此成立了自己的国会。对此，朝野淡然处之，无人如丧考妣，疾首痛心。本人有位“苏独”分子同事，从来不承认苏格兰属于英国，却至今顽健，毫无“千夫所指，无疾而终”的迹象。更有甚者，英国佬当年糊糊涂涂地把“日不落帝国”丢了，龟缩到此弹丸小岛上来。对此惨重损失，其历史书上竟毫无交代，更未找出一个慈禧或李鸿章来作箭靶。

据我所知，所谓devolution，在法律上意为“权力下放”，即中央政府下放一部分权力到地方，而不是“逐渐解体”。当然，何碧人在英国，也许更知详情，说不定英伦三岛的确在闹分家，我们在英国之外的不知有这么回事，足见还未成气候，所以英国朝野可以淡然处之。同样是闹分家，北爱尔兰闹了100多年，闹成了气候，英国朝野就并没有淡然处之，镇压、暗杀、爆炸，无所不用，到现在也还没有分出去。苏格兰已并入英国数百年，据说至今还有“苏独”分子，正可说明苏格兰人爱国心之重，至于“苏独”分子未被“千夫所指”，也是因为未成气候，犯不着去浪费时间。英国丧失“日不落帝国”不可与清末中国割地赔款相提并论，因为那只是把抢来的东西又还了回去，并不是把本土的“弹丸小岛”割让给别人。即便如此，大英帝国也是很不情愿的，否则圣雄甘地也不必搞什么非暴力不合作，否则也不会有迟至十几年前的福克兰群岛之战，万里迢迢派兵争夺另一个弹丸小岛。“日不落帝国”的解体，恰恰正是因为“国家要独立，民族要解放”，爱国主义成了世界潮流使然——中山先生所谓“联合世上一切平等待我之民族共同奋斗”，也就是这个意思。退一步说，即使世上有流行不爱国的国家，也并不就值得我们效法，就像不必见到有人对父母不孝，就立志也要做不孝儿女。

何碧说：“我们的‘爱国’观念是何等混乱。”其实是他本人“爱国”观念混乱，不去好好理清楚，却妄图干脆抛弃爱国观念。他自以为高明地发问道：“所谓爱国也者，爱的究竟是民族，是国家，是政府，是执政党，是领土，是社会制度，是文化，是传统，是历史，是风俗，是家园，是父老乡亲，是风土人情，是饮食习惯，还是这一切的总和？问题在于这些东西有的每项不止一个，有的还互相排斥，连加都没法加起来。”如果有人也学着来一篇《关于爱父母的“天问”》，问道：“所谓爱父母者，爱的究竟是生命，是名望，是为人，是地位，是权势，是遗产，是房屋，是相貌，是身体，是生活习惯，是修养，是脾气，是祖传秘方，是一日三餐，是零花钱，还是这一切的总和？问题在于这些东西有的每项不止一个，有的还互相排斥，连加都没法加起来。”然后得出结论说爱父母是“狭隘愚昧虚伪”，该送精神病院，那么我们大概也该把他送精神病院。我们爱父母，并不是要先把父母的各个方面拆散了再加起来爱，也不是要爱父母的所有方面。爱国亦然。

“国家”这个概念，有三个方面的含义，英语分别用三个词表示—— nation、country、state，也即民族、领土和政权。民族是神圣不可征服的，领土是神圣不可侵犯的。所谓神圣，也就是公理如此，不需要去证明。至于政权，则不过是本民族对领土的管理方式，并不神圣，改朝换代寻常事，并非亡种亡国。所谓“爱国”，爱的是祖国，也就是民族和领土，并不包括政权。当然，如果政权好，也不妨去爱，但那只是对政府效忠，并不等于爱国。搞明白了这一点，何碧的诘问“如果爱国就是爱政府以及执政党，那么爱国的中共当年为什么要以暴力推翻由国民大会选出的国民政府？现在台湾人热爱自己的民选政府，不认同大陆政府又有什么错？如果爱国其实是爱社会主义制度，那么‘一国两制’岂不成了卖国政策？”也就显得可笑了。当局固然希望国民因为爱国而爱政权，候补华奸也希望人们因对现政权不满而不爱国，所以才会振振有词地质问：“中国的事情到底是坏在自己人手上，还是栽在鬼子手里？中华民族有史以来，到底是外国人杀的中国人多，还是咱们自己掐掉的多？”就算中国的事情坏在自己人手上，也不能因此原谅鬼子的染指；就算咱们自己掐掉的人多，也不容外国人杀中国人。内乱要防止，外祸也要抵抗，只有华奸和候补华奸才会认为有了内乱就不该抵抗外祸甚至应该欢迎外祸。

“祖国”具有历史性，领土会有扩大和缩小，民族会有融合和分化，在这个演变过程中有喜剧，有悲剧，有圆满，有无奈。“失去的领土是否在爱之列？”答案就在“历史”两字。就像一座房子被外人霸占，自然要尽力去夺回来，夺不回来了，也不妨记住屈辱保持警惕，以免又有别的房子被霸占。至于“如果失土不计，我们又还有什么理由要台湾回归？”问得甚是无知，因为台湾早在抗日战争胜利后回归，现在两岸分裂，乃是内战造成的，并非失土。“新加坡岂不也在回归之列？”问得更是可笑，新加坡从来就不曾是中国领土，何来回归？

民族文化乃是多元的，有主流有支流，也是历史演变而成。“为什么中华文明中只有汉族的东西？”乃是一个假问题，因为汉族文化虽然是中华文化的主流，却不是全部，少数民族的文化同样融合在其中。但是，虽然主流文化应该尊重支流文化，支流文化也应该保护、发扬自己的文化，却不可能也没必要对每一个文化都平均对待，所以，即使没“有哪一个中学甚至大学的历史教师，能像背‘夏商周春秋战国秦两汉……’那样背出吐鲁番的历史”，也就没什么奇怪的了。吐鲁番的历史在今天已与绝大部分中国人的日常生活无关，而只有学术的意义，但是，如果不熟悉中原的历史，却是容易在日常生活中闹笑话的。何碧显然就对中国历史相当无知，才会闹出像“宋朝以降，除抗战外，中国大规模的对外战争从未赢过一次”这样的笑话。元末驱逐蒙古族统治者，永乐年间征讨北元，就都是赢的。如果说因为现在蒙古族也是中华民族的一员，这些不算数，那么也还有万历年间抗日援朝，以及郑成功收复台湾，也都是大规模的对外战争的胜利。

爱国是人之常情，也是现实的需要。既然世界还未大同，国与国之间还存在竞争和对抗，那么，热爱自己的祖国，就像在私有制社会爱护自己的财产一样，天经地义，对于受压迫的发展中国家，更是如此。等到世界大同之日，再来宣扬“物我两忘地融入世界文明”的高超理论不迟；就算现在忍不住，也该对着列强宣扬，否则，“这高超仍不免要从天下掉下来，掉到地上最不干净的地方去。”

1999年7月17日

袁崇焕之墓和民族之气

周末抽空浏览了一下几种中文电子刊物，发现马悲鸣又在感叹中国人活该被日本人屠杀，又是洋洋洒洒旁征博引，这回却是扯上了袁崇焕：

> 抗清名将袁崇焕被崇祯皇帝凌迟处死。入清后却被清政府平反。终满清之世，近三百年间，袁崇焕墓都受到妥善保护和尊重。但辛亥光复了汉官威仪后，袁墓却是日渐凋零，现在已被周围的学校逐步侵占，任凭学生向袁墓射足球，恣意侮辱。令守护袁墓三百余年的佘家后代齿寒。这样的国家，这样的民气，何来尊严？国格、人格又安在哉？（马悲鸣《中国的“靖国神社”在哪里？》）

崇祯二年（1629年），袁崇焕率师千里驰救京师，以9000精兵打败10万入寇清兵于北京城下，反被多疑的崇祯皇帝逮捕入狱。第二年八月，袁崇焕被凌迟处死，血肉被愚民抢食一空，其帐下谋士佘义士（名字无考）冒灭门之灾盗出袁的首级，葬在自家院中，址在今北京崇文区第59中学校园内佘家小屋的后面。佘义士临终前遗命佘家子孙此后不许为官、不许回南方老家，世世代代为袁督师守墓。从此佘家开始了300多年为袁督师起先是秘密的后来公开的守墓史。

满人入主中原后，清廷为安抚人心，大肆表彰史可法等抗清守受节南明忠臣，但袁崇焕不属此类。一则袁与清室有杀祖之仇，宁远之战，袁崇焕以兵5000却敌10万，击伤清太祖努尔哈赤，不久努尔哈赤在气恨中不治身亡。二则袁崇焕被害的导火线，乃是皇太极从《三国演义》学来的下三烂的反间计，全国人民都还给蒙在鼓里，误以为袁是卖国求荣的大汉奸，如果为他平反，只会破坏安定团结的局面。所以就一直拖到了乾隆初年，《明史》即将定稿，史臣在撰写袁崇焕传时，从《清太宗实录》知道了皇太极的反间计，又不敢照写，最后还是乾隆帝拍板，至此袁崇焕之冤始大白于天下，这时明朝已灭亡了100年，反清复明也早已成了历史。但《明史》只不过是披露了反间计而已，算不上给袁崇焕平反，对袁的功绩也是尽量贬低的。到了乾隆帝晚年，颇有点儿仰慕汉家衣冠的意思，又想起了袁崇焕，给袁崇焕和佘义士修了坟，这才算是平反了。但这时距袁之死已有150年，距清之亡也只剩100多年，什么“入清后却被清政府平反。终满清之世，近300年间，袁崇焕墓都受到妥善保护和尊重”，最多算是对了一半。

至于“但辛亥光复了汉官威仪后，袁墓却是日渐凋零，现在已被周围的学校逐步侵占，任凭学生向袁墓射足球，恣意侮辱。令守护袁墓300余年的佘家后代齿寒”，则是完全的不实了。事实上，终清一代，袁崇焕始终有墓可安葬却无祠可祭祀，算不上“尊重”。民国一成立，康有为即发起在袁墓旁建袁崇焕祠，称“袁督师庙”，并亲自写了庙记及撰门联云：

其身世系中夏存亡，千秋享庙，死重泰山，当时乃蒙大难；
闻鼙鼓思东辽将帅，一夫当关，稳若敌国，何处更得先生？

共和国成立后，毛泽东主席曾批文指示保护袁墓，不得动迁。1952年，由李济深、柳亚子、章士钊等人发起，重修了袁崇焕祠墓碑。之后据说在清明时，政军要员宋庆龄、周恩来、朱德等人都曾去祭扫袁墓。

“文革”时神州文物遭劫，袁墓亦不能幸免，墓、祠均被红卫兵砸烂，墓园成了中学的操场。佘家第17代长子也在这时候搬走，不再守墓了，但他的妹妹佘幼芝却坚持守了下去。“文革”一结束，佘幼芝即四处呼吁、集资，请重修袁墓。但那时候国内学界连岳飞、袁崇焕这些抵抗少数民族的名将是否该算民族英雄都弄不清楚了，海内外闻名的岳坟是重修了，袁墓则一直拖着，一直到了1992年清明节，袁墓才修葺一新。只是袁祠已住进了十几户人家，搬迁不易，现在还未恢复。1994年，海内外轰轰烈烈纪念袁崇焕诞辰410周年，我也曾经写了篇《功到雄奇即罪名》的长文凑热闹，为此通读了有关文献，对袁督师越发敬佩。去年回国，因未到北京，也就无法亲睹袁墓修得如何。但广东东莞的袁崇焕故居我是去了。其实袁遇害时，老家也被抄，兄弟妻子被流放，故居早已荡然无存，当地政府在原址围了一大块地，立了个碑，正拟建袁崇焕博物馆。

英雄墓屡毁屡修，前赴后继，这也是中国的国格。佘家17代人为英雄守了370年墓，古今中外闻所未闻，这也是中国人的人格。北京文物局曾想派专人清扫袁墓，被佘幼芝婉拒，他们宁愿自己继续守下去。老人的女儿焦颖和儿子焦平都表示会成为第18代守墓人，接力棒从佘家交到了焦家。佘女士说："不为别的，就为忠义两字。"这样的民气，恐非马悲鸣之流夸夸其谈者所能知。袁崇焕一介书生，投笔从戎，战无不胜，保家卫国，死而后已，以其伟大的人格征服了全军将士，被捕时全军痛哭，弃城东走，袁崇焕自狱中寄信命他们回来继续抗敌，遇害前面对千刀万剐仍念念不忘民族存亡，临刑口占云："死后不愁无勇将，忠魂依旧保辽东。"这是忠义。暴君奸臣腐儒愚民残杀了本民族的英雄，佘家以世代守墓这种方式报英雄知遇之恩，以一家之力替全民族向英雄赎罪，这也是忠义。华夏族外祸内乱、历尽苦难凡4000年，未像所有其他的文明古国那样灰飞烟灭，而生生不息、一息尚存，靠的也是一股忠义之气，至今不绝。忠义之气之所以能够流传不息，是因为现实虽然总有缺憾，历史却大体还是公正；现实中得不到的，可从历史中探求，这是我们民族的仁人志士的坚定信念。袁督师《入狱》诗云："但留清白在，粉骨亦何辞？"又云："心苦后人知。"表达的就是这种信念。我们可以告慰袁督师的是，他的清白已在身后一百年被还清，而他的苦心，后人也终于能够知道。斯人已去，浩气长存，只要这个民族不成为马悲鸣所捏造出来的那个民族。

注：

佘家近况据冯武勇《为袁崇焕守墓——一个延续三百多年的故事》一文。袁崇焕祠、墓目前已修缮，并正式对外开放。

1999年4月3日

从鲁迅弃医从文想到的

鲁迅弃医从文的故事，在中国大概是受过教育的人都知道的。再过几天就是先生诞辰120周年，又恰逢美国“9·11恐怖袭击事件”让中国人痛痛快快地当了一次看客，忽然想起这个故事：

> 第二年添教霉菌学，细菌的形状是全用电影来显示的，一段落已完而还没有到下课的时候，便影几片时事的片子，自然都是日本战胜俄国的情形。但偏有中国人夹在里边：给俄国人做侦探，被日本军捕获，要枪毙了，围着看的也是一群中国人；在讲堂里的还有一个我。
>
> “万岁！”他们都拍掌欢呼起来。
>
> 这种欢呼，是每看一片都有的，但在我，这一声却特别听得刺耳。此后回到中国来，我看见那些闲看枪毙犯人的人们，他们也何尝不酒醉似的喝彩，——呜呼，无法可想！

试想，如果有当时的看客后来看到这一段描述后，辩解说：我们并不是因为有人死了喝彩，事实上我们还很同情被杀者，我们只是觉得这个杀的过程很漂亮，才忍不住叫好！大家作何感想呢？

这一幕和这一辩解在这几天都重现了。那些为恐怖事件叫好的中国大学生们在被斥责为幸灾乐祸、没有人性，特别是在发现遇难者中也有许多中国人连自己也感到不好意思之后，委屈地辩解说：我们是在为整个过程干得很漂亮、为美国霸权主义遭受打击叫好，不是在为无辜死亡叫好，你不能说我们幸灾乐祸、没有人性！而在美国发生的惨剧倒给那些或专业或业余的“国际问题专家”提供了一个控诉美国霸权主义的机会，他们忽然记起了久违的巴勒斯坦、伊拉克、南斯拉夫难民，甚至几十年来第一次为巴勒斯坦的悲惨遭遇“流了泪”，迫不及待地长篇大论清算美国霸权主义的历史罪行，把恐怖主义罪行拐一个弯推到了美国当局头上并大义凛然地为其指出了出路，雄辩地论证恐怖事件在美国大地发生的必然性、合理性甚至必要性，虽然学了乖先表态对无辜死亡“深表哀悼”（哀悼中还能做如此雄辩的剖析不能不让人佩服其定力），也让人不能不闻到了心里那声“活该”的窃喜。

什么是幸灾乐祸？“见人遭受灾祸而高兴”（《辞海》的解释）是也，不管是因为什么动机、为了什么缘故而高兴。那些向本·拉登表忠心，以恐怖分子自诩，哀叹中国怎么不出这样的勇士，恨不得多死几个人，乃至津津乐道地研究起“更先进”的恐怖手段的人，以及包括那些不知不觉地应用恐怖主义理论，论证美国人民必须为他们选出的政府犯下的“罪行”偿命的人，固然是令人毛骨悚然的嗜血；而那些因为恐怖过程干得漂亮、美国霸权主义受到打击或者别的其他什么原因而叫好的人，也是令人瞠目结舌的冷血。不管事后如何表白，在他们叫好的时候，已无视了这个打击美国霸权主义的艺术化过程的必然结果是成千上万的死难者。许多国人见到“美国”两字就要昏了头脑，那么不妨设想一下：当你读到广东某个合资企业起火灾烧死多名女工的报道时，能不能因为不仁厂主的经济利益受到了损失而大叫“烧得好”？

不要幸灾乐祸，并不等于就要去关心一切苦难，否则除了整天伤心落泪、长吁短叹就什么也别想干了。我因为在美国生活，所以更关心发生在美国的惨剧；因为是中国人，所以也关心发生在中国的灾难；而对其他地方的惨剧、灾难，则未必会引起我的震动、关心，我觉得这很正常。所以我总怀疑那些在这时候突然变得异乎寻常地关心受过美国欺压，或可能要受到美国欺压的国家的平民百姓的命运的人的诚意。对与己无关的悲剧，不管是悲伤还是淡漠，都是人之常情。幸灾乐祸则只能归咎于对无辜者的恻隐之心已经丧失，对生命的尊严变得麻木了。

那一次偶然的“看客”事件，使得鲁迅改变了对中国国民的看法，以毕生精力力图改变“国民劣根性”：

> 因为从那一回以后，我便觉得医学并非一件紧要事，凡是愚弱的国民，即使体格如何健全，如何茁壮，也只能做毫无意义的示众的材料和看客，病死多少是不必以为不幸的。所以我们的第一要著，是在改变他们的精神，而善于改变精神的是，我那时以为当然要推文艺，于是想提倡文艺运动了。

这一段名言已被引用了无数次。引用者的用意无非是要说明，只有改变国民的精神，才能使中国变得强大，才能再避免去做毫无意义的示众的材料和看客。这大概也是鲁迅的意思。在这里，中国强大是目的，而改变国民精神只是达到这一目的的手段。但是这次的“看客”事件却使我对这种说法产生了怀疑。改变国民精神应该是目的而不是手段。事实上，不改变国民精神，中国也未必就不能强大。鲁迅的杂文之所以被公认为仍有强烈的现实意义，就是因为我们时代的国民精神和鲁迅时代相比并无多大的变化，而中国已经强大了许多。中国成为发达国家、世界强国乃至超级大国，取代美国成为世界警察，也并非不可能，但是如果国民还是这样的国民，人文精神未深入人心成为立国之本，造就的也不过是另一个像苏联一样的超级大国，国民也不过是从示众的材料和看客变成了杀人的材料和看客。这就是为什么我想到这些缺乏基本的是非观念、不知人道为何物的都是些以后会对中国的命运产生举足轻重的影响的年轻知识分子，不寒而栗。

在这一事件中表现出“人性”的，在别的事件中未必就都有“人性”，特别是里面有些人乃是“候补汉奸”，对中国的灾难向来幸灾乐祸。在这一事件中丧失了“人性”的，在别的事件中也未必就没有“人性”。他们可能对自己的亲友也是非常有人情味的。所以有“人性”的不必觉得高人一等，没“人性”的也不要觉得受了侮辱，拼命想刷清自己。更重要的是，这种恻隐之心是怎么在中国人当中普遍丧失的，又该如何反省、找回、重建？那些反人文精神的、包括借机传教的青年“导师”因此最值得我们鞭挞。被扭曲的天性很难再改变，因此还只能是“救救孩子”，鲁迅先生在80多年前的这声呐喊依旧振聋发聩！

2001年9月17日

李敖对鲁迅的“营营”

近日台湾作家李敖在凤凰卫视上接连攻击鲁迅，据说是要证明“鲁迅不是神”。世上本无神，所以鲁迅不是神，本来就是不证自明的。但李敖的用心，却在于证明鲁迅连作为伟人也是不够格的。大家都说鲁迅的文章好，他偏说鲁迅的文章不好，岂止不好，连文句都不通。鲁迅的文章写于七八十年前现代白话文草创之时，在今天要挑出其中文句不规范之处本非难事。但李敖可真会挑，把《战士和苍蝇》挑出来“营营”，大概是这篇名文刺激了他吧：

“战士战死了的时候，苍蝇们所首先发见的是他的缺点和伤痕，嘬着，营营地叫着，以为得意，以为比死了的战士更英雄。”请问这是什么话啊？……“营营地叫着”，苍蝇是营营描写的吗？……你看，“去罢，苍蝇们！虽然生着翅子，还能营营”，看到没有，又来了，你看营营，营营地叫，“还能营营，总不会超过战士的，你们这些虫豸们！”你们不觉得这个句子念起来非常地不舒服吗？这是什么中文啊？你告诉我什么中文？用营营来描写苍蝇，苍蝇用营营来描写吗？大家看《红楼梦》好了，《红楼梦》里面，看到没有，薛蟠，薛蟠，最后“两个苍蝇嗡嗡嗡”，为什么不用嗡嗡嗡叫描写苍蝇呢，为什么用营营来描写苍蝇呢？《红楼梦》这个例子摆在那里，为什么我们不学习呢？

李敖的意思是既然能用“嗡嗡”描写苍蝇，就不能再用“营营”，这种逻辑，倒让人忍不住要问他一句“请问这是什么话啊？”况且，用“营营”描写苍蝇，并非鲁迅的发明，其源头要比《红楼梦》古老得多，也权威得多：“营营青蝇，止于樊。岂弟君子，无信谗言！营营青蝇，止于棘。谗人罔极，交乱四国！营营青蝇，止于榛。谗人罔极，构我二人！”（《诗经·小雅·青蝇》）据朱熹的说法：“营营，往来飞声，乱人听也。……诗人以王好听谗言故，以青蝇飞声比之，而戒王以勿听也。”鲁迅在文中用“营营”描写讨厌的苍蝇，真是贴切不过了。李敖如果没有读过《诗经》的这首名篇，难道连“蝇营狗苟”这句成语也没有听说过吗？

李敖自谓“五十年来，五百年内，中国人写白话文的前三名是李敖、李敖、李敖。”自大成狂，自然容不得别人的文章比他好。对这种狂人妄语，本来也不必当真。但是李敖自诩国学渊博，还真被不少人当成了国学大师，岂料这一“营营”，倒泄了底，让人知道这位“国学大师”原来是连最基本的国学著作也没有通读过的。

其实鲁迅文章之好，主要倒不在于文句，而在于思想的深刻让人常有百读常新之感。比如李敖现在对着鲁迅“营营地叫着，以为得意，以为比死了的战士更英雄”，不正是恰恰印证着鲁迅这篇写于80年前的文章之不朽？

2005年8月15日

不动声色的变迁

在1985年7月考完高考语文后，我以为就跟命题作文永别了，没料到现在又接到命题作文谈命题作文。不过，这个命题甚合我意，题目也出得好，既“不动声色”又“变迁”，一听就透着深沉，是考大学生的题目。虽然主编给了两周的期限，我还是重温一下旧梦，按作文考试的规矩，用两个小时的时间写完交差。今年的语文试题一公布，我就从头做了一遍，只漏了作文没写，现在算是补上了。

提起高考语文，就像谈起旧日恋人，内心不由就涌起一股柔情。各门高考科目中，只有语文这一门考的是技能，跟教材没有关系，所以也就不用特地去准备（准备了也没用），既不必像数理化那样做大量的练习题，也不必像政治、英语、生物那样死记硬背，在我完全是置之度外，只要到时候去考试就行了。结果还顺手考了一个全省第一，俗称状元。状元可是光宗耀祖的事，所以一有机会我总爱提一下此事让我的祖宗风光风光，这回摆显起来更是名正言顺。做完了今年的高考语文题，跟标准答案对了一下，发现只错了三道，这把宝刀过了14年，还是一点没老。看来如果再去参加高考，再拿个语文状元还是可能的。对别的科目我就绝不敢夸这样的海口。

这么好的考试，却有许多人视之如寇仇，而且还都是胡子一大把，语文考试再坏也坏不到他们身上的人。自去年高考以来，我看过的控诉高考语文的文章就不下10篇，个个声泪俱下，“与学生为敌”啦，“学术霸权主义”啦，乃至上纲上线到“祸国殃民”的高度。前文化部长也凑热闹抱怨说让他考去年的考题他考不及格。钱理群先生更是作鲁迅状，对着考卷大喝一声“往哪里去？！”也许正是在大家的口诛笔伐之下今年的出题者才对语文试卷做了“改革”，到现在除了听到中学语文老师叫苦连天说“出题不规范”“像这么考以后没法教学了”，以及有名作家说他写不了那个作文题之外，倒也没听到什么骂声。不过据研究过高考试题的出题趋势的专家说，高考试题就像文武之道，历来是一年紧一年松，明年又复辟了也说不定。既是“变迁”，也就难免会有“反动”。但是，如果我们把1977年恢复高考以来的作文命题按时间顺序排一排，从最早的《心中有话向党说》到我参考那一年的《向报社写信反映学校小河受污染》，再到今年的《假如记忆可以移植》，那么，确实也可以看到一个趋势，即从政治化到社会化再到自由化，与中国从集权社会向自由社会的转型恰好合拍。

民间把高考第一名称为状元，那是因为把高考比作了过去的科举，而高考作文更是科举的嫡传。中国的科举考试，本来有两个传统，即偏于政治的策问和偏于文学的诗赋。应帖诗赋虽然也有一大堆框框，但毕竟还算是比较个性化的，也就只有在科举初创、专制也不那么严厉的隋唐才能盛行一时，甚至还导致了唐诗的繁荣。但从北宋王安石改革科举，创制经义文取代诗赋考进士科开始，到了明清，又成了八股文的天下，科举考试也就完全政治化、程序化了。科举考试的宗旨，是要求考生代圣贤立言，向皇帝献策，也就是“心中有话向皇上说”，在现代自然就是“心中有话向党说”。但是这“心中话”，却不能是考生自己的“心中话”，而只能是出题者、批卷者所愿意听到的官话、套话。如果有哪个考生愚蠢到真把心中话说出来，写几句怨语、微言，如果不因此获罪而只是吃个鸭蛋，已是万幸了。而事实上在集权社会中生活的人，也早被形形色色的政治思想教育教育得习惯在考试时说假话了，学校的作文也就起着这种作用。我在中学时曾在一篇命题作文中露出了那么一丁点儿离经叛道的思想，就让老师们大为紧张，从此也就明白了不能在作文中畅所欲言。张铁生一定是没有受过作文课的管教，才胆敢在考卷上造反。集权社会得以稳固的基础，就是臣民们对威权的顺从，即使仅仅是表面上如此，所以也就需要统一思想、统一舆论。这种要求是事无巨细面面俱到的，考试也不例外。

随着集权社会的逐渐解体，政治已经不再无所不在，而演变成了对社会责任感的重视。这一点本来无可厚非，但是，在惯性的作用下，“统一思想”仍然被视为天经地义的公理，什么样的社会责任感要由社会权威划定。作文成了代权威立言，向社会献策，“心中有话向权威说”，考生依旧被要求按出题者的意图发言，还是难免要说假话。比如，“向报社写信反映学校小河受污染”，这是强求每一位考生都充当环境保护主义者的角色，即使他所在的地方山清水秀与环境污染无缘，即使他本人对环境污染漠不关心，也必须慷慨激昂地演一出“救救小河”的戏。一直到去年的高考，考生还在被要求写《坚韧——我追求的品格》《战胜脆弱》，个个必须以强者自居，连以“弱者”为名的女性也不得赦免。

所以，今年高考作文的自由化倾向也就格外地引人注目，不仅仅是由于文体的选择是自由的（可以用除了诗歌以外的任何文体），更重要的是思想是自由的，考生不再被要求按某种划定的思想思考，而有权利最大限度地作出自己的选择，包括选择说假话的权利。当然，反社会的思想、过于古怪的思想仍然不会被绝大多数改卷者所容忍，但那已不是出题者的责任。

像这样让考生得以充分发挥其个性的考试是会被考生欢迎的，也是中国社会日益多样化、自由化的一个体现。但是，教育乃是教育者和受教育者双方的事。从某种意义上说，教育意味着对受教育者的自由的或多或少的剥夺。受教育者自由得过分对教育者是一个挑战，甚至是一种难堪。从这个角度来看，也就不难理解一些语文老师对这次高考作文的不满。考虑到中国的教育制度仍然过于压抑学生的个性，中学作文成了一种新的八股文；再考虑到高考对中学教育的举足轻重的影响（不该如此但事实如此，恐怕在很长时间内这种影响也难以消除），那么，对这次高考语文的出奇，虽然矫枉过正，我们还是应该为之喝彩。

但是，从考试的功用来看，让考生得以自由发挥的考试却是一种失败，一些中学老师批评今年的高考作文出题“不规范”，也有其道理。现代化的教育不应该压抑学生的个性，但是，公正的考试却又不能不压抑考生的个性，这就是为什么具有最自由的教育制度的发达国家却又普遍采用最无个性的规范化、标准化考试。语文教育的目的是传授语文的实用技能，而不是培养文学家，写作文也不是文学创作，相对应地，作文考试不应该允许文学创作。但是，这一次的高考作文却允许考生写小说、散文等文学作品，而对文学作品的评价是见仁见智的，并无确定的标准，必然会使改卷者无所适从。试想，一篇构思奇特的“移植记忆”的小说，在一位改卷者看来可能欣赏其“想象力丰富”而给予高分，在另一位改卷者看来却又可能讨厌其“胡思乱想”而给予低分，这是文学鉴赏的合理现象，跟改卷者的修养没什么关系。答卷的个性化必然导致了改卷的不确定性，这对考生是不公平的。

那么，有没有可能在思想自由和标准化考试之间找到一个平衡点呢？既实行放羊式的教育方式又采用最严格的标准化考试的美国经验值得借鉴。不妨看一道美国大学入学考试（SAT）写作专项的典型作文题：“‘每一个困难都是一个机会’，请举个人生活、时事、历史或文学中的一个例子，支持或反对这个说法。”在这里，考生的思想是绝对自由的，即使作文题目是至理名言，考生也被允许加以反驳，不必担心因为“论点不正确”而得零分，也就不必说违心话。但是，思想的内容和作文的方式却又是确定的，评分结果也就较少有异议（由两人评分，如果结果差别较大，再由第三人评）。它考的是实实在在的作文能力，也就是表达、说理的能力，而不是想象力（那没法考），更不是政治、社会思想是否正确。

既非政治，也非文学，只是纯粹的语文——还作文以本来面目，这应该成为作文考试的变迁的结局。

1999年11月

以“保护文化多样性”的名义

1925年4月29日，鲁迅在《坟·灯下漫笔》这一名篇中，针对那些赞颂“中国固有文明”的外国人，有这么一段精辟的分析：

> 外国人中，不知道而赞颂者，是可恕的；占了高位，养尊处优，因此受了蛊惑，昧却灵性而赞叹者，也还可恕的。可是还有两种，其一是以中国人为劣种，只配悉照原来模样，因而故意称赞中国的旧物。其一是愿世间人各不相同以增自己旅行的兴趣，到中国看辫子，到日本看木屐，到高丽看笠子，倘若服饰一样，便索然无味了，因而来反对亚洲的欧化。这些都可憎恶。

从前被称为“固有文明”的东西，现在则换了个时髦的说法，叫作“文化多样性”，赞颂“中国固有文明”，也改叫保护“中国文化多样性”了。名号变了，但是其心态，仍然不出鲁迅先生在整整80年前归纳出来的这四种。

许多在大城市养尊处优、享受着现代化生活的中国人也跟着大喊保护文化多样性，当然并不是要学外国人去保护他国的文化多样性，他们还没有那么高的“道德”去插手他国的事情。他们的道德高度表现在要去保护中国其他地方，特别是落后、闭塞的地方的文化多样性。

比如近年来北京出现的众多“民间环保组织”，其主要精力并不是用于帮助治理北京市令人难以忍受的环境污染、保护北京的生态环境或弘扬北京的文化传统，却是高高在上地要去保护边陲地区的生态旅游环境和少数民族的文化多样性。其心态，也不出鲁迅先生为外国人归纳出的那四种，只要把鲁迅原话中的个别词语做个替换，例如把“外国人”换成“北京人”，把“中国人”换成“少数民族”，再拿来形容这些“环保人士”，惟妙惟肖。

“环保人士”反对开发云南怒江水电的一大理由，便是开发怒江将会改变原住民的生活方式，破坏文化多样性。我最近有机会去怒江走马观花体验了一下那里的生活方式。与怒江人民的热情好客、淳朴善良留下同样深刻的印象的，是那里的贫困。当地政府安排我们慰问的贫苦人家，与我们无意中闯入的人家相比，竟还算是殷实的了。后者的贫苦程度超过了30年前我在福建山区之所见，可谓家徒四壁——不，连墙壁也没有，只是四面透风的木头而已，当地之所谓杈杈房、木楞房，需要用火塘取暖。“环保人士”称开发怒江实际上会让原住民变得更贫困，也难怪同行的司马南质问：我不知道像这样全部家当用一根扁担就能挑走的生活，还能再贫困到哪里去？

我曾听过一个著名“环保人士”的讲座，在放了一张怒江原住民小孩展露好客的笑颜的照片之后，她感叹说：“怒江人民虽然很穷，但是过得很幸福，他们愿意祖祖辈辈一直这么过下去。”有的人以前可能连怒江都没有听说过，一听到怒江要开发，眨眼之间就这么成了怒江人民的民意代表了。而且据说还有采访为证。有一则报道说：

“望着窗外的绵绵细雨，普大益心事重重。‘我们是最小的世界（注：怒族村），谁也不妨碍谁，谁也不侵扰谁，平平淡淡地生活，吃得饱穿得暖，我们能说得清什么时间下雨，什么时间天晴，我们有自己的生活、风俗、节日，搬了怎么办呢？’”

我怎么也想象不出来一名怒族乡村医生会如此矫情，用“小资”文学女青年的语气说话。我倒是知道这么一件令“环保人士”尴尬的事：去年（2004年）5月16日，三名来自怒江的大学生应邀参加北京“环保组织”举办的讨论会，“环保人士”预计他们会反对开发怒江才发出邀请，没想到他们在会上反而支持开发怒江，令“环保人士”感到吃惊甚至失望。怒江傈僳族姑娘、中国青年政治学院新闻系学生和玲在会上发言说：“我了解的多数怒江人的想法，就是能过上好日子。而移民补偿，对于他们来说是一笔很大的数目。应该说搬迁问题不会遇到太大阻力。”的确，每人几万元的移民补偿，对人均年收入不到1000元的怒江农民来说，是一个天文数字。“山民搬迁后的生活，无论如何会比原来的好。”和玲说。

怒江人民的贫困生活以前从来没有获得北京那些“环保”老爷、小姐们的垂青，等到听说怒江人民想要破坏“原生态”脱贫了，他们才来为怒江人民指明道路。有的说怒江不应开发水电，而应该开发“生态旅游”。我就不明白，如果“生态旅游”真的得到了大规模开发，生态还会存在吗？最有趣的一个脱贫替代方案是，把计划用于开发怒江水电的数百亿元投资改作为生态补偿救济金把怒江人民世世代代养起来。且不说投资者并不是慈善家，不会把投资资金当善款，即使这个梦想得以实现，怒江人民就愿意被永远养着，不能谋求自身的发展？怒江一位环保官员愤怒地说：“怒江人民又不是猪！”

自己安贫乐道是美德，希望别人安贫乐道却是缺德。那些口口声声说怒江原住民过惯了幸福的贫困生活并且愿意一直这么过下去的“环保”老爷、小姐们，自己愿不愿意去过过这种“原生态”的生活？从史料记载看，怒江各族人民也并不是天生就喜欢过这种生活，由于民族压迫，经历了多次大迁徙，被迫上山栖息。近年来为了保护山林，当地政府一直在对山民进行搬迁，用一位官员的话说：“即使怒江不开发水电，生态移民也不会停止。”只不过移民补偿金要少得多。

贫困不是文化。民族文化也不是静止不变的。既然我们早就告别了汉代的生活方式，历经了多个朝代的演变，剪下了辫子，拆掉了裹脚布，脱下了长衫马褂，融入了现代文明的洪流，又有什么资格要求少数民族继续保留其“原生态”，作为博物馆的展品供我们研究、欣赏呢？

保护文化多样性是从保护生物多样性引申而来的，其实大谬不然。和保护生物多样性相对应的，应该是尊重文化多样性。文化的主体是有尊严有意识的人，而不是动植物，外人对他人的文化应该尊重，却不应该自以为高人一等，要当他人的保护人，只许自己变，却不准他人也变。

2005年4月15日

东方文化靠什么统治世界？

北大季羡林老先生现在是被尊为国学大师的，虽然我只知道他的专长在于印度文化的研究，不知道他对国学作出了什么重大贡献，这大概是我的孤陋寡闻。不过，我也知道季先生近来以国学大师的身份大力提倡国学、东方文化，主张“东学西渐”“东化”西方，发起、签署中华文化复兴宣言，中华文化一统世界俨然指日可待，足以让每一个中国人扬扬自得。近日读到季先生为青岛大学学报《东方论坛》“东学西渐”栏目而作的《东学西渐与东化》一文，却让我看不明白季先生何以能断言“21世纪是东方文化的世纪，东方文化将取代西方文化在世界上占统治地位”。

季先生在文中声称西方文化的弊端是植根于西方的基本思维模式，即西方是以分析思维为主导的，而东方文化之所以能济西方之穷，是因为：“东方的思维模式是综合的，它照顾了事物的整体，有整体概念，讲普遍联系，接近唯物辩证法。”接近唯物辩证法，也就是不及唯物辩证法。但季先生似乎忘了，唯物辩证法并非国粹，而是舶来品。众所周知，唯物辩证法作为马克思主义哲学的组成部分，源自德国古典哲学，其源头又可以一直追溯到古希腊哲学，恰恰是最为纯粹的西方思维、西方文化。如果所谓“综合思维”真的是拯救西方文化的良药，那么西方自己就有唯物辩证法可用，为什么非得绕那么大一个弯子找东方引进连他们自己的唯物辩证法都不如的东方思维呢？

为什么季先生认为西方文化在等待东方文化的拯救呢？据说是：“因为，西方文化在今天已逐渐呈现出强弩之末的样子，大有难以为继之势了。具体表现是西方文化产生了一些威胁人类生存的弊端，其荦荦大者，就有生态平衡的破坏、酸雨横行、淡水资源匮乏、臭氧层破坏、森林砍伐、江河湖海污染、动植物种不断灭绝、新疾病出现等等，都威胁着人类的发展甚至生存。”但是季先生所列举的这些“荦荦大者”的西方文化弊端，却不是西方世界的专利。恰恰相反，在东方世界，比如咱们中国，这些弊端要严重得多，反倒是西方国家不仅自己注意保护环境，还要满世界推销其环保理念。在环保问题上，东、西哪一方做得更好，是任何一位在西方国家生活、甚至旅游过的中国人都可以亲身感受到的。莫非破坏当今中国环境的罪魁祸首乃是因为中国的文化比西方还西方，而西方国家对环境的保护却是因为他们悄悄引进了东方文化？果真如此的话，还是先用东方文化拯救中国自己的环境，再来向西方国家推销吧。

我毫不怀疑东方文化、中华文化有值得继承、发扬、乃至推广之处，但是我们不应该把自己的短处当成拯救世界的灵丹妙药来宣扬，甚至为此而丑化西方文化。然而，中国人从来不缺自作多情的预言家。20世纪有许多人宣布过20世纪是东方文化的世纪，结果如何，大家都看到了。新世纪才开始没几年，季先生又来宣布“21世纪是东方文化的时代，这是不以人们的主观愿望为转移的客观规律”，其结果如何，我们是看不到的。不过我相信，即便季先生的客观规律终究成了主观愿望，到下个世纪还是会有人宣布22世纪是东方文化的世纪的。毕竟，井底之蛙的自我感觉是很好的，也不是那么容易绝种的。

2005年8月9日

郭沫若抄袭钱穆了吗?

一

最早知道已故“国学大师”钱穆的门生余英时氏揭发郭沫若著《十批判书》（以下简称《批判》）抄袭钱穆著《先秦诸子系年》（以下简称《系年》）一事，是两年前从丁东评论郭沫若的文章《逢场作戏的悲哀》看来的：

> 近读余英时所著《钱穆与中国文化》（上海远东出版社1994年12月初版），才知道郭老治学上的实用态度还可上溯到40年代，余书中收入一篇50年代所写的《〈十批判书〉与〈先秦诸子系年〉互校记》。文章逐段比较了钱穆30年代所著《先秦诸子系年》和郭沫若40年代所著《十批判书》之有关部分，说明“《十批判书》中至少有五批判（儒家八派的批判，稷下黄老学派的批判，名辩思潮的批判，前秦法家的批判，吕不韦与秦王嬴政的批判）是基本上根据《系年》的论旨和资料而立论的，其他各篇虽然没有这样的严重，但抄袭的痕迹也处处可见。上

举抄袭，不仅是资料的，而且还是见解的；不仅是部分的、偶然的，而且还是全面的、根本的”。余英时认为，“本来《十批判书》和《系年》是性质完全不同的著作。《批判》的用意在解释思想和社会之间的关系，是企图用马克思主义观点说明先秦诸子反映了怎样的社会变动。《系年》则以建立年代学为主，对先秦诸子进行了全面的考订。因此《十批判书》作者本可以坦坦荡荡明引《系年》，承认自己的解释是部分地根据钱先生的考证。这样做完全无损于《批判》的价值——如果真有价值的话。但他不此之图，竟出之于攘窃，这样一来，我们便不能不对他的一切学术论著都保持怀疑的态度了。”郭沫若与钱穆的历史观不同，郭对钱的研究成果，或肯定，或否定，或反其意而用之，均无不可。问题在于，一边袭用对方的成果而不宣，一边又蔑称对方“实在是薄弱得可笑”，这就有悖于起码的学术道德了。近年中国学界强调重建学术规范，要点之一就是先说明所论专题的人有什么研究成果，在此基础上再谈自己的独到发现。这些规则对郭老来说，本属ABC，小儿科，是无须讨论的常识。但不知是政治需要先于学术规范，还是浪漫性格使然，郭老连这点规矩都不讲究了。这种失误，在鲁迅先生身上是绝对找不到的。（《书屋》1996年第4期）

我当时看了，颇感惊讶，因为《批判》和《系年》二书，我都看过，却从来没有“抄袭”的印象。这两本书都是研究先秦的名著，通读过它们的人想必不少，却也从未听说过有谁——包括那些与郭分处不同政治阵营的人——揭发抄袭。郭沫若对先秦诸子的研究，主要收集在两本文集中：《批判》是侧重于评论的，《青铜时代》是侧重于考据的，而《系年》则不出考据（更确切地说是“考订”）的范围。要指控郭在研究诸子时抄袭了钱，拿同属考据的《青铜时代》和《系年》互校更近情理。余氏明知《批判》和《系年》是性质完全不同的著作，却偏偏以之互校，就未免不按常理出牌了。《批判》既然是侧重评论而不重考据，在评论时就难免要综述诸子的生平，综述则又难免要大体根据定论或前人的说法，那么要从中找出与《系年》的相同之处，也并不困难。余氏如此作为，就不能不让人怀疑是否也有所谓的“实用态度”了。再考虑到以下几点，我的疑心更炽：余氏文章写于20世纪50年代，当时国共对抗正激烈，郭固然是共产党这方的学术权威，钱、余却也是国民党阵营中的红人，其中有多少政治宣传的成分在？余氏是钱的门生，郭、钱当时都号称是史学大家且针锋相对，其中又有多少门派的意气之争的成分在？而且，笔者在海外多年，看过许多余氏辩论、议论文章，觉得他政治偏见很深（笔者幸好身处海外，否则余氏大概也要像封那些与之辩论的国内学人一样，封我为“大陆官方宣传人员”）、论证又蛮横无理，对他的文风实在不敢恭维，也可以说，是“不能不对他的一切学术论著都保持怀疑的态度”的。

所以，当时与人谈起此事时，我的意见是：“《批判》或许在具体的资料上有借用《系年》之处，但若说有全面的、根本的抄袭，则我无法相信。”但毕竟没有看过余氏是如何论证的，只好存疑。最近有机会借到了余英时著《钱穆与中国文化》（上海远东出版社，1994年12月第1版，1996年4月第2次印刷。以下凡摘引余文均出自此书），跳过那些歌功颂德的文字，直接看《〈十批判书〉与〈先秦诸子系年〉互校记》和两篇跋语，看完的感想是：欲加之罪，何患无辞！

二

余英时氏在1991年8月为《〈十批判书〉与〈先秦诸子系年〉互校记》写的跋语中，推测他的揭发刺着了《十批判书》的作者郭沫若的痛处，引起了郭的反弹，如此说道：

> 《十批判书》的作者究竟读过这篇文字没有，不得而知。几年之后《历史研究》上发表了一篇《钱穆和考据学》，把钱先生的一切著作，特别是考据著作，骂成一钱不值。此文后来收在作者的一本文集中。其中第四节“钱穆考据的剽窃和诬妄”是专骂《先秦诸子系年》的，而且处处以吹捧《十批判书》作为对照。让我抄摘其中几段，以供欣赏。（第122页）

摘完了以后又总结说：

> 此文特别强调《系年》是“剽窃”而成，又刻意把《系年》的考据说成一无是处，而《十批判书》则处处精到，充满创见。在我看来，这两点似乎正是针对着我的文章而发。否则也未免太巧合了。我虽然没有任何证据可以支持我的推测，但是我的直觉告诉我：这一推测大概是虽不中，亦不远。我详引原文，也是为了存真。但是我所引的还是属于比较“文雅”的，至于更精彩的样板，只好请读者去通读全文了。（第124页）

余氏虽然在这里没有明言《钱穆和考据学》的作者是谁，但根据上下文关系，一开头就说"《十批判书》作者"，再说"此文后来收在作者的一本文集中"，摘录时又加上"不打自招"之类的按语，读者读了，哪一个会怀疑写《钱穆和考据学》的就是《十批判书》的作者？我读了以后，也觉得郭沫若未免有点儿恼羞成怒气急败坏了。余氏此跋的用意，不就是想通过郭的失态证明自己当初揭发得正确吗？我虽然通读过郭沫若的史学著作，却从来不知道有这回事，也只是觉得自己见闻不博、记性不佳，不疑有他。但余氏在引文时有一处用了省略号，而根据我阅读余氏多篇辩论文章后所得来的经验，他省略的部分却往往是关键之处，因此就很想知道他在摘引时究竟省略了什么。于是一头钻进了图书馆，翻遍了郭沫若文集，却还是找不到这篇文章。幸好余氏在引文时，注明了出处是"《学步集》，北京，三联书店1978年版，第291～292页。原书出版于1962年，这是再版，但文字没有改动"，于是根据书名去找，一找就着。一看文集和文章的作者，大吃一惊，原来并不是《十批判书》的作者郭沫若，而是另一位历史学家、仍然健在、刚刚编完了《中国通史》的白寿彝先生！

有没有可能是余氏记错了，把作者搞混了呢？绝无可能，因为，余氏引文时连哪版哪页都写得清清楚楚，显然是拿着书照抄的。有没有可能余氏或者编辑是因为不想让白先生"出丑"，所以才隐去作者的名字呢？也绝无可能，因为文中不仅无一处点明此作者不是《十批判书》的作者，反而从头到尾处处暗示这是《十批判书》的作者的反弹。更恶劣的是，虽然余氏自称是"我详引原文，也是为了存真"，然而为了让读者误以为该文作者就是郭沫若本人，在抄的时候，余氏又偷偷地做了改动。不信让我们也来一段"互校"。

余氏引文：

> 《系年》第一三〇条举出一个儿说，而对于儿说即貌辩、昆辩，及《齐策》《吕氏春秋》和《古今人表》的记载，他都没有提，还是《十批判书》钩出来了。（原注：《十批判书》，人民出版社一九五四年版，第257页。）第七五条引《盐铁论》，说出齐湣王时"诸儒分散"，但对于稷下学风的实质说不出来。这也还是《十批判书》中的《稷下黄老学派的批判》，才把稷下的内情钩出来了。（英时按：这一段话似乎承认《系年》据《盐铁论》考据出了稷下的史实，则《十批判书》有关稷下的史实取自《系年》已不打自招了。）……他自己还直嚷

嚷什（么）“丝丝入扣，朗若列眉”，真是不知人间有羞耻事了。（英时按：此处忽然破口大骂，也特别值得玩味。）

原注该引文出自《学步集》，三联书店1978年版第295页。我核对原文，是：

> 《系年》第一三〇条举出一个儿说，而对于儿说即貌辩、昆辩，及《齐策》《吕氏春秋》和《古今人表》的记载，他都没有提，还是郭沫若同志钩出来了。（原注：《十批判书》，人民出版社1954年版，第257页。）第75条引《盐铁论》，说出齐湣王时“诸儒分散”，但对于稷下学风的实质说不出来。这也还是郭沫若同志在《十批判书》中的《稷下黄老学派的批判》，才把稷下的内情钩出来了。至于钱穆在自序中所吹嘘的其他各条，都可以说跟先秦诸子学术没有多大关系的烦琐的废话，就更不必提起了。他自己还直嚷嚷什么“丝丝入扣，朗若列眉”，真是不知人间有羞耻事了。

余氏故意略去“至于钱穆在自序中所吹嘘的其他各条”一句，使得下面的“他还直嚷嚷”一句变成了“忽然破口大骂”，以便让人“玩味”作者的恼羞成怒，这是余氏惯用手法。而为了让读者误以为该文的作者是郭沫若，余氏竟然在抄引时一概隐去原文中的“郭沫若同志”，甚至干脆改成“《十批判书》”。在另一段有关《老子》的引文中，他也如法炮制悄悄做了这样的改动：

> （钱穆）曾把关于老子的考据辑为《老子辨》专书，由大华书局出版。他费了很多力气拼凑出来的论断，经不起轻轻一击。《十批判书》中说：“老聃本人，在秦以前是没有发生过问题的，无论《庄子》《吕氏春秋》《韩非子》以至儒家本身，都承认老聃有其人而且曾为孔子的先生。”“《老子》其书是一个问题，老子其人又是一个问题。”（原注：《十批判书》，第155页）话虽不多，已很可以破钱穆的“老子不得在孔子前”的妄说。至于《老子》这书的著作年代虽不能最后确定，但认为是战国中叶的著作，显然比钱穆之说更为可信。（原注：《青铜时代》，人民出版社1954年版，第231～244页。）《十批判书》中有一段话，对钱穆是具有照妖镜的作用的，很值得在这里称引：“道统观念很强的人如韩愈，认为老聃是道家的人们所假造出来，想借以压倒孔子的。这是为了争道统，要想维持孔子绝地通天的尊严。”

（原注：《十批判书》，第156页。）这正说破了钱穆的心事。（原注：《学步集》，北京，三联书店1978年版，第297页）

我们如果仅读引文，又怎会怀疑这是郭沫若在自吹自擂？但是如果我们核对原文，发现“经不起轻轻一击”原作“经不起郭沫若同志轻轻一击”，“《十批判书》中说”原作“郭沫若同志说”，“但认为是战国中叶的著作”原作“但郭沫若同志认为是战国中叶的著作”，“《十批判书》中有一段话”原作“郭沫若同志曾说了一段话”，在“很值得在这里称引”之后原来还有一个“他说”，又怎会认为这是郭沫若在自吹自擂？

余氏后来发现了郭沫若书中的一处无关宏旨的引文小错误（把“外有学堂，即齐宣王立学所也”抄成“外有学堂，即齐宣王所立学宫也”，是抄错还是异文，待考），如获至宝，为此又写了一篇跋语，一口咬定郭沫若不是粗心，而是公然篡改，如此评论说：

……而且还公然改易文句，正是因为他自负是古史“权威”，相信读者决不敢怀疑他的论据。即使像我这样怀疑的读者，也完全想不到他竟会妄诞至此，所以两次都被瞒过了，可见陈垣论考寻史源的两句金言：“毋信人之言，人实诳汝”确颠扑不破。但是史料俱在，学术欺诈终究不能行之久远，我写此节竟忍不住要套用两句旧诗说：“太平《览》《记》分明在，莫道人间总不知！”（第130页）

这段评语，简直就是余氏的自我批判。他自负是“著名学者”，读者会被他所布下的“为了存真”“文字没有改动”“请读者去通读全文（指《钱穆和考据学》）”之虚张声势所吓住，而绝不敢怀疑他在引文时作了手脚误导读者。他的跋语已发表七八年，《钱穆与中国文化》在大陆也出版了四五年，不就从来没有人去查核原文吗？连我这样早就不齿余氏文风的读者，也完全想不到他竟会下作至此，一开始也被他蒙骗了！他竟然还一再援引陈垣先生的告诫“引书非亲睹不可也”“毋信人之言，人实诳汝”教训已故沫若先生和读者，套用白先生的话说，“真是不知人间有羞耻事了”。我写到此，也忍不住要套用两句旧诗说：“寿彝《学步》分明在，莫道人间总不知！”

三

我们回头再来看正文。

让我猜得一点也不错，一篇政治宣传文章耳。文中自我辩解说：“我这篇文章有没有学术价值是另一问题，但绝不是政治宣传”（第93页），此地无银三百两罢了，若没有政治宣传的动机，又何须特地做此说明？其写法，则是比较两部著作中的十几个段落的资料引用，说明郭著对钱著的抄袭是“全面的、根本的”；而其宣传的目的，则是要“我们便不能不对他（指郭）的一切学术论著都保持怀疑的态度了”。可惜我们现在已经无法看到这篇妙文的原貌了，因为文章在1954年发表后，作者自己“不喜欢”，一直没有收进各种文集中，直到1991年作者要编一部纪念钱穆的集子，才把这篇少作又翻了出来，做了改动，删去了“过分轻佻刻薄的语句”（第121页），而为了避免“刺激性”，连题目也改了，至于原来是怎样一个有刺激性的题目，是连作者自己都不好意思提了。37年前作者写作此文，其动机大约是为了推翻共产党的史学权威。37年后在纪念钱穆时重提此文时，该权威早已是墙倒众人推了，其动机恐怕已经不同，主要是为了用以说明先师之高明远胜于政治和学术对手了。总之都不纯。

《批判》和《系年》是属于完全不同的著作，这一点，余氏自己也承认。《批判》是以唯物史观说明先秦诸子流派的演变，论证社会对思想的影响，属史论性著作。而《系年》则是考据先秦诸子的生平，基本上只是罗列、堆积史料，加一点按语，属资料性著作。钱穆本人的史观，则是唯心的。如此相对的史观，如此不同的著作，竟然会存在“全面的、根本的”抄袭，真是匪夷所思。一般来说，如果作者有抄袭的恶习而又能得逞，就不会偶尔为之尝到点甜头就洗手不干，也许正是基于这一原因，余氏才要我们对郭的“一切学术论著都保持怀疑的态度”，大有发起一个全面清算郭的抄袭行为的群众运动之势，可是40多年过去了，除了余氏的这篇文章，又何曾有人揭发郭的其他抄袭行为？也许这才是余氏对自己的文章不满意的真正原因？

《系年》毫无疑问是一部研究先秦诸子生平的重要著作，其价值主要在于它是一部有关先秦诸子生平的“史料大全”，也不断地补充进去新发现的史料，同时代的人，要找到该书所不收的史料，是很难的，所以，一部研究诸子的著作，所引用的史料如果也见于《系年》，那是再正常不过的事。郭自己在《批判》的后记中说他一篇论文的写作的起因，乃是读了《系年》后而要加以批驳，他当然是仔细读过《系年》的了，《批判》中批驳《系年》之处也非常多，当然也不可能事事作对，见解相同的也不少。有的史料，或者是从《系年》得知，有的见解，或者是从《系年》受到启发，这也是很正常的事。郭在《批判》后记中介绍其写作《批判》和《青铜时代》的经过："秦汉以前的材料，差不多被我彻底㔉翻了，考古学上的，文献学上的，文字学，音韵学，因明学，就我所能涉猎的范围内我都作了尽我可能的准备和耕耘。"（《十批判书》，群益出版社1950年3月版第475页。按：这是余氏用于互校的版本，故用之。以下凡引用郭文，若未特别注明，均出自此书）如果我们读过《批判》和《青铜时代》，就知道作者所言不虚，特别是以考古学和文字学为据，更是作者的特色，而《系年》的资料，基本不出文献学的范围，即使郭抄袭《系年》，也仅限于文献史料这一方面，又哪来的"全面的、根本的"？余氏文风之轻佻，还不止这一点。郭在后记中，不过是说读了《系年》的公孙尼子一节，觉得"论据实在是薄弱得可笑"，对《系年》全书如何，当时并无评论，而余氏一面承认公孙尼子只是全书附录的一条，一面却又想当然地以为郭是对《系年》全书故示不屑，则未免为袒护师门而神经过敏了。但如果我们去读《系年》自序，也会觉得余氏之神经过敏也是事出有因。钱穆在自序中自我吹嘘说："余之此书，上溯孔子生年，下逮李斯卒岁。前后二百年，排比联络，一以贯之。如常山之蛇，击其首则尾应，击其尾则首应，击其中则首尾皆应。以诸子之年证成一子，一子有错，诸子皆摇。用力较勤，所得较实。此差胜于昔人者一也。"（《钱宾四先生全集》第五卷，1994年版第21页。以下凡引钱文均出自此书）如此海口，也难怪钱门弟子一见有人驳其一子有错，就觉得是全书皆错，便要如常山之蛇首尾相应了。

余氏的论证逻辑是，如果《批判》所引的史料和结论都与《系年》相同，自然是从资料到见解都抄袭，而如果《批判》所引的史料相同而见解有异，则是抄袭资料而"故示立异"（第99页）、"攘为己有，然后加以推演和穿凿"（第104页）。如果二书所引史料的引文相同，自然是抄袭，如果引文有异，那也是"欲盖弥彰"（第101页）、"（引文）虽稍长，但其为阅《系年》后所查，实无疑问"（第105页）、"有意无意之间企图掩饰抄袭之迹"（第130页）。连《批判》在批驳《系年》的见解时，不指名道姓而以"近时学者""有人"暗指，余氏也不认为是在给其恩师留面子，而是故意隐去其名以掩饰抄袭了（其实《批判》中的"近时学者"并不专指钱穆，见后），我就不明白，果真如此，何不把焚尸灭迹做得彻底点，在后记中也不提及自己读过《系年》？真是一旦认定了你是贼，怎么看怎么都像是贼了。

余氏在论证时，又不断地以己之矛攻己之盾。余氏自己承认“一般典籍《史记》《战国策》之类，为大家所常用，即使所引资料相同，亦难定其是抄袭。”（第112页），然而他所举的例子，却几乎全都是属于这种常见典籍，而且毫无根据地断言“其为阅《系年》后所查，实无疑问。”（第105页）“亦皆转引自《系年》，或因《系年》之指示而引用者。”（第106页）“所用资料亦全依《系年》的线索”（第108页）。诸子事迹的史料本来就很缺乏，某人某事的史料大家反复引用的也不过那几条，前人已做过大量的挖掘工作，史家都不会陌生，并不是事事都是钱穆的发现。然而，在余氏的笔下，郭沫若却成了连《史记》《战国策》《孟子》《荀子》《韩非子》这些名著都未熟读的不学无术、欺世盗名之辈，事事都需要捧着《系年》按图索骥，回头再从这些名著摘引史料了。幸好郭的著述不止《批判》一书。他著述极丰，《中国古代社会研究》《青铜时代》《甲骨文字研究》《金文丛考》《殷周青铜器铭文研究》等名著，洋洋洒洒旁征博引，不知又是拿了谁的著作按图索骥的？郭首先是一个古文字学家，需要对先秦文献极熟，记性又极好，郭之才学既然被余氏说得如此不堪，他又是怎么当的古文字学家？更不用说是公认的“堂堂堂堂，郭董罗王”（陈子展语）四堂中的一大家了。

余氏自己也知道“即使所引资料相同，亦难定是抄袭”，所以还要证明论断也是抄袭才算是铁证。我前面已说过，郭、钱二人史观大相径庭，二书宗旨也大异其趣，论断是绝无可能是“全面的、根本的”抄袭，余氏自己就举了几个《批判》批驳《系年》的结论的例子，白先生也举过这样的例子说明《批判》比《系年》高明。那么余氏所举的那些他认为属于连论断也抄袭的例子呢，我看可分为三类：

第一，余氏以为二书见解完全相同的，其实有所不同。

余氏自称他揭露郭沫若抄袭所用的方法是“排比联络，一以贯之”，其实是抄《批判》一两段，再抄《系年》一两段，不详加分析，就下抄袭的断言，颇有点儿相信群众的眼睛是雪亮的意思。我们且举“漆雕开”一条为例。余氏在分别抄了两书后，诘问道：

> 试看《十批判书》作者除了把《系年》中的资料做了一番“新”的排列之外，曾经增加过半分新的资料吗？除了在不同的地方分别袭用了钱先生的几项结论外又几曾有过丝毫自己的意见吗？这样的抄袭是一

望而知、无由辩解的。（第96页）

其实两书所引史料排列次序不同、引文详略有异，“这样的抄袭”并不是一望而知的。读者如果看到先秦古文就头疼、不愿仔细比较两书引文而被余氏的气势所吓住，那是很容易接受其断言的。但是如果我们细心一点，一句一句地比较下去，即使手头无原文可对照，仅就余氏所引而言，就会发现《批判》并非没有增加半分新的资料，也并非不曾有过丝毫自己的意见，“形与刑通”“盖原作启，与后字形近。抄书者于字旁注以字，及刊入正文，而则启误认为后，更转为後也。”“这一派既尚勇任气，藐视权威，自然是有遭受‘刑残’的充分可能。”“孟子又说：‘北宫黝似子夏’，大约这位北宫黝也就是漆雕氏的后学，是一位儒家了。”这几点，就都是《系年》所无的资料、意见。而如果我们熟悉余氏的文风，知道他引文省略的部分往往倒是关键之处，去查核原文，把那些省略处给补全，就会发现《批判》的新资料、新见解就更多了。比如在此处，《批判》有几句要读者特别注意的话：

> 尤可注意的，初期儒家里面也有这样一个近于任侠的别派而为墨家所反对。近时学者，每以为侠出于墨，或墨即是侠，有此一事也就是强有力的一个反证。任侠之轻死虽有类于墨氏的“赴火蹈刃”，但他们的反抗权威却和墨家的“尚同”根本相反，我们是须得注意的。（第86页）

作者一连说了两个“注意”，余氏却偏偏用省略号代替这一段，原因很简单：这是《系年》所无的新见解。至于《系年》中所引而《批判》未引的史料，余氏自然也是以省略号代替了。就这样，把不同之处剔除（还剔得不那么干净），而把相同之处列出，然后指出这是重新排列过的抄袭，用这样的论证法，自然可以证明任何两部相同题材的书抄袭！《批判》中举“漆雕形残”这一条，本来是用来说明“孔子帮助乱党，与其门人弟子帮助乱党”（第87页），这样的意见，又岂是《系年》所能有的?

又，余氏说《批判》涉及当代学者的意见时，不管是赞同还是反对，都是指名道姓的，唯有对于钱，即使在反驳时也故意隐去他的名字，而称为“有人”“近时学者”等，“这正是作者有意攘取《系年》的研究成果为己有的证据。”（第118页）但我们上引这一条，却正好有一个“近时学者”，不知何指（可能是指郭研究墨子的朋友杜守素），却不会是钱，足可见余氏的这一“证据”是多么薄弱得可笑了。也许这是他省略这段引文的另一原因?

第二，二书都袭用前人说法。

比如“不韦非始皇之父”条，《系年》已自己举了几个例子说明前人已有这种说法，其论证就是把这几个例子列在一起而已，而余氏却仍把这当成《系年》的发现，《批判》也这么说，自然也就成了抄袭了，而且还是最严重的抄袭：“更明显的是《系年》援据汤聘尹的《史稗》以及王世贞的《读书后记》两说，而《十批判书》也恰恰同引此两书，这便绝不是‘巧合’了。”（第112页）《史稗》和《读书后记》的确不算是常见文献，但我们没有理由怀疑博学如郭沫若者就没先看过，当然也许真的是从《系年》知道这两条文献的。然而，从别人的著作中获悉了自己不知的史料，是不是一定要注明发现过程？不注，是否就算抄袭？如果这也算是抄袭的话，许多史家也都要顶这项罪名了，谁敢保证自己引用的史料都是自己首先发现的，而不是从别的著作辗转得来的？钱穆自己就那么清白？钱在《系年》自序中说：“盖卷首考订孔子行事，前贤论者已详，折中取舍，择善而从，其为己说者最鲜。”（第48页）但我们翻检考订孔门的第一卷（占全书五分之一），又何尝一一注明哪条史料、哪点论述是从哪位前贤那里得来的？

第三，属于常识判断。

比如，“荀子年十五之齐”条，不过是《批判》中的一个小注（余氏连这种不起眼的注解都不放过，搜刮“罪证”到了这种地步！）。《批判》在正文中说荀子“十五游学于齐”，小注说“此据《风俗通·穷通篇》，‘齐威宣之时，孙卿有秀才，年十五始来游学’。《史记·荀传》及刘向《序录》作‘五十’。荀子晚年及见李斯相秦，‘五十’失之过早。且‘五十’不得言‘游学’矣。”（第218页）《系年》也断定该是十五，但它列举的三条理由，说的都是“五十不得言游学”，并未提到“五十失之过早”，然而余氏仍然断言郭抄袭：“在这一条中，《十批判书》作者不过约钱氏的考证原文为足注而已”（第99页）。其实这该是根据常识就可以得出的相同结论，都说“十五”是正常的，如果有主张“五十”的倒有趣了，虽然胡适曾如此主张，但学界向来很少有人赞同的（见孔繁《荀子评传》，南京大学出版社1997年11月版第2页）。其实远在钱之前，南宋晁公武在《郡斋读书志》中就已指出《史记》所说荀子“年五十”为“年十五”之误，《系年》对晁只字不提，按余氏的标准，是不是也属抄袭？

我不由想起了另一件“抄袭”公案。在20年代陈源曾指责鲁迅的《中国小说史略》抄袭日本人盐谷温的《支那文学概论讲话》，鲁迅如此回答道："自然，大致是不能不同的，例如他说汉后有唐，唐后有宋，我也这样说，因为都以中国史实为'蓝本'。我无法'捏造得新奇'……"（《鲁迅全集》第三卷，人民文学出版社1996年版第230页）余氏对郭的抄袭指责，其实也大体属于"汉后有唐，唐后有宋"之类。

美国法庭在认定抄袭时，使用一条铁证：原作有技术性错误的地方（比如引文错误、错别字等），抄袭者也一一跟着犯错。以至有些辞典、目录的出版商，故意留几个无关紧要的、不起眼的小错误，以便用做指控别人抄袭的铁证。然而，统观余氏全文，可曾举出过哪怕是一个这样的铁证？没有，一个也没有！反倒是《批判》对史料的摘引，往往更完整也更准确。比如在"漆雕开"这一条，二书同引王充《论衡·本性篇》，《批判》不仅摘录较完整，而且在"如此则性各有阴阳善恶，在所养焉，故世子作养书一篇。"一句引文无误（据黄晖撰《论衡校释》，中华书局1990年2月版第133页），《系年》按余文所引，则漏了"在所养焉"（第95页。查新近出的《钱宾四先生全集》，这个错漏已改正。）余氏自以为是最重要的铁证的、为此又写了一篇长长的跋语的，却偏偏是《系年》引文正确，而《批判》引文有误（即前面第二节提到的"外有学堂"一句）。按常理，这该是《批判》未照抄《系年》的铁证，然而余氏不仅仍然诬之为"《系年》所引不误，《十批判书》抄《系年》时才出现了异文"，而且更进一步推断"这恐怕是他有意无意之间企图掩饰抄袭之迹，而不能完全归之于抄袭时的匆忙和粗心了"，乃至义愤填膺地斥责郭"公然改易文句"（第130页）。为了打倒政治、学术对手，"不逻辑竟到了这样的地步！"（郭语，第506页）

四

前面提到，白寿彝先生在1961年写了《钱穆和考据学》一文，其中有一段是指责钱穆的《系年》剽窃的：

> 首先，应该指出来的，是钱穆在书（按：指《系年》）里所表现的剽窃行为。他对于以《竹书纪年》校《史记》，从而找出《史记》在纪年上的错误，是大为自吹自擂的。他在自序里提出了《纪年》胜《史记》的五个明证，这五个明证的内容事实上构成了这部书在各国世系年代推算上的主要的骨干。但这五个所谓明证，都是剽窃雷学淇《竹书纪年义证》的。他的第一个明证，是说田齐的世系，《纪年》比《史记》

多了悼子及侯剡两代，跟《庄子》《鬼谷子》《孟子》《国策》相符。这是已见于《义证》卷三十四的。第二个明证是说《史记》误把梁惠王的后元年作为梁襄王元年，少算了十六年，不如《纪年》所记与《孟子》《吕览》诸书相符。这是已见于《义证》卷三十九的。其他三个明证，或指出《史记》所记魏文侯、魏武侯的年数短了二十二年，或指出《史记》所记魏迁都大梁的年代迟了二十二年，或指出各国称王前后之与《史记》不同，这也都分别见于《义证》卷三十四、卷三十六和卷三十九。这不只在论点上是剽窃《义证》的，并且在材料上也基本是剽窃《义证》的。钱穆只有在很个别不同意《义证》的细节上提出了《义证》的书名，但对于这五个牵涉很大的问题就绝口不说到《义证》了。他在《义证》以外，还剽窃别的书。友人中曾有以林春溥《战国纪年》和黄式三《周季编略》跟他的书对勘的，也发现了相当多的剽窃的东西。（《学步集》，三联书店1978年5月版第291页）

余氏在跋语中也大略引了这段话，只不过略去了中间的举证，并且想让读者误以为这是郭沫若自己所写。就算是郭沫若自己写了让白先生发表反唇相讥的吧，那也是钱门弟子奉师命［余氏跋语中自述："钱先生偶然提起他在成都的时候，曾有人对他说，《十批判书》中论前期法家是暗用《先秦诸子系年》的材料和论断。但钱先生似乎没有细读过《十批判书》，因此他问我是不是有同样的印象。这才引起我仔细检查《十批判书》的兴趣。"（第121页）］用了不知怎样的"过分轻佻刻薄"的话去招惹人家的，怪得了谁呢?

如果白先生所言不虚，那么钱穆在抄袭一事上并不比郭好多少，甚至还更加恶劣。读者应该是最有兴趣知道余氏是如何辩解的，然而余氏却不愿为恩师辩护了：

我想我毋需为《先秦诸子系年》说任何辩护的话。一九四九年以前的中国学术界对《系年》的评价大致可以陈寅恪和杨树达的私下议论为代表。这已引在本书所收《一生为故国招魂》文中。至于今天大陆非官方的学术界对《系年》的看法，我只想指出一项事实，即它的增定本（香港大学出版社一九五六年版）已在大陆上重印流传多年了。（第125页）

两位学者的私下议论竟然可以用来代表学术界的评价，也是一奇。查

《一生为故国招魂》一文，不过是杨树达在日记中记了陈寅恪私下赞扬《系年》，而所赞的也不过是以《竹书纪年》校《史记》这一条："寅恪言钱宾四（穆）《诸子系年》极精湛。时代全据《纪年》订《史记》之误，心得很多，至可佩服。"（第26页）而根据白先生的揭发，这是抄袭来的，果真如此，陈之赞又能说明什么问题呢?

根据余氏的逻辑，我们是不是也可以说："我想我毋需为《十批判书》辩护。该书在抗战期间发表时就轰动学界，公开的、私下的好评如潮。至于今天海内外学术界对《十批判书》的看法，我只想指出一项事实，即它的不少提法，仍然被普遍接受。"

其实，《系年》纵有剽窃《竹书纪年义证》等书处，并不能就因此全盘否认其价值；《批判》纵有沿袭《系年》处，也不能就因此全盘否认其价值。但余氏是根本不懂得这点逻辑的。他在37年间所徒劳地从事的，就是想据此全盘否认《批判》的价值，再全盘抹煞郭沫若的一切学术成果。

五

现在国内知识界提倡知识分子要有独立的人格，郭沫若是被当作反面的典型来批判的，而鲁迅则是作为正面的形象来颂扬的。但郭沫若在新中国成立前还可算是特立独行之人，而鲁迅先生有幸未能活到新中国成立之后，将二人比较，实在是有点儿不伦不类（先生若得长寿，依我看最好的结局也不过是像梁漱溟那样闭门谢客）。在近代学者中，鲁迅的人格固然是最近乎完美的，但也不必想当然地美化，以之为圣人似的参照系。比如前引丁东所言："这种失误，在鲁迅先生身上是绝对找不到的。"这种比较就属于想当然。前面提到的鲁迅"抄袭"案，鲁迅自己曾经辩解说："盐谷氏的书，确是我的参考书之一，我的《小说史略》二十八篇，是根据它的，还有论《红楼梦》的几点和一张《贾氏系图》，也是根据它的，但不过是大意，次序和意见就很不同。其他二十六篇，我都有我独立的准备，证据是和他的所说还时常相反。"（《鲁迅全集》第三卷第229页）但我们查看《中国小说史略》本文，却并未提及盐谷氏，自然也是属于丁东所说的失误，又怎能说"在鲁迅先生身上是绝对找不到的"？其实这是当时文坛的风气，不独鲁、郭二人如此。社会科学成果的独创性，本来就不像自然科学那样一就是一，二就是二，有意无意之间，也就会漏掉了提及出处，古今中外都如此。几年前因为马丁·路德·金的博士论文被发现用了别人的成果而未注明，美国学界也有人说他剽窃。我们不应该对郭沫若就特别地求全责备。

沫若先生文史全才，一代宗师，生前声势显赫，却大概过于相信“党和人民”的结论，没有替自己身后的名声谋划，既不屑于编写《国史大纲》之类的官定教科书让自己桃李满天下（郭在1947年为《中国古代社会研究》写的后记中说：“我也起过这样的雄心，想写一部完整的《中国古代史》，把社会分析、思想批判等，通统包括在里面。但这项工作我没有着手，我恐怕永远也不会着手。我自己的兴趣是在追求，只想把没有知道的东西弄得使自己知道。知道了，一旦写出过，我便不想再写了。这是我的一个毛病，也许就是浪漫的性格。像编教科书那样的古典风味，我自己很缺乏。”（《沫若文集》第14卷，人民文学出版社1963年版第318页），又没有开坛办学刻意培养抬轿的弟子门生，死后被人如此清算作贱，竟未见到多少替他说公道话的，世态之炎凉，真令人寒心。

文史全才代不乏人。但近代以来，在文史两领域都有郭沫若那样的天才，都作出了开拓性、多方面的成就的，却几乎找不出第二个人来。作文需要热烈的性情，治史需要冷静的品格，文史皆通者，也就难免要时时遭受双重人格的痛苦。郭沫若生前贵为中国科学院院长兼中国文联主席，大权在握，树大招风，但人们现在所清算的却不过是他的言论，并没有听说有什么恶行劣迹。他在“文革”期间痛失二子，也并不比别人幸运。他的那些令人不齿的言论，究竟有多少属于真心实意？多少属于逢场作戏？多少属于公事公办？又有多少属于违心被迫？他在60年代初领导批判“资产阶级史学”运动，对陈寅恪何其霸道；但就在同时，一脱下官袍以史家面目出现的时候，对陈寅恪又何其尊崇：“陈寅恪的高度的评价使我感受到高度的惊讶。我没有想到：那样渊博的、在我们看来是雅人深致的老诗人却那样欣赏弹词，更那样欣赏《再生缘》，而我们这些素来宣扬人民文学的人，却把《再生缘》这样一部书，完全忽视了。于是我以补课的心情，来开始了《再生缘》的阅读。”（《序〈再生缘〉前十七卷校订本》，写于1961年。《郭沫若古典文学论文集》，上海古籍出版社1985年2月版第920页）同一时间内如此相反的言论，我们应该相信哪一个是真的？他在1971年出版的《李白与杜甫》中如此写道：

> 像这样诗友、酒友、道友，有的退隐，有的贬谪，有的受害，李白自己也有意离开，只是时期有早迟罢了。

然而李白的心境始终存在着矛盾。他一方面明明知道朝廷不用他；但另一方面他始终眷念着朝廷。他有《鲁中送二从弟赴举之西京》诗，一开首就有这样的四句：

鲁客向西笑，君门若梦中；霜凋逐臣发，日忆明光宫。（《李白与杜甫》，人民文学出版社1971年版第45页）

我们是不是多多少少可以从这些话中一窥郭沫若晚年的心境？

即使众口一词认定郭沫若缺德无行，也不必一概否认其才其学其识，步海外别有用心者的后尘怀疑、抹杀他的一切学术成果。尤其是宣扬独立人格者，更应该注意不要意气用事，人云亦云，不加辨析地相信人言。郭沫若在1950年为《十批判书》写的后记中，如此反击别人的批判道：

不逻辑竟到了这样的地步！老实说，做学问的人是不能够这样的，一定要虚心，要把别人的著述先作适量的体会，从全面来了解别人，然后才能进行批判。不懂就不要假充内行，假充内行的结果，只是表示自己的无知。单纯的无知倒还可以救药，只要虚心地多读书，改正一下头脑，知识倒也会积蓄得起来的。假使在无知之中再加上敌忾，敌忾而且很强，巍巍乎俨然一个大权威那样，是的，那才是“很有问题”的！（第506页）

这话，简直就像是对现在的“反思”者说的。在反思、批判郭沫若之前，不妨扪心自问，自己是否已把郭沫若的著作先作了适量的体会，从全面来了解郭沫若？还是只不过意气用事，“在无知之中再加上敌忾，敌忾而且很强”？

注：

针对本文第二节的内容，复旦大学中文系傅杰后来曾撰文说，《〈十批判书〉与〈先秦诸子系年〉互校记》一文收入台湾地区1991年出版的《犹记风吹水上鳞》一书时均直书郭沫若、白寿彝之名，对《钱穆和考据学》一文的引文也准确无误；只是收入《钱穆与中国文化》时才由出版社做了删改。至于余英时本人是否事先同意这样的删改，傅文未提。如果是出版社擅动，则窜改引文误导读者的责任自然不由余英时来负。这是一个小插曲，不涉及对《互校记》正文的批评，对本文的论证和结论都没有影响。

1999年4月12日

余英时篡改引文诬陷郭沫若的铁证

余英时在《〈十批判书〉与〈先秦诸子系年〉互校记》一文中，列举了十二条郭沫若抄袭钱穆的“证据”，其中最后一条“吕不韦与秦始皇”，他认为是“最严重的抄袭”。这一条原引文甚长，这里只摘录与问题有关的部分。余氏对我这样的摘录一定是满意的，因为这更可以突显二书之间的“惊人的相似”。

余氏摘录的《十批判书》云：

> ……明时的汤聘尹认为是“战国好事者为之”（史稗）……例如王世贞的《读书后记》便有两种说法。……

余氏摘录的《先秦诸子系年》云：

> ……王世贞读书后记辨之曰……又明汤聘尹史稗辨之曰……

余氏得出结论说：

> 更明显的是《系年》援据汤聘尹的《史稗》以及王世贞的《读书后记》两说，而《十批判书》也恰好同引此两书，这便绝不是“巧合”了。（以上摘自《钱穆与中国文化》上海远东出版社1994年12月第一版第109、110、112页。亦见《犹记风吹水上鳞》三民书局1991年版第119、120、122页。）

在余氏所举的所有“抄袭”证据中，这是唯一有说服力的一条。《史稗》和《读书后记》都是罕见书，《十批》和《系年》又都引用了，确实很难让人相信这是巧合。在写作《郭沫若抄袭钱穆了吗？》一文时，我只挑了余氏所举“证据”中有代表性的几条加以批驳，对唯一有说服力的这条也不好意思绕过，但批驳起来最感困难，所以我只能采用开脱式的辩解：“《史稗》和《读书后记》的确不算是常见文献，但我们没有理由怀疑博学如郭沫若者就没先看过，当然也许真的是从《系年》知道这两条文献的。然而，从别人的著作中获悉了自己不知的史料，是不是一定要注明发现过程？不注，是否就算抄袭？如果这也算是抄袭的话，许多史家也都要顶这项罪名了，谁敢保证自己引用的史料都是自己首先发现的，而不是从别的著作辗转得来的？钱穆自己就那么清白？”说实话，我当时是倾向于认为郭沫若的确是从《系年》一书中转引了这两条的，当然，转引不等于抄袭，仅仅一个有说服力的证据也构不成“全面的、根本的抄袭。”但究竟是郭沫若自己的独立发现还是转引自钱穆，对这个问题的解答，已超出了我的能力。

这还得感谢那位骂我“无知”的复旦大学中文系的傅杰，从他的谩骂中我知道在《中国史研究》上有一篇批驳余氏谬论的论文。我翻检出了登在1996年第3期上的翟清福、耿清珩二先生的文章《一桩学术公案的真相——评余英时〈十批判书〉与〈先秦诸子系年〉互校记〉》。它批驳余氏的第一点，恰恰就是“吕不韦与秦始皇”这一条。

翟、耿二先生说，他们开始也认为郭沫若这两条材料有可能是从《系年》转引的。但是经过查对文献，发现不是这么回事。原因说穿了不值半分钱：郭、钱二人其实都是从一本常见书——清人梁玉绳的《史记志疑》转引这两条材料的，而且转引的时候都出了错。如果都错得一样，倒也算是抄袭的证据，可惜错得不一样。在《史记志疑》中有这么一段话：“王世贞读书后辨之曰”，正确的标点应该是“王世贞《读书后》辨之曰”。郭、钱二人大概都未读过王世贞的这本书，不知道《读书后》这么个较为奇怪的书名。郭沫若顺手给加上了个“记”字，书名成了《读书后记》。而钱穆呢，则把后面的“辨”字当成了书名的一部分，在他的笔下，这本书成了《读书后辨》。

当余氏互校《十批》和《系年》校到此处，当然发现郭、钱二人对王世贞著作的叫法不同，若让读者发现了这个不同，这条抄袭的“铁证”也就泡汤了。怎么办？偷偷地改！余氏想必也没读过王世贞这本书，也不知道正确的书名是《读书后》。将《读书后记》和《读书后辨》这两个名称比较，看来前一个更像是书名。于是余氏竟然让他的老师钱穆倒过来抄袭郭沫若，把《系年》原文中的“《读书后辨》”改成了“《读书后记》”，以与《十批》相一致。于是在余氏的笔下，《系年》的这一条便成了：

> 王世贞《读书后记》辨之曰。

而余氏自己评论时，也用的是《读书后记》这一继承自郭沫若的错误，可见绝不能怪给“手民误植”。余氏注明这一条引自《系年》原版第453页，可惜，在《系年》原版中并没有欺师灭祖的这一条“读书后记”。不知这是余氏蒙着老师的犯上作乱呢，还是老师虽然知道而忘了与之配合，在《系年》所有版本中，包括原版、增订版和最新的《钱宾四先生全集》，在此处都令人尴尬地写着：

> 王世贞《读书后辨》说之曰，（《钱宾四先生全集》第五卷第567页）

在全集该卷的书名索引中，也明明白白写的是《读书后辨》，而没有《读书后记》，当然也没有正确的《读书后》。至此，余氏故意偷偷篡改引文误导读者以诬陷郭沫若的企图也就昭然若揭了。料想他本人也是不信郭沫若抄袭钱穆的，否则何须如此下作？在答复傅杰的文中，我才答应可以为余氏摘掉“篡改引文误导读者”的帽子，现在只好再给他戴了回去，而这回要再摘帽可就不那么容易了。我已比较过台北版和上海远东版的《〈十批判书〉与〈先秦诸子系年〉互校记》，对此引文的篡改一模一样，上海远东出版社学术集林丛书的编委这回没有机会来顶替余氏戴帽。

我本是从事自然科学研究出身，知道科研的第一道德是诚实：你也许可以在生活中不诚实，却绝对不能在科研中不诚实。伪造数据是科学研究中的最大犯罪，被抓获者都可能丧失了从事科研的资格。我想，在社会科学研究中为达到不可告人的目的而故意篡改引文，也是相当于伪造数据的，一被抓获，即使不至于丧失了研究的资格，却不能不让人对其过去、现在以及将来的一切成果表示怀疑。至少，如果我以后再读到余氏的论文，对其中的引文，如果不亲自去查证，是不会再轻易相信的了。余氏自诩信奉陈垣论考寻史源的两句金言：“毋信人之言，人实诳汝”，那确实是推己及人的经验之谈。书到此，虽然傅杰嘲笑我学余氏套用旧诗是“拙劣的句型练习”，却也忍不住还要再套用一下：

《系年》《批判》分明在，莫道人间总不知！

1999年11月30日

“兄弟在耶鲁的时候”

在导师制讨论会上，部视学先讲了十分钟冠冕堂皇的话，平均每分钟一句半“兄弟在英国的时候”。

看过《围城》的人，也许不记得了钱钟书刻意雕琢的连珠妙语，却会对似乎只是顺笔涉及的这句讽刺留下深刻印象。经电视剧的渲染，连没看过小说的人也都知道了这个典故。但这句话的流行，却是因为它能很好地用于讽刺现实。许多“海龟”“海带”的谈吐，的确很容易让人联想到这位挟洋自重的视学大人。有一位名叫薛涌的，随妻子去美国陪读，自知英语太差，靠考托、考G的正规途径难以在美国读研，据其自述，他跑耶鲁大学历史系旁听了一节课，却被教授破格录取为硕士生，完不成作业去找教授求情，又被破格录取为博士生，用中国民间的说法，叫撞上了狗屎运。如此撞上的“耶鲁博士生”（在中国经常就简称“耶鲁博士”）的金字招牌格外闪亮。他在《南方都市报》办的专栏，作者名字后面必注明“耶鲁大学历史系博士候选人”，不管文章是有关哪一方面的内容，也言必称“耶鲁”。“耶鲁”成了薛候选的卖点，虽然他在耶鲁的专业其实是“中国历史”，而他的专栏文章所涉及的内容净是些和中国历史“八竿子打不着”的事情，但对许多中国编辑、读者来说，只要一句“兄弟在耶鲁的时候”就被震住了，好像人在耶鲁讲什么都是权威发言了，管他在耶鲁是研究什么的。

挟洋自重虽然令人讨厌，但我们也没必要因此因人废言。喜欢在本专业之外发言也无可厚非，只要言之有理有据也值得听取。可惜，薛候选虽然撞进了耶鲁，博士生候选了那么多年，却没有受到美国名牌大学严谨学风的熏陶，连发言之前要先做家庭作业这点常识都不知道，还是和在国内大学读文科时那样靠信口开河混日子，只不过有了“兄弟在耶鲁的时候”更容易混日子而已。下面我就以《计划经济办不出一流大学》（登于2004年8月14日《南方都市报》）一文为例，举文中两个例子，看看这位耶鲁兄弟是个什么样的混混。

> 哈佛大学起家时，也是一所穷得丁当响的私立学校，据说因为有个叫哈佛的人捐了自己的书给学校，就把‘冠名权’给了人家。耶鲁大学也有同样的故事。靠捐这么几本书就把自己的名字变成世界一流名校的校名，可见当时学校是多么寒酸，化缘是多么迫不及待。

哈佛大学是在1636年由殖民地政府拨款400英镑成立的。400英镑在当时是一笔巨款。在当时，一名教师的年薪不过10余英镑，一英镑可以买一头猪。1638年，约翰·哈佛死时留下遗嘱，除了大约300本藏书，还将财产的一半赠送给哈佛大学（另一半留给其遗孀），价值800英镑，是政府拨款的两倍。这所新学校因此以哈佛为名。（参见：http://www.harvard-magazine.com/issues/jf00/vita.html）

薛涌对自己的母校的历史也了解甚少。耶鲁大学是在1701年成立的私人教会学校。1718年，该校为了建新楼，向伊利胡·耶鲁募捐。耶鲁除了赠送该校417本书外，还送了9大包货物。学校卖掉货物后，得560英镑，用于建新楼并将其命名为耶鲁大楼，之后又以耶鲁命名整个学校。（参见http://www.yale.edu/about/history.html，http://en.wikipedia.org/wiki/Elihu_Yale）

> 撇开中美两国贫富之悬殊不说，你真要和哈佛大学比，就首先要把清华大学变成一所私立大学，不靠皇粮吃饭。哈佛大学一年经费多少，笔者没有考证，但这钱是哪里来的，却可以说说……人家这么谦卑，原因就是学校不靠皇粮，而靠学生吃饭。

哈佛大学一年经费多少，钱从哪里来的，只要到哈佛大学网站一查就知道了。2002—2003财政年度哈佛大学的经费是24.7亿美元，其中从美国联邦政府获得的科研经费是4.1亿美元，而从学费和奖学金获得的经费是5.2亿美元。哈佛大学既靠学生吃饭，也吃皇粮，而其实最主要是靠投资收入吃饭（9.1亿美元）。（参见：http://vpf-web.harvard.edu/annualfinancial/）

薛候选因为在一所美国私立大学当候选，就以为全美国的名牌大学都是私立，把政府拨款办学校当成计划经济的产物。且不说像哈佛、耶鲁这样的私立大学也从政府获得大笔的科研经费，美国还有众多的公立大学的行政经费是直接依赖政府拨款的，其中也不乏可与哈佛、耶鲁相比的名牌大学，例如加州大学伯克利分校、密歇根大学。其实，只要花点时间查一下资料，就可以知道公立大学在美国研究型大学中占了主流地位。在2004年美国共有248所能授予博士学位的全国性大学，有162所是公立大学，占65%。在《美国新闻与世界报道》评出的126所美国顶尖大学中，有64所是公立大学，占51%。在上海交通大学高教研究所发布的2004年世界大学学术排行榜中，前100名有51所是美国大学，其中公立大学占26所，也刚好过半。世界一流大学是可以用纳税人的钱创建出来的，而且也只有公立大学才能创造出快速发展的奇迹（在上海交大的排名榜中排名第13位的加州大学圣地亚哥分校创建于1959年），关键在于如何合理地使用而不是像北大、清华那样糟蹋纳税人的钱。

有人愿意把“兄弟在耶鲁的时候”当口头禅，本来也不关我事，但讲出来的话，写出来的文章，总该对得起“耶鲁”这块牌子吧？并不是什么东西都能靠撞狗屎运撞出来的。

2004年8月19日

谁和你玩了?

《外滩画报》记者的报道《人们是否应该敬畏方舟子》(《外滩画报》2005年3月24日)有一些细节错误，例如把我两篇评丁林的文章搞混了，引用我的话只截取半句，竟然用引号代替关键的几个字等等，措辞让读者觉得是站在反对我这一边，以致有网友向我转告此事时，感叹“这报纸真是疯了”。不过既然全文刊登了对我的访谈，对报道中涉及的问题基本上我都有答复，那么即使报道有倾向性，我也不觉得有必要计较。令我意外的是还同时刊登了《我们为什么不和方舟子玩——田松五评方舟子》一文，把早就被我们驳斥得体无完肤的陈年谣言、谎言又散布了一遍，其中那段造谣说我“剽窃”“抄袭”的话还被当成摘要登在文章的最前面。《外滩画报》以“公信就是生命力”为办报宗旨，却刊登这种会影响其生命力的谣言，那么我还是有做一番驳斥的必要的。

田松声称，他们那几个人早就不和我“玩了”：

> 我们都接受了江晓原教授(上海交通大学教授、博导，科学史系主任)的“三不”政策：“不理睬、不接触、不反驳”—后来重新表述为“不骂人、不吵架、不停步”。

在发表造谣文章的同时还如此标榜自己甘心当鸵鸟，真是莫大的讽刺。他们这几年来对我或明或暗的攻击、造谣、谩骂是从来也没有停过的。他们以前更多的是在网上化名攻击我，例如两年前田松本人就曾化名“黄蓉”写过一篇长篇谩骂我的文章，还向人抱怨说方舟子明明知道那篇文章是他写的，却不反驳，是因为反驳不了云云——好像我必须浪费时间去理睬网上的匿名谩骂似的。最近这一段时间，他们改用真名攻击我，这倒也是一个进步，其同道、北大哲学系刘华杰副教授最近不还在由其把持的北大科学传播中心的网站公器私用、公报私仇专门设了一个“方舟子现象”专栏用以造谣、攻击我吗?

田松造谣说：

> 方舟子自己的文章里也有整句地从美国《科学》杂志那里“拿来”的东西，刘华杰最近就此问题写了篇长文(《回顾一下方舟子的“搬运术”—打假英雄的双重标准》—编者注)，你可以找来看看。是不是剽窃，是不是抄袭，可以找知识产权方面的专家问问。

这是一个早在2001年几位被我揭露过的学术腐败分子捏造出来的陈年谣言，我已多次驳斥过。有人相信谬误重复千遍即是真理，我却没有必要一遍一遍地澄清。造谣只需要一两句话，而要澄清一个谣言却需要多费口舌。既然《外滩画报》既不“找知识产权方面的专家问问”、又不把我有关文章找来看看，就登出了谣言，为避免《外滩画报》的读者被蒙骗，我就再费一番口舌，简单说一下事情的经过：2001年10月4日《南方周末》刊登了我的一篇文章《科学地解决道德难题？》，介绍美国普林斯顿大学心理学家发表在美国《科学》杂志上的一项研究成果。我同时在新语丝网站上刊登这篇文章时，在文后附上原文出处。有人根据我的注释找到原文，从中摘录出一些意思相近的句子（本来就是介绍该论文的工作，当然有意义相近的句子，只不过我为了避免抄袭，都用自己的语言做了改写），指控我剽窃《科学》的论文，并向《科学》编辑部诬告。《科学》在当年8月份才报道过我打击学术腐败的事迹，接到报告后很重视，做了调查后，得出结论说我的文章并不构成剽窃，因为我在文中清楚地表明了是在介绍别人的工作，而且是用自己的语言作的介绍。

刘华杰副教授最近在其“回顾”长文中，继续采用断章取义的手法污蔑我剽窃，对当事方《科学》的调查结论却只字不提，而且造谣说我是在被别人指控抄袭后才在文章后面附上原文出处。事实上，不仅有众多的网友可以作证我的文章一开始就附有原文出处，而且只要懂一点查阅网页修改信息的技术，谁都可以证明我那篇文章在新语丝网站登出后就没有改动过。

田松又说：

> 新语丝的批评还有凭空捏造的，比如有一个人批评刘兵的翻译水平，拿出来的句子竟然是编造的。事情败露之后，方舟子不道歉，反过来找理由，接着批。

新语丝发表了许多批评文章，绝大多数都是公认有根有据的，新语丝的声誉正是建立在这个基础上的。少数有争议，偶尔会有失误，这也难免。如果被批评者能够出示证据证明被批评错了，要求澄清，我们也从来都给予配合。请问刘兵出示过被冤枉的证据、要求过我们澄清吗？从来没有，而只是在报纸上谩骂新语丝，声称“不予理睬”。我本人写过一篇批评刘兵的翻译水平的文章（《也来给清华大学刘兵教授批改英译汉作业》，新语丝网站2003年7月15日），还有一篇是揭发刘兵《剑桥流水》一书剽窃的（《岂能拿翻译凑文章》，新语丝网站2003年7月24日），请问里面哪一条是编造的？刘兵有能力反驳吗？他除了到处造我的谣言，还能干什么？清华大学出了这么一位水平低下的剽窃教授、造谣教授，很光荣吗？

田松对新语丝的种种污蔑之词，我懒得一一驳斥。他要来跟我比人格高低，我倒是可以奉陪一下。田松在2000年2月写信来跟我套近乎，赞扬我的科学评论文章写得好，建议北大、清华应该请我回去当教授云云，现在一翻脸就说我的文章“不过是民间爱好者的水平”“连科学哲学的入门都算不上”，这是什么人格？刘华杰副教授一面在新语丝用多个化名发表骂人文章，一面又诽谤新语丝是骂人网站，这是什么人格？难道我不该把他的化名公开吗？刘副教授在还没有和我摊牌时，表面上对我毕恭毕敬，暗地里在网上匿名谩骂我（被我抓了个正着），这是什么人格？刘兵以前为了拉拢我，对我的学术打假工作非常赞赏，在报刊上推崇备至，但是一旦他的学生柯志阳以及他本人造假被我们发现，他就来个180度大转弯，改在报刊上谩骂、攻击我的学术打假，这又是什么人格？

实际上，这些反科学文化人在被我们批评到之前，无不对我的学术打假推崇备至，就连田松本人也曾经在报上发表文章称赞方舟子的刀法是如何犀利明快。只有当方舟子的刀也砍到他们的头上时，他们才慌了神，要来讲什么“打假机制”“程序正义”，责问我有什么权利。什么权利？言论自由就是我的权利！且不说目前中国没有任何常规的渠道打击学术腐败（我本人在各种场合一直在呼吁建立这样的渠道），而只能靠志愿者的打抱不平，即使将来有了这样的渠道，每个公民也都有权利揭露、抨击学术腐败。反科学文化人如果真的认为公民没有这样的权利，那么就应该先从自己做起，怎么却又要学着“一个人充当警察、检察官和法官多种角色”，在北大科学传播中心的网站专门来打方舟子的假呢？又是谁给了你们这样的权利？用北大的资源泄私愤，北大校方批准了吗？用纳税人的钱报私仇，公众答应吗？

我本人虽然鄙视这些反科学文化人的人格，但是我和他们之间的争斗，绝对不是什么个人恩怨，而是有关中国要科学还是要伪科学（反科学文化人之所谓“类科学”），要传播科学还是传播反科学，要不要打击学术腐败的大是大非的问题。因为他们在中国媒体上还有一定的市场（我刚刚注意到今天刘兵、刘华杰以“科普作家”的身份到新浪网推销他们策划的一本书去了），还需要我们继续打击下去。我们不是在跟他们玩什么游戏，即使他们声称不“玩”了，埋头当了鸵鸟，也不妨碍我们继续打他们翘起来的屁股！

2005年3月25日

真正的垃圾文章

20世纪80年代我在国内读大学的时候，和现在许多大学生一样，也可算是个“愤青”，喜欢读一些愤世嫉俗的著作。当时有两本内容很有点儿耸人听闻的“环保”著作让我印象很深刻：罗马俱乐部的《增长的极限》和里夫金的《熵：一种新的世界观》。前者用数学模型，后者以“热力学第二定律”为据，都断言科学技术的发展只能加速地球资源的枯竭和人类社会的崩溃，拯救的办法是维持“零增长”以苟延残喘。这种悲观论调很吸引人的眼球，乍看也很有道理，但却经不起时间的检验和仔细的推敲。《增长的极限》中关于重要资源将在20世纪末枯竭的预言已成为笑柄，现在恐怕连作者都不相信人类末日将在2100年到来了。而《熵：一种新的世界观》则不过是对热力学第二定律的歪曲和篡改，从理论上就站不住脚。当然，这种矫枉过正的书对人们增强忧患意识是有一定的作用的，读一读也无妨，只是读的时候要留个心眼，切不可全盘接受其说法，更不要因此变成极端“环保主义者”而掉入反科学的泥坑。《熵：一种新的世界观》的原著（1980年出版）在美国早已绝版，里夫金（Jeremy Rifkin）近年来致力于全盘否定生物技术的发展，在其简介中甚至不好意思把这本书列入。

但正所谓墙里开花墙外香，这本书自从1987年被译介到中国来，其声名在中国就长盛不衰，它介绍“热力学第二定律”的部分甚至作为课文被选入高中《语文》第六册，去误导没有学过真正的热力学第二定律的中学生。北京大学哲学系讲师田松博士近来在宣扬其反科学、反教育的论调时，也一再拿里夫金当权威依据。例如，田松博士在《中华读书报》2004年6月23日发表《未来的世界是垃圾做的》一文，声称地球的命运就是成为一个大垃圾堆，科学技术的进步不仅不能解决垃圾问题，反而只是加速这个世界末日的到来：“垃圾问题，将会超出能源问题，成为未来世界最主要的问题。即使能源危机能够解决，垃圾问题仍然无法解决。因为输入越强大的能量，会产生越多的垃圾。我相信，未来的大规模战争，将不是为了到别的地方抢什么东西回来，而是要把垃圾送出去。在我悲观的眼睛看来，人类加速度的现代化步伐，只是使世界更快地铺满垃圾。”他的全部依据也是所谓“热力学第二定律”，而且是里夫金的“热力学第二定律”：“当然，在我们目前的大众语境中，人们普遍相信垃圾处理场的作用。似乎只要建好处理场，就可以解决垃圾问题，甚至变废为宝。然而，按照《熵》的作者里夫金对热力学第二定律的表述：能量总是从能用的变成不能用的，物质总是从可用的变成不可用的。在全球化的物资和能量转化链中，低熵状态的原始森林、矿藏、天然水体，最终必然变成高熵状态的垃圾场。垃圾，是一切物资和能量无可逃脱的宿命。”“对此，大部分人仍然乐观：等到将来，科学发展了，这些填埋的垃圾还是可以再回收利用的。然而，这个幻想违背了热力学第二定律。”

物理学上有这样的“热力学第二定律”吗？没有。热力学第二定律有多种表述方式，与此有关的一种表述方式是所谓“孤立系统熵增原理”，即认为在孤立系统内实际发生的过程，总是使整个系统的熵的数值增大，也可以通俗地说成是总是使可用的物质变成不可用的物质或垃圾。但是这里的前提是“孤立系统”，而地球并不是一个孤立系统，而是一个开放系统，从外界（太阳）吸取了大量的能量。而只要有外界能量的输入，就可以使整个系统的熵值减小，让垃圾转变成可用的物质。可见田松所谓“输入越强大的能量，会产生越多的垃圾”的说法，不仅不是依据热力学第二定律得出的，而是从根本上违背热力学第二定律的。

里夫金是学文科出身，曾在宾州大学获得经济学学位和在塔夫茨大学获得国际事务学位，很可能没有学过普通物理学，所掌握的物理学知识最多也就是所谓“民间科学家”的水平，他误解、歪曲热力学第二定律，并不奇怪。但是，田松号称是物理学硕士出身，当过物理教师，却也对热力学第二定律一窍不通，把他所鄙视的“民间科学家”对物理学所发的贻笑大方的高论当成权威依据，就很奇怪了。里夫金在中国虽然名头很大，在美国学术界却被认为是伪学者。美国著名生物学家斯蒂芬·杰·古尔德曾经如此评论说，里夫金的著作是“很聪明地拼凑起来的冒充学术的反智宣传。”“通过分析他草率的学术作风和对科学的根本误解，我想我能够显示，他所描绘的世界是虚构出来的，是被捏造出来用以证明其本人的私下愿望的。”“里夫金的所作所为表明他对科学规范和科学步骤一无所知：他对什么是科学以及科学是如何运作的都几乎一点也不懂。”古尔德对里夫金的评价，用于像田松这样的中国反科学文化人身上，也非常恰当，只是他们没有里夫金的那份聪明劲儿而已。

这个世界当然总是会产生垃圾的，如何减少、处理以及利用垃圾也一直是人类面临的一个难题。但是这并不意味着地球在未来（在太阳消亡之前）必定会成为一个垃圾堆。正如我们读到了田松的垃圾文章，大可不必就根据里夫金－田松的“热力学第二定律”预言类似的垃圾文章会越来越多，最终天下文章都会是垃圾。

2004年6月26日

人文学者也要有“文化”

“文化”一词，在日常生活中的意思和“知识”本来是差不多的，但近来却经常见到有人将它和“知识”对立起来用，不时会有人文学者出来批评中国科技工作者、理工科学生“有知识没文化”。这里的“文化”，其实是文化素养的意思，而根据这些学者的论述，又是特指人文修养。

现在讲人文精神、人文教育成了时髦，要求一个知识分子要有这样的“文化”，自然是个合情合理的要求，但是由人文学者出来专门对着科学家、理工科学生这么说，总让人忍不住要怀疑其动机是否是出于职业的偏见和傲慢，是否因为实实在在的“知识”方面比不过人家，所以就占领虚虚实实的“文化”高地呢？有的人文学者认定科技工作者都是“科学主义者”，需要接受他们的教育，由他们来树立对科学的正确认识，指导科学发展的总方向，设定科学发展的禁区，就是出于这样一种高人一等的心态。

这种过于良好的自我感觉的形成，当然是由于觉得自己从事人文研究，比常人掌握了更多人文学科的知识，所以就有了高于常人的人文修养，比别人更有“文化”了。但是有了人文知识并不等于就有了人文修养，人文学界难道就不存在“有知识没文化”的现象？比如说剽窃之风，在中国人文学界远盛于科学界，这能说是有人文修养、有“文化”吗？有位著名的人文学者，几年前就有人揭露过其专著大肆剽窃国外的著作，但事情败露后他并没有受到处理，也不影响其著名学者的地位，最近还做大师状在人文论坛上抨击“人文教育危机重重”，呼吁大学教育要重视人格的培养和修养的提高。讲者道貌岸然，听者毕恭毕敬，人文学界对剽窃行为宽容到这种程度，由这样的人来提倡人文教育，能说是有“文化”吗？

正如“知识”分科学知识和人文知识，“文化”除了人文修养，也应该包括科学修养，不应该只顾提倡人文精神，却忘了科学精神。人文精神和科学精神是相辅相成，缺一不可的，套用爱因斯坦的话，没有人文的科学是跛脚的，而没有科学的人文是盲目的。在科学素养、科学精神方面，现在的人文学者更是乏善可陈，有的人甚至破罐破摔，干脆拒绝科学精神，把发扬科学精神当成了“科学主义”来批判，这更是没“文化”的表现。

总之，人文学者、文科学生中同样普遍存在“有知识没文化”，甚至“没知识没文化”的现象，比起科技工作者、理工科学生还要有过之而无不及。人文学者不先反躬自省，不敢清理门户，却高高在上地一味教训科技工作者、理工科学生，严以律人，宽以待己，这也是很没“文化”的。

2005年9月20日

有一种心理叫仇名

曾有富人愤愤地抨击过现在国内普遍存在仇富心理。有人分析说出现仇富心理的原因是因为有些人致富手段不正当，或为富不仁等等。果真如此，那该叫仇恶心理才对。如果是见有人发了财，即便是取之有道、乐善好施，也有一股好像欠了他一辈子的债似的仇恨，怨恨的对象不是恶人而是纯粹的富人，那就的的确确是仇富了。

我不是富人，无从体验这种感受，但不幸有了一点名气，所以就常常要体验到来自别人的另一种类似的仇恨，姑且叫它仇名心理。有的人见到有人出名了，也不管他出名是否刻意为之、手段正不正当、言行有没有道理，就冲上去给他盖个“追名逐利”“浪得虚名”的屎盆子再说。尤其是那些先在网络上出名的，似乎名气来得太快、太容易，更让人嫉恨。无论是写通俗历史、学术打假还是游戏文字出名的，在有的人看来都和一脱成名差不多。自从出了个靠搔首弄姿出名的什么姐姐，于是此前此后出名的网络名人就都被仇名者拉来和她相提并论。

就拿“学术打假”来说吧，能因此出名获得公众认可，靠的是对事实真相的执着、有根有据的评说，而不是在网上随处可见的那种“上天入地地想、无所顾忌地说”。出了名之后说出的话更有分量，更能引起对造假现象的关注，本来也没有什么不好。但是因为成了名人，在有的人看来就是一种罪过了。于是就要对着“打假名人”胡思乱想、不分青红皂白地乱说了，不看你的言行有道理没道理，只眼红于你的身段秀得不错，还要替你撰写成名秘笈呢。

这其实是一些自己做梦也想着自己能秀秀身段却没有找到舞台的人，以为别人也都是靠作秀而出名。自己过于自恋，推己及人设想别人也都是如此极度自恋，顾影自怜之时就带上了怨恨。当然，骂名人本也是出名之道，只不过这在今天已不是秘笈，奉行者众多且很容易被识破，所以得道者寥寥，这就更让人想起来就有气。

2007年1月17日

我的“迷茫”：科学为何在中国没有市场

最近我参加了一个电视辩论节目，和一位从美国一所被称为“文凭工厂”的函授学校获得“博士”文凭、从台湾来的“另类营养专家”讨论健康保健问题。这个节目的主角是这位“博士”，我只是到节目接近尾声时才上场和他切磋，大部分时间坐在台下看他的表演。他很有表演才华，也知道如何吸引观众的注意力，窍门在于时不时地以不容置疑的坚定语气抛出一个个耸人听闻的观点：

> 牛奶是给牛吃的，不是给人吃的，喝牛奶有害健康……一天吃一个红薯，保证你不会得癌症……香蕉的营养都在皮里面，要吃就吃烂掉的香蕉皮……千万不要用微波炉加热食品，会让营养物质丧失97%……我看过700篇论文，证明吃动物蛋白会让你得癌症……

推销谬论很容易，一句话就够了，而要反驳起来却十句话都未必够用，何况节目留给我的时间并不多，只足够让我反驳其中的一、两条谬论，我只能寄望于观众的自我识别能力了。要具体地指出其错误之处固然需要用到生物医学的专业知识，但是靠生活常识、常理并不难觉察其荒唐。

然而，这些谬论却风靡了海峡两岸。该"博士"宣扬其观点的健康指南几个月来一直名列畅销书的榜首，让无数的人从此不敢喝牛奶、吃肉，改吃能导致营养不良的什么"排毒餐"。他到某个城市上一堂课，就能让当地的红薯卖疯了，"防癌蔬菜"价格狂飙。是因为他吓人的"博士"头衔，出色的表演才能，还是因为迎合了公众的心理，或者是因为别的什么东西?

我们这个民族历来就特别注重养生保健，而且还特喜欢扎堆跟风，每隔一段时间，就会出现一种号称能包治百病的莫名其妙的保健偏方让全国上下都一起发疯，喝凉水、打鸡血、养红茶菌、练气功、吃保健品……不过，现在的情形却和以前有所不同。以前的这些折腾，其始作俑者并不可考，并非某一个人煽乎起来的，基本上是在民间自发形成的，而且热衷者往往要论证其如何的科学，甚而获得官方机构、科学界人士的认同、支持。而现在的保健潮流，却往往是打着某个人的品牌，而且公然与主流科学界对抗，以"另类"为荣、为号召，即使主流科学家联名出来驳斥，也无济于事。

时代毕竟变了。在这个日益多元化的社会，另类不再意味着可耻。而在一个昔日权威被打倒、社会主流正在发生变化、新的权威缺乏公信力的转型时期，藐视一切权威和主流甚至成了时髦。

即使是曾经被视为真理的化身、最为客观和牢靠的科学，在现在的中国也成为被嘲笑的对象。文人学者、"思想精英""舆论领袖"们准备好了一顶顶"科学主义""科学迷信"的帽子，随时准备往那些不过是希望以科学的态度看待与科学有关的问题的人们的头上扣。

但是，在许许多多问题上，科学固然不是万能的，没有科学却是万万不能的。健康保健的问题即是如此。有位有点儿名气的文人很不屑地说，不懂科学有什么大不了的，难道普通老百姓不懂化学成分、中毒机理，就不知道砒霜有毒吗？以一个极端的个案为论据，正说明此人该去学点科学方法。像砒霜这样的急性毒药是可以通过经验而不是通过科学研究知道其有毒的，但是那些毒性比较缓慢或不明显的，却必须了解其化学成分、用科学方法检验才能知道其能导致的严重后果。例如，许多历来被认为无毒的中草药，在经过科学方法检验后都已被发现有严重的毒性。另一方面，不少风传有毒的东西，却经不起科学的检验。例如许多人对抗虫害转基因食品发出了“虫都不能吃，人怎么可以吃”的疑问，而在有专业科学知识的人看来，这种担心完全是多余的。

一个社会的主流的形成不一定有很合理的基础，因此容易发生变化、逆转。社会的主流也不意味着就是正确的，但是科学的主流则不然。一个科学观点能够成为主流，必然有其非常确凿的证据，轻易不会发生动摇，要推翻它需要更加确凿的证据，也就是所谓“非常不寻常的主张需要非常不寻常的证据”。因此科学的主流虽然不一定总是正确的，但是一般来说都是正确的。科学界的主流观点不是靠某个人的三寸不烂之舌吹出来的，而是最有专业判别能力的人在推敲、比较方方面面的证据之后得出的共识。因此，在没有确凿的证据证明科学主流观点是错误的之前，接受它是最明智的选择。如果仅仅因为科学主流观点有可能出错，就轻信、追随另类观点，是非常不明智的。热衷于“另类医学”“另类营养学”，是在拿自己的身体当试验品，追求健康最终却可能损害了健康，金钱的损失倒还在其次。如果科学都靠不住，还有什么是可靠的?

但是这注定了是一个赝品流行的时代。在一个具有科学素养的公众比例低到只有几个百分点的国度，在一个煽情比理性分析更受欢迎的社会，再虚假的产品、再荒诞的学说都不难找到庞大的市场。何况，不仅有以吸引眼球为最高目的的媒体的追捧，更有某些部门的保驾。你甚至没有揭露伪科学、学术造假的言论自由，否则就有法官以“科学是发展的，真理是相对的，因此谁都无权说人在搞伪科学、学术造假，‘伪科学’一词本身也是伪的”为由判你个损害他人名誉权的罪名。当真理还在穿鞋的时候，谬误已经走遍了世界。当伪科学、反科学耀武扬威的时候，科学只有在角落里舔舐伤口。

2007年4月10日

“赛先生”遭遇无厘头煽情

偶然读到一位中国著名电视记者的网上日志，提到她在飞机上偶遇国内一位领导胚胎干细胞研究的研究员，主动向她介绍自己是如何从“狂热的技术论者”变成相信“每一项技术的背后都是生命”，甚至怀疑自己从事的干细胞研究“到底是在拯救人类还是毁灭人类，人类的文明轮回是不是与此有关，狮身人面像难道不可能是上一次克隆人的遗迹”。

据说这一戏剧性的变化源于他在2003年去香港演讲时，被一位佛教徒“生命到底从何时起算？”的提问给问住了。而其实他是清楚的，“一个14天的胚胎细胞，就会有神经系统的反应，就能够感知光与热”，以后甚至感到从克隆羊的“眼神里是可以看见人的眼神的”，从此让一位科研人员变得和相信“史前文明”的中学生一样富于幻想，像传教士一样充满向陌生人布道的激情，而这种幻想和激情还感染了这位记者，启发了她的节目制作，再传给无数的观众和读者。

其实这位科研人员自己是很不清楚的。在专业的问题上此人犯了一个低级的错误。一个14天的胚胎的细胞刚刚开始分化形成三个胚层，神经系统还没有出现，是不可能有什么神经系统的反应的（要再过大约1周，神经系统的原始组织才开始出现）。何况，人的胚胎干细胞的研究材料用的是5天的胚胎，只是一团针尖大小、没有分化的细胞。除了狂热的宗教人士和对人的胚胎发育过程一无所知的人，没有谁会认为那样的一团没分化、没感觉的细胞是一个人。

而且，这些用来从事干细胞研究的胚胎本来就是要扔掉的。在进行体外受精（也就是产生所谓的“试管婴儿”）时，医生一般会同时对8、9个卵子进行受精，从中挑选看上去最好的受精卵移植入母体，剩余的胚胎则会被扔掉。全世界至少已有几十万个这样的胚胎被扔掉了，我从没有见到有人指责这种做法。但是在科学家对这些本来要被扔掉的胚胎“废物利用”，用它们来从事能造福人类的干细胞研究时，却突然有人要来提醒大家这些胚胎也是“有生命的”，用它们做研究是不道德、不人道的。滑稽之余，未免让人觉得伪善。

这场争论本来主要发生在美国，是在科学界与宗教界中的保守派之间展开的，全世界都在看美国的笑话。但是美国最极端保守的观点进入中国后也能够被当成最先进的思想，被中国文化人当成傲人的资本和教育大众的指南。中国的科研少了宗教的干预，这本是一大幸事，却有科研人员以错误的专业认识和离奇的幻想作茧自缚，又有媒体人士跟着拼命地煽情，似乎能把无生命的煽成有生命的，不是人的煽成人的。至于大众是否因此会对新的科技产生误解，中国科学的发展是否会因此受到阻碍，那是不在考虑之列的。反正，说几句科技的坏话，表达一下对科技的疑虑，以显示自己特高明、特人文、特上层次，这在中国已成为时髦。即使这么说的人其实对科学一无所知，即使犯了低级的科学常识错误，也不觉得有什么丢脸的，反而理直气壮得很。

欢迎“德先生”和“赛先生”的口号已经喊了快100年了，而两位先生的处境都不算妙。从某种程度上说，“赛先生”的遭遇还要糟糕。要当“赛先生”的门徒是有门槛的，需要一定的专业能力和精神，能胜任的本来就不多，还要忍受种种的污蔑和刁难，说你在搞“科学迷信”“科学主义”呀，“中了科学的毒”哇，质问你怎么光讲“赛先生”不讲“德先生”呢，见你受点挫折还要幸灾乐祸地嘲笑道：难道你不知道“德先生”和“赛先生”是缺一不可的，所以光讲“赛先生”是没有意义的，不受欢迎是活该了。

而那些只讲“德先生”不讲“赛先生”甚至还要公开批评“赛先生”的人，就见不到有人也去这么教训一下了。自诩为“德先生”的门徒仿佛就占据了道德高位，就有了天然的正确，甚而觉得可以来指导“赛先生”应该如何如何了。“赛先生”的门槛本来比较高，结果反而被看成了低层次，谁都可以去假冒它、批评它、羞辱它，借以表示自己得了“德先生”真传，很人文、很人性、很高尚。摆出了这样的姿态，即使是信口开河也成了很上层次了，美其名曰“公众的智慧”。

2007年5月28日

当教师要有教师的样子

最近一个在四川大地震刚发生时丢下满班学生，以最快速度独自逃到足球场的中学教师很出名。这位被戏称为“范跑跑”的教师先是在网上自我曝光、辩护，引起一番争论，然后又被传统媒体注意到，又是接受报纸采访，又是上电视台参加辩论，俨然成了红人。

不过，这事如果发生在范跑跑以及他的某些支持者所向往的“自由、公正”的美国，没什么可争的，他铁定会被学校开除，而且这辈子别想再当教师了。原因很简单：他的所作所为非常不具有professionalism。

这个词在汉语中没有恰如其分的对应词，翻译成“专业精神”“职业道德”“敬业态度”都不太准确。它其实是某些特殊行业的从业者所必须达到的行为规范和道德要求，干这一行就要有这一行的样子。这些特殊行业对公共事业至关重要，不是普通人所能从事的，其从业者必须受过专业教育和训练，有自己的行业组织，社会地位崇高，因而也就必须承担相应的责任，有严格的行为规范和更高的道德要求，讲求行业自律，才对得起公众的信任和尊敬。一旦违反了行业准则，就会被清除出那个行业，即使道歉也未必能被原谅。

像医生、护士、律师、工程师、建筑师、会计师以及教师都属于这样的行业。既然选择了教师这一职业，就有了特殊的责任，需要对学生和公众作出一定的承诺，而不能特立独行。美国全国教育协会制定的《教育行业道德准则》规定，教育者为了满足对学生的义务，“必须尽合理的努力保护学生避免有害学习、健康、安全的情况”。在灾难来临时，教师不一定要舍己救人当英雄，但是采取保护学生的必要措施，例如组织学生疏散，是根本要求。抛下学生不管独自逃生肯定是不行的，虽然那也许是人的本能，也不犯法，但是对不起社会和学生的信任，不像个教师的样子，也就不配再当教师。当然，他可以去从事其他行业。范跑跑的校长不仅不开除他，还替他辩护，同样也不像个校长的样子。

范跑跑能成为媒体红人，还有那么多人为他辩护，也正说明许多国人还没有意识到教师这一行业的特殊性，或者意识到了也不以为然。其实当前中国的一些严重的社会问题，例如学术腐败、医疗腐败、教育腐败等等，都可以归结为特殊行业人士没有特殊行业人士的样子：科学家不像科学家，工程师不像工程师，医生不像医生，护士不像护士……只是将行业当成谋生手段，而不承担相应责任，没有行业自律，还被公众容忍，岂止是教师这个行业。

2008年6月14日

我的“成功”标准

《中国青年》“我们的精神家园”栏目主持人要我和读者谈谈成功标准，大概把我当成了“成功人士”。按世俗的观念，我算不上“成功”，既不是高官，也不是富豪，专业上并无重大成就，虽然出了点名，在许多人眼里，却属于“恶名”，何足道哉!

但是如果以为我会对自己的不“成功”而懊悔，却也未必。在我确定自己的人生目标的时候，就决定了要做一名“自由人”，首先是追求心灵的自由，其次是达到生活的自由。去美国留学之前觉得在美国当教授搞科研最自由，等到在美国大学读完了博士学位，才发觉不是那么一回事，光是得为科研资金而奔波这一点就够烦的了，所以还不如当一名作家最自由，特别是当没有人能管得着的自由撰稿人、网络作家最自由。经常有人问我最理想的生活方式是什么，我觉得我现在的生活就很好，自由自在，无拘无束。

也经常有人问我，在接受了这么长时间的科学教育和训练后最终放弃专业，不觉得是一种浪费，不感到可惜吗？我并不这么想。不管最终从事什么职业，长期接受科学训练而形成的素养和能力，都是一笔巨大的精神财富，不会没有用武之地。而且，我现在从事的工作，也没有完全脱离生物学老本行，在普及科学、揭露伪科学、打击学术腐败时，我的专业背景仍然起着举足轻重的作用，仍然在发挥其应有的社会价值。

如果非要我根据自己的经历来讲讲成功的标准的话，那么，第一，是能过上自己想过的生活，不必追求升官发财，也不必非得成名成家。升官发财、成名成家在某种程度上也可算是成功的标志，但大可不必将其等同于成功。如果为了追求这样的成功而迷失自我、丧失自尊，乃至不择手段，干出不道德、违法勾当，是可耻的。我们在打击学术腐败时，剥下了许多"成功人士"的外衣。那样的"成功"并不值得我们的羡慕。第二，是能回报社会，对社会的发展有所贡献。当一名逍遥自在、自得其乐的"隐士"并不足取。正如爱因斯坦所言：人只有献身社会，才能找到那短暂而充满风险的一生的意义。

不要被"成功"的光环所迷惑，也不要被世俗的"成功"标准所约束。是否"成功"是由自己来判定的，别人的评价最多具有参考的价值。尽管每个人所具有的天赋、所受到的教育各不相同，但都可以拥有自己的理想，在社会中找到属于自己的位置，都能够成功。

2005年3月1日

身在中美之间

2000年我由于路见不平开始所谓的"学术打假"，到现在恰好十年。在这期间接受了许多中美媒体的访谈，内容大同小异，无非都是：当时怎么会想到要揭露中国的学术造假？怎么发现了造假的？怎么核实的？有没有受到什么压力？中国的学术造假为什么这么泛滥？你认为应该怎么解决这个问题？

不过中国的记者有时会对我这个人更感兴趣，要追问一下：你是不是在炒作？是不是为了出名？为什么这么极端这么不厚道呢？不能用心平气和的讨论方式吗？为什么非要把造假者一棍子打死呢？觉得自己的性格有什么缺陷吗？小时候有没有什么不愉快的经历？

提这些问题的记者，有的是抱着恶意，有泄露出来的采访策划书为证。有的则不过是当了传声筒，因为在网上这类质疑之声也不少。正如有人义务抓了骗子，围观的人们对骗子干了什么坏事未必都感兴趣，反而纷纷议论起抓骗子的人为何要多管闲事，是否抱着什么不良动机。

鲁迅曾说他“向来是不惮以最坏的恶意来推测中国人的”，其实许多中国人都是如此，这是在中国社会的生存之道。所以偶尔见到有人义务做了什么好事，就觉得有些不可思议，习惯于往坏的方面想。如果没有发现有什么猫腻，就成了多么了不起的传奇人物，虽然做的事情其实很平常。国内媒体曾经报过“西点军校学雷锋”的假新闻，却不知在美国人看来，雷锋的那些好人好事实在是不值一提，许多美国人做得更多更好。

初到美国生活的中国人往往觉得美国人很傻很天真，没有那么多小聪明。一般美国人对陌生人往往显得过于友善，因此也容易被人利用。这种对他人的信任不是由于美国人天生就比较善良，也不是由于像某些人说的他们有“信仰”，而是有符合博弈论的严厉反击为基础的：如果有谁辜负了这种信任，就会付出高昂的代价，从此很难再获得人们的信任。这个时候美国人又显得非常不厚道。

这才是一个社会能有诚信的原因。一个诚信的社会不是没有不诚信的人，但是不诚信的人会受到严厉的处罚。中国社会虽然自古以来也在讲诚信，但是往往只是停留在口头上。在现实中，不诚信的人很容易得到宽容，甚至让人羡慕。如果有人上当受骗，很多人会怪罪乃至嘲笑受骗的人太傻，而不是谴责骗子太可恶。很多人痛恨造假，不过是在遗憾自己没有获得靠造假发财的机会。

在这样的社会中，造假的泛滥几乎是不可避免的。比如现在大家关注的假文凭问题，有些学者将其原因归咎于中国现在太看重文凭，这种逻辑和将假货的泛滥归咎于大家太喜欢真货一样。其实发达国家更看重文凭，但是没有多少人敢用假文凭，因为一旦被发现要付出的代价太大，从此身败名裂且不说，还可能被追究刑事责任。中国则不然，不仅假文凭很容易买到，而且使用假文凭的人容易蒙混过关，即使暴露了也基本上不会受到处罚，还会有很多人替他辩护说：文凭不重要，能力更重要。

在诚信社会中做一个诚实的人，可以生活得很轻松很快活，也可以很成功。坏处是一旦习惯了这种生活，警戒能力会退化，缺乏戒备心，到了一个不那么诚信的社会，就会显得很傻很天真，经常要受骗挨宰，当了骗子“成功”的垫脚石。就像我这种人称“打假斗士”的，回到中国生活，也时不时地会上点小当，让亲友戏称“在美国学傻了”。

在现在的中国大都市，物质生活与美国的差距已很小。大到住房私家车，小到日常用品，都没有什么不同。美国电影、电视、音乐、报刊都能在网上看到。时髦的高科技产品（例如iPhone，iPad）在美国上市后，在中国也能很快买到。连在美国用惯的洗漱用品、吃惯的小吃零食，在中国商场也能买到相同的品牌，而不必再从美国带来。但是精神生活的差距仍然很大。让一个留学归国人员怀念美国的，不再是富裕的物质生活，而是清洁的空气，以及建立在诚信基础上的单纯的人际关系。人说中国现在就是一个大工地，不知诚信体系的建设何时动工？

2010年7月27日

方舟子已出版著作

[1] 进化新解说.// 跨世纪科学丛书. 香港：天地图书有限公司，1997年.

[2] 法轮功解剖：一位海外学子的立场.// 德先生茶馆丛书. 长沙：湖南人民出版社，1999年8月.

[3] 网路新语丝 .// 网络文化丛书. 石家庄：河北人民出版社，2000年1月.

[4] 方舟在线. 北京：北京理工大学出版社，2000年6月.

[5] 进化新篇章 .// 中国科普佳作精选. 长沙：湖南教育出版社，2000年12月.

[6] 叩问生命：基因时代的争论. 天津：天津教育出版社，2001年1月.

[7] 溃疡：直面中国学术腐败. 海口：海南出版社，2001年6月.

[8] 长生的幻灭：衰老之谜 .// 看世界丛书. 上海：上海科学技术出版社，2002年11月.

[9] 江山无限：方舟子历史随笔 .// 春秋文丛. 福州：福建人民出版社，2004年5月.

[10] 餐桌上的基因 .// 科学的眼睛丛书. 北京：少年儿童出版社，2005年4月.

[11] 基因时代的恐慌与真相. 南宁：广西师范大学出版社，2005年8月.

[12] 寻找生命的逻辑：生物学观念的发展. 上海：上海交通大学出版社，2005年9月.

[13] 科学成就健康. 北京：新华出版社，2007年1月.

[14] 批评中医 .// 中医新世纪大论战丛书. 北京：中国协和医科大学出版社，2007年3月.

[15] 寻找生命的逻辑：生物学观念的发展 .2版. 上海：上海交通大学出版社，2007年6月.

[16] 方舟子破解世界之谜. 西安：陕西师范大学出版社，2007年8月.

[17] 食品转基因 .// 少年科学大讲堂丛书. 北京：少年儿童出版社，2007年8月.

[18] 方舟子带你走近科学. 西安：陕西师范大学出版社，2007年11月.

[19] 你在吃补还是吃毒 ?. 台北：八方出版股份有限公司，2008年7月.

[20] 爱因斯坦信上帝吗？：方舟子解读科学史著名谜团. 南宁：广西科学技术出版社，2009年8月.

[21] 大象为什么不长毛. 北京：海豚出版社，2010年9月.

[22] 神秘现象不神秘：方舟子破解世界之谜. 南宁：广西科学技术出版社，2012年3月.

[23] 我们为什么不长尾巴：方舟子带你走近科学. 南宁：广西科学技术出版社，2012年4月.

[24] 我的两个世界. 南昌：百花洲文艺出版社，2012年7月.

[25] 方舟子自选集. 北京：人民邮电出版社，2013年5月.

[26] 科舟求健：方舟子谈健康. 北京：同心出版社，2014年7月.